Das neue Minderheitenrecht in Ungarn

Untersuchungen zur Gegenwartskunde Südosteuropas

Herausgegeben vom Südost-Institut
Schriftleitung: Franz-Lothar Altmann
Band 36

Das neue Minderheitenrecht in Ungarn

Herbert Küpper

R. Oldenbourg Verlag * München 1998

Diese Arbeit wurde mit einem Föderpreis der Südosteuropa-Gesellschaft ausgezeichnet.

Die Deutsche Bibliothek - CIP-Einheitsaufnahme

Küpper, Herbert:
Das neue Minderheitenrecht in Ungarn / vorgelegt von Herbert Küpper. - München : Oldenbourg, 1998
(Untersuchungen zur Gegenwartskunde Südosteuropas ; Bd. 36)
Zugl.: Köln, Univ., Diss., 1997
ISBN 3-486-56378-5

Layout: Herbert Küpper
Druck: Druckerei Appl, Wemding

Inhalt

Einleitung

Mit dem neuen Minderheitenrecht will die Republik Ungarn Maßstäbe setzen, nach innen wie nach außen. Daher lohnt sich eine genauere Betrachtung der ungarischen Minderheitengesetzgebung. Schließlich gibt es - abgesehen von den Zwergstaaten - mit Ausnahme von Island und Portugal (und letzteres auch nur dann, wenn man von der Bevölkerung der Azoren absieht) kein Land in Europa ohne nationale bzw. ethnische Minoritäten, und auch in Deutschland leben eine ganze Reihe Minderheiten, auch wenn diese Tatsache erst langsam in das Bewußtsein der breiteren Öffentlichkeit dringt. Insofern ist es nicht abwegig, sich die Lösungen eines Landes, dessen Rechtssystem sich traditionell in starkem Umfang am österreichisch-deutschen Rechtskreis orientiert, einmal genauer anzusehen. Dies um so mehr, als daß der ungarische Gesetzgeber seiner Lösung von Anfang an Modellcharakter beigemessen hat.

Gegenstand dieser Arbeit ist das Minderheitenrecht in der Republik Ungarn, wie es sich nach dem Systemwechsel 1988/90 sowohl auf verfassungsrechtlicher als auch auf einfachgesetzlicher Ebene herausgebildet hat. Redaktionsschluß für rechtliche und tatsächliche Neuerungen ist der 31.12.1996.

Geschützt werden von dem eigentlichen Minderheitenrecht lediglich die nationalen und ethnischen Minderheiten. Religiöse Gruppen betrachtet das Minderheitenrecht nicht als Minderheiten, was angesichts der relativen Bedeutungslosigkeit des religiösen Bekenntnisses als Differenzierungsmerkmal im offiziellen und sozialen Verkehr angemessen ist. Für den Schutz des religiösen Lebens reicht die individualrechtliche Gewährung der Religionsfreiheit völlig aus, ohne daß es dadurch zu Benachteiligungen von Individuen oder Gruppen kommt. Religion gilt als Privatsache und wird nirgendwo als Unterscheidungsmerkmal gebraucht; auch die Statistischen Jahrbücher weisen in den Bevölkerungsstatistiken keine Rubrik "Religionszugehörigkeit" aus. Lediglich die Juden sehen sich gewissen

Nachteilen ausgesetzt, aber der Antisemitismus - gerade in Ostmitteleuropa - speist sich traditionell aus außerreligiösen Quellen. Daher kann seine Existenz die These, daß in Ungarn die religiösen Gemeinschaften als solche problemlos nebeneinander leben, nicht entkräften.

Entsprechend der Behandlung im ungarischen Recht beschränkt sich diese Arbeit auf die nationalen und ethnischen Minderheiten. Damit soll nicht übersehen werden, daß auch in Ungarn die Probleme der 'nicht-klassischen' Minderheiten im soziologischen Sinn existieren und durchaus die Beachtung einer rechtlichen Untersuchung verdienen: Die Gleichberechtigung der Frau ist in vielen Lebensbereichen faktisch noch nicht durchgesetzt, die sexuellen Minderheiten rechtlich immer noch nicht den Heterosexuellen gleichgestellt, der Status der Immigranten vor allem aus den ärmeren Nachbarländern noch nicht gelöst, die Lage der durch die zunehmende Armut wachsenden sozialen Minderheiten (z.B. Obdachlose oder die sich langsam herausbildende Gruppe der Langzeitarbeitslosen) sowie der Behinderten verbesserungsbedürftig. Da das ungarische Recht für diese Probleme Lösungen außerhalb des eigentlichen Minderheitenrechtes bereithält, werden sie in dieser Arbeit nicht berücksichtigt. Wenn im folgenden von Minderheiten die Rede ist, sind nur nationale und ethnische Minderheiten gemeint.

Nachdem es unter dem Sozialismus offiziell nur Nationalitäten und keine Minderheiten gab, wird seit 1989 erstmals wieder offiziell von Minderheiten gesprochen. Man will sich dem Problem stellen, anstatt es begrifflich unter den Teppich zu kehren oder es herunterzuspielen. Das Problem ist in der Tat ein außerordentliches. Die Minderheiten in Ungarn leben verstreut, unzusammenhängend und befinden sich auch auf lokaler Ebene häufig in einer zahlenmäßigen Minderheitenposition. Sie sind meist in verschiedenen Wellen eingewandert und teilweise bereits lange in der jeweiligen Region ansässig, weshalb sie in sich wenig homogen sind. Der Identitätsbezug ist in der Regel die konethnische Gruppe des Dorfes, höchstens des Kreises. Landesweit stiftet die Zugehörigkeit zu einem bestimmten Minderheitenethnikum kaum Identität, und auch zur Mutternation haben die meisten Minderheiten wegen der langen Trennung, d.h. der langen Ansässigkeit in Ungarn, nur ein sehr entferntes Verhältnis. Hinzu kommt, daß der Prozeß der Assimilierung weit fortgeschritten ist und der Verlust der meisten Minderheitensprachen unaufhaltsam scheint. Diese Lage - Splitterminderheiten mit stark lokalem Identitätsbezug im fortgeschrittenen Stadium der Assimilierung - minderheitenfreundlich und minderheitenfördernd zu regeln hat sich der ungarische Verfassung- und Gesetzgeber zur Aufgabe gemacht. Dabei konnte er kaum auf historische Vorbilder zurück-

greifen, sondern hat eine eigene, neue Lösung gefunden, die Beachtung verdient. Die von ihm vorrangig angestrebte Resonanz, nämlich die Nachahmung des ungarischen Modells in den Nachbarländern zugunsten der dortigen magyarischen Minderheiten, wird dem ungarischen Minderheitenrecht allerdings wohl versagt bleiben. Dies spricht jedoch nicht gegen die ungarische Lösung, sondern allenfalls dafür, daß die Minderheitenproblematik in den einzelnen Ländern unterschiedlich gelagert ist. Allerdings dürfte gerade in Rumänien und Serbien, in geringerem Maße auch in der Slowakei, schlicht der politische Wille fehlen, den - vor allem magyarischen - Minderheiten entgegenzukommen.
Oberstes Ziel des ungarischen Minderheitenrechtes ist die Aufrechterhaltung der besonderen Identität der Minderheit. Damit unterscheidet es sich deutlich von der assimilatorischen Tendenz der Politik vieler Einwanderungsländer. Verfassung, Minderheitengesetz und andere Einzelgesetze stellen den Minderheiten eine reichhaltige Auswahl an Schutz- und Fördermechanismen zur Verfügung. Bislang haben die Minderheiten jedenfalls bei den Wahlen davon Gebrauch gemacht. Ob dies auf lange Sicht die vollständige Assimilation und den Verlust des Bewußtseins einer von der magyarischen unterschiedlichen Identität verhindern kann, muß die Zukunft zeigen.

Aufbau der Arbeit

Für den Aufbau einer Arbeit, die sich mit dem Recht der nationalen und ethnischen Minderheiten beschäftigt, bieten sich im wesentlichen zwei Anknüpfungspunkte für die Gliederung an: zum einen die geregelten Lebenssachverhalte, zum anderen die existierenden Regelungen. Die Anknüpfung an die geregelten Lebenssachverhalte führt zu einem Aufbau, der das geltende Recht nach Lebensbereichen gegliedert - Sprache, Unterrichtswesen, politische Partizipation etc. - darstellt. Legt man die bestehenden Regelungen als Gliederungsschema zugrunde, werden die unterschiedlichen Rechtssetzungsakte der Reihe nach behandelt, wobei man zweckmäßigerweise der Normenhierarchie von oben nach unten folgt.

Diese Arbeit beschreitet den zweiten Weg. Allein durch die Darstellung des geltenden Rechtes anhand der einzelnen Normsetzungsakte ist es möglich, die zentrale Leistung des ungarischen Minderheitenrechts, die Schaffung eines kodexartigen Rahmengesetzes, gebührend zu würdigen. Bei einer Darstellung nach Lebensbereichen würde dieses einheitliche Minderheitengesetz auf viele Kapitel verteilt und dort jeweils mit den anderen, für den Lebensbereich einschlägigen Rechtsregeln vermengt. Dabei würde das Gefühl für die kodifikatorische Leistung dieses Gesetzeswerkes verlorengehen.

Das ungarische Minderheitengesetz ist in der Tat einzigartig. Es stellt eine umfassende Sammlung des für Minderheiten geltenden Rechtsstoffes dar. Von der Konzeption her ist es an vielen Stellen als Rahmengesetz gedacht, welches der Ausfüllung durch die für den jeweiligen Regelungsbereich geltenden Spezialgesetze bedarf. Diese Regelungstechnik trägt der Tatsache Rechnung, daß die Minderheiten nicht abgesondert von der Mehrheit, sondern mit ihr in einer Gesellschaft, in einem Wirtschafts- und Staatssystem leben und daher zahlreiche Lebensbereiche gemeinsam gelebt und gestaltet werden. Minderheitenbezogene Sonderregeln finden sich in den allgemeinen Gesetzen, und das Minderheitengesetz beschränkt sich auf die Festlegung der grundlegenden minderheitenrelevanten Rahmenvorschriften für die Regelungsmaterie.

An manchen Stellen jedoch trifft das Minderheitengesetz ausführliche Regelungen. Dies ist dann der Fall, wenn es sich um eine minderheitespezifische Problematik handelt, die in der Mehrheitswelt keine Parallele hat und darum nicht durch allgemeine Gesetze, in die minoritäre Sonderregeln eingebaut werden könnten, erfaßt wird. Ein Beispiel sind die Minderheitenselbstverwaltungen.

Aus dieser Besonderheit des ungarischen Minderheitenrechts ergibt sich die Wahl für eine Darstellung nach Rechtssetzungsakten (Kapitel III). Entsprechend der Normenhierarchie wird mit der Verfassung begonnen. Es folgt als zentrale einfach-gesetzliche Regelung das Minderheitengesetz, an dessen innerem Aufbau sich im großen und ganzen der Aufbau der Darstellung orientiert. Die ausfüllenden spezialgesetzlichen Vorschriften werden dabei im Zusammenhang mit der Vorschrift des Minderheitengesetzes behandelt. Auf das Minderheitengesetz folgt das zweite große Gesetzeswerk, das für Minderheiten wichtig ist: das Ombudsmanngesetz. Danach werden die weiteren minderheitenrelevanten Gesetze nach Lebensbereichen geordnet dargestellt.
Diese Abhandlung über das geltende ungarische Recht wird eingebettet in einen völkerrechtlichen und regelungstechnischen Rahmen, der rechtliche und faktische Möglichkeiten und Grenzen innerstaatlicher Gesetzgebung aufzeigt (Kapitel I), in einen historischen Kontext (Kapitel II) und in einen Überblick über die Situation der magyarischen Minderheiten außerhalb Ungarns (Kapitel IV).

I. Formen des Minderheitenschutzes und völkerrechtliche Vorgaben

Vor der Untersuchung des ungarischen Minderheitenrechtes selbst wird dargestellt, welche Möglichkeiten der Ausgestaltung des Minderheitenschutzes denkbar sind und welche Anforderungen das Völkerrecht an den innerstaatlichen Schutz von Minderheiten stellt. Damit wird der logisch-strukturelle ebenso wie der völkerrechtliche Rahmen abgesteckt, innerhalb dessen sich die innerstaatliche ungarische Lösung bewegen kann.

1. Begriff der Minderheit

Um das Recht der Minderheiten sinnvoll untersuchen zu können, muß zunächst geklärt werden, was unter dem Regelungsgegenstand, d.h. dem Begriff der Minderheit zu verstehen ist und verstanden wird. Hierbei wird zunächst die völkerrechtliche Definition als Vorgabe für innerstaatliches Recht untersucht. In diesem Zusammenhang kann nur die Definition interessieren, die zur Zeit als völkerrechtlich gültig anerkannt ist. Soweit sie noch nicht Teil des Völkerrechtes geworden sind, müssen Vorschläge zur Verbesserung und Ausweitung des Minderheitenbegriffs außer Betracht bleiben, so wünschenswert und berechtigt sie oft sein mögen.
Zunächst ist festzuhalten, daß es keine allgemein anerkannte rechtliche Definition des primär soziologischen und politischen Phänomens 'Minderheit' gibt[1]. Nichtsdestoweniger knüpfen sowohl das Völkerrecht als auch

---

[1] Bokorné Szegő, ÁJ 1989/341; Brunner, Südosteuropa 1986/236; Brunner, Osteuropa Recht 1994/164; Deleanu in Constantinescu/Deleanu/Iorgovan/Muraru/Vasilescu/Vida, Art. 6 Anm. I S. 23; Ermacora in Ermacora/Tretter/Pelzl, S. 146; Hafner, Gerhard in Ermacora/Tretter/Pelzl, S.126; Kühn, S. 4 ff.; Marauhn, Thilo in Frowein/Hofmann/Oeter, Bd. 1, S. 231; Mavi, ÁJ 1991/54 ff.; Pierré-Caps, AFDI 1994/86 - 90; Tabory in Dinstein/Tabory, S. 195 ff.; Thornberry, S. 164.
Bereits der Ständige Internationale Gerichtshof hatte in seinem Gutachten zum Fall der griechisch-bulgarischen Gemeinschaften (Greco-Bulgarian Communities, Advisory Opinion Permanent Court of International Justice 1930, Ser. B Nr. 17 S. 32 ff.) darauf hingewiesen, daß das Vorliegen einer Minderheit keine Rechtsfrage, sondern eine Tatsachenfrage sei.

manche innerstaatliche Rechtsordnungen wie etwa die ungarische Rechtsfolgen an die Existenz bzw. die Zugehörigkeit zu einer Minderheit. Trotz seiner unklaren Abgrenzung ist der Begriff der Minderheit demnach auch ein Rechtsbegriff. Im folgenden wird daher versucht, den Minderheitenbegriff, wie er vom Völkerrecht herkömmlicherweise gebraucht wird, zu umreißen.

Rein begrifflich ist eine Minderheit eine *Gruppe* von Menschen, die sich durch ein bestimmtes Merkmal oder eine Gesamtheit von mehreren Merkmalen von der sie umgebenden Mehrheit unterscheiden[2]. Dabei muß ein gewisses Maß an Zusammengehörigkeitsgefühl und Solidarität, ein Netzwerk von Wechselbeziehungen vorhanden sein[3], weil es sich ansonsten nicht um eine Gruppe, die durch eine solide Binnenstruktur gekennzeichnet ist, handelt, sondern lediglich um eine unverbundene Anzahl von Individuen.

Da im folgenden lediglich *nationale* und *ethnische*[4] Minderheiten untersucht werden sollen, kommen als Minderheiten im Sinne dieser Abhandlung nur solche Gruppen in Betracht, die aufgrund von 'nationalen' und 'ethnischen' Faktoren wie Rasse, Sprache, Kultur o.ä. eine andere ethni-

---

Grundsätzlich zu den Schwierigkeiten, das Phänomen Minderheit durch das Recht begrifflich zu fassen, Akzin, ZÖR 1929/203 ff.

Zu den vergeblichen Bemühungen der Vereinten Nationen um eine Definition s. Ermacora, Nationalitätenkonflikte, S. 96 - 106; Ermacora, RdC 1983 Bd. IV S. 268 - 281; Oxenknecht, S. 91 - 94; Shaw, Malcolm N. in Dinstein/Tabory, S. 8 - 13; Szabó, Acta Juridica 1981/1 ff.

Zu dem politischen Aspekt bei der Definition von Minderheit s. Mavi, ÁJ 1991/54.

Die Frage der Vergleichbarkeit der verschiedenen Gruppen in den unterschiedlichen Kulturregionen und Kontinenten und damit auch der Praktikabilität ihrer Subsumtion unter einen für alle gleichermaßen geltenden Oberbegriff 'Minderheit' wirft Joó, Rudolf in Fodor u.a., S. 140 f. auf.

2 Boden, S. 18 f.; Genovski, S. 150; Markefka, S. 21 ff.; Nohlen, Dieter/Barrios, Harald in Nohlen, S. 441; Riesbeck, S. 32 ff.

3 Ermacora, RdC 1983 Bd. IV S. 292; König in König, S. 112 - 119; Kroker, Eduard J. M. in Veiter, System, Teil 2, S. 26 - 30.

4 Zum Verhältnis von ethnischen, nationalen, rassischen, sprachlichen und religiösen Minderheiten s. Blumenwitz, Minderheitenrecht, S. 29 f.; Boden, S. 22 ff.; Ermacora, RdC 1983 Bd. IV S. 293 - 296; Heintze, S. 132 ff.; Jankuloski, S. 157 f.; Kővágó, Kisebbség, S. 60 - 74; Niewerth, S. 35 ff.; Nowak, Art. 27 Rn. 22 - 25, S. 524 ff.; Pircher, S. 28 - 37; Shaw, Malcolm N. in Dinstein/Tabory, S. 16 - 22 und Thornberry, S. 158 ff.

sche, nationale Identität haben als die die 'Staatsnation' ausmachende Mehrheit.
Die ethnische Identität einer Person und damit deren Zugehörigkeit zu einer Minderheit oder der Mehrheit kann nach objektiven Gesichtspunkten (Geburt, Abstammung, Muttersprache, Religion) oder nach subjektiven Faktoren (Zugehörigkeitsgefühl zu einer bestimmten Kultur und/oder Gruppe) bestimmt werden[5].
Man darf jedoch nicht aus den Augen verlieren, daß sich die ethnische Identität im Laufe des Lebens oder im Wechsel der Generationen z.B. durch Assimilation verändern kann. Gerade kleine Gruppen sind in der heutigen Zeit durch Verkehrserschließung ihrer Siedlungsgebiete, wirtschaftliche Zwänge und ständige Konfrontation mit der Mehrheitskultur v.a. durch das Fernsehen auch dann einem enormen Assimilationsdruck ausgesetzt, wenn die Mehrheit und die Regierung alles tun, die Minderheit in ihrem Bemühen, ihre Identität zu wahren, zu unterstützen[6]. Wegen dieses Wandels ist es sinnvoll, das Bekenntnis jedes einzelnen, d.h. den subjektiven Faktor, in den Vordergrund zu stellen. Sofern dieses Bekenntnis frei und ohne jeden Druck in die eine oder andere Richtung erfolgt, ist es der zuverlässigste Indikator für die Zugehörigkeit zu einer Gruppe. Mißbräuchlichen und allzu phantastischen Selbstdefinitionen kann man dadurch begegnen, daß man eine gewisse faktische, d.h. objektive Grundlage für das Bekenntnis fordert.
Das Problem des Erfordernisses der *zahlenmäßigen Unterlegenheit* und das damit zusammenhängende, aber nicht identische Problem der gesellschaftlichen und wirtschaftlichen *Dominanz*[7] sollen hier nicht vertieft wer-

---

[5] Brunner, Nationalitätenprobleme S. 21 ff., 30 ff.; Kühn, S. 322 ff.; Lerner, S. 8 ff.; Pizzorusso, S. 236 - 243; Brunner, Georg in Schönfeld S. 46 f.; Shaw, Malcolm N. in Dinstein/Tabory, S. 27 f.; Thornberry, S. 165, 175 f.; Kloss, Heinz in Veiter, System, Teil 1, S. 155 ff.

[6] Ein gutes Beispiel hierfür sind die Sorben, die sich trotz erheblicher Fürsorge durch die unterschiedlichen Regierungen vor und nach der Wiedervereinigung Deutschlands unaufhaltsam assimilieren: Blumenwitz, Minderheitenrecht, S. 111 ff.; Bruce-Mitford u.a., S. 141 f.; Elle, S. 21 - 25; Heckmann, S. 26 ff.; Ludwig, S. 101 - 105; Savata, Leos in MRG, S. 32 f. und Veiter, Theodor in Ermacora/Tretter/ Pelzl, S. 24 f. Auch die Minderheiten in Ungarn sind durch eine sich seit den 60er Jahren beschleunigende Assimilation gekennzeichnet: s.u. Punkt III. 1. b).
Zur Wandelbarkeit der ethnischen Identität bei Kollektiven allgemein s. Wilcke, S. 12.

[7] Diese Fragen stellen sich im Hinblick auf die Notwendigkeit, ob zahlenmäßig minoritären Gruppen in Machtpositionen Minderheitenschutzrechte zuzuerkennen sind. Klassisches Beispiel für eine solche Gruppe sind die südafrikanischen Wie-

den, da beide Faktoren für die Minderheiten in Ungarn, die sich in der 'klassischen' Position der weniger Zahlreichen, der Benachteiligten oder doch der nicht Privilegierten befinden, keine Rolle spielen.
Ebenso braucht die Differenzierung der ethnischen Andersartigkeit in *autochthone* Völker und 'normale' Minderheiten hier nicht weiter behandelt zu werden. Autochthone Völker leben in einer vormodernen Kultur und bedürfen insofern eines anderen, meist weitergehenden Schutzes als die in das moderne Wirtschafts- und Gesellschaftsgefüge aufgenommenen 'normalen' Minderheiten[8]. Solche autochthonen Gruppen existieren in Ungarn nicht. Auch diejenigen Zigeuner[9], die sich der Politik der Seßhaft-

---

ßen während der Apartheid, aber die Liste läßt sich um weitere, völlig anders strukturierte Beispiele verlängern: die Wallonen in Belgien von der Unabhängigkeit an bis in die 1960er Jahre, die Nachfahren der in Amerika freigelassenen und dann angesiedelten Sklaven in Liberia (die sog. Amerikoliberianer) und Sierra Leone (die sog. Kreolen) oder die Tutsis in Rwanda und Burundi während der Kolonialzeit und teilweise auch nach der Unabhängigkeit. Beide Faktoren werden in der Capotorti-Studie intensiv diskutiert; s. auch Bragyova, ÁJ 1992/171 ff.; Capotorti, ItalYIL 1976/15 f.; Capotorti, Francesco in Encyclopedia, S. 385; Galey, RDH 1975/21 ff.; Heckmann, S. 55 f.; Kővágó, Kisebbség, S. 58 f.; Kühn, S. 6 f.; Markefka, S. 14 ff.; Mavi, ÁJ 1991/53; Niewerth, S. 32 ff.; Nowak, Art. 27 Rn. 14 f., S. 521; Pizzorusso, S. 186 ff.; Riesbeck, S. 35; Shaw, Malcolm N. in Dinstein/ Tabory, S. 18, 24 ff.; Wilke, S. 12 ff.

8 Näher zu autochthonen Völkern und ihrem völkerrechtlichen Schutz Alfredsson, Gudmundur in Encyclopedia, S. 311 ff.; Heintze, S. 136 ff.; Kővágó, Kisebbség, S. 68 ff.; Nowak, Art. 27 Rn. 26 - 30, S. 526 ff.; Rouland in Rouland/Pierré-Caps/ Poumarède, S. 351 - 553; Shaw, Malcolm N. in Dinstein/Tabory, S. 13 - 16 und Thornberry, S. 331 - 382.

9 Im folgenden wird immer das Wort "Zigeuner" benutzt, da die Bezeichnung "Sinti und Roma" in der fraglichen Bevölkerungsgruppe auch nicht unumstritten ist und es zahlreiche Organisationen dieses Volkes in der Bundesrepublik gibt, die "Zigeuner" beabsichtigterweise und selbstbewußt im Namen tragen. Man darf auch nicht übersehen, daß es neben Roma und Sinti noch weitere Gruppen von Zigeunern gibt, die durch die Verengung der Bezeichnung auf Roma und Sinti ausgeschlossen würden (Bericht der Bundesregierung, Punkt VI. A. 3. b), S. 44; s. dazu auch Heckmann, S. 9 ff.). Nicht zuletzt benutzt auch der ungarische Gesetzgeber diesen Begriff [ungar.: cigány], obwohl in Ungarn in der öffentlichen Diskussion und in der Presse die Bezeichnung Roma nicht unbekannt ist.
Zudem ist das Wort Zigeuner, wenn man seine Etymologie, soweit bekannt, zugrunde legt (zu den Unsicherheiten der Etymologie s. Duden, Etymologie, S. 831 zu "Zigeuner"), nicht ursprünglich ein Schimpfwort oder eine abfällige Bezeichnung gewesen. Es leitet sich wahrscheinlich von dem bulgarischen Wort "acigane" (mit der Bedeutung Zigeuner) ab, das - möglicherweise durch die Vermittlung ost-

machung unter Kádár entziehen konnten und noch - oder wieder - eine nichtseßhafte Lebensweise pflegen, sind so weit integriert, daß ihre Kultur und Wirtschaftsweise keinen typisch autochthonen, vormodernen Charakter (mehr) trägt.

Mit einer sich nach nationalen bzw. ethnischen Kriterien unterscheidenden, zahlenmäßig kleineren Gruppe ist der Begriff der nationalen oder ethnischen Minderheit aber für juristische Zwecke noch nicht exakt genug umrissen.

Im internationalen Sprachgebrauch ebenso wie in der internationalen Rechtspraxis werden als Minderheiten nur die *Staatsangehörigen* des jeweiligen Landes bezeichnet[10]. Alle anderen sind Ausländer. Der Men-

---

slawischer Sprachen - über das Ungarische ins Deutsche gelangt ist. Die bulgarische Bezeichnung geht wohl auf das byzantinisch-mittelgriechische "atsinganoi" (die Unberührbaren) zurück. Als unberührbar wurden aber nicht die Zigeuner selbst, sondern eine westkleinasiatische Sekte bezeichnet: Brockhaus S. 267, Stichwort Zigeuner. Von den Bulgaren wurde diese Bezeichnung irrtümlich auf die Zigeuner übertragen, zumal im Spätmittelalter angesichts der relativen Bedeutungslosigkeit ethnischer Unterscheidungen Volksbezeichnungen oft sehr unpräzise gebraucht wurden. Von den Bulgaren wurde acigane nicht mehr im Sinne von unberührbar, sondern als schlichte Benennung des Zigeunervolkes und somit nicht im 'ehrenrührigen' Sinne verwandt. Insofern unterscheidet es sich von den Bezeichnungen Eskimo und Lappen, die als von vornherein verächtliche Bezeichnungen (das französische Wort esquimeau ist dem Algokin entnommen und bedeutet dort "Rohfleischfresser", und das Wort Lappen hat ein gleichlautendes schwedisches Wort zum Ursprung, welches ähnlich wie im Deutschen "Lappen, Lumpen" bedeutet und sich auf die in den Augen der nach Norden vorstoßenden Schweden schlechte, verächtliche Kleidung der Urbevölkerung bezieht, so daß man den Volksnamen Lappen mit "zerlumpt, in Lumpen gekleidet" übersetzen kann) tatsächlich durch Inuit bzw. Samen zu ersetzen sind. Es soll jedoch nicht verkannt werden, daß aus dem Wort Zigeuner im Polnischen, aber auch im Deutschen und in anderen Sprachen abfällige Ableitungen vorgenommen wurden ("herumzigeunern", "cyganić" in der Bedeutung "betrügen, belügen, gaunern, schwindeln" und das dazugehörige Substantiv "cygańnstwo" in der Bedeutung "1. Zigeunervolk; 2. Betrug, Lüge, Betrügerei, Schwindelei, Gaunerei"). Diese negativen Ableitungen sind jedoch erst aus den Vorurteilen gegenüber den Zigeunern entstanden und nicht in der Etymologie des Wortes "Zigeuner" angelegt.

[10] Blumenwitz, Minderheitenrecht, S. 26 f.; Blumenwitz, Dieter in Brunner, Menschenrechte S. 169; Brunner, Osteuropa Recht 1994/164; Buza, S. 9 f.; Capotorti, ItalYIL 1976/16 f.; Deschênes, § 181 S. 5; Ermacora in Ermacora/Tretter/Pelzl, S. 1; Gerber, S. 47 f.; Hafner, Gerhard in Ermacora/Tretter/Pelzl, S. 126 f.; Nagy in Haraszti/Herczegh/Nagy, S. 185; Heintze, S. 126 f.; Kimminich, Rechtsprobleme,

schenrechtsausschuß der Vereinten Nationen ging allerdings davon aus, daß sich die Definition der Minderheit auch auf Personen erstreckt, die nicht Staatsbürger des Wohnstaates sind[11]. Dem haben aber die Vertreter zahlreicher Regierungen, u.a. der deutschen, widersprochen. Auch die Existenz eines vom Minderheitenrecht verschiedenen Fremdenrechts im Völkerrecht zeigt, daß beide Phänomene im internationalen Verkehr als unterschiedlich betrachtet werden. Wegen der entgegenstehenden Staatenpraxis kann die Meinung des Menschenrechtsausschusses nicht als die Wiedergabe geltenden Völkerrechts gelten, sondern lediglich als eine Rechtsansicht, die sich (noch) nicht hat durchsetzen können.

Darüber hinaus ist die Problematik der Ausländer z.T. identisch mit der der Minderheitenangehörigen, z.T. aber völlig anders gelagert. Daher trifft das Völkerrecht ebenso wie die überwiegende Mehrheit der innerstaatlichen Rechtsordnungen[12] eine sachlich berechtigte Unterscheidung zwischen Minderheitenrecht einerseits und Fremden- bzw. Ausländerrecht andererseits. Die Diskussion um die Mißbrauchsmöglichkeiten des Staates, die Definition von Minderheiten und damit die Erfordernisse des Minderheitenschutzes zu umgehen, indem er den Angehörigen bestimmter minoritärer Gruppen einfach die Staatsangehörigkeit verweigert[13], braucht hier

---

S. 98 f.; Kővágó, Kisebbség, S. 82 f.; Kühn, S. 9; Nowak, Art. 27 Rn. 16 f. S. 522 f.; Oxenknecht, S. 107 f.; Pircher, S. 25; Pizzorusso, S. 163 - 171; Shaw, Malcolm N. in Dinstein/Tabory, S. 26 f.; Thornberry, S. 7 f., 170 ff.; Kloss, Heinz in Veiter, System, Teil 2, S. 218 f.

Zweifel an diesem Erfordernis äußert Hofmann, ZaöRV 1992/7. Auch der Menschenrechtsausschuß der Vereinten Nationen, der zur Überwachung der Einhaltung der Verpflichtungen aus Art. 27 des Internationalen Paktes über bürgerliche und politische Rechte vom 19.12.1966 (in Kraft getreten am 23.3.1976; BGBl. 1973 II S. 1533 ff.) eingesetzt worden ist, bezieht in seine Praxis auch Ausländer mit ein: Nowak, Art. 27 Rn. 11 ff., S. 521 ff.

[11] Bricke, S. 31.

Eine ähnliche Meinung vertritt Tomuschat, S. 960 f. Diese Äußerung bezieht sich aber nur auf Art. 27 des Internationalen Paktes über bürgerliche und politische Rechte (s.o. Fn. 10) und wird vornehmlich mit dessen Wortlaut begründet, weshalb sie keine Geltung für die allgemeine Minderheitendefinition außerhalb dieser Vorschrift beanspruchen kann.

[12] Anders z.B. Lettland: Hier ist der Genuß der Minderheitenrechte nicht an dic lettische Staatsangehörigkeit geknüpft, sondern lediglich an den Einwohnerstatus. Trotzdem existiert auch in Lettland ein von dem Minderheitenrecht unterschiedliches Ausländerrecht. Näheres bei Schmidt, Baltikum, S. 58.

[13] So hat z.B. das Königreich Rumänien jahrzehntelang seinen jüdischen Bewohnern die rumänische Staatsangehörigkeit vorenthalten und diese damit zur Staaten-

nicht vertieft zu werden, da Ungarn keine solche 'Ausschlußpolitik' betreibt oder betrieben hat und daher die diskutierten Umgehungsschutzmechanismen nicht auf dieses Land bezogen zu werden brauchen. Die Nichtverleihung der Staatsbürgerschaft an Gastarbeitergruppen durch Ungarn [v.a. Kubaner, Vietnamesen und Chinesen, s.u. Punkt III. 1. a)] kann nach geltendem Völkerrecht nicht als Umgehung des Minderheitenstatus durch Ausschluß aus der Staatsangehörigkeit gesehen werden, da gerade Arbeitsmigranten nach noch herrschender Auffassung der Staaten nicht unter die Definition und damit den Schutz der Minderheit fallen sollen. Die Abgrenzung der Minderheit zu diesen Gastarbeitern geschieht durch das im folgenden diskutierte Merkmal der Langansässigkeit.

Weniger einhellig als die Staatsangehörigkeit ist das Erfordernis anerkannt, daß die betreffende Gruppe bereits eine gewisse Zeit inmitten der Mehrheitsbevölkerung *ansässig* sein muß[14]. Die Forderungen bewegen sich in Zeiträumen von zwei Generationen[15] bis hundert Jahren[16]. Mit diesem Kriterium will man die ethnischen Minderheiten von den Einwanderern abgrenzen, die häufig in der zweiten oder dritten Generation ihre bisherige Identität aufgeben und die der sie umgebenden Mehrheitskultur annehmen. Nach anderer Ansicht soll dieses Erfordernis das Entstehen neuer Minderheiten verhindern[17].

---

losigkeit verdammt. In vielen westeuropäischen Ländern wird den Zigeunern immer noch die Staatsangehörigkeit des Wohnlandes verweigert: Bruce-Mitford u.a., S. 89; Rabl, Kurt in Veiter, System, Teil 2, S. 105.

[14] Darauf weist auch Art. 27 des Internationalen Paktes über bürgerliche und politische Rechte (s.o. Fn. 10) in dem Wort "exist" hin, welches in der deutschen Übersetzung weggefallen ist: Hofmann, ZaöRV 1992/7; Nowak, Art. 27 Rn. 18 ff., S. 523 f.; Shaw, Malcolm N. in Dinstein/Tabory, S. 11. Dagegen enthält der Entwurf für ein polnisches Minderheitengesetz in seiner Legaldefinition keinen Hinweis auf Altansässigkeit: Kallas, Osteuropa Recht 1995/184.
Eine auf den Entstehungsgrund der Minderheitenposition abstellende kasuistische Lösung (Grenzänderung, Entstehung neuer Staaten in Durchführung des Selbstbestimmungsrechtes, Kolonisation, Einwanderung) schlägt Rudesco, S. 11 f. vor.

[15] So Bruce-Mitford u.a., S. 15; ähnlich Oxenknecht, S. 127 und v. Studnitz, Ernst-Jörg in Blumenwitz/Gornig, S. 18: jahrzehntelange Ansässigkeit; Kühn, S. 9 f.: mehrere Generationen.

[16] § 1 Abs. 2 des ungarischen Gesetzes 1993:LXXVII über die Rechte der nationalen und ethnischen Minderheiten, Magyar Közlöny [Ungarischer Staatsanzeiger] 1993/5273 ff.

[17] Danailov-Frčkovski, S. 99; Kimminich, Rechtsprobleme, S. 114 - 120; Shaw, Malcolm N. in Dinstein/Tabory, S. 11, 27; Tomuschat, S. 961 f.

Gleichzeitig trifft dieses Merkmal eine weitere Abgrenzung: Es schließt die Vertriebenen jedenfalls im Verhältnis zu dem Staat, aus dem sie vertrieben worden sind, aus der Minderheitendefinition aus, da sie dort im Moment nicht ansässig sind[18]. Gegenüber diesem Staat können sich die Vertriebenen möglicherweise auf ein Recht auf Heimat berufen; Minderheitenrechte von ihm einzufordern ist jedoch sinnlos, da sie ohnehin nicht der Gewalt dieses Staates unterliegen. Das schließt nicht aus, daß Vertriebene in ihrem jetzigen Wohnstaat Minderheitenrechte genießen können, wenn sie dort unter den Begriff der Minderheit fallen.

Das Erfordernis der Ansässigkeit seit drei Generationen ist sinnvoll, da die Problematik von assimilationswilligen Einwanderern eine andere ist als die von Minderheiten, die auf ihrer Andersartigkeit beharren. Man wird daher der Sache nicht gerecht, wenn man beide Phänomene unter denselben Oberbegriff "Minderheit" subsumiert und damit in eine einheitliche Regelung preßt. Wenn eine Migrantengruppe auch in der dritten und vierten Generation ihre ethnische Identität inmitten einer andersartigen Mehrheit bewahrt, bietet sie eine gewisse Gewähr dafür, daß sie dies auch in Zukunft weiterführen möchte, d.h. als unterscheidbare Gruppe stabil bleibt. Die erste, die einwandernde Generation ist noch zu sehr in ihrer Heimatkultur verhaftet, um ein verläßliches Bild geben zu können. Auch die zweite Generation bekommt von ihren Eltern durch traditionsorientierte Erziehung noch sehr viel von der Ursprungskultur mit. Die dritte Generation hat in der Regel kaum noch emotionale Bindungen an die alte Heimat und kann daher als Kriterium dienen. Wenn die dritte Generation einer Einwanderergruppe ihre herkömmliche Identität gegenüber der sie umgebenden Mehrheitskultur pflegt und lebt, dann ist die Minderheitenidentität stabil genug, und die Gruppe benötigt bestimmte Sonderrechte, die ihr bei der Aufrechterhaltung behilflich sind: Minderheitenrechte.

Damit ist klargestellt, daß durch das Merkmal der Altansässigkeit das Entstehen neuer Minderheiten nicht absolut verhindert werden soll und kann. Es dient lediglich dazu, den Minderheitenschutz auf Gruppen zu beschränken, die seiner bedürfen, um ihre Andersartigkeit inmitten einer Mehrheitsbevölkerung aufrechtzuerhalten.

Demzufolge geht die Forderung, Minderheitenrechte lediglich an die Staatsbürgerschaft und nicht an das Erfordernis einer längeren Ansässig-

---

Kritisch Kővágó, Kisebbség, S. 71 ff., der die Situation und die Problematik von Minderheiten einerseits und von Einwanderern und Gastarbeitern andererseits für vergleichbar hält.

[18] Zu diesen politischen Erwägungen im europäischen Bereich s. Blumenwitz, Minderheitenrecht, S. 63.

keit zu knüpfen, fehl. Diese Forderung wird damit begründet, daß die Grundlage des Minderheitenschutzes die Anerkennung der Andersartigkeit als Ausfluß der Menschenwürde sei, welche man nicht von der Zeit der Ansässigkeit abhängig machen könne[19]. Neuen Einwanderergruppen in ihrer 'Orientierungsphase' der ersten zwei Generationen wird der Respekt vor ihrer Andersartigkeit und damit vor ihrer Menschenwürde durch das geltende Völkerrecht nicht versagt, sondern lediglich durch andere Mechanismen gesichert als durch Minderheitenrechte.

Das Merkmal eines *geographisch definierten, geschlossenen Siedlungsgebietes* im Wohnstaat hat die Bundesrepublik Deutschland in Verhandlungen im Rahmen der Vereinten Nationen, aber auch im europäischen Kontext bei der Definition von Minderheiten gefordert[20]. Sie hat sich damit allerdings auf internationaler Ebene nicht durchsetzen können. Zudem ist auch nicht einsichtig, warum geschlossene Volksgruppen besondere Rechte genießen sollen, während man diese Rechte den Splitterminderheiten, deren Überleben als eigenes Ethnikum ja sehr viel gefährdeter ist, vorenthält. Die Beschränkung der Minderheitendefinition auf geschlossen siedelnde Gruppen leistet also der Assimilation verstreut lebender Gruppen Vorschub (was von der Bundesregierung im Hinblick auf Zigeuner und die sog. neuen Minderheiten, d.h. Gastarbeiter und Einwanderer, auch so beabsichtigt war) und ist somit konträr zu dem Ziel jeden Minderheitenschutzes, nämlich der Bewahrung der Identität der minoritären Gruppe. Aus diesen Gründen ist das Merkmal des geschlossenen Siedlungsgebietes nicht in die völkerrechtliche Minderheitendefinition aufzunehmen.

Schließlich muß in der Gruppe der Wunsch vorhanden sein, ihre Sprache, Kultur, Religion etc. zu *bewahren*, d.h. letztendlich, ihre im Vergleich zur Mehrheit andersartige Identität zu pflegen, aufrechtzuerhalten und weiterzugeben. Eine Gruppe, die sich ihre Assimilation zum Ziel gesetzt hat oder die der natürlichen Assimilation keine gegenläufigen Bemühungen entgegensetzt, bedarf keiner auf Erhaltung der Andersartigkeit gerichteten Minderheitenrechte. Zu dem objektiven Kriterium der Andersartigkeit tritt also ein subjektives Merkmal, nämlich der auf die Aufrechterhaltung dieser Andersartigkeit der Gruppe gerichtete Wille.

---

[19] Pircher, S. 26.

[20] v. Studnitz, Ernst-Jörg in Blumenwitz/Gornig, S. 18; Bricke, S. 23.

Immer wieder wird eine *numerische Untergrenze* diskutiert, unterhalb derer eine Gruppe nicht mehr als Minderheit gelten soll. Dabei werden relative ebenso wie zahlenmäßig absolute Schwellenwerte genannt[21]. Begründet werden diese Schwellenwerte damit, daß der Schutzaufwand bei zu kleinen Gruppen für den betreffenden Staat zu groß sei bzw. sein könne und daß eine zu kleine Gruppe ihre Identität nicht wirksam aufrechterhalten könne. Das Argument der zu kleinen Zahl ist jedoch sehr gefährlich, da sich Staaten damit ihrer Schutzpflicht gerade solchen Gruppen gegenüber entziehen können, die, dem Aussterben nahe, des Schutzes am nötigsten bedürfen. Außerdem ist nicht einzusehen, warum die Gewährung von Rechten von der Anzahl der Träger abhängen soll. Solange die Gruppe groß genug ist, um ihre Identität aufrechtzuerhalten und weiterzugeben, solange bedarf sie des Minderheitenschutzes. Die Aufrechterhaltung der Identität kann bei entsprechendem Willen, bei (ab)geschlossener Siedlungs- und Wirtschaftsweise und bei dem nötigen institutionalisierten Zusammenhalt in der Gruppe auch von nur wenige Personen umfassenden Gruppen geleistet werden. Bei verschwindend kleinen Minderheiten kann der Staat allerdings entsprechend dem Verhältnismäßigkeitsgrundsatz und den ihm zur Verfügung stehenden Ressourcen Abstufungen im finanziellen und institutionellen Aufwand des Schutzes vornehmen[22]. Dies betrifft aber nicht mehr die Tatbestandsseite (Vorliegen einer Minderheit), sondern erst die Rechtsfolgenseite.

Die bisweilen geforderte *Anerkennung durch den Wohnstaat*[23] kann schon deshalb nicht konstitutiv für die Eigenschaft als Minderheit sein, weil es

---

[21] Tomuschat, S. 959; zum Streitstand s. Shaw, Malcolm N. in Dinstein/Tabory, S. 24 f.
Der Gedanke von absoluten numerischen Untergrenzen findet sich bisweilen auch in Gesetzeswerken: Das estnische Gesetz über die Kulturautonomie für nationale Minderheiten vom 11.11.1993 setzt für die Gewährung der Kulturautonomie den Antrag einer Minderheit von mindestens 3.000 Angehörigen voraus, wobei die Größe der Minderheit durch ein Minderheitenregister mit freiwilliger Eintragung ermittelt wird. Auch relative Untergrenzen sind dem estnischen Recht nicht fremd: Art. 51 der Verfassung vom 28.6.1992 knüpft das Recht, von einer staatlichen Stelle Antwort in einer Minderheitensprache zu erhalten, an einen Anteil der betreffenden Minderheit von mindestens 50 % an der Bevölkerung des Gebietes.

[22] Capotorti-Studie, S. 12, 96. Zu dem mit der Anerkennung einer Minderheitensprache als offizielle Sprache verbundenen Aufwand Thornberry, S. 199.
Beispiele für die Ausgestaltung des Schutzes kleinster Minderheiten in unterschiedlichen Ländern bei Kloss, Heinz in Veiter, System, Teil 2, S. 216 ff.

[23] Dazu Danailov-Frčkovski, S. 98; Heintze, S. 128 ff.

sonst in den Händen des Staates läge, den völkerrechtlich gebotenen Minderheitenschutz nach Belieben zu umgehen oder auf genehme Gruppen zu beschränken.

In der Capotorti-Studie ist die *Loyalitätspflicht* gegenüber dem Wohnstaat in der Definition der Minderheit aufgeführt. Unabhängig davon, ob man diese Pflicht bejaht oder verneint [s.u. Punkt 2.], handelt es sich dabei jedoch nicht um die Frage, ob eine Minderheit vorliegt (Minderheitendefinition), sondern um die Frage, welche Rechtsfolgen das Vorliegen einer Minderheit hat. Man kann von der Frage der Loyalität die Gewährung von Minderheitenrechten abhängig machen, nicht aber das Vorliegen einer Minderheit überhaupt. Eine Minderheit, die sich illoyal verhält, bleibt trotzdem eine Minderheit. Die Tatsache, daß Capotorti die Loyalitätspflicht trotzdem mit in seine Minderheitendefinition aufgenommen hat, ist als Konzession an die Furcht der Staaten vor Souveränitätseinbußen durch die Bejahung der Existenz von Minderheiten auf ihrem Territorium zu sehen, ist also aus nichtwissenschaftlichen, politischen Gründen erfolgt. Die Pflicht zur Loyalität zum Wohnstaat ist somit nicht konstitutiv für eine Minderheit.

Als Definition einer nationalen oder ethnischen Minderheit im völkerrechtlichen Sinne läßt sich also festhalten:
eine Gruppe von Staatsangehörigen des Wohnstaates, die sich durch rassische, sprachliche oder kulturelle Faktoren von der sie umgebenden Mehrheit unterscheiden, die in dieser Andersartigkeit ein gewisses Zusammengehörigkeitsgefühl besitzen und ihre im Vergleich zu der Mehrheit andersartige Identität pflegen, bewahren und weitergeben wollen und die als Gruppe in dem Wohnstaat bereits seit mindestens drei Generationen ansässig ist.

2. Möglichkeiten der Ausgestaltung von Minderheitenrechten

Als Anknüpfungspunkt für Rechtsregeln, die Angehörigen von Minderheiten besondere Rechte gewähren oder besondere Pflichten[24] auferlegen, sind grundsätzlich zwei Möglichkeiten denkbar[25]. Adressat einer solchen Regelung kann zum einen der einzelne Angehörige der Minderheit sein. In

---

[24] Wo hier der Ausdruck 'Recht' benutzt wird, kann immer auch 'Pflicht' gedacht werden. Allerdings stehen im Minderheitenrecht die Sonder*rechte* im Vordergrund der Betrachtung. Eine immer wieder in die Diskussion eingebrachte *allgemeine* Pflicht der Minderheitenangehörigen ist die Loyalitätspflicht: Art. 5 Abs. 1 Landessatzung S-H; Art. 22 Abs. 2 des deutsch-polnischen Vertrages über gute Nachbarschaft und freundschaftliche Zusammenarbeit vom 17.6.1991, BGBl. 1991 II S. 1314 ff., und Art. 20 Abs. IV des deutsch-tschechoslowakischen Vertrages über gute Nachbarschaft und freundschaftliche Zusammenarbeit vom 27.2.1992, BGBl. 1992 II S. 462 ff., verpflichten die Angehörigen der deutschen Minderheit zur Loyalität gegenüber dem polnischen bzw. tschechoslowakischen Staat; gemäß Art. 20 Abs. 2, 4 des rumänisch-slowakischen Vertrages über freundschaftliche Beziehungen und Zusammenarbeit vom 24.9.1993 (Monitorul Oficial1994 Nr. 64, S. 5 ff.; dt. Text in Brunner/Tontsch, Dokumentation Nr. 14) entbindet die Minderheitenzugehörigkeit nicht von der Loyalitätspflicht gegenüber dem Wohnstaat und von der Pflicht, die Landesgesetze zu beachten, und ist es darüber hinaus verboten, das Vereinigungsrecht der Minderheiten gegenüber deren Wohnstaat zu benutzen; Luchterhand, Otto in Blumenwitz/Gornig, S. 75 - 89; Herczegh, Acta Juridica 1990/219, 227; Kimminich, Rechtsprobleme, S. 100; Mavi, ÁJ 1991/55; Oxenknecht, S. 142 f.; Pierré-Caps, AFDI 1994/97; Pizzorusso, S. 142 - 152; Pierré-Caps in Rouland/Pierré-Caps/Poumarède, S. 247 f.; Thornberry, S. 166 f., 202, 204; Veiter, Nationalitätenkonflikt S. 88 - 108; Stehr, Rudolf in Veiter, System, Teil 2, S. 117 ff.; du Buy, Frans in Wittmann/Bethlen, S. 93 ff. *Besondere* Pflichten sind in der Praxis selten, aber nicht völlig unbekannt: Gemäß Art. 36 Abs. 1 der bulgarischen Verfassung vom 12.7.1991 (Dăržaven Vestnik Nr. 56 vom 13.7. 1991; dt. Übersetzung in Osteuropa Recht 1992/188 ff.) hat jeder bulgarische Bürger das Recht und zugleich die Pflicht, die bulgarische Sprache zu erlernen. Eine Bestimmung gleichen Inhalts enthielt schon die sozialistische Verfassung vom 18. 5.1971 in Art. 45 Abs. 7 (Dăržaven vestnik 1971 Nr. 39; dt. Übersetzung in Brunner/Meissner, Verfassungen, S. 49 ff.), sowie heute Art. 3 Abs. 1 der spanischen Verfassung vom 31.12.1978 in bezug auf das Castellano; zu letzterer s. Hofmann, S. 152 f.

Gegen die Bindung der Gewährung oder Ausübung von Minderheitenrechten an die Erfüllung bestimmter Pflichten: Bibó, S. 443 f., 446 ff.; Szamel, ÁI 1989/406 f.

[25] Bokorné Szegő, ÁJ 1989/340; Blumenwitz, Dieter in Brunner, Menschenrechte S. 169; Hafner, Gerhard in Ermacora/Tretter/Pelzl, S. 127; Brunner, Georg in Schönfeld S. 39 ff.; Pernthaler, Peter in Veiter, System, Teil 2, S. 90 - 96.

diesem Fall handelt es sich um ein Individualrecht. Zum anderen kann die Minderheit als Ganzes zum Subjekt besonderer Rechte gemacht werden. Dann liegt ein Kollektiv- oder Gruppenrecht vor.

a) Einrichtungsgarantien

Unterhalb der Ebene der Verleihung individueller oder kollektiver Rechte können die Belange einer Minderheit durch *objektiv-rechtliche Gewährleistungen (Einrichtungsgarantien)* geschützt werden. Objektiv-rechtliche Garantien zeichnen sich rechtsdogmatisch dadurch aus, daß sie den Staat zwar verpflichten, dem Begünstigten aber kein entsprechendes subjektives Recht verleihen[26]. Diese Art der Gewährleistung ist bei bestimmten Gegenständen wie der Garantie der Existenz eines Minderheitenschulwesens, des Gebrauchs der Minderheitensprache vor Behörden und Gerichten oder von Quoten in Volksvertretungsorganen oder dem öffentlichen Dienst sinnvoll und kommt dort auch in der Praxis vor. Gerade bei Quotierungen wird oft gar keine andere Möglichkeit als eine objektiv-rechtliche Gewährleistung möglich sein, da die Besetzung der quotierten Stelle(n) in der Regel noch von anderen Faktoren als der ethnischen Zugehörigkeit abhängt: in den Vertretungsorganen von einer gültigen Wahl, im öffentlichen Dienst von dem Nachweis bestimmter Befähigungen und ggf. von einem Erfolg in der Bestenauslese. Ein Individualrecht auf eine quotierte Stelle ist in der Regel nicht vorstellbar[27], und ein kollektives Recht der Gruppe auf die Besetzung einer bestimmten Anzahl von Stellen aus den Reihen ihrer Angehörigen gibt auch keine stärkere Rechtsposition, als dies eine objektiv-rechtlich gewährleistete Quote tut.
Bei entsprechenden Rechtsschutzmechanismen wie einem Verfassungsgericht können diese Rechtspositionen auch ohne Einräumung eines förmlichen Rechtes wirksam durchgesetzt werden[28].

---

[26] Abel, S. 44 - 69; Brunner, Nationalitätenprobleme S. 127 ff.; Stein, S. 306; Stern, Bd. I S. 120 f., 408 ff.; Thormann, S. 36 - 45.

[27] Es kann höchstens vorkommen, daß die Anzahl der die Bedingungen erfüllenden Bewerber auf quotierte Stellen die Anzahl dieser Stellen nicht übersteigt. Dann kann es je nach Eigenart der Stellen sein, daß sich die objektive Garantie zu einem Individualanspruch des qualifizierten Bewerbers konkretisiert.

[28] Brunner, Osteuropa Recht 1994/169 f.; Tretter in Ermacora/Tretter/Pelzl, S. 177 f.

b) Individualrechte

Individualrechte sind Rechte, deren Träger das Individuum und nicht eine wie auch immer geartete Gruppe ist. Hierbei spielt keine Rolle, daß bestimmte Individualrechte wie z.B. die Kommunikationsrechte oder die meisten kulturellen Rechte sinnvoll nur im Verkehr mit anderen ausgeübt werden können. Träger des Rechtes ist und bleibt der Einzelne und nicht die überindividuelle Personenmehrheit der das Recht gleichzeitig und miteinander Ausübenden. Nur so kann das Recht des Individuums auf Nichtteilnahme an und jederzeitiges Ausscheiden aus dem kollektiven Gebrauchmachen von dem Recht, d.h. also sein negatives Recht, gewährleistet werden.
Minderheitenrelevante Individualrechte sind z.B. der Gleichheits- und Gleichberechtigungsgrundsatz, dessen Spezifizierung in Form des Verbotes der Diskriminierung aufgrund rassischer, ethnischer, sprachlicher, religiöser o.ä. Zugehörigkeit (Diskriminierungsverbot)[29], das Recht auf den Gebrauch der Muttersprache[30] und des Namens in muttersprachlicher Form oder das Recht auf freie religiöse und kulturelle Betätigung.

Eine mögliche Sonderform der Unterscheidung, die eine vom allgemeinen Diskriminierungsverbot abweichende Beurteilung verlangen kann, ist die *positive Diskriminierung* von Minderheiten (positive oder affirmative action), die faktische Nachteile ausgleichen will. Hierzu werden den Minderheitenangehörigen Rechtspositionen eingeräumt, die über den Rechtskreis des Normalbürgers hinausgehen. Grundlage der positiven Diskriminierung ist die Erkenntnis, daß aus der Minderheitenexistenz bestimmte konkrete Nachteile fließen oder fließen können und daß diese Nachteile auf Dauer oder zumindest bis zum Erreichen einer faktischen Gleichstellung mit den Mehrheitsangehörigen nur durch besondere fördernde Maß-

---

[29] Das Diskriminierungsverbot gilt völkergewohnheitsrechtlich zwingend auch dort, wo es nicht durch völkerrechtliche Verträge vereinbart ist: Brownlie, S. 520, 573, 596; Brunner, JOR 1984/27; Klein, Eckart in Brunner, Menschenrechte S. 14; Ermacora, Diskriminierungsschutz, S. 252 ff.; Ermacora, RdC 1983 Bd. IV S. 307; Alfredsson, Gudmundur in Ermacora/Tretter/Pelzl, S. 149 f.; Lerner, S. 24; Thornberry, S. 310 ff.
Eine ausführliche Diskussion des Diskriminierungsverbotes bei Lerner, S. 24 - 28.
Zum Diskriminierungsverbot und zum Menschenrecht auf eigene ethnische Identität im islamischen Recht s. Bani Sadr, S. 105, 130 f., 139 ff.

[30] Zur soziologischen Problematik der Minderheitensprachen s. Camartin in Brunner/Camartin/Harbich/Kimminich S. 105 ff.; Ismajli, S. 25 ff.

nahmen ausgeglichen werden können[31]. Zu dem Zweck der faktischen Gleichstellung wird die vorübergehende positive Diskriminierung von Art. 1 Abs. 4 der Konvention zur Beseitigung jeder Form von Rassendiskriminierung vom 4.1.1969 ausdrücklich erlaubt[32].

Diese Individualrechte sichern aber nur einen kleinen Kreis der Angelegenheiten, in denen Angehörige von Minderheiten rechtliche oder tatsächliche Nachteile erleiden können; insbesondere die Gewähr des Gleichheitsgrundsatzes reicht nicht aus, um den besonderen Bedürfnissen von Minderheiten und ihren Angehörigen gerecht zu werden[33].

---

[31] Blumenwitz, Minderheitenrecht, S. 66 f.; Bragyova, ÁJ 1992/175 - 181; Dinstein, ICLQ1976/116, 118 ff.; Joó, Rudolf in Fodor u.a., S. 142; Győrfi, JK 1996/ 277 ff.; Heckmann, S. 233 ff.; Hirsch Ballin, E. M. H. in Huls/Stout, S. 24; Jankuloski, S. 168 ff.; Koplin, S. 260 ff.; Kortmann/Bovend'Eert, S. 142 f., 153; Lerner, S. 163 - 166; Pernthaler, S. 35 f.; Pierré-Caps, AFDI 1994/95 f.; Pierré-Caps in Rouland/Pierré-Caps/Poumarède, S. 244 ff.; Alfredsson, Gudmundur in Tomuschat/Kötz/v. Maydell, S. 220 f.; Rabl, Kurt in Veiter, System, Teil 3, S. 102 - 114; du Buy, Frans in Wittmann/Bethlen, S. 93.

Capotorti, VN 1980/114 geht so weit zu sagen, daß die positive Förderung von der Nichtdiskriminierung nicht zu trennen sei, und die päpstliche Enzyklika Pacem in Terris vom 11.4.1963 sowie frühere päpstliche Äußerungen halten den fördernden Minderheitenschutz für ein Gebot der Gerechtigkeit: Kimminich, Rechtsprobleme, S. 136 ff.

Eine soziologische Diskussion der affirmative action für ethnische Minderheiten findet sich bei Heckmann, S. 233 ff.

Eine ausführliche Diskussion der positiven Diskriminierung hinsichtlich der Verfassung der Indischen Union, die zugunsten bestimmter aufgelisteter Stämme, Kasten und anderer benachteiligter Bevölkerungsgruppen eine konsequente und durchgängige Politik der positiven Diskriminierung vorschreibt, bei Jain, S. 604 ff., und Pandey, S. 90 ff., 410 ff.

[32] BGBl. 1969 II S. 961 ff.; s. dazu Capotorti, VN 1980/115; Kendi, S. 36. Ebenfalls als zulässig wurde die positive Diskriminierung schon von dem Ständigen Internationalen Gerichtshof in dem Gutachten zum Fall der Minderheitenschulen in Albanien (Stellungnahme vom 6.4.1935, Minority Schools in Albania, Advisory Opinion Permanent Court of International Justice 1935, Ser. A/B Nr. 64, S. 17 ff.) betrachtet.

[33] Bodáné u.a. S. 70 f.; Bokorné Szegő, ÁJ 1989/341 f.; Brunner, JOR 1984/28; Brunner, Südosteuropa 1986/235 f.; Brunner in Brunner/Camartin/Harbich/Kimminich S. 81; Alfredsson, Gudmundur in Ermacora/Tretter/Pelzl, S. 151 ff.; Pernthaler, S. 32, 43 - 50; Pizzorusso, S. 321 ff.; Seidl-Hohenveldern, S. 299; Yacoub, S. 92.

Allerdings sollte der Wirkungskreis von minderheitenunspezifischen Individualrechten auch nicht unterschätzt werden: s. Geroe/Gump, CJTL 1995/679 ff., und am Beispiel der EMRK und der dazu ergangenen Rechtsprechung des Europäi-

c) Kollektiv- oder Gruppenrechte

Eine Minderheit, die als solche überleben will, ist auf den sozialen Verkehr ihrer Angehörigen untereinander und auf deren gemeinsame Betätigung in vielen Bereichen des Lebens angewiesen. Zu deren Absicherung reichen aber bloße Individualrechte nicht aus, sondern müssen besondere Kollektivrechte gewährt werden[34]. Diese Einsicht liegt auch der Regelung des Art. 27 des Internationalen Paktes über bürgerliche und politische Rechte vom 19.12.1966[35] zugrunde, die die Minderheitenrechte auf die Betätigung in der Gruppe bezieht[36].

Capotorti dagegen lehnt die Ausgestaltung der Minderheitenrechte als Kollektivrechte ab, da dadurch die Abgrenzung zum kollektiven Selbstbestimmungsrecht der Völker zu sehr erschwert und für den einzelnen Minderheitenangehörigen die Möglichkeit, sich beim Genuß seiner Rechte frei und ggf. gegen die Gruppe der Minderheit zu entscheiden, zu sehr eingeengt werde[37].

Dem ist entgegenzuhalten, daß sich Minderheitenrechte einerseits und das Selbstbestimmungsrecht andererseits nicht bloß durch die Rechtsträgerschaft (Individuum - Gruppe, d.h. Volk) unterscheiden[38]. In dieser Frage

---

schen Gerichtshofes für Menschenrechte Hillgruber, Christian in Blumenwitz/Gornig, S. 39 ff.

[34] Amt für Nationale und Ethnische Minderheiten, S. VI; Bokorné Szegő, ÁJ 1989/341 f.; Blumenwitz, Dieter in Brunner, Menschenrechte S. 170; Brunner, Osteuropa Recht 1994/168; Tretter in Ermacora/Tretter/Pelzl, S. 165 ff.; Joó, Rudolf in Fodor u.a., S. 142; Földesi, S. 163 f.; Geroe/Gump, CJTL 1995/681 ff.; Herczegh, Acta Academica 1990/223, 233; Kimminich, Rechtsprobleme, S. 67 f., 81 - 96; Mavi, ÁJ 1991/55; Niewerth, S. 54 ff.; Brunner, Georg in Schönfeld S. 40; Szamel, ÁI 1989/397 f.; Szabó, Acta Juridica 1981/4; Münch, Fritz in Veiter, System, Teil 1, S. 95 - 104.

Allgemein dazu Dinstein, ICLQ 1976/111 ff.

[35] S.o. Fn. 10.

[36] Näher dazu unten Punkt 3. a) und Brunner, Georg in Schönfeld S. 44 ff.

Eine Diskussion des umstrittenen individualrechtlichen Charakters und Gruppenbezuges bei Capotorti, Francesco in Dinstein/Tabory, S. 505 - 511.

Zu den Gründen der Staaten für die individualrechtliche Ausrichtung und die Zurückweisung einer Ausgestaltung als kollektives Recht s. Shaw, Malcolm N. in Dinstein/Tabory, S. 23.

[37] Capotorti, VN 1980/114 f.

[38] Eine Diskussion des Verhältnisses von Minderheitenrechten und dem Selbstbestimmungsrecht der Völker unter Betonung der spezifisch europäischen Gegeben-

kann es tatsächlich zu starken Überschneidungen kommen, da der Begriff des Volkes schon seit längerem nicht mehr auf die Bewohner abhängiger Territorien beschränkt, sondern v.a. nach dem fast vollständigen Abschluß der Entkolonialisierung stärker auf die staatsfähigen minoritären Gruppen innerhalb bestehender staatlicher Grenzen bezogen wird. Eine Unterscheidung der Träger kann nicht zur alleinigen Abgrenzung von Minderheitenrechten und dem Selbstbestimmungsrecht der Völker dienen. Der entscheidende Unterschied zwischen den beiden Rechtsinstituten ist vielmehr inhaltlicher Natur. Die Minderheitenrechte geben der geschützten Gruppe den rechtlichen Rahmen, ihr Anderssein individuell und kollektiv in der andersethnischen Umgebung und vor allem in dem andersethnischen Staat ungefährdet zu leben. An der Zugehörigkeit der Minderheit zu diesem andersethnischen Staat rütteln die Minderheitenrechte nicht. Das Selbstbestimmungsrecht dagegen soll seinen Trägern die Möglichkeit geben, über ihren politischen Status v.a. im Hinblick auf Staatlichkeit und Staatszugehörigkeit frei zu entscheiden. Der Wille des in Rede stehenden Volkes kann sich natürlich auf den Verbleib in einem andersethnischen Staatswesen und das Begnügen mit einem geschützten Minderheitenstatus richten, kann aber auch weitergehen bis zur völligen Loslösung bzw. zum Anschluß an einen konationalen oder dritten Staat[39]. So haben auch die Generalversammlung der Vereinten Nationen und der Internationale Gerichtshof das Selbstbestimmungsrecht definiert[40].

Daraus wird der Unterschied zwischen beiden Rechten klar: Minderheitenrechte sind immer nur in dem Wohnstaat auszuüben, das Selbstbestim-

---

heiten findet sich bei Pierré-Caps, AFDI 1994/78 - 86; Pierré-Caps in Rouland/ Pierré-Caps/Poumarède, S. 199 ff.

[39] Der Wille zum Anschluß an einen dritten Staat ist vor allem dann vorstellbar, wenn das fragliche Ethnikum dort auch als Minderheit vertreten ist (grenzüberschreitende Minderheit) und sich in einer besser geschützten Position befindet, als dies in dem einem Staat der Fall ist, und wenn das Volk als ganzes zwar über die Staatsfähigkeit verfügt, aus praktischen, z.B. wirtschaftlichen Erwägungen eine staatliche Unabhängigkeit aber ablehnt. Dieser Fall wäre z.B. bei den deutschen Friesen theoretisch denkbar, wenn sie unter Berufung auf ihr Selbstbestimmungsrecht einen Anschluß an die Niederlande forderten, weil dort der Schutz der friesischen Minderheit sehr viel weiter geht als in Deutschland.

[40] Resolution der Generalversammlung 1541 (15): Principles which should guide members in determining whether an obligation exists to transmit the information called for under Art. 73 e, insbesondere Prinzipien VII und IX. Der zentrale Fall des Internationalen Gerichtshofs ist das Rechtsgutachten zur Westsahara, ICJ Reports 1975 S. 1 ff. S. dazu Agani, S. 11 ff.; Gruda, E drejta 2/1996, S. 10 ff.; Salmon, VN 1993/10 f.; Scheffler, Thomas in Seewann, Minderheiten, S. 17 ff.

mungsrecht ggf. auch gegen ihn. Da Minderheitenrechte und das Selbstbestimmungsrecht der Völker qualitativ unterschiedliche Rechtspositionen vermitteln, können sie im Einzelfall einer Gruppe gleichzeitig zustehen, ohne daß dadurch Verwirrung entstehen muß. Das berechtigte Kollektiv kann also eine Minderheit im Sinne des Minderheitenrechtes und gleichzeitig ein Volk im Sinne des Selbstbestimmungsrechtes sein.

Die entgegenstehende Ansicht, derzufolge eine Gruppe entweder nur Volk oder nur Minderheit sein und damit nur eines der beiden Rechte in Anspruch nehmen kann[41], argumentiert vom Ergebnis her: Sie stellt die Wesensverschiedenheit der beiden Rechte, des Selbstbestimmungsrechts und des Minderheitenrechts, fest und verteilt diese beiden Rechte auf die vorgefundenen Kollektive. Wem das Selbstbestimmungsrecht zukommt, ist dann ein Volk, wem Minderheitenrechte zukommen, ist eine Minderheit. Von der Wesensverschiedenheit der Rechte wird auf gegenseitige Exklusivität geschlossen, was dann zwangsläufig zu einer Entweder-oder-Entscheidung bei der rechtlichen Qualifikation der rechtstragenden Gruppe führt. Diese Ansicht engt um einer scheinbar größeren begrifflichen Klarheit willen den rechtlichen und politischen Spielraum einer gegebenen Gruppe unnötig ein. Bei dieser ausschließlichen Lösung ergibt sich nämlich, wenn man nicht ohnehin von vornherein von dem angeblich zustehenden Recht auf die Qualifikation des Rechtsträgers schließt, das Problem der Abgrenzung von Volk und Minderheit, die über das Kriterium der Staatsfähigkeit vorgenommen wird. Die Feststellung der Staatsfähigkeit bedarf, wenn sie ernsthaft sein und nicht nur tagespolitischen Interessen dienen sowie über die Entkolonialisierung bestehender politischer Einheiten hinausweisen soll, derart umfangreicher Untersuchungen auf rechtlichem und vor allem tatsächlichem Gebiet, daß sie mehr Schwierigkeiten und Unsicherheiten aufwirft als löst. Neben diesen eher praxisorientierten Erwägungen bleibt grundsätzlich festzuhalten, daß die starre Ansicht des entweder-oder nicht erklären kann, aufgrund welcher Gegebenheiten das minderheitenrechtliche Recht auf Identität und das auf die Gestaltung eines politisch-territorialen Status gerichtete Selbstbestimmungsrecht der Völker sich denknotwendig ausschließen. Wesensverschiedene Rechte können

[41] Alen, S. 54 ff.; Heintze, S. 45 ff. m.w.N. In der Staatenpraxis liegt diese Ansicht der Politik vieler ehemaliger Kolonien zugrunde, die sich nach der Unabhängigkeit Autonomiebestrebungen innerhalb ihrer Grenzen gegenüber sahen und diesen Bewegungen das Selbstbestimmungsrecht verweigerten, mit dem sie kurz zuvor von dem Mutterland die Unabhängigkeit verlangt hatten. Die bekanntesten und gleichzeitig eklatantesten Fälle sind der Biafrakrieg und der Katangakonflikt.
S. dazu Dupuy, S. 101.

durchaus demselben Rechtsträger zustehen, auch wenn das Objekt der unterschiedlichen Rechte (hier v.a. die politische Ausgestaltung der kollektiven Identität) ganz oder teilweise identisch ist. Die Identität des Bezugsobjektes kann je nach der Struktur der beiden Rechte höchstens dazu führen, daß die Ausübung des einen Rechtes die Ausübung des anderen für die Dauer der Ausübung sperrt oder logisch bzw. praktisch unmöglich oder überflüssig macht.
Dem zweiten Argument Capotortis kann man entgegnen, daß bei einer entsprechenden Ausgestaltung insbesondere hinsichtlich der Freiwilligkeit der Inanspruchnahme kollektive Rechte den Freiheitsraum des Individuums nicht einengen, sondern sogar noch erweitern können. Es ist Capotorti zuzugeben, daß die verfaßte Minderheit durchaus ihre Mitglieder majorisieren und eventuell dazu zwingen kann, von Minderheitenrechten Gebrauch zu machen, die der momentanen Interessenlage des einzelnen Minderheitenangehörigen nicht unbedingt entsprechen. Ein Beispiel hierfür ist der autoritäre Aufbau der vom Dritten Reich abhängig gemachten und instrumentalisierten deutschen Minderheitenorganisationen in verschiedenen europäischen und sogar einigen lateinamerikanischen Staaten ab der zweiten Hälfte der 1930er Jahre. Diese Gefahr spricht jedoch nicht gegen die Gewährung kollektiver Rechte, sondern dafür, bei der Ausgestaltung des rechtstragenden Kollektivs auf die Einhaltung demokratischer Grundsätze zu achten. Dem demokratischen Aufbau des die Minderheit umgebenden Wohnstaates entspricht demnach die Binnendemokratie innerhalb der von der Minderheit gegründeten Verbände, Vereine, Körperschaften u.ä., die die Individualrechte ihrer Mitglieder zu achten verpflichtet sind.
Die Argumente gegen die Gewährung kollektiver Rechte sind somit nicht stichhaltig. Als Rechtsposition der Minderheit als ganzer über den Wirkungskreis der Summe der Individualrechte hinaus sind Gruppenrechte demnach grundsätzlich unbedenklich und für eine nationale oder ethnische Minderheit von eminenter Bedeutung.

Grundlegendes Kollektivrecht der Minderheit ist die Freiheit, auch als Gruppe die eigene Identität auszudrücken und zu bewahren[42], d.h. letztendlich das Recht auf *Anderssein.* Als Kollektivrecht geht dies über das Individualrecht auf Anderssein hinaus. Es ist mehr als die Summe der Individualrechte der Minderheitenangehörigen, so wie eine Gruppe mehr ist als die Summe der Mitglieder. Es ist das Recht eines institutionalisierten, vom Wechsel seiner Mitglieder weitgehend unabhängigen Teiles der

---

[42] Dinstein, ICLQ 1976/118 - 120; Niewerth, S. 95 ff.

Gesellschaft, bestimmte Bereiche des gesellschaftlichen Konsenses (z.B. bezüglich der Sprache, in der 'man' sich zu unterhalten hat) nicht mitzutragen und diesem Konsens in den entsprechenden Bereichen einen eigenen, von der Gesamtgesellschaft als gleichwertig und gleichberechtigt zu akzeptierenden (Partikular-) Konsens entgegenzusetzen und damit immer noch Teil der Gesellschaft zu bleiben.

Hierbei stellt sich die Frage, wer *Subjekt* eines solchen kollektiven Rechtes sein kann. "Die Minderheit" oder "die Volksgruppe" schlechthin sind als Personenkreis zu unbestimmt und rechtlich zu wenig strukturiert, um als Träger von subjektiven Gruppenrechten in Betracht zu kommen[43]. Folglich muß die Gruppe, das Kollektiv in eine rechtlich greifbare Form gebracht werden. Rechtstechnisch geschieht das dadurch, daß die Vielheit der natürlichen Personen zu einer Einheit mit Rechtspersönlichkeit, d.h. zu einer juristischen Person zusammengefaßt wird. Diese juristische Person, die entweder generell zur Repräsentanz der Minderheit oder speziell zu der Pflege eines bestimmten Aspektes geschaffen werden kann, kann als Trägerin der kollektiven Minderheitenrechte am Rechtsverkehr ebenso wie am sozialen und wirtschaftlichen Leben teilnehmen.
In Frage kommen zunächst *juristische Personen des Privatrechts* wie Vereine, Vereinigungen, Stiftungen und Verbände. Diesen Vereinigungen können einzelne Rechte gewährt werden wie z.B. die Pflege bestimmter Bereiche der Minderheitenkultur. Beispiele hierfür sind der Dänische Schulverein für Südschleswig und als allgemeine Kulturorganisation der Dänen der Südschleswigsche Verein sowie der Verein der nationalen Friesen in Schleswig-Holstein und die Ostfriesische Landschaft in Aurich. Es ist allerdings fraglich, inwieweit privatrechtlich organisierte juristische Personen wirklich eigene Gruppenrechte ausüben oder ob sie nicht vielmehr nur die Individualrechte ihrer Mitglieder zusammenfassend verwirklichen können, möglicherweise als Vorstufe zu echten Gruppenrechten.
Das Problem kann man umgehen, indem man *juristische Personen des öffentlichen Rechts* schafft. Diesen können auch hoheitliche und andere, über die Summe der Rechte der einzelnen Minderheitenangehörigen hinausgehende Befugnisse zugewiesen werden. Damit wird auch das Problem

---

[43] Akzin, ZÖR 1929/215 ff.; Brunner, Osteuropa Recht 1994/168; Dupuy, S. 164 f.; Marko, Joseph in Ermacora/Tretter/Pelzl, S. 160; Brunner, Georg in Schönfeld S. 40 f.; Lerner, S. 37 f.; Niewerth, S. 54 ff.; Stauffenberg, Franz Ludwig Graf in Blumenwitz/v. Mangold, S. 43.
Für eine Trägerschaft der kollektiven Rechte durch die "Gruppe" Capotorti, Francesco in Dinstein/Tabory, S. 507; Pircher, S. 41 f.

gelöst, daß manche Rechtsordnungen privatrechtliche Rechtsträger nicht mit bestimmten öffentlich-rechtlichen, hoheitlichen Wirkungskreisen, z.B. im Schulwesen, ausstatten wollen: Wo nach der jeweiligen innerstaatlichen Rechtsordnung eine Beleihung privatrechtlicher Organisationsformen mit hoheitlichen Befugnissen ausscheidet, können öffentlich-rechtliche Körperschaften als Träger von Minderheitenrechten geschaffen werden.

Wenn dem Minderheitenverband nicht nur einzelne Rechte oder Angelegenheiten übertragen werden, sondern er mit umfassenden Befugnissen ausgestattet wird, dann ist eine der beiden Autonomieformen verwirklicht, nämlich die Personalautonomie (daneben existiert noch die Territorialautonomie).

aa) Personalautonomie

Von einer Personalautonomie spricht man dann, wenn die Minderheit als öffentlich-rechtlicher Personenverband verfaßt ist und diesem Verband umfangreiche minderheitenrelevante (in der Regel kulturelle) staatliche Kompetenzen zur eigenständigen Regelung und Ausführung übertragen werden[44]. Die Mitgliedschaft in dem Verband kann regelungstechnisch auf Freiwilligkeit, d.h. auf dem Zugehörigkeitsgefühl zu der jeweiligen Minderheit und ggf. einer auf diesem Gefühl beruhenden Willenserklärung, beruhen, oder aber eine zwangsweise sein, die an äußerlich erkennbare Merkmale der Minderheitenzugehörigkeit anknüpft. Vorzugswürdig und in der Praxis wohl operabler ist die erste Variante, da die Zugehörigkeit zu einer ethnischen Minderheit letztendlich von dem Zugehörigkeitsgefühl des Individuums und dessen Bereitschaft, sich zu seiner Ethnizität zu bekennen, abhängt. Auch verletzen nationale oder ethnische Zwangsverbände das Individualgrundrecht auf freies nationales Bekenntnis, das eine negative Bekenntnisfreiheit einschließt. Diese Erwägungen der völkerrechtlichen Zulässigkeit stellen die Valenz der zwangsweisen Mitgliedschaft als technisch mögliches Regelungsmodell allerdings nicht in Frage: Ein Staat, der

[44] Alen, S. 28 ff.; Bauer, S. 353 - 366; Bernatzik, Ausgestaltung, S. 34 f.; Brunner, Osteuropa Recht 1994/174; Brunner, Georg in Blumenwitz/v. Mangold, S. 32; Dörge, S. 47 f.; Glatz, S. 30 ff.; Heckmann, S. 222 ff.; Kővágó, Kisebbség, S. 12 ff.; Nohlen, Dieter/Barrios, Harald in Nohlen, S. 443; Oeter in Frowein/Hofmann/Oeter, Bd. 2, S. 496 - 504; Pizzorusso, S. 380 - 391; Renner, S. 74 - 79; Riesbeck, S. 108 ff.; Varsányi, RDI 1976/11 f.; Kloss, Heinz in Veiter, System, Teil 1, S. 122 f.; Korkisch, Friedrich in Veiter, System, Teil 2, S. 222 - 237; Veiter, Theodor in Wittmann/Bethlen, S. 105.

die Konsequenzen seines möglicherweise völkerrechtswidrigen innerstaatlichen Minderheitenrechtes in Kauf nimmt, kann sich durchaus auch für einen Minderheitenverband mit Zwangsmitgliedschaft entscheiden[45].

bb) Territorialautonomie

Das Gegenstück zu der Personalautonomie ist die Territorialautonomie. Sie besteht darin, daß auf einem bestimmten, von einer Minderheit bewohnten Gebiet eine Gebietskörperschaft geschaffen und diese mit einem besonderen Rechtsstatus ausgestattet wird. Dieser besondere Rechtsstatus vermittelt auf seinem Territorium Autonomierechte[46]. Als höchste Form der Autonomie kann diese Gebietskörperschaft den Rang einer föderalen oder autonomen Einheit bekommen, und unter diesem Niveau sind zahlreiche Abstufungen der administrativen Selbständigkeit denkbar.

In einer demokratisch verfaßten Gebietseinheit kann das Mehrheitsprinzip den Genuß der Autonomierechte allerdings nur dann vermitteln, wenn die Minderheitenbevölkerung über die Hälfte der Einwohner stellt. Um der Gefahr der Majorisierung durch die örtliche Mehrheit zu entgehen, müssen in dem Konzept einer Territorialautonomie die Rechte der Angehörigen der Staatsnation und dritter Nationalitäten als Minderheitenrechte auf irgendeine Weise geschützt werden.

Die Funktionsfähigkeit der Territorialautonomie setzt voraus, daß die sich örtlich in der Minderheit befindlichen Angehörigen der Staatsnation bereit sind, mit der örtlichen Mehrheit an der Willensbildung in den Organen der Territorialautonomie zusammenzuarbeiten. Vor allem Angehörige einer sich als kulturell sehr viel höherstehend begreifenden Nation oder eines imperialen Herrenvolkes empfinden es oft als Zumutung, sich zu einer Zusammenarbeit mit der Minderheit 'herablassen' zu müssen, und das auch

---

[45] Zur Bindungswirkung völkerrechtlichen Minderheitenrechtes auf innerstaatliche Rechtsetzung s. Kimminich, Rechtsprobleme, S. 143 f.

[46] Alen, S. 28 ff., 38 ff.; Bauer, S. 324 - 353; Bernatzik, Ausgestaltung, S. 34 f.; Blumenwitz, Minderheitenrecht, S. 72; Brunner, Osteuropa Recht 1994/171; Brunner, Georg in Blumenwitz/v. Mangold, S. 30; Oeter in Frowein/Hofmann/Oeter, Bd. 2, S. 509 - 515; Luchterhandt, Otto in Hatschikjan/Weilemann, S. 46; Pizzorusso, S. 362 - 379; Kloss, Heinz in Veiter, System, Teil 1, S. 119 ff.; Veiter in Veiter, System, Teil 2, S. 238 - 252.

Zu den Manipulationen, die bei der Territorialautonomie möglich sind, am Beispiel der Sowjetunion s. Arnold, S. 20 - 39; Brunner, GYIL 1991/360 - 363; Koplin, S. 47 - 78, 83 ff.; Maurach, S. 91 ff.; Meissner, Boris in Veiter, System, Teil 3, S. 202 ff.

noch aus einer Position zahlenmäßiger Unterlegenheit heraus. Wie sehr diese Prestigefragen ein wirkungsvolles Zusammenarbeiten belasten können, wird an der Ablehnung der Wallonen bzw. der Anglokanadier, Niederländisch bzw. Französisch zu lernen, deutlich.

cc) Anwendbarkeit beider Autonomieformen

Während Territorialautonomien weit in die Geschichte zurückreichen, kam die große Zeit der Personalautonomie nach dem Ersten Weltkrieg[47]. Unter der Ägide des Völkerbundes wurde vor allem in Ostmittel- und Südosteuropa (im sog. Cordon sanitaire) ein ganzes Netzwerk aus vorwiegend bilateralen Verträgen zum Minderheitenschutz geschaffen. Diese Dokumente gingen fast alle über die individuelle Gleichbehandlung hinaus und sicherten den Minderheiten in mehr oder weniger großem Umfang kollektive Rechte bis zur Personalautonomie (Estland) zu; territoriale Autonomien wurden durch sie nur in geringer Zahl errichtet[48]. Letztendlich ist dieses

---

[47] Zur Entwicklung von Lösungen im Spannungsfeld beider Autonomieformen in der Österreichisch-Ungarischen Doppelmonarchie s. Bernatzik, Ausgestaltung, S. 28 - 45; Lukas, JÖR 1908/333 ff.; Raschhofer, S. 53 ff.; Riesbeck; Veiter in Veiter, System, Teil 2, S. 238; bezüglich Ungarns s. Baka, ÁJ 1983/251.

[48] Bartsch, S. 67 - 178; Bokorné Szegő, Bd. 1 S. 135; Brownlie, S. 565 f.; Kimminich in Brunner/Camartin/Harbich/Kimminich, S. 18 ff.; Buza in Buza/Hajdu, S. 187 ff.; Camerer, S. 22 ff.; Christopulos, S. 157 f.; Dörge, S. 34 - 58; Ermacora, RdC 1983 Bd. IV S. 258 f.; Genovski, S. 150 f.; Kimminich, Otto in Ermacora/Tretter/Pelzl, S. 199 ff.; Tretter in Ermacora/Tretter/Pelzl, S. 167 f.; Green, L. C. in Gotlieb, S. 185 - 204; Bokorné Szegő, Hanna in Herczegh, S. 131 ff.; Hofmann, S. 17 - 19; Kimminich, Menschenrechte, S. 24 - 36; Kimminich, Rechtsprobleme, S. 57 - 62; Kővágó, Kisebbség, S. 21 - 28; Laserson, S. 48 ff., 63 ff.; Lerner, S. 11 - 14; Oxenknecht, S. 25 - 41; Pircher, S. 62 - 149; Rosenne, Shabtai in Dinstein/Tabory, S. 514 ff.; Rosting, AJIL 1923/641 ff.; Rudesco, S. 36 - 80; Seidl-Hohenveldern, S. 298; Stone, AJIL 1932/502 ff.; Szamel, ÁI 1989/404 f.; Thornberry, S. 38 - 52; Verdross/Simma, Rn. 1252; Veatch, S. 369 - 383.

Zur Entwicklung einer auf diese Verträge und Prinzipien gestützten Dogmatik in der Zwischenkriegszeit s. Ermacora, RdC 1983 Bd. IV S. 259 - 263.

Zum estnischen System der Personalautonomie der Zwischenkriegszeit s. Buza, S. 8; v. Csekey, JÖR 1928/185 ff., 243 ff.; Laserson, S. 49 f.; Pizzorusso, S. 387 f.; Schmidt, Baltikum S. 14 - 17.

Territoriale Autonomien waren z.B. der besondere Status der Karpatoukraine innerhalb des tschechoslowakischen Staates, des Memelgebietes innerhalb Litauens und der Åland-Inseln innerhalb Finnlands sowie die Festigung der Autonomie der Mönchsrepublik Athos.

System gescheitert, weil zum einen der Überwachungsmechanismus des Völkerbundes zu schwach und zu ineffektiv war und weil sich zum anderen in immer mehr Staaten nationalistisch-autoritäre bis faschistische Regime etablierten, denen es am innenpolitischen Willen fehlte, Minderheitenrechte zu achten.
Nach dem Zweiten Weltkrieg konzentrierte man sich ganz auf die individuellen Menschenrechte, so daß kollektive Minderheitenrechte an den Rand der Aufmerksamkeit (und auch der Staatenpraxis) rückten. Der Schutz der Minderheitenangehörigen sollte allein durch die Gewährung individueller Rechte und vor allem durch das Diskriminierungsverbot geleistet werden. In dieser Konzeption hatte die Forderung nach besonderen Minderheitenrechten, u.a. wegen deren Mißbrauchs durch die faschistischen Mächte vor und während des Zweiten Weltkrieges, einen eher schlechten Klang[49]. Erst mit dem Auseinanderbrechen der osteuropäischen Vielvölkerstaaten und der Möglichkeit der freien Diskussion von Minderheitenangelegenheiten in den ehemals sozialistischen Staaten finden die individuellen und auch die kollektiven Minderheitenrechte in beiden Formen wieder mehr Beachtung in der internationalen Diskussion[50].

Die Territorialautonomie[51] bietet sich nur dann an, wenn die Minderheit geschlossen in einem abgrenzbaren Gebiet ohne allzu große Einsprengsel der Mehrheitsnation oder eines dritten Ethnikums siedelt. Aber selbst dann

---

[49] Steiner, Ludwig in Blumenwitz/Gornig, S. 29 ff.; Brunner, Europäische Rundschau 1996/48; Buza in Buza/Hajdu, S. 189; Christopulos, S. 159; Tretter in Ermacora/Tretter/Pelzl, S. 168 f.; Joó, Rudolf in Fodor u.a., S. 142; Geroe/Gump, CJTL 1995/673 f., 677 ff.; Kendi, S. 2; Kimminich, Rechtsprobleme, S. 62 - 75, 81 - 96; Kimminich, Völkerrecht, S. 379; Kővágó, Kisebbség, S. 29 ff.; Kunz, AJIL 1954/282, 284 ff.; Lerner, S. 14 - 16; Mavi, ÁJ 1991/54 f., 57 ff.; Nowak, Art. 27 Rn 2 ff. S. 514 ff.; Pizzorusso, S. 76 - 83; Brunner, Georg in Schönfeld, S. 40; Seidl-Hohenveldern, S. 299.

[50] Steiner, Ludwig in Blumenwitz/Gornig, S. 32; Christopulos, S. 155, 159; Ermacora in Ermacora/Tretter/Pelzl, S. 3 f.; Hofmann, S. 19 - 23; Hofmann, ZaöRV 1992/1, 13; Nohlen, Dieter/Barrios, Harald in Nohlen, S. 442.
Einzelheiten zu den Vorläufern dieses Trends bei Ermacora, Nationalitätenkonflikte, S. 51 - 74; Lerner, S. 16 - 19.

[51] Zur möglichen Rolle von Territorialautonomien bei der Lösung ethnischer Konflikte in Osteuropa s. Brunner in Brunner/Lemberg S. 289 ff.; Héraud, Guy in Veiter, System, Teil 1, S. 64 - 69.
Zur möglichen Ausgestaltung eines ethnisch begründeten Föderalismus bei den verschiedenen Arten von Minderheiten s. Kloss, Heinz in Veiter, System, Teil 2, S. 208 ff.; Klein, Friedrich in Veiter, System, Teil 3, S. 91 ff.

löst sie das Minderheitenproblem meist nicht ganz und schafft in der Regel neue Minderheitensituationen: die Minderheitenangehörigen, die außerhalb des autonomen Gebietes leben, verbleiben in ihrer Minderheitenposition, und die Mehrheitsangehörigen, die in dem autonomen Gebiet siedeln, befinden sich plötzlich in einer solchen. Auch Angehörigen eines ebenfalls minoritären Drittethnikums hilft die Territorialautonomie nicht, da nur die örtliche Mehrheit von ihr profitieren kann. Außerdem erschwert eine territoriale Autonomie den Minderheitenangehörigen, die in dem autonomen Gebiet siedeln und sich assimilieren möchten, die Durchführung ihres Assimilationswunsches. Auch die Grenzziehung kann sich bei ethnischen Mischgebieten im Grenzbereich zweier Bevölkerungen schwierig und konfliktträchtig gestalten.
Diese Schwierigkeiten tauchen bei der Personalautonomie nicht auf, da diese nicht an ein Gebiet, sondern an die Person unabhängig von deren Wohn- oder Aufenthaltsort anknüpft. Für Minderheiten in Streusiedlung ist dies die einzig mögliche Form der Autonomie, da sie kein zusammenhängend besiedeltes Territorium besitzen. Andererseits können bei einer Territorialautonomie, insbesondere bei ihrer föderalen Variante, der Gebietskörperschaft Kompetenzen aus allen drei Staatsgewalten zur eigenständigen Ausübung übertragen werden (so daß sogar die Tradition früherer Staatlichkeit der Minderheit auf niedrigerer Ebene fortleben kann). Das bedeutet, daß die territoriale Minderheitenkörperschaft sehr viel umfangreichere staatliche Befugnisse ausüben kann, als das bei einem Personenverband praktikabel ist.

Beide Modelle haben ihre Vor- und Nachteile und damit ihre situationsgebundene Berechtigung. Welche Autonomieform für die Regelung des Status einer gegebenen Minderheit angemessen ist, hängt ganz vom Einzelfall ab. Hierbei spielen objektive Faktoren wie Siedlungsweise oder Entwicklungsstand der Minderheit ebenso eine Rolle wie subjektive, z.B. die Wünsche und Forderungen der Minderheit und deren politische Durchsetzbarkeit und Akzeptanz bei der Mehrheit[52]. Auch die Kooperationsbereitschaft auf beiden Seiten ist ein wichtiges Element. Patentrezepte gibt es in dieser Frage nicht, und auch die für eine Minderheit funktionierende Lösung ist damit noch nicht notwendig ein praktikables Modell für eine andere Minderheit. Schließlich sollte noch erwähnt werden, daß die beiden

---

[52] Bibó nennt als Kriterium die Dynamik des Wandels der entsprechenden Gruppe von einem Volk zu einer Nation: S. 446 - 451.

Autonomieformen sich nicht gegenseitig ausschließen, sondern in vielfältiger Weise miteinander kombiniert werden können.
Da in Ungarn die Minderheiten sehr verstreut leben[53] und höchstens auf Dorfebene hier und da eine lokale Mehrheit bilden, ist eine reine Territorialautonomie nicht sinnvoll und wird auch in der politischen Praxis weder erwogen noch gefordert.

3. Völkerrechtliche Anforderungen an innerstaatliches Minderheitenrecht

Im folgenden werden nur solche völkerrechtlichen Normen untersucht, die auch für Ungarn Geltung haben.

a) Universales Völkerrecht

Ganz allgemein ist jeder Staat verpflichtet, seinen Angehörigen gegenüber einen gewissen *Mindeststandard an Menschenrechten* einzuhalten. Dieser Mindeststandard ist Teil des allgemeinen Völkerrechtes[54] und damit gemäß § 7 Abs. 1 der Verfassung [s.u. Punkt III. 2. d)] Bestandteil der innerstaatlichen ungarischen Rechtsordnung.
Dieser Mindeststandard reicht allerdings nicht sehr weit und enthält keine minderheitenspezifischen Aspekte. Er bildet allerdings insofern die Basis für Minderheitenrechte, als daß in einem Staat, der noch nicht einmal den Mindeststandard an Menschenrechten einhält, für besondere Rechtsstellungen nationaler oder ethnischer Gruppen in der Regel erst recht kein Raum gelassen wird. Diese Überlegung ist aber nicht zwingend, wie gerade ein Beispiel aus der ungarischen Geschichte zeigt: Während sich ab der späten 1930er Jahre die allgemeine Menschenrechtssituation wegen des zunehmend autoritäter werdenden und sich faschistischen Vorbildern annähernden Charakters des Regimes immer weiter verschlechterte, wurden der deutschen Minderheit und ihrer nationalsozialistischen Vertretung, dem Volksbund, auf Druck des Reiches immer weitergehende Rechte eingeräumt [s.u. Punkt II. 4.][55].

---

[53] S.u. Punkt III. 1. b).

[54] BVerfGE 46/342 (362); Doehring, S. 70 ff.; Dupuy, S. 172 ff.; Ipsen, § 46; Mavi, Acta Juridica 1990/327 f.; Verdross/Simma, S. 820 ff.; Fawcett, James E. S. in Winkler, S. 260; Scheuner, Ulrich in Winkler, S. 198 ff.

[55] Weitere Beispiele bei Klein, Friedrich in Veiter, System, Teil 1, S. 145 ff.

Die physische Existenz der Gruppe, die eine Minderheit ausmacht, wird durch die Konvention über die Verhütung und die Bestrafung des *Völkermordes* vom 9.12.1948 (Genozidkonvention)[56] geschützt. Ein Verbot des kulturellen Genozids ist darin jedoch nicht enthalten. Diese Konvention ist von Ungarn unterzeichnet und durch die Verordnung mit Gesetzeskraft 16/1955. ratifiziert worden, so daß die Frage, ob sie auch die Nichtunterzeichnerstaaten als ius cogens bindet, für Ungarn ohne Belang ist.

Oberste Norm des völkerrechtlichen Minderheitenschutzes ist das *Diskriminierungsverbot*, das mittlerweile völkergewohnheitsrechtlich gilt[57] und auch in zahlreichen Verträgen niedergelegt wurde. Die wichtigsten Beispiele sind Art. 55 lit. c) der Charta der Vereinten Nationen vom 26.6. 1945[58], Art. 2 Abs. 1, Art. 26 des Internationalen Paktes über bürgerliche und politische Rechte vom 19.12.1966[59] und Art. 2 Abs. 2 des Internationalen Paktes über wirtschaftliche, soziale und kulturelle Rechte vom 19.12. 1966[60]. Ungarn ist seit 1955 Mitglied der Vereinten Nationen und 1969 beiden Pakten beigetreten[61].

---

[56] BGBl. 1954 II S. 729 ff.
Näher dazu Blumenwitz, Minderheitenrecht, S. 64 f.; Capotorti, ItalYIL 1976/10 f.; Drost; Jescheck, Hans Heinrich in Encyclopedia, S. 255 ff.; Ermacora, Nationalitätenkonflikt, S. 22 f.; Genovski, S. 151 f.; Nagy in Haraszti/Herczegh/Nagy, S. 188 f.; Kővágó, Kisebbség, S. 38 f.; Pircher, S. 228 - 234; Pizzorusso, S. 305 - 314; Ternon; Tunkin, Völkerrecht, S. 351; Vukas, RDH 1975/43.

[57] S.o. Punkt 2. a).

[58] BGBl. 1973 II S. 430 ff., bereinigte Fassung BGBl. 1980 II S. 1251 ff.
Zum minderheitenrechtlichen Gehalt des Art. 1 der Charta s. Humphrey, John P. in Gotlieb, S. 163 ff.
Ein Überblick über die Entwicklung der Arbeiten der Vereinten Nationen auf dem Gebiet des Minderheitenschutzes bei Blumenwitz, Minderheitenrecht, S. 47 ff.; Bricke, S. 19 ff.; Ermacora, Nationalitätenkonflikt, S. 23 - 74; Ermacora, RdC 1983 Bd. IV S. 263 - 268; Kővágó, Kisebbség, S. 32 - 45; Pircher, S. 165 - 258; Thornberry, S. 118 - 137; Ermacora, Felix in Veiter, System, Teil 2, S. 55 - 63.

[59] S.o. Fn. 10. Als erstes sozialistisches Land ist Ungarn 1988 dem Rechtsschutzsystem der Staatenbeschwerde (Art. 41) und der Individualbeschwerde (Fakultativprotokoll) beigetreten: Verordnungen mit Gesetzeskraft 24/1988. und 25/1988., Magyar Közlöny 1988/1249 ff., 1251.
Zu den minderheitenrelevanten Vorschriften dieses Paktes außer Art. 27 s. Pircher, S. 204 - 216.

[60] In Kraft getreten am 3.1.1976; BGBl. 1973 II S. 1569 ff.
Zum Minderheitenschutz in diesem Pakt s. Pircher, S. 194 - 204.

[61] Die Ratifikation der beiden Pakte erfolgte durch die Verordnungen mit Gesetzeskraft 8/1976. und 9/1976.

Einen ähnlichen Inhalt hat die Konvention zur Beseitigung jeder Form von Rassendiskriminierung vom 21.12.1965[62], zu deren Unterzeichnern Ungarn gehört[63]. Sie verbietet die Benachteiligung und grundsätzlich auch die Bevorzugung von Individuen aufgrund von Rasse, Farbe, Abstammung oder ihrer nationalen oder ethnischen Herkunft in der Gewährung und dem Genuß von Menschenrechten und Grundfreiheiten. Darüber hinaus enthält sie in Art. 2 lit. a) ein Diskriminierungsverbot zugunsten der Minderheit als Kollektiv. Art. 6 verpflichtet die Unterzeichnerstaaten, dem Individuum durch Gerichte oder andere geeignete staatliche Stellen effektiven Schutz gegen Diskriminierung zu gewähren und die Möglichkeit, vor Gericht Schadensersatz wegen Diskriminierung zu fordern, zu schaffen. Gemäß Art. 4 a), b) sind die Verbreitung rassistischen Gedankengutes und die Aufstachelung zum Rassenhaß unter Strafe zu stellen sowie rassistische Organisationen zu verbieten und die Mitgliedschaft darin zu bestrafen. Der Vorbehalt, den die Volksrepublik Ungarn bei der Unterzeichnung der Konvention gegen Art. 22, der eine Streitschlichtung durch den Internationalen Gerichtshof vorsieht, geltend gemacht hat, ist zurückgezogen worden[64]. Ungarn erkennt damit die obligatorische Streitschlichtung des Internationalen Gerichtshofes bei Streitigkeiten aus dieser Konvention gemäß Art. 22 an. Auch der Internationalen Konvention über die Bekämpfung und Bestrafung des Apartheid-Verbrechens vom 30.11.1973[65] ist Ungarn beigetreten.

Ein spezielles Diskriminierungsverbot zugunsten der Angehörigen von Minderheiten für den Bereich des Bildungswesens enthält Art. 1 der UNESCO-Konvention gegen die Diskriminierung im Unterrichtswesen vom 14.12.1960[66]. Art. 5 Abs. 1 lit. c) dieses auch für Ungarn verbindli-

---

[62] In Kraft getreten am 4.1.1969, s.o. Fn. 32; dort auch zu der Möglichkeit der positiven Diskriminierung nach der Konvention.
Näher dazu Ermacora, Diskriminierungsschutz, S. 72 - 145; Humphrey, John P. in Gotlieb, S. 167 ff.; Mulder, S. 56 ff.; Pircher, S. 234 - 247; Thornberry, S. 257 - 280; Ermacora, Felix in Veiter, System, Teil 2, S. 57 f.; Veiter, ÖJZ 1968/231.

[63] Verordnung mit Gesetzeskraft 8/1969., Magyar Közlöny 1969/298 ff.

[64] Gesetz 1991:LXXX über die Änderung der Verordnung mit Gesetzeskraft 8/1969., Magyar Közlöny 1991/2961.

[65] Internationale Konvention über die Bekämpfung und Bestrafung des Apartheid-Verbrechens, GBl. DDR 1974 II S. 492 ff., in Ungarn ratifiziert durch die Verordnung mit Gesetzeskraft 27/1976., Magyar Közlöny 1976/859 ff., und in Kraft getreten am 18.7.1976.

[66] Verordnung mit Gesetzeskraft 11/1964., Magyar Közlöny 1964/229 ff., in Kraft getreten am 30.5.1961. Einzelheiten bei Blumenwitz, Minderheitenrecht, S. 51 f.;

chen Dokumentes garantiert den Minderheitenangehörigen das Recht, eigene Erziehungsaktivitäten zu unternehmen, was eigene Schulen und, je nach der Bildungspolitik des betreffenden Staates, den Gebrauch der oder Unterricht in der eigenen Sprache einschließt.

Im Erwerbsleben verbietet die Konvention über die Diskriminierung in Arbeit und Beruf vom 25.6.1958[67] Benachteiligungen u.a. aufgrund der Hautfarbe, der Rasse, der Religion oder der nationalen Abkunft (Art. 1). Die Unterzeichnerstaaten sollen gemäß Art. 2 durch geeignete Maßnahmen versuchen, die Chancengleichheit und die Gleichheit der Behandlung in Arbeit und Beruf zu fördern.

Auch das Übereinkommen über die Rechte der Kinder vom 20.11.1989[68] enthält in Art. 2 ein Diskriminierungsverbot: Kinder dürfen wegen ihrer oder ihrer Eltern bzw. Sorgeberechtigten Rasse, Farbe, Geschlecht, Sprache, Religion oder nationalen, ethnischen oder sozialen Abkunft usw. nicht benachteiligt werden.

Das Diskriminierungsverbot ist jedoch rein auf das Individuum bezogen und gewährt einer Gruppe als solcher keinen Schutz. Zu untersuchen ist, ob das völkerrechtliche Diskriminierungsverbot auch die *positive Sonderbehandlung* von Minderheiten und ihren Angehörigen verbietet. Völkervertragsrechtlich ist ein solches Verbot nicht ersichtlich; im Gegenteil, einzelne Verträge wie Art. 1 Abs. 4 der Konvention zur Beseitigung jeder Form von Rassendiskriminierung vom 21.12.1965 erlauben die fördernde Sonderbehandlung rassischer, ethnischer oder ähnlicher Gruppen jedenfalls bis zur Herstellung einer faktischen Gleichheit ausdrücklich.

Ein Verbot der positiven Diskriminierung könnte aber aus dem Völkergewohnheitsrecht herzuleiten sein. Solches entsteht durch eine entsprechende Übung von einiger Dauer, die von Rechtsüberzeugung [opinio iuris] getragen ist. Da es in der Staatenpraxis des völkerrechtlichen Verkehrs - hier ist die Deklaration der Generalversammlung der Vereinten Nationen vom 18.12.1992 über die Rechte von Personen, die zu nationalen oder ethnischen, religiösen oder sprachlichen Minderheiten gehören (s.u.), und der Minderheitenrechte, die über die normalen Staatsbürgerrechte hinausgehen, zumindest als Ausnahme anerkennende Beschluß der Unterausschus-

---

Capotorti, ItalYIL 1976/8 f.; Pircher, S. 273 - 281; Thornberry, S. 287 ff.; Rabl, Kurt in Veiter, System, Teil 3, S. 109 f.; Vukas, RDH 1975/43 f.

[67] ILO-Konvention Nr. 111, U.N.T.S. Bd. 362 S. 32 ff., BGBl. 1961 II S. 97 ff., in Kraft getreten am 15.6.1960; für Ungarn in Kraft getreten am 20.6.1962: BGBl. 1962 II S. 819.

[68] Die Ratifizierung in Ungarn erfolgte durch Gesetz 1991:LXIV, Magyar Közlöny 1991/2584 ff.

ses des Wirtschafts- und Sozialrates der Vereinten Nationen vom 8.10. 1951[69] zu nennen - sowie der innerstaatlichen Rechtsordnungen ebenso wie in der völkerrechtlichen Literatur zahlreiche Beispiele für positive Diskriminierungen gibt[70], fehlt es sowohl an einer einheitlichen Übung als auch an einer entsprechenden Rechtsüberzeugung. Daher läßt sich kein Satz des völkergewohnheitsrechtlichen ius cogens herleiten, daß das Diskriminierungsverbot auch fördernde Maßnahmen und die dadurch entstehenden vorübergehenden Ungleichheiten verbietet. Folglich untersagt das Völkerrecht zwingend lediglich nachteilige Unterscheidungen, während die Vornahme positiver Diskriminierungen in dem Ermessen des Staates verbleibt.

Art. 27 des Internationalen Paktes über bürgerliche und politische Rechte geht weiter und verbietet es, Angehörigen ethnischer und sprachlicher Minderheiten das Recht vorzuenthalten, innerhalb der Gruppe die *gemeinsame Sprache, Kultur und Religion* zu pflegen. Der Schutzgehalt auch dieser individualrechtlichen, wenn auch gruppenbezogenen Norm ist schon wegen ihrer negativen Formulierung nicht allzu groß[71].

---

[69] E/CN.4/Sub.2/L.4.

[70] Einige innerstaatliche Beispiele positiver Förderung im Sinne der Gewährung von Rechten, die über die der Mehrheit gewährten Rechte hinausgehen, sind der Verzicht des BWahlG und des LWahlG SH auf die 5 %-Hürde bei Parteien nationaler Minderheiten, das ausgedehnte indische System der Förderung der sog. scheduled casts and tribes (s.o. Fn. 31), die slowenische Garantie eines Mandates für die ungarische und die italienische Minderheit im Parlament (s.u. Punkt IV. 6.), die überproportionale Garantie von Parlamentssitzen für die Weißen in Zimbabwe nach der Unabhängigkeit oder die Befreiung autochthoner Bevölkerungsgruppen, die gemäß ihrer ererbten Kultur leben, von zahlreichen Pflichten wie Steuer- oder Militärpflicht oder der Pflicht, ererbte Bodennutzungsrechte in das Grundbuch eintragen zu lassen bzw. für die Eintragung die üblichen Gebühren zu entrichten, in verschiedenen Staaten. Eine faktische Förderung kann z.B. in den überproportionalen Ausgaben des Bundes sowie der Länder Brandenburg und Sachsen zur Bezuschussung kultureller Aktivitäten der Sorben gesehen werden.

[71] Bokorné Szegő, ÁJ 1989/341 f.; Brunner, JOR 1984/29; Brunner, Südosteuropa 1986/240 ff.; Brunner, Osteuropa Recht 1994/159; Brunner, Nationalitätenprobleme, S. 111 ff.; Brunner, Georg in Blumenwitz/v. Mangold, S. 24; Capotorti, ItalYIL 1976/14 - 28; Heintze, S. 140 ff.; Hofmann, S. 19 - 23; Hofmann, ZaöRV 1992/9; Jankuloski, S. 160 ff.; Kimminich, JOR 1991/31; Kővágó, Kisebbség, S. 36 f.; Mavi, ÁJ 1991/61 f.; Mohlek in Mohlek/Hošková, S. 29; Mulder, S. 179 ff.; Nowak, Art. 27 S. 513 - 539; Oxenknecht, S. 132 - 142; Pircher, S. 216 - 227; Szabó, Acta Juridica 1981/11 f.; Thornberry, S. 178 ff.; Tomuschat, S. 949 ff.; Münch, Fritz in Veiter, System, Teil 2, S. 64 - 72; Veiter, ÖJZ 1968/232.

Da sich die Konvention 107 der ILO vom 26.5.1957 über den *Schutz und die Integration eingeborener sowie anderer Stammes- und Halbstammesbevölkerungen in unabhängigen Ländern* ("Urbevölkerungskonvention")[72] nur auf autochthone Völker bezieht und solche im Karpatenbecken nicht mehr existieren, kann sie für Ungarn außer Betracht bleiben. Eine Diskussion der Frage, ob der Inhalt dieser Konvention auch Nichtunterzeichnerstaaten als Völkergewohnheitsrecht bindet, kann daher im Rahmen dieser Untersuchung unterbleiben.

Schließlich ist die Deklaration der Generalversammlung der Vereinten Nationen vom 18.12.1992 über die Rechte von Personen, die zu nationalen oder ethnischen, religiösen und sprachlichen Minderheiten gehören, zu nennen[73]. Sie enthält, anknüpfend an Art. 27 des Internationalen Paktes über bürgerliche und politische Rechte, einige *Individualrechte* wie das Recht auf freien Gebrauch der Muttersprache, auf Teilnahme am kulturellen, religiösen, sozialen, wirtschaftlichen und öffentlichen Leben, auf gleichberechtigte Teilnahme am staatlichen Willensbildungsprozeß, auf Bildung von Minderheitenorganisationen und auf freie Kontaktpflege mit in- und ausländischen Personen und Organisationen. Des weiteren stipuliert sie gewisse Pflichten der Staaten wie die internationale Zusammenarbeit, um Minderheitenangelegenheiten zu fördern. Diese Rechte und Pflichten werden jedoch durch Klauseln wie "nach Möglichkeit", "nach Bedarf" u.ä. eingeschränkt, z.T. sogar zur Disposition der Staaten gestellt. Die Bestimmung der Förderpflicht stellt klar, daß Maßnahmen der positiven Diskriminierung nicht gegen das Gleichheitsgebot verstoßen. Schutzmechanismen fehlen in der Deklaration.
Grundsätzlich sind die Deklarationen der Generalversammlung der Vereinten Nationen völkerrechtlich nicht bindend. Dies ergibt sich aus Art. 10

Zur Entstehungsgeschichte s. Nowak, Manfred in Ermacora/Tretter/Pelzl, S. 211 f. und Thornberry, S. 142 - 153.
S. auch oben Punkt 2. b).

[72] U.N.T.S. Bd. 328, S. 248 ff. S. dazu Pircher, S. 264 - 270.

[73] Resolution 47/135, abgedruckt bei BZPB, Menschenrechte, Dokument Nr. 9 S. 111 ff., und Heintze, S. 196 ff.
Näher dazu Blumenwitz, Minderheitenrecht, S. 50 f.; Bricke, S. 20 f.; Dicke, Europa-Archiv 1993/109 ff.; Dupuy, S. 168; Kussbach, Erich in ELTE, S. 197; Hofmann, S. 23 - 30; Pierré-Caps in Rouland/Pierré-Caps/Poumarède, S. 215 - 219; Yacoub, S. 114 - 118.
Der jugoslawische Entwurf ist abgedruckt bei Thornberry, S. 412 f.; dazu auch Capotorti, UN 1980/115 ff.; Herczegh, Acta Juridica 1990/231 ff.

- 14 der Charta der Vereinten Nationen[74]. Solche Deklarationen und ähnliche Akte können jedoch das Vorliegen eines gleichlautenden Völkergewohnheitsrechtes indizieren, insbesondere wenn sie einstimmig gefaßt werden[75]. Die Resolution wurde ohne Abstimmung angenommen, jedoch haben einige Länder wie z.B. Frankreich Vorbehalte wie auch schon gegen Art. 27 geltend gemacht. Angesichts dieser Vorbehalte sowie der Widerstände, die seit Jahrzehnten bei der Festschreibung von Minderheitenrechten in völkerrechtlich bindenden Instumenten im Rahmen der Vereinten Nationen zu beobachten sind, kann man noch nicht davon ausgehen, daß es ein mit der Deklaration gleichlautendes Völkergewohnheitsrecht gibt, noch daß die Deklaration ein gleichlautendes Völkerrecht geschaffen hat.

Falk und Asamoah[76] sprechen den Deklarationen der Generalversammlung einen Status zwischen bindend und nicht bindend zu, wobei es vor allem auf die jeweilige Deklaration ankomme: Der Grad des Bindungswirkung soll von Umständen wie dem Wortlaut, dem Konsens in der Generalversammlung u.ä. abhängen. Bei der Minderheitendeklaration spricht bereits der unklare und mit zunehmender Entfernung von dem bloßen Diskriminierungsverbot immer unbestimmter werdende Wortlaut gegen eine rechtlich verbindliche Wirkung. Nichtsdestoweniger spricht sie von den "Rechten" der Minderheitenangehörigen, was für eine gewisse Rechtsverbindlichkeit sprechen könnte[77]. Letztendlich entscheidend ist aber der Bindungswille der Staaten, und dieser spricht zumindest zur Zeit noch gegen eine völkerrechtliche Verbindlichkeit der Minderheitendeklaration. Auch nach den Sondermeinungen von Falk und Asamoah ist eine Bindungswirkung somit letztendlich zu verneinen.

---

[74] S.o. Fn. 58.

[75] Internationaler Gerichtshof, Gutachten zu Legal Consequences for States of the Continued Presence of South Africa in Namibia (South West Africa) Notwithstanding Security Council 276 (1970) Case, Advisory Opinion, I.C.J. Reports 1971 S. 16 ff., § 105; Bokorné Szegő, Bd. 2 S. 37; Bowett, S. 41 f.; Brownlie, S. 14 f.; Hajdu in Buza/Hajdu, S. 19; Castañeda, S. 2 ff., 165 ff.; Genovski, S. 21 ff., 26 f.; Prandler, Árpád in Herczegh, S. 231; Higgins, S. 4 ff.; Lauterpacht, S. 424 f.; Menzel/Ipsen, S. 90 f.; Moca, S. 72 ff.; Puto, S. 13; Pierré-Caps in Rouland/Pierré-Caps/Poumarède, S. 215 ff.; Schweitzer, S. 84 f.; Sepúlveda, S. 237; Sørensen, S. 88, 792; Thornberry, S. 233 f.; Tunkin, Fragen, S. 122 - 136; Tunkin, Völkerrecht, S. 55 f., 183; Skadegård, Povl in Veiter, System, Teil 1, S. 45 f.; Veiter in Veiter, System, Teil 1, S. 74 f.; Veiter, ÖJZ 1968/227; Vellas, S. 212 ff.; Verdross, ZaöRV 1966/690 ff.; Verdross/Simma, S. 93, 405 - 412; Weber/v. Wedel, S. 76 f.

[76] Asamoah, S. 19 ff., 46 ff.; Falk, AJIL 1966/782 ff.

[77] Heintze, S. 123.

Der Inhalt dieser Deklaration ist folglich für die Staaten rechtlich nicht bindend.
Eine weitere, nicht bindende Resolution hat die Menschenrechtskommission der Vereinten Nationen über den Schutz der Zigeuner erlassen[78]. Sie verurteilt die Diskriminierung der Roma und befürwortet ihre Anerkennung als Minderheit.

b) Regionales Völkerrecht

aa) OSZE

Im Rahmen der KSZE, seit dem 1.1.1995 OSZE[79], findet sich in mehreren Körben der Schlußakte von Helsinki von 1975 die Berufung auf verschiedene Menschen- und in geringerem Umfang auch auf Minderheitenrechte[80], und auch in verschiedenen Folgedokumenten finden sich minderheitenrelevante Passagen[81]. Es gibt jedoch keine besonderen minderheitenspezifischen OSZE-Schutzinstrumente. Aus Ziffern 18, 19 des Prinzipienteils des Abschließenden Dokumentes des Wiener Folgetreffens vom

---

[78] Resolution 1992/65; näher dazu s. Bricke, S. 166; Heintze, S. 129.

[79] Zum Hintergrund dieses Namenswechsels s. Kolkmann, KAS-AI 1995/6 S. 33.

[80] Die "Schlußakte der Konferenz für Sicherheit und Zusammenarbeit in Europa" vom 1.8.1975 ist abgedruckt in AdV 1977/78 (Bd. 17) S. 84 ff. sowie in Auszügen in BZPB, Menschenrechte, Dokument Nr. 4 S. 313 ff.
Brownlie, S. 576; Hacker, S. 91 ff.; Heintze, S. 163 ff.; Klein, Eckart in Brunner, Menschenrechte S. 14 f.; Joó, Rudolf in Fodor u.a., S. 145; Kimminich, Rechtsprobleme, S. 135 f.; Kővágó, Kisebbség, S. 37 f.; Mazov, S. 159 - 189; Tabory in Dinstein/Tabory, S. 192 - 198; Thornberry, S. 250 ff.

[81] Die menschenrechts- und minderheitenrelevanten Passagen der Nachfolgedokumente sind abgedruckt bei BZPB, Menschenrechte, Dokumente Nr. 5 - 11 S. 337 ff.
Blumenwitz, Minderheitenrecht, S. 53 ff.; Bodáné u.a., S. 76 ff.; Brunner, Osteuropa Recht 1994/159; Heintze, S. 165 -169; Hofmann, S. 34 - 38; Kimminich, JOR 1991/331 f.; Pierré-Caps in Rouland/Pierré-Caps/Poumarède, S. 222 ff.; Tabory in Dinstein/Tabory S. 187 - 211; Weiss, Der Donauraum 1991 Heft 3 S. 11 ff.;
Zu den Entwicklungen im Rahmen der KSZE/OSZE s. Bartsch, S. 181 - 266; Uschakow, Alexander in Blumenwitz, Heimat, S. 115 f.; v. Studnitz, Ernst-Jörg in Blumenwitz/Gornig, S. 19 ff.; Bricke, S. 27 ff., 32; Brunner, Nationalitätenprobleme, S. 113 f.; Ermacora, Der Donauraum 1991 Heft 3 S. 5 f.; Hofmann, ZaöRV 1992/14 - 17; Pierré-Caps, AFDI 1994/73 ff.; Lucas, Michael R. in Seewann, Minderheiten, S. 243 ff.
Zu den Aktivitäten der OSZE zum Schutz der Zigeuner s. Bricke, S. 166 f.

15.1.1989 und Kapitel IV des Kopenhagener Dokumentes vom 29.6.1990 ergeben sich für Ungarn gewisse minderheitenbezogene Verpflichtungen (einschließlich der Vornahme fördernder Maßnahmen) politischer Art, und auch die Charta von Paris[82] enthält einige wenige minderheitenpolitische Erklärungen. Diese Instrumente sind aber wegen der völkerrechtlichen Unverbindlichkeit der OSZE-Dokumente juristisch nicht bindend[83]. Auch das im Rahmen der durch das Schlußdokument von Wien vom 17.1.1989 geschaffenen und seitdem von der OSZE stark betonten "menschlichen Dimension"[84] im Juli 1992 eingerichtete Amt des Hohen Kommissars für Nationale Minderheiten (Amtsinhaber ist der ehemalige niederländische Außenminister Max van der Stoel) dient nicht dem individuellen, fallbezogenen Schutz wie etwa ein Ombudsmann oder gar ein justizielles Organ, sondern der Konfliktverhütung im Vorfeld von Auseinandersetzungen[85]. Damit erwachsen Ungarn aus seiner Mitgliedschaft in dieser Organisation keine völkerrechtlichen Pflichten zum Minderheitenschutz.

---

[82] Charta von Paris für ein neues Europa vom 21.11.1990, EuGRZ 1990/517 ff.

[83] Kimminich, AdV 1977/78 S. 276 ff., 290 ff.; Mahnke, ROW 1977/46 ff.; Alfredsson, Gudmundur in Tomuschat/Kötz/v. Maydell, S. 222 ff.

[84] Bartsch, S. 210 ff.; Brunner, GYIL 1991/384.

[85] Das diesbezügliche Helsinki-Dokument 1992: Herausforderung des Wandels ist auszugsweise abgedruckt bei Heintze, S. 203 ff.
Bartsch, S. 206 ff.; v. Studnitz, Ernst-Jörg in Blumenwitz/Gornig, S. 21; Bricke, S. 29 f.; Brunner, Osteuropa Recht 1994/159; Christopulos, S. 172 f.; Heintze, S. 169 ff.; Hofmann, S. 38; Kolkmann, KAS-AI 1995/6 S. 37 f.; Pierré-Caps, AFDI 1994/100; Pierré-Caps in Rouland/Pierré-Caps/Poumarède, S. 251 f.; Schlotter, APuZ B 5/96, S. 28; Lucas, Michael R. in Seewann, Minderheiten, S. 257 ff.; van der Stoel, Max in einem Interview mit Verhoeven, Hermann-Josef, abgedruckt in Ethnos-Nation, 1995 Heft 1 S. 79 ff.
Um Verbindlichkeit und Durchsetzungskraft der OSZE-Grundsätze zu erhöhen, wird ein förmlicher Rechtsschutz in Gestalt einer Organleihe von Institutionen des Europarates (Europäische Kommission für Menschenrechte, Europäischer Gerichtshof für Menschenrechte) an die OSZE vorgeschlagen: Breitenmoser/Richter, EuGRZ 1991/141 ff.; dazu Niewerth, S. 223 ff.
Zu den Tendenzen, einen rechtlichen oder doch zumindest quasirechtlichen Schutz innerhalb der OSZE zu schaffen, s. Brunner, Nationalitätenprobleme, S. 113 f.; Heintze, S. 174 ff.
Zur ähnlichen, präventiven Rolle des Minderheitenschutzsystems der Zwischenkriegszeit s. Herczegh, Acta Juridica 1990/226 f.

bb) Europarat

Ungarn ist seit dem 6.11.1990 Mitglied des Europarates.
Von Ungarn wie von allen anderen ehemals sozialistischen Staaten wurde bei ihrer Aufnahme in den Europarat verlangt, gleichzeitig der *Europäischen Menschenrechtskonvention* vom 4.11.1950[86] (EMRK) und deren Schutzmechanismen[87] beizutreten.
Die individualrechtlich ausgestaltete EMRK enthält keine minderheitenspezifischen Schutzrechte, aber in Art. 14 ein Diskriminierungsverbot, das allerdings nur Einzelnen und keinen Kollektiven zugute kommt, dafür aber ausdrücklich die Diskriminierung wegen der Zugehörigkeit zu einer Minderheit erfaßt. Der Europäische Gerichtshof für Menschenrechte hat sich daher schon mehrfach mit Minderheitenproblemen unter dem Gesichtspunkt des Art. 14 befaßt[88]. Das Verbot der Diskriminierung ist nicht absolut, sondern bezieht sich nur auf die Ausübung der sonstigen in der EMRK gewährten Rechte, so daß nicht von der EMRK geschützte Grundrechte auch nicht unter das Diskriminierungsverbot fallen. Eine weitere, auch für Angehörige von Minderheiten wichtige Garantie sind die Vorschriften des Art. 6 Abs. 3 lit. a), e), die die Unterbreitung einer Beschuldigung in einer dem Angeklagten verständlichen Sprache und die unentgeltliche Beiziehung eines Dolmetschers im Strafverfahren garantieren.

---

[86] In Kraft getreten am 3.9.1953; BGBl. 1952 II S. 686 ff., in Ungarn ratifiziert durch Gesetz 1993:XXXI, Magyar Közlöny 1993/2347 ff.; für Ungarn in Kraft getreten am 5.11.1992.

[87] Zu den Auswirkungen der Ratifizierung der EMRK und ihrer Zusatzprotokolle auf das innerstaatliche ungarische Recht s. Bán, MJ 1992/129 ff.

[88] Brunner, Georg in Blumenwitz/v. Mangold, S. 25; Ermacora, Nationalitätenkonflikte, S. 119 - 131; Peukert in Frowein/Peukert zu Art. 14, S. 304 - 330; Guradze, S. 187 ff., insbesondere S. 193 f.; Hillgruber/Jestaedt, S. 24 - 42; Schorn, S. 281 ff.; Thornberry, S. 299 - 309.
Zur Bedeutung der Menschenrechte der EMRK für den Minderheitenschutz s. Hillgruber, Christian in Blumenwitz/Gornig, S. 39 ff.
Zur Entwicklung des Minderheitenschutzes im Europarat s. Blumenwitz, Minderheitenrecht, S. 55 ff.; Hillgruber, Christian in Blumenwitz/Gornig, S. 43 ff.; Steiner, Ludwig in Blumenwitz/Gornig, S. 29 ff.; Bricke, S. 21 ff.; Ermacora, Nationalitätenkonflikte, S. 108 - 116; Heintze, S. 177 - 185; Hillgruber/Jestaedt, S. 13 ff.; Kimminich, S. 75 - 81; Ermacora, Felix in Veiter, System, Teil 2, S. 73 - 89.
Zu Initiativen zum Schutz der Zigeuner s. Bricke, S. 166.

Der *Europäischen Charta der Regional- und Minderheitensprachen* vom 24.6.1992[89] ist Ungarn beigetreten; dieses Dokument regelt aber nur einen Teilbereich der Minderheitenproblematik. Die Verpflichtungen der Unterzeichnerstaaten sind sehr milde formuliert und bieten den Sprechern der entsprechenden Sprachen nur wenige einklagbare Rechtspositionen, selbst wenn der Staat sich bei der Unterzeichnung nicht nur auf einzelne Passagen beschränkt, sondern die gesamte Charta für sich als bindend anerkannt hat. Geschützt werden lediglich diejenigen Sprecher, die Staatsbürger des Wohnstaates sind, so daß Einwanderersprachen nicht unter den Geltungsbereich der Charta fallen.
Ungarn hat bei seinem Beitritt nur die sechs wichtigsten Minderheitensprachen genannt und sich zur Sicherung ihres Gebrauchs vor Behörden, Gerichten und anderen Aspekten des öffentlichen Lebens verpflichtet, und diese Einschränkung damit begründet, daß die anderen Minderheiten [s.u. Punkt III. 1.] so klein seien, daß die Sicherstellung des Gebrauchs ihrer Sprache zur Zeit noch die wirtschaftliche Leistungsfähigkeit Ungarns übersteige. Mit der Verbesserung der finanziellen Möglichkeiten soll die Liste der vertraglich garantierten Sprachen erweitert werden[90].
Die Charta ist noch nicht in Kraft getreten, da die dazu nötigen fünf Ratifizierungen noch nicht stattgefunden haben. Ungarn hat die Charta am 26.4.1995 ratifiziert[91].

Die angestrebte und von der Empfehlung der Parlamentarischen Versammlung Nr. 1201 vom 1.2.1993 geforderte eigenständige Minderheitenschutzkonvention ist in wesentlich abgeschwächter Form, als Minimalkompromiß des kleinsten gemeinsamen Nenners, als *Rahmenübereinkommen zum Schutz nationaler Minderheiten*[92] am 1.2.1995 vereinbart wor-

---

[89] Abgedruckt in EuGRZ 1993/154 ff.
Näher dazu Bodáné u.a., S. 178 ff.; Boden, S. 31; Brunner, Europäische Rundschau 1996/48 f.; Christopulos, S. 167 f.; Dupuy, S. 167; Kussbach, Erich in ELTE, S. 199; Blair, Philip in Ermacora/Tretter/Pelzl, S. 291 ff.; Heintze, S. 184 f.; Herczegh, Acta Juridica 1990/238 ff.; Hofmann, S. 55 - 63; Matscher, Franz in Ermacora/Tretter/Pelzl, S. 259 ff.; Niewerth, S. 204 f.
[90] Angabe des Minderheitenamtes.
[91] Im Februar 1996 war die Charta von elf Staaten unterzeichnet und von drei Staaten (Finnland, Norwegen, Ungarn) ratifiziert: Brunner, Nationalitätenprobleme, S. 115 f.; Das Parlament, Nr. 6, 2.2.1996, S. 11 (Die Glaubwürdigkeit steht auf dem Spiel). Dazu s.a. Pierré-Caps, AFDI 1994/75.
[92] Die dt. Fassung ist abgedruckt bei BZPB, Menschenrechte, Dokument Nr. 12 S. 447 ff.

den. Es gewährt, ausgehend von der Zugehörigkeit der Minderheitenrechte zu den Menschenrechten, über das Diskriminierungsverbot hinaus die Möglichkeit der positiven Förderung[93] und gewährt umfangreiche individuelle Rechte auf sprachlich-kulturellem Gebiet. In Art. 20 enthält es die Verpflichtung der Minderheitenangehörigen zur Loyalität gegenüber dem Wohnstaat. Ein Rechtschutzmechanismus, wie er von der Parlamentarischen Versammlung gefordert wurde, ist nicht vorgesehen, sondern die Unterzeichner trifft lediglich die Pflicht, den Europarat über die Umsetzung zu informieren. Das Übereinkommen wurde bereits von 21 der 33 Mitgliedstaaten, darunter Ungarn (das der erste Unterzeichner überhaupt war), unterzeichnet, tritt aber erst nach der Ratifizierung durch 12 Staaten in Kraft[94]. Wann diese zwölf Ratifizierungen zusammenkommen, ist noch mehr als ungewiß.
Das Rahmenübereinkommen ist als Kompromiß auf kleinstem gemeinsamen Nenner zu verstehen, da sich weitergehende Forderungen, das Minderheitenschutzinstrument als Zusatzprotokoll zur EMRK und damit auch zu deren Schutz- und Durchsetzungsmechanismen auszugestalten[95], nicht haben durchsetzen können.

Ansätze des Minderheitenschutzes innerhalb der *Europäischen Union* sind für Ungarn nicht bindend, da es kein Mitglied ist und in naher Zukunft die Mitgliedschaft wohl auch nicht wird erreichen können. Das bedeutet natürlich nicht, daß es für Ungarn und die anderen Aspiranten nicht sinnvoll ist, ihre Rechtsordnung bereits jetzt so weit wie möglich mit dem europäischen Recht in Einklang zu bringen, um im Falle des Beitritts Reibungsverluste gering zu halten. Bestimmte, wenn auch sehr vage formulierte Rechtspflichten zur präventiven Harmonisierung des innerstaatlichen Rechts ergeben sich für Ungarn aus dem Europe Agreement mit der Europäischen Union und deren Mitgliedstaaten vom 16.12.1991, insbesondere

---

[93] Zu der Problematik der positiven Förderung unter dem Diskriminierungsverbot des Art. 14 EMRK s. Hillgruber, Christian in Blumenwitz/Gornig, S. 46 f.

[94] Einzelheiten bei Brunner, Osteuropa Recht 1994/159 f.; Christopulos, S. 161 f.; Dupuy, S. 167 f.; Koplin, S. 38 f. und Matscher, Franz in Ermacora/Tretter/Pelzl, S. 255 ff.
Zu den weiteren Entwicklungen im Rahmen des Europarates s. Hofmann, ZaöRV 1992/18 - 24.

[95] So hat z.B. die Parlamentarische Versammlung des Europarates am 1.2.1993 ausdrücklich ein Zusatzprotokoll zur EMRK gefordert, sich aber letztendlich gegen das Ministerkomitee und dessen Bevorzugung einer eigenen Rahmenkonvention nicht durchsetzen können. Dazu Niewerth, S. 203 ff.

aus Titel V Kapitel III Artikel 67 - 69. Konkrete Verpflichtungen zum Minderheitenschutz erwachsen daraus jedoch nicht[96].

cc) Ostmitteleuropäische Zusammenarbeit

Nach der Auflösung des Rates für Gegenseitige Wirtschaftshilfe (COMECON) und des Warschauer Paktes haben die ostmitteleuropäischen Staaten vielfältige Initiativen zur politischen und wirtschaftlichen Zusammenarbeit gestartet.
Die bedeutendste ist die sogenannte *Visegrád-Gruppe*, die am 15.2.1991 in der gleichnamigen nordwestungarischen Stadt[97] von Polen, Ungarn und der Tschechoslowakei gegründet wurde. An die Stelle des letztgenannten Mitgliedes sind die beiden Nachfolgestaaten Tschechische Republik und Slowakei getreten. Zu den mehrfach bekräftigten Grundabsichten gehörte auch die Sicherung der Minderheiten, obwohl der Schwerpunkt dieser Gruppe auf wirtschaftlicher und sicherheitspolitischer Zusammenarbeit liegt[98]. Auf wirtschaftlichem Gebiet findet auch die weitere Entwicklung der Gruppe statt: Durch den Abschluß des *Mitteleuropäischen Freihandelsabkommens* CEFTA vom 21.12.1992[99] [ungar.: Közép-Európai Szabadkereskedelmi Megállapodás] wollen die vier Staaten, seit dem 11.9.1995 erweitert um Slowenien, eine Freihandelszone mit sich stufenweise ausweitender Zollfreiheit bilden[100]. Alle minderheitenbezogenen Erklärungen und Verlautba-

---

[96] Ratifiziert durch Gesetz 1994:I, Magyar Közlöny 1994/1 ff. Näher dazu Balázs, S. 138 ff., 367 ff.; Kecskés, S. 298 ff.; Tomuschat in Tomuschat/Kötz/v. Maydell, S. 26 f.; Vörös, JK 1996/356 ff.
Zum Minderheitenschutz durch die Europäische Union s. Blumenwitz, Minderheitenrecht, S. 59 ff.; Bricke, S. 24 ff.; Kussbach, Erich in ELTE, S. 199 f.; Stauffenberg, Graf Franz Ludwig in Ermacora/Tretter/Pelzl, S. 245 ff.; Hausmann, APuZ B 10/96 S. 6 ff.; Veiter, Entwicklungen S. 429 ff.

[97] Visegrád wurde als Konferenzort ausgewählt, um an das dortige Treffen des ungarischen Königs mit den Königen von Polen und Böhmen im Jahre 1333 zu erinnern.

[98] Meier, Chrisitian in Brunner, Osteuropa, S. 165 f.; Herrnfeld, S. 9 ff.

[99] In Kraft getreten am 1.3.1993.

[100] Abkommen zur Änderung des Mitteleuropäischen Freihandelsabkommens vom 11.9.1995, Magyar Közlöny 1996/1762; der zustimmende Beschluß des ungarischen Parlamentes 73/1996. (IX. 13.) OGY ist veröffentlicht in Magyar Közlöny 1996/4709; der Text des Abkommens findet sich in Magyar Közlöny 1996/4326 ff. S. dazu Meier, Christian in Brunner, Osteuropa, S. 166 f.; Népszabadság, 19.8. 1995, S. 3 (Szabadkereskedelmi övezet lesz a CEFTA [Die CEFTA wird Freihan-

rungen der Visegrád-Gruppe sind rein politische Akte ohne jede juristische Verbindlichkeit, so daß Ungarn aus der Mitgliedschaft in dieser Gruppe keinerlei Rechtspflichten gegenüber seinen Minderheiten erwachsen.
Die anderen ostmitteleuropäischen Zusammenschlüsse und Kooperationen[101] beziehen sich nicht auf nationale und ethnische Minderheiten.

dd) Würdigung

Insgesamt ist festzustellen, daß der rechtlich bindende Schutz der Minderheitenrechte in den europäischen Vertragswerken nicht über den individualrechtlichen Bereich hinausgeht[102]. Sämtliche Versuche der Kodifizierung kollektiver Minderheitenrechte sind bisher an dem Widerstand einiger westeuropäischer Regierungen gescheitert[103]. Damit ist Ungarn durch diese Vertragswerke im großen und ganzen zur Nichtdiskriminierung und zur Gewährung einiger Individualrechte verpflichtet. Pflichten zur Gewährung von Gruppenrechten, Autonomien oder einem ausgebauten System positiver Förderung können den europäischen Dokumenten nicht entnommen werden. Wirksame, auch dem Individuum zugängliche Schutzmechanismen bestehen nur im Rahmen der EMRK, deren Minderheitenschutz aber auf ein Diskriminierungsverbot bei dem Genuß der anderen garantierten Rechte beschränkt ist. Wie das Rahmenübereinkommen vom Februar 1995 wieder gezeigt hat, kann auch auf europäischer Ebene kein Konsens zum wirksamen Schutz der wenigen garantierten Minderheitenrechte gefunden werden.
Das regionale europäische Minderheitenschutzrecht gebietet folglich den verpflichteten Ländern nur das grundlegendste Minimum und überläßt es den Staaten, ob sie für die in ihnen lebenden Minderheiten mehr tun wollen oder nicht. Dieses grundlegendste Minimum reicht für sich alleine wohl nicht, um kleinen, von natürlicher und staatlich geförderter Assimilation bedrohten Gruppen ein Überleben als Ethnie zu sichern.

---

delszone], 11.9.1995, S. 3 (Szlovénia a CEFTA-tagok közé kerül [Slowenien wir Mitglied der CEFTA]).

[101] Einen Überblick bietet Meier, Christian in Brunner, Osteuropa, S. 165 ff. Speziell zu den Bestrebungen der ostmitteleuropäischen Zusammenarbeit auf dem Gebiet des Minderheitenschutzes s. Kussbach, Erich in ELTE, S. 201.

[102] Zu Bestrebungen, auch den kollektiven Rechtsschutz auszubauen, s. Tretter in Ermacora/Tretter/Pelzl, S. 171 ff.

[103] v. Studnitz, Ernst-Jörg in Blumenwitz/Gornig, S. 19; Brunner, Osteuropa Recht 1994/160; Brunner, Nationalitätenkonflikte, S. 113 f.; Hajdu in Buza/Hajdu, S. 254 - 259.

c) Bilaterale Verträge Ungarns

Bereits die *Pariser Friedensverträge* vom 10.2.1947 verbieten den osteuropäischen Verliererstaaten des Zweiten Weltkrieges, darunter Ungarn, Angehörige von Minderheiten zu diskriminieren[104]. Diese Klauseln sind Teil des Sicherungssystems der Menschenrechte, insbesondere des menschenrechtlichen Gleichheitssatzes, das unmittelbar nach dem Kriegsende zur Verhinderung erneuter Konflikte geschaffen wurde. Insofern kann man diese Bestimmungen als erste Versuche eines gesamteuropäischen Menschenrechtsschutzmechanismus nach dem Krieg begreifen.
Weiter als die geschilderten multilateralen europäischen Regelungen gehen verschiedene bilaterale Verträge, die Ungarn in jüngerer Zeit, d.h. nach dem Umbruch in Osteuropa, mit anderen Staaten geschlossen hat.

Die ersten minderheitenspezifischen Übereinkünfte wurden zwischen Ungarn und der *Ukraine* sowie zwischen Ungarn und der *Rußländischen Föderation* vereinbart. Beide Dokumente sind jedoch lediglich politische Absichtserklärungen und daher nicht rechtlich bindend. Es handelt sich um die Erklärung vom 31.5.1991 über die Prinzipien der Zusammenarbeit zwischen der Republik Ungarn und der Ukrainischen Sozialistischen Sowjetrepublik auf dem Gebiet der Gewährleistung der Rechte nationaler Minderheiten mit einem dazugehörigen Protokoll[105] und die Erklärung vom 11.11.1992 über die Prinzipien der Zusammenarbeit zwischen der Republik Ungarn und der Rußländischen Föderation auf dem Gebiete der

---

[104] Gesetz 1947:XVIII, für Ungarn am 15.9.1947 in Kraft getreten.
Näher dazu Blumenwitz, Menschenrecht, S. 41 ff.; Ermacora, Der Donauraum 1966/64 ff.; Ermacora, JIR 1967/165 f.; Green, L. C. in Gotlieb, S. 204 f.; Kendi, S. 31 ff. (zu der vergleichbaren Klausel im Vertrag mit Rumänien); Kimminich, Menschenrechte, S. 41 f.; Kővágó, Kisebbség, S. 31 f.; Pawlita, S. 146 f.; Thornberry, S. 118 ff. und das Gutachten des Internationalen Gerichtshofes (Interpretation of Peace Treaties with Bulgaria, Hungary and Romania), 30.3. und 18.7.1950, ICJ Reports 1950, S. 65 ff., 221 ff.
Zur Auswirkung der Friedensverträge von 1947 auf das Weitergelten der Minderheitenschutzverträge der Zwischenkriegszeit s. Doehring, ZaöRV 1953/54 S. 533 ff.

[105] In deutscher Übersetzung abgedruckt bei Schmidt, Osteuropa S. 131 - 135, und Brunner/Tontsch, Dokumente Nr. 13, 14.
Zur Einordnung dieser Erklärung in den Kontext der gerade entstehenden ukrainischen Außenpolitik und der Minderheitenpolitik der in Auflösung begriffenen Sowjetunion s. Brunner, GYIL 1991/385 f.

Gewährleistung der Rechte nationaler oder ethnischer, religiöser und sprachlicher Minderheiten[106].

Letztere enthält ein Bekenntnis zur folgerichtigen Gewährleistung der Grund- und Freiheitsrechte der Minderheiten sowohl auf individueller Grundlage als auch gemeinsam mit anderen Angehörigen ihrer Gruppe (Punkt 1), wobei minderheitenfördernde Maßnahmen nicht die Rechte der anderen Staatsbürger beeinträchtigen dürfen (Punkt 4). Bemerkenswert bei dieser Erklärung ist, daß es im Verhältnis zwischen Ungarn und der Rußländischen Föderation praktisch keine gegenseitigen Minderheiten gibt[107].

Das ukrainisch-ungarische Dokument ist weiter gefaßt. Es geht über den individualrechtlichen Rahmen hinaus und spezifiziert die Rechte der Minderheiten individueller und kollektiver Natur genauer. Den Schutz dieser Rechte soll eine Gemischte Kommission übernehmen (Punkt 16). Mitglieder dieser Kommission sind Vertreter der Regierungen, der lokalen Verwaltungskörperschaften und der Minderheiten selbst.

Der ungarisch-ukrainischen Erklärung, die gemäß Punkt 19 auch anderen Staaten zum Beitritt offensteht, schloß sich am 15.12.1991 *Kroatien* an. Gleichzeitig beschlossen Kroatien und Ungarn die Bildung einer Gemischten Kommission entsprechend der ungarisch-ukrainischen. Am 6.11. 1992 trat auch *Slowenien* diesem Abkommen bei und vereinbarte am selben Tag ein spezielles Minderheitenabkommen mit Ungarn (s.u.).

Die Vereinbarungen mit der Ukraine sind mittlerweile auch vertraglich, d.h. rechtsverbindlich niedergelegt worden: Art. 17 des ungarisch-ukrainischen Nachbarschaftsvertrages vom 6.12.1991[108] garantiert die üblichen Minderheitenindividualrechte, deren Einhaltung von der bereits in der Erklärung vom 31.5.1991 erwähnten Gemischten Kommission überwacht wird.

In dem *ungarisch-deutschen* Vertrag über freundschaftliche Zusammenarbeit und Partnerschaft in Europa vom 6.2.1992[109] enthalten Art. 1 Abs. 2,

---

[106] Brunner/Tontsch, Dokument Nr. 19.
Zur Einordnung dieser Vereinbarung in den Rahmen der rußländisch-ungarischen Beziehungen und der rußländischen Außenpolitik gegenüber den ehemaligen europäischen Satelliten s. Meissner, Osteuropa Recht 1995/32, 36 f.

[107] Die etwa 5.700 in der Rußländischen Föderation lebenden Ungarn spielen in den bilateralen Beziehungen praktisch keine Rolle: Sanukow, Osteuropa 1996/238.

[108] Gesetz 1995:XLV, Magyar Közlöny 1995/2038 ff., in Kraft getreten am 16.6. 1993; dt. Übersetzung bei Brunner/Tontsch, Dokument Nr. 15.

[109] BGBl. 1992 II S. 474 ff., Magyar Közlöny 1995/4689 ff., in Kraft getreten am 17.9.1992.

Art. 2 Abs. 7 und Art. 19 minderheitenrelevante Schutzbestimmungen. Der Vertrag bezeichnet nationale Minderheiten als Brücke zwischen den Staaten und vereinbart zu ihren Gunsten die rechtliche Verbindlichkeit der KSZE-Standards. Der deutschen Minderheit in Ungarn wird nicht nur die Respektierung, sondern auch die Förderung ihrer Identität durch die Republik Ungarn garantiert[110]. Damit wirken die Bestimmungen dieses Abkommens nicht lediglich konservatorisch, sondern gehen von dem Prinzip der positiven Diskriminierung aus.

Noch weiter geht das *ungarisch-slowenische* Abkommen vom 6.11.1992 über die Gewährleistung von Sonderrechten für die in der Republik Ungarn lebende slowenische nationale Minderheit und für die in der Republik Slowenien lebende ungarische nationale Gemeinschaft[111]. In diesem Vertrag werden nicht nur die KSZE-Standards als rechtsverbindlich vereinbart, sondern auch die positive staatliche Förderung der jeweiligen Minderheit auf zahlreichen Gebieten festgeschrieben und umfangreiche individuelle und kollektive Rechte in präziser Form gewährt. Darüber hinaus unterstützen die Parteien die Verwirklichung der Minderheitenrechte durch z.B. den Gebrauch von Schulbüchern des jeweils anderen Landes im Minderheitenunterricht (Art. 2), den zollfreien nichtkommerziellen Austausch von Medien (Art. 3) oder die Verpflichtung, für den Empfang der Radio- und Fernsehprogramme des jeweiligen Mutterlandes in den Minderheitengebieten[112] zu sorgen (Art. 5). In dem von der jeweiligen Minderheit bewohnten Gebiet sind bei der Wirtschaftsentwicklungsplanung die Interessen der Minderheit zu berücksichtigen (Art. 7). Auf der Grundlage dieses Vertrages wird eine zwischenstaatliche Minderheitenkommission gebildet (Art. 15), in der neben den Regierungen auch die beiden Minderheiten vertreten sind. Ihre Aufgabe geht über die Kontrolle der Umsetzung des Vertragsinhaltes hinaus und erstreckt sich auf die Erarbeitung von Vorschlägen zur Weiterentwicklung des Abkommens und allgemein auf die Diskussion der aktuellen Fragen beider Minderheiten.

---

[110] Zu den Minderheitenbestimmungen dieses Abkommens s. Blumenwitz, Minderheitenrecht, S. 102 f.; Majoros, Osteuropa Recht 1994/14 f.

[111] Gesetz 1996:VI, Magyar Közlöny 1996/824 ff.; in Kraft getreten am 29.6.1994; dt. Übersetzung bei Brunner/Tontsch, Dokument Nr. 17, und bei Marko, Dokument Nr. 5.4. S. 194 ff.
Näher zu diesem Vertrag s. Marko, S. 150.

[112] In beiden Fällen ein grenznahes, nur wenige Dörfer umfassendes zusammenhängendes Gebiet, in dem die jeweilige Minderheit kompakt siedelt.

Dieses zu seiner Zeit von Art und Inhalt her in Osteuropa einmalige Minderheitenschutzabkommen konnte deshalb geschlossen werden, weil es die Rechte einer jeweils sehr kleinen und im jeweiligen Land unproblematischen Minderheit[113] regelt und sowohl Ungarn als auch Slowenien ein außenpolitisches Interesse an einer großzügigen Minderheitenpolitik in der Region haben.
Es wird ergänzt durch den ungarisch-slowenischen Freundschaftsvertrag vom 1.12.1992[114]. Auch dieser Vertrag betont die Brückenfunktion der wechselseitigen Minderheiten (Art. 2 Abs. 4), deren Rechte zu achten ein wichtiges Ziel der gemeinsamen Politik bildet (Art. 1 Abs. 2). Art. 16 wiederholt noch einmal die wichtigsten Garantien für die jeweilige Minderheit, und in Art. 18 haben Ungarn und Slowenien den freien Verkehr von Presseerzeugnissen aus dem jeweils anderen Land vereinbart. Letztere Klausel unterscheidet sich von der inhaltlich ähnlichen Bestimmung im ungarisch-slowenischen Minderheitenabkommen dadurch, daß im Freundschaftsvertrag der freie Medienaustausch nicht auf die Minderheiten beschränkt ist, sondern absolut garantiert wird.

Mit *Kroatien* hat Ungarn am 16.12.1992 einen Freundschaftsvertrag[115] geschlossen, der in Art. 17 eine Minderheitenschutzklausel enthält. Diese Vereinbarung macht die KSZE-Standards verbindlich und gewährt einige Individual- und Kollektivrechte, begründet aber keine Verpflichtung zur positiven Förderung. In Art. 2 Abs. 4 werden die Minderheiten als völkerverbindende Brücke bezeichnet, und in Art. 2 Abs. 5 verpflichten sich die Parteien, gegen Fremdenhaß, Diskriminierung von Minderheiten und religiöse Verfolgung aufzutreten.

---

[113] Auf den Zusammenhang von zunehmender Akzeptanz einer Minderheit bei abnehmender Größe und Bedeutung weisen Herczegh, Acta Juridica 1990/219; Mavi, ÁJ 1991/53; Pizzorusso, S. 141; Lásztity, Péter in Schlett, S. 132; Schlett, S. 143 und Népszabadság, 20.3.1995, S. 3 (Kételyek Újvidéken [Zweifel in Novi Sad]) hin.

[114] Gesetz 1995:XLVI, Magyar Közlöny 1995/2044 ff., in Kraft getreten am 4.3. 1994; dt. Übersetzung in Auszügen abgedruckt bei Brunner/Tontsch, Dokument Nr. 18.

[115] Vertrag zwischen der Republik Ungarn und der Republik Kroatien über freundschaftliche Beziehungen und Zusammenarbeit, Gesetz XLVII:1995, Magyar Közlöny 1995/2047 ff., Narodne Novine 13/93, in Kraft getreten am 21.12.1993; dt. Übersetzung bei Brunner/Tontsch, Dokument Nr. 20, und Marko, Dokument Nr. 5.2.

Im März 1995 einigten sich Ungarn und Kroatien auf den Text eines eigenen Minderheitenabkommens, das der ungarischen Minderheit in Kroatien und der kroatischen Minderheit in Ungarn weitgehende Rechte zur Pflege und Bewahrung der jeweiligen Minderheitenkultur einräumt. Es wurde am 5.4.1995 unterzeichnet und am 28.3.1996 vom ungarischen Parlament ratifiziert[116]. Im einzelnen sichert Art. 1 den wechselseitigen Minderheiten die Freiheit von Aktivitäten in Erziehung, Medien und Kultur zum Ziele der Bewahrung ihrer Identität zu. Grenzüberschreitende Unterstützung und Kooperation wird zugunsten der Minderheiten im Schulwesen (Art. 2, 3), in der Minderheitenforschung (Art. 7) und im freien Verkehr der einzelnen Angehörigen mit ihren Mutterländern (Art. 11) vereinbart. Zusätzlich garantiert das Übereinkommen die Sprach-, Namens- und Informationsfreiheit (Art. 4, 5) sowie die Religionsfreiheit und den Priesteraustausch (Art. 6) und das Recht auf politische Partizipation der Minderheitenangehörigen (Art. 9).

Der Abschluß des *ungarisch-slowakischen* Grundlagenvertrages dagegen hat sich u.a. wegen der Minderheitenfrage sehr verzögert[117], der Abschluß einer entsprechenden *ungarisch-rumänischen* Vereinbarung ist wegen Differenzen über die rechtlichen Garantien für die wechselseitigen Minderheiten sogar erst im September 1996 zustande gekommen.
Am 20.3.1995 fand in Paris ein Treffen der Europäischen Union mit den osteuropäischen Staaten statt, auf dem ein gemeinsamer Stabilitätspakt unterzeichnet und damit verbunden auch Fragen eines späteren Beitrittes der Osteuropäer zur Europäischen Union und zur NATO diskutiert werden sollten. Dabei machte es die Europäische Union für einen späteren Beitritt

---

[116] Népszabadság, 22.3.1995, S. 3 (Horvát-magyar kisebbségi egyezmény [Kroatisch-ungarisches Minderheitenabkommen]); Parlamentsbeschluß 24/1996. (III. 28.) OGY über die Ratifikation des am 5.4.1995 in Eszék [dt.: Esseg; kroat.: Osijek] unterzeichneten Übereinkommens zwischen der Republik Ungarn und der Republik Kroatien über den Schutz der Rechte der in der Republik Ungarn lebenden kroatischen Minderheit und der in der Repbulik Kroatien lebenden ungarischen Minderheit, Magyar Közlöny 1996/1332. Eine engl. Fassung findet sich bei Marko, Dokument Nr. 5.3. S. 111 ff.
Näher dazu Marko, S. 47 f.
Nach Redaktionsschluß dieses Werkes ist der Vertrag als Gesetz 1997:XVI, Magyar Közlöny 1997/1843 ff., veröffentlicht worden.

[117] Der andere zentrale Streitpunkt war die Frage der Nutzung des Donauwassers in dem gemeinsamen Stromabschnitt, insbesondere im Zusammenhang mit dem Staustufensystem von Bős (Gabčíkovo) / Nagymaros.

zur Bedingung, daß Ungarn und seine Nachbarstaaten noch vor Unterzeichnung des Stabilitätspaktes Grundlagenverträge miteinander abschließen.

Die *Slowakei* lehnte es zunächst ab, der ungarischen Minderheit in einem Grundlagenvertrag einen den OSZE-Dokumenten entsprechenden Standard zu garantieren, gab aber auf westeuropäischen Druck den ungarischen Forderungen nach der Verankerung minderheitenrechtlicher Mindeststandards nach, und nachdem auch die anderen strittigen Fragen geklärt worden waren, wurde der slowakisch-ungarische Grundlagenvertrag am 19.3.1995 unterzeichnet[118]. Er garantiert in der Präambel und in Art. 15 der ungarischen Minderheit in der Slowakei und der slowakischen Minderheit in Ungarn einen der Empfehlung 1201, dem Kopenhagener KSZE-Dokument vom 29.6.1990 (d.h. letztlich den KSZE-Standards) und der Minderheitenrechtserklärung der Vereinten Nationen vom 18.12.1992 entsprechenden Schutz. In Art. 15 Abs. 1 stellt er ausdrücklich klar, daß der Minderheitenschutz einen Teil des völkerrechtlichen Menschenrechtsschutzes bildet und als solcher nicht eine ausschließliche innere Angelegenheit der Unterzeichnerstaaten darstellt. Damit ist in der Praxis vor allem der Slowakei das Argument des Vorbehalts der inneren Angelegenheit, in die ein Einmischungsverbot bestehe, abgeschnitten; als Begrenzung dieser Vorschrift verbietet Art. 15 Abs. 5 den Vertragsparteien Handlungen, die mit den grundlegenden Prinzipien des Völkerrechts, insbesondere der souveränen Gleichheit der Staaten, deren territorialer Integrität und politischer Unabhängigkeit, nicht vereinbar sind.
Nach der Unterschrift gab es zunächst Probleme mit der Ratifizierung von slowakischer Seite. Der slowakische Ministerpräsident Vladimír Mečiar verweigerte die Ratifizierung, angeblich um die "rumänisch-ungarischen

[118] Vertrag über gutnachbarliche Beziehungen und freundschaftliche Zusammenarbeit, Magyar Közlöny 1997/3485 ff.; dt. Übersetzung in Ungarische Wochenschau, Informationsblatt der Ungarischen Nachrichtenagentur MTI 1995/14 S. 15 ff. Zellner/Dunay, Südosteuropa 1995/664 ff.; Magyar Hírlap, 11.3.1995, S. 1, 3 (Szlovákia "elfeledte" '93-as vállalását [Die Slowakei hat ihre Selbstverpflichtung von '93 "vergessen"]); Magyar Nemzet, 11.3.1995, S. 1 (Hányas vagy? 1201-es? [Wie hälst Du's mit der 1201?]); Népszabadság, 20.3.1995, S. 1, 3 (Aláírták az alapszerződést [Der Grundlagenvertrag ist unterschrieben]); Népszabadság, 21.3. 1995, S. 1, 3 (Elfogadták a stabilitási paktumot [Der Stabilitätspakt ist angenommen]).

Vertragsverhandlungen nicht zu belasten"[119]. Beim Treffen beider Regierungschefs im November 1995 dagegen wurde von slowakischer Seite verlautbart, daß die Chancen der für Dezember geplanten Ratifizierung des Übereinkommens im Parlament trotz der großen Zahl der Gegner nicht schlecht stünden[120]. Da der Vertrag gemäß Art. 22 Abs. 2 am Tage des Austausches der Bestätigungsurkunden in Kraft tritt, bedeutete diese Verzögerung der slowakischen Seite, daß das Inkrafttreten hinausgeschoben wurde. Trotzdem band der Inhalt beide Parteien insofern, als daß sie verpflichtet waren, Ziel und Zweck des Vertrages vor seinem Inkrafttreten nicht zu vereiteln[121], worauf im politischen Streit die ungarische Seite immer wieder hinwies.

Schließlich hat die Slowakei das Abkommen im März 1996 ratifiziert, so daß es in Kraft treten konnte. Trotzdem ist in den ungarisch-slowakischen Beziehungen kein Friede eingekehrt, was die Frage der Minderheitenpolitik angeht. Die Slowakei schränkt in ihrer neuesten Gesetzgebung die Rechte der Minderheiten unter Berufung auf die Empfehlung 1203 des Europarates [s.o. Punkt b) bb)] und auf die OSZE-Standards ein. Sie argumentiert, der slowakisch-ungarische Vertrag lege die zu gewährenden Minderheitenrechte auf deren Stand fest, was ihr eine großzügigere Gesetzgebung verbiete [s.u. Punkt IV. 2.]. Ungarn dagegen betrachtet den Verweis auf die Empfehlung 1203 und die OSZE-Standards als Garantie eines völkerrechtlichen Minimums, das als Ausgangsbasis für weitherzigere nationale Gesetzgebung dienen soll. Ein weiterer Streitpunkt ist die Schaffung einer Territorialautonomie für die slowakischen Ungarn, die diese, vorsichtig unterstützt von der ungarischen Regierung, fordern und die die slowakische Regierung u.a. unter Berufung auf das völkerrechtliche Prinzip der territorialen Integrität der Staaten unter keinen Umständen gewähren will[122].

---

[119] Népszabadság, 29.7.1995, S. 3 (Meciarnak már nem tetszik a szerződés [Mečiar gefällt der Vertrag schon nicht mehr]). Zu dem wirklichen Hintergründen s. Brunner, Europäische Rundschau 1996/49; Riemer, Osteuropa 1997/264 ff.

[120] Népszabadság, 11.11.1995, S. 1, 3 (Nincs közeledés nyelvtörvényügyben [Keine Annäherung in der Frage des Sprachgesetzes]).

[121] Art. 18 des Wiener Übereinkommens über das Recht der Verträge vom 23.5. 1969, in Kraft getreten am 27.1.1980, der als vorvertragsrechtliche Ausprägung des allgemeinen völkerrechtlichen Prinzips von Treu und Glauben bestehendes Völkergewohnheitsrecht kodifiziert. Daher gilt sein Inhalt nicht nur für Unterzeichnerstaaten der Konvention, sondern universal.

[122] Pierré-Caps in Rouland/Pierré-Caps/Poumarède, S. 246 f.; wib, 22.1.1997, S. 61 (Slowakische Republik um balidge Aufnahme in die NATO und EU bemüht).

Rumänien dagegen weigerte sich bis vor kurzem, dem Druck der Europäischen Union und den Erwartungen der ungarischen Unterhändler nachzugeben und den in Rumänien lebenden Ungarn den OSZE-Mindeststandard vertraglich zuzusichern. Als Begründung hatte die rumänische Regierung in der Vergangenheit Ungarn vorgeworfen, es mißbrauche die ungarischen Minderheiten im Ausland ähnlich wie Hitler die deutschen als fünfte Kolonne in den jeweiligen Ländern; außerdem weigere es sich, die Unverletzlichkeit der Grenzen ausdrücklich anzuerkennen[123]. Rumänien hat weder vor noch nach dem Pariser Treffen einen Grundlagenvertrag mit Ungarn unterzeichnet, sondern erst am 16.9.1996. Die Vertragsparteien bekennen sich in Art. 14 zur ethnischen Toleranz und vereinbaren in Art. 15 umfangreiche Regelungen betreffend die gegenseitigen Minderheiten. Nach zähen Verhandlungen gelang es der ungarischen Seite, in die Minderheitenklausel dieses Vertrages eine Bezugnahme auf die minderheitenrechtlichen Mindeststandards der OSZE und auf die Empfehlung 1201 des Europarates aufzunehmen. Insofern gilt auch hier das zu dem ungarisch-slowakischen Vertrag Gesagte. Als Gegenleistung für dieses Entgegenkommen mußte Ungarn eine Fußnote der rumänischen Seite akzeptieren, derzufolge das Abkommen sich nicht auf kollektive Minderheitenrechte bezieht und keine Verpflichtung zur Schaffung territorialer Autonomien auf ethnischer Grundlage enthält[124]. Damit ist in diesem Vertrag eine der großen Streitfragen, die das ungarisch-slowakische Verhältnis auch nach dem Vertragsschluß belasten, im Verhältnis von Ungarn und Rumänien positiv geregelt.

Es war zunächst fraglich, ob das rumänische Parlament diesen Vertrag ratifizieren würde, da Präsident Iliescu zwischenzeitlich dort die Mehrheit verloren hatte. Nachdem der Präsident bereits am 24.9.1996 seine Unterschrift geleistet hatte, stimmten beide Kammern des Parlamentes dem Ratifizierungsgesetz am 8.10.1996 zu. Einen Antrag der Parlamentsfraktion der Partei der Nationalen Einheit Rumäniens, das Ratifizierungsgesetz vor der Verkündung auf seine Verfassungsgemäßheit zu überprüfen, lehnte das Verfassungsgericht in einer Entscheidung vom 8.10.1996 ab, da das für eine solche Antragstellung von Art. 144 lit. a) der Verfassung vorge-

---

[123] Tontsch in Brunner/Tontsch, S. 169; Kwasny, Osteuropa Archiv 1994/199; Zellner/Dunay, Südosteuropa 1995/661 ff.

[124] Archiv der Gegenwart, 15.8.1996, S. 41322, 16.9.1996 S. 41405 f.; EECR 1996 Nr. 4 Bd. 5 S. 14; FAZ, 17.9.1996, S. 7 (Grundlagenvertrag Ungarns mit Rumänien); Frankfurter Rundschau, 17.9.1996, S. 2 (Staatsvertrag unterzeichnet); Népszabadság, 9.9.1996, S. 3 (Elégedetlenek az RMDSZ képviselői [Die Vertreter des RMDSZ sind unzufrieden]).

schriebene Mindestquorum von 50 Abgeordneten oder 25 Senatoren nicht erreicht sei und einer Fraktion als solcher keine Antragsbefugnis zukomme. Damit konnte das Ratifizierungsgesetz am 10.10.1996 in Rumänien in Kraft treten. Auf ungarischer Seite hat die Zustimmung des Parlaments keine Schwierigkeiten bereitet, und während des Antrittsbesuchs des rumänischen Außenministers Adrian Severin in Ungarn am 27.12.1996 herrschten auf beiden Seiten versöhnliche Töne vor[125].

Mit Ausnahme der beiden als politische Deklarationen rechtlich unverbindlichen Erklärungen mit der Ukraine vom 31.5.1991 und der Rußländischen Föderation vom 11.11.1992 stecken die vorgenannten völkerrechtlichen Normen und bilateralen Verträge den Rahmen ab, innerhalb dessen sich ungarisches Minderheitenrecht bewegen kann, wenn es nicht gegen Völkerrecht verstoßen will. Diese Vorgaben lassen der ungarischen innerstaatlichen Ausgestaltung viel Spielraum. Auf internationaler Ebene ist man über das Diskriminierungsverbot noch nicht wesentlich hinausgekommen, und auch die europäische Ebene verpflichtet kaum zu mehr. Einige der bilateralen Abkommen gehen weiter, insbesondere das ungarisch-slowenische und das ungarisch-kroatische. Sie sind die einzigen, die von dem Gesichtspunkt des Minderheitenschutzes aus als befriedigend und einigermaßen umfassend bezeichnet werden können. Die darin völkerrechtlich abgesicherten Rechte kommen jedoch innerhalb Ungarns nur der slowenischen bzw. kroatischen Minderheit, nicht aber den anderen Gruppen zugute.
Insgesamt ist festzuhalten, daß die Minderheitenabkommen Ungarn zur Gewährung bestimmter, z.T. recht weitgehender Minderheitenrechte verpflichten. Sie gelten jedoch immer nur für die wechselseitigen Minderheiten und lassen die anderen Minderheiten in Ungarn auf völkervertragsrechtlicher Ebene schutzlos.

---

[125] Die Zustimmung des Präsidenten zu dem Vertrag ist in Monitorul Oficial al României, Teil I Nr. 250 S. 6 veröffentlicht. Das Ratifikationsgesetz von Abgeordnetenkammer und Senat folgt auf S. 6 ff. Die Entscheidung des Verfassungsgerichts schließlich findet sich auf. S. 11 f.
Der Beschluß vom 10.12.1996, mit dem das ungarische Parlament den Vertrag ratifiziert, ist unter der Gliederungsnummer 110/1996. (XII. 19.) OGY abgedruckt in Magyar Közlöny 1996/6472. Das Zustimmungsgesetz zu dem Vertrag ist abgedruckt in Magyar Közlöny 1997/3490 ff.
Zum Besuch des rumänischen Außenministers in Ungarn s. Archiv der Gegenwart, 17.12.1996, S. 41659.

II. Die historische Entwicklung des Minderheitenrechtes in Ungarn

Rechtliche Regelungen werden normalerweise nicht einfach so, sondern in der bewußten oder unbewußten Anlehnung an - oder Ablehnung von - Traditionen geschaffen. Deshalb lohnt es sich, vor der Behandlung des aktuellen Rechtszustandes die Geschichte des Rechtes ethnischer Minderheiten in Ungarn darzustellen.

Seit seiner Gründung im Jahre 1000 ist das Königreich Ungarn immer ein Vielvölkerstaat gewesen[126]. Es umfaßte von Beginn an bis zum Frieden von Trianon (4.6.1920) ziemlich konstant ein Gebiet, das im wesentlichen das ganze Karpatenbecken ausmachte und etwa dreieinhalbmal so groß war wie das heutige Ungarn. Zu dem alten Königreich gehörten die Slowakei, Kroatien, Siebenbürgen (heute Rumänien), die Vojvodina (heute Serbien), die Karpatoukraine (heute Ukraine) und das Burgenland (heute Österreich).

1. Mittelalter und frühe Neuzeit

Im Mittelalter genossen in Ungarn, entsprechend den europäischen Vorstellungen von Staat und Recht jener Zeit[127], unterschiedliche Gruppen von Menschen unterschiedliche kollektive Rechte und Pflichten, d.h. unter-

---

[126] Zu den ethnischen Verhältnissen im Karpatenbecken zur Zeit der Landnahme der Magyaren und in den zwei folgenden Jahrhunderten s. Györffy, György in Ács, S. 32 - 43.
Zur Geschichte der Deutschen vor und zur Zeit der Staatsgründung s. Bellér, S. 15 f.
Zu den ethnischen Aspekten und der relativen ethnischen Offenheit des magyarischen Stammesrechts vor der Christianisierung s. Zlinszky, JK 1996/270 f.

[127] Eisenhardt, S. 7 f.; Mitteis/Lieberich, S. 209 ff.; Nagyné Szegvári, JK 1997/2 ff.; Rácz, JK 1997/12 f.; Sprandel, S. 159 ff.
Zur Stellung von Minderheiten im mittelalterlichen Recht s. Poumarède in Rouland/Pierré-Caps/Poumarède, S. 60 ff.

schiedliche Rechtsstellungen. Einige dieser Rechtsgemeinschaften unterschieden sich von den anderen durch ethnische Kriterien.

Die *deutschen* Bewohner der Zips [ungar.: Szepes; slowak.: Spiš][128] und des südlichen Siebenbürgens [ungar.: Erdély; rumän.: Ardeal] besaßen seit dem frühen 13. Jahrhundert besondere Privilegien einschließlich territorialer Autonomie. Die Grundlage für die Sonderstellung der Siebenbürger Sachsen war das Diploma Andreanum, das König András II. 1224 ausstellte; die Rechte der Zipser Sachsen kodifizierte König István V. 1271 in einem Privilegienbrief[129].

1239 baten die turksprachigen *Kumanen* [ungar.: kun] auf ihrer Flucht vor den herannahenden Mongolen den ungarischen König Béla IV., sich in Ungarn niederlassen zu dürfen. Dieser wies ihnen Siedlungsgebiete zu, um in ihnen militärische Verbündete gegen die Ungarn bedrohenden Mongolen zu bekommen. Den Kumanen wurde in diesen zugewiesenen Gebieten eine umfangreiche Selbstverwaltung, die direkt dem König unterstellt war, eingeräumt, und obwohl sie sich sprachlich, kulturell und religiös schnell assimilierten, gelang es ihnen, ihre Privilegien bis in das 19. Jahrhundert zu verteidigen. Sie fühlen sich auch heute noch als innerhalb des ungarischen Volkes besondere und unterscheidbare Gruppe, allerdings mit abnehmender Tendenz. Die erwähnten Siedlungsgebiete an der mittleren Theiß und im Großen Tiefland tragen heute noch die Bezeichnung Groß- bzw. Kleinkumanien [Nagykunság, Kiskunság] und lassen gewisse örtliche Besonderheiten erkennen[130].

---

[128] Die Namen von Orten oder Landschaften im Gebiet des alten Ungarn werden immer in der ungarischen Form angegeben. In Klammern folgen die deutsche Bezeichnung, sofern sie existiert, und der Name in der Sprache des Staates, auf dessen Territorium sich der Ort bzw. die Landschaft heute befinden, wenn er/sie nicht mehr zu Ungarn gehört. Den Übersetzungen liegt das Werk von Lelkes zugrunde.

[129] Bellér, S. 17 - 24; Domonkos, L. S. in Cadzow/Ludanyi/Elteto, S. 48 ff.; Csizmadia, Fejlődés S. 44; Kovács in Csizmadia/Kovács/Asztalos, S. 104; Engel, S. 175; Hellbling, S. 198; Marczali, S. 3; Rácz, ÁJ 1991/184, 205; Radvánszky, S. 29, 52 f.; Berger, Tilman in Rehder, S. 830; Rosenmanns, S. 362 f.; v. Timon, S. 235 ff.

[130] Domonkos, L. S. in Cadzow/Ludanyi/Elteto, S. 55; Csizmadia, Fejlődés S. 44; Engel, S. 222 f., 229; Gergely, MK 1990/770 f.; Hanák, Geschichte, S. 35, 46; Kosáry, S. 44; Lázár, S. 72 ff.; Radvánszky, S. 53 f.; Rosenmanns, S. 33, 40, 359 f.; v. Timon, S. 233 ff.

Um dieselbe Zeit wie die Kumanen wanderten die *Jaszen* [ungar: jász], ein iranisches Volk, ein und erhielten, ähnlich wie die Kumanen, Wohnsitze mit territorialer Autonomie unter direkter Unterstellung unter den König zugewiesen. Auch sie verloren schnell ihre sprachliche und kulturelle Identität, vermochten aber ihre Privilegien ebenso wie die Kumanen zu bewahren. Noch heute weist die nach ihnen benannte Landschaft [Jászság] auffällige volkskundliche Besonderheiten auf[131].

Die interessanteste Art der ethnischen Selbstverwaltung im mittelalterlichen Ungarn fand sich in *Siebenbürgen*, das unter der Führung des Siebenbürger Vojevoden[132] als persönlicher Vertreter des ungarischen Königs eine gewisse Sonderstellung genoß. Hier gab es drei politisch maßgebliche Nationen: die Ungarn, die Sachsen (auf die bereits weiter oben hingewiesen worden ist) und die Szekler.

Die ungarische Nation war in den von ihr bewohnten Gebieten in - insgesamt sieben - Komitaten organisiert, die in ihrer Struktur den Komitaten des eigentlichen Ungarn entsprachen: Sie waren Selbstverwaltungsorganisationen des Adels; Nichtadelige (die nicht unter den Begriff der Nation gefaßt wurden) waren in den Komitaten nicht vertreten.

Die sächsische Nation bestand dagegen unterschiedslos aus Freien, Nachfahren deutscher Siedler des 12. und 13. Jahrhunderts. Ihre ursprünglich voneinander unabhängigen Siedlungen wurden durch das Diploma Andreanum politisch geeinigt und erhielten umfangreiche Privilegien. Die sächsischen Gebiete waren von der sonst überall üblichen Komitatsstruktur ausgenommen und unterstanden nicht dem Siebenbürger Vojevoden, sondern dem Gespan[133] von Szeben [dt.: Hermannstadt; rumän.: Sibiu], der seinerseits dem König direkt untergeordnet war. Die Sachsen konnten u.a. ihre Richter und Geistlichen selbst wählen, die königlichen Regalien nutzen und als einzige in ihrem Gebiet Grundbesitz erwerben. Gegen Ende des Mittelalters wurde die Szebener sächsische Provinz in acht Stühle

---

[131] Domonkos, L. S. in Cadzow/Ludanyi/Elteto, S. 55; Csizmadia, Fejlődés S. 44; Engel, S. 229; Kosáry, S. 44; Radvánszky, S. 53 f.; Rosenmanns, S. 33, 40 f., 359 f.

[132] Ungar.: vajda. Dieses Amt ist seit dem 12. Jahrhundert als "princeps", mit der Amtsbezeichnung Siebenbürger Vojevode seit dem 13. Jahrhundert nachweisbar: Csizmadia in Csizmadia/Kovács/Asztalos, S. 68; v. Timon, S. 238.

[133] Ungar.: ispán. Außerhalb der sächsischen Gebiete war der Gespan das höchste Amt der Komitatsselbstverwaltung. Das Wort selbst leitet sich von dem slawischen "župan" ab, welches wiederum wahrscheinlich aus dem Awarischen stammt und dort das Oberhaupt einer Sippe oder eines Clans bezeichnete: Engel, S. 120.

unterteilt, an deren Spitze jeweils ein vom König ernannter Königsrichter stand. Er stand der Selbstverwaltung vor; der Königsrichter des Szebener Stuhls trug den Titel des Gespans der Sachsen. Diesen Amtsträger durften die Sachsen erstmals im 15. Jahrhundert selbst wählen, womit sie in der universitas Saxonum bis in das 19. Jahrhundert hinein volle Selbstverwaltung genossen.

Die dritte Nation wurde von den Szeklern [ungar.: székely] gebildet, einem Volk ungewisser ethnischer Herkunft, das etwa gleichzeitig mit den Ungarn eingewandert war und relativ schnell die ungarische Sprache angenommen hatte. Sie siedelten seit dem 13. Jahrhundert im Südosten Siebenbürgens, um dort die Grenze zu sichern. Sie lebten in Dorfgemeinschaften, denen der Grundbesitz kollektiv gehörte und die den einzelnen Familienverbänden Nutzungsrechte an dem Boden gewährten. Auch ihre Gebiete waren nicht dem Siebenbürger Vojevoden untertan, sondern genossen, in sieben Stühle gegliedert, eine ähnlich weitgehende Selbstverwaltung wie die sächsischen Gebiete. An ihrer Spitze stand der Gespan der Szekler, den der König aus den Reihen des ungarischen Adels, niemals aber aus den Reihen der Szekler selbst ernannte. Im 14. und 15. Jahrhundert feudalisierte sich die Gesellschaft der Szekler und gliederte sich in drei Stände mit unterschiedlichen Rechten und Pflichten (Hauptmänner, Ritter, gemeine Szekler); daneben wuchs die Zahl der Hörigen.

Diese drei Nationen (die rumänische Bevölkerung Siebenbürgens galt ebensowenig als Nation wie die nichtadelige ungarische; die wenigen rumänischen Adeligen waren allerdings Teil der ungarischen Nation) schlossen sich 1437 in der Union von Kápolna [dt.: Kapellendorf; rumän.: Căpîlna] gegen die Machtbestrebungen der königlichen Zentralmacht und die Forderungen der Hörigen zusammen. Dieses Bündnis wurde immer wieder erneuert, und als Folge des Bauernaufstandes schufen die drei Nationen 1506 die Union von Segesvár [dt.: Schäßburg; rumän.: Sighişoara]. Sie richtete u.a. ein gemischtes Schiedsgericht für die Streitigkeiten der Nationen untereinander ein. Im Siebenbürger Landtag waren die Nationen getrennt voneinander repräsentiert. Die Dreinationenverfassung Siebenbürgens blieb auch erhalten, als Siebenbürgen im Frieden von Várad [heute Nagyvárad; dt.: Großwardein; rumän.: Oradea] vom 24.2.1538 selbständig wurde[134].

---

[134] Benda, Kálmán in Ács, S. 15 f.; Bónis, S. 267 f.; Domonkos, L. S. in Cadzow/Ludanyi/Elteto, S. 45, 48 f.; Csizmadia, Fejlődés S. 45; Csizmadia in Csizmadia/Kovács/Asztalos, S. 68 ff., 155 f., 211 - 215; Kovács in Csizmadia/Kovács/Asztalos, S. 130 ff.; Engel, S. 102 ff.; Hanga in Hanga, S. 260 ff.; Herlea, Alexandru in Hanga, S. 265 ff.; Marcu, Liviu P. in Hanga, S. 160 ff.; Kosáry, S. 45; Lázár, S.

Eine weitere territoriale Selbstverwaltung mit ethnischem Aspekt war *Kroatien*. Nachdem dieses ehemals selbständige Königreich gegen Ende des 11. Jahrhunderts von Ungarn erobert worden war, blieb es ein eigenständiges Königreich als ungarisches Nebenland. Sein Thron gebührte dem jeweiligen ungarischen König. Es wurde von einem Ban geleitet und hatte ein eigenes ständisches Parlament und in bestimmten Bereichen eigene Gesetze[135].

Die Selbstverwaltung in den *freien königlichen Städten*, die der städtischen Selbstverwaltung in Westeuropa entsprach, trug im Mittelalter und noch lange in der Neuzeit gewisse ethnische Züge, da das Stadtregiment in den Händen der Kaufleute lag. Diese waren fast ausnahmslos keine Ungarn, sondern Deutsche und seltener Italiener[136]. Auch in den sog. *Bergbaustädten* [bányaváros], die ebenfalls über Privilegien und Selbstverwaltungsrechte verfügten, überwog das deutsche Element[137].
Ab der Mitte des 13. Jahrhunderts wurden die besonderen Rechte und Pflichten der *Juden* durch Privilegienbriefe geregelt. Sie unterstanden dem König als Gruppe direkt; ihre Rechtsstellung ist mit der Kammerknechtschaft des mittelalterlichen deutschen Judenrechtes vergleichbar[138].
Im Laufe des Hoch- und Spätmittelalters bildeten sich in Ungarn einige lokale territoriale Privilegien und Sonderstellungen heraus, die sich teilweise bis ins 19. Jahrhundert halten konnten. Einige gingen ursprünglich

---

37, 99 f.; Macartney, S. 44; Pop, S. 157 - 201; Radvánszky, S. 12, 28 f., 50 ff., 78 ff., 88, 92 f.; Lengyel, Zsolt in Rehder, S. 621 - 626; Szakály, S. 235 f.; v. Timon, S. 237 - 243, 725 - 749; Veiter, Nationale Autonomie S. 187 - 190.

135 Katus, László in Ács, S. 157 ff.; Csihák, S. 30; Csizmadia, ÁI 1978/1; Csizmadia, Fejlődés S. 45 f.; Csizmadia in Csizmadia/Kovács/Asztalos, S. 215 f.; Engel, S. 157 ff.; Kosáry, S. 45; Radvánszky, S. 15 ff., 54, 88; v. Timon, S. 244 - 250, 740 - 763.
Das Wort Ban oder Banus [ungar.: bán] hat das Ungarische aus dem Kroatischen übernommen. Es handelt sich allerdings nicht um ein urslawisches Wort, sondern ist awarischen Ursprungs: Engel, S. 160.

136 Engel, Pál/Tilkovszky, Lóránt in Ács, S. 81 ff.; Bellér, S. 24 - 37; Kovács in Csizmadia/Kovács/Asztalos, S. 97 - 100; Engel, S. 228, 276; Radó-Rothfeld, S. 121; Radvánszky, S. 48 f.; Révész, S. 13; Szakály, S. 239 f.
Während in praktisch allen bedeutenderen Städten deutsche Bürger lebten, konzentrierten sich die italienischen Kaufleute vor allem auf Buda [dt.: Ofen] und Esztergom [dt.: Gran]: Domonkos, L. S. in Cadzow/Ludanyi/Elteto, S. 50 f., 55.

137 Bellér, S. 27 - 29.

138 Zur Rechtslage in Ungarn s. Kovács in Csizmadia/Kovács/Asztalos, S. 104; zur Kammerknechtschaft des deutschen Rechtes s. Eisenhardt, S. 25 ff.

auf die Privilegierung nichtmagyarischer Völker, die den Grenzdienst versahen, zurück, so z.B. der Sonderstatus der Zipser Lanzen, die im Anfang eine aus Kabaren [ungar.: kabar] bestehende egalitäre Kriegergemeinschaft mit kollektivem Adel war[139]. Auch wenn ethnische Unterschiede sich schnell durch Assimilation verwischten, behielten viele dieser Gebiete ihren Sonderstatus bis in die Neuzeit bei, da ihre besondere Rechtsstellung ihnen eine sie von dem Durchschnittsungarn unterscheidende Identität, oft verbunden mit kollektivem oder individuellem Adel, verlieh.

Im 16. Jahrhundert tauchten die *Heiducken* [ungar.: hajdú] auf, die sich ursprünglich aus entlaufenen ungarischen Hörigen und aus vom Balkan vor den Türken flüchtenden Südslawen und Rumänen zusammensetzten, dann aber zu einer auch volkskundlich unterscheidbaren Gruppe verschmolzen. Sie spielten in den Kriegen gegen die Türken und in antihabsburgischen Aufständen eine große Rolle und wurden im 17. Jahrhundert im Osten, nahe Debrecen [dt.: Debreczin], angesiedelt, wo ihre privilegierten Städte und deren Umland territoriale Autonomie erhielten und die Heiducken als Freibauern unbehelligt von den sonst üblichen feudalen Bindungen und Verpflichtungen leben konnten. Träger der Autonomie war die universitas, auf deren Generalversammlung jeder Heiducke zu erscheinen und abzustimmen berechtigt war[140]. Anders als bei den Jaszen und den Kumanen hat sich in dem Heiduckengebiet keine auffällige landsmannschaftliche Besonderheit bis heute erhalten.
Die Heiduckengebiete waren ebenso wie die Gebiete der Jaszen und der Kumanen bis in das 19. Jahrhundert aus der Komitatsstruktur des übrigen Landes ausgenommen. Ab 1790/91 durften diese privilegierten Gebiete gemeinsam Vertreter in das Unterhaus entsenden, in dem bis dahin vor allem die Komitate und die freien königlichen Städte repräsentiert waren[141].

All diese Sonderrechte waren jedoch keine Minderheitenrechte im heutigen Sinn. Es handelte sich vielmehr um die im Mittelalter und in den früh-

---

139 Csizmadia, Fejlődés, S. 44; Kovács in Csizmadia/Kovács/Asztalos, S. 103 f. Die Kabaren waren ein Turkvolk, das sich den sieben ungarischen Stämmen noch vor der Landnahme als achter Stamm anschloß: Radvánszky, S. 4. Nach dem 10. Jahrhundert sind sie als Volk nicht mehr nachweisbar: Engel, S. 102.
140 Csizmadia, Fejlődés S. 43 f.; Hanák, Geschichte, S. 63; Kosáry, S. 44; Lázár, S. 100 f.; Radvánszky, S. 60; Rosenmanns, S. 361 f.; Szakály, S. 176, 209, 231 f.
141 Csizmadia in Csizmadia/Kovács/Asztalos, S. 172, 200; Némethy v. Ujfalu, JÖR 1910/137 f.; Radvánszky, S. 91.

neuzeitlichen Feudalsystemen üblichen Privilegierungen bestimmter Personengruppen. Ein mögliches Merkmal für die Abgrenzung einer solchen Personengruppe war die Volkszugehörigkeit, obwohl im Mittelalter nationale Aspekte kaum eine Rolle spielten[142]. Auch besaßen nicht alle Völkerschaften in Ungarn Selbstverwaltungsrechte: die Slowaken, die Ukrainer bzw. Ruthenen, die Italiener, die immer zahlreicher werdenden Rumänen in Siebenbürgen, die Deutschen außerhalb der sächsischen Stühle und der Zips, die Südslawen außerhalb Kroatiens besaßen keinerlei nationale Sonderrechte.
Regelungstechnisch wurden diese Privilegien häufig durch Erhebung der privilegierten Körperschaft in den kollektiven Adel gewährt. Die universitas der Kumanen oder der Jaszen, eine freie königliche Stadt oder eine sonstige privilegierte Gruppe wurde als Körperschaft mit Adel versehen und genoß daraufhin ähnliche Selbstverwaltungs- und andere Rechte wie ein Adeliger bzw. wie die örtliche Selbstverwaltung der Adeligen, das Komitat.

2. Die Zeit des Habsburger Absolutismus

Nach der Vertreibung der Türken wurde das Königreich Ungarn im Rahmen der Habsburger Monarchie wiederhergestellt; das Großfürstentum Siebenbürgen behielt allerdings einen Sonderstatus als eigener, nicht zu Ungarn gehöriger Teil des Habsburgerreiches[143]. Die Habsburger versuchten, die verwüsteten Gebiete Zentralungarns wieder zu bevölkern. Dazu warben sie nichtungarische Siedler aus den relativ verschont gebliebenen Randgebieten (v.a. Slowaken), Südslawen vom Balkan und Deutsche aus den österreichischen Erblanden und dem süddeutschen Raum an; daneben wanderten griechische, bulgarische und armenische Kaufleute und in immer stärkerem Maße rumänische Hirten ein. Zum Schutz der Südgrenze vor den Osmanen wurden in den Grenzgebieten serbische Wehrbauern angesiedelt. Seit dieser Zeit leben die Nationalitäten im Karpatenbecken außerhalb der zusammenhängend besiedelten Gebiete sehr verstreut[144].

---

[142] Benda, Kálmán in Ács, S. 16 f.; Akzin, PVS 1962/118; Henry, S. 22 f., 31 f.; Lerner, S. 7; Poumarède in Rouland/Pierré-Caps/Poumarède, S. 55 ff.; Ševjanić, S. 5.

[143] Firoiu in Firoiu/Marcu, S. 129 f.; Rácz, JK 1997/17.

[144] Engel, Pál/Tilkovszky, Lóránt in Ács, S. 86 f.; Kocsis, Károly in Ács, S. 49 ff.; Bellér, S. 54 - 74; Hanák, Geschichte S. 89 ff.; Kosáry, S. 40, 57 ff.; Lázár, S. 104, 109 f.; Lenkefi, Comitatus 1995 Bd. 2 S. 67 ff.; Radvánszky, S. 81; Révész, S. 14

Die Habsburger versuchten, auch in Ungarn ein absolutistisches Regiment zu errichten. Teil dieser Politik war es, die aus dem Mittelalter überkommenen Privilegien, Sonderrechte und ähnliches abzuschaffen und ein einheitliches Recht für alle Untertanen einzuführen. Mit dieser Politik konnten sie sich jedoch in Ungarn nicht durchsetzen, da sie auf die Unterstützung der ungarischen Stände angewiesen waren. Das Königreich Ungarn blieb im Rahmen der Gesamtmonarchie ein eigenständiger Staat, der nach seinen eigenen Gesetzen regiert wurde und in dem sich weiterhin eine feudale Gesellschaftsordnung mit einer Vielzahl von Sonderrechtskreisen erhielt (System des ständischen Dualismus)[145].

Um zum Zwecke der Festigung ihrer Herrschaft die ethnischen Unterschiede zu beseitigen, betrieben die Habsburger auch im ungarischen Reichsteil eine Politik der Hegemonie der deutschen Sprache und Kultur[146]. Dies bezog sich jedoch nicht auf die im Gebiet der Militärgrenze [ungar.: Katonai határőrvidék] lebenden Serben: Sie waren nach der Niederschlagung von Aufständen, die sie im Bündnis mit Wien angezettelt hatten, gemeinsam mit katholischen Albanern vor der türkischen Vergeltung auf Habsburger Gebiet geflohen und genossen in serbischen (und drei albanischen) Wehrdörfern umfangreiche kollektive Freiheitsrechte; dafür oblag ihnen der Schutz der Südgrenze gegen die Osmanen[147].

---

ff.; Rosenmanns, S. 37 f.; Szakály, S. 227, 229 f., 234; Varsányi, RDI 1976/2 ff.; Varsányi, RDI 1981/252 - 265.

[145] Apponyi, S. 23 - 31; Hellbling, S. 255 f.; Hajdu, Lajos in Horváth, Jogtörténet, S. 91 f., 94 f.; Kaltenbach, JOR 1990 Bd. 31 (Halbbd. 1) S. 80 ff.; Kosáry, S. 32 ff.; Takács, Imre in Kukorelli/Schmidt, S. 25 f.; Lemberg, Hans in Brunner, Osteuropa, S. 48; Radó-Rothfeld, S. 42 - 57; Szakály, S. 280, 284, 296 f.; v. Timon, Heilige Krone S. 320 ff.

[146] Csáky, Moritz in Altermatt, S. 44 ff., 52; Bellér, S. 79 f.; Kosáry, S. 125 f., 162; Radvánszky, S. 86 - 96; Wilcke, S. 26 - 32.

Hinsichtlich der Assimilierungspolitik gegen die Zigeuner s. Fehér, S. 4.

[147] Szakály, Ferenc in Ács, S. 149 f.; Bartl, S. 72; Csizmadia, Fejlődés S. 46 f.; Kosáry, S. 38 f.; Ševjanić, S. 6; Szakály, S. 298.

Zur Stellung der übrigen serbischen Gemeinden in Ungarn s. Radó-Rothfeld, S. 125 ff.

Zur Militärgrenze allgemein s. Lengyel, Zsolt in Rehder, S. 417 f.

Zum Kampf um die Aufhebung dieses militärischen Sonderstatus und um die Wiederherstellung eines zivilen ungarischen Regimes nach 1867 s. Csizmadia, Fejlődés S. 103 f.

Diese Zeit ist auch bei der heutigen serbischen Minderheit in Ungarn noch als "Goldenes Zeitalter" in Erinnerung: Kaser, S. 123 - 134; Pero Lásztity, Vorsitzen-

Gegen Ende des 18. Jahrhunderts erwachte im Zuge der Aufklärung auch bei den Völkern des Habsburgerreiches ein Nationalbewußtsein. Dies barg nicht nur für die Gesamtmonarchie, sondern auch für das Königreich Ungarn Gefahren, da die Magyaren hier zwar die größte ethnische Gruppe stellten, aber mit 3,5 Millionen von insgesamt 9,3 Millionen Einwohnern gerade 39 % der Bevölkerung ausmachten[148]. Den kulturellen Bemühungen der kroatischen, slowakischen, serbischen und rumänischen Nationalbewegungen (in deren Mittelpunkt jeweils die Schaffung einer normierten Schriftsprache stand) begegnete die öffentliche Meinung Ungarns mit Skepsis und Ablehnung und reagierte mit dem - zunächst vergeblichen - Versuch, im Bereich der Staats- und Komitatsverwaltung die lateinische Amtssprache durch die ungarische zu ersetzen. Die politischen Forderungen der Nationalitäten wurden von ungarischer Seite ebenso wie von Wien abgelehnt[149].

Zu Beginn des 19. Jahrhunderts konnte sich das Ungarische in vielen Bereichen wie dem Schulwesen und Teilen der öffentlichen Verwaltung gegenüber dem Lateinischen und dem Deutschen durchsetzen (z.B. Gesetzesartikel 1790:XVI, 1830:VIII, 1836:III). Die Bemühungen der Nationalitäten, den Magyaren gleichgestellt zu werden, scheiterten auch weiterhin an der unnachgiebigen Haltung des ungarischen Parlaments. Statt einer Germanisierung waren die Nationalitäten jetzt einer Magyarisierung ausgesetzt. Dieser Prozeß gipfelte zunächst im Gesetzesartikel 1844:II, der das Ungarische im ganzen Land außer Kroatien zur Staats- und Unterrichtssprache machte[150].

---

der des landesweiten Minderheitenselbstverwaltung der Serben, in Brunner, Minderheiten in Ungarn, S. 25.

[148] Kosáry, S. 59, mit genauer Aufschlüsselung der Nationalitäten.

[149] Benda, Kálmán in Ács, S. 21 ff.; Akzin, PVS 1962/117 ff.; Porębski, Czesław in Altermatt, S. 135 f.; Bellér, S. 79 f.; Révész, László in Brunner/Meisser, Nationalitätenprobleme, S. 165; Pach, Zsigmond Pál in Fodor u.a., S. 120 ff.; Hanák, Geschichte, S. 121- 124; Steinacker, Harold in Hugelmann, S. 32 ff.; Kosáry, S. 125 - 134; Wilcke, S. 26 - 32.

Einzelheiten zur Herausbildung des Nationalbewußtseins der Siebenbürger Rumänen und den damit einhergehenden kulturschaffenden Bestrebungen bei Pascu in Constantinescu/Pascu, S. 28 ff.; Gáll, TSz 1990 Bd. 7 S. 10 ff.; der Slowaken bei Käfer, István in Ács, S. 111 ff.; Kovác, Dusan in Altermatt, S. 118 ff.; der Völker des österreichischen Reichsteils Bauer, S. 215 - 239.

[150] Einzelheiten zu der Magyarisierungs- und Nationalitätenpolitik in der sog. Reformära (1830 - 1848) bei Kiss, Csaba in Altermatt, S. 128 ff.; Balogh; Bellér, S. 90 f.; Budzsáklia, ÁI 1974/786; Kosáry, S. 287 - 298; Révész, S. 19 ff.

Die Revolution von 1848/49, die die allgemeinen bürgerlichen Freiheitsrechte und das Prinzip der Volksvertretungen[151] proklamierte, scheute davor zurück, den Nationalitäten Konzessionen zu machen und ihnen Sonderrechte, d.h. über die bürgerlichen Freiheiten hinausgehende Minderheitenrechte, zuzugestehen. Diese Politik der ungarischen Revolutionäre ermöglichte es den Habsburgern schließlich, die ethnischen Minderheiten Ungarns für ihre Ziele im Kampf gegen die ungarische Revolution zu benutzen[152]. Dies gelang ihnen um so mehr, da Kaiser Franz Joseph I. am 4.3.1849 die sog. Olmützer Verfassung erließ, die einen einheitlichen Zentralstaat zum Inhalt hatte und allen Nationalitäten des Reiches Gleichberechtigung versprach[153]. Das Nationalitätengesetz vom Juli 1849, das den Minderheiten schließlich recht umfangreiche Rechte gewährte, und das gleichzeitig erlassene Gesetz über die Judenemanzipation konnten wegen der Niederschlagung der ungarischen Revolution nicht mehr in Kraft treten[154].

Nach der Niederschlagung der Revolution wurden Siebenbürgen, Kroatien, die Militärgrenze, der Temescher Banat und die Serbische Vojvodina von

---

[151] Gesetzesartikel 1848:IV und 1848:V: in dt. Übersetzung abgedruckt in Bernatzik, Verfassungsgesetze, S. 91 ff.; s. dazu Bónis, S. 268 ff.; Ruszoly, JK 1997/57 ff. In den privilegierten Gebieten wurden Volksvertretungen durch besondere Gesetze eingeführt: im Gebiet der Jaszen und Kumanen durch Gesetzesartikel 1848:XXV, im Heiduckengebiet durch Gesetzesartikel 1848:XXVI.

[152] Szamel, Lajos in A Tanácsakadémia, S. 17 f.; Csizmadia in Csizmadia/Kovács/Asztalos, S. 314; Hanák, Donaumonarchie, S. 47 - 51; Constantinescu, Miron/Bányai, Ladislaus/Cutricăpeanu, V./Göllner, C./Nuțu, C. in Hanák, Nationale Frage, S. 49; Henry, S. 107, 146 ff.; Kovács, Történet, S. 152 - 200; Kosáry, S. 313 f., 342 - 348; Lázár, S. 135 f.; Radó-Rothfeld, S. 66 ff., 127 f.; Radvánszky, S. 101 f.; Pierré-Caps in Rouland/Pierré-Caps/Poumarède, S. 98 - 103; Suciu, Revue des études sud-est européennes 1968/609 ff.
Zu Siebenbürgen s. Szász, Zoltán in Ács, S. 131; Deák, István in Cadzow/Ludanyi/Elteto, S. 120 - 126; Pascu in Constantinescu/Pascu, S. 34 ff.
Zu Kroatien Katus, László in Ács, S. 169 ff.

[153] RGBl. (Ö) 1849/150. S. dazu Bernatzik, Verfassungsgesetze, S. 146 - 201; Bónis, S. 276; Csizmadia in Csizmadia/Kovács/Asztalos, S. 326 f.; Kann, Bd. 2, S. 63 ff.; Kosáry, S. 363, 371 - 374; Lázár, S. 137 f.; Radvánszky, S. 101.; Walter/Mayer, S. 12 f.

[154] Szamel, Lajos in A Tanácsakadémia, S. 17 f., 193; Amt für Nationale und Ethnische Minderheiten, S. III; Beér in Beér/Kovács/Szamel, S. 61; Szamel in Beér/Kovács/Szamel, S. 466; Bihari, Alkotmányjog S. 34; Kővágó, László in Fodor u.a., S. 158; Kosáry, S. 373 f.

Ungarn abgetrennt und als jeweils eigene Kronländer in die Verwaltung der entsprechenden nichtmagyarischen Mehrheitsnation, in Siebenbürgen der drei historischen Nationen, gegeben. Das verbleibende Rumpfungarn wurde in fünf Bezirke eingeteilt, deren Grenzen so gezogen wurden, daß die magyarische Bevölkerung sich in ihnen möglichst in der Minderheit befand[155]. Unter dem Stichwort der Gleichberechtigung der Nationalitäten setzte Wien seine Politik der Zentralisierung und der Germanisierung der nicht deutschsprachigen Reichsteile fort (System des Neoabsolutismus)[156]. Um der wachsenden ethnischen Spannungen in der Gesamtmonarchie Herr zu werden, erließ Kaiser Franz Joseph am 20.10.1860 das sog. Oktoberpatent, das eine gewisse Föderaliserung des Reiches einschließlich der ungarischen Gebiete bewirkte[157]. Gelöst wurde die Nationalitätenfrage damit jedoch nicht.

3. Das System des Dualismus

Durch den *österreichisch-ungarischen Ausgleich* von 1867 (Gesetzesartikel 1867:XII[158]) wurde die Staatlichkeit Ungarns innerhalb der Gesamtmonarchie gleichberechtigt mit Österreich wiederhergestellt und die 1849 abgetrennten Gebiete wieder dem Königreich Ungarn eingegliedert. Ungarn konnte, ebenso wie die österreichische Reichshälfte, seine Belange mit Ausnahme der gemeinsamen Angelegenheiten Verteidigung, Außenpolitik, die mit diesen beiden Aufgaben zusammenhängenden Finanzen und später noch die Verwaltung Bosnien-Herzegowinas, eigenständig regeln (System des Dualismus)[159].

---

155 Macartney, C. Aylmer in Bury, S. 528 f.; Csizmadia, ÁI 1978/3 f.; Kosáry, S. 381; Radó-Rothfeld, S. 75 f.

156 Baka, ÁJ 1983/249; Bernatzik, Verfassungsgesetze, S. 202 - 366; Hanák, Donaumonarchie, S. 66 ff.; Steinacker, Harold in Hugelmann, S. 53 ff.; Kann, Bd. 2, S. 70 ff.; Radvánszky, S. 102 f.; Walter/Mayer, S. 13 - 18.

157 Csizmadia in Csizmadia/Kovács/Asztalos, S. 320 ff.; Hanák, Donaumonarchie S. 75; Ijjas, József / Stipta, István in Horváth, Jogtörténet, S. 285 f.; Radvánszky, S. 103 ff.

158 Dt. Übersetzung bei Mayer, S. 124 - 152; die österreichische Fassung ist abgedruckt in Bernatzik, Verfassungsgesetze, S. 329 - 350.

159 Apponyi, S. 39 ff.; Macartney, C. Aylmer in Bury, S. 550; Csizmadia in Csizmadia/Kovács/Asztalos, S. 341 - 344; Medlicott, W. N. in Hinsley, S. 331 f.; Ijjas, József/Stipta, István in Horváth, Jogtörténet, S. 443 f.; Kosáry, S. 425 f.; Kuss, JÖR 1985/628; Brunner, Otto in Mayer, S. 15 ff.; Mommsen, Imperialismus, S. 132; Morgenstierne, RDP 1905/533 f.; Nagy, Ernő S. 416 - 476; Radvánszky, S. 113 - 121; Steinbach, JÖR 1908/318 f.;

Innerhalb des Königreiches Ungarn machte die magyarische Bevölkerung nach wie vor nur die relative, nicht aber die absolute Mehrheit aus; erst kurz vor dem Ersten Weltkrieg überschritt der Anteil der Magyaren im engeren Ungarn (d.h. ohne Nebenlande) die 50 %-Marke[160]. Während der ganzen Zeit des Dualismus war Ungarn damit ein multinationaler Staat, in dem etwa die Hälfte der Bevölkerung aus Deutschen, Slowaken, Ruthenen bzw. Ukrainern, Polen, Rumänen, Serben, Kroaten, Slowenen, Italienern, magyarisierten Juden, deutsch sozialisierten Juden, jiddisch- und spaniolischsprachigen Ostjuden, Armeniern, Bulgaren teils orthodoxer, teils katholischer Konfession, Griechen, katholischen Albanern, islamischen Bosniern und Zigeunern unterschiedlicher Muttersprache bestand.

Dem österreichisch-ungarischen Ausgleich folgte der *ungarisch-kroatische Ausgleich* in Gestalt des Gesetzesartikels 1868:XXX[161] (in Kroatien-Slawonien-Dalmatien: Gesetzesartikel 1868:I). Dieser räumte dem Nebenland Kroatien-Slawonien-Dalmatien als 'historischer Nation' im Rahmen des Königreichs Ungarn weitreichende Autonomierechte auf dem Gebiet der Verwaltung, der Justiz, des Unterrichtswesens und der Kultur sowie ein eigenes Parlament und eine eigene Regierung unter dem Vorsitz des Bans ein. Soweit der ungarisch-kroatische Ausgleich nicht die Zuständigkeit des gesamtungarischen Gesetzgebers begründete, konnte Kroatien-Slawonien-Dalmatien eigene Gesetze erlassen und diese ausführen (Gesetzesartikel 1868:XXX § 47)[162]. In der Krise des Jahres 1905, als radikale Kräfte eine Loslösung von Ungarn und eine Union mit Serbien anstrebten, wurde die

---

Eine Untersuchung des Ausgleichs unter dem Gesichtspunkt der Polarität zwischen ungarischer Autonomie und österreichischem Absolutismus findet sich bei Gargas, RDP 1927/10 f.

Einzelheiten zum Verhältnis des ungarischen Zentralstaates zu den wiederangegliederten Gebieten und sonstigen Territorien mit Sonderrechten bei Csizmadia, Fejlődés S. 101 - 104.

[160] Csáky, Moritz in Altermatt, S. 56 ff.; Brunner in Brunner/Tontsch, S. 13 f.; Révész, S. 17 f. mit einer genauen Aufschlüsselung für 1867.

[161] Dt. Übersetzung bei Bernatzik, Verfassungsgesetze, S. 716 ff.; Mayer, S. 186 - 198.

[162] Näher zur Rechtslage des Nebenlandes Kroatien-Slawonien-Dalmatien nach dem Ausgleich Bernatzik, Verfassungsgesetze, S. 716 - 740; Brunner in Brunner/Tontsch, S. 14 f.; Csizmadia, Fejlődés S. 102 f.; Csizmadia in Csizmadia/Kovács/Asztalos, S. 378 ff.; Marczali, S. 154 ff.; Hauptmann, Ferdo in Mayer, S. 36 ff.; Nagy, Ernő S. 62 - 90; Nagy v. Eöttevény, JÖR 1909/396 ff.; Radó-Rothfeld, S. 110 - 115 und Radvánszky, S. 121 - 124.

Selbständigkeit des Nebenlandes vorübergehend aufgehoben, und ein Kommissar der Zentralregierung übernahm die Leitung[163].
Begründet wurde diese relative Selbständigkeit damit, daß Kroatien gemäß seinem sog. historischen Staatsrecht ein innerhalb Ungarns eigenständiger Staat sei[164]. Obwohl bei der Konzeption und Legitimation der Autonomie Kroatiens als 'historischer Nation' geschichtlich gewachsene Privilegierungen und nicht nationale Selbstverwaltungsgedanken oder gar eine dem Selbstbestimmungsrecht der Völker entsprechende Idee im Vordergrund standen, hatte die Eigenständigkeit des Nebenlandes Kroatien-Slawonien-Dalmatien einen starken ethnischen Charakter, der mit der fortschreitenden Herausbildung einer kroatischen Nation und eines kroatischen Nationalbewußtseins noch zunahm[165].

Siebenbürgen wurde zwar im Gesetzesartikel 1868:XLIII eine gewisse Sonderstellung gewährt, jedoch keine Autonomie und keine eigenen Zentralbehörden wie Kroatien-Slawonien-Dalmatien. Ungarische Gesetze galten in Siebenbürgen automatisch und ohne besondere Überleitung[166]. Durch den Gesetzesartikel 1870:XLII wurden die Stühle der Szekler, durch den Gesetzesartikel 1876:XII die der Sachsen abgeschafft und die Verwaltung dieser Gebiete dem im restlichen Ungarn üblichen Aufbau angeglichen. Damit fand die Dreinationenverfassung Siebenbürgens ein Ende. Der universitas Saxonum verblieben jedoch bestimmte Kompetenzen im Schul- und Kultusbereich[167]. Die Szekler bedurften einer solchen Kulturautonomie nicht, da sie sich bereits frühzeitig assimiliert hatten und im 19. Jahrhundert nur noch landsmannschaftliche Besonderheiten und ein gewisses Regionalbewußtsein im Rahmen der ungarischen Kulturnation aufwiesen. Diese haben sie sich bis heute bewahrt.

---

[163] Gross, Mirjana in Hanák, Nationale Frage, S. 229 f.; Mommsen, Imperialismus, S. 207.

[164] Lemberg, Hans in Brunner, Osteuropa, S. 47 f.
Zur parallel gelagerten Rolle des historischen Staatsrechtes der Länder der böhmischen Krone bei den gescheiterten Autonomiebestrebungen der tschechischen Bevölkerung im österreichischen Reichsteil s. Birke/Oberndorffer.

[165] Daß ein historisch bedingter staatsrechtlicher Sonderstatus sich auch nach sehr langer Zeit wieder mit ethnischem Inhalt füllen kann, wird an dem Beispiel der keltischen Renaissance in Schottland und Wales deutlich.

[166] Näher zu dem Verhältnis Siebenbürgens zum ungarischen Zentralstaat Csizmadia, Fejlődés S. 101 f., Nagy, Ernő S. 47 ff. und Radvánszky, S. 126.

[167] Eine zeitgenössische liberale Begründung der Abschaffung der sächsischen Privilegien bei Radó-Rothfeld, S. 122 f.

Ein weiteres Gebiet mit einer Sonderstellung war *Fiume* [dt.: St. Veit am Pflaum; kroat.: Rijeka]. Fiume war der einzige brauchbare Hafen Ungarns und lange Zeit zwischen Ungarn und Kroatien umstritten. Dieser Streit führte dazu, daß Stadt und Bezirk Fiume einen Sonderstatus als "Freie Hafenstadt" erhielten. Diese war ein selbständiger Bestandteil [Corpus separatum] des Königreiches Ungarn mit einem von der ungarischen Regierung ernannten Gouverneur an der Spitze. Der besondere Status drückte sich auch darin aus, daß ungarische Gesetze in Fiume nicht automatisch, sondern nur dann galten, wenn sie sich ausdrücklich auf dieses Gebiet erstreckten, und daß die Amtssprache entsprechend der Bevölkerungsmehrheit Italienisch war[168].
Dieser Sonderstatus Fiumes war allerdings keine echte territoriale Selbstverwaltung der Italiener, sondern eine politisch begründete Besonderheit.

Verschiedene andere überkommene *privilegierte Territorien* verloren dagegen ihre Autonomie bzw. Sonderstellung und wurden in das allgemein übliche Komitatssystem eingegliedert. Der Gesetzesartikel 1876:XXXIII über die Regelung des Gebietes einiger Munizipien beseitigte im Rahmen einer größeren Gebietsreform vorläufig die Sonderstellung der Zips, der Territorien der Jaszen und Kumanen u.a. Diese Reform wurde durch den Gesetzesartikel 1877:I bestätigt. Die letzte Organisation der Zipser Sachsen, die Oberungarische Waldbürgerschaft, wurde im Jahre 1898 aufgelöst[169].

Auch in der Zeit des Dualismus gaben die ungarische Regierung und das ungarische Parlament den Forderungen der ethnischen Minderheiten nicht nach. Allerdings erhielten die etwa 700.000 *Juden* in Ungarn durch den Gesetzesartikel 1867:XVII volle Gleichberechtigung, woraufhin sich die bis dahin vorwiegend deutsch- oder jiddischsprachige, in geringerem Maße spaniolisch sprechende jüdische Stadt- und später auch die Landbevölkerung in zunehmendem Maße magyarisch sozialisierte[170]. Die Gesetzesarti-

---

[168] Katus, László in Ács, S. 163 f.; Bernatzik, Verfassungsgesetze, S. 736 f.; Csizmadia, Fejlődés S. 103; Csizmadia in Csizmadia/Kovács/Asztalos, S. 216, 379 f.; Marczali, S. 167 ff.; Márkus, S. 321 ff.; Nagy, Ernő S. 91 - 96; Radó-Rothfeld, S. 116 f.; Radvánszky, S. 123 f.
Zu den staats- und verwaltungsrechtlichen Besonderheiten von Fiume (Stadt und Bezirk) s. Nagy, S. 51, 278 f.
[169] Bellér, S. 113 f.
[170] Hoensch, S. 39.

kel 1867:XVIII und 1895:XLII beendeten die Ungleichbehandlung der jüdischen Religionsgemeinschaft, und der Gesetzesartikel 1916:XVII gewährte schließlich den moslemischen Gemeinden[171] staatliche Anerkennung.
Gleichzeitig versuchte der ungarische Staat, über verschiedene gesetzgeberische und administrative Maßnahmen Einfluß auf die verschiedenen Religionsgemeinschaften und ihre Geistlichen zu bekommen, da diese bei den meisten Minderheiten die Hauptstütze bei der Bewahrung der nichtmagyarischen Kultur und oft auch im Kampf um politische Gleichberechtigung waren[172].

Der Gesetzesartikel 1868:XLIV über die Gleichberechtigung der Nationalitäten war die *zentrale minderheitenrechtliche Vorschrift*. Die Präambel sprach zunächst die Gleichberechtigung aller ungarischen Bürger unabhängig von ihrer Nationalitätenzugehörigkeit aus.
§ 1 bestimmte das Ungarische zur Staatssprache und als einzig zugelassene Verhandlungssprache im Parlament. Gesetze sollten auf Ungarisch erlassen und dann in einer amtlichen Übersetzung in den Sprachen aller im Land wohnenden Nationalitäten veröffentlicht werden. Die territorialen (Munizipien [ungar.: törvényhatóság][173]) und örtlichen (Städte und Gemeinden) Selbstverwaltungen durften in weitem Umfang selbst entscheiden, in welcher Sprache bzw. welchen Sprachen sie vorgingen, Akten führten und mit anderen Verwaltungen und der Regierung verkehrten; nur soweit es die Zwecke der staatlichen Aufsicht erforderten, waren unbedingt ungarische Übersetzungen anzufertigen.
Ähnlich weite Befugnisse hatten die religiösen Gemeinschaften (§§ 14 - 16), was deshalb weitreichende Auswirkungen hatte, weil die Kirchen damals noch die Personenstandsregister führten und einen nicht unbe-

---

Zum soziologischen Hintergrund der Rolle der Juden in Ostmitteleuropa zu jener Zeit und ihrer Tendenz zur Assimilierung an die sie umgebende Nation s. Hanák, Donaumonarchie, S. 44 ff., und Konrád/Szelényi, S. 152 ff.

[171] Deren wenig zahlreiche Mitglieder waren zum einen Teil einheimische Bosniaken in den südlichen Grenzgebieten, zum anderen Teil Einwanderer vom Balkan.

[172] Einzelheiten bei Révész, S. 23.

[173] Bei den Munizipien handelte es sich um die höhere Selbstverwaltungsebene. Diese bestand zum einen aus den Komitaten, zum anderen aus den diesen gleichgestellten sog. Munizipalstädten [törvényhatósági jogú város]. Diese waren ursprünglich aus den freien königlichen Städten hervorgegangen, jedoch wurden in zunehmendem Maße auch neu aufstrebende (Industrie-)Städte in diesen Status gehoben. Einen Überblick über die Munizipien bietet Ajtay, Világatlasz, S. 126 f.

trächtlichen Teil der Schulen unterhielten. Jeder Bürger hatte das Recht, Eingaben an kommunale, staatliche und kirchliche Stellen in seiner Muttersprache zu tätigen (§ 23), in zusammenhängenden Minderheitensiedlungsgebieten eine muttersprachliche Schulausbildung bis zur Hochschulreife zu genießen (§ 17), und besonderer Wert wurde darauf gelegt, daß in der Rechtsprechung demjenigen, der der jeweiligen Prozeßsprache nicht mächtig war, in seiner Muttesprache eine Übersetzung angefertigt und gedolmetscht wurde, insbesondere wenn er nicht anwaltlich vertreten war[174]. Auch der Sprachgebrauch im Erziehungswesen wurde in diesem Gesetz kurz geregelt; hier enthielten aber die Schulgesetze (s.u.) genauere Regeln. In der Wirklichkeit wurden die Bestimmungen dieses Gesetzes oft zu ungunsten der Minderheiten nicht durchgeführt[175].

Der Gesetzesartikel 1868:XXXVIII über die Volksschulerziehung[176] gestattete den *Unterricht* in staatlichen, kirchlichen und privaten Schulen in der jeweiligen Muttersprache, sofern diese zu den in der Gemeinde gesprochenen Sprachen gehörte (§§ 58, 75); in den höheren Volksschulen und den Bürgerschulen war Ungarisch obligatorisches Lehrfach, wenn die Unterrichtssprache nicht Ungarisch war (§§ 64, 74). In den Lehrerbildungsanstalten waren die Muttersprache, das Ungarische und Deutsch obligatorische Unterrichtsfächer; das galt nicht nur für staatliche Einrichtungen, sondern auch für kirchliche Institute (§§ 88, 111, 13, 19).
Der Gesetzesartikel 1879:XVIII über den Unterricht der ungarischen Sprache in den Volksbildungslehranstalten verstärkte die Position des Ungarischen im Schulunterricht und in der Lehrerausbildung. Dies betraf aber nur den Unterricht von Ungarisch als Fremdsprache; die Unterrichtssprache konnte nach wie vor jede Minderheitensprache sein. Die Entscheidung traf der Schulträger, und viele machten von der Möglichkeit des muttersprachlichen Unterrichtes Gebrauch: 43 % der Elementarschulen waren nicht ungarischsprachig[177].
Durch den Gesetzesartikel 1883:XXX über die Mittelschulen und die Ausbildung von deren Lehrpersonal wurden Gymnasien und Realschulen als Vermittler höherer Allgemeinbildung eingeführt. In den Gymnasien waren die ungarische Sprache und Literatur obligatorische Lehrgegenstände; dort,

---

[174] Zu Einzelheiten der Sprachgesetzgebung s. Kovács, Történet, S. 810 ff.; Nagy, S. 103 ff. sowie Marczali, S. 47 ff.

[175] Kiss, Csaba in Altermatt, S. 128; Szamel in Beér/Kovács/Szamel, S. 466; Bellér, S. 103 ff.; Bernatzik, Ausgestaltung, S. 25 f.; Radvánszky, S. 124 f.

[176] Zur Geschichte des Gesetzgebungsprozesses s. Csizmadia, Fejlődés S. 210 f.

[177] Radó-Rothfeld, S. 133 f.

wo die Unterrichtssprache nicht Ungarisch war, auch die Sprache und Literatur der Unterrichtssprache. Weitere Pflichtsprachen waren Deutsch, Latein und Griechisch (§ 3). Dieselbe Regelung über den Pflichtunterricht in ungarischer Sprache und Literatur sowie in der Unterrichtssprache und deren Literatur galten für die Realschulen; hier waren weitere Pflichtsprachen Deutsch und Französisch (§ 4).

Gesetzesartikel 1891:XV über die Kindergärten regelte nicht den Sprachgebrauch in den Kindergärten. Er erlaubte aber allen kirchlichen und privaten Trägern die Errichtung von Kindergärten (§ 3), die dann auch die Kindergartensprache frei bestimmten. In der Kindergärtner- und Kindergärtnerinnenausbildung war die ungarische Sprache und Literatur ein obligatorisches Lehrfach; eine andere inländische Sprache konnte dazukommen (§ 34). Damit enthielt dieses Gesetz erstmalig keine Regelung über den Pflichtunterricht in einer nichtungarischen Muttersprache mehr.

Träger von Schulen (einschließlich Gymnasien) in den Sprachen der Nationalitäten waren vor allem die Religionsgemeinschaften, denen § 26 des Gesetzesartikels 1868:XLIV und § 7 des Gesetzesartikels 1883:XXX das Recht der freien Wahl der Unterrichtssprache ausdrücklich gewährleisteten. Die staatlichen Schulen wurden, entgegen dem Wortlaut der einschlägigen Schulgesetzgebung, häufig als Mittel der Magyarisierungspolitik der Regierung mißbraucht.

Um den Zugriff der Ministerialverwaltung auf die Schulen zu erleichtern und sie damit besser in den Dienst der staatlichen Assimilierungspolitik zu stellen, wurden der Gesetzesartikel 1907:XXVI über die Regelung der Bezüge der Lehrenden an staatlichen Elementarschulen sowie die örtliche Aufsicht über die staatlichen Elementarschulen und der Gesetzesartikel 1907:XXVII über die Rechtsverhältnisse der nichtstaatlichen Elementarschulen sowie die Bezüge der Lehrenden an den Elementarschulen der Gemeinden und der Religionsgemeinschaften (die sog. lex Apponyi) erlassen. Letzterer erhöhte die Lehrergehälter an den nichtstaatlichen Elementarschulen beträchtlich und setzte so die Schulträger erheblichem finanziellen Druck aus. Wenn dieser in finanzielle Schwierigkeiten kam und er sich dennoch nicht an das Ministerium für Religion und Unterrichtswesen um Hilfe wandte, so konnte ihm die Schulträgerschaft entzogen werden. Mit der Gewährung der staatlichen Unterstützung waren in der Regel umfangreiche Auflagen verbunden. Da die nationalitätensprachlichen Schulen, wie bereits dargestellt, praktisch allesamt in nichtstaatlicher Hand waren, wurden sie von der finanziellen Auszehrung ganz besonders betroffen und mußten sich dann mit der Beantragung von staatlichen Geldern den Weisungen des Ministeriums beugen, die oft auf eine Zurückdrängung des nichtmagyarischen Charakters der Schule hinausliefen. Die Politik der finanziellen Schwächung wurde fortgesetzt durch den Gesetzesartikel 1908:XLVI, der in allen staatlichen, gemeindlichen und kirchlichen Elementarschulen die Schulgeldfreiheit einführte (§ 1) und diesen Schulen damit eine wichtige Einnahmequelle nahm; nur Elementarschulen in privater Trägerschaft konnten damit noch Schulgeld erheben. In dem gleichen Gesetz wurden alle Elementarschulen verpflichtet, das Abgangszeugnis kostenlos und in ungarischer Sprache auszustellen (§ 7).

Über diese finanziellen Regeln hinaus führten die beiden Gesetzesartikel des Jahres 1907 eine Verschärfung der Schulaufsicht und der Disziplinargewalt über die Lehrenden ein. So beging ein Lehrer einen Disziplinarverstoß, wenn er den Unterricht der ungarischen Sprache vernachlässigte, nicht vom Minister erlaubte Lehrbücher und -materialien benutzte oder Handlungen, die sich gegen die territoriale Unversehrtheit des ungarischen Staates, gegen den gesetzlichen Gebrauch seiner Staatssprache oder gegen seinen nationalen Charakter richteten, beging (§ 14 Gesetzesartikel 1907:XXVI, § 22 Gesetzesartikel 1907:XXVII). Damit wurden die Lehrer auf disziplinarrechtlichem Wege zur Magyarisierung ihrer Schüler angehalten und die Äußerung jeden Gedankens, der auf die Gewährung von Sonderrechten für die Nationalitäten abzielte, verboten. Darüber hinaus wurden die Schulen und die Lehrenden verpflichtet, die Kinder zur Liebe zum ungarischen Vaterland und zum Bewußtsein zur Zugehörigkeit zur ungarischen Nation zu erziehen und jeden nichtmagyarischen Schüler zu befähigen, nach Ablauf der vierten Klasse seine Gedanken in ungarischer Sprache schriftlich und mündlich verständlich auszudrücken (§§ 17, 19 Gesetzesartikel 1907:XXVII). Die Position des ungarischsprachigen Unterrichts an nichtungarischsprachigen Schulen wurde gestärkt: Auf Wunsch des Vaters bzw. Vormundes des Schülers hatten auch solche Schulen ungarischsprachigen Unterricht abzuhalten (§ 18 Gesetzesartikel 1907:XXVII). Dieser Gesetzgebung blieb der Erfolg nicht versagt: In der Folgezeit wurden viele reine Nationalitätenschulen geschlossen bzw. magyarisiert und der Unterricht in nichtungarischen Sprachen stark zurückgedrängt. Gleichzeitig nahm allerdings die Zahl der zweisprachigen Schulen zu, so daß den Kindern der Minderheiten nicht jede Möglichkeit des Unterrichts ihrer Muttersprache und in ihrer Muttersprache genommen wurde[178].

---

[178] Engel, Pál/Tilkovszky, Lóránt in Ács, S. 90 f.; Bellér, S. 110 ff.; Brunner in Brunner/Tontsch, S. 18 f.; Kővágó, László in Fodor u.a., S. 163; Polányi, Ethnos-Nation 1994/29.

Ausgenommen von den erwähnten Sprach- und Schulgesetzen waren das bereits erwähnte Nebenland Kroatien-Slawonien-Dalmatien sowie Fiume.

Ein weiteres Mittel zur Assimilierung der Minderheiten war der Gesetzesartikel 1898:IV über die Gemeinde- und sonstigen Ortsnamen, der in § 1 bestimmte, daß jede Gemeinde (nur) einen *amtlichen Namen* zu führen habe. Im Falle von mehreren Namen oblag es dem Innenminister, den amtlichen auszuwählen (§ 2). Diese Bestimmung bezog sich vor allem auf Gemeinden mit nichtmagyarischer Bevölkerung, deren Name in der/den Minderheitensprache(n) natürlich nicht mit dem ungarischen Namen übereinstimmte[179]. In diesen Fällen wurde die ungarische Version zum amtlichen Namen bestimmt, was der nichtmagyarischen Bevölkerung die Identifikation mit ihrem Wohnumfeld als einem auch nichtungarischen Lebenskreis erschwerte. In Schulbüchern u.ä. durfte der nichtamtliche Name zur Erklärung in Klammern hinter der amtlichen Form gebraucht werden (§ 5).

Das *Zensuswahlrecht*, das die aktive und passive Wahlberechtigung an einen hohen Vermögens-, Einkommens- oder Bildungszensus knüpfte, belastete in der Praxis die Angehörigen der nichtmagyarischen Nationalitäten über Verhältnis, da diese mit Ausnahme der sich schnell assimilierenden deutschen Mittelschicht fast vollständig den ärmeren und damit zur politischen Inaktivität verdammten Bevölkerungsschichten angehörten[180]. Eine Ausnahme bildete wiederum Kroatien, das als eigenständiges Nebenland mit 29, später 40 Abgeordneten im Unterhaus und drei Mitgliedern im Oberhaus vertreten war.

Die unnachgiebige und auf eine *Magyarisierung* der Nationalitäten gerichtete Politik, die den erwähnten Gesetzen oft zuwiderlief, führte während der gesamten Epoche des Dualismus zunehmend zu ethnischen Span-

---

Ausführlich zu der Schulgesetzgebung von 1907 und 1908 und ihrer Rolle in der Magyarisierungspolitik der Regierung s. Dolmányos, István in Hanák, Nationale Frage, S. 233 - 288.

179 'Prominente' Beispiele hierfür sind Ofen (dt.) - Buda (ungar.), Preßburg (dt.) - Pozsony (ungar.) - Bratislava (slowak.), Maria-Theresiopel (dt.) - Szabadka (ungar.) - Subotica (serb.) und Klausenburg (dt.) - Kolozsvár (ungar.) - Cluj-Napoca (rumän.).

180 Csizmadia in Csizmadia/Kovács/Asztalos, S. 354 - 357; Takács, Imre in Kukorelli/Schmidt, S. 28; Mommsen, Imperialismus, S. 204 f.; Némethy v. Ujfalu, JÖR 1910/142 ff., 152 ff.; Tóth, S. 49 ff.; Veiter in Veiter, System, Teil 2, S. 250. Zu den Minderheitenparteien im Dualismus s. Révész, S. 24 f.

nungen, die oft mit sozialen Konflikten einhergingen[181]. Begründet wurde die starre Haltung der ungarischen Regierung und der magyarischen Bevölkerung mit der Fiktion, daß alle Bürger des Landes Mitglieder der ungarischen politischen Nation [natio hungarica] seien, unabhängig von ihrer ethnischen Zugehörigkeit. Diese Position wurde in der Präambel und in § 1 Gesetzesartikel 1868:XLIV auch gesetzlich festgelegt. Damit wurde die politische Existenz anderer Nationalitäten in Ungarn geleugnet[182]. Den Bewegungen, die das deutsch-ungarische dualistische System in einen deutsch-ungarisch-slawischen trialistischen Staat umwandeln wollten (wobei die Westslawen die Länder der böhmischen Krone als Kernland des slawischen Reichsteils sehen wollten, die Südslawen aber das Nebenland Kroatien-Slawonien-Dalmatien), traten die ungarische und die österreichische Regierung gleichermaßen entschlossen entgegen[183].

Neben dieser Politik der Magyarisierung trugen die Industrialisierung und die Verstädterung zur Auflösung der traditionellen nichtmagyarischen Dorfgemeinschaften, zur Abwanderung in die Städte, zur Annahme einer ungarischen Sozialisation durch das deutschsprachige städtische Bürgertum und damit zu einer zunehmenden Assimilierung der Nationalitäten

---

[181] Kiss, Csaba in Altermatt, S. 127 ff.; Szárka, László und Kováč, Dušan in Aspeslagh/Renner/van der Meulen, S. 13 ff., 21 ff.; Baka, ÁJ 1985/328; Bellér, S. 102 - 133; Bibó, S. 368 f.; Kirschbaum, Stanislav J. in Brunner/Lemberg, S. 113; Brunner in Brunner/Tontsch, S. 15 ff.; Nuţu, C. in Constantinescu/Pascu, S. 88 ff.; Gargas, RDP 1927/15; Hanák, Donaumonarchie, S. 281 - 319; Hanák, Geschichte, S. 166 - 172; Constantinescu, Miron/Bányai, Ladislaus/Cutricăpeanu, V./Göllner, C./Nuţu, C. in Hanák, Nationale Frage, S. 52 ff., 74 ff.; Katus, László in Hanák, Nationale Frage, S. 149 - 214; Zwitter, Fran in Hanák, Nationale Frage, S. 11 - 34; Henry, S. 157 ff.; Hoensch, S. 77 - 80; Joó, S. 10; Lázár, S. 153 f.; Kővágó, Kisebbség, S. 97; Kővágó, Nemzetségi kérdés, S. 11 f.; Mommsen, Imperialismus, S. 132, 137, 207; Nolte, Georg in Frowein/Hofmann/Oeter, Bd. 1, S. 505; Révész, S. 21 26; Vogel, Sándor in Seewann, Minderheiten, S. 213 f.; Ševjanić, S. 9 f.; Lásztity, Péter in Schlett, S. 117; Petrusán, György in Schlett, S. 105.

[182] Szamel, Lajos in A Tanácsakadémia, S. 193; Szamel in Beér/Kovács/Szamel, S. 466; Bellér, S. 102 f.; Budzsáklia, ÁI 1974/787 f.; Constantinescu, Miron / Bányai, Ladislaus / Cutricăpeanu, V. / Göllner, C. / Nuţu, C. in Hanák, Nationale Frage, S. 61 f.; Hoensch, S. 36 ff.; Kővágó, Kisebbség, S. 47 f.; Wilcke, S. 51.
Zur Geschichte der Idee der ungarischen politischen Nation im Ständestaat s. Balogh, S. 6.

[183] Csáky, Moritz in Altermatt, S. 44 ff.; Lemberg, Hans in Brunner, Osteuropa, S. 47 f.; Gross, Mirjana in Hanák, Nationale Frage, S. 231; Zwitter, Fran in Hanák, Nationale Frage, S. 31 f.; Ijjas, József / Stipta, István in Horváth, Jogtörténet, S. 447 f.; Kann, Bd. 1, S. 254 ff.; Kovács, Történet, S. 851 ff.

bei[184]. Besonders tragisch war das Schicksal der Zigeuner, die durch die Industrialisierung ihre traditionellen ökonomischen und sozialen Nischen verloren und lediglich in der Industrie Anstellung als Hilfsarbeiter - wenn überhaupt - fanden. Zur Lösung ihrer besonderen Problematik wurden mehrfach besondere Regierungsbeauftragte für Zigeunerfragen berufen[185]. Diese Politik führte letztendlich dazu, daß sich die nichtmagyarischen Bevölkerungsteile dem ungarischen Staat in zunehmendem Maße entfremdeten[186].

4. Revolution und Horthy-Regime

Nach dem Zusammenbruch der österreichisch-ungarischen Doppelmonarchie im Oktober/November 1918, den auch die Föderalisierungspläne Königs Károly IV. (in Österreich: Karl I.) nicht mehr aufhalten konnten[187], brach in Ungarn die sog. Asternrevolution aus, die die Unabhängigkeit Ungarns ausrief und unter der Bezeichnung *Volksrepublik* die Monarchie abschaffte und ein bürgerlich-demokratisches System schuf. Die Regierung unter Graf Károlyi machte den Nationalitäten großzügige Konzessionen einschließlich der Berufung eines eigenen Ministers für nichtungarische Völker (Oszkár Jászi[188]). In der Karpatoukraine wurde für die dortige ruthenische Bevölkerung durch Volksgesetz 1918:X vom 25.12.1918 die Westukrainische Republik [Ruszka Krajna] eingerichtet, und das Volksgesetz 1919:VI sah umfangreiche territoriale Autonomien für die Deutschen vor[189]. Dies konnte aber den Zerfall des Vielvölkerstaates Ungarn nicht

---

[184] Kocsis, Károly in Ács, S. 53 ff.; Szárka, László in Aspeslagh/Renner/van der Meulen, S. 15 ff.; Bellér, S. 104 - 115; Révész, S. 17.
Zur Entwicklung des Siedlungsnetzes zu dieser Zeit s. Berényi, István / Dövényi, Zoltán in Mayr/Grimm, S. 110 ff.

[185] Pomogyi, S. 11 - 53; 95 f.

[186] Lackó, Vierteljahreshefte für Zeitgeschichte 1973/47.

[187] Gosztony, Politische Studien 1968/696 ff.; Constantinescu, Miron / Bányai, Ladislaus / Cutricăpeanu, V. / Göllner, C. / Nuțu, C. in Hanák, Nationale Frage, S. 107 ff.; Kann, Bd. 2, S. 260 ff.; Takács, Imre in Kukorelli/Schmidt, S. 28; Mommsen, Imperialismus, S. 362 f.; Révész, S. 26 ff.

[188] Zu dessen Leben und Werk s. Hamza, Acta Facultatis 1991/92 S. 179 ff. und Vargyai, Gyula.

[189] Udvari, István in Ács, S. 197; Bellér, S. 136 - 141; Budzsáklia, ÁI 1974/789; Csizmadia, ÁI 1978/7; Kovács in Csizmadia/Kovács/Asztalos, S. 536 f.; Kővágó, László in Fodor u.a., S. 160; Hoensch, S. 87; Révész, S. 27 f.; Veiter, Nationale Autonomie S. 151 ff.

aufhalten, und die Slowaken, Kroaten, Serben, Rumänen und letztendlich auch die westungarischen (d.h. burgenländischen) Deutschen begannen, unter Berufung auf das Prinzip des Selbstbestimmungsrechtes der Völker und auf das 14-Punkte-Programm des US-amerikanischen Präsidenten Wilson eigene staatliche Strukturen aufzubauen bzw. sich ihren Mutterländern jenseits der Grenzen anzuschließen[190].

Im März 1919 trat die Revolution in eine weitere Phase: Der Revolutionäre Regierende Rat rief die Ungarische *Räterepublik* aus. Diese orientierte sich in ihrem Verfassungs- und Rechtswesen an dem Vorbild der Russischen Sozialistischen Föderativen Sowjetrepublik[191]. Die Räterepublik proklamierte einen föderalen Aufbau, umfangreiche Rechte für die ethnischen Minderheiten einschließlich einer großzügigen Territorialautonomie und einen gerechten Ausgleich zwischen den Nationalitäten. Die Verfassung vom 23.6.1919 garantierte neben dem allgemeinen Diskriminierungsverbot den nationalen Minderheiten die Freiheit von jeglicher Unterdrückung und jedermann den freien Gebrauch seiner Muttersprache auch vor Behörden; das letzte, siebte Kapitel war eigens den Rechten der Nationen gewidmet. Zum Zwecke der Kulturpflege konnte jede Minderheit einen landesweiten Rat gründen, und die deutsche und ruthenische Minderheit waren durch je einen Volkskommissar [népbiztos], der in seinem Zuständigkeitsbereich

---

Zur Geschichte der Ruszka Krajna während der ungarischen Räterepublik s. Bodnar, Imre in Szotáczki, S. 41.

190 Popeangă, V./Kovács, I. in Constantinescu/Pascu, S. 234 ff.; Csizmadia, Fejlődés S. 312 f.; Kovács in Csizmadia/Kovács/Asztalos, S. 507 ff.; Gosztony, Politische Studien 1968/701; Hanák, Geschichte, S.200; Hoensch, S. 84, 87; Israëljan, S. 8 f.; Kuss, JÖR 1985/631; Lemberg, Hans in Brunner, Osteuropa, S. 57; Herczegh, Géza in Szotáczki, S. 28 f.; Ermacora, Felix in Veiter, System, Teil 2, S. 6 ff.

Die 14 Punkte Wilsons sind abgedruckt bei Finch, AJIL 1919/161 f.: Punkt 10 betrifft die Völker Österreich-Ungarns, für die aber keine Selbstbestimmung oder Unabhängigkeit, sondern nur die Gewährung größtmöglicher Autonomie gefordert wird.

Zur Rolle des Selbstbestimmungsrechtes bei dem Auseinanderfallen der Habsburger Monarchie und ähnlicher übernationaler monarchisch-aristokratischer Staaten s. Bibó, S. 386 - 389.

191 Bihari, ÁI 1979/193 ff.; Bihari, Alkotmányjog S. 26; v. Csekey, JÖR 1926/415; Hanák, Geschichte, S. 201; Lázár, S. 168; Szabó, ÁJ 1967/490 f.; Szotáczki in Szotáczki, S. 8, 10 f.; Zlatopol'skij, S. 6

Zu den Erfahrungen der Führer der Räterepublik in der russischen Revolution und dem Aufbau der Sowjetunion s. Israëljan, S. 11 ff.

auch Verordnungen erlassen durfte, vertreten. Der deutsche Volkskommissar war Henrik Kalmár, der ruthenische Ágoston Stefan[192].
Am 16.6.1919 wurde in Eperjes [dt.: Preschau; slowak.: Prešov] die Slowakische Räterepublik ausgerufen und von der Ungarischen Räterepublik sofort und vorbehaltlos anerkannt[193].

Nach 133 Tagen brach die Räterepublik zusammen, und Admiral Miklós *Horthy* übernahm bis 1944 die Gewalt. Die Legitimationsbasis seines Regimes war das Prinzip der Rechtskontinuität: Der Gesetzesartikel 1920:I stellte die Monarchie wieder her, aber der Thron blieb vakant. Für Admiral Horthy schuf man - zunächst übergangsweise, später auf Dauer - das aus dem Mittelalter bekannte Amt des Reichsverwesers [ung.: kormányzó] (System des staatsrechtlichen Provisoriums)[194].
Die erste Zeit nach dem Sieg über die Räterepublik war zum einen durch eine relativ großzügige Nationalitätengesetzgebung, die die nichtmagyarischen Bevölkerungsteile bei Ungarn halten sollte[195], zum anderen durch schwere Retorsionen gegenüber all denen gekennzeichnet, die der Zusammenarbeit mit den Räten verdächtigt wurden. Hierunter hatten die ethni-

---

[192] Einzelheiten zur Nationalitätenpolitik der Räterepublik bei Szamel, Lajos in A Tanácsakadémia, S. 193; Engel, Pál/Tilkovszky, Lóránt in Ács, S. 92; Beér in Beér/Kovács/Szamel, S. 68; Bellér, S. 141 - 145; Budzsáklia, ÁI 1974/789; Csizmadia, Fejlődés S. 331 f.; Kovács in Csizmadia/Kovács/Asztalos, S. 536 f.; Budzsáklia, Mátyás in Fodor u.a., S. 183 f.; Kővágó, László in Fodor u.a., S. 160 f.; Révész, S. 28 f.; Schweisguth, JOR 1960 (Halbbd. 1) Bd. 1 S. 223 f. und Bodnar, Imre in Szotáczki, S. 40 - 47.
[193] Hajdu in Buza/Hajdu, S. 250; Kovács in Csizmadia/Kovács/Asztalos, S. 537; Hanák, Geschichte, S. 203; Israëljan, S. 30; Bodnar, Imre in Szotáczki, S. 42 ff.
[194] Szamel, Lajos in A Tanácsakadémia S. 27; Bihari, Alkotmányjog S. 35; Brunner in Brunner/Meissner, Verfassungen, S. 476; v. Csekey, JÖR 1926/417; v. Csekey, JÖR 1931/201 ff.; Csihák, S. 62; Csizmadia in Csizmadia/Kovács/Asztalos, S. 561 - 565, 571 -581; Hanák, Geschichte S. 210; Takács, Imre in Kukorelli, Alkotmánytan S. 31; Takács, Imre in Kukorelli/Schmidt, S. 28 f.; Polgár, RDP 1926/121 f.; Rácz, S. 19; Radvánszky, S. 134 ff.
Zu Einzelheiten dieses Provisoriums und zum Stellvertretercharakter des Amtes des Reichsverwesers s. Egyed, Ostrecht 1926/49 ff.
Wegen der Bedeutung der monarchischen Staatsform für die Legitimität und das Prinzip der Rechtskontinuität des Horthy-Regimes s. Beér in Beér/Kovács/Szamel, S. 71 f. und Kardos, Szentkorona-tan.
Zur Entstehung des Amtes des Reichsverwesers s. Radvánszky, S. 44 f.
[195] Bellér, S. 148 ff.; Fűrész, Klára/Révész, Tamás in Katonáné, S. 108.

schen Minderheiten und die Juden, gegen die es zu mehreren Pogromen kam, überproportional zu leiden[196].

Die Horthy-Regierung unterzeichnete am 4.6.1920 den *Friedensvertrag von Trianon*, der Ungarn von bisher 325.411 qkm auf zunächst 92.963 qkm, durch anschließende Grenzkorrekturen auf 93.073 qkm verkleinerte[197]. Damit wurden die Grenzen enger gezogen, als es den ethnischen Gegebenheiten entsprach: Mehr als drei Millionen Ungarn, z.T. in zusammenhängenden und mit dem Rumpfstaat benachbarten Siedlungsgebieten, wurden zu Bürgern fremder Staaten. Dagegen schrumpfte der Anteil der nicht magyarischsprachigen Minderheiten im Trianon-Ungarn auf ungefähr 10 %; dazu kamen etwa 500.000 Juden, die meist ungarisch sozialisiert waren[198].
Der Vertrag von Trianon enthielt auch garantieartige Bestimmungen zur Rechtsstellung der in Ungarn lebenden Minderheiten und deren Sicherung durch den Rat des Völkerbundes und den Ständigen Internationalen Gerichtshof (Art. 54 - 60). Gleichzeitig waren auch die Nachbarstaaten durch völkerrechtliche Verträge zum Schutz ihrer Minderheiten (also auch der ungarischen) verpflichtet, so daß das gesamte Karpatenbecken in das die Zwischenkriegszeit prägende internationale Vertragssystem des Minderheitenschutzes eingebunden war[199].

---

[196] Révész, László in Brunner/Meisser, Nationalitätenprobleme, S. 171; Hanák, Geschichte, S. 209; Hoensch, S. 99 f.; Lázár, S. 169 f.; Lendvai, S. 22.

[197] Gesetzesartikel 1921:XXXIII; englische Übersetzung in AJIL 1921 Supplement S. 1 ff. Dazu Ajtay, Világatlasz S. 131; v. Csekey, JÖR 1926/424; v. Csekey, JÖR 1931/200 f.
Eine genaue Auflistung der Gebiets- und Bevölkerungsverluste nach Gewinnerländern geordnet bei Bohmann, S. 19 f., und Révész, S. 29.

[198] Wyrozumski, Jerzy in Altermatt, S. 43; Dupuis, S. 100 ff.; Gruda, E drejta 2/1996, S. 9; Hoensch, S. 103 f.; Lázár, S. 170 f.; Lendvai, S. 22 f.; Marshall Brown, AJIL 1920/238; Nolte, Georg in Frowein/Hofmann/Oeter, Bd. 1, S. 503 f.; Valki, László in Dinstein/Tabory, S. 436 f.;
Bevölkerungs- und Nationalitätenstatistiken für die Zeit nach Trianon bei Brunner in Brunner/Tontsch, S. 20; Kővágó, László in Fodor u.a., S. 146 ff.; Révész, S. 32.
Zu der bis heute fortwirkenden psychischen Wirkung dieses Vertrages auf die ungarische Nation s. Sitzler, Kathrin in Mommsen, Nationalismus, S. 103 ff.

[199] Eine genaue Darstellung dieser Vertragswerke in Ostmitteleuropa bei Bartsch, S. 67 - 178; Buza, S. 23 - 28; Kővágó, Kisebbség, S. 25 f.; Lerner, S. 12 ff.; Rosting, AJIL 1923/641 ff.; Rousseau, RDP 1930/405 ff.; Stone, AJIL 1932/502 ff.; Rabl, Kurt in Veiter, System, Teil 2, S. 97 - 115; Héraud, Guy in Wittmann/Bethlen, S. 28 - 35.

Durch das System von Trianon bekam die ungarische Minderheitenpolitik zwei neue Aspekte: Neben die Regelung der Rechtsstellung der in Ungarn lebenden nichtmagyarischen Bevölkerungsteile trat die Fürsorge für die im Ausland lebenden ungarischen Minderheiten. Innenpolitisch wurde der die Nationalitätenpolitik der österreichisch-ungarischen Doppelmonarchie prägende Grundsatz der Gleichberechtigung aller Staatsbürger unabhängig von der Nationalität aufgegeben und die Nichtmagyaren als Minderheiten in einen Sonderstatus gedrängt, der eine andere rechtliche Behandlung als die der Magyaren erlaubte oder sogar erforderte.

Im *Inneren* blieb das Horthy-Regime auch nach der Konsolidierung den nationalen Minderheiten gegenüber feindselig eingestellt; eine gewisse Ausnahme bildete höchstens die deutsche Minderheit. Der Antisemitismus spielte eine große innenpolitische Rolle[200]. Dies ging so weit, daß mit dem Gesetzesartikel 1920:XXV[201] jüdischen Studenten der Zugang zu den Universitäten durch einen an den Bevölkerungsanteil gebundenen Numerus clausus faktisch sehr erschwert wurde und in der Folgezeit noch weitere gesetzliche Maßnahmen getroffen wurden, um die Juden aus der Staatsverwaltung und den staatlichen Monopolbetrieben wie z.B. Tabakgeschäften, Schankwirtschaften oder Lichtspielhäusern zu verdrängen[202]. 1922 wurde das Ministerium für Nationalitäten aufgelöst. Die Regierungsverordnung 4800/1923. ME regelte das Recht der nationalen und ethnischen Minderheiten neu, ohne im Vergleich zum Gesetzesartikel 1868:XLIV inhaltliche Neuerungen zu bringen[203]. Der Gesetzesartikel 1924:II über die Sicherung der Kenntnisse von Minderheitensprachen in den öffentlichen Ämtern schrieb in Gemeinden, in denen mindestens ein Fünftel der Bevöl-

---

Zu den Minderheitenklauseln des Vertrags von Trianon s. Kimminich, Menschenrechte, S. 34 f.

[200] Zala, Tamás in Ács, S. 236; Révész, László in Brunner/Meisser, Nationalitätenprobleme, S. 166 f.; Glatz, S. 46; Hoensch, S. 105 f.; Kővágó, Nemzetségi kérdés, S. 12; Révész, S. 32 - 38.

Zur Politik gegenüber den Zigeunern und der Verschlechterung ihrer Lage im Vergleich zur Vorkriegszeit s. Fehér, S. 4 f.; Pomogyi, S. 24 ff.

[201] Dieser Gesetzesartikel wurde auch im Rat des Völkerbundes diskutiert: Buza, S. 271 - 277; Csizmadia in Csizmadia/Kovács/Asztalos, S. 596; Rosting, AJIL 1923/659. Schließlich beugte sich Ungarn der wiederholten Kritik der Minderheitenkommission und des Rates und versprach 1928, die Bestimmungen aufzuheben: Veatch, S. 376.

[202] Csizmadia in Csizmadia/Kovács/Asztalos, S. 568 f.; Hoensch, S. 107.

[203] Szamel in Beér/Kovács/Szamel, S. 466; Bellér, S. 154 f.

kerung zu derselben Minderheit gehörte, die Besetzung von Stellen in der Staats- und Kommunalverwaltung durch Personen, die der Minderheitensprache mächtig waren, vor. In der Praxis wurde diese Vorschrift nicht verwirklicht[204].
Auch im Minderheitenschulwesen war eine eher minderheitenfeindliche Tendenz zu beobachten. Während die Verordnung des Ministers für Religion und Bildung 209.494/1919. B. II. VKM noch in allen staatlichen und Gemeindeschulen den Unterricht in jeder Minderheitensprache gestattete, um die verschiedenen Nationalitäten bei Ungarn zu halten, zeigte sich die Schulpolitik nach dem endgültigen Verlust großer Minderheitengebiete durch den Vertrag von Trianon sehr viel weniger großzügig. Durch die Verordnung des Ministerpräsidenten 4.800/1923. ME und des Ministers für Religion und Bildung 110.478/1923. VKM wurden drei verschiedene Typen von Minderheitenschulen geschaffen, zwischen denen die Elternversammlungen wählen konnten. In Typ A war die Minderheitensprache die Unterrichtssprache und Ungarisch Pflichtfach, in Typ B wurden einige Fächer in der Minderheitensprache und andere in Ungarisch unterrichtet, und Typ C hatte als Unterrichtssprache Ungarisch und die Minderheitensprache als Pflichtfach. Die Behörden drängten oft darauf, Schulen des Typs A oder B in den Typ C zu überführen, was jedoch nur begrenzte Wirkung hatte, da die Trägerschaft von Minderheitenschulen in über 80 % der Fälle bei den Religionsgesellschaften lag, die weiterhin frei über die Unterrichtssprache entscheiden konnten. Nichtsdestoweniger waren infolge der fortgeschrittenen Assilimierung die meisten Minderheitenschulen solche des Typs C; lediglich die deutsche Minderheit besaß in nennenswertem Umfang A- und B-Schulen auch über das Elementarschulniveau hinaus. Die Verordnung des Ministerpräsidenten 11.000/1935. ME sah als Einheitsmodell der Minderheitenschule nur noch den Typ B vor und ordnete die Überführung aller Minderheitenschulen in diese Form bis 1938/39 an, was jedoch nur teilweise gelang[205].

Außenpolitisch propagierte das Horthy-Regime während der ganzen Zeit seines Bestehens die Revision der Grenzen von Trianon. Dies führte schließlich dazu, daß sich das Land den faschistischen Mächten Deutsch-

---

[204] Deák, Ladislav in Aspeslagh/Renner/van der Meulen, S. 113 ff.; Révész, László in Brunner/Meisser, Nationalitätenprobleme, S. 166; Brunner in Brunner/Tontsch, S. 23.
[205] Aschauer, S. 73 f.; Deák, Ladislav in Aspeslagh/Renner/van der Meulen, S. 115 ff.; Bellér, S. 149 - 158; Brunner in Brunner/Tontsch, S. 23 ff.

land und Italien anschloß[206]. Diese hielten ihr Versprechen, Ungarn bei seiner revisionistischen Politik zu unterstützen, und sprachen dem Land im Ersten Wiener Schiedsspruch (2.11.1938) die Südslowakei und im Zweiten Wiener Schiedsspruch (30.8.1940) Nordsiebenbürgen zu; darüber hinaus wurden die Karpatoukraine (März 1939) und die Vojvodina (April 1941) angegliedert[207]. Damit hatte Ungarn den größten Teil der magyarisch besiedelten Gebiete zurückgewonnen, andererseits aber auch eine umfangreiche nichtungarische Bevölkerung erhalten[208]. Die Lage der ethnischen Minderheiten verschlechterte sich durch den zunehmenden Chauvinismus in Politik und Gesellschaft in immer größerem Maße. Die einzige Ausnahme bildete die deutsche Minderheit: Ihre Organisation, der "Volksbund", genoß aufgrund vertraglicher Vereinbarungen zwischen Ungarn und Hitler-Deutschland zahlreiche Sonderrechte, die ihn zum Staat im Staate machten und ihm Einflußmöglichkeiten z.B. auf das deutsche Schulwesen eröffneten. Er diente der Außenpolitik des Dritten Reiches, was so weit ging, daß seine Mitglieder in der deutschen Wehrmacht ihren Kriegsdienst ableisteten[209].

---

[206] Fabian, Juraj in Aspeslagh/Renner/van der Meulen, S. 35 ff.; Bartsch, S. 82 f.; Grzybowski, Marian in Berglund/Dellenbrant, S. 171; Bohmann, S. 15 f.; Csizmadia in Csizmadia/Kovács/Asztalos, S. 563; Dupuis, S. 25 ff., 67 ff.; Pach, Zsigmond Pál in Fodor u.a., S. 132 f.; Hoensch, S. 104 f.; Joó, S. 10; Takács, Imre in Kukorelli, Alkotmánytan, S. 32; Takács, Imre in Kukorelli/Schmidt, S. 29; Kuss, JÖR 1985/632; Lackó, Viertesjahreshefte für Zeitgeschichte 1973/49 ; Lázár, S. 171 f.; Lendvai, S. 23; Sitzler, Kathrin in Mommsen, Nationalismus, S. 105 f.; Riemer, Osteuropa 1997/256; Vogel, Sándor in Seewann, Minderheiten, S. 215 f.; Valki, László in Dinstein/Tabory, S. 437 f.

Einen Überblick über die Außenpolitik Ungarns in der Zwischenkriegszeit bietet Hanák, Geschichte, S. 219 - 223.

Zu den grundlegenden völkerrechtlichen Verträgen Ungarns mit den verschiedenen faschistischen Mächten s. Hajdu in Buza/Hajdu, S. 252 f.

[207] Ajtay,Világatlasz S. 134; Bohmann, S. 16; Brunner in Brunner/Tontsch, S. 21 ff.; Lázár, S. 177 ff.; Rácz, S. 34.

[208] Zur Regelung von Minderheitenfragen in den Wiener Schiedssprüchen s. Korkisch, ZaöRV 1941/42 S. 724 ff.; Pircher, S. 159 f.

[209] Aschauer, S. 80 ff.; Bellér, S. 170 - 183; Bohmann, S. 54 f.; Tilkovszky, Lóránt in Brunner, Ungarn, S. 187; Seewann, Gerhard in Brunner/Lemberg S. 135; Csizmadia in Csizmadia/Kovács/Asztalos, S. 570 f.; Kővágó, László in Fodor u.a., S. 161; Heckmann, S. 219 ff.; Ševjanić, S. 14 f.; Szamel, ÁI 1989/398.

Eine Analyse der Rechtsstellung der Ungarndeutschen aus nationalsozialistisch-reichsdeutschen Sicht bei Grotmann, der v.a. auf S. 111 ff. noch weitergehende Forderungen stellt.

Zu den Vorläufern des Volksbundes s. Bellér, S. 159 - 169.

Auch im Inneren vollzog Ungarn eine 'Angleichung' an das verbündete Deutschland: Ab 1938 wurden mehrere antijüdische Gesetze erlassen[210], der Gesetzesartikel 1940:VII hob die Vertretung der jüdischen Religionsgemeinschaft im Oberhaus (bis dahin durch einen orthodoxen und einen neologen Rabbiner)[211] auf, und nach der deutschen Besetzung Ungarns 1944 verstärkten sich die bis dahin eher spärlichen Deportationen ungarischer Juden und Zigeuner in deutsche Konzentrationslager[212].

5. Die Ära des Sozialismus

Unmittelbar nach dem Zusammenbruch Ungarns hob die sowjetische Besatzungsmacht alle Gesetze mit rassistischem Inhalt auf, und 1947 schloß Ungarn den Frieden von Paris. Darin wurden die Grenzen von Trianon mit einer kleinen Abweichung zugunsten der Tschechoslowakei [Art. 1 Abs. 4 lit. c) - e)] wiederhergestellt und die bereits erwähnte Schutzvorschrift über das Verbot der Diskriminierung von Minderheitenangehörigen vereinbart[213].

Etwa 200.000 Ungarndeutsche wurden entsprechend den Beschlüssen von Potsdam nach Österreich und Deutschland umgesiedelt, so daß die deutsche Minderheit um die Hälfte abnahm, und mit den Nachbarländern (vor allem mit der Tschechoslowakei auf der Grundlage des bilateralen Abkommens vom 27.2.1946[214] und mit Jugoslawien durch das Abkommen

---

[210] Einzelheiten bei Révész, László in Brunner/Meisser, Nationalitätenprobleme, S. 169 f.; Asztalos in Csizmadia/Kovács/Asztalos, S. 615, 623; Csizmadia in Csizmadia/Kovács/Asztalos, S. 568 f.; Révész, S. 420 ff.
Eine Aufzählung der antijüdischen Gesetze ab 1938 bei Beér in Beér/Kovács/Szamel, S. 69 f.

[211] Rechtsgrundlage waren §§ 4 Punkt B 6, 43 des Gesetzesartikels 1926:XXII, durch den das Oberhaus wiedereingerichtet wurde, und die zu § 43 ergangene Verordnung des Ministers für Religion und Unterricht Nr. 88206/1926 VKM. Der Gesetzesartikel ist in dt. Übersetzung abgedruckt in JÖR 1931/231 ff.
Näher zu Gesetzesartikel 1926:XXII v. Csekey, JÖR 1931/208 ff.

[212] Soós, István in Ács, S. 216; Zala, Tamás in Ács, S. 237; Grzybowski, Marian in Berglund/Dellenbrant, S. 172; Budzsáklia, ÁI 1974/787; Crowe, S. 119; Csizmadia in Csizmadia/Kovács/Asztalos, S. 570 f.; Fehér, S. 5; Lendvai, S. 24 ff.; Nolte, Georg in Frowein/Hofmann/Oeter, Bd. 1, S. 505 f.; Radvánszky, S. 143.

[213] S.o. Fn. 104.

[214] In Ungarn ratifiziert durch Gesetzesartkel 1946:XV über den ungarisch-tschechoslowakischen Bevölkerungstausch; s. dazu Tamáska, Péter in Aspeslagh/Renner/van der Meulen, S. 57 ff.; Kimminich, Menschenrechte, S. 41; Pircher, S. 286 f.; Riemer, Osteuropa 1997/257.

vom 20.9.1946[215]) fand ein mehr oder weniger freiwilliger Austausch von Minderheiten statt. Die Zahl der in Ungarn siedelnden Nichtmagyaren sank dadurch auf unter eine halbe Million - von den 4 bis 5 % Zigeunern im Land einmal abgesehen. In der unmittelbaren Nachkriegszeit wurden durch die Verschärfung des Kalten Krieges und die Eskalation des Verhältnisses mit Jugoslawien (Kominform-Konflikt) die verbliebenen Deutschen und Südslawen Opfer von Diskriminierungen[216]. Daran konnte auch der Gesetzesartikel 1948:XLVIII über die Einfügung neuer Strafvorschriften in das Strafgesetzbuch nichts ändern, der in § 19 den strafrechtlichen Ehrschutz der Minderheiten verbesserte.

Grundlage jeden sozialistischen Nationalitätenrechtes war die Gleichberechtigung und die faktische Gleichbehandlung in allen Bereichen[217]. Dementsprechend gewährte die *sozialistische Verfassung* von 1949, die eng der sowjetischen Verfassung von 1936, der sog. Stalin-Verfassung, folgte (folgen mußte)[218], in § 49 im Rahmen der Vorschriften über die

---

In Ungarn werden die auch die ungarische Bevölkerung der Tschechoslowakei diskriminierenden Beneš-Dekrete als Unrecht gewertet, und es gibt gewisse zwischenstaatliche Verhandlungen in dieser Frage: s. Németh, Zsolt (FIDESZ) in der Fragestunde des Parlamentes, OGy 27.2.1996, Sp. 17073 f., und die Antwort vom Staatssekretär des Äußeren, István Szent-Iványi, OGy 27.2.1996, Sp. 17074 f.

[215] Dazu Pircher, S. 291 f.

[216] Engel, Pál/Tilkovszky, Lóránt in Ács, S. 95 f.; Bohmann, S.65 ff.; Tilkovszky, Lóránt in Brunner, Ungarn, S. 187 ff.; Révész, László in Brunner/Meisser, Nationalitätenprobleme, S. 168 f.; Brunner in Brunner/Tontsch, S. 25 ff.; Čchikvadze u.a. S. 168; Hoensch, S. 171 f.; Kővágó, Nemzetségi kérdés, S. 12, 25 f.; Schöpflin, George in Kupchan, S. 51; Lázár, S. 192 f.; Muhs, Rudolf in MRG, S. 39; Plichtová, Jana in MRG, S. 14 f.; Nolte, Georg in Frowein/Hofmann/Oeter, Bd. 1, S. 506; Seewann, Südosteuropa 1992/296; Wolfart, Johann in Ermacora/Tretter/ Pelzl, S. 63; Ševjanić, S. 4, 24 ff.; Thornberry, S. 114.
Zum Zusammenhang dieser Umsiedlungsaktionen mit der Krise des Prinzips des Selbstbestimmungsrechtes der Völker unmittelbar nach dem 2. Weltkrieg s. Bibó, S. 325 - 335, 451 - 454; Veiter in Veiter, System, Teil 1, S. 81 f.
Den Zusammenhang zwischen Massenumsiedlungen und Totalitarismus behandelt Veiter in Veiter, System, Teil 1, S. 2 f.

[217] Abdulatipov/Burmistrova S. 19, 25; Autorenkollektiv, S. 23; Čchikvadze u.a. S. 73 ff.; Ceterchi/Bolintineanu/Androne, S. 18 f.; Westen, Klaus in Fincke, S. 463 ff.; Budzsáklia, Mátyás in Fodor u.a., S. 184 - 188; Fűrész, Klára/Révész, Tamás in Katonáné, S. 101 ff.; Nowusch, S. 20 ff.

[218] Szamel, Lajos in A Tanácsakadémia, S. 37 f.; Bałaban, JÖR 1988/15; Beér, S. 38 f.; Brunner, JÖR 1974/209 f.; Brunner, ROW 1978/51; Brunner in Brunner/ Meissner, Verfassungen, S. 477; Földesi, S. 68 f., 73 f.; Geilke, WGO-MfOR

Gleichheit der Staatsbürger und das Diskriminierungsverbot den Nationalitäten die Möglichkeit des Unterrichts in ihrer jeweiligen Sprache und der Pflege der nationalen Kultur[219]. Die Verfassungsnovelle von 1972[220], seit der der Gleichheitssatz und die Minderheitenrechte in § 61 geregelt waren, erweiterte diese Rechte um den Gebrauch der Muttersprache und die Bewahrung ihrer Kultur (§ 61 Abs. 3)[221]. Im Kultusministerium wurde als Konsultativorgan der Beratende Nationalitätenausschuß eingerichtet[222]. Anders als in der Tschechoslowakei, in Rumänien und in der DDR[223] wurde jedoch kein eigenes Minderheitengesetz geschaffen.

1963/11; Halmai, Osteuropa Recht 1990/3; Kneif, JÖR 1959/376; Kovács, ÁJ 1960/347; Kovács, ÁJ 1974/3; Takács, Imre in Kukorelli, Alkotmánytan, S. 25, 35; Slapnicka, Osteuropa Recht 1974/95; Zlatopol'skij, S. 57.

219 Eine Bewertung aus ungarischer Sicht bei Szamel, Lajos in A Tanácsakadémia, S. 195; Bihari, Államjog S. 115; Kővágó, Nemzetségi kérdés, S. 21 f.; aus sowjetischer Sicht bei Zlatopol'skij, S. 84 f.

Zum Inhalt und zu den Schranken der Grundrechte in der Verfassung des sozialistischen Ungarn s. Brunner, ROW 1962/29 f.; Brunner, JÖR 1974/233 f.; Brunner, JÖR 1981/333; Földesi, S. 56 - 127, 163 ff.; Halmai, Osteuropa Recht 1990/6; Szamel, Lajos in Kovács, Alkotmány, S. 103 ff.; Kovács, ÁJ 1960/365 ff.

Allgemein zum Verhältnis von Menschenrechten und Pflichten im Sozialismus Brunner, Die östliche Menschenrechtskonzeption, S. 103 ff.; Samu in Samu, S. 192 f.

220 Gesetz 1972:I über die Änderung des Gesetzes 1949:XX und den einheitlichen Text der Verfassung der Volksrepublik Ungarn, Magyar Közlöny 1972/257 ff.; dt. Übersetzung in Brunner/Meissner, Verfassungen, S. 480 ff.

221 Zu dieser Totalrevision allgemein s. Antalffy, JÖR 1975/287 ff.

Einzelheiten zu dieser Verfassungsvorschrift bei Bihari, Alkotmányjog S. 152 f.; Budzsáklia, Mátyás in Fodor u.a., S. 188 - 191.

Zur Stellung dieser Sonderrechte für Nationalitäten im sozialistischen System der Gleichheitsrechte s. Fűrész, Klára/Révész, Tamás in Katonáné, S. 110 ff.; Schmidt in Kukorelli/Schmidt, S. 121 f.

222 Budzsáklia, ÁI 1974/797 f.

223 In der DDR gab es kein landesweites Minderheitengesetz. Die Rechtsstellung der einzigen ethnischen Minderheit, der Sorben, regelten landesrechtliche Minderheitenvorschriften, nämlich das sächsische Gesetz zur Wahrung der Rechte der sorbischen Bevölkerung vom 23.3.1948 (abgedruckt bei Cyž, S. 367 f.) und die inhaltlich ähnliche brandenburgische Erste Verordnung betreffend Förderung der sorbischen Volksgruppe vom 12.9.1950 (abgedruckt bei Cyž, S. 387 f.). Beide Vorschriften behielten auch nach der Abschaffung der Länder in der DDR ihre Geltung. Näher dazu Cyž, S. 39 ff.; Hahn, Michael J. in Frowein/Hofmann/Oeter, Bd. 1, S. 78; Rodenbach, ROW 1985/272 ff.; Urban, S. 20 ff.

In den 50er Jahren war in Ungarn, ebenso wie in den anderen sozialistischen Staaten, hinsichtlich der Minderheitenpolitik die stalinistische *Automatismustheorie* herrschend. Diese besagte, daß nach der Beseitigung der Klassengegensätze alle anderen Gegensätze, so auch ethnische, sich in einer allgemeinen Interessenidentität auflösen würden und die Nationalitätenfrage damit endgültig gelöst werde. Aus diesem Grund sei mit der Einführung sozialistischer Verhältnisse in Staat, Gesellschaft und Wirtschaft eine eigene Minderheitenpolitik und insbesondere ein Minderheitenschutz überflüssig[224]. Unter Chruščëv erfolgte im Rahmen der Entstalinisierung eine Milderung der stalinistischen Politik der Zwangsassimilierung[225], aber noch das Parteiprogramm der KPdSU von 1961 ging von der im Hinblick auf die Aufrechterhaltung einer eigenen Identität minderheitenfeindlichen These aus, daß die Annahme einer gemeinsamen - russischen - Staatssprache zum allmählichen Verschmelzen der Nationalitätengruppen führen würde[226]. Im Verlaufe des ungarischen Aufstandes von

---

[224] Abdulatipov/Burmistrova S. 12, 25 f., 40; Simon, Gerhard in Brunner/Meissner, Nationalitätenprobleme, S. 48 - 56; Dellenbrant, BtÖ 1982 Bd. 10 Nr. 1 S. 114 f.; Ermacora, JIR 1967/161, 169 f.; Kappeler, S. 303, 307 ff.; Schulz, Werner in Maurach/Rosenthal, S. 19 ff.; Magosci, Robert in MRG, S. 23; Valki, László in Dinstein/Tabory, S. 439, 453; Meissner, Boris in Veiter, System, Teil 3, S. 192 ff.
Allgemein zur stalinistischen Lehre von der Identität der Interessen von Bürgern und Gemeinschaft und den Auswirkungen dieser Lehre auf den Status der Grundrechte und -pflichten Hysi in Çela/Çami/Hysi/Omari, S. 97 ff.
Zum Begriff der Nation und der Nationalität im Stalinismus s. Meissner in Brunner/Meissner, Nationalitätenprobleme, S. 13 ff.; Meissner, Boris in Veiter, System, Teil 3, S. 172 ff.
Die radikaldemokratischen Vorstellungen nach Rousseau, die der kommunistischen Auffassung von Demokratie zugrundelagen, stehen einem Schutz der Minderheit gegenüber dem Willen der Mehrheit im politischen Raum ohnehin ablehnend gegenüber: Brunner, Vergleichende Regierungslehre, S. 184; Révész, S. 9 f.
Allgemein zur Minderheitenpolitik der sozialistischen Staaten unter dem Gesichtspunkt der Alleinherrschaft der monolithischen Partei s. Pernthaler, Peter in Veiter, System, Teil 2, S. 95 f.

[225] Zum minderheitenpolitischen Aspekt der berühmten Geheimrede Chruščëvs auf dem XX. Parteitag der KPdSU 1956, in der er die Berücksichtigung der Besonderheiten der Nationalitäten in der Politik der Partei forderte, s. Westen, Klaus in Fincke, S. 464; Meissner in Meissner/Schroeder, S. 50 ff.

[226] Geilke, WGO-MfOR 1963/26; Simon, Politische Studien 1974/167 ff.; Meissner, Boris in Veiter, System, Teil 3, S. 179 ff.; Zathureczky, Gyula in Wittmann/Bethlen, S. 79.
Die dt. Übersetzung des Parteiprogramms von 1961 ist abgedruckt bei Meissner, Parteiprogramm S. 143 ff. (S. 222 - 225).

1956 wurde zum einen gefordert, die Lage der inländischen Minderheiten wirksam zu verbessern und weitere Assimilierungsversuche zu unterlassen, zum anderen wurde die Lage der magyarischen Minderheiten in den benachbarten Ländern thematisiert, wobei der aus der Mitte des 19. Jahrhunderts stammende Plan einer Donauföderation immer wieder in der Diskussion auftauchte[227].
Nachdem in den 60er Jahren die Möglichkeit der Artikulation unterschiedlicher partikularer Gruppeninteressen innerhalb der Einheitspartei geschaffen worden war, wurde die Automatismustheorie 1968 in Ungarn aus der offiziellen Ideologie gestrichen. Das machte den Weg für eine wirkliche Minderheitenpolitik frei[228].

Im Zuge der *Liberalisierungen des Kádár-Regimes* ab den 60er Jahren[229] nahmen ethnische Diskriminierungen zunehmend ab, und die offizielle Nationalitätenpolitik war liberal und förderte die Nationalitäten nicht nur

---

Zu der abgemilderten Position der Denationalisierung der ethnisch-nationalen Beziehungen innerhalb des Sowjetföderalismus und der Schaffung einer einheitlichen sozialistisch-kommunistischen Nation noch in den 70er und 80er Jahren s. Abdulatipov/Burmistrova S. 30 f.; Furtak, S. 179; Zimanov in Zimanov/Rejtor, S. 62 ff.

[227] King, S. 76 ff.
Zum Ursprung der Ideen der Donauföderation s. Kann, Bd. 2, S. 114 ff.

[228] Seewann, Gerhard in Brunner/Lemberg, S. 138 f.; Brunner in Brunner/Tontsch, S. 29; Földesi, 86 ff.; Révész, S. 38 ff., 45 ff.
Die erste größere Arbeit zu der Problematik der Minderheiten war Kővágó, Nemzetségi kérdés (1968). Sie formuliert bereits die These der Interessenidentität der Minderheiten und der Mehrheit in ökonomischen Fragen, ohne daß die Aufrechterhaltung der andersartigen kulturellen und sprachlichen Identität dadurch berührt wird. Ohne die Automatismustheorie ausdrücklich zu nennen, wird hier bereits eine deutlich andere Position vertreten, die die Aufrechterhaltung der Minderheitenidentität als Wert für sich formuliert: Kővágó, Nemzetségi kérdés, S. 51 f., 69.
Eine ideologisch begründete ausdrückliche Zurückweisung der Automatismustheorie auf dem Boden der Politik der MSZMP bei Nonn, György in Fodor u.a., S. 148 ff.

[229] Ádám, S. 5; Sitzler, Kathrin in Altmann/Hösch, S. 76 ff.; Robel, Gert in Benz/Graml, S. 388 f.; Grzybowski, Marian in Berglund/Dellenbrant, S. 180 ff.; Brunner, Georg in Bingen, S. 71 ff.; Brunner, JÖR 1981/283; Brunner in Brunner/Meissner, Verfassungen, S. 478 f.; Hegyi, Vissza, S. 85; Izik-Hedri, Osteuropa 1990/454 f.; Kwasny, Osteuropa 1971/842 ff.; Kwasny, Osteuropa 1983/213; Lendvai, S. 60 ff.; Maćków, Osteuropa 1994/326 f.; Nagy/Póti, Külpolitika 1990 Bd. 2 S. 9; Szamel, JOR 1964 Bd. 5 (Halbbd. 2) S. 121.
Eine dogmatische Fundierung der Liberalisierungen mit Bezug auf die Zeit des "Personenkultes" (d.h. des Stalinismus) bei Samu, ÁI 1986/146 ff.

finanziell sehr großzügig[230]. So wurde z.B. den offiziell noch etwa 80.000 Juden[231] gestattet, eine umfangreiche Infrastruktur mit einem Kulturverband, höheren Schulen, einem Krankenhaus und sogar einer Rabbinerschule - der einzigen in der gesamten sozialistischen Welt - zu unterhalten. Für die Zigeuner wurden umfangreiche Programme zur Seßhaftmachung initiiert[232], ab den 70er Jahren gab es separate Zigeunerklassen und Zigeunerschulen[233]. Den Minderheiten der Deutschen, Slowaken, Rumänen, Südslawen und zeitweise auch der Zigeuner wurde im Rahmen der Patriotischen Volksfront ihr eigener Nationalitätenverband als gesellschaftliche Organisation gegründet[234]. Es gab, wenn auch in bescheidenem Ausmaße, Kindergärten, Schulen und kulturelle Einrichtungen sowie Zeitungen und Bücher in den Sprachen der größeren Minderheiten (Deutsche, Slowaken,

---

[230] Brunner, Südosteuropa 1986/264; Révész, László in Brunner/Meisser, Nationalitätenprobleme, S. 172 ff.; Kővágó, László in Fodor u.a., S. 171 - 179; Seewann, Gerhard in Grothusen, S. 423 f.; Koplin, S. 186 f.; Neumayer, S. 418 f.; Révész, S. 45 - 84; Brunner, Georg in Schönfeld S. 71; Veiter, Entwicklungen S. 434 f.
Einzelheiten der offiziellen Minderheitenpolitik bei Tilkovszky, Lóránt in Brunner, Ungarn, S. 191 - 195; Seewann, Südosteuropa 1992/298 - 316 und Valki, László in Dinstein/Tabory, S. 453 - 461; vor allem zu den 80er Jahren bei Blumenwitz, Dieter in Brunner, Menschenrechte S. 174 ff., und Sitzler, Kathrin in Schönfeld S. 149 ff.
Die minderheitenpolitisch relevanten Dokumente der Partei und anderer offizieller Stellen von 1974 bis 1983 sind abgedruckt bei Fodor u.a., S. 9 - 60.

[231] Davon 70.000 in Budapest: Hoensch, S. 251. Dagegen bekannten sich 1949 noch 133.862 Ungarn zur jüdischen Religion: Seewann, Gerhard in Grothusen, S. 421.
Zur verfassungsrechtlichen Lage der jüdischen wie der anderen Religionsgemeinschaften s. Ádám, JÖR 1985/580 .

[232] Bruce-Mitford u.a., S. 117 f.; Révész, László in Brunner/Meisser, Nationalitätenprobleme, S. 171 f.; Budzsáklia, ÁI 1974/785; Fehér, S. 5 ff.; Hoensch, S. 258.

[233] Crowe, S. 123 f.; Fehér, S. 8.

[234] Die Splitterminderheiten verfügten über keine vergleichbaren Foren, und die sehr unterschiedlich strukturierten Minderheiten der Kroaten, Serben und Slowenen waren entsprechend dem Zusammenleben ihrer Mutternationen in einem jugoslawischen Staat zu einem südslawischen Verband zusammengefaßt.
Einzelheiten zu diesen Nationalitätenverbänden bei Antalffy, JÖR 1968/514; Révész, László in Brunner/Meisser, Nationalitätenprobleme, S. 178 ff.; Budzsáklia, ÁI 1973/108 ff; ders., ÁI 1974/799 f.; Kővágó, Nemzetségi kérdés, S. 47 ff.; Révész, S. 58 ff.
Zu dem wechselhaften Schicksal einer landesweiten Zigeunervertretung s. Bruce-Mitford u.a., S. 117.

Rumänen und Südslawen)[235]. Ab den späten 70er Jahren wurden in einigen Komitaten Nationalitätenausschüsse geschaffen, deren Aufgabe die Verwirklichung der zentralen Nationalitätenpolitik auf Komitatsebene war[236]. Mitte der 1980er Jahre wurde in Pécs [dt.: Fünfkirchen] ein Minderheitenforschungszentrum gegründet, welches dort auch in der Zwischenkriegszeit bereits existiert hatte[237].

Diese großzügige Nationalitätenpolitik, auf die das Regime großen Wert legte und auf die es sehr stolz war, hatte auch den Zweck, den restriktiveren sozialistischen Nachbarländern als Vorbild für die Behandlung der dortigen ungarischen Minderheiten vorgehalten werden zu können[238]. Trotz der regierungsamtlichen Liberalität und Fürsorge[239] waren Angehörige von Minderheiten, insbesondere Zigeuner[240] und Juden, im Alltag immer wieder kleinen Diskriminierungen auch von seiten der Behörden ausgesetzt.

Weiterhin beschleunigten die einseitige Bevorzugung der Städte gegenüber dem ländlichen Raum in der *Siedlungs- und Landesentwicklungspolitik* sowie die Kollektivierung der Landwirtschaft, die in den späten 60er Jahren abgeschlossen wurde, die Verstädterung und die Auflösung der traditionellen Dorfstrukturen und damit die Assimilierung der Minderheiten, die in vielen Dörfern, in denen sie bisher die lokale Mehrheit gestellt hat-

---

[235] Born/Dickgießer, S. 237; Révész, László in Brunner/Meisser, Nationalitätenprobleme, S. 176 ff.; Budzsáklia, ÁI 1973/111; Budzsáklia, ÁI 1974/794 f.; Čchikvadze u.a. S. 172; Antalffy, György in Samu, S. 311 ff.
Einzelheiten bei Fodor u.a., S. 340 - 356; Kővágó, Nemzetségi kérdés, S. 33 ff.; Révész, S. 50 ff.; Valki, László in Dinstein/Tabory, S. 454 f.
Angaben zu den Radio- und Fernsehprogrammen für die Minderheiten bei Skagegård, Jytte in Veiter, System, Teil 3, S. 226.

[236] Einzelheiten bei Stark, Ferenc in Fodor u.a., S. 319 - 322.

[237] Veiter, Entwicklungen, S. 434 f.

[238] Brunner, JÖR 1981/335; Fűrész, Klára/Révész, Tamás in Katonáné, S. 101 f.; Kővágó, Nemzetségi kérdés, S. 51.

[239] Zu den negativen Seiten dieser paternalistischen Einstellung, die die Minderheiten im Einparteiensystem eher als Objekt denn als Subjekt behandelte, s. Seewann, Gerhard in Brunner/Lemberg S. 138 f. und Kővágó, Nemzetségi kérdés, S. 50.

[240] Crowe, S. 120 ff; Fehér, S. 5 ff., 27 f.; Révész, S. 440 ff.; Zsigó, Jenő in Schlett, S. 108 f.; Seewann, Gerhard in Schönfeld S. 165 ff.; Valki, László in Dinstein/Tabory, S. 456 f.

ten, zur Minderheit herabsanken[241]. Ethnische Dorfgemeinschaften erhielten sich am ehesten in peripheren, strukturschwachen Gegenden.
Seit den 80er Jahren wurde die Lage der *ungarischen Minderheiten im Ausland*, insbesondere im Rumänien Ceauşescus, immer mehr zum innenpolitisch brisanten Thema und der mangelnde Einsatz der ungarischen Regierung für diese Minderheiten immer mehr zum Politikum[242]. Die Situation der inländischen Minderheiten dagegen wurde nicht in demselben Maße politisch relevant.

---

241 Kocsis, Károly in Ács, S. 59 ff.; Beluszky, ÁI 1983/919 f.; Klocke, Osteuropa 1983/145 f.; Kővágó, Nemzetségi kérdés, S. 30 ff., 52 ff.; Neumayer, S. 418 f.; Révész, S. 44 f.; Petrusán, György in Schlett, S. 112 f.; Seewann, Südosteuropa 1992/297, 302; Tatai, ÁI 1984/415 ff.
Einzelheiten zu der Industrialisierung und Urbanisierung im Sozialismus bei Fehér, ÁI 1973/482 ff.; Klocke, Osteuropa 1972/737 ff., 743 ff.; Ronnås, Osteuropa 1988/1008 ff.
Zur wirtschaftlichen und sozialen Lage der Klein- und Kleinstsiedlungen und ihre Berücksichtigung durch die zentrale Politik s. Borá, Osteuropa 1983/485 ff.; Berényi, István/Dövényi, Zoltán in Mayr/Grimm, S. 148 ff.
Zur Entwicklungs- und Siedlungspolitik v.a. nach Abschluß der Kollektivierung der Landwirtschaft am Beispiel des eher peripheren Komitats Békés s. Araczki, ÁI 1986/817 ff.
Zur Auswirkung von Industrialisierung und Verstädterung allgemein auf die Minderheiten in Europa s. Lendl, Egon in Veiter, System, Teil 1, S. 54 - 59.
242 Bruce-Mitford u.a., S. 115; Brunner in Brunner/Camartin/Harbich/Kimminich, S. 58; Furtak, S. 229; Hoensch, S. 257; Kendi, S. 5; Koplin, S. 190; Kwasny, Osteuropa 1983/213; Lázár, S. 198 f.; Sitzler, Kathrin in Mommsen, Nationalismus, S. 98 ff.; Révész, S. 194; Sitzler, Kathrin in Schönfeld S. 150 ff.; Vargyai, ÁI 1984/1014 ff.
Zur Rolle dieses Momentes beim Sturz des Kádárismus s. Lendvai, S. 139 f.

III. Das geltende Minderheitenrecht

1. Die in Ungarn lebenden Minderheiten

a) Die Definition der nationalen und ethnischen Minderheiten

Das Gesetz 1993:LXXVII über die Rechte der nationalen und ethnischen Minderheiten (im folgenden: Minderheitengesetz)[243] bezieht sich laut § 1 Abs. 1 auf jede Person, die sich einer nationalen oder ethnischen Minderheit zugehörig fühlt, sowie auf die Gemeinschaften dieser Personen. Grundlage ist also ausschließlich das Bekenntnis des einzelnen zu einer Minderheitenzugehörigkeit, nicht ein objektiver Faktor. Objektiv bestimmt das Gesetz allerdings, was eine nationale oder ethnische Minderheit ist: Es definiert in § 1 Abs. 2 diesen aus zwei Elementen (national - ethnisch) bestehenden Begriff[244] als eine Volksgruppe, die auf dem Gebiet der Republik Ungarn seit mindestens einem Jahrhundert heimisch ist, die hinsichtlich der Landesbevölkerung zahlenmäßig in der Minderheit ist, deren Angehörige ungarische Staatsbürger sind, die sich von der restlichen Bevölkerung durch ihre eigene Sprache, Kultur und Traditionen unterscheidet und deren Zusammengehörigkeitsbewußtsein die Bewahrung dieser Werte sicherstellt. Flüchtlinge, Einwanderer und niedergelassene Ausländer werden ausdrücklich aus dem Geltungsbereich dieses Gesetzes ausgeschlossen (§ 2); für sie gelten die Rechte und Pflichten des Minderheitengesetzes nicht (§ 63 Abs. 2). Das Minderheitengesetz zählt in § 61 Abs. 1 beispielhaft konkretisierend die folgenden dreizehn Minderheiten auf: Bulgaren, Zigeuner, Griechen, Kroaten, Polen, Deutsche, Armenier, Rumänen, Ru-

---

[243] Magyar Közlöny 1993/5273 ff.; deutsche Übersetzung in Brunner/Tontsch, Dokument Nr. 2.

[244] Das Gesetz unterscheidet nicht weiter zwischen nationalen und ethnischen Minderheiten, insbesondere knüpft es keine besonderen Rechtsfolgen an diese terminologische Unterscheidung. Beide Fälle werden einheitlich als Minderheit bezeichnet (§ 1 Abs. 2).
Zur Abgrenzung der beiden Begriffe s. Amt für Nationale und Ethnische Minderheiten, S. V; Brunner, Nationalitätenprobleme, S. 23 f.

thenen, Serben, Slowaken, Slowenen und Ukrainer[245]. § 61 Abs. 2 ermöglicht es darüber hinaus mindestens 1000 sich zu derselben Minderheit bekennenden Staatsbürgern, bei dem Präsidenten des Parlaments ein Volksinitiativverfahren in die Wege zu leiten. Dieses nach den allgemeinen Vorschriften über Volksinitiativen (Referendumsgesetz)[246] verlaufende Verfahren hat zum Zweck, daß über diese aufgezählten Minderheiten hinaus eine ethnische Gruppe beweisen kann, daß sie den Voraussetzungen des Gesetzes entspricht.

Wenn die Voraussetzungen des § 1 Abs. 2 Minderheitengesetz vorliegen, stellt sich die weitere Frage, ob die Minderheit ein Recht auf Anerkennung hat. § 61 Abs. 2 gibt darauf keine direkte Antwort. Gemäß den Vorschriften des Referendumsgesetzes hat das Landeswahlpräsidium den Präsidenten des Parlamentes über den Erfolg einer Volksabstimmung bzw. -initiative, d.h. das Sammeln einer genügenden Anzahl gültiger Unterschriften, zu unterrichten. Eine Volksinitiative verpflichtet das Parlament jedoch höchstens, die Beratung auf die Tagesordnung zu setzen. Eine Volksabstimmung dagegen ist für das Parlament bindend. § 1 Abs. 2 Minderheitengesetz spricht allerdings eindeutig von einer Volksinitiative. Dies ist insofern sinnvoll, als daß das Parlament in seinen Beratungen noch zu prüfen hat, ob die initiierende Gruppe der Definition des § 1 Abs. 2 Minderheitengesetz entspricht. Hätten die eingereichten Unterschriften die Bindungswirkung wie eine Volksabstimmung, dann müßte das Parlament die Aufzählung des § 61 Abs. 1 um die entsprechende Gruppe erweitern, ohne das Vorliegen der Voraussetzungen von § 1 Abs. 2 prüfen zu können. Daher ist das Parlament gemäß den Vorschriften über die Volksinitiative zunächst nur verpflichtet, das Problem zu behandeln und zu prüfen, ob die Gruppe unter die Minderheitendefinition des § 1 Abs. 2 fällt.

Wenn diese Prüfung positiv ausfällt, stellt sich die Frage, ob eine Pflicht des Parlamentes zur Erweiterung des § 61 Abs. 1 zu bejahen ist. Zwar ist diese Vorschrift für die Minderheiteneigenschaft im Sinne des Minderheitengesetzes nicht konstitutiv in dem Sinne, daß nur dort aufgezählte Gruppen als Minderheiten angesehen werden können, sondern lediglich deklaratorisch. Wenn eine Minderheit in dieser Aufzählung vorkommt, erspart ihr dies, in jedem Einzelfall ihren Minderheitenstatus gemäß § 1 Abs. 2 nachweisen zu müssen. Konsequenterweise nennt § 61 Abs. 2 als Sinn eines Initiativverfahrens, von der Erfüllung der Voraussetzungen des § 1

---

[245] Im Ungarischen entspricht diese Reihenfolge der alphabetischen Ordnung.

[246] Gesetz 1989:XVII über Volksabstimmungen und Volksinitiativen, Magyar Közlöny 1989/706 ff.

Abs. 2 "Zeugnis abzulegen" [bizonyságot tenni]. Daher hat die Nennung in § 61 Abs. 1 zwar nicht so sehr rechtliche, aber eine enorme praktische Bedeutung. Angesichts des in § 68 der Verfassung[247] deutlich werdenden Grundgedankens der Minderheitenfreundlichkeit und der Minderheitenförderung sowie des Gedankens der Rechtssicherheit, der aus dem Rechtsstaatsgebot des § 2 Abs. 1 der Verfassung fließt, muß man eine Pflicht des Gesetzgebers zur Aufnahme der entsprechenden Gruppe in die Aufzählung des § 61 Abs. 1 Minderheitengesetz bejahen. Bei einer Weigerung, eine Gruppe, die die Voraussetzungen des § 1 Abs. 2 erfüllt, trotz eines Initiativverfahrens in § 61 Abs. 1 zu nennen, verletzt der Gesetzgeber zudem möglicherweise den Gleichheitssatz sowohl des Völkerrechts als auch der Verfassung (§ 70/A). Er würde diese Minderheitengruppe im Vergleich zu den aufgezählten Ethnien insofern ungünstig behandeln, als daß er ihr zumutet, in jedem Einzelfall ihre Übereinstimmung mit der gesetzlichen Minderheitendefinition nachweisen zu müssen. Diese Schlechterbehandlung gegenüber den aufgezählten Gruppen, denen diese Beweisprozeduren erspart bleiben, ist nicht gerechtfertigt, auch nicht durch den Gesichtspunkt der Arbeitsentlastung des Gesetzgebers. Immerhin hat die fragliche Gruppe die vom Gesetz ausdrücklich zu diesem Zweck vorgesehene Initiative ergriffen, und der mit der Einfügung verbundene gesetzgeberische Arbeitsaufwand ist so klein, daß er kaum ins Gewicht fällt. Es liegt demnach kein verfassungsrechtlich stichhaltiger Grund für die unterschiedliche Behandlung vor, so daß der Gleichheitssatz der Verfassung verletzt wäre.

Zu fragen ist, warum § 61 Abs. 2 die Mindestunterschriftenzahl bei 1.000 festlegt. Zum einen ist dies eine Absenkung der Schwellenwerte des Referendumsgesetzes, das für eine Volksinitiative 10.000 bzw. für eine die Pflicht des Parlamentes zur Behandlung des gestellten Themas begründende Volksinitiative 50.000 Unterschriften fordert. Bei Minderheiten mit weniger als 1.000 Angehörigen (d.h. wahlberechtigten Angehörigen, da an einer Volksinitiative lediglich wahlberechtigte Staatsbürger teilnehmen dürfen) hat der Gesetzgeber die Verwirklichung des geforderten Zusammengehörigkeitsbewußtseins und die Möglichkeit der Pflege und Weitergabe als nicht mehr ohne weiteres gegeben erachtet[248]. Bei einer Gruppe, die mehr als 1.000 Wahlberechtigte, d.h. Erwachsene, mobilisieren kann, wird diese Stabilität vom Gesetzgeber unwiderleglich vermutet. Dieser Wert darf allerdings nicht als untere Schwelle bzw. gesetzliche Mindestgröße für eine Minderheit verstanden werden. Er bedeutet lediglich, daß

[247] S.u. Punkt III. 2. a) aa).

[248] Bodáné u.a., S. 41.

die entsprechende Minderheit nicht einen Rechtsanspruch auf Aufnahme in den § 61 Abs. 1 Minderheitengesetz durchsetzen kann. Dem Gesetzgeber steht es natürlich frei, auch kleinere Minderheiten dort aufzunehmen (was er vermutlich im Falle der Ukrainer auch getan hat). Zudem ist die Erwähnung in § 61 Abs. 1 nicht konstitutiv für den Genuß der Minderheitenrechte, sondern erleichtert lediglich den Nachweis. Ob eine Gruppe eine Minderheit im Sinne des Gesetzes ist, entscheidet sich allein nach der Definition des § 1 Abs. 2. Folglich nimmt die Hürde von 1.000 wahlberechtigten Angehörigen den zahlenmäßig kleineren Minderheiten keine Rechte.
Da bei extrem kleinen Gruppen das Überleben als Ethnikum stärker gefährdet scheint als bei größeren, ist die Schwelle von 1.000 Unterschriften für die Erleichterungen des § 61 Abs. 1 nicht willkürlich. Bei der Aufnahme winzigster Gruppen entstünde sonst die Gefahr, daß das Gesetz nach ihrer Totalassimilation wieder geändert werden müßte. Um dem Parlament diese unnötige Arbeitsbelastung zu ersparen, ist eine gewisse Barriere unbedenklich.

Die Legaldefinition des Minderheitengesetzes entspricht in etwa der oben dargestellten *völkerrechtlichen* Begriffsbestimmung. Die Kombination von objektiver Definition und subjektivem Zugehörigkeitsgefühl ist völkerrechtlich nicht zu beanstanden und methodologisch geglückt.
Weder die Beschränkung auf ungarische Staatsbürger noch der ausdrückliche Ausschluß der Einwanderer, Flüchtlinge und niedergelassenen Ausländer sind in diesem Hinblick problematisch. Sie entsprechen vielmehr gängiger Praxis.
Das Erfordernis der *Ansässigkeit seit einem Jahrhundert* ist auf den ersten Blick sehr hoch. Da es in Ungarn aber keine ethnische Gruppe gibt, die kürzer ansässig ist und die sonstigen Bedingungen der Minderheitendefinition erfüllen würde, wird durch die hundertjährige Frist kein Ethnikum aus dem Schutz des Minderheitengesetzes ausgeschlossen. Auf Dauer und mit zunehmender wirtschaftlicher Gesundung wird wohl auch Ungarn gleich den westeuropäischen Ländern ein Einwanderungsland werden. Im Hinblick auf ethnisch stabil bleibende Einwanderungsminderheiten und deren Integration als dauerhaft nichtmagyarische Bevölkerungsteile in Staat, Wirtschaft und Gesellschaft wäre dann eine Verkürzung auf drei Generationen, d.h. fünfzig Jahre[249], sinnvoll. Diese würde sich dann auch in Über-

---

[249] Wenn man pro Generation fünfundzwanzig Jahre ansetzt, kommt man nicht auf fünfundsiebzig, sondern auf fünfzig Jahre, weil die Einwanderergeneration ihre Ju-

einstimmung mit der oben erarbeiteten völkerrechtlichen Definition befinden. Auf das Sonderproblem der bereits im Lande befindlichen Gruppen sog. 'sozialistischer Gastarbeiter' (d.h. Kubaner, Vietnamesen, Chinesen) wird weiter unten eingegangen, da deren Problematik nicht so sehr an das Aufenthaltserfordernis von hundert Jahren, sondern viel mehr an die Staatsangehörigkeit anknüpft.
Zweifel hinsichtlich der Vereinbarkeit mit der völkerrechtlichen Begriffsbestimmung könnten sich aus der Liste der dreizehn genannten Minderheiten ergeben. Da die Aufzählung des § 61 Abs. 1 nicht abschließend ist, kann sie die allgemeine Bestimmung des § 1 Abs. 2 nur illustrieren, aber nicht einengen. Es können jederzeit sich neu bildende Minderheiten unter die Definition des § 1 Abs. 2 und damit unter den Schutz des Minderheitengesetzes gefaßt werden. Daher ist die Definition als Ganzes völkerrechtlich unbedenklich.
Auch im Hinblick auf die Vorgaben des § 68 der *Verfassung*, der die nationalen und ethnischen Minderheiten schützt, ist § 1 Abs. 2 Minderheitengesetz nicht zu beanstanden. Die Verfassungsvorschrift gibt den Begriff der nationalen und ethnischen Minderheit vor, ohne ihn näher zu definieren. Da § 68 ausdrücklich von nationalen und ethnischen Minderheiten spricht, ist die Ungleichbehandlung nationaler und ethnischer Minderheiten einerseits und sich durch andere Faktoren von der Mehrheit unterscheidender Minderheiten andererseits von der Verfassung vorgegeben. Folglich kann der verfassungsmäßige Gleichberechtigungs- und Gleichbehandlungsgrundsatz (§ 70/A) durch diese Unterscheidung nicht beeinträchtigt sein. Der Gleichheitsgrundsatz könnte allerdings durch die Aufzählung des § 61 Abs. 1 Minderheitengesetz verletzt sein, der den dort genannten Gruppen das Anerkennungsverfahren erspart. Dem ist entgegenzuhalten, daß z.Zt. keine Gruppe erkennbar ist, die der Gesetzgeber übersehen hat und die jetzt für ihre Anerkennung das Verfahren des § 61 Abs. 2 Minderheitengesetz anstrengen müßten. Diese Vorschrift dürfte in absehbarer Zukunft höchstens bei einer weiteren Unterteilung der bisher einheitlich behandelten Minderheit der Zigeuner akut werden (s.u.). Da die Abgrenzungs- und Konfliktlinien innerhalb der Zigeunerbevölkerung für Außenstehende nur sehr schwer übersehbar sind und auch innerhalb der verschiedenen Zigeunerverbände unterschiedlich beurteilt werden, ist es keine Ver-

---

gend und damit ihre kulturelle Sozialisation noch im Heimatland zurücklegt und prototypisch erst als Erwachsene im reproduktionsfähigen Alter einwandert. Erst die zweite und die - wie oben dargelegt entscheidende - dritte Generation leben die ersten fünfundzwanzig Jahre ihres Lebens im Land der Einwanderung, so daß nur sie in die Rechnung einbezogen werden können.

letzung des Gleichbehandlungsgrundsatzes, die Zigeuner in einer Kategorie zusammenzufassen und weitere Untergliederungen der Initiative der Minderheit selbst zu überlassen.

Bedenken könnte die unterschiedliche Behandlung der Armenier und Griechen einerseits und der Kubaner, Chinesen und Vietnamesen andererseits begründen. Die Mehrheit der Armenier und Griechen in Ungarn ist noch kein Jahrhundert in diesem Land ansässig: Der Großteil der Armenier ist nach den Armeniergreueln des Ersten Weltkrieges eingewandert, und die meisten Angehörigen der griechischen Minderheit sind kommunistische Partisanen, die 1949 nach ihrer Niederlage im griechischen Bürgerkrieg das Land verlassen haben, bzw. deren Nachkommen. Vor diesem Zuwachs waren die seit mindestens dem 19. Jahrhundert in Ungarn ansässigen armenischen und griechischen Gemeinden nur noch verschwindend klein und weitgehend assimiliert. Die zahlenmäßig erheblich größeren Gruppen der Kubaner, Chinesen und Vietnamesen sind sog. 'sozialistische Gastarbeiter', die ab Mitte der 60er Jahre aufgrund von Verträgen mit den Heimatländern zur Behebung des Arbeitskräftemangels ins Land geholt worden sind. Sie sind, anders als die neueingewanderten Armenier und Griechen, nicht als nationale Minderheit anerkannt, obwohl beide Fallgruppen erst in diesem Jahrhundert nach Ungarn gekommen und damit weniger als ein Jahrhundert ansässig sind. Die Ungleichbehandlung rechtfertigt sich zum einen dadurch, daß Armenier und Griechen bei ihrer Einwanderung in diesem Jahrhundert auf vorhandene, wenn auch winzige altansässige Minderheiten stießen und diese lediglich personell verstärkten, nicht aber neu begründeten. Daher konnten sie die Kontinuität der Ansässigkeit ihres jeweiligen Ethnikums in Ungarn fortführen, welches als solches zur Zeit des Inkrafttretens des Minderheitengesetzes bereits über ein Jahrhundert in Ungarn ansässig war. Das Hauptargument für die Ungleichbehandlung liegt aber darin, daß Armenier und Griechen die ungarische Staatsangehörigkeit besitzen (wo dies im Einzelfall nicht so ist, kommt auch das Minderheitengesetz nicht zum Zuge), während Kubaner, Chinesen und Vietnamesen fast ausnahmslos nach wie vor Staatsbürger ihrer Heimatländer sind und auch keine ungarische Staatsbürgerschaft bekommen soll(t)en. Hier läßt sich also eine unterschiedliche Behandlung bei der Einbürgerung feststellen. Dies könnte gegen völkerrechtliche Anforderungen an das innerstaatliche Staatsangehörigkeitsrecht sowie gegen das völkerrechtliche und verfassungsrechtliche Diskriminierungsverbot verstoßen.
Zunächst werden die *völkerrechtlichen Anforderungen an das innerstaatliche Staatsangehörigkeitsrecht* geprüft. Nach internationalem Recht steht

es jedem Staat frei, nach Belieben über die Einbürgerung von Ausländern zu bestimmen[250]. Das Minimalerfordernis des 'genuine link'[251] dient nicht dazu, das Individuum zu schützen oder ihm Einbürgerungsansprüche zu vermitteln, sondern will lediglich die Sphäre der Personalhoheit der betroffenen Staaten gegeneinander abgrenzen. Das Menschenrecht auf eine Staatsangehörigkeit, wenn man ein solches akzeptiert[252], ist nicht verletzt, da die kubanischen, chinesischen und vietnamesischen Gastarbeiter noch die Nationalität ihres Heimatlandes besitzen. Ein Verstoß gegen völkerrechtliches Staatsangehörigkeitsrecht liegt folglich nicht vor. Auch das *innerstaatliche ungarische Staatsangehörigkeitsrecht* in der Form des Gesetzes 1993:LV kennt keinen Rechtsanspruch auf Einbürgerung, der verletzt sein könnte: Gemäß § 4 kann ein Ausländer bei Vorliegen bestimmter Voraussetzungen eingebürgert werden, muß es aber nicht ["honosítható", nicht "honosítandó"][253].

Anders könnte Rechtslage jedoch im Hinblick auf das *Diskriminierungsverbot des Völkerrechts* und das *Gleichheitsgebot der Verfassung* aussehen. Das *völkerrechtliche Diskriminierungsverbot* verbietet die Schlechterstellung aufgrund von Rasse, Nationalität etc. Bei der Verleihung der Staatsbürgerschaft geht es jedoch nicht um eine Schlechterstellung, sondern um eine Besserstellung, zu der der Staat völkerrechtlich nicht verpflichtet ist. Da das Völkerrecht Besserstellungen, d.h. positive Förderung, nicht verbietet, ist das Diskriminierungsverbot nicht verletzt, jedenfalls dann nicht, wenn die Besserstellung der einen und die Nichtbesserstellung der anderen Gruppe nicht willkürlich erfolgt. Die geschilderte Ungleichbehandlung in der Vergabe der ungarischen Staatsbürgerschaft ist nicht willkürlich: Armenier und Griechen sollten auf Dauer in Ungarn bleiben. Bei

---

250 Haager Konvention über einige Fragen der Kollision von Staatsangehörigkeitsgesetzen von 1930, 179 L.N.T.S. 89, in Kraft getreten am 1.7.1937; BVerfGE 1/322 (328 f.); Bokorné Szegő, Bd. 1 S. 123 f.; Brownlie, S. 380 - 420; Randelzhofer, Albrecht in Encyclopedia, S. 417 ff.; Nagy in Haraszti/Herczegh/Nagy, S. 172; Kimminich, Rechtsprobleme, S. 18 f.; Lauterpacht, S. 642 ff.; Menzel/Ipsen, S. 165 f.; Sørensen, S. 472 ff.; Stein, S. 269 f.; Schweitzer, S. 166 ff.; Vellas, S. 274 f.; Verdross/Simma, S. 788 ff.

251 Internationaler Gerichtshof im Nottebohm-Fall Liechtenstein gegen Guatemala, ICJ Reports 1955 S. 4 ff. S. dazu Schweitzer, S. 167 f.

252 Art. 15 der Allgemeinen Erklärung der Menschenrechte der Generalversammlung der Vereinten Nationen vom 10.12.1948; Čok, JRMP 1995/188 ff.; Doehring, S. 27; Heintze, S. 172; Sørensen, S. 472.

253 Gesetz 1993:LV über die ungarische Staatsbürgerschaft, Magyar Közlöny 1993/4274 ff. Dazu Fűrész, Klára in Kukorelli, Alkotmánytan, S. 89 f.

den kommunistischen griechischen Partisanen kam noch dazu, daß sie für ihren Einsatz für die 'richtige' Sache mit der Staatsangehörigkeit belohnt und für den dauerhaften Verlust ihrer Heimat, in die sie nicht zurückkehren konnten, entschädigt werden sollten. Kubaner, Chinesen und Vietnamesen dagegen sollten von vornherein nur auf Zeit in Ungarn arbeiten und danach wieder in ihre Heimat zurückkehren. Mit dieser Absicht sind dann auch die entsprechenden völkerrechtlichen Verträge geschlossen worden. Insofern kann in der unterschiedlichen Vergabe der Staatsangehörigkeit keine staatliche Willkür zur Umgehung des Minderheitenstatus gesehen werden. Folglich verstößt die unterschiedliche Behandlung von Armeniern und Griechen einerseits und Kubanern, Chinesen und Vietnamesen andererseits nicht gegen das völkerrechtliche Diskriminierungsverbot.
Gleiches gilt für das *Gleichheitsgebot der Verfassung*. Da die Verfassung keine Regeln über die Staatsangehörigkeit enthält und das einschlägige Recht den Behörden einen weiten Ermessensspielraum läßt, ist die rechtliche Grenze des administrativen Handelns erst bei dem Gleichheitsgebot des § 70/A der Verfassung anzusiedeln. Diese Vorschrift wird vom Verfassungsgericht in ständiger Rechtsprechung so ausgelegt, daß über die Grund- und Staatsbürgerrechte hinausgehend in der gesamten Rechtsordnung Gleiches gleich und Ungleiches ungleich behandelt werden soll[254]. Eine Gruppe, die auf Dauer im Land bleiben soll bzw. bleiben können soll, ist etwas anderes als eine Gruppe, die sich nur begrenzte Zeit in Ungarn aufhalten soll. Die Entscheidung darüber, ob eine Gruppe sich dauerhaft niederlassen darf oder nicht, ist wiederum in das Ermessen der Behörden gestellt und im vorliegenden Fall, auch im Hinblick auf die verfassungsrechtliche Möglichkeit der positiven Förderung (§ 70/A Abs. 3), aus den bereits zum Völkerrecht dargelegten Gründen verfassungsrechtlich nicht zu beanstanden.
Die Ungleichbehandlung der Armenier und Griechen einerseits und der Kubaner, Chinesen und Vietnamesen andererseits verstößt mithin weder gegen völkerrechtliche noch gegen verfassungsrechtliche Vorgaben.

Weder das Minderheitengesetz noch das Statistische Jahrbuch weisen die *Juden* als gesonderte nationale Minderheit aus. Da das Statistische Jahrbuch ebenfalls keine Angaben über die religiöse Zusammensetzung der

[254] Entscheidungen des Verfassungsgerichts Nr. 61/1992. (XI. 20.) AB, Magyar Közlöny 1992/4036 f., und Nr. 54/1995. (IX. 15.) AB, Magyar Közlöny 1995/4469 ff.; Sólyom in Brunner/Sólyom, S. 105 ff.

Bevölkerung enthält, ist dieser offiziellen Veröffentlichung die Zahl der Juden in Ungarn überhaupt nicht zu entnehmen.
Anders als das Minderheitengesetz berücksichtigte das nie praktizierte Gesetz über die parlamentarische Vertretung der in der Republik Ungarn lebenden nationalen und ethnischen Minderheiten[255] die Juden.
Es stellt sich die Frage, ob die Auslassung der Gruppe der Juden im Minderheitengesetz im Hinblick auf die Vorgaben des Völkerrechtes, der Verfassung sowie der Definition des Minderheitengesetzes selbst rechtmäßig ist, d.h. ob Juden nicht als nationale oder ethnische Minderheit im Sinne des Minderheitengesetzes zu behandeln wären. Fraglich ist bei der Anwendung der Legaldefinition des § 1 Abs. 2 Minderheitengesetz allein, ob die Juden das Merkmal der eigenen Sprache, Kultur und Traditionen, die sie von der Mehrheit unterscheiden, erfüllen.
Sprachlich sind die Juden in Ungarn komplett assimiliert; nach dem Ausgleich von 1867 hat das Ungarische als Muttersprache der jüdischen Bevölkerung die bis dahin vorherrschenden Sprachen Deutsch, Jiddisch und Spaniolisch komplett abgelöst. Das Hebräische hat über den kultischen Bereich hinaus keine Bedeutung.
Kultur und Tradition unterscheiden die Juden in gewissen Punkten von der magyarisch-christlichen Bevölkerung. Jedoch ist zu beachten, daß diese Unterschiede sich heutzutage nur noch auf religiöse Praktiken beziehen. Eine über den engeren religiösen Bereich hinausgehende jüdische Alltagskultur hat in Ungarn ebensowenig überlebt wie in den meisten anderen Staaten Europas. Insofern sind die Juden schwerpunktmäßig eine religiöse Minderheit[256], und das Minderheitengesetz bezieht sich nicht auf solche. Damit sind die objektiven Faktoren, an die § 1 Abs. 2 anknüpft, in der Gruppe der Juden nicht gegeben.
Zudem hat es innerhalb der jüdischen Bevölkerung Diskussionen gegeben, ob sich die Juden als Minderheit im Sinne des Minderheitengesetzes aner-

---

[255] Gesetz 1990:XVII, Magyar Közlöny 1990/426; näher dazu unten Punkt 2. a) aa).

[256] Brunner, Nationalitätenprobleme S. 96 f.
Andererseits zeigt das unter Punkt II. 4. bereits erwähnte Beispiel der ungarischen Zugangsbeschränkungen für Juden zu bestimmten öffentlichen Einrichtungen in denn 20er Jahren sowie das der griechischen Verordnung über die Staatsangehörigkeit vom 13.9.1926, bestätigt durch Gesetzesdekret vom 12.8.1927, daß insbesondere stark in nationalen Kategorien denkende Staaten auch Juden, die sich sprachlich und kulturell weitestgehend assimiliert haben, als "fremdvölkisch" und damit ethnisch verschieden betrachen können: näher dazu OLG Düsseldorf, RzW 1971/458 f.

kennen lassen sollen (Initiativverfahren nach § 61 Abs. 2). Eine große Mehrheit war gegen eine solche Anerkennung[257]. Als 1990 das inhaltlich falsche Gerücht aufkam, das Parlament beabsichtige, in die zu novellierende Verfassungsvorschrift über den Schutz der nationalen Minderheiten ausdrücklich auch die Juden aufzunehmen, haben zahlreiche Juden (sowie ein Teil der intellektuellen Elite Ungarns) dagegen protestiert und Petitionen eingereicht[258]. Folglich sprechen subjektive Faktoren ebenfalls gegen die Subsumtion der jüdischen Bevölkerung unter den Begriff der nationalen oder ethnischen Minderheit[259]. Das schließt jedoch nicht aus, daß derjenige kleinere Teil der jüdischen Bevölkerung, der sich auch als nationale bzw. ethnisch definierte Gruppe versteht[260], ein Initiativverfahren starten kann. In dem Fall wird zu prüfen sein, ob sich die initiierende Untergruppe der Juden nicht doch durch eigene Sprache, Kultur oder Traditionen von der Mehrheit der Bevölkerung unterscheidet und damit die Legaldefinition erfüllt. Dies wäre am ehesten noch bei aschkenasischen Juden denkbar, von denen es aber in Ungarn nur noch sehr wenige gibt; die letzten Reste ostjüdischer Kulturinstitutionen wurden zudem 1944/45 zerschlagen.

Wie bereits oben gezeigt, befindet sich die Minderheitendefinition in § 1 Abs. 2 in Übereinstimmung mit der Verfassung. Auch das Ergebnis, daß die Juden nicht unter den Schutz des Minderheitengesetzes fallen, verstößt nicht gegen die Verfassung. Den besonderen Schutz des § 68 der Verfassung und der dazu ergehenden Gesetzgebung sollen eben nur national und ethnisch definierte Gruppen genießen, nicht aber solche, die sich aufgrund religiöser Faktoren von der Mehrheit unterscheiden. Für solche Gruppen garantiert § 60 der Verfassung die Freiheit des religiösen Bekenntnisses und der Religionsausübung.

Auch die völkerrechtlichen Verpflichtungen[261] Ungarns zwingen nicht dazu, die jüdische Bevölkerung als ethnische Minderheit zu definieren. Der Begriff der zu schützenden Minderheit ist, wie bereits dargelegt, völkerrechtlich nicht in allen Einzelheiten verbindlich festgelegt. Die Unterscheidung zwischen nationalen und ethnischen Minderheiten einerseits und religiösen Minderheiten andererseits ist nicht willkürlich. Zudem wird der

---

[257] Nolte, Georg in Frowein/Hofmann/Oeter, Bd. 1, S. 511 f.

[258] Bericht des Parlamentspräsidenten György Szabad (MDF) an das Plenum, OGy 18.6.1990, Sp. 863; Raj, Tamás (SZDSZ) OGy 18.6.1990, Sp. 935.

[259] Bereits Bauer, S. 366 - 381, verneinte den Charakter der Juden in Ungarn und den westlichen Teilen Österreichs als ethnische Minderheit.

[260] Zur Existenz dieser kleinen Gruppe s. Bodáné u.a., S. 35.

[261] Zu dem völkerrechtlichen Verbot des Antisemitismus s. Ermacora, Diskriminierungsschutz, S. 180 ff.; Lerner, S. 121 - 126.

jüdischen Bevölkerung der völkerrechtlich vorgegebene Rechtsschutz durch den Gleichheitssatz und das Diskriminierungsverbot (§ 70/A der Verfassung) sowie durch die Religionsfreiheit (§ 60 der Verfassung) gewährleistet.

Zu begrüßen ist die uneingeschränkte und vorbehaltslose Anerkennung der *Zigeuner* als ethnische Minderheit. Nicht nur Ungarn, sondern auch andere Länder mit starker Zigeunerbevölkerung[262] taten und tun sich schwer, die Zigeuner als ethnische und damit in ihrer Identität rechtlich zu schützende Minderheit anzuerkennen[263]. Die Zigeuner sind das einzige Beispiel einer ethnischen Minderheit, da sie kein Mutterland oder keine konationale Staatsnation haben. Alle anderen Minderheiten des Minderheitengesetzes sind nationale Minderheiten. Auf die Bedeutungslosigkeit dieser begrifflichen Unterscheidung im ungarischen Recht ist bereits hingewiesen worden.
Ob es mit der Anerkennung der Zigeuner als einheitliche Gruppe gelingt, in dieser in sich zersplitterten und über Clansolidarität hinaus wenig Verbindendes anerkennenden Bevölkerung[264] ein einheitliches Bewußtsein zu schaffen, welches die wirksame Artikulation und Vertretung von Interessen erlaubt, bleibt abzuwarten. Hier könnte das Initiativverfahren des § 61 Abs. 2 Minderheitengesetz praktische Bedeutung gewinnen, wenn sich einzelne Untergruppierungen der Zigeuner als eigene, von den Zigeunern verschiedene Minderheit anerkennen lassen wollen.

Ob die *Ruthenen* ein von den *Ukrainern* unterscheidbares Ethnikum darstellen, ist unter sprachwissenschaftlichen ebenso wie unter ethnologischen und historischen Gesichtspunkten strittig[265]. Die ukrainische Volkszählung von 1989 weist die Ruthenen oder Russinen [ungar.: ruszin] nicht als eige-

---

262 Dazu zählen das ehemalige Jugoslawien (650.000), Rumänien (540.000), Spanien (500.000), die ehemalige Sowjetunion (414.000), Bulgarien (363.000), die ehemalige Tschechoslowakei (300.000) und Frankreich (190.000); Angaben nach Mavi, ÁJ 1991/53 Fn. 4. Eine nach Volkszählungen und ethnisch fundierten Schätzungen differenzierende Auflistung findet sich bei Brunner, Nationalitätenprobleme, S. 94.

263 Bricke, S. 52; Bruce-Mitford u.a., S. 88 ff., 117 ff.; Sewering-Wollanek, Marlis in Brunner/Lemberg S. 256; Mavi, ÁJ 1991/53.

264 Brunner, Nationalitätenprobleme, S. 93 ff.; Szilágyi, TSz 1990 Bd. 4 S. 33.

265 Waldenberg, Marek in Altermatt, S. 77 f.; Lemberg in Brunner/Lemberg, S. 106; Kann, Bd. 1, S. 322 ff.; Ludwig, S. 188 - 192; zur Geschichte der Ruthenen in Ungarn s. Udvari, István in Ács, S. 179 - 199.

nes Ethnikum aus[266]; in der rumänischen und slowakischen Statistik dagegen werden beide Gruppen getrennt aufgeführt[267]. In der seit 1945 zu der Ukraine gehörenden Karpatoukraine gibt es jedoch eine beachtliche Bewegung, die die dort lebende ruthenische Bevölkerung als von den Ukrainern zu unterscheidende Nationalität propagiert und daraus konkrete politische Forderungen nach Autonomie ableitet[268]. Wenn § 1 Abs. 1 Minderheitengesetz subjektive Faktoren bei der Bestimmung der Nationalitätenzugehörigkeit als allein entscheidend in den Vordergrund stellt, ist die Unterscheidung zwischen Ruthenen und Ukrainern sinnvoll, um diesen Menschen in Ungarn die Möglichkeit der Wahl ihrer Gruppenzugehörigkeit zu lassen.

Angesichts der Unterscheidung von Ruthenen und Ukrainern stellt sich die Frage, ob der Gesetzgeber der deutschsprachigen Minderheit nicht auch die Möglichkeit der Entscheidung zwischen *deutscher* und *österreichischer* Identität hätte gewähren sollen, so wie dies in Kroatien und Slowenien geschehen ist[269]. Im Kreise der Ungarndeutschen sind aber nie Stimmen laut geworden, die für sich oder die Minderheit als ganzes oder Teile von ihr eine österreichische und nicht deutsche Identität propagiert haben. Sollte dies aber tatsächlich bei einem Teil der ungarndeutschen Bevölkerung der Fall sein, so steht ja immer noch der Weg der Anerkennung durch Volksinitiative (s.o.) offen. Wenn der Schwellenwert von 1.000 Erwachsenen nicht erreicht wird, so kann diese Gruppe durch Gründung entsprechender Vereinigungen nachweisen, daß sie eine andere als die deutsche Identität hat und pflegt, so daß sie auf jeden Fall der Definition des § 1 Abs. 2 Minderheitengesetz entspricht und darum eigene, von denen der Deutschen unabhängige Minderheitenrechte beanspruchen kann. Da solche Bestrebungen bisher noch nie spürbar gewesen sind, hat der Gesetzgeber auch kein Versäumnis begangen, als er dem kroatischen und slowenischen Vorbild nicht gefolgt ist und keine Identitätenrubrik "österreichisch" sozusagen auf Vorrat geschaffen hat.

---

[266] Jewtuch, S. 285 - 291; Schmidt, Osteuropa S. 102.

[267] Tontsch in Brunner/Tontsch, S. 150; Dostál, Südosteuropa 1996/256; Hošková in Mohlek/Hošková, S. 126 f.

[268] Einzelheiten bei Magocsi, Robert in MRG, S. 23 - 26; Fodó, Sándor in Schlett, S. 27 ff.; Solchanyk, S. 263 - 265.

[269] Zu Kroatien s. Marko, Joseph in Frowein/Hofmann/Oeter, Bd. 2, S. 84, 87; Marko, S. 14. Zu Slowenien s. Marko, S. 123.

Die Betonung der Unterscheidung durch eigene Sprache, Kultur oder Traditionen zeigt, daß *landsmannschaftlich oder dialektal unterschiedene Gruppen* innerhalb der magyarischen Bevölkerung (z.B. die Kumanen oder Jaszen) nicht unter den Begriff der Minderheit des § 1 Abs. 2 Minderheitengesetz fallen. Ihnen soll kein Sonderstatus gewährt werden. Das hat seine Berechtigung darin, daß sowohl die sprachlichen als auch die ethnographischen Unterschiede innerhalb des ungarischen Volkes bei weitem nicht so ausgeprägt sind wie beispielsweise bei den Deutschen. Die stärksten Eigenständigkeit weisen noch die Szekler auf, die aber nicht in Ungarn selbst, sondern im rumänischen Siebenbürgen ansässig sind. Weder das Völkerrecht noch § 68 der Verfassung zwingen zu einer Gewährung von Minderheitenrechten an Gruppen, die Untergliederungen des staatstragenden Ethnikums sind.

b) Größe und Struktur der Minderheiten

In etwa 1.500 der insgesamt über 3.200 ungarischen Gemeinden leben Angehörige nationaler und ethnischer Minderheiten. Die Frage der nationalen und ethnischen Minderheiten ist somit keine Randerscheinung, sondern in vielen Gemeinden und Gebieten Ungarns präsent. Traditionelle regionale Schwerpunkte sind der Süden und der Südwesten mit zahlreichen Minderheiten, die Umgebung von Budapest, die ebenfalls ethnisch sehr gemischt ist, der Südosten mit vielen Rumänen und Slowaken, der Nordosten mit einem starken Anteil von Zigeunerbevölkerung und der Nordwesten, wo viele Deutsche leben. Diese regionalen Schwerpunkte einzelner Nationalitäten dürfen jedoch nicht darüber hinwegtäuschen, daß es praktisch nirgendwo geschlossene Siedlungsgebiete gibt, in denen sich eine nichtmagyarische Bevölkerung in der Mehrheit befindet.

Die Zahlenangaben zu den einzelnen Minderheiten schwanken. Es ergibt sich folgendes Bild:

Tab. 1: Nationale und ethnische Minderheiten in Ungarn

Minderheit	Glatz[270]	Statistisches Jahrbuch 1991, Rubrik Nationalität[271]	Statistisches Jahrbuch 1991, Rubrik Muttersprache	Wolfart[272]
Bulgaren	nicht ausgewiesen	2.500	1.370	2.500
Zigeuner	6.404	142.683	48.072	600.000
Griechen	nicht ausgewiesen	6.000	1.640	6.000
Kroaten	13.895	13.570	17.577	80.000
Polen	nicht ausgewiesen	10.000 - 15.000	3.788	10.000 -15.000
Deutsche	11.310	30.824	37.511	200.000 - 220.000
Armenier	nicht ausgewiesen	3.000	37	3.000
Rumänen	8.874	10.740	8.730	25.000
Ruthenen	nicht ausgewiesen	nicht ausgewiesen	nicht ausgewiesen	nicht ausgewiesen
Serben	2.805	2.905	2.953	5.000
Slowaken	9.101	10.459	12.745	110.000
Slowenen	1.731	1.930	2.627	5.000
Ukrainer	nicht ausgewiesen	nicht ausgewiesen	674	nicht ausgewiesen

270 S. 47. Die Zahlen sind die der Volkszählung von 1980, und zwar die der Rubrik "Nationalität". Die Zahlen aus 1980 in der Rubrik "Muttersprache" liegen in jedem Fall höher als die angegebenen, z.T. um ein Mehrfaches: Die Zahl der muttersprachlichen Zigeuner z.B. wird mit 27.915 angegeben.
Wegen der Zahlen der Volkszählungen von 1949 bis 1990 s. Brunner in Brunner/Tontsch, S. 27.

271 S. 21. Stichtag ist der 1.1.1990, auf den sich auch die späteren Statistischen Jahrbücher beziehen. Die hier aufgeführten Zahlen sind die der Rubrik "Nationalität". Daneben kennt das Ungarische Statistische Jahrbuch noch die Rubrik "Muttersprache", deren Zahlen in der nächsten Spalte angegeben werden. Die Gesamtbevölkerung für diesen Stichtag beträgt 10.381.959.
Auf die Diskrepanz zwischen subjektiver Minderheitenzugehörigkeit und Beherrschung der jeweiligen Minderheitensprache weisen Nolte, Georg in Frowein/Hofmann/Oeter, Bd. 1, S. 503, und Sterbling, Südosteuropa 1996/556 ff., hin: Von z.B. den deutschen Schulanfängern 1980 sprachen nur noch 10 % Deutsch.
Die Angaben für Bulgaren, Griechen, Polen und Armenier werden im Statistischen Jahrbuch in der Rubrik "Sonstige" zusammengefaßt. Die hier genannten Zahlen beruhen auf der Aufschlüsselung dieser Rubrik durch das Amt für Nationale und Ethnische Minderheiten, das die Angaben der Minderheitenverbände zugrunde legt. Aus diesem Grund müssen die Zahlenangaben für diese vier Nationalitäten als stark überhöht betrachtet werden.

272 Wolfart, Johann in Ermacora/Tretter/Pelzl, S. 63 f.: Schätzungen der Minderheitenorganisationen.

Auffällig sind die starken Schwankungen[273]. Die Zahlen der ersten beiden Spalten beruhen auf der freiwilligen Angabe bei den Volkszählungen 1980 und 1990. Die enormen Steigerungen zwischen 1980 und 1990 sind nicht allein mit einer liberaleren und angstfreieren Atmosphäre, die das Bekenntnis zu fremder Ethnizität fördert, zu erklären. Es läßt sich auch ein gewisser Trend, eine gewisse Mode beobachten, fremde Abstammung und nichtmagyarische Wurzeln, seien sie auch noch so verschüttet, zu betonen. Möglicherweise beginnen auch langsam die Traumata der Nachkriegszeit zu verblassen, die die Erinnerung der Deutschen mit den Massenvertreibungen und folgenden Diskriminierungen, die der Slowaken mit den für viele nicht freiwilligen Aussiedlungen in die Slowakei 1947/48 und die der Kroaten, Serben und Slowenen mit der Hetze gegen die Südslawen Ende der 40er und Anfang der 50er Jahre im Zusammenhang mit dem gespannten Verhältnis zu Jugoslawien belastet haben. Diese Vorgänge, die trotz ihrer Verschiedenheit den betroffenen Volksgruppen gleichermaßen signalisiert hatten, daß sie in Ungarn nicht erwünscht seien, hatten bei den im Land verbliebenen Minderheitenangehörigen eine starke Assimilierung zumindest nach außen und eine Abneigung, manchmal geradezu Angst, die Zugehörigkeit zu einer dieser Minderheiten zu bekennen, ausgelöst.
Die enorm hohen Zahlen in der letzten Spalte beruhen auf Schätzungen der Minderheitenverbände und haben wohl auch eine gewisse politische Funktion: je personenstärker die vertretene Minderheit, desto bedeutender der vertretende Verband. Darüber hinaus gehen die Minderheitenverbände in der Regel bei ihren Schätzungen nicht von dem subjektiven Zugehörigkeitsgefühl aus, sondern von der Abstammung, d.h. von der Tatsache, daß Vorfahren irgendwann Angehörige der fraglichen Minderheit waren. Auch der Staat hat sich bisweilen der hohen Zahlen der Minderheitenverbände bedient, wenn es ihm opportun erschien, z.B. um das Problem 'aufzubauschen' und dadurch die eigene Liberalität und die Praktikabilität des ungarischen Modells dem benachbarten Ausland gegenüber zu betonen.

Insgesamt ist trotz der Schwankungen festzustellen, daß die Minderheiten einen relativ geringen Anteil der Gesamtbevölkerung ausmachen und sprachlich weitgehend *assimiliert*[274] sind. Ein Grund für diese starke Assimilierung ist die bereits erwähnte Siedlungsform in Streusiedlung, die

---

[273] Zu den Problemen der statistischen Erfassung von Minderheiten s. Brunner, Nationalitätenprobleme, S. 30 ff., speziell in bezug auf Ungarn Hofmann, S. 176 f.

[274] Zum Prozeß der Assimilierung, der Akkulturation und den damit zusammenhängenden Identitätsfragen aus soziologischer Sicht s. Heckmann, S. 162 - 209.

bewirkt, daß die nichtmagyarischen Volksgruppen nicht nur auf nationaler, sondern häufig auch auf lokaler Ebene in der Minderheit und somit in starkem Maße der magyarischen Mehrheitskultur ausgesetzt sind[275]. Ein zweiter Grund ist die zunehmende Urbanisierung, die in immer stärkerem Maße auch die Angehörigen der Minderheiten betrifft. Die dörfliche Gemeinschaft mit ihren überlieferten Strukturen und der Existenz anderer Familien, die derselben Minderheit angehören, kann der natürlichen Assimilation entgegenwirken. In der Großstadt dagegen geht die nichtungarische Identität eher verloren, und die Assimilation beschleunigt sich[276].
In diesem Zusammenhang ist auf ein bislang noch zu wenig beachtetes Phänomen hinzuweisen: Der Verlust der ethnischen Kultur und der Muttersprache, der mit der kulturellen und sprachlichen Assimilation einhergeht, führt nicht automatisch zum Verlust des ethnischen Identitätsbewußtseins. Gerade bei den Angehörigen der deutschen Minderheit ist zu beobachten, daß sie sich als Ungarndeutsche fühlen und definieren, obwohl ihre Muttersprache Ungarisch ist und sie im Extremfall das Deutsche noch nicht einmal passiv beherrschen. Ähnliches gilt für die Slowaken, aber letztendlich in mehr oder weniger starker Form für alle Minderheiten[277]. Zu der Bewahrung eines ethnischen Sonderbewußtseins trotz fortschreitender Assimilierung und Anpassung an die Lebensart der Mehrheit mag beitragen, daß auch die Mehrheitskultur nicht mehr als rein ungarisch definiert werden kann. Gerade unter der mittleren und jüngeren Generation verbreitet sich rapide ein Lebensstil, der typisch für den gesamten westeuropäisch-nordamerikanischen Raum ist und hier bereits zu einer starken Nivellierung nationaler Besonderheiten beigetragen hat. Dieser Lebensstil wird vor allem durch Print- und elektronische Medien sowie durch den Import materieller (Kultur-) Güter nach Ungarn transportiert, aber auch von den Ungarn auf Reisen in das westliche Ausland erlebt. Die magyari-

---

[275] Amt für Nationale und Ethnische Minderheiten, S. IV; Bodáné u.a., S. 156 f.; Born/Dickgießer, S. 230; Seewann, Gerhard in Brunner/Lemberg S. 141 f.; Budzsáklia, ÁI 1973/108; Wolfart, Johann in Ermacora/Tretter/Pelzl, S. 64; Kővágó, Nemzetségi kérdés, S. 13 f., 22; Papuček, Osteuropa Archiv 1994/276;
Zur soziologischen Problematik der Streuminderheiten s. Varsányi, RDI 1976/6 ff.; Varsányi, RDI 1981/241 ff.

[276] Kaltenbach, Jenő in Schlett, S. 104. Zum Urbanisierungsprozeß in Ungarn s. Buchholz/Grimm, S. 98 ff.

[277] Bereits in den späten 60er Jahren beschreibt dieses Phänomen Kővágó, Nemzetségi kérdés, S. 14: Er rechnet diese Gruppe zu den Minderheitenangehörigen per Nationalität, aber zu den ungarischen Muttersprachlern; ebenso Kővágó, Kisebbség, S. 64.

sche Mehrheit und die nichtmagyarischen Minderheiten machen also gleichermaßen einen Wandlungsprozeß in Richtung auf die westeuropäische kulturelle Identität mit dem dadurch verbundenen partiellen Verlust traditioneller Identitäten durch, weshalb die Assimilierung an die neuen Umstände für die Minderheitenangehörigen nur teilweise eine Magyarisierung bedeutet und somit Platz für ein Bewußtsein der Zugehörigkeit zu einer besonderen Gruppe läßt.

Gleichzeitig mit der fortgeschrittenen sprachlichen Assimilation beherrschen nur wenige Minderheitenangehörige die Schrift- oder Literaturform ihrer Minderheitensprache, sondern sprechen im Regelfall einen sich davon deutlich unterscheidenden Dialekt. Daher sind für die meisten Minderheitenangehörigen, deren Muttersprache nicht das Ungarische ist, Bücher, Presseerzeugnisse, Radio- und Fernsehsendungen sowie konationale Gesprächspartner aus dem Mutterland in der Regel nicht oder nur sehr schwer verständlich. Damit einher geht ein Identitätsbewußtsein, das sehr stark an den örtlichen oder bestenfalls regionalen Bereich gebunden ist. Emotionale Bindungen zu gleichsprachigen oder gleichkulturellen Gruppen in anderen Teilen des Landes fehlen ebenso wie der Bezug auf bzw. die Identifikation mit dem Mutterland[278]. Einer der Gründe für dieses Phänomen ist wohl in der Tatsache zu suchen, daß viele Minderheitengruppen bereits sehr lange in Streusiedlung in Ungarn ansässig sind, in verschiedenen Wellen zu unterschiedlichen Zeiten aus unterschiedlichen Landesteilen einwanderten und zu dem Mutterland nach vollzogener Einwanderung nie besondere Bindungen gepflegt haben.

Eine Besonderheit fast aller Minderheiten in Ungarn ist ihre ausgeprägte Doppelidentität: Die meisten Minderheitenangehörigen fühlen sich ihrem Ethnikum genauso verbunden wie der ungarischen Nation. Darüber hinaus sind auch Mehrfachbindungen keine Seltenheit, wenn die Eltern einer Person zwei unterschiedlichen Minderheiten angehört haben. Mischehen haben in Ungarn eine lange Tradition, so daß nicht wenige Menschen zwei oder drei verschiedene Ethnien bei ihren Großeltern nachweisen können. Dieser Mischcharakter verbunden mit dem Gefühl der Zugehörigkeit zu Ungarn führt zu einem relativ diffusen Identitätsbild, in dem eine eindeutige bzw. dominante Bindung häufig nicht existiert[279].

---

[278] Bodáné u.a., S. 157; Born/Dickgießer, S. 231 ff.; Gergely, MK1990/775 f.; Kővágó, Nemzetségi kérdés, S. 19 f., 43, 51, 76; Petrusán, György in Schlett, S. 116; Seewann, Südosteuropa 1992/295.

[279] Csaba Tabajdi, Parlamentarischer Staatssekretär für Minderheitenfragen, István Oroszki, Bürgermeister von Bonyhád, und Georg Brunner in Brunner, Minderheiten in Ungarn, S. 34, 63, 77 f., 81.

Ein Blick auf die Berufsstruktur der Minderheiten zeigt, daß gerade in ländlichen Gebieten der Anteil von Minderheitenangehörigen an der Gesamtzahl der geistig Arbeitenden überdurchschnittlich gering ist[280]. Bei den Zigeunern ist dies sicherlich auf die nachteilige soziale Situation dieser Volksgruppe zurückzuführen. Bei den anderen Minderheiten weist dies darauf hin, daß sich gerade Intellektuelle besonders häufig assimilieren, was einerseits an einem engeren und sprachbezogeneren Kontakt mit der Mehrheitsgesellschaft, den die Ausübung intellektueller Berufe oft mit sich bringt, andererseits an der Ungeeignetheit der altertümlichen Minderheitendialekte und der strukturschwachen ländlichen Siedlungsgebiete zu moderner geistiger Arbeit liegt. Daraus wird eines der Hauptprobleme der Aufrechterhaltung der Minderheitenidentität deutlich: Der natürliche 'brain drain' der minoritären geistigen Führungsschichten in Richtung der magyarischen Mehrheitsgesellschaft entzieht den Minderheiten einen wesentlichen Teil der Substanz, die für eine Erneuerung und Verjüngung der eigenen Kultur und damit für deren Überleben nötig ist.

2. Die verfassungsrechtliche Lage

In den Jahren 1988/89 hat sich in Ungarn, begünstigt von der Reformpolitik in der Sowjetunion unter Michail Gorbačëv[281], der von der Einheitspartei initiierte und gerade zu Beginn noch weitgehend gesteuerte Systemwechsel von einer autoritären Einparteiendiktatur zu einer pluralistischen Demokratie vollzogen. Dieser Systemwechsel beruhte auf dem Prinzip der Rechtskontinuität, weshalb die Verfassunggebung ein zentraler Teil dieses politischen Prozesses war[282]. Ungarn hat keine neue Verfassung geschaf-

---

[280] Im südungarischen Komitat Baranya z.B. üben 31 % der magyarischen Berufstätigen eine geistige Tätigkeit aus, während diese Rate bei den Kroaten und Deutschen lediglich 25 % beträgt. Bei den Zigeunern sind es nur 52 Personen in dem gesamten Komitat, welches etwa 420.000 Einwohner zählt. Angaben des Ausschusses für nationale und ethnische Minderheiten der Generalversammlung des Komitates Baranya, Beschlußvorlage vom 14.11.1995, Aktenzeichen 1175-8/1995., S. 2 f.

[281] Wagenlehner, Günther in Bingen, S. 7 ff.; Brunner, ZaöRV 1993/826; Gabriel/Quilitzsch, Osteuropa 1990/699 - 704; Izik-Hedri, Osteuropa 1990/455; Lendvai, S. 141; Meissner, Osteuropa Recht 1995/30 f.; Nagy/Póti, Külpolitika 1990 Bd. 2 S. 15 ff.; Schultz, ROW 1989/155 f.

[282] Ádám, S. 7 f.; Ádám in Ádám/Kiss, S. 11 f.; Bartole, S. 19 ff.; Brunner in Brunner, Ungarn, S. 42 ff.; Brunner/Halmai, S. 9 ff.; Sólyom in Brunner/Sólyom, S. 102; Halmai, Osteuropa Recht 1990/1 ff.; Lábady, WGO-MfOR 1991/369; Sitzler,

fen, sondern die ererbte Verfassung von 1949[283] total revidiert. Hierbei spielten die am sog. Runden Tisch erzielten Vereinbarungen eine große Rolle. An dem am 13.6.1989 ins Leben gerufenen Runden Tisch, an dem neben der MSZMP und sieben der Partei nahestehenden Gruppierungen und Massenorganisationen neun oppositionelle Parteien und unabhängige Vereinigungen teilnahmen, handelte die reformkommunistische Regierung mit der Opposition den Systemwechsel und dessen Gestaltung mit großer faktischer Verbindlichkeit aus[284].

a) Der Minderheitenartikel

aa) Regelungsgehalt

Die erste große Revision erfolgte durch das Gesetz 1989:XXXI[285]. Da dieses noch von dem alten kommunistischen Parlament verabschiedet wurde, beschränkte es sich aus Gründen der Legitimität[286] auf die Schaffung des rechtsstaatlich-demokratischen Minimums (einschließlich der dazu nötigen Ausführungsgesetze) und überließ die nähere Ausgestaltung der Verfassungsordnung dem frei zu wählenden nachfolgenden Parla-

---

Kathrin in Mommsen, Nationalismus, S. 96 ff.; Halmai, Bábor in Tomuschat/Kötz/v. Maydell, S. 195 ff.; Wyrzykowski, Miroslaw in Tomuschat/Kötz/v. Maydell, S. 138 ff.; Varga, S. 91 - 118; das ungarische Verfassungsgericht in seiner Entscheidung Nr. 11/1992. (III. 5.) AB, Magyar Közlöny 1992/933 ff., 935, dt. Übersetzung in Brunner/Sólyom, S. 333 ff., 336 ff.;

Einzelheiten dieses Prozesses bei Sitzler, Kathrin in Altmann/Hösch, S. 70 ff.; Brunner in Brunner/Sólyom, S. 14 ff.; Holló, S. 23 ff. und Szoboszlai, TSz 1990 Bd. 3 S. 26 ff.

Eine Analyse des 'von oben' ohne Beteiligung der Bevölkerung und der Straße initiierten Übergangs als Konfliktmodell bei Márkus, Osteuropa 1993/1170 f.

283 Gesetz 1949:XX in der Fassung des Gesetzes 1972:I, Magyar Közlöny 1972/257 ff.

284 Ádám, S. 7; Brunner, Georg in Bingen, S. 75 ff.; Brunner, Osteuropa Recht 1995/266 f.; Brunner in Brunner, Ungarn, S. 44 f.; Brunner in Sundhaussen, S. 91 ff.; Brunner, ZBl 1990 Bd. 1 S. 82 ff.; Brunner/Halmai, S. 10 f.; Bayer, József in Gorzka, S. 25 ff.; Koplin, S. 187 f.; Takács, Imre in Kukorelli, Alkotmánytan, S. 37 und Fn. 11; Schmidt, Südosteuropa 1997/37 ff.; Weber, JOR1990 Bd. 31 (Halbbd. 2) S. 346.

285 Magyar Közlöny 1989/1219 ff.

286 Das Problem der Legitimität des noch unter den Bedingungen des alten Systems zustande gekommenen Parlamentes behandelt ausführlich Vastagh, TSz 1989 Bd. 6 S. 16 ff.

ment[287]. Aus diesem Grund ging diese Verfassungsrevision noch nicht intensiv auf die Minderheiten ein, sondern regelte auch hier nur das Notwendigste, indem § 68 Abs. 1 und 2 neu gefaßt wurde. Seitdem ist § 68 die zentrale Verfassungsnorm des Minderheitenrechtes.
Die nationalen und ethnischen Minderheiten werden zu Teilhabern der Macht des Volkes und zu staatsbildenden Faktoren erklärt (Abs. 1). Damit wird die Existenz von Minderheiten auch sprachlich deutlich gemacht, nachdem die sozialistischen Verfassungen Ungarns entsprechend der in allen sozialistischen Staaten Europas herrschenden sowjetischen Terminologie sich des Terminus "Nationalitäten" [nemzetiségek] bediente. Mit diesem Euphemismus wurde die wirkliche Problematik tendenziell verschleiert. Es ist den sozialistischen Regierungen und hier insbesondere der rumänischen, die diese Problematik auch in internationalen Foren immer betont hat, zuzugeben, daß mit dem Begriff der Minderheit häufig der der Minderwertigkeit und des Minderberechtigten assoziiert wird. Insofern kann ein Wechsel der offiziellen Terminologie zu Nationalität eine grundsätzlich positivere Einstellung des Staates signalisieren. Hierbei besteht jedoch die Gefahr, daß durch die begriffliche Aufwertung das Problem gelöst scheint. Die Assoziation von Minderwertigkeit und minderberechtigtem und möglicherweise minderzuberechtigendem Status sind aber weniger rechtliche Konsequenzen des Minderheitenbegriffs, sondern vielmehr sozialpsychologische Phänomene, die im Heterostereotyp der Mehrheitsgruppe über die Minderheitsgruppe wurzeln. Man kann nicht davon ausgehen, daß die Einführung des Begriffs der Nationalität in den Verfassungs- und vielleicht in den Gesetzestexten eine derartige Erziehungswirkung auf die Mehrheitsangehörigen ausübt, daß durch den bloßen Wortwechsel ein Sinneswandel bewirkt wird. Damit bleiben aber die wirklichen, sich aus der sozialen Lage der Minorität ergebenden Probleme ungelöst, und auch den Minderheiten selbst kann dadurch die Möglichkeit genommen werden, ihre Anliegen so vorzubringen, daß sie ernstgenommen werden. Sie laufen Gefahr, daß man ihnen und ihren berechtigten Forderungen entgegnet: "Was beklagt Ihr Euch? Ihr seid doch jetzt eine Nationalität und habt daher alles, was Ihr braucht!" Vor allem in Staaten, die keinen ernsthaften Minderheitenschutz betreiben wollen, besteht die Gefahr, daß der Begriff Nationalität als Fassade für fehlende echte Schutz-

[287] Im einzelnen dazu Brunner, ZBI 1990 Bd. 1 S. 80 ff.; Brunner in Brunner/Sólyom, S. 16; Brunner in Sundhaussen, S. 89 ff.; Halmai, JÖR 1990/253 ff.; Holló, S. 108 - 114; Kwasny, Osteuropa 1990/240 ff.; Majoros, Osteuropa Recht 1990/86 ff., 161 ff.

vorkehrungen benutzt wird. Der in die ungarische Verfassung neu eingeführte Begriff "Minderheit" [kisebbség] dagegen läßt ein Leugnen separater Interessen der betroffenen Gruppen und ihrer Angehöriger nicht mehr zu und macht über die Assoziation "Minderheitenschutz" die Schutzbedürftigkeit, aber auch die existierenden internationalen Schutzmechanismen bewußt. Diese Ehrlichkeit, die ja über die nach wie vor vorhandenen negativen Assoziationen mit dem Wort Minderheit auch sozialen Handlungsbedarf signalisiert, ist durch die begriffliche 'Verschlechterung' der betroffenen Gruppen von Nationalität zu Minderheit nicht zu teuer erkauft[288].

Gleichzeitig wird durch die Bezeichnung der Minderheiten als Teilhaber an der Macht des Volkes und als staatsbildende Faktoren die Integration der minoritären Gruppen in das Staatswesen ausgesprochen, d.h. die Verfassung betrachtet die Minderheiten nicht als Außenstehende oder Fremdkörper, sondern als integralen Teil der Republik Ungarn und ihres obersten Souveräns, des Volkes. Folglich gebührt den Minderheiten eine Beteiligung an der Ausübung der Staatsmacht. Ebenso wird der Wert der Gruppe "Minderheit" über das Individuum hinaus anerkannt und damit der Weg zu Kollektivrechten und fördernden Maßnahmen eröffnet. Letztlich kann diese Vorschrift auch als Absage an einen rein monoethnischen magyarischen Nationalstaat, sei er nun existent oder noch zu schaffen, begriffen werden.

§ 68 Abs. 2 garantiert den nationalen und ethnischen Minderheiten Schutz und kollektive Teilnahme am öffentlichen Leben, die Pflege ihrer eigenen Kultur, den Gebrauch ihrer Muttersprache, den muttersprachlichen Unterricht und das Recht auf die Führung des Namens in der eigenen Sprache. Diese Gewährleistungen sind sprachlich in die Form einer objektiven Garantie gefaßt und implizieren die Zulässigkeit positiver Diskriminierung in den angesprochenen Bereichen[289]. Die Garantie des § 68 Abs. 2 geht durch ihre weite Fassung über die klassischen Gewährleistungen auf kulturellem und sprachlichem Gebiet hinaus und umfaßt über den Begriff der kollekti-

---

[288] Diese terminologische Frage ist auch Gegenstand der parlamentarischen Debatte gewesen: Gyurkó, János (MDF) OGy 18.6.1990, Sp. 896. In Makedonien hat die parallele Diskussion dazu geführt, daß man sich in der neuen Verfassung für den Begriff Nationalitäten entschieden hat, weil man den Ausdruck Minderheiten für beleidigend gehalten hat: Jankuloski, S. 155 ff.

[289] Brunner, Nationalitätenprobleme, S. 126 ff.; Brunner, Georg in Blumenwitz/v. Mangold, S. 28; Koplin, S. 194.

ven Teilnahme am öffentlichen Leben auch neue, gemäß den in der Praxis neu entstehenden Bedürfnissen zu entwickelnde Formen[290].
Die kollektive Teilnahme am öffentlichen Leben wird z.B. dadurch verwirklicht, daß landesweite und lokale Fernseh- und Rundfunksender den Minderheiten Programmzeiten zur Verfügung stellen[291] oder daß Minderheitenbelange im staatlich finanzierten oder bezuschußten Kulturleben auf vielfältige Weise Berücksichtigung finden.
Auch machten die Minderheiten starken Gebrauch von der neu gewährten Vereinigungsfreiheit, und die Anzahl der ethnischen Organisationen und Vereine nahm 1988/89 in fast stürmischem Ausmaß zu[292]. Die offiziellen Verbände dagegen verloren mit dem Wegfall ihres Monopolcharakters wegen ihres demokratischen Legitimationsdefizits stark an Bedeutung, zunächst innerhalb der Minderheiten, später auch als sog. gesellschaftliche Organisationen im Rahmen des staatlichen Systems. Schließlich beteiligen sich die einzelnen Minderheitenorganisationen - wenn auch nur in geringem Maße - an der Organisierung der sich neu herausbildenden Formen ziviler Protestereignisse als Teil des politisch-gesellschaftlichen Partizipationsprozesses[293].

Noch vor den ersten freien Wahlen ergänzte das Gesetz 1990:XVI über die Änderung der Verfassung der Republik Ungarn[294] die Vorschrift des § 68 der Verfassung um einen Abs. 3. Dieser Absatz schrieb die Sicherstellung der Vertretung der nationalen und sprachlichen Minderheiten im Parlament und den Räten unabhängig von freien und geheimen Wahlen vor. Einzelheiten sollten durch Gesetz geregelt werden. Die Einzelregelung erfolgte durch das Gesetz 1990:XVII über die parlamentarische Vertretung der in der Republik Ungarn lebenden nationalen und sprachlichen Minderheiten[295]. Dieses Gesetz gewährte den Minderheiten der Zigeuner, der Kroaten, der Deutschen, der Rumänen, der Serben, der Slowaken, der Slowenen und der Juden je einen Vertreter mit vollen Abgeordnetenrechten im Parlament, welcher von dem Parlament nach einer Nominierung durch einen

[290] Bartole, S. 53 f.
[291] Einzelheiten dazu für die frühen 90er Jahre bei Nolte, Georg in Frowein/Hofmann/Oeter, Bd. 1, S. 520 und Seewann, Südosteuropa 1992/319 Fn. 41; für 1994 und grundlegend s.u. Punkt 5. a).
[292] Bricke, S. 101; Seewann, Gerhard in Brunner/Lemberg S. 155 f.; Brunner in Brunner/Tontsch, S. 47 f.; Seewann, Südosteuropa 1992/316 f.
[293] Szabó, BIOst 24-1996, S. 18.
[294] Verabschiedet am 1.3.1990; Magyar Közlöny 1990/412 f.
[295] Verabschiedet am 1.3.1990; Magyar Közlöny 1990/426.

von den Fraktionen zusammengestellten Nominierungsausschuß gewählt werden sollte. Vor dem Vorschlag an das Parlament hatte der Nominierungsausschuß die Meinung der Interessenvertretungen der Minderheiten einzuholen. Das Gesetz setzte dem Ausschuß eine Frist von 30 Tagen ab der konstituierenden Sitzung des Parlamentes, um seine Vorschläge einzureichen. Diese 30-tägige Frist wurde von dem neugewählten Parlament durch das Gesetz 1990:XXXVI[296] auf 60 Tage verlängert. Nach der amtlichen Begründung[297] herrsche sowohl in den Minderheitenverbänden als auch in den parlamentarischen Fraktionen große Unzufriedenheit mit dem System der Kooptation, aber die 30-tägige Frist (die mit der konstituierenden Sitzung des neugewählten Parlamentes am 2.5.1990 zu laufen begonnen hatte) sei zu kurz, um vor ihrem Ablauf ein neues Konzept der Repräsentanz der nationalen Minderheiten zu entwickeln. Hier solle die Fristverlängerung die Möglichkeit gewähren, neue Konzepte zu entwickeln. Durch die folgende Verfassungsänderung (Gesetz 1990:XL) wurde die parlamentarische Vertretung der Minderheiten neu geregelt, bevor die Kooptation ins Parlament praktiziert werden konnte.
Die dadurch entstandene Lücke im System der Minderheitenrepräsentation war dem Gesetzgeber wohl bewußt. 1993 scheiterte allerdings der Versuch, die parlamentarische Vertretung durch unmittelbare Wahl der Minderheitenabgeordneten einzuführen, ganz knapp. Ein solches Gesetz bedarf gemäß § 71 Abs. 3 der Verfassung der Mehrheit von zwei Dritteln der anwesenden Abgeordneten, und dieses Quorum wurde um eine Stimme verfehlt [s.u. Punkt III. 5. c)].

§ 68 wurde in der Folge durch Gesetz 1990:XL[298] und wiederum durch Gesetz 1990:LXIII[299] revidiert.
Das erstgenannte Gesetz faßte § 68 Abs. 3 neu und fügte einen Abs. 4 hinzu. Dem neuen Abs. 3 zufolge stellen die Gesetze der Republik Ungarn die Vertretung der nationalen und ethnischen Minderheiten sicher; der Hinweis auf Parlament und örtliche Räte sowie auf die Vertretung unabhängig von Wahlen ist entfallen. Durch diese öffentlich-rechtliche Gewährleistung wird die Frage der Repräsentanz der Minderheiten in den Vertretungskörperschaften nicht mehr in der Verfassung geregelt, sondern

---

[296] Verabschiedet am 31.5.1990; Magyar Közlöny 1990/1198 f.
[297] Magyar Közlöny 1990/1199.
Dazu auch Gyurkó, János (MDF) OGy 18.6.1990, Sp. 895.
[298] Magyar Közlöny 1990/1261 ff.
[299] Magyar Közlöny 1990/1589 ff.; einheitliche Fassung in Magyar Közlöny 1990/1741 ff.; deutsche Übersetzung in JÖR 1990/258 ff.

ist auf die einfach-gesetzliche Ebene verlagert worden. Das System der Kooptation von Abgeordneten der ethnischen Minderheiten durch das Parlament wurde somit abgeschafft, noch bevor es in die Praxis umgesetzt worden war.

Der neu eingefügte Abs. 4 schreibt zur Verabschiedung des Minderheitengesetzes die Stimmen von zwei Dritteln der anwesenden Abgeordneten vor. Diese Zweidrittelregel stellt keine Besonderheit des Minderheitengesetzes dar, sondern ist in der Verfassung für eine größere Anzahl von Regelungsgegenständen vorgeschrieben. Die Vereinbarung am Runden Tisch, bei einer Reihe von zentralen Gesetzen die Verabschiedung an eine Zweidrittelmehrheit zu binden, hatte ihren Grund darin, daß das Ergebnis der Parlamentswahlen 1990 nicht vorhersehbar war und keine Partei sicher mit einem Sieg rechnen konnte, weshalb alle politischen Kräfte eine starke Position und in zentralen Fragen ein Mitspracherecht der parlamentarischen Minderheit wünschten[300].

Das Gesetz 1990:LXIII, das an Stelle der Räteverwaltung ein System von örtlichen und anderen Selbstverwaltungen in das Verfassungsrecht einführte, brachte § 68 in seine noch gültige Form, indem es den bisherigen Abs. 4 zu Abs. 5 machte und einen neuen Abs. 4 einfügte. Dieser neue Abs. 4 garantiert den Minderheiten die Möglichkeit, örtliche und landesweite Selbstverwaltungen zu gründen. Dadurch werden die Autonomien der Minderheiten als Teil des Selbstverwaltungssystems organisch in den Aufbau des rechtsstaatlich-demokratisch verfaßten Staatswesens eingegliedert und damit zu "staatsbildenden Faktoren". Neben den territorial gebundenen örtlichen und regionalen Selbstverwaltungen kennt der ungarische Staatsaufbau damit eine zweite Variante der Autonomie: die Minderheitenselbstverwaltung. Wie diese Selbstverwaltung in der Praxis auszusehen hat, schreibt § 68 Abs. 4 der Verfassung nicht vor. Diese Frage bleibt dem einfachen Gesetz überlassen. Aus dem Recht des § 68 Abs. 4 kann man aber ableiten, daß die einfachgesetzliche Regelung eine effektive Selbstverwaltung ermöglichen muß. Ansonsten ist das Recht der Minderheiten aus dieser Garantie verletzt. Die Vorschrift schützt das Gründungsrecht auf örtlicher und landesweiter Ebene. Eine Selbstverwaltung auf Komitatsebene ist dadurch nicht ausgeschlossen, unterliegt aber nicht der Verfassungs-

---

[300] Brunner in Sundhaussen, S. 103; Kiss, MJ 1992/280; Takács, Imre in Kukorelli, Alkotmánytan, S. 39; Orbán, Viktor (FIDESZ) OGy 9.7.1990, Sp. 1429; Salamon, László (MDF) OGy 9.7.1990, Sp. 1428.
Argumente der Regierungspartei MDF für eine Reduzierung der Zweidrittelgesetze der Verfassung bei Kónya, Imre (MDF) OGy 2.8.1990, Sp. 2166.

garantie, sondern könnte ggf. einfachgesetzlich eingerichtet und wieder abgeschafft werden.

Zusammen mit dieser Verfassungsänderung wurde die kommunale Selbstverwaltung durch das Gesetz 1990:LXIV über die Wahl der Abgeordneten der örtlichen Selbstverwaltungen und der Bürgermeister[301], geändert durch Gesetz 1994:LXII[302] (Kommunalwahlgesetz) und das Gesetz 1990:LXV über die örtlichen Selbstverwaltungen[303], geändert durch Gesetz 1994:LXIII[304] (Kommunalgesetz) an Stelle des bisherigen Rätesystems eingeführt. Bereits in den Beratungen zum Kommunalgesetz wurde der Unterschied zwischen Regierung und Opposition in der Minderheitenfrage deutlich: Die Regierung hielt die Gewährung von individuellen Garantien wie der Freiheit des Sprachgebrauchs und der Vereinigungsfreiheit für ausreichend. Die Minderheiten könnten im Rahmen der Vereinigungsfreiheit privatrechtliche Vereine zur Interessenvertretung, zum Betrieb von kulturellen Einrichtungen und zur Erteilung von Unterricht in der Muttersprache gründen. Auf lokaler Ebene stünde es der dort herrschenden Minderheit frei, über eine Mehrheit in der Abgeordnetenkörperschaft die Interessen der Minderheit zu vertreten. Die Opposition setzte sich jedoch mit ihrer Ansicht durch, individuelle Garantien und privatrechtliche Vereinigungen reichten nicht aus, um den Minderheitenschutz effektiv zu gewährleisten. Sie befürwortete kollektive Garantien und öffentlich-rechtliche Körperschaften für eine effektive Vertretung[305]. Auf ihre Veranlassung wurde das Recht auf öffentlich-rechtliche Selbstverwaltungen in die Verfassung (§ 68 Abs. 4) und die Regelung des § 8 Abs. 1, 4 in das Kommunalgesetz aufgenommen, der den kommunalen Selbstverwaltungen die Sicherstellung der Realisierung der Rechte der nationalen und ethnischen Minderheiten zur Pflicht macht [s.u. Punkt III. 3. h)].

---

[301] Magyar Közlöny 1990/1592 ff.

[302] Magyar Közlöny 1994/3064 ff.

[303] Magyar Közlöny 1990/1637 ff.

[304] Magyar Közlöny 1994/3086 ff.

[305] Bodáné u.a., S. 97 ff.; Derdák, Tibor (SZDSZ) OGy 16.7.1990, Sp. 1671; Mészáros, István, Zweiter Vorsitzender des Parlamentsausschusses für Menschenrechte, Minderheiten und Religionsangelegenheiten in OGy 2.08.1990, Sp. 2141; Szabó, Erika (SZDSZ) OGy 9.7.1990, Sp. 1382.

bb) Institutionelle Verankerung durch die Verfassungsorgane

Gleich nach seiner Konstituierung richtete das 1990 gewählte Parlament einen *Ausschuß für Menschenrechte, Minderheiten und Religionsangelegenheiten* ein[306]. Damit haben die Minderheiten einen konstanten parlamentarischen Ansprechpartner, der speziell für ihre Fragen zuständig ist. Wenn sie sich dagegen an einen Ausschuß mit viel weiterer Zuständigkeit wie etwa den Innenausschuß wenden müßten, wäre ihre parlamentarische Lobbyarbeit sehr erschwert. Zudem pflegen die Fraktionen bei spezialisierten Ausschüssen Unterthemen an ihre Mitglieder konkreter zu verteilen, als das bei nur global abgedeckten Themen der Fall ist. Diese Spezialisierung innerhalb der Parlamentsfraktionen erlaubt ebenfalls eine gezieltere politische Arbeit der Minderheitenvertretungen.
Die Kontinuität der parlamentarischen Kontrolle wird durch die Vorschrift des § 62 Abs. 3 Minderheitengesetz sichergestellt, derzufolge die Regierung dem Parlament alle zwei Jahre über die Lage der im Land lebenden Minderheiten zu berichten hat.

Auch unter den *beim Parlament registrierten gesellschaftlichen und Interessenvertretungsorganisationen*[307] finden sich Minderheitenvereinigungen: "Lungo Drom" Landesweiter Interessenvertretungsverband der Zigeuner und die Antifaschistische Organisation Ungarischer Zigeuner. Andere Minderheiten sind nicht durch eigene Verbände vertreten. Die Minderheitenselbstverwaltungen sind öffentlich-rechtliche Vertretungskörperschaften, die als solche nicht den hier interessierenden privatrechtlichen Interessenvertretungsverbänden gleichzusetzen sind. An der Liste fällt aber auf, daß mehrere landesweite Interessenverbände der kommunalen Selbstverwaltungen dort registriert sind, ähnliche Verbände der Minderheitenselbstverwaltungen aber fehlen. Es ist aber durchaus möglich, daß auch die Minderheitenselbstverwaltungen solche Interessenvertretungsverbände gründen,

---

[306] Parlamentsbeschluß 41/1990. (V. 18.) OGY vom 18.5.1990, Magyar Közlöny 1990/1127 ff.: 25 Mitglieder, Vorsitzender: Gábor Fodor (FIDESZ). Nach den Parlamentswahlen wurde die Mitgliederzahl durch den Parlamentsbeschluß 33/ 1994. (VI. 30.) OGY vom 30.6.1994, Magyar Közlöny 1994/2669 ff., auf 19 gesenkt, Vorsitzender ist seitdem Gábor Gellért Kis (MSZP).

[307] Die aktuelle Liste ist abgedruckt in Magyar Közlöny 1996/971 ff. Die Aufnahme in diese Liste findet gemäß §§ 141 Abs. 1 der Geschäftsordnung des Parlamentes (Beschluß des Parlamentes 46/1994. (IX. 30.) OGY, Magyar Közlöny 1994/ 3023 ff.) auf Antrag der Organisation statt. Sie wird vom Parlamentspräsidenten geführt (§ 141 Abs. 3 Geschäftsordnung des Parlamentes).

wenn sie sich erst einmal etabliert haben und ihre Interessen v.a. gemeinsamer Art genauer definieren können.

Parallel zu der Einfügung von neuen Minderheitenschutzbestimmungen in die Verfassung wurde am 24.4.1989 beim Ministerrat ein Nationalitätenkollegium ins Leben gerufen[308]. Zu seinen Aufgaben gehörte nicht alleine die Sorge um die in Ungarn lebenden Minderheiten, sondern auch der Kontakt zu den magyarischen Minderheiten jenseits der Grenzen. Das Kollegium bekam am 11.10.1989 die Bezeichnung Kollegium der Nationalen und Ethnischen Minderheiten, in der sich der gewandelte Sprachgebrauch durch die Verfassungsänderung des Gesetzes 1989:XXXI [s.o. Punkt aa)] widerspiegelt.
An seiner Stelle wurde am 30.8.1990 das *Amt für Nationale und Ethnische Minderheiten* eingerichtet, das sich aber nicht mehr mit den Auslandsungarn, sondern nur noch mit den inländischen Minderheiten befaßt[309]. Seine Aufgabe besteht darin, für die Regierung die Verwirklichung der Rechte und Interessen der inländischen Minderheiten zu unterstützen (§ 62 Abs. 1 Minderheitengesetz). Es besteht im Amt des Ministerpräsidenten und wird von einem Titularstaatssekretär geleitet. Bis zum 15.9.1995 hatte der Ungarndeutsche János Wolfart diesen Posten inne[310], seitdem führt Éva Orsós

---

[308] Nationalitätenkollegium des Ministerrates [Minisztertanács Nemzetiségi Kollégiuma], geschaffen durch die Verordnung des Ministerrates Nr. 1048/1989. (IV. 24.), Magyar Közlöny 1989/494 f.

[309] Regierungsverordnung Nr. 34/1990. (VIII. 30.) Korm., Magyar Közlöny 1990/1768 f.; geändert durch die Regierungsverordnung Nr. 109/1994. (VII. 21.) Korm. über die Änderung einiger Kompetenzbestimmungen im Zusammenhang mit der Regierungsbildung, Magyar Közlöny 1994/2743, und die Regierungsverordnung Nr. 168/1994. (XII. 14.) Korm., Magyar Közlöny 1994/4055. Die Änderungen im Jahre 1994 betrafen vor allem die Stellung des Amtes im Gefüge der Regierung: Ursprünglich unterstand es dem Minister ohne Portefeuille, wurde aber mit der Abschaffung dieses Amtes dem Ministerpräsidenten unterstellt.
Die Zuständigkeit für die Auslandsungarn wurde dem Sekretariat für Auslandsungarn übertragen [s.u. Punkt 2 c) zu § 6 Abs. 3 der Verfassung].

[310] Die Entscheidung des Ministerpräsidenten, die Herrn Wolfart von diesem Amt entbindet (32/1995. (IX. 21.) ME), ist abgedruckt in Magyar Közlöny 1995/4521. Im November 1995 wurde Herr Wolfart wegen seiner Tätigkeit im Dienste der in Ungarn lebenden Minderheiten, insbesondere der deutschen, von dem Bundespräsidenten mit dem Bundesverdienstkreuz ausgezeichnet, welches ihm vom deutschen Botschafter in Budapest verliehen wurde: Népszabadság, 23.11.1995, S. 3 (Német kitüntetés Wolfart Jánosnak [Deutsche Auszeichnung für János Wolfart]); die Genehmigung des Präsidenten der Republik, diese ausländische Aus-

Hegyesi, eine Expertin für Sozialpolitik und Angehörige der Minderheit der Zigeuner, das Minderheitenamt. Damit ist die für Minderheitenangelegenheiten zuständige Regierungsbehörde sehr hochrangig angesiedelt; denkbar wäre z.B. auch die Einstufung als Abteilung oder gar nur Unterabteilung im Innenministerium gewesen. Die Ausgestaltung als eigenes Amt, und zwar im Amt des Ministerpräsidenten, und die Übertragung der Leitung an einen Beamten im Range eines Staatssekretärs zeigt, daß man von Regierungsseite den Minderheitenfragen einen hohen Stellenwert einräumt.

Gleichzeitig erleichtert die ressortmäßig neutrale Position die Durchführung der Hauptaufgabe des Amtes, nämlich die Wahrnehmung von Koordinierungsaufgaben der minderheitenrelevanten Aspekte in der Arbeit u.a. der verschiedenen Fachministerien und anderen Staatsbehörden[311].

Ursprünglich war im Amt des Ministerpräsidenten ein parlamentarischer Staatssekretär für die Aufsicht aller dem Amt zugeordneten Stellen zuständig. Die Regierungsverordnung 168/1994. erhöhte die Anzahl der parlamentarischen Staatssekretäre und unterstellte das Amt für Nationale und Ethnische Minderheiten und das Amt für Auslandsungarn gemeinsam einem nur für sie zuständigen parlamentarischen Staatssekretär (Parlamentarischer Staatssekretär für Minderheitenfragen). Durch die Erhöhung der Anzahl der parlamentarischen Staatssekretäre im Amt des Ministerpräsidenten und die Schaffung fachlich zusammengehöriger Zuständigkeitsgebiete ist es dem einzelnen Staatssekretär möglich, sich mehr zu spezialisieren und dadurch fachlich bessere Arbeit zu leisten. Das Amt des Parlamentarischen Staatssekretärs für Minderheitenfragen (dem damit oberste Leitungsfunktionen sowohl für das Amt für Nationale und Ethnische Minderheiten als auch für das Amt für Auslandsungarn zukommen) hat zur Zeit Csaba Tabajdi inne.

Das Minderheitenamt ist nach der organisatorischen Ausgliederung der Sorge für die Angelegenheiten der Auslandsungarn im Jahre 1990 für alle innerungarischen Minderheitenangelegenheiten zuständig, bereitet die Minderheitenpolitik der Regierung vor und verwaltete bis Ende 1994 die Stiftung "Für die Nationalen und Ethnischen Minderheiten Ungarns" ["A Magyarországi Nemzeti és Etnikai Kisebbségekért" Alapítvány]. Diese

---

zeichnung zu tragen, findet sich in Magyar Közlöny 1996/2. Ende 1996 wurde ihm die Leitung der Berliner Außenstelle der ungarischen Botschaft in Bonn übertragen: Beschluß des Präsidenten der Republik 83/1996. (VIII. 9.) KE, Magyar Közlöny 1996/4412.

[311] Otto Heinek, stellvertretender Leiter des Minderheitenamtes, in Brunner, Minderheiten in Ungarn, S. 41 f.

Stiftung gab von 1990 bis 1994 insgesamt 357,7 Millionen Forint für Minderheitenzwecke aus. Mit dem 1.1.1995 wurde sie in die Öffentliche Stiftung Für die Nationalen und Ethnischen Minderheiten in Ungarn ["A Magyarországi Nemzeti és Etnikai Kisebbségekért Közalapítvány"] übergeleitet [s.u. Punkt 3. g) aa)].

Im Haushaltsgesetz 1994[312] wurde dem Minderheitenamt ein Etat von 68,3 Millionen Forint zur Verfügung gestellt; ausgegeben wurden insgesamt 74,2 Millionen[313]. Der Haushalt 1995 veranschlagte bereits 92,8 Millionen, und die tatsächlichen Ausgaben in dem Jahr beliefen sich auf 97,9 Millionen[314]. Diese Etatsteigerung von rund 25 % bewegte sich im Rahmen der Inflation, so daß real kein nennenswerter Zuwachs im Etat des Minderheitenamtes stattfand. Das Haushaltsgesetz 1996[315] stellt dem Minderheitenamt 99,4 Millionen Forint zur Verfügung, was selbst in Anbetracht der gesunkenen Inflationsrate einen realen Rückgang zum Vorjahr bedeutet. Gleiches gilt für das Haushaltsgesetz 1997[316], das für das Amt ein Budget von 118,7 Millionen Forint vorsieht.

Innerhalb des Minderheitenamtes besteht seit dem 1.10.1994 ein Büro für Zigeunerprogramme. Ihm wurde Ende 1995 ein *Koordinierungsrat für Zigeunerangelegenheiten* [Cigányügyi Koordinációs Tanács] zur Seite gestellt[317]. Dieser Koordinierungsrat hat die Aufgabe, mittel- und langfristige Maßnahmenprogramme auszuarbeiten, die Entwicklung der Lage der Zigeuner und der administrativen Verringerung der sie belastenden Nachteile zu beobachten und die Erfahrungen der eingeleiteten Regierungsmaßnahmen zu analysieren und zu bewerten. Den Vorsitz führt der für Minder-

---

[312] Gesetz 1993:CXI über den Haushalt der Republik Ungarn 1994, Magyar Közlöny 1993/11305 ff., geändert durch Gesetz 1994:LXV über den Nachtragshaushalt, Magyar Közlöny 1994/3439 ff., Kapitel VII (Ministerpräsident) Titel 3.

[313] Angabe gemäß Gesetz 1995:CIV über die Ausführung des Haushaltes der Republik Ungarn des Jahres 1994, Magyar Közlöny 1995/6168 ff.

[314] Gesetz 1994:CIV über den Haushalt der Republik Ungarn 1995, Magyar Közlöny 1994/4730 ff., geändert durch Gesetz 1995:CIX, Magyar Közlöny 1995/6298 f., Kapitel VII (Ministerpräsident) Titel 3, sowie Gesetz 1996:CIX über die Ausführung des Haushaltes der Republik Ungarn des Jahres 1995, Magyar Közlöny 1996/5881 ff., Kapitel VII (Ministerpräsident) Titel 3.

[315] Gesetz 1995:CXXI über den Haushalt der Republik Ungarn 1996, Magyar Közlöny 1995/7026 ff., geändert durch das Gesetz 1996:XLI, Magyar Közlöny 1996/2635 (Haushaltsgesetz 1996), Kapitel VII (Ministerpräsident) Titel 3.

[316] Gesetz 1996:CXXIV über den Haushalt der Republik Ungarn 1997, Magyar Közlöny 1996/6970 ff., Kapitel X (Ministerpräsident) Titel 3.

[317] Regierungsbeschluß 1120/1995. (XII. 7.) Korm. vom 7.12.1995, Magyar Közlöny 1995/6136.

heitenfragen zuständige Parlamentarische Staatssekretär im Amt des Ministerpräsidenten[318], ständige Mitglieder sind der Vorsitzende des Amtes für Nationale und Ethnische Minderheiten, die stellvertretenden Staatssekretäre oder Hauptabteilungsleiter unterschiedlicher Ministerien, der Vorsitzende der landesweiten Minderheitenselbstverwaltung der Zigeuner und die Vorsitzenden der Generalversammlung einiger Komitate mit besonders hoher Zigeunerbevölkerung. Der Minderheitenombudsmann ist ständiger Beigeladener mit eigenem Rederecht. Bei Bedarf können Experten und weitere leitende Ministerialbeamte zugezogen werden. Die hochkarätige und stark gemischte Zusammensetzung garantiert, daß Experten aus den verschiedenen Ministerialverwaltungen und den Komitatsverwaltungen vor Ort ein zu diskutierendes Problem unter allen relevanten Aspekten beleuchten und daß die Betroffenen selbst sowie der für sie zuständige Ombudsmann sich auch äußern können. Soweit man durch die Zusammensetzung eines Gremiums die Berücksichtigung aller möglicherweise relevanten Lebensfelder vorsehen kann, ist dies hier geschehen. Ob der Koordierungsrat auch in der Praxis die an ihn gestellten Erwartungen erfüllt, muß die praktische Arbeit zeigen.
Die Probleme der Zigeunerbevölkerung sind anders als die der anderen Minderheiten, da hier zu ethnischen Unterschieden noch soziale Faktoren hinzutreten. Die sozialen und ökonomischen Probleme der Zigeuner sind oft so gewichtig, daß sie die ethnischen Differenzen überlagen und eine unauflösliche Gemengelage bilden. Diese besondere Problemstellung, die differenzierte Lösungen erfordert, rechtfertigt die Einrichtung gesonderter Einrichtungen für Zigeunerangelegenheiten.
Kurz nach der Schaffung des Koordinierungsrates hat die Regierung die inhaltlichen Leitlinien der Politik zur Behebung der Nachteile der Zigeunerbevölkerung festgelegt. Dieser Regierungsbeschluß[319] schreibt die Ausarbeitung eines Aktionsprogrammes zur Besserung der komplexen Problemlage der Zigeuner durch die betreffenden Ministerien und die landesweite Minderheitenselbstverwaltung der Zigeuner vor. Inhaltliche Schwerpunkte sind die Bildung, die Beschäftigung und Antidiskriminierungsmaßnahmen.

---

[318] Über seine Vorstellungen der Regierungspolitik zur Behebung der besonderen Probleme der Zigeuner sprach Csaba Tabajdi, Parlamentarischer Staatssekretär für Minderheitenfragen, auf einer Konferenz über die Perspektiven der Regierungspolitik für Zigeuner am 28.10.1995 in Komló.

[319] Regierungsbeschluß 1125/1995. (XII. 12.) Korm. über die dringendsten Aufgaben im Zusammenhang mit der Lage der Zigeuner, Magyar Közlöny 1995/6177 ff.

b) Der Ombudsmannartikel

Eine weitere wichtige Verfassungsnorm ist § 32/B Abs. 2, der einen parlamentarischen Beauftragten für die Rechte der nationalen und ethnischen Minderheiten (den sog. Minderheitenombudsmann) vorsieht. § 32/B Abs. 1 regelt den parlamentarischen Beauftragten für Staatsbürgerrechte. Während der Bürgerrechtsombudsmann auf dem Papier bereits 1989 eingeführt worden war, ist die Schaffung des Amtes des Minderheitenombudsmannes erst in der Verfassungsrevision durch das Gesetz 1990:XL vorgesehen worden. Diese Beauftragten werden vom Parlament auf Vorschlag des Präsidenten der Republik mit Zweidrittelmehrheit gewählt (§ 32/B Abs. 4). Die Zuständigkeiten des Minderheitenombudsmannes sollte ursprünglich eine Körperschaft aus je einem Vertreter pro Minderheit wahrnehmen; die Vertreter sollten von den Minderheitenverbänden zur Wahl durch das Parlament nominiert werden (§ 32/B Abs. 5). Die Vorschrift des § 32/B Abs. 5 wurde durch das verfassungsändernde Gesetz 1994:LXXIII[320] wieder gestrichen. Dadurch wurde auch der vorgesehene Minderheitenombudsmann zu einer monokratischen Behörde.
Die Strukturänderung des Amtes des Minderheitenombudsmannes waren schon seit längerem geplant. So geht bereits der Wortlaut des § 20 Abs. 2 Satz 1 des Minderheitengesetzes in seiner ursprünglichen Form[321] von einem einzigen Amtsträger aus, indem er von einem parlamentarischen Beauftragten für die Rechte der nationalen und ethnischen Minderheiten im Singular spricht.

Die Institution des Ombudsmannes hat in Ungarn keine Vorläufer, sondern stellt ein Novum der revidierten Verfassung dar.
Der Minderheitenombudsmann dient der parlamentarischen Kontrolle der Verwaltung und verfügt nicht über die Befugnis, strittige Sachverhalte eigenständig, anstelle der zuständigen Behörde, zu regeln. Er kann lediglich bei der Feststellung von Mißständen zu deren Behebung allgemeine oder individuelle Verfahren initiieren. Der Institution wird vorgeworfen, in ihr würden Elemente der Interessenvertretung und des Rechtsschutzes vermengt[322]. Dies ist nicht der Fall, da der Minderheitenombudsmann laut Verfassung die Aufgabe hat, Mißstände zu untersuchen oder untersuchen zu lassen und durch Intervention bei den zuständigen Stellen auf ihre Be-

---

[320] Magyar Közlöny 1994/3976 f.
[321] Zur Änderung dieser Vorschrift durch das Gesetz 1994:LXXV s.u. Punkt 4.
[322] Kukorelli in Kukorelli, Alkotmánytan, S. 206.

hebung hinzuwirken. Darin kann keine Interessenvertretung gesehen werden, die, wenn sie vorläge, tatsächlich nicht in den Aufgabenkreis eines Ombudsmannes gehörte[323]. Es besteht auch nicht die Gefahr, daß der Minderheitenombudsmann sich am Gesetz vorbei zu einer Interessenvertretung auswächst, da es zu diesem Zwecke Minderheitenverbände sowie örtliche und landesweite Minderheitenselbstverwaltungen gibt und damit kein Bedürfnis für eine solche 'Reservefunktion' des Minderheitenombudsmannes entsteht.

In diesem Zusammenhang ist zu vermerken, daß die paritätische Besetzung des Kollegialorgans Minderheitenombudsmann einzelne Minderheitenvertreter dazu hätte verleiten können, dieses Amt als Forum für Interessenvertretung und Interessenartikulation zu mißbrauchen. Diese Gefahr hätte aber durch eine Gegensteuerung durch die übrigen Kollegen verhindert werden können, wenn man die Konstruktion der Kollegialbehörde beibehalten hätte.

Die Einführung des Minderheitenombudsmannes ist von den Minderheiten nicht einhellig begrüßt worden, da befürchtet wurde, er solle die kurz zuvor abgeschaffte parlamentarische Vertretung endgültig ersetzen[324]. Diese Gefahr hätte besonders bei einem kollegial strukturierten Ombudsmannamt gedroht, das sehr leicht in den Augen der Bevölkerung, aber auch in der politischen Realität zu einer Art Ersatzparlament für die Minderheiten fern des eigentlichen parlamentarischen Machtzentrums hätte herabsinken können. Jedenfalls kann eine parlamentarische Kontrolle der Verwaltung, noch dazu ohne Kassations- oder Zwangsbefugnisse, keine parlamentarische Repräsetanz ersetzen.

Andererseits gibt es Stimmen, die die Idee der Verwaltungskontrolle durch den Ombudsmann für so gut halten, daß sie auch auf der Ebene der örtlichen Verwaltungen die Berufung lokaler Ombudsleute fordern[325].

---

[323] Hansen, S. 41 - 115; Kastari, JÖR 1972/220, 222; Majtényi, S. 92 f.; Ermacora, Felix in Veiter, System, Teil 2, S. 58; Stehr, Rudolf in Veiter, System, Teil 2, S. 124 f.

[324] Wolfart, János in Ermacora/Tretter/Pelzl, S. 66; Koplin, S. 196.
Zum politischen Zusammenhang zwischen der Abschaffung der Minderheitenrepräsentanz durch Kooptation und der beabsichtigten Einführung des Minderheitenombudsmannes s. Majtényi, S. 99 f., und Kutrucz, Katalin (MDF) OGy 5.6.1990, Sp. 587 bei der Beratung der Verfassungsänderung, die das Amt des Minderheitenombudsmannes eingeführt hat.

[325] Hegyi, A baloldaliság, S. 97 f.

c) Der Artikel über die Ziele der Außenpolitik

§ 6 der Verfassung, der Vorschriften zur Außenpolitik enthält, bekennt sich in Abs. 3 zur Verantwortung für die im Ausland lebenden Ungarn und schreibt dem Staat die Pflege ihres Kontaktes mit Ungarn vor.
Die sozialistischen Verfassungen Ungarns und der anderen osteuropäischen Staaten kannten eine solche Vorschrift nicht. Unter den neuen Verfassungen dieser Länder sind die rumänische und die albanische, die in Art. 7[326] bzw. in Art. 9[327] eine ähnliche Vorkehrung treffen, Beispiele für Verfassungen mit derartigen Vorschriften. Beide Regelungen sind im Hinblick auf konkrete Problemlagen geschaffen worden. Bei der rumänischen Verfassung stand die Sorge um die Konationalen in der Republik Moldau im Vordergrund, während die albanische Vorschrift hauptsächlich auf die in Serbien und Montenegro, v.a. im Kosovo lebenden Albaner abzielt. Die jugoslawischen Nachfolgerepubliken Kroatien, Makedonien und Slowenien haben ebenfalls solche Artikel in ihre Verfassungen aufgenommen[328].

[326] Zu Art. 7 der rumänischen Verfassung s.u. Punkt IV. 1. und Koplin, S. 208 f.
[327] Art. 9 des albanischen Gesetzes über die Hauptvorschriften der Verfassung vom 29.4.1991 in der Fassung vom 13.11.1992 (Gazeta Zyrtare e Republikës së Shqipërisë 1991, Nr. 4, S. 145 - 160): "... Die Republik Albanien sorgt für die Anerkennung und Achtung der nationalen und demokratischen Rechte der Albaner, die außerhalb der staatlichen Grenzen leben."
[328] Art. 10 der Verfassung der Republik Kroatien, Art. 49 der Verfassung der Republik Makedonien, Art. 5 der Verfassung der Republik Slowenien.
Im internationalen Vergleich ist die Anwaltsfunktion für konationale Minderheiten im Ausland nicht völlig ungewöhnlich. Art. 141 der Verfassung der Republik China vom 25.12.1946 verpflichtet die Außenpolitik, die Rechte der Auslandschinesen zu schützen, Art. 108 der Verfassung Griechenlands vom 9.6.1975 (dt. Übersetzung in JÖR 1983/360 ff.) schreibt dem Staat die Sorge für das Griechentum im Ausland und die Aufrechterhaltung von dessen Verbindung zum Mutterland vor, und Art. 8 der Verfassung der Indischen Union vom 26.11.1949 gewährt Auslandsindern Schutz, indem er ihnen das Recht des Erwerbes der indischen Staatsangehörigkeit durch einen entsprechenden Antrag bei der diplomatischen oder konsularischen Vertretung der Indischen Union in ihrem Wohnstaat gewährt. Die Verfassung der Republik Armenien vom 5.7.1995 trägt dem Staat in Art. 11 Abs. 2 auf, für die Entwicklung des kulturellen Lebens der Auslandsarmenier Sorge zu tragen: Küpper, Ethnos-Nation 1996/61 f. Darüber hinaus ermöglicht Art. 14 Abs. 1 die erleichterte Einbürgerung ethnischer Armenier; eine parallele Vorschrift findet sich etwa in Art. 25 Abs. 2 der neuen bulgarischen Verfassung (s.o. Fn. 24). Die Regierung der Rußländischen Föderation sieht sich ohne eine entsprechende Verfassungsbestimmung als Anwalt der russischen Minderheiten in den ehemaligen Sowjetrepubliken: Koplin, S. 87; Weiss, APuZ B 46/95 S. 18 ff. Ähnliches

Die Einführung der Vorschrift des § 6 Abs. 3 in die ungarische Verfassung ist als Reaktion auf den politischen Unmut zu verstehen, der innerhalb der ungarischen Öffentlichkeit jahrelang wegen der - durch Rücksichten innerhalb des Blockes erzwungene - Vernachlässigung des Eintretens der Regierung für die Interessen der magyarischen Minderheiten im Ausland herrschte [s.o. Punkt II. 5.]. Sie ist so allgemein gefaßt, daß sich daraus kaum konkrete Verpflichtungen ableiten lassen und der Regierung so ein sehr breiter politischer Beurteilungsspielraum bleibt[329], der allerdings durch das Verbot der Gewalt in den Außenbeziehungen in § 6 Abs. 1 in Übereinstimmung mit dem völkerrechtlichen Gewaltverbot eingeengt wird. Eine weitere Begrenzung dieser Vorschrift ist das über § 7 Abs. 1 der Verfassung [s.u. Punkt d)] auch in ungarischen Recht geltende allgemeine völkerrechtliche Prinzip der Nichteinmischung in die inneren Angelegenheit anderer souveräner Staaten, soweit es heute noch reicht. Insbesondere im humanitären und menschenrechtlichen Bereich ist diese Impermeabilität der Staaten nicht mehr absolut. § 6 Abs. 3 ist wegen des Mangels an konkreten Verpflichtungen als Verfassungsauftrag zu verstehen, die der jeweiligen Regierung lediglich ein Minimum an Kontaktpflege und Interessenvertretung vorschreibt und erst durch die fast völlige Außerachtlassung der Belange der außerhalb Ungarns lebenden magyarischen Gruppen verletzt ist. Ein Schweigen der Regierung zu der Politik der Zwangsassimilation in Rumänien, wie es das Kádár-Regime lange praktiziert hat, wäre allerdings unter § 6 Abs. 3 nicht mehr möglich.

Zur Institutionalisierung der Kontaktpflege mit den magyarischen Minderheiten außerhalb Ungarns ist zunächst im Amt des Ministerpräsidenten ein Sekretariat für Auslandsungarn [Miniszterelnöki Hivatal Határon Túli Magyarok Titkársága] geschaffen worden. Dieses wurde 1992 durch das

---

trifft auch auf die deutsche Regierung hinsichtlich der deutschen Minderheiten in den mittel- und osteuropäischen Staaten und den Nachfolgestaaten der Sowjetunion zu.
Allgemein zu dem Thema Pierré-Caps in Rouland/Pierré-Caps/Poumarède, S. 288 f.

[329] Zur Auffassung der bürgerlichen Regierung Antall (1990 - 94) über den politisch-moralischen Verpflichtungsgehalt dieser Vorschrift s. Nahimi in Nahimi, S. 41 - 57.
Zur Bedeutung der Fürsorge des Staates für die Konationalen jenseits der Grenzen in den Augen der ungarischen Öffentlichkeit und ihr Zusammenhang mit dem Trauma von Trianon s. Sitzler, Kathrin in Mommsen, Nationalismus, S. 105 ff.

Amt für Auslandsungarn [Határon Túli Magyarok Hivatala] ersetzt[330]. Es soll Kontakt mit den Auslandsungarn in aller Welt, insbesondere in den Nachbarländern, sowie mit den für Minderheitenfragen zuständigen ausländischen Regierungsstellen halten und die internationale, europäische, ausländische und ungarische Minderheitenpolitik beobachten und analysieren. Dieses Amt unterstand ursprünglich der Regierung unter der Aufsicht des Außenministers. Durch die Regierungsverordnung 109/1994.[331] wurde seine Stellung dem Amt für Nationale und Ethnische Minderheiten angeglichen und es einem Titularstaatssekretär im Amt des Ministerpräsidenten unterstellt. Bis zur Jahreswende 1996/97 wurde es von László Lábody geleitet[332]. Auch die Regierungsverordnung 168/1994. bezieht sich auf das Amt für Auslandsungarn [s.o. Punkt 2. a) bb)].
Der Etat des Amtes für Auslandsungarn betrug im Haushaltsgesetz 1994 149,6 Millionen Forint (tatsächlich ausgegeben wurden 166,6 Millionen) und im Haushaltsgesetz 1995 176,7 Millionen (die realen Ausgaben beliefen sich auf 198,5 Millionen)[333]. Das Haushaltsgesetz 1996 stellt 182,6 Millionen Forint zur Verfügung, das Haushaltsgesetz 1997 227,9 Millionen[334]. Damit liegen die Ausgaben für das Auslandsungarnamt deutlich über denen des Minderheitenamtes, was auf eine gewisse politische Schwerpunktsetzung schließen läßt. Diese Schlußfolgerung wird unterstützt durch die Tatsache, daß für die Kulturförderung der Auslandsungarn im Haushalt höhere Beträge zur Verfügung stehen als für die Kulturförderung der inländischen Minderheiten. Die Ausgaben für die Kulturförderung der Auslandsungarn sind im Haushaltsgesetz größtenteils unter dem Kapitel des Bildungs- und Unterrichtsministeriums zu finden[335]. Bei dem Ver-

---

[330] Durch Regierungsverordnung 90/1992. (V. 29.) Korm., Magyar Közlöny 1992/1923.

[331] S.o. Fn. 309.

[332] Er wurde auf eigene Bitte hin mit Wirkung vom 15.1.1997 von seinem Amt als Leiter des Amtes für Auslandsungarn - Beschluß des Ministerpräsidenten 1/1997. (I. 15.) ME, Magyar Közlöny 1997/466 - und als Titularstaatssekretär - Beschluß des Präsidenten der Republik 7/1997. (I. 17.) KE, Magyar Közlöny 1997/473 - entbunden.

[333] Haushaltsgesetz 1994 (s.o. Fn. 312) und Gesetz über dessen Ausführung (s.o. Fn. 313), Kapitel VII (Ministerpräsident) Titel 13; Haushaltsgesetz 1995 und Gesetz über dessen Ausführung (s.o. Fn. 314), Kapitel VII (Ministerpräsident) Titel 13.

[334] S.o. Fn. 315, Kapitel VII (Ministerpräsident) Titel 5, bzw. Fn. 316, Kapitel X (Ministerpräsident) Titel 5.

[335] Das Haushaltsgesetz 1996 (s.o. Fn. 315) sieht für die Unterstützung von Minderheitenaufgaben in Kapitel XVIII (Ministerium für Bildung und Unterricht)

gleich der Kulturförderung der beiden Gruppen ist allerdings zu beachten, daß die in Ungarn wohnenden Minderheiten natürlich an den allgemeinen Kultur- und Bildungsausgaben des Staates partizipieren und daß insofern die speziell für Minderheitenkultur und -unterricht ausgewiesenen Beträge nicht die gesamte Förderung ausmachen.

Sowohl die bürgerliche Koalitionsregierung unter Ministerpräsident Antall (1990 - 1994) als auch die darauf gewählte sozialistisch-liberale Regierung Horn haben im Verhältnis zu den Nachbarländern immer das Los der magyarischen Minderheiten zu einem Schwerpunkt der Beziehungen gemacht[336]. Eklatante Beispiele dafür sind das bereits oben erwähnte Bestehen auf Mindestgarantien für Minderheiten in den Verhandlungen mit Rumänien um einen Grundlagen- und Nachbarschaftsvertrag selbst um den Preis des Scheiterns des Zustandekommens [s.o. Punkt I. 3. c)] und der Protest der ungarischen Regierung gegen die Einquartierungen serbischer Flüchtlinge in magyarische Haushalte in der Vojvodina [s.u. Punkt IV. 3.]. Die Sorge um die Auslandsungarn hat soweit geführt, daß Ministerpräsident Antall sich mehrfach öffentlich als Ministerpräsident aller 15 Millionen Ungarn im Geiste bezeichnet hat. Trotz nachfolgender versuchter

---

Subtitel 3 Nr. 17 einen Betrag von 311 Millionen Forint vor, während es in Titel 10 Subtitel 3 Nr. 18 für die Unterstützung des Unterrichts und der Kultur der Auslandsungarn 422,6 Millionen Forint bereithält.
Das Haushaltsgesetz 1997 (s.o. Fn. 316) folgt einer etwas anderen Systematik. In Kapitel XX (Ministerium für Bildung und Unterricht) Titel 10 Subtitel 7 Nr. 4 hält es für die Unterstützung der Minderheitenaufgaben 274,9 Millionen Forint bereit, während es in Kapitel X (Ministerpräsident) Titel 23 Subtitel 8 insgesamt 3246,8 Millionen Forint für Ergänzungszuweisungen an die Minderheitenkindergärten und -schulen vorsieht. Für die Förderung auslandsungarischer Theater stellt Kapitel X Titel 10 Subtitel 7 Nr. 3 einen Betrag von 65 Millionen zur Verfügung, und für die Unterstützung von Kultur und Bildung der Auslandsungarn wird in Kapitel X Titel 10 Subtitel 7 Nr. 5 die Summe von 452,6 Millionen bereitgestellt.

[336] Népszabadság, 10.1.1996, S. 3 (Nincs fordulat a magyar kisebbségpolitikában [Keine Wende in der ungarischen Minderheitenpolitik]); Népszabadság, 9.9.1996, S. 3 (Gál Zoltán: Együtt szomszédainkkal [Zoltán Gál: Zusammen mit unseren Nachbarn]); Magyar Nemzet, 5.11.1996, S. 1, 2 (Ismét téma a kisebbségek helyzete [Die Lage der Minderheiten ist wieder Thema]).
Zum Minderheitenaspekt der ungarischen Außenpolitik s. Szent-Iványi, Ágnes in Aspeslagh/Renner/van der Meulen, S. 79 ff.; Bricke, S. 104 ff.; Kiss, László j. in Brunner, Ungarn, S. 100 ff.; Vogel, Sándor in Seewann, Minderheiten, S. 223 ff.; Zellner/Dunay, Südosteuropa 1995/656 ff.

Richtigstellungen hat diese an sich inhalts- und sinnleere Geste[337] im benachbarten Ausland zu Befürchtungen hinsichtlich eines Wiederauflebens ungarischer Revisionspolitik geführt. Diese ethnische Komponente in der Außenpolitik bezieht sich alleine auf die im Ausland lebenden Ungarn; eine übergreifende panugrische Konzeption, die auch die verwandten Völker in der Rußländischen Föderation einschließt, ist nicht erkennbar und wird auch von der Verfassung nicht gefordert[338]. Festzuhalten ist allerdings, daß die Republik Ungarn bei dem Abschluß von Wirtschaftsabkommen mit Subjekten der Rußländischen Föderation 1993/94 Republiken mit finnougrischer Titularnation (Udmurtien, Mari-El und Mordwinien) bevorzugt hat.

Grundsätzlich ist an dieser Außenpolitik festzustellen, daß es die ungarische Regierung nicht als ihre Aufgabe sieht, im Namen oder anstatt der magyarischen Minderheiten vor Ort aufzutreten. Sie läßt diese örtlichen magyarischen Gruppen selbst verhandeln und nimmt höchstens flankierend teil. Auf diese Weise versucht man, den Eindruck der Instrumentalisierung der auslandsungarischen Gruppen auch gegen deren eigene Interessen und der Einmischung in die inneren Angelegenheiten der Nachbarstaaten zu vermeiden. Die empfindlichen Reaktionen vor allem aus Rumänien und der Slowakei zeigen aber, daß man dort bereits jeden äußeren Einsatz für Minderheiten für unerträglich hält[339].

Auch auf internationalen, insbesondere europäischen Foren setzt Ungarn sich für die Förderung von Minderheitenrechten ein. Dabei versucht Ungarn, die Frage der europäischen Integration und die der Minderheiten im Sinne der Intensivierung der Beziehungen zu den Nachbarn zu verbinden. In fast allen bilateralen Verträgen mit Minderheitenschutzvorschriften hat Ungarn vereinbart, sich mit dem jeweiligen Partner auf internationaler Ebene gemeinsam für die Durchsetzung der KSZE-Standards und den Ausbau des Minderheitenschutzes einzusetzen[340].

---

[337] Zu ihrer Einordnung in den Rahmen des postkommunistischen Ethnonationalismus in Osteuropa s. Schöpflin, George in Kupchan, S. 60 ff. Zu den Wirkungen der Äußerung auf die Slowakei s. Riemer, Osteuropa 1997/259.

[338] Magyar Nemzet, 3.7.1993, S. 3 (Jelcin ma fogadja a magyar államfőt [Jelzin empfängt heute den ungarischen Staatschef]).
Zu der Situation dieser Völker s. Sanukow, Osteuropa 1996/237 ff.

[339] Archiv der Gegenwart, 15.8.1996, S. 41321 f. (Slowakei).

[340] Ziffer 17 der ungarisch-ukrainischen Erklärung vom 31.5.1991; Art. 19 Abs. 5 des ungarisch-deutschen Vertrages vom 6.2.1992; Art. 16 Abs. 4 des ungarisch-slowenischen Freundschaftsvertrages vom 1.12.1992; Ziffern 15, 16 der ungarisch-russischen Minderheitenerklärung vom 11.11.1992.

Über die Aktivitäten der Regierung und regierungsamtlicher Stellen hinaus kümmern sich viele andere Stellen um das Los der Ungarn im Ausland. Der Schwerpunkt dieser vorwiegend kommunalen und privaten Aktivitäten liegt darin, Möglichkeiten zur persönlichen Begegnung zu schaffen und Auslandsungarn einen Besuch oder Aufenthalt in Ungarn zu ermöglichen, um ihre Kenntnis der ungarischen Kultur und ihre Verankerung darin zu stärken[341]. In der Koordinierung und fachlichen sowie finanziellen Unterstützung solcher Initiativen liegt eine der vorrangigen Aufgaben des Amtes für Auslandsungarn.

Die außenpolitische Praxis entspricht somit der verfassungsrechtlichen Vorgabe des § 6 Abs. 3.

d) Die übrigen minderheitenrelevanten Verfassungsvorschriften

§ 70/A der Verfassung enthält ein allgemeines und umfassendes *Diskriminierungsverbot* auf der Grundlage von u.a. Rasse, Farbe, Sprache oder nationaler Abstammung. Dagegen verstoßende Handlungen sind gemäß Abs. 2 unter Strafe zu stellen. § 70/A Abs. 3 erlaubt ausdrücklich Maßnahmen, die die Rechtsgleichheit durch Beseitigung der Chancenungleichheiten verwirklichen sollen. Damit sind ganz allgemein positive Diskriminierungen zur Erreichung einer faktischen Gleichheit erlaubt[342].
Zu dem Verhältnis von § 70/A und § 68 der Verfassung ist zu bemerken, daß § 68 die minderheitenrechtliche Spezialvorschrift zu dem allgemeinen Diskriminierungsverbot des § 70/A ist. In den Bereichen des Minderheitenrechtes, in denen sich sich die Anwendungsbereiche beider Normen überschneiden, ist § 68 lex specialis und geht folglich vor. In der Praxis bedeutet das, daß minderheitenrechtliche Maßnahmen, die durch § 68 gedeckt sind, nicht gegen § 70/A verstoßen können. Da aber nicht nur § 68, sondern auch § 70/A positive Diskriminierungen gestattet, ist eine Kollision der beiden Normen in dem heikelsten Punkt ausgeschlossen. In Rechtsbereichen, die nicht durch besondere minderheitenrechtliche Normen geregelt werden, können sich Angehörige von Minderheiten auf das allgmeine Diskriminierungsverbot berufen. Dieses hat insofern für die

---

Näher Boden, S. 313.
[341] Népszabadság, 9.9.1996, S. 4 (Táborlakóból polgármester [Vom Lagerteilnehmer zum Bürgermeister]).
[342] Brunner in Brunner/Sólyom, S. 51 f.; Holló in Holló/Balogh, S. 403 ff.
Zur Bedeutung dieser Vorschrift in der Rechtsprechung des Verfassungsgerichtes s. Sólyom in Brunner/Sólyom, S. 105 ff.; Küpper, ROW 1996/103, 105 - 110.

Angehörigen von Minderheiten eine Auffangfunktion, die vor solchen Diskriminierungen schützt, gegen die das eigentliche Minderheitenrecht und vor allem § 68 keinen Schutz bieten.
Ergänzt wird das Diskriminierungsverbot des § 70/A durch die Garantie der Gleichheit vor dem Richter in § 57 Abs. 1.

Gemäß § 7 Abs. 1 der Verfassung nimmt das ungarische Rechtssystem die *allgemein anerkannten Regeln des Völkerrechtes* an und stellt die Übereinstimmung zwischen völkerrechtlichen Verpflichtungen und dem innerstaatlichen Recht sicher[343].
Damit wird die Geltung der oben unter Punkt I. 3. beschriebenen völkerrechtlichen Regeln zum Minderheitenschutz im inländischen Recht durch die Verfassung sichergestellt, soweit sie nicht schon über die Ratifizierungsgesetze Teil des innerstaatlichen Rechtes geworden sind.

In § 8 Abs. 1 der Verfassung erkennt die Republik Ungarn die *unverletzlichen und unveräußerlichen Grundrechte des Menschen* an; die Einschränkung ihres wesentlichen Inhaltes schließt Abs. 2 aus. Abs. 3 schließlich zählt die im Ausnahmezustand, im Notstand oder in einer Gefahrensituation nicht einschränkbaren Grundrechte auf, wozu auch der gesamte § 68 gehört. Damit gehören die Grundrechte der Minderheiten zu denen mit erhöhtem verfassungsrechtlichem Bestandsschutz. Das zeigt, welch hohen Stellenwert den Minderheitenrechten vom Verfassungsgeber eingeräumt werden, aber auch, daß man in Ungarn das von den Minderheiten ausgehende staatsgefährdende Potential als extrem gering einschätzt. In diesem Punkt unterscheidet sich Ungarn wohltuend von der offiziellen Politik und teilweise öffentlichen Meinung einiger Nachbarstaaten, wo starke Ängste vor irredentistischen Bestrebungen das Verhältnis der Mehrheit zu den Minderheiten prägen.

e) Ausblick

Da die Verfassung in ihrem Aufbau noch der alten sozialistischen entspricht (die Grundrechte werden am Ende, nach dem Staatsorganisationsteil geregelt) und durch die vielen Änderungen unübersichtlich und in sich widersprüchlich geworden ist, hat die Regierung Horn in ihrem Regierungsprogramm die Erarbeitung einer neuen Verfassung vorgesehen. Die Arbeiten hierzu wurden im Herbst 1994 aufgenommen, und das Justizmi-

---

[343] Dazu Balogh in Holló/Balogh, S. 74 ff.

nisterium führt seitdem die Vorbereitungen durch. Begleitend ist unter dem Vorsitz des Parlamentspräsidenten ein Verfassungsvorbereitender Ausschuß [Alkotmányelőkészítő Bizottság] gegründet worden, dem je vier Abgeordnete jeder im Parlament vertretenen Partei angehören. Jede Partei hat eine Stimme, und der Ausschuß ist beschlußfähig, wenn mindestens fünf Parteien vertreten sind. Wegen dieser Konstruktion werden der Arbeit dieses Gremiums Schwerfälligkeit und parteipolitische Überpolitisierung zu Lasten fachlicher Gesichtspunkte vorgeworfen[344].
Ende Oktober 1996 haben sich alle parlamentarischen Parteien in dem Verfassungsvorbereitenden Ausschuß auf einen vorläufigen Text geeinigt. Das Parlament hat im Dezember 1996 im Plenum einen recht detaillierten Beschluß über die Regelungsprinzipien der neuen Verfassung gefaßt, so daß laut Ankündigung des Parlamentspräsidenten Zoltán Gál der endgültige Text der Gesetzesvorlage zum 1.3.1997 fertiggestellt werden kann. Auf diese Weise sollte optimistischen Ansichten frühestens im November 1997 die neue Verfassung zustandekommen[345].

Die erwähnten Regelungen sollen auch in die neue Verfassung übernommen werden. Die Rechte der nationalen und ethnischen Minderheiten will man auch weiterhin im Rahmen der Grundrechte regeln; darüber hinaus soll der staatliche Schutzauftrag zugunsten der Minderheiten auch bei den grundlegenden Verfassungsprinzipien Erwähnung finden. Minoritäre Grundrechte sind nicht mehr in der Aufzählung der notstandsfesten Rechte zu finden. Darin ist jedoch keine Herabstufung der Bedeutung zu sehen, die der Verfassunggeber den Minderheiten zubilligt, sondern ledliglich die

---

[344] Parlamentsbeschluß 63/1995. (VI. 17.) OGY über die Schaffung des Verfassungsvorbereitenden Ausschusses des Parlaments, Magyar Közlöny 1995/2755 f., geändert durch Parlamentsbeschluß 118/1996. (XII. 20.) OGY, Magyar Közlöny 1996/6552. Die diesbezüglichen Regelungen in der Geschäftsordnung des Parlaments sind durch das Verfassungsgericht im Rahmen eines Normenkontrollverfahrens durch das Urteil 39/1996. (IX. 25.) AB, Magyar Közlöny 1996/5035 ff., bestätigt worden.
Arato, EECR 1995/46 ff., 1996/31 ff.; ELTE, Dritter Teil; Kilényi, JK 1996/121 ff.; Pokol, S. 205 ff.; Samu, MJ 1995/469 ff.; Schanda, S. 220; Népszabadság, 9.9. 1996, S. 1, 4 (Fordulat az alkotmányozásban? [Wende in der Verfassungsgebung?]).
[345] Parlamentsbeschluß 119/1996. (XII. 21.) OGY, Magyar Közlöny 1996/6590 ff. Népszabadság, 2.11.1996, S. 4 (Elkészült az új alkotmány tervezete - decemberre lezárul a vita [Der Plan der neuen Verfassung ist fertig - im Dezember ist die Debatte beendet]); Magyar Nemzet, 5.11.1996, S. 6 (Az alkotmánykoncepció új változata [Die neue Version der Verfassungskonzeption]).

realistische Einschätzung, daß insbesondere Selbstverwaltungsrechte bei der in Notstandsituationen typischerweise erforderlichen Straffung der Befehlswege nicht immer uneingeschränkt Bestand haben können. Da die neue Verfassung die Einschränkung von Grundrechten im Notstand an den Grundsatz der Verhältnismäßigkeit binden will, ändert sich in der Sache für die Minderheiten praktisch nichts. Die Aufnahme besonderer Pflichten der Minderheiten in die neue Verfassung ist nicht vorgesehen. Die Einzelheiten der Minderheitenselbstverwaltungen sollen im Zusammenhang mit den örtlichen Selbstverwaltungen geregelt werden. Wegen der engen Bindung der örtlichen Minderheitenselbstverwaltungen an die kommunale Selbstverwaltung und einer gewissen Parallelität der Konzeption von Autonomie in beiden Systemen liegt diese Zusammenfassung nahe und ist auch sachlich gerechtfertigt.
Bei den außenpolitischen Grundsatzentscheidungen will man die Verantwortung des ungarischen Staates für das Los der Auslandsungarn stärker betonen und sie auch in den grundlegenden Verfassungsprinzipien aussprechen. Auch diese Änderungen werden den staatlichen Stellen nur in einem völkerrechtlich zulässigen Rahmen einen Handlungsauftrag erteilen können: Wo die Einmischung in die internen Angelegenheiten ausländischer Staaten völkerrechtlich verboten ist, kann eine innerstaatliche Rechtsnorm insbesondere in einer grundsätzlich völkerrechtsfreundlichen Verfassungsordnung dies nicht erlauben oder gar fordern[346].

---

[346] Justizministerium, Verfassungskonzeption; Parlamentsbeschluß 119/1996. (XII. 21.) OGY (s.o. Fn. 345); Páricsi, Viktor in Ádám, Alapjogok, S. 269 ff.

3. Das Gesetz 1993:LXXVII über die Rechte der nationalen und ethnischen Minderheiten (Minderheitengesetz)

Dieses Gesetz ist die zentrale Norm des einfachgesetzlichen Minderheitenschutzes in der Republik Ungarn.
Um die Systematik dieses Gesetzeswerkes besser zu verdeutlichen, bewegt sich diese Darstellung weitgehend im Rahmen der einzelnen Kapitel, wobei allerdings die Reihenfolge der Kapitel nicht immer der des Gesetzes entspricht, sondern bisweilen aus Gründen der besseren Darstellbarkeit des stark miteinander verwobenen Stoffes geändert wurde.

a) Entstehung

Das Minderheitengesetz wurde am 7.7.1993 vom Parlament verabschiedet. Grundlage der parlamentarischen Diskussion war ein Entwurf, den die Regierung und das Amt für Nationale und Ethnische Minderheiten zusammen mit dem Minderheitenrundtisch erarbeitet hatten. An dem Minderheitenrundtisch nahmen Vertreter der Regierung und der Minderheiten teil. Diese Einrichtung, die im Juni 1991 zur Interessenabstimmung bei der Erarbeitung des Minderheitengesetzes geschaffen worden war, war eine Parallele zu dem bereits erwähnten Runden Tisch.
An dem Minderheitenrundtisch hat sich die Erarbeitung eines Kompromisses für ein Minderheitengesetz wegen Meinungsverschiedenheiten sehr verzögert. Diese Meinungsverschiedenheiten betrafen zum einen die den Minderheiten zu übertragenden Kompetenzen und die zu deren Ausübung nötigen Mittel. Zum anderen stieß die Forderung der Minderheitenvertreter, pro Minderheit lediglich eine, als öffentlich-rechtliche Körperschaft organisierte landesweite Selbstverwaltung einzurichten, bei den Repräsentanten der Regierung auf Ablehnung. Diese favorisierte, wie auch schon bei der Beratung des Kommunalgesetzes, auf freiwilliger Basis zustande gekommene privatrechtliche Vereinigungen, was die Minderheiten aus zwei Gründen zurückwiesen. Erstens sei eine öffentlich-rechtliche Körperschaft enger in den staatlichen Organismus eingebunden als eine vereinsähnliche Vereinigung, was der Verfassungsvorschrift, die Minderheiten seien staatsbildende Faktoren (§ 68 Abs. 1), besseren Ausdruck verleihe. Zweitens könne sich die Regierung, wenn pro Minderheit mehrere landesweite Vereinigungen bestünden, die ihr genehme, zahmere aussuchen und ihr den größten Teil der der entsprechenden Minderheit zugedachten Mittel zur Verfügung stellen, so daß andere, bestimmter oder fordernder auftretende Interessenvertretungen das Nachsehen hätten. Bei einer einzigen

landesweiten öffentlich-rechtlichen Körperschaft sei der Regierung nicht die Möglichkeit gegeben, verschiedene Vertreter einer Minderheit gegeneinander auszuspielen[347].

Zusätzliche Schwierigkeiten v.a. rechtstechnischer Art bereitete die Forderung der Minderheiten, daß niemand zu einem Minderheitenbekenntnis gezwungen werden sollte und daß eine wie auch immer geartete Registrierung oder katastermäßige Erfassung von Minderheitenangehörigen vollkommen ausgeschlossen sein mußte. Mit dieser Forderung setzten sie sich durch, und das Prinzip der 'ethnischen Anonymität' liegt dem gesamten ungarischen Minderheitenrecht zugrunde. Dadurch ergab sich regelungstechnisch das Problem, die Selbstverwaltungen so auszugestalten, daß sie ohne ethnisches Bekenntnis der Wähler zustande kommen konnten.

Nachdem sich alle Seiten fast einig waren, zog die Regierung den Entwurf zurück und präsentierte im Februar 1992 ein sehr viel restriktiveres Papier. Dieses wich z.B. von der einheitlichen Konzeption der nationalen und ethnischen Minderheiten ab und enthielt zwei unterschiedliche Definitionen; nationale Minderheiten sollten umfangreichere Rechte bekommen als die ethnischen[348]. Wegen der starken Proteste am Minderheitenrundtisch war die Regierung gezwungen, den restriktiven Vorschlag im März 1992 zurückzuziehen und zu dem alten, liberaleren Kompromiß zurückzukehren[349]. Diese Verzögerungen führten dazu, daß das Verfassungsgericht in einer am 10.6.1992 veröffentlichten Entscheidung[350] feststellte, die Verzögerung im Erlaß des Minderheitengesetzes verstoße gegen § 68 Abs. 5 der Verfassung. Es verpflichtete das Parlament, bis zum 1.12.1992 eine gesetzliche Regelung zu treffen.

Die Regierung brachte Ende September 1992 den in Abstimmung mit dem Minderheitenrundtisch letztendlich erarbeiteten Entwurf im Parlament

---

347 Amt für Nationale und Ethnische Minderheiten, S. VII; Kaltenbach, Jenő in Schlett, S. 124 f.; Lásztity, Péter in Schlett, S. 124; Kaltenbach, Jenő in Seewann, Minderheiten, S. 346 ff.

348 Einzelheiten bei Fehér, S. 16.

349 Seewann, Gerhard in Brunner/Lemberg S. 157; Brunner in Brunner/Tontsch, S. 35 f.; Fehér, S. 15; Nolte, Georg in Frowein/Hofmann/Oeter, Bd. 1, S. 509 f.; Sitzler, Kathrin/Seewann, Gerhard in Seewann, Minderheiten, S. 352 f.

350 Entscheidung des Verfassungsgerichtes Nr. 35/1992. (VI. 10.) AB, Magyar Közlöny 1992/2024 f.; s. dazu Brunner in Brunner/Sólyom, S. 37.
Zu der Möglichkeit des ungarischen Verfassungsgerichtes, eine Verfassungsverletzung durch Unterlassen zu rügen und das entsprechende Verfahren notfalls von Amts wegen einzuleiten, s. Brunner, ZaöRV 1993/851 f.; Brunner in Brunner/Sólyom, S. 36 f.

ein[351]. Die Beratungen zogen sich u.a. wegen der allgemein starken Arbeitsbelastung des Parlamentes lange hin und konnten erst im Juli 1993 abgeschlossen werden. Am Ende einigten sich die Abgeordneten auf eine Fassung, die im großen und ganzen dem Regierungsentwurf entsprach, ihn aber in einigen Punkten minderheitenfreundlicher gestaltete: Er wurde erweitert um das Recht der Minderheitenangehörigen, diese Zugehörigkeit in einer Volkszählung anonym anzugeben, um die Vorschriften über den Minderheitenombudsmann und um das Recht der Minderheitenselbstverwaltungen, die administrative Infrastruktur der kommunalen Selbstverwaltung zu nutzen. Die Struktur der Minderheitenselbstverwaltungen wurde insofern geändert, als daß auf ihre Einführung in Gemeindeteilen verzichtet und dafür die unmittelbar zustande gekommene Minderheitenselbstverwaltung geschaffen wurde. Weiterhin wurden in den parlamentarischen Beratungen u.a. die Vorschriften über die Aufgaben und das Zustandekommen der landesweiten Minderheitenselbstverwaltungen präzisiert, erweitert und demokratisiert. Die auffällige Berufung in der Präambel auf § 68 Abs. 1 der Verfassung, mit der der Erlaß eines Minderheitengesetzes versucht wurde zu rechtfertigen, wurde gestrichen. Dadurch wirkt das Gesetz viel selbstverständlicher, als wenn es versucht, seine Existenz zu begründen und zu verteidigen, sich sozusagen dafür zu entschuldigen.

Während der parlamentarischen Beratung sorgte eine Kommission aus allen sechs im Parlament vertretenen Parteien für die Harmonisierung der Parteistandpunkte, um nicht an dem Zweidrittelerfordernis zu scheitern. Obwohl die parlamentarischen Beratungen trotz der Arbeit dieser Kommission nicht frei von Differenzen waren, zeigt das Abstimmungsergebnis von 304 Ja-Stimmen gegen 3 Nein-Stimmen bei 8 Enthaltungen[352], wie erfolgreich die Gespräche zwischen den sechs im Parlament vertretenen Parteien miteinander und mit dem Minderheitenrundtisch waren, um einen für alle akzeptablen Kompromiß zu erarbeiten. In einer derart heiklen Frage wie den Rechten ethnischer und nationaler Minderheiten ist dieses auf den ersten Blick vielleicht als Mauschelei erscheinende Verfahren der vorherigen Interessenabstimmung sinnvoll, um nicht die öffentliche Diskussion in diesem Punkt anzuheizen. Öffentlich ausgetragene Querelen um ein Minderheitengesetz würden auch in Ungarn letztendlich zu Lasten der Minderheiten und ihrer Akzeptanz gehen.

---

351 Nagy, Ferenc József, Minister ohne Portefeuille in OGy 29.9.1992, Sp. 19750 - 19758; Amt für Nationale und Ethnische Minderheiten, S. I ff.
Der Entwurf ist abgedruckt bei Schlett, S. 245 ff.

352 OGy 7.7.1993, Sp. 28629.

Die am Minderheitenrundtisch erarbeitete Gesetzesvorlage wurde u.a. den Menschenrechtsausschüssen sämtlicher osteuropäischer Parlamente zugeleitet[353]. An dieser Maßnahme wird der von vornherein beabsichtigte Modellcharakter des Minderheitengesetzes für die benachbarten Länder und die dort lebenden ungarischen Minderheiten deutlich[354]. Die Regierung hat allerdings betont, daß mit dem zu schaffenden Minderheitengesetz kein einseitiger Reziprozitätsstandpunkt eingenommen, sondern eine Regelung entsprechend den Bedürfnissen der in Ungarn lebenden Minderheiten geschaffen werden solle[355]. Weiterhin wurde die Gesetzesvorlage im Herbst 1992 dem Europarat vorgelegt, der eine positive Stellungnahme dazu abgab[356].

Nachdem das Gesetz am 7.7.1993 beschlossen worden war, konnte es am 22.7.1993 verkündet werden und am 21.10.1993, über drei Jahre nach Einfügen eines entsprechenden Gesetzgebungsauftrages in die Verfassung, in Kraft treten.

b) Grundsätze

In der recht umfangreichen Präambel beruft sich der Gesetzgeber zunächst auf die nobelsten Traditionen und Werte der ungarischen Geschichte, auf die Verpflichtung zu den Ideen der Demokratie und des Humanismus und auf seine Absicht, das Verständnis und die freundschaftliche Zusammenarbeit zwischen den Völkern und Nationen zu fördern. Er ist sich bewußt, daß das harmonische Zusammenleben zwischen nationalen und ethnischen Minderheiten und der Mehrheitsnation ein konstitutives Element der internationalen Sicherheit ist. Letztere Formulierung lehnt sich an § 68 Abs. 1 der Verfassung an mit dem Unterschied, daß dort die Minderheiten konstitutives Element des Staates sind.

Außerdem macht das Gesetz an dieser Stelle den dogmatischen Standort seiner Rechtsauffassung fest: Das Recht auf nationale und ethnische Iden-

353 Tamás Lukács, der Führer der Arbeitsgruppe des Parlamentsausschusses für Menschenrechte, Minderheiten und Religionsangelegenheiten in OGy 29.9.1992, Sp. 19762. Allerdings hatten eine ganze Reihe osteuropäischer Staaten bereits Minderheitengesetze erlassen: Brunner, Ethnos-Nation, 1995 Heft 1 S. 17.

354 Dieser Modellcharakter hat bereits bei der Debatte über die minderheitenrelevanten Regelungen des Kommunalgesetzes eine große Rolle gespielt: Derdák, Tibor (SZDSZ) OGy 2.8.1990, Sp. 2154. S. dazu auch Sitzler, Kathrin/Seewann, Gerhard in Seewann, Minderheiten, S. 354 ff.

355 Nolte, Georg in Frowein/Hofmann/Oeter, Bd. 1, S. 504.

356 Amt für Nationale und Ethnische Minderheiten, S. II; Bodáné u.a., S. 30.

tität betrachtet der Gesetzgeber als Teil der universellen Menschenrechte, und die individuellen und kollektiven Minderheitenrechte werden als grundlegende Freiheitsrechte bezeichnet. Die Quelle der Minderheitenrechte ist weder die Großzügigkeit der Mehrheit noch die zahlenmäßige Stärke der Minderheit, sondern das Recht jedes Einzelnen auf Anderssein auf der Grundlage der individuellen Freiheit und des gesellschaftlichen Friedens. Hiermit beruft sich der Gesetzgeber auf den vorstaatlichen Charakter der Menschenrechte, die nicht vom Staat gewährt werden, sondern diesem vorgegeben sind. Damit stehen die Menschen- und folglich auch die Minderheitenrechte jedenfalls in ihrem Kernbestand nicht zur Disposition des Staates, sind mehr als bloße verwaltungsrechtliche Sonderregeln. Das Fortbestehen der Minderheiten als kulturell verschiedener Einheiten wird nicht nur als deren grundlegendes Recht bezeichnet, sondern auch als Interesse der ungarischen Nation und letztendlich der Gemeinschaft der Staaten und Nationen. Dazu müssen die sich aus der Minderheitensituation ergebenden Nachteile ausgeglichen werden. Hierdurch wird klar, daß das Gesetz sich nicht mit konservatorischen Bestimmungen begnügt, sondern auf aktive Förderung baut. Der Bezug auf die individuellen Rechte des Minderheitenangehörigen macht gleichzeitig klar, daß hier auch die Grenze des Minderheitenschutzes liegt: Das Recht auf Identität schließt notwendig das Recht auf freiwilligen Wechsel der Identität ein. Der Minderheitenschutz darf mithin nicht dazu führen, daß assimilationswillige Minderheitenangehörige an der Durchführung ihres Vorhabens gehindert werden. Auch wenn der Staat den Fortbestand der Minorität als Gruppe als förderungswürdigen Wert anerkennt, so darf doch niemand zum Verbleib in der Gruppe gezwungen werden. Dem entspricht der subjektive Teil der Minderheitendefinition in § 1 Abs. 1, wonach das Minderheitengesetz sich nur auf die Personen bezieht, die sich einer Minderheit zugehörig fühlen. Weiterhin beruft sich die Präambel auf die Bestimmungen des Völkerrechtes, auf die Charta der Vereinten Nationen, auf die Allgemeine Erklärung der Menschenrechte, auf den Internationalen Pakt über bürgerliche und politische Rechte, auf die Pariser Charta, auf die Europäische Menschenrechtskonvention und auf die ungarische Verfassung und stellt das Gesetz damit in einen übergeordneten rechtlichen Bezugsrahmen.

§§ 1, 2 regeln den persönlichen Geltungsbereich des Gesetzes. Auf sie ist bereits oben unter Punkt III. 1. a) im Rahmen der Minderheitendefinition eingegangen worden.

In § 3 sind die grundlegenden Prinzipien des Minderheitengesetzes enthalten.
Abs. 1 wiederholt § 68 Abs. 1 der Verfassung und erklärt die Kultur der Minderheiten zu einem Teil der Kultur Ungarns.
Gemäß Abs. 2 steht das Recht auf nationale oder ethnische Identität Individuen und Gemeinschaften als grundlegendes Menschenrecht gleichermaßen zu. Damit ist - neben der wiederholten Berufung auf die Vorstaatlichkeit der Menschenrechte - die dualistische Konzeption der Minderheitenrechte angelegt: Es werden sowohl individuelle als auch kollektive Rechte berücksichtigt - von "gewährt" kann man angesichts der vorstaatlich-menschenrechtlichen Konzeption der Minderheitenrechte ja nicht sprechen.
Auch werden die Rechte nicht in individuelle und kollektive Rechte dergestalt unterteilt, daß ein bestimmtes Recht wie z.B. das auf den Gebrauch der Muttersprache als eines von beiden klassifiziert werden muß und damit in der anderen Kategorie nicht mehr vorkommen an. Indem die Grundlage aller Minderheitenrechte, nämlich das Recht auf So-sein, d.h. Anderssein, für Individuen und Kollektive gleichermaßen gilt, wird klargestellt, daß auch alle anderen, auf diesem Recht auf Identität beruhenden Rechte sowohl dem Einzelnen als auch der Gruppe zustehen.
Damit ist noch nichts darüber ausgesagt, wer Träger des kollektiven Rechts sein soll. Die "Gemeinschaft", der das Recht dem Gesetzeswortlaut nach zusteht, ist ebenso wie die "Minderheit" ein unbestimmter Personenkreis. Wegen des fundamentalen Grundsatzes, daß niemand gezwungen werden soll, seine ethnische Identität preiszugeben, und daß keine Listen geführt werden dürfen, ist die Bestimmbarkeit der Zugehörigkeit zudem sehr erschwert. Identität ist ein Rechtsgut, das im psychischen Sinne Einzelnen ebenso wie Gruppen zukommen kann, wobei die Träger der Gruppenidentität letztendlich wiederum Individuen sind. Träger des kollektiven Rechts auf Identität sind demnach die Individuen, die sich der Gruppenidentität verpflichtet fühlen. Wegen der weiten Fassung des § 3 Abs. 2 und der Minderheitenfreundlichkeit der Verfassungs- und Rechtsordnung muß dieses Recht für alle Personenmehrheiten unabhängig von ihrem rechtlichen oder sozialen Organisationsgrad gelten. Bei spezielleren Kollektivrechten kann sich aus der Natur der Sache ergeben, welche Organisationsformen als Rechtsinhaber in Frage kommen. Bei einer derart universalen Größe wie der Identität würde die Verengung auf bestimmte Rechts- oder Organisationsformen den Intentionen des Gesetzgebers nicht gerecht.
§ 3 Abs. 3 gibt den Minderheiten das Recht, als nationale oder ethnische Gemeinschaft zu bestehen und fortzuexistieren. Inhaltlich bringt diese Regelung gegenüber Abs. 2 nichts Neues, macht aber noch einmal die

Bedeutung der Gemeinschaft für die Fortexistenz der Minderheiten deutlich.
Diesen Minderheitengemeinschaften und den zu einer Minderheit gehörenden Personen gibt Abs. 4 das Recht, ohne Störungen in ihrer Heimat zu leben und ungestört den Kontakt zu ihrer Heimat zu pflegen. Dieses Recht auf Heimat bedeutet nicht nur die Freiheit und den Schutz der Bindung an den Geburtsort, sondern auch an den Geburts- oder Wohnort der Eltern, Erzieher oder Ahnen sowie an die Urheimat und deren Kultur und Traditionen. Diese Bestimmung berücksichtigt zwei Besonderheiten der in Ungarn lebenden Minderheiten: zum einen die örtlich sehr kleinräumige Identitätsbindung v.a. der dörflichen Gruppen, bei der oft bereits das nächste oder übernächste Dorf als 'fremdes Territorium' und damit nicht mehr als Heimat zählt, und zum anderen die Tatsache, daß alle außer der slowenischen Einwanderungsminderheiten sind, die eine nähere oder entferntere Urheimat haben, an die sie möglicherweise noch kulturelle oder emotionale Bindungen haben. Natürlich ist auch die slowenische Bevölkerung nicht 'vom Himmel gefallen', sondern auch zu einem bestimmten Zeitpunkt in ihr jetziges Siedlungsgebiet gewandert. Im Unterschied zu dieser hat die Einwanderung der anderen Gruppen und Ethnien erst zu einem Zeitpunkt stattgefunden, als es im Karpatenbecken bereits einen ungarischen Staat gab.
Das Gesetz verbietet lediglich die nachteilige Ungleichbehandlung der Minderheiten (§ 3 Abs. 5), während die die positive Ungleichbehandlung, d.h. die aktive Förderung ausdrücklich als Mittel der Minderheitenpolitik und des Minderheitenrechtes genannt wird (Präambel, §§ 6, 9). Dies ist weder mit Blick auf die völkerrechtlichen Vorgaben, insbesondere auf das zwingend geltende Diskriminierungsverbot, noch aus verfassungsrechtlicher Sicht zu beanstanden. Das völkerrechtliche Diskriminierungsverbot bezieht sich nicht auf die positive Diskriminierung, und die Verfassung erlaubt den fördernden Minderheitenschutz (§ 68 Abs. 2) und differenzierende Maßnahmen zur Herstellung einer tatsächlichen Chancengleichheit (§ 70/A Abs. 3).

Das Minderheitengesetz verbietet in § 4 Abs. 1 jedwede Politik, die auf Assimilierung abzielt oder diese zum Ergebnis hat, die die Angehörigen von Minderheiten verfolgt oder sie im Genuß ihrer Rechte behindert, die eine gewaltsame Aus- oder Umsiedlung von Minderheiten zum Ziel hat oder die sich auf eine nachteilige Veränderung der Nationalitätenverhältnisse in von Minderheiten bewohnten Gebieten richtet. In dieser Aufzählung spiegeln sich zumeist konkrete historische Erfahrungen wider.

Problematisch ist vor allem die letzte Klausel, da die wirtschaftliche Entwicklung eines Gebietes, vor allem bei Ansiedlung von Industrie oder anderen arbeitsplatzschaffenden Institutionen, den Zuzug von außen fördert. Da die Ansiedlung von Arbeitskräften, die im Zweifel der Mehrheit oder jedenfalls nicht der dort lebenden Minderheit angehören, die fast notwendige Folge oder Begleiterscheinung von erfolgreichen Wirtschaftsförderungsmaßnahmen ist, kann auch hierin eine Politik gesehen werden, die die Nationalitätenverhältnisse zuungunsten der Minderheit verändern soll. Dahingehende Befürchtungen sind um so begründeter, als es für eine solche Politik zahlreiche Präzedenzfälle gibt. Andererseits kann es nicht darum gehen, für die Minderheiten 'Reservate unter der Glasglocke' zu schaffen, in denen sie in idyllisch-folkloristischer Unterentwicklung abgeschnitten von dem Fortschritt des Landes und der Welt ein museales Dasein als Almosenempfänger der öffentlichen Hand und/oder touristische Ausstellungsstücke fristen. Eine schonende, die vorhandenen örtlichen Strukturen stabilisierende und den Bedürfnissen der Minderheit angepaßte Wirtschaftspolitik entspricht am ehesten noch dem Verbot des § 4 Abs. 1. Hierauf zielt auch die Regelung des § 4 Abs. 3, die vorschreibt, bei der Raum- und Wirtschaftsentwicklung ebenso wie bei der Grenzziehung von Verwaltungseinheiten und Wahlkreisen und der Ausarbeitung der Umweltschutzpläne die Interessen und Besonderheiten der nationalen und ethnischen Minderheiten in Betracht zu ziehen. Diese Vorschrift wird ergänzt durch § 2 lit. d) Raumordnungsgesetz[357], der als eine der Aufgaben der Raumentwicklung und der Raumordung die Bewahrung und Stärkung des nationalen und regionalen Identitätsbewußtseins nennt. Die Verantwortung für eine Raumordnungs- und -entwicklungspolitik verbleibt damit beim Staat und bei den Gemeinden und liegt nicht in den Händen der Minderheiten selbst. Da die Minderheiten in Ungarn nicht en bloc siedeln und auch auf kommunaler Ebene in der Regel nicht die Mehrheit bilden, verbietet sich aus praktischen Gründen eine Nachahmung des Modells der Åland-Inseln, wo ein grundsätzliches Zuzugsverbot für Finnen und Ausländer besteht, von dem die åländische, d.h. schwedische Minderheitenselbstverwaltung im Einzelfall eine Ausnahme erteilen kann, und wo die åländische Selbstverwaltung auch die Kompetenz für Industrieansiedlung

---

[357] Gesetz 1996:XXI über die Raumentwicklung und die Raumordnung, Magyar Közlöny 1996/1436 ff.
Zur Praxis der Raumordnung in den letzten Jahren s. Bálint/Szakács, MK 1997/27 ff.; Buchholz/Grimm, S. 98 ff.; Berényi, István/Dövényi, Zoltán in Mayr/Grimm, S. 156 ff.

und -förderung hat[358]. Hier zeigt sich einer der grundlegenden Unterschiede zwischen der Territorialautonommie wie auf den Åland-Insen und Lösungsformen, die an die Person des Minderheitenangehörigen anknüpfen und die für die Splitterminderheiten in Ungarn die einzig praktikable Lösung sind.
§ 4 Abs. 2 verpflichtet die Republik Ungarn, in ihrer Außenpolitik gegen die im Abs. 1 genannten Politiken aufzutreten und dagegen mit den Mitteln des Völkerrechtes und durch internationale Verträge zu versuchen, Schutz zu gewähren. Hier wird wieder die Verknüpfung von inländischen Minderheiten und im Ausland lebenden ungarischen Gruppen deutlich. Das Existenzrecht der Minderheiten, das für das Inland garantiert wird, soll nach außen und hier natürlich vor allem zugunsten der ungarischen Minderheiten (s. auch § 6 Abs. 3 der Verfassung) propagiert und nach Möglichkeit geschützt werden. Auf die Verwirklichung dieses Auftrages durch Einfügung entsprechender Klauseln in internationale Verträge ist oben bereits hingewiesen worden.

§ 5 bestätigt noch einmal das verfassungsmäßige Recht auf örtliche und landesweite Minderheitenselbstverwaltungen und verweist wegen der Verwirklichung auf die entsprechenden Bestimmungen des Minderheitengesetzes [s.u. Punkt f)].

c) Individuelle und kollektive Minderheitenrechte

Es ist das grundlegende Recht aller nationalen und ethnischen Minderheiten, als solche zu existieren und fortzubestehen (§ 3 Abs. 3). Dieses Recht auf nationale und ethnische Identität steht Individuen und Gruppen gleichermaßen zu (§ 3 Abs. 2).

Das Minderheitengesetz regelt die zunächst in Kapitel II die Individualrechte, dann in Kapitel III die Kollektivrechte.

---

[358] Näher zum Sonderstatus der Åland-Inseln s. Ålands Fredsförening; Hofmann in Frowein/Hofmann/Oeter, Bd. 1, S. 121 ff.; Hofmann, S. 90 f.; Botschafter Pertti Torstila: Protecting minority rights in Finland, Manuskript zu einem Vortrag im Rahmen der Konferenz über Minderheitenautonomien, Budapest 9./10.11.1995.

aa) Individualrechte

Das erste Individualrecht des Minderheitengesetzes ist das ausschließliche und unveräußerliche Recht des Einzelnen, sich einer Minderheit als zugehörig zu bekennen und dies öffentlich zu machen (§ 7 Abs. 1 Satz 1). Als negative Seite dieser Freiheit kann niemand dazu verpflichtet werden, über seine Zugehörigkeit zu einer Minderheit Angaben zu machen (§ 7 Abs. 1 Satz 2). Ein solches Zugehörigkeitsbekenntnis und dessen Öffentlichmachung schließt gemäß § 7 Abs. 2 die Anerkennung einer zwei- oder mehrfachen Bindung nicht aus, d.h. niemand ist gezwungen, sich als nur zu einer nationalen oder ethnischen Gruppe zugehörig zu bekennen, wenn er sich tatsächlich zu zwei oder mehr Gruppen zugehörig fühlt, wie das bei Kindern von Mischehen oder Minderheitenangehörigen im fortgeschrittenen Stadium der Assimilation (Zugehörigkeit zur Minderheit und zu der ungarischen Mehrheit, wie dies in Ungarn häufig der Fall ist) vorkommt[359].
Während der Vorarbeiten zum Minderheitengesetz haben insbesondere die Vertreter der Minderheiten großen Wert darauf gelegt, daß niemand zu einem Minderheitenbekenntnis gezwungen werden soll. Mit diesem Prinzip haben sie sich auch durchsetzen können, so daß die Nichtangabe der ethnischen Identität zu einem Grundgedanken des Minderheitengesetzes geworden ist [s.o. Punkt a)]. Sie findet sich nicht nur als Individualrecht, sondern liegt z.B. auch der Minderheitendefinition, dem Minderheitenwahlsystem und darauf fußend dem Aufbau der Minderheitenselbstverwaltungen zugrunde.
Zusammenfassend läßt sich feststellen, daß es dem Individuum vollkommen freigestellt ist, zu welcher nationalen oder ethnischen Gruppe es sich zugehörig fühlt und ob es dieses Zugehörigkeitsgefühl für sich behalten oder kundtun möchte. Letztere Freiheit ist uneingeschränkt zu begrüßen, während die völlige Freiheit der Zugehörigkeit auf Bedenken stoßen könnte. Grundsätzlich sollten bei der Bestimmung der Gruppenzugehörigkeit subjektive Faktoren den Ausschlag geben, aber als Mißbrauchskontrolle ist es wünschenswert, daß diese subjektiven Faktoren sich auf bestimmte objektive Anknüpfungspunkte stützen können. Dazu ist anzumerken, daß die Zugehörigkeit zu einer Minderheit nach ungarischem Recht zu keinen solchen Privilegien führt, die es wünschenswert machen könnten, eine Minderheitenidentität vorzuspiegeln. Zudem ist bereits darauf hingewiesen worden, daß der Verlust der Muttersprache und die Assimilation der Minderheiten in Ungarn weit fortgeschritten ist, das Minderheitenbe-

[359] Nolte, Georg in Frowein/Hofmann/Oeter, Bd. 1, S. 510 f.

wußtsein jedoch auch ohne diese objektiven Faktoren weiter existiert und von seinen Trägern ehrlich empfunden wird. Daher ist die völlige Freiheit der Minderheitenzugehörigkeit ohne objektive Anknüpfungspunkte unbedenklich.
§ 8 enthält eine Konkretisierung der vorhergehenden Regeln, indem er jedem Minderheitenangehörigen das Recht gewährt, bei einer Volkszählung seine Minderheitenzugehörigkeit geheim und anonym zu bekennen. Dies ist ein Recht und keine Pflicht, so daß der Einzelne noch nicht einmal anonym seine Minderheitenzugehörigkeit einzugestehen braucht, wenn er das nicht wünscht.
Eine Sonderregel über die freiwillige Teilnahme an einer statistischen Erhebung der Anzahl der Minderheitenangehörigen im Rahmen der Kommunalwahlen ist in § 65 enthalten. Wegen des engen inhaltlichen Zusammenhangs dieser Vorschrift mit den örtlichen Wahlen wird sie unter Punkt f) aa) näher behandelt.

Minderheitenangehörigen wird in § 9 das Recht auf politische und kulturelle Chancengleichheit gewährt und der Staat gleichzeitig verpflichtet, diese Chancengleichheit mit effektiven Maßnahmen zu fördern. Hier wird für die individuellen Rechte noch einmal nicht nur die Erlaubnis, sondern sogar die Verpflichtung fördernder Maßnahmen ausgesprochen, um eine faktische und nicht bloß rechtliche Chancengleichheit zu schaffen. Was diese Pflicht bedeutet, läßt sich nur im Einzelfall feststellen. Da sich die einzelnen Minderheiten im Vergleich miteinander und auch bei ihrer Untergliederung in Untergruppen in sehr verschiedenen Lagen befinden, muß konkret festgestellt werden, worin die Chancenungleichheit der in Frage stehenden Gruppe besteht. Dann lassen sich Gegenmaßnahmen ausarbeiten, auf die die Minderheitenangehörigen dann gemäß § 9 ein Recht haben. Hierbei wird man der Exekutive und ggf. der Legislative aber einen breiten Beurteilungsspielraum über die geeignetsten Maßnahmen und die Verteilung der begrenzten Ressourcen lassen müssen, so daß Recht i.S.d. § 9 in der Regel nicht einen gerichtlich durchsetzbaren Anspruch bedeutet.
Die Teilnahme von Minderheitenangehörigen am öffentlichen Leben kann nicht eingeschränkt werden, und sie können zur Artikulation und zum Schutz ihrer Interessen im Rahmen der Verfassung Vereinigungen, Parteien und andere gesellschaftliche Organisationen gründen (§ 10). Gemäß dem ungarischen Vereinsrecht ist die gesellschaftliche Organisation der Oberbegriff, und Vereinigungen und Parteien sind deren Sonderformen[360].

---

[360] Bodáné u.a., S. 56.

Diese Vorschriften gestatten es den Minderheitenangehörigen, sich ohne besondere Beschränkungen zu vereinigen und im für alle geltenden Rahmen nach außen zu wirken. Damit ist es den Minderheiten gegeben, in beliebiger Zahl und in beliebigem Umfang Interessenvertretungen ins Leben zu rufen und ihre Interessen selbst zu organisieren und zu vertreten. Angesichts der paternalistischen Politik des sozialistischen Systems, in dem die Interessen der Minderheiten 'von oben' vertreten und dementsprechend regimeorientiert und nicht klientelorientiert verwirklicht wurden, ist dies ein großer Fortschritt, den man nicht nur der Verfassungsgarantie der Vereinigungsfreiheit überlassen möchte, sondern im Minderheitengesetz noch einmal ausdrücklich für die Minderheiten ausspricht.
Die Ausgestaltung des minderheitenrechtlichen Vereinigungsrechts als Individualrecht bringt es notwendigerweise mit sich, daß dem Einzelnen nicht nur das positive Recht auf Gründung und Teilnahme, sondern auch das negative Recht einer Nichtteilnahme bzw. eines Austritts zusteht. Jeder Minderheitenangehörige kann frei entscheiden, ob, wann und wie lange er einer oder mehreren Minderheitenvereinigungen angehören will. Hier liegt auch der eigentliche Wert des individualrechtlichen Vereinigungsrechts. Das kollektive Recht auf Minderheitenvereinigungen kann den Einzelnen nicht vor Zwangsmitgliedschaften u.ä. schützen.

Die Minderheitenangehörigen haben gemäß § 11 das Recht, die Minderheitentraditionen bezüglich der Familie zu beachten, die familiären Verbindungen zu pflegen, Familienfeiern in der Muttersprache zu begehen und die dazugehörigen kirchlichen Zeremonien in der Muttersprache abzuhalten. Diese Garantie schützt den intimen familiären Bereich, der für die Aufrechterhaltung der Minderheitenidentität von größter Bedeutung ist. Die sprachlichen, kulturellen und anderen Besonderheiten der Minderheit lassen sich nur in der Gruppe aufrechterhalten, und die Familie ist die kleinste, die engste, die für die kommenden Generationen prägendste und gegen Druck von außen widerstandsfähigste Gruppe. Ohne die Kleingruppe 'Familie' ist jede Minderheit der Assimilation schutzlos ausgeliefert. Deshalb werden diese Rechte besonders hervorgehoben und garantiert, obwohl ihr Schutz bereits durch die Familienschutzklausel der Verfassung (§ 15) erfaßt ist.
Dem Recht der Minderheitenangehörigen auf Abhaltung kirchlicher Zeremonien in ihrer Muttersprache korrespondiert keine entsprechende Pflicht der Kirchen und Religionsgemeinschaften. Aus der menschenrechtlichen Konzeption der Minderheitenrecht folgt, daß es sich dabei vorrangig um Abwehrrechte gegen den Staat handelt. So ist auch das Recht auf mutter-

sprachliche Gottesdienste etc. zu verstehen: Der Staat darf den Kirchen und den Minderheitenangehörigen nicht verbieten, die Minderheitensprachen zu benutzen. Das setzt aber das Einverständnis der Kirchen und Religionsgemeinschaften zur Benutzung der Minderheitensprachen voraus. Dieses Einverständnis können die Minderheiten nicht durch die Vorschrift des § 11 erzwingen, sondern es steht im Ermessen der Kirchen[361].

Eng mit dem Schutz des familiären Bereiches ist die folgende Regelung verbunden, den eigenen und den Vornamen des Kindes[362] frei zu wählen, ihn und den Familiennamen gemäß den Regeln seiner Sprache in das Personenstandsregister eintragen zu lassen und in amtlichen Dokumenten zu führen (§ 12). Dies schließt das Recht ein, im Falle der Eheschließung den Familiennamen entsprechend den Gepflogenheiten der Minderheit zu wählen bzw. zu bilden. Im Falle einer Eintragung in einer nichtlateinischen Schrift[363] muß eine phonetische Umschrift in lateinischen Buchstaben hinzugefügt werden. Letztere Vorschrift bedeutet keine Einengung der Rechte der Minderheiten, die nicht die lateinische Sprache benutzen, weil sie die allgemeine Verwendbarkeit der entsprechenden Dokumente sicherstellen will. Sie sollen von allen, insbesondere von allen mit ihnen befaßten Amtsträgern zu lesen sein, und die Kenntnisse nichtlateinischer Schriften ist bei den Ungarn und denjenigen Minderheitenangehörigen, die ihre Muttersprache ebenfalls mit lateinischen Buchstaben schreiben, eher beschränkt. Wegen der weitverbreiteten Zweisprachigkeit bis hin zur völligen sprachlichen Assimilation ist das lateinische Alphabet regelmäßig auch den Angehörigen der armenischen, bulgarischen, griechischen, ruthenischen, serbischen und ukrainischen Minderheiten geläufig. Auf Antrag sind die Eintragungen in Personenstandsbücher sowie sonstige persönliche Dokumente zweisprachig auszustellen. Das Verfahren richtet sich nach der Verordnung mit Gesetzeskraft 17/1982. über die Personenstandsbücher, das Verfahren bei Eheschließung und die Namenstragung[364]. § 27 Abs. 4 bestimmt, daß Angehörige von Minderheiten einen ihrer Muttersprache ent-

---

[361] Zur Rolle der Kirchen und Religionsgemeinschaften bei der Erhaltung der Minderheitensprache und -kultur s.u. Punkt 5. b).

[362] Dieses Recht ergibt sich für alle Eltern aus dem verfassungsmäßigen Erziehungsrecht der Eltern (§ 67 Abs. 2 der Verfassung). Die minderheitenrechtlichen Vorschriften stellen darüber hinaus sicher, daß die Eltern dieses Namensgebungsrecht gemäß den Gepflogenheiten der eigenen Sprache und Kultur ausüben können.

[363] In Frage kommen hier die kyrillische Schrift bei den Bulgaren, Ruthenen, Serben und Ukrainern, die griechische und die armenische Schrift.

[364] Magyar Közlöny 1982/833 ff.

sprechenden Vornamen tragen können, ohne die Zugehörigkeit zu der jeweiligen Minderheit beweisen zu müssen. § 12 Minderheitengesetz gewährt weitergehende Rechte als die Verordnung mit Gesetzeskraft, weshalb letztere im Licht des in der Normenhierarchie höherrangigen Minderheitengesetzes erweiternd auszulegen und anzuwenden ist. Insofern müssen für die gesetzlich verbürgte Ausstellung von persönlichen Dokumenten wie z.B. Personalausweisen nicht nur in Ungarisch, sondern zugleich auch in einer der dreizehn Minderheitensprachen die verfahrensrechtlichen und tatsächlichen Voraussetzungen (z.B. beim Druck) noch geschaffen werden[365].

Der Name ist nach außen Zeichen der Individualität des Trägers und damit für die Identität von höchster Bedeutung[366]. Eine Magyarisierung der Namensformen würde auf die Träger einen großen Assimilierungsdruck ausüben, was die besondere Betonung dieses Namensrechtes rechtfertigt. Die gesetzliche Ausgestaltung durch § 12 entspricht den Anforderungen der Verfassungsgarantie des freien Gebrauchs des Namens in der muttersprachlichen Form (§ 68 Abs. 2).

In den letzten Jahren ist in der Praxis bei nicht wenigen Minderheitenangehörigen, insbesondere bei den Deutschen, eine Rückkehr zu den ursprünglichen Namen festzustellen, die in der minderheitenfeindlichen Ära der Nachkriegszeit und des Stalinismus eine ungarische Form bekommen hatten. Allerdings können die Deutschen dies auch am 'risikofreiesten' tun, da auch sehr viele Ungarn deutsche Familiennamen haben, oft in deutscher Rechtschreibung. Ein deutscher Familienname deutet also in den Augen der Durchschnittsungarn nicht unbedingt auf die Zugehörigkeit zu der deutschen Minderheit. Ähnliches gilt für slawische Namen, die ebenfalls auch in der magyarischen Bevölkerung vorkommen. Bei slawischen Namen kann allerdings die originale Rechtschreibung (statt der ungarischen) die Minderheitenidentität ziemlich sicher 'verraten'.

§ 13 garantiert die individuellen kulturellen Minderheitenrechte: das Recht auf Kenntnis, Pflege, Verbreitung und Weitergabe der Muttersprache, der

---

[365] Bodáné u.a., S. 62, 291 ff.
Die größten technischen Schwierigkeiten gibt es bei der armenischen Schrift. Sogar im Magyar Közlöny, wo bestimmte minderheitenrelevante Rechtsnormen in allen Minderheitensprachen amtlich veröffentlicht werden, steht kein armenischer Zeichensatz zur Verfügung, so daß Veröffentlichungen in Armenisch unterbleiben müssen.

[366] Diese Erkenntnis teilt auch das deutsche Bundesverfassungsgericht in einer Entscheidung zum Ehenamensrecht: BVerfGE 78/38 (49).

Geschichte, der Kultur und der Traditionen [lit. a)], das Recht auf Teilnahme an muttersprachlichem Unterricht und Bildung [lit. b)] und das Recht auf den Schutz der minderheitenbezogenen Daten gemäß den Vorschriften eines besonderen Gesetzes [lit. c)][367]. Die Regeln über den Gebrauch der Muttersprache werden z.T. durch ältere Gesetze [s.u. Punkt 5. b)] und z.T. durch Regelungen des Minderheitengesetzes [s.u. Punkt d)] präzisiert. Das Recht auf muttersprachlichen Unterricht wird durch ein besonderes Kapitel des Minderheitengesetzes und die allgemeine Schulgesetzgebung verwirklicht [s.u. Punkt e)].
In der Diktion des Datenschutzgesetzes gehören die Daten über die nationale oder ethnische Zugehörigkeit ebenso wie die Angaben über Rasse, politische bzw. religiöse Überzeugung, Gesundheitszustand, Sexualleben und Vorstrafen zu den sog. besonderen Daten (§ 2 Nr. 2 Datenschutzgesetz). Solche Daten dürfen gemäß § 3 Abs. 2 Datenschutzgesetz nur dann verarbeitet werden, wenn der Betroffene der Verarbeitung schriftlich zugestimmt hat oder wenn eine besondere gesetzliche Vorschrift dies ermöglicht. Damit gehört die ethnische Zugehörigkeit zu den besonders stark geschützten personenbezogenen Daten, was dem Grundsatz der negativen Bekenntnisfreiheit entspricht. Gleichzeitig wird durch die erschwerte Verarbeitungsmöglichkeit die besondere Schutzwürdigkeit der Minderheitenidentität auch im Datenschutzrecht unterstrichen. Die Regelungen des Datenschutzgesetzes entsprechen den Anforderungen des § 59 Abs. 1 der Verfassung, der jedem das Recht auf den Schutz der persönlichen Daten gewährt, sowie den verfassungsrechtlichen Minderheitenschutzvorschriften.

Schließlich wird dem Minderheitenangehörigen durch § 14 das Recht garantiert, Kontakt mit den staatlichen und anderen Einrichtungen des Mutterlandes und der Sprachnation sowie mit in anderen Ländern lebenden Minderheiten zu pflegen. Damit ist es dem Individuum möglich, sich über die Grenzen Ungarns hinaus in ein Netzwerk von Kontakten einzuschalten und so seiner Assimilation entgegenzuwirken. In Ungarn mit seinen kleinen, verstreut lebenden und identitätsschwachen Minderheiten ist ein solches Recht ungefährlich, da keine Minderheit in der Lage ist, irredentistische Bestrebungen ernsthaft zu betreiben. Die einzige Minderheit in einem zusammenhängenden Siedlungsgebiet ist die slowenische, und diese ist so

[367] Damit ist das Gesetz 1992:LXIII über den Schutz der persönlichen Daten und die Öffentlichkeit der Angaben von öffentlichem Interesse, Magyar Közlöny 1992/ 3962 ff. (Datenschutzgesetz), gemeint.

klein, daß eine Sezession, fände sie statt, lediglich einige wenige Dörfer an der Grenze zu Slowenien betreffen würde. Anders ist die Lage bei den ungarischen Minderheiten in der Slowakei, in der Ukraine, in Serbien und letztendlich auch in Rumänien. In diesen Ländern siedeln die ungarischen Bevölkerungsgruppen kompakt und - mit Ausnahme der größten Siedlungsgebiete in Rumänien - unmittelbar an der ungarischen Grenze. In diesen Ländern ist die Furcht vor staats- oder zumindest grenzgefährdenden Bestrebungen der Ungarn ungleich größer, weshalb die Gewährung dieses in Ungarn ungefährlichen Rechtes kaum auf ein Echo in den Nachbarstaaten hoffen darf. Zudem hat in einigen dieser Länder der aus kommunistischer Zeit ererbte sicherheitsneurotische Abschottungswahn überlebt, weshalb Kontakten von Privatpersonen ins Ausland ohnehin mit größtem Mißtrauen begegnet wird.

bb) Kollektivrechte

Zunächst wird auch der Minderheit als Gruppe ein unveräußerliches gemeinschaftliches Recht auf Identität und deren Bewahrung, Pflege, Stärkung und Vererbung garantiert (§ 15). Diese Norm stellt den für die Minderheit überlebenswichtigen Bezug zur Gruppe her und erteilt bloß individualrechtlich orientierten Konzeptionen eine Absage. Indem die Identität der Minderheit als solcher anerkannt wird, stellt das Gesetz klar, daß die Minderheit mehr ist als die bloße Summe ihrer Mitglieder und daß die Minderheit als solche über die individuellen Rechte ihrer Mitglieder hinaus schutzwürdig ist. Daher wird auch der Minderheit als solcher das Recht gewährt, ihre Sprache und Traditionen zu pflegen und zu entwickeln und ihre materielle und geistige Kultur zu bewahren und zu bereichern (§ 16).

Problematisch ist hierbei, wer Träger dieser Rechte sein soll. Es muß also ein Kollektiv gefunden werden, dem die gewährten Gruppenrechte zugeordnet werden und das sie ausüben kann. Die Minderheit als solche ist juristisch nicht faßbar, zumal die Zugehörigkeit zu ihr vollkommen auf subjektiven Faktoren beruht und nicht öffentlich gemacht zu werden braucht (§ 7). Die Legaldefinition des § 1 hilft auch nicht weiter, da dort lediglich die Volksgruppen, welche als nationale oder ethnische Minderheiten im Sinne des Gesetzes anzusehen sind, von denen, die das nicht sind, abgegrenzt werden. Eine juristische Einheit, die Träger von kollektiven Rechten sein könnte, wird dadurch aber nicht geschaffen.

Da das Minderheitengesetz unmittelbar keinen Rechtsträger der kollektiven Rechte benennt, wäre an eine Interpretation als objektiv-rechtliche Gewährleistungen zu denken. Dann würde sich die Frage nach einer

Rechtspersönlichkeit als Träger kollektiver Rechte erübrigen, denn der Gehalt der Vorschrift würde sich in einer Garantie der minoritären Identität erschöpfen. Diese Garantie kann von jedem einzelnen Minderheitenangehörigen, der dies wünscht, alleine oder gemeinsam mit anderen in die Realität umgesetzt werden. Eine derartige Auslegung würde jedoch kaum weitergehen als die Gewährung der individuellen Rechte in dem vorhergehenden Kapitel, sie würde diesen höchstens noch eine gewisse grundlegende Förderungs- und Unterstützungspflicht des Staates hinzufügen, wenn die Identität sonst unterzugehen droht. Dieser Beschränkung widerspicht sowohl der Wortlaut der §§ 15, 16, die ausdrücklich von - subjektiv zu verstehenden - Rechten [jog] sprechen, als auch die systematische Stellung in einem mit "Die gemeinschaftlichen Rechte der Minderheiten" überschriebenen Kapitel nach dem Kapitel über die individuellen Rechte. Das heißt nicht, daß die kollektiven Rechte nicht *auch* objektiv-rechtliche Gewährleistungen enthalten können, aber eine Beschränkung des Regelungsgehaltes auf solche Gewährleistungen wird dem Wortlaut des Gesetzes und den Intentionen des Gesetzgebers nicht gerecht.
Letztendlich sind diese Rechte möglichst minderheitenfreundlich (§ 68 der Verfassung) und damit weit auszulegen, so daß sie jedem einzelnen zustehen, der davon im Rahmen der Gruppe oder jedenfalls zusammen mit anderen Gebrauch macht, darüber hinaus den von Minderheitenangehörigen zu diesem Zweck gebildeten Vereinigungen mit und ohne Rechtspersönlichkeit. Jedes kollektive Handeln von Minderheitenangehörigen wird von § 15 erfaßt, sofern es einen Bezug zu der Minderheitenidentität und -zugehörigkeit hat (d.h. der Zusammenschluß von Personen, die derselben Minderheit angehören, z.B. zu gewerblichen Zwecken fällt regelmäßig nicht in den Schutzbereich des § 15). Unter den Minderheitenvereinigungen spielen die öffentlich-rechtlichen Minderheitenselbstverwaltungen [s.u. Punkt f)] eine herausgehobene Rolle.

Die Minderheiten haben laut § 17 das Recht, gesellschaftliche Organisationen sowie örtliche und landesweite Selbstverwaltungen zu bilden. Die Selbstverwaltungen werden im Minderheitengesetz selbst geregelt [s.u. Punkt f)], die gesellschaftlichen Organisationen unterliegen dem allgemeinen Vereinsrecht. Das Recht zur Gründung gesellschaftlicher Organisationen ist letztendlich wieder das Recht der Individuen, die eine solche Organisation gründen wollen. Trotzdem hat der Minderheitenangehörige als Teil dieser Gruppe ein Interesse, daß die Gruppe als solche auch berechtigt ist, sich zu organisieren[368]. Durch § 17 ist klargestellt, daß der Zusammenschluß von Minderheitenangehörigen unter diesem Aspekt immer ein rechtmäßiger Vereinszweck ist. Damit stehen die Minderheitenvereinigungen unter dem verfassungsrechtlichen Schutz der Vereinigungsfreiheit gemäß § 63 Abs. 1 der Verfassung.

§ 17 ergänzt das kollektive Recht auf Identität der §§ 15, 16 um das Recht, Kollektive als Rechtsträger frei zu gründen.

§ 18 enthält eine ganze Anzahl von Garantien im kulturellen Bereich.

Gemäß Abs. 1 stellen die öffentlich-rechtlichen Radio- und Fernsehanstalten nach den Vorschriften eines besonderen Gesetzes die regelmäßige Anfertigung und Ausstrahlung besonderer Minderheitenprogramme sicher. Dem Wortlaut nach handelt es sich hier um eine Einrichtungsgarantie. Das Gesetz, auf das dieser Absatz anspielt, ist das Mediengesetz, das lange Zeit wegen zu großer politischer Gegensätze zwischen den Parteien nicht verabschiedet werden konnte, obwohl die Vorarbeiten bereits Jahre andauerten. Auch ohne diese angestrebte gesetzliche Grundlage strahlten landesweite und regionale Sender seit langem spezielle Minderheitenprogramme aus[369], und am 21.12.1995 hat das Parlament dann endlich das Mediengesetz erlassen[370]. Dieses enthält insbesondere in § 95 Abs. 5 besondere Sendezeitgarantien [Einzelheiten s.u. unter Punkt 5. a)].

Gemäß § 18 Abs. 2 fördert der Staat u.a. durch internationale Verträge den Empfang von Radio- und Fernsehprogrammen aus dem Mutterland in den von Minderheiten bewohnten Gebieten. Hierbei handelt es sich nicht um eine bindende Verpflichtung des Staates in dem Sinne, die angesprochenen Programme tatsächlich den Minderheiten bzw. jedem einzelnen Minderheitenangehörigen zugänglich zu machen. Die Möglichkeiten des Staates dazu sind naturgemäß doppelt begrenzt: einerseits durch die technischen Möglichkeiten und deren Grenzen, andererseits durch die Kooperationswilligkeit der Mutterländer bei dem Abschluß von Verträgen. Daher konnte der ungarische Staat realistischerweise lediglich zur Förderung, nicht aber zur Schaffung des Empfanges verpflichtet werden. Die Verpflichtung des § 18 Abs. 2 ist so auszulegen, daß der Staat verpflichtet ist, durch seine zuständigen Organe nachweisbare Aktivitäten zur Förderung des Empfangs zu entfalten. Das hat er getan: Die ungarische Regierung

---

[368] Näher hierzu Bodáné u.a., S. 81.

[369] S.o. Fn. 292 und unten Punkt 5. a).

[370] Gesetz 1996:I über das Radio- und das Fernsehwesen (Mediengesetz), Magyar Közlöny 1996/97 ff.

steht in dauerndem Kontakt mit den Regierungen der Nachbarländer und stellt die Lage der gegenseitigen Minderheiten in den Mittelpunkt der bilateralen Beziehungen. Die in dieser Vorschrift angesprochenen internationalen Verträge sind trotzdem noch nicht zustandegekommen, was teilweise auf technische Schwierigkeiten, vielfach aber auch auf politische Hindernisse zurückzuführen ist[371]. Auch Art. 5 des ungarisch-slowenischen Minderheitenabkommens ist kein Vertrag im Sinne des § 18 Abs. 2 Minderheitengesetz, da diese Klausel auch nur eine Verpflichtung zur Förderung des Empfangs von Radio- und Fernsehprogrammen enthält, nicht aber konkrete Maßnahmen, um diese Verpflichtung zu erfüllen.

Sofern eine Untätigkeit des Staates nicht nur § 18 Abs. 2, sondern gleichzeitig auch verfassungsmäßig geschützte Rechtspositionen verletzt, ist verfassungsgerichtlicher Schutz wegen Verfassungsverletzung durch Unterlassen nur begrenzt möglich. Gemäß § 1 lit. e) i.V.m. §§ 21 Abs. 4, 49 des Verfassungsgerichtsgesetzes[372] kann jedermann eine Klage auf Beseitigung einer in Untätigkeit liegenden Verfassungsverletzung erheben; das Verfahren kann auch von Amts wegen eingeleitet werden (§ 21 Abs. 7 Verfassungsgerichtsgesetz). § 49 Verfassungsgerichtsgesetz stellt aber klar, daß nur legislatives Unterlassen gerügt werden kann. Die Regierung, der das Aushandeln von zwischenstaatlichen Vereinbarungen obliegt, kann dadurch nicht zum Handeln gezwungen werden, wohl aber das Parlament, das das Zustimmungsgesetz zu einem ausgehandelten Vertrag verschleppt.

Die Vorschriften der Absätze 1 und 2 regeln einen Aspekt des Kulturbereiches, der im täglichen Leben und insbesondere bei der Beibehaltung einer eigenen Minderheitenidentität von größter Bedeutung ist[373]. Überall in Europa ist eine fortschreitende Assimilierung kleinerer Minderheiten zu beobachten, die zu einem großen Teil darauf zurückzuführen ist, daß Radio und Fernsehen permanent die Sprache und die Werte der Mehrheitskultur ins Minderheitenwohnzimmer transportieren, so daß auch im intimen familiären Umfeld die Mehrheitssprache und -kultur ständig präsent sind und die häusliche Gemeinschaft darum nicht mehr so sehr die Funktion eines 'Bollwerkes' gegen die Assimilierung erfüllen kann, wie sie das vor dem Siegeszug des Fernsehens getan hat. Eigene Minderheitenprogramme im ungarischen Fernsehen sowie der Empfang der Programme des

---

371 Bodáné u.a., S. 82.

372 Gesetz 1989:XXXII über das Verfassungsgericht, Magyar Közlöny 1989/1283 ff. Zu der Möglichkeit der Klage wegen Verfassungsverletzung durch Untätigkeit s.o. Punkt 3. a).

373 Zur Bedeutung der Medien allgemein bei der Assimilierung von Minderheiten s. Rosenne, Shabtai in Dinstein/Tabory, S. 515.

Mutterlandes - wo vorhanden - können helfen, dem weiteren Verfall der Minderheitenidentität entgegenzusteuern. Hierbei dürfte der Empfang der Programme des Mutterlandes grundsätzlich wichtiger sein, da nur diese eine Vollversorgung bieten können. Minderheitensendungen des ungarischen Fernsehens bleiben notwendig punktuell und können v.a. eine Ergänzung im Hinblick auf Informationen über minderheitenrelevante Entwicklungen in Ungarn bieten, die von ausländischen Rundfunkanstalten nicht so eingehend behandelt werden. Hemmend wirkt sich bei der Versorgung der Minderheiten mit Fernsehprogrammen, seien sie ungarischer Produktion, seien sie ausländischer Herkunft, die Tatsache aus, daß viele der ihre Muttersprache noch beherrschenden Minderheitenangehörigen die hochsprachliche Form nur sehr schwer verstehen, in ihrem geläufigen Dialekt dagegen kein Fernsehprogramm stattfindet. Daher weichen sehr viele Minderheitenangehörige auf die für sie besser verständlichen ungarischen Fernsehprogramme oder gleich auf die als besser, interessanter und schicker geltenden Sender des westlichen Auslands aus.

§ 18 Abs. 3 gewährt den Minderheitengemeinschaften das Recht, auf die Erziehung in der Muttersprache oder in der Muttersprache und in Ungarisch von den Kindergärten an bis zu den Hochschulen hinzuwirken und ein eigenes Netzwerk von pädagogischen, kulturellen und wissenschaftlichen Institutionen zu schaffen. Dieses Recht wird in einem eigenen Kapitel genauer geregelt [s.u. Punkt e)].

In Abs. 4 garantiert die Republik Ungarn den Minderheitengemeinschaften im Rahmen der Gesetze das Recht auf ungestörtes Abhalten von Veranstaltungen und Festen, auf die Bewahrung, die Pflege und die Weitergabe der architektonischen, kulturellen und religiösen Denkmäler und Traditionen und auf das Führen von Symbolen. Auch hier ist wieder zu untersuchen, wer Träger dieser Rechte ist. Zunächst verweist das Minderheitengesetz diese Sachgebiete in die Zuständigkeit der Minderheitenselbstverwaltungen [s.u. Punkt f)]. § 18 Abs. 4 dagegen spricht von Minderheitengemeinschaften [kisebbségi közösségek]. Das ist begrifflich weiter als lediglich die Minderheitenselbstverwaltungen und umfaßt die Minderheit als ganzes. Da diese jedoch, wie bereits gesehen, zu diffus für eine Rechtssubjektivität ist, kommen als Träger der Rechte des Abs. 4 alle organisierten Personenmehrheiten der Minderheit in Betracht. Nur so kann dem weiten Wortlaut der Norm Rechnung getragen werden. Zudem entspricht es der minderheitenfördernden Tendenz des Gesetzes, Eigeninitiativen der Minderheiten in jeder Form zu fördern und ihnen so wenig rechtliche Hindernisse wie möglich zu bereiten.

Die entsprechende Änderung der einschlägigen Spezialgesetze, auf die Abs. 4 verweist, ist nicht zusammen mit dem Erlaß des Minderheitengesetzes geschehen, sondern ist vom Gesetzgeber für die Zukunft vorgesehen[374].

§ 19 garantiert in Ergänzung zu § 14 den Minderheiten und ihren Organisationen das Recht, weitreichende und unmittelbare internationale Kontakte auszubauen und aufrechtzuerhalten. Diese Formulierung ist extrem weit gefaßt und auch so vom Gesetzgeber beabsichtigt, um den Auslandskontakten der Minderheiten keinerlei Einschränkungen aufzuerlegen. Im Vordergrund bei der Ausübung dieses Rechtes steht sicherlich der Kontakt mit dem Mutterland oder der Sprachnation, aber die Garantie der Kontakte soll nicht darauf beschränkt werden. Gerade für Ruthenen und Zigeuner, die kein näheres oder entfernteres Mutterland besitzen[375], ist der Kontakt zu ausländischen Schwester(minderheiten)organisationen wichtig. Aber auch andere Minderheiten nehmen die Chance wahr, sich nicht nur mit dem Mutterland, sondern auch mit konationalen Minderheiten in Drittländern in Verbindung zu setzen. Ein Beispiel dafür sind die Slowaken im Komitat Békés im Südosten. Sie legen den Schwerpunkt ihrer Auslandskontakte nicht so sehr auf die Slowakei selbst, sondern mehr noch auf die slowakischen Gruppen in den angrenzenden Regionen Serbiens und Rumäniens. Vor der Grenzziehung von Trianon hat es sich jahrhundertelang um einen einheitlichen Raum mit einer einheitlichen slowakischen Minderheit gehandelt, und diese regionale slowakische Identität soll wieder ihre alte starke Bedeutung erhalten.
Im internationalen Vergleich ist diese sehr weitreichende Regelung nicht selbstverständlich (auch das Kopenhagener Dokument formuliert die Rechte der Minderheiten auf Auslandskontakte nicht so umfassend) und darum um so mehr zu begrüßen. Kontakten von Minderheitenorganisationen mit ausländischen Stellen wird vielerorts mit noch größerem Mißtrauen begegnet als Kontakten von Privatpersonen (dazu s.o. zu § 14). Nicht wenige Regierungen sehen in solchen Kontakten an sich schon eine Ge-

---

[374] Bodáné u.a., S. 82.

[375] Angesichts der Spannungen zwischen der ukrainischen Zentralregierung und der ruthenischen Bewegung in der Karpatoukraine kann die Ukraine nur mit starken Vorbehalten als Mutterland der Ruthenen in Betracht kommen. Für die ungarischen Ruthenen steht daher Kontakte zu ruthenischen Organisationen in der Karpatoukraine im Vordergrund. Hinsichtlich der Zigeuner ist die Republik Indien zeitweise mit dem Anspruch eines Mutterlandes oder einer Schutzmacht international aufgetreten, hat sich aber damit auch bei den Zigeunern selbst nicht durchsetzen können: Reemtsma, Katrin in Hatschikjan/Weilemann, S. 155.

fährdung der nationalen Sicherheit, auch wenn die Minderheitenorganisation und ihr Mutterland keinerlei irredentistischen Töne anschlagen. Angesichts der vielfältigen Behinderungen und Einschränkungen, denen solche Kontakte in manchen Ländern unterliegen, ist die Verbriefung dieser Befugnis als einklagbare Rechtsposition sehr wichtig.
In der Praxis unterhält insbesondere die deutsche Regierung intensive Kontakte zu den deutschen Minderheitenorganisationen und unterstützt diese auch finanziell[376]. Der deutsche Botschafter war anwesend auf der konstituierenden Sitzung der landesweiten Minderheitenselbstverwaltung der Deutschen. Ähnliche ideelle Unterstützung durch die Präsenz des Botschafters haben die Slowakei und Kroatien ihren konationalen Minderheiten gewährt.

§ 20 Abs. 1 gewährt den Minderheiten das Recht auf parlamentarische Vertretung auf die in einem besonderen Gesetz festgelegte Art. Dieses Recht wird unten unter Punkt III. 5. c) ausführlich behandelt. Die Regelungen des § 20 Abs. 2, 3 betreffen den parlamentarischen Beauftragten für die Rechte der nationalen und ethnischen Minderheiten. Dieses Rechtsinstitut wird unten unter Punkt III. 4. diskutiert.

d) Vorschriften über den Gebrauch der Muttersprache

Das Minderheitengesetz enthält ein eigenes Kapitel über den Sprachengebrauch (Kapitel VII, §§ 51 - 54). Die zentrale Bedeutung der Muttersprache für den Erhalt der kulturellen Identität rechtfertigt es, diese Rechte über die Kapitel über die individuellen und kollektiven Rechte hinausgehend in einem eigenen Kapitel zu regeln. Von ihrer Rechtsnatur her handelt es sich bei den Vorschriften der §§ 51 - 54 teilweise um Individualrechte, teilweise um Einrichtungsgarantien.

Grundnorm ist das Recht eines jeden, seine Muttersprache jederzeit und überall frei zu gebrauchen (§ 51 Abs. 1 Satz 1). Diese Garantie beschränkt sich ihrem Wortlaut nach nicht auf Angehörige von Minderheiten, sondern kommt jedermann, d.h. auch Fremden zugute. Allerdings begrenzt das Gesetz seine Geltung auf die Angehörigen von Minderheiten (§ 1 Abs. 1) und schließt Flüchtlinge, Einwanderer und niedergelassene Ausländer

---

[376] Népszabadság, 11.9.1995, S. 3 (Minta a magyar kisebbségpolitika [Die ungarische Minderheitenpolitik ist mustergültig]).
Zur Finanzierung durch ausländische Quellen s.u. Punkt g) aa).

ausdrücklich aus (§ 2). Weitergehend sind erst recht solche Ausländer von der Geltung des Gesetzes ausgeschlossen, welche sich nur vorübergehend in Ungarn aufhalten, etwa Touristen. Insofern könnte § 51 Abs. 1 Satz 1 so auszulegen sein, daß sich nur Angehörige nationaler und ethnischer Minderheiten auf seinen Schutz berufen können. Dem widerspricht aber der eindeutige Wortlaut, demzufolge jedermann [bárki] jederzeit [mindenkor] und überall [mindenhol] seine Muttersprache frei gebrauchen kann. Diese Begriffe, insbesondere jedermann, weisen so eindeutig über das Spektrum der Minderheiten hinaus, daß § 51 Abs. 1 Satz 1 eine Sonderregelung zu §§ 1 Abs. 1, 2 enthält und auch auf die Individuen und Gruppen zu beziehen ist, die sonst von der Geltung des Minderheitengesetzes ausgeschlossen sind. Folglich können sich auch Fremde, z.B. niedergelassene Ausländer oder Touristen, nicht nur auf die allgemeinen diesbezüglichen Grundrechte, sondern auch auf den Schutz des § 51 Abs. 1 Satz 1 berufen. Dafür spricht auch § 51 Abs. 1 Satz 2, der bestimmte staatliche Garantien im Gegensatz zu der weiten Formulierung des Satz 1 ausdrücklich auf die Minderheitensprachen beschränkt.

Fraglich ist, wie weit der Schutz des Satz 1 geht. Er stellt zunächst nur klar, daß es in Ungarn keine verbotene Sprache gibt[377]. Jeder hat also das Recht, seine Muttersprache in jeder beliebigen Situation zu sprechen. Man kann der Vorschrift aber nicht entnehmen, daß sie auch ein Recht auf Verstandenwerden vermittelt. Das bedeutet, daß zwar jeder seine Muttersprache frei benutzen kann, daß aber niemand einen Anspruch darauf hat, daß man seine Muttersprache im amtlichen oder privaten Verkehr versteht. Aus § 51 Abs. 1 Satz 1 läßt sich daher erst recht keine Verpflichtung irgend-

---

[377] Dieses 'Verbot des Verbots' ist zur Zeit wenig aktuell, jedoch zeigen die Beispiele der Praxis v.a. in totalitären Regimen, daß in Extremsituationen der Staat sich so weit versteigt, den Gebrauch bestimmter Sprachen komplett, d.h. sogar in der Privatsphäre, zu verbieten. Solche Beispiele sind das Verbot des Friesischen und Sorbischen während des Dritten Reichs, des Baskischen und in geringerem Umfang des Katalanischen im franquistischen Spanien, des Französischen in Kambodscha zur Zeit der Herrschaft der Roten Khmer oder die Praxis der türkischen Behörden insbesondere im Osten des Landes gegenüber dem Kurdischen und den dort verbliebenen Resten des Armenischen. § 51 Abs. 1 Satz 1 kommt insofern Klarstellungsfunktion zu: Eine solche Politik ist in Ungarn rechtswidrig. Sie wäre sogar verfassungswidrig wegen des Verstoßes jedenfalls gegen die Menschenwürde (§ 54 Abs. 1) und, wenn es sich um die Sprache einer nationalen und ethnischen Minderheit handelt, gegen deren Freiheit des Sprachgebrauchs (§ 68 Abs. 2). § 51 Abs. 1 Satz 1 wiederholt somit lediglich eine ohnehin durch höherrangige Normen bestehende Rechtslage.

welcher Stellen oder Personen ableiten, fremde Sprachen zu lernen oder Bedienstete mit entsprechenden Kenntnissen zu beschäftigen.
Anders ist es mit der Vorschrift des § 51 Abs. 1 Satz 2. Diese bezieht sich lediglich auf die anerkannten Minderheitensprachen. Welche das sind, wird von § 42 festgelegt. Es handelt sich um die Sprachen der dreizehn in § 61 Abs. 1 aufgezählten Minderheiten. Auch sprachlich wird zwischen Ruthenen und Ukrainern unterschieden, und bei der Sprache der Zigeuner wird in Klammern Romani [romani] bzw. Beasch [beás][378] ergänzt. Die Bedingungen ihres Gebrauchs ist der Staat verpflichtet, in den in besonderen Gesetzen festgelegten Fällen sicherzustellen. Solche besonderen Gesetze sind die Prozeß- und Verwaltungsverfahrensordnungen, die Schulgesetzgebung und das Ratifikationsgesetz zu der Europäischen Charta der Regional- und Minderheitensprachen[379].
Für den Sprachengebrauch in gerichtlichen und administrativen Verfahren verweist § 51 Abs. 2 auf die entsprechenden Verfahrensregeln. Diese sind älter als das Minderheitengesetz, so daß ihr Erlaß mit diesem Gesetzeswerk in keinem inneren Zusammenhang stand. Aus diesem Grunde werden sie nicht hier, sondern separat dargestellt [s.u. Punkt 5. b)].

Im Parlament ist der einer Minderheit zugehörige Abgeordnete berechtigt, seine Muttersprache zu gebrauchen (§ 52 Abs. 1). Im Minderheitengesetz findet sich keine Regelung über Einzelheiten wie die dadurch notwendig werdenden Übersetzungen. Diese wird durch die Geschäftsordnung des Parlamentes[380] getroffen. Diese schreibt zwar in § 40 Abs. 1 als Beratungssprache im Parlament das Ungarische vor. Ein Abgeordneter, dessen Muttersprache nicht Ungarisch ist, kann jedoch in seiner Muttersprache reden.

---

[378] Bei Beasch handelt es sich um eine Form des Rumänischen aus dem 19. Jahrhundert. Während drei Viertel der Zigeuner nur Ungarisch sprechen, wird Romani von etwa einem Fünftel als Muttersprache benutzt. Der Rest spricht Beasch. Allerdings beherrschen auch die Zigeuner, die Ungarisch nicht als Muttersprache sprechen, diese Sprache in der Regel fließend: Fehér, S. 2.

[379] Die Ratifizierung der Charta ist noch nicht abgeschlossen, aber nach dem innerstaatlichen Inkrafttreten wird das Ratifikationsgesetz ein besonderes Gesetz im Sinne des § 51 Abs. 1 Satz 2 Minderheitengesetz sein. Seinen Verpflichtungen aus der Charta wird Ungarn auch jetzt schon im wesentlichen gerecht: s. auch oben Punkt I. 3. a) bb).

[380] S.o. Fn. 307. Die vorherige Geschäftsordnung aus dem Jahre 1991 (abgedruckt in Magyar Közlöny 1991/908 ff.) enthielt ebenso wie das Minderheitengesetz keine Regelung, so daß bis zum Erlaß der neuen Geschäftsordnung 1994 eine Regelungslücke bei der Ausführung des Minderheitengesetzes klaffte.

Diese Absicht muß er einen Tag vorher ankündigen; die Parlamentsverwaltung sorgt dann für den nötigen Dolmetscher (§ 40 Abs. 2). Die Parlamentsverwaltung organisiert ebenfalls einen ständigen Dolmetscherdienst für Abgeordnete mit nichtungarischer Muttersprache (§ 40 Abs. 3) und läßt amtliche Schriftstücke für diese auf deren Antrag in ihre Sprache übersetzen (§ 40 Abs. 4). Diese Regelungen der Geschäftsordnung sind eine treffende Umsetzung des Rechts auf Gebrauch der Muttersprache im Parlament. Das Erfordernis, seine Redeabsicht in fremder Sprache einen Tag vorher anzukündigen, stellt keine unverhältnismäßige Einschränkung dieses Rechts dar, da die Verwaltung die Zeit benötigt, um einen Dolmetscher zu organisieren. Das ständige Vorhalten eines vollständigen Dolmetscherdienstes für alle Minderheitensprachen wäre viel zu kostspielig. Die Redeordnung insbesondere im Plenum steht im Regelfall schon früher als einen Tag vor dem Redebeitrag fest, und gerade im Parlament wird geredet, um auch verstanden zu werden. Daher ist die Bedingung, die Absicht, in fremder Sprache zu reden, einen Tag vorher anzumelden, keine rechtswidrige Verkürzung der Sprachenrechte der Minderheiten und ihrer Abgeordneten.
Da auch die einer Minderheit entstammenden Abgeordneten die ungarische Sprache beherrschen und sich in ihr fließend ausdrücken können, ist von diesem Recht noch kein Gebrauch gemacht worden. Es ist allerdings bereits vorgekommen, daß drei Parlamentsabgeordnete des SZDSZ auf einer Pressekonferenz ihrem Protest gegen das geplante slowakische Sprachengesetz in rumänischer, slowakischer und kroatischer Sprache Ausdruck verliehen haben[381]. Hierbei steht der politisch-symbolische, nicht an praktischen Erwägungen gemessene Gebrauch der Minderheitensprachen deutlich im Vordergrund. Zudem war das Forum nicht das Parlament selbst, sondern eine Pressekonferenz von Parlamentsabgeordneten.
Ungarn geht mit der Anerkennung der Minderheitensprachen als Parlamentssprachen über die Verpflichtungen des Völkerrechts, der EMRK und ihrer Zusatzprotokolle[382] und der Charta der Regional- und Minderheitensprachen hinaus. Die wenig praktische Vorschrift ist vor allem als eine Geste an die Minderheiten zu verstehen, die ihre Identität auch im obersten Vertretungsorgan im Staate akzeptiert sehen sollen. Diese Geste bekommt ihre besondere Bedeutung angesichts der Tatsache, daß im 19. Jahrhundert die nichtmagyarischen, insbesondere die kroatischen Parlamentsabgeordneten heftige, wenn auch vergebliche Kämpfe um die Zulassung der Min-

---

[381] Népszabadság, 22.11.1995, S. 4 (FKgP-s képviselő a Vajdaság "visszacsatolásáról" [Ein Abgeordneter der FKgP über die "Rückgliederung" der Vojvodina]).
[382] Hillgruber/Jestaedt, S. 72.

derheitensprachen im Parlamentsgebrauch und um eine entsprechende Änderung des § 1 des Gesetzesartikels 1868:XLIV [s.o. Punkt II. 3.] führten. Die Integrationskraft einer solchen stark symbolischen Vorschrift kann enorm sein, selbst wenn von ihr kein praktischer Gebrauch gemacht wird.

Praxisrelevanter ist das Recht des Minderheitenabgeordneten in der Abgeordnetenkörperschaft der örtlichen Selbstverwaltung, dort seine Muttersprache zu gebrauchen (§ 52 Abs. 2 Satz 1). Diese Bestimmung wird daher durch die Pflicht ergänzt, dem Protokoll eine ungarische Übersetzung oder Zusammenfassung dieses nicht ungarischsprachigen Redebeitrags beizufügen (§ 52 Abs. 2 Satz 2). Damit soll die sprachliche Verständlichkeit des Protokolls für jedermann, so etwa auch für die Kommunalaufsicht, sichergestellt werden. Darüber hinaus können in Gemeinden mit Minderheitenbevölkerung die Protokolle und Beschlüsse der Abgeordnetenkörperschaft neben dem Ungarischen auch in der Minderheitensprache abgefaßt werden, wobei in Zweifelsfällen der authentische Text der ungarische ist (§ 52 Abs. 3).

Auf Verlangen der örtlichen Minderheitenselbstverwaltung ist die Kommunalverwaltung verpflichtet sicherzustellen, daß Verordnungen, Formulare, Orts-, Straßen- und Behördenschilder u.ä. auch in der Minderheitensprache bzw. den Minderheitensprachen verfaßt werden (§ 53)[383].

Die genannten Vorschriften versuchen zu gewährleisten, daß die Minderheiten auf lokaler Ebene in der Kommunalverwaltung ein Forum für den Gebrauch ihrer Muttersprache finden. Die örtliche Verwaltung ist der Teil des Staatswesens, der dem Bürger am nächsten steht, weshalb hier die Garantie des Gebrauchs der Muttersprache für den Einzelnen am wichtigsten ist[384]. Die Verwendung der Minderheitensprachen in diesem lokalen Bereich dient weniger dazu, Verständigungsdefizite zu beheben, denn durch den hohen Assimilierungsgrad gibt es kaum Minderheitenangehörige, die nicht in ausreichendem Umfang Ungarisch beherrschen. Es soll den Minderheiten vielmehr signalisieren, daß sie und ihre Identität willkommen und anerkannt sind, daß auch sie sich im öffentlichen Bild und der kommunalen Selbstverwaltung wiederfinden sollen. Bei dem stark lokalen Identitätsbewußtsein der Minderheiten in Ungarn tragen solche Gesten der

---

[383] Der Frage der zwei- und mehrsprachigen Straßen- und Ortsschilder wurde bereits zu sozialistischer Zeit erhöhte Aufmerksamkeit gewidmet: Révész, S. 64 f.

[384] Zur Bedeutung des gemeindlichen Sprachgebrauchs für das Überleben einer Minderheitensprache s. Ankerl, S. 4 ff.

örtlichen Verwaltung enorm zum Wohlbefinden der Minderheiten im Ort und damit auch im Land bei.

§ 54 ergänzt diese Garantien durch die Vorschrift, in Gemeinden mit Minderheitenbevölkerung darauf zu achten, daß bei der Einstellung von kommunalen Beamten und Angestellten neben den fachlichen Erfordernissen auch die Kenntnis der Sprache der Minderheit sichergestellt wird. Ergänzt wird diese Vorschrift durch § 7 Abs. 2 des Gesetzes 1992:XXIII über die Rechtsstellung der öffentlichen Bediensteten (Beamtengesetz)[385], demzufolge eine Rechtsregel oder der Dienstherr aufgrund einer Rechtsregel festlegen kann, bei der Begründung eines öffentlich-rechtlichen Dienstverhältnisses über die allgemeinen Anforderungen hinaus einen besonderen Schulabschluß, eine besondere Befähigung oder eine gewisse praktische Erfahrung zu verlangen. § 54 Minderheitengesetz ist eine solche Rechtsregel i.S.d. § 7 Abs. 2 Beamtengesetz, die als besondere Befähigung die Kenntnis der Minderheitensprache fordert.
Dadurch wird die Gemeinde angehalten, in ihrer Personalpolitik Sprachkenntnisse zu berücksichtigen, ohne die eine Kommunalverwaltung selbst bei gutem Willen den Minderheiten nicht das Forum bieten kann, welches die vorhergehenden Vorschriften sicherstellen wollen[386]. Gleichzeitig stellt § 54 aber auch klar, daß die Sprachenpolitik nicht zu Lasten der allgemeinen fachlichen Anforderungen gehen darf. Zudem wird durch diese Vorschrift weitergehenden Forderungen etwa nach einer Quotierung von Stellen im öffentlichen Dienst für Minderheitenangehörige eine Absage erteilt. Dies ist mit der Verfassung vereinbar, weil aus § 68 der Verfassung kein Anspruch auf Bevorzugung bei der Einstellung in den öffentlichen Dienst ableitbar ist. Dies gilt umso mehr, da § 70 Abs. 4 der Verfassung den freien, nur von der Befähigung abhängigen Zugang zu öffentlichen Ämtern

---

[385] Magyar Közlöny 1992/1645 ff.

[386] Die zentrale Parteiführung stellte bereits in ihrem Beschluß vom 21.5.1956 klar, daß in Gemeinden mit mehrheitlicher Minderheitenbevölkerung auf entsprechende Sprachkenntnisse der Partei- und kommunalen Ratsfunktionäre zu achten sei. Diese Politik wurde auch in der Folgezeit immer wieder durch Beschlüsse von höchster Stelle bekräftigt: Kővágó, Nemzetségi kérdés, S. 44 f. Insofern folgt § 54 Minderheitengesetz einer unter dem Kommunismus begründeten Tradition. Inwieweit diese Politik in der Realität Früchte getragen hat, ist allerdings fraglich. Über die jetzige Praxis der meisten Gemeinden liegen keine Angaben vor, jedoch ist das Personal des öffentlichen Dienstes gerade auf örtlicher Ebene in der Regel ohne Unterbrechung durch den Systemwechsel weiterbeschäftigt worden: Küpper, Osteuropa Recht 1995/214 f.

garantiert und folglich Bevorzugungen auf diesem Gebiet ausschließt. § 54 beinhaltet insofern lediglich die Befugnis, in Gemeinden mit Minderheitenbevölkerung die von öffentlichen Amtsträgern geforderte Befähigung abweichend vom landesweit Üblichen zu regeln.
Die Fremdsprachliche Landesbibliothek hat 1991 eine Untersuchung über den Gebrauch von Minderheitensprachen in den Kommunalverwaltungen durchgeführt. Ihrer Studie gemäß wird in dem Komitat mit dem höchsten Anteil von Minderheitenangehörigen an der Bevölkerung, dem südwestungarischen Baranya, wo etwa jeder vierte Bewohner kein Magyare ist, in 20 auch von Deutschen bewohnten Gemeinden (von insgesamt 117) und in 9 auch von Kroaten bewohnten Gemeinden (von insgesamt 113) im Behördenalltag auch die jeweilige Minderheitensprache verwandt[387].

Die genannten Vorschriften entsprechen der völkerrechtlichen und verfassungsrechtlichen Garantie des freien Gebrauchs der Muttersprache. Durch die vorbehaltlose Gestattung des Gebrauchs der Minderheitensprachen und ihre aktive Förderung im kommunalen Bereich entsprechen sie der zentralen Rolle, die die Sprache bei der Ausformung und Bewahrung der Minderheitenidentität spielt. Die Sprache ist das greifbarste, aber durch ihre Funktion als Kommunikationsmittel auch tief in die Beziehungen des Einzelnen zu seiner Umwelt eingreifende Mittel der Abgrenzung der Minderheit von der Mehrheit und umgekehrt[388].

e) Minderheitenrechte im Bildungs- und Erziehungswesen

Das *Minderheitengesetz* widmet das Kapitel VI (§§ 42 - 50) der Bildungs- und Schulautonomie der Minderheiten. Diese Vorschriften werden durch die Schulgesetzgebung in die Praxis umgesetzt. Zentrale Bedeutung in diesem Bereich haben das Gesetz 1993:LXXIX über das öffentliche Unter-

---

[387] Angaben des Ausschusses für nationale und ethnische Minderheiten der Generalversammlung des Komitates Baranya, Beschlußvorlage vom 14.11.1995, Aktenzeichen 1175-8/1995., S. 4.

[388] Die zentrale Rolle der Sprache bei der Bestimmung der nationalen und ethnischen Minderheitenidentität spiegelt sich auch in § 188 der Deutschen Reichsverfassung vom 28.3.1849, der von "nicht deutsch redenden Volksstämmen Deutschlands", sowie in Art. 113 der Weimarer Reichsverfassung, der von "fremdsprachigen Volksteile(n) des Reichs" spricht: Gerber, S. 49 f., 71 ff.
Zu der Bedeutung der Sprachpflege für die Aufrechterhaltung der Minderheitenidentität s. Ankerl, S. 1 ff.; Ismajli, S. 25 ff.; Kimminich, Rechtsprobleme, S. 196 ff.; Pernthaler, Peter in Wittmann/Bethlen, S. 13.

richtswesen (*Unterrichtsgesetz*)[389] und das Gesetz 1993:LXXX über die Hochschulbildung (*Hochschulgesetz*)[390]. Beide Gesetze wurden zeitgleich, am 12.8.1993, nach Erlaß des Minderheitengesetzes verabschiedet. Sie reformieren das gesamte Unterrichtswesen und arbeiten die Rahmenbestimmungen des Minderheitengesetzes organisch in das Schulwesen ein. Entscheidende Veränderungen, verbunden mit partiellen Verbesserungen für die Minderheiten, haben die am 3.7.1996 verabschiedeten umd am 1.9.1996 in Kraft getretenen Reformgesetze 1996:LXII und 1996:LXI gebracht.

Das Unterrichtsgesetz verbietet im Erziehungsbereich (der auch die Kindergärten einschließt) jegliche Art von Diskriminierung auch aufgrund der Farbe, der nationalen oder ethnischen Zugehörigkeit sowie der nationalen, ethnischen oder gesellschaftlichen Herkunft (§ 4 Abs. 7). Gleiches bestimmt § 82 Hochschulgesetz implizit für seinen Bereich, indem er allen ungarischen Staatsbürgern eine gleiches und nur von der Befähigung abhängiges Zugangsrecht zu der Hochschulbildung ihrer Wahl gewährt. Die Beschränkung auf ungarische Staatsbürger bedeutet für die Minderheitenangehörigen keine Einschränkung, da die ungarische Staatsbürgerschaft gemäß § 1 Abs. 2 Minderheitengesetz auch Teil der Minderheitendefinition ist.

aa) Der Minderheitenunterricht

In § 43 Abs. 1 Minderheitengesetz erkennt der Staat die Sprachen der Minderheiten als gemeinschaftserhaltenden Faktor an. Ihr Unterricht in den nicht den kommunalen Minderheitenselbstverwaltungen unterstehenden öffentlichen Lehranstalten ist vom Staat zu unterstützen und wird in § 43 Abs. 2 - 4 Minderheitengesetz geregelt. Diejenigen öffentlichen Schulen, die unter der Leitung kommunaler Minderheitenselbstverwaltungen stehen, benötigen keinen besonderen Schutz, da die Minderheitenvertreter die Mehrheit in der Abgeordnetenkörperschaft der die Trägerschaft ausübenden kommunalen Selbstverwaltung innehaben und auf diese Weise min-

---

[389] Magyar Közlöny 1993/5689 ff., geändert durch Gesetz 1996:LXII, Magyar Közlöny 1996/3843 ff.

[390] Magyar Közlöny 1993/5730 ff., geändert durch Gesetz 1994:LVIII, Magyar Közlöny 1994/2879 f., durch Gesetz 1995:LXXXV, Magyar Közlöny 1995/5305 f., und durch Gesetz 1996:LXI, Magyar Közlöny 1996/3817 ff.

derheitengerechten Unterricht an den Schulen auf dem normalen kommunalrechtlichen Weg sicherstellen können [s.u. Punkt f) bb)].
Ab § 44 Minderheitengesetz gelten die Regelungen wieder für alle öffentlichen Schulen und Kindergärten.

Das Minderheitenkind nimmt entsprechend dem Wunsch des Erziehungsberechtigten an muttersprachlichem oder zweisprachigem (Muttersprache und Ungarisch)[391] Unterricht teil (§ 43 Abs. 2 Minderheitengesetz). Dieser muttersprachliche oder zweisprachige Unterricht findet je nach Bedarf und den Möglichkeiten vor Ort in besonderen Kindergärten und Schulen oder in gesonderten Klassen oder Gruppen statt (§ 43 Abs. 3 Minderheitengesetz). Wenn die Erziehungsberechtigten von acht einundderselben Minderheit zugehörigen Schülerinnen und Schülern dies wünschen, ist die Einrichtung und der Betrieb einer besonderen Lerngruppe obligatorisch (§ 43 Abs. 4 Minderheitengesetz)[392]. Dieser niedrige Schwellenwert nimmt Rücksicht auf die geringe Stärke vieler Minderheiten, die oft nicht viel mehr Schülerinnen und Schüler an einem Ort zusammenbekämen. Wenn gesonderte Schulen, Zweige, Klassen oder Gruppen für den Minderheitenunterricht bestehen, so hat jeder der jeweiligen Minderheit angehörige Schüler das Recht, darin aufgenommen zu werden, wenn er die Aufnahmekriterien erfüllt (§ 66 Abs. 2 Satz 3 Unterrichtsgesetz). Diese Vorschrift stellt sicher, daß sich bereits bestehende Einrichtungen des Minderheitenunterrichts nicht gegen neue Beweber abschotten können, sofern diese den fachlichen Anforderungen gerecht werden.
Die Berechtigung der Erziehungsberechtigten, über die Teilnahme des Kindes am Minderheitenunterricht zu entscheiden und die Einrichtung besonderer Gruppen zu beantragen, ist verfassungskonform so auszulegen, daß mit wachsendem Alter der Jugendliche selbst in immer stärkerem

---

[391] Zu der Bedeutung der Zweisprachigkeit für die Bewahrung und Förderung der Minderheitenidentität s. Bott-Bodenhausen, Karin in Blumenwitz/Gornig, S. 100 ff.

[392] In § 3 Abs. 1 der Verordnung mit Gesetzeskraft 13/1962. über die Schulpflicht war der Schwellenwert, bei dem Unterricht in der Muttersprache und die Muttersprache als Lehrfach obligatorisch wurden, noch auf 15 Erziehungsberechtigte festgelegt. In der Praxis wurden auch bei erheblich weniger Antragstellern Einrichtungen des minderheitensprachlichen Unterrichtes geschaffen: Brunner, Südosteuropa 1986/256 f. Das Gesetz 1985:I über das Unterrichtswesen (Magyar Közlöny 1985/461 ff.) enthielt in § 7 Abs. 3 überhaupt keinen Schwellenwert mehr, worin aber keine Verschärfung der Politik des Minderheitenunterrichtes gesehen werden kann.

Umfang an diesen Befugnissen zu beteiligen ist. Die Wahl der Art des Unterrichtes beinhaltet eine wesentliche Weichenstellung für die persönliche und berufliche Zukunft. Gemäß der Rechtsprechung des Verfassungsgerichts zu den Grundrechten des Kindes sind Heranwachsende in dem Maße an das spätere Leben prägenden Entscheidungen zu beteiligen, wie ihre Einsichtsfähigkeit reicht[393].

§ 5 Unterrichtsgesetz setzt die Regelung des Minderheitengesetzes um und erlaubt als Unterrichtssprachen Ungarisch, jede Minderheitensprache oder eine Mischung aus beiden sowie jede andere Sprache[394]. Entsprechend der in § 43 Abs. 1 Minderheitengesetz betonten Rolle der Sprache für die Minderheiten bildet der Unterricht der bzw. in der Minderheitensprache den Schwerpunkt des Minderheitenunterrichts.

§ 45 Abs. 3 Minderheitengesetz präzisiert den Inhalt des muttersprachlichen oder zweisprachigen Unterrichtes in den Minderheiteneinrichtungen i.S.d. § 43 Abs. 3, 4 Minderheitengesetz. Über die Sprache hinaus sind die Volkskunde und die kulturellen Traditionen und Werte der Minderheit sowie die Geschichte der Minderheit und ihres Mutterlandes zu unterrichten[395]. Diese Vorschrift nimmt Rücksicht darauf, daß sich eine identitätsstiftende Kultur nicht in der Sprache erschöpft, sondern viel mehr umfaßt. Für ungarische Kinder sind die entsprechenden Aspekte der ungarischen Kultur Lehrgegenstände im ungarischen Unterricht. § 45 Abs. 3 Minderheitengesetz stellt klar, daß Minderheitenkinder ebenso einen Anspruch auf eine vollständige kulturelle Erziehung haben wie die Mehrheitskinder. Das Recht eines jeden Lernenden, einen seiner nationalen oder ethnischen Zugehörigkeit entsprechenden Unterricht zu erhalten, wird auch durch § 10 Abs. 3 lit. b) Unterrichtsgesetz im Rahmen der Rechte der Kinder und Schüler im Unterrichtswesen betont. Damit ist eine wichtige Voraussetzung für die Verwirklichung des Rechtes auf die Pflege der eigenen Kultur (§ 68 Abs. 2 der Verfassung) gesetzlich garantiert.

---

[393] Urteil des Verfassungsgerichtes 4/1993 (II. 12.) AB, Magyar Közlöny 1993/702 ff.; s. dazu Küpper, ROW 1996/275 ff.

[394] Letztere Regelung weist über den Bereich der Minderheiten hinaus und bezieht sich auf den Unterricht in den europäischen Kultursprachen, die in Ungarn nicht gesprochen werden. Gedacht ist hier v.a. an englische, französische, russische oder minderheitenunabhängige deutsche Klassen oder Gymnasien.

[395] Diese Vorschrift ist in Ungarn nicht völlig ohne Vorläufer. Bereits seit den 70er Jahren sollte in den Nationalitätenschulen der Geschichtsunterricht neben der ungarischen und der Weltgeschichte auch die Geschichte des jeweiligen Mutterlandes als dritten Schwerpunkt haben: Révész, S. 51 f.

Die Mehrkosten durch den muttersprachlichen oder den zweisprachigen Unterricht trägt der Staat bzw. die Kommune, je nach Trägerschaft (§ 44 Minderheitengesetz). Damit ist klargestellt, daß die durch den Minderheitenunterricht verursachten Mehrkosten nicht von der Minderheit oder den gesondert unterrichteten Schülerinnen und Schülern oder deren Erziehungsberechtigten, sondern von der Allgemeinheit in Form der öffentlichen Hand zu tragen sind. Verwirklicht wird diese Vorschrift durch pauschalisierte normative Zuzahlungen durch den Staat: 1991 z.B. erhielten die Allgemeinschulen zusätzlich zu dem Zuschuß von 30.000 Forint normativer Unterstützung pro Schüler für jeden muttersprachlich unterrichteten Schüler weitere 14.000 Forint aus dem Staatshaushalt[396]. Im Haushaltsgesetz von 1995 sind pro muttersprachlich unterrichtetem Schüler 16.500 Forint Zuzahlung vorgesehen, pro muttersprachlich erzogenem Kindergartenkind 5.500 Forint. Der Haushalt 1997 stellt insgesamt 3,2 Milliarden Forint für minderheitenbedingte normative Zuzahlungen an Schulen und Kindergärten bereit.

Diese Regelung ist aus zwei Gründen gerechtfertigt. Erstens ist die wirtschaftliche Lage der meisten Haushalte in Ungarn nicht so, daß ein separater Unterricht für ein oder mehrere Kinder bezahlt werden könnte. Eine minderheitensprachliche Schulerziehung müßte in diesem Fall fast vollständig unterbleiben. Zweitens ist die schulische Erziehung eine Aufgabe des Staates (§ 70/F Abs. 2 der Verfassung), und die Minderheiten als staatsbildende Faktoren (§ 68 Abs. 1 der Verfassung) haben einen ebenso starken Anspruch auf eine ihren Bedürfnissen entsprechende Erziehung, wie die Kinder der Mehrheit das auch haben. Wo entsprechende Bedürfnisse eine gesonderte Behandlung nötig machen und dies Kosten verursacht, sind diese Zusatzkosten solidarisch von der Gemeinschaft zu tragen und nicht dem Inanspruchnehmenden aufzubürden. Dies macht § 68 Abs. 2 der Verfassung deutlich, der den Minderheiten das Recht auf muttersprachlichen Unterricht gewährt. Dieser Verfassungsgarantie wird unter den gegenwärtigen wirtschaftlichen Bedingungen nur ein öffentlich finanzierter Minderheitenunterricht gerecht.

Ergänzt wird diese Garantie durch § 46 Abs. 2 Minderheitengesetz, der auch die Ausbildung der muttersprachlichen Pädagogen zur staatlichen Aufgabe erklärt. Damit ist implizit die Kostentragungspflicht des Staates für diese Ausbildung entsprechend der Finanzierung der allgemeinen Pädagogenausbildung ausgesprochen [s.u. Punkt cc)].

---

[396] Wolfart in Ermacora/Tretter/Pelzl, S. 66.

Schließlich garantiert der Staat die Herausgabe von Lehrbüchern und Unterrichtsmitteln für den Minderheitenunterricht (§ 50 Abs. 1 Minderheitengesetz), so daß auch hierbei den Minderheiten oder den Minderheitenschülern keine Kosten entstehen, die nicht auch magyarische Kinder bzw. deren Erziehungsberechtigte tragen müssen. Die Garantie der Herausgabe von Minderheitenunterrichtsmitteln ist gleichzeitig auch eine Existenzgarantie für diese Lehrmittel. Wegen der geringen Anzahl der Minderheitenschüler ist die Herausgabe bzw. der Vertrieb von Büchern etc. für diesen kleinen Kreis für die Verlage in der Regel ökonomisch sinnlos. Da Marktmechanismen wegen der geringen Anzahl der Nachfrager versagen, muß der Staat unterstützend eingreifen, um eine Versorgung sicherzustellen. In der Praxis besteht ein großer Bedarf nach geeigentem und zeitgemäßem Lehrmaterial für den Unterricht von Minderheitenkindern, welcher letztlich wohl nur durch die Nutzung von Schulbüchern u.ä. aus den jeweiligen Mutterländern zu befriedigen ist[397].
Zu den Garantien des Unterrichtsgesetzes gehören auch solche materieller Art wie z.B. über Wohnheime für diejenigen Zöglinge, die an ihrem Wohnort keine Möglichkeit haben, an muttersprachlichem Unterricht teilzunehmen [§§ 3 Abs. 3, 32 lit. a)]. Angesichts der über das ganze Land verstreuten Siedlungsweise vieler Minderheiten leben die meisten Minderheitenkinder in Gegenden, in denen die jeweilige Minderheit nicht genug Dichte zur Einrichtung besonderer Schulen oder auch nur Klassen hat. Ebenso stehen bei weitem nicht überall, wo genügend Schüler vorhanden sind, geeignete Lehrkräfte zur Verfügung. Die sich aus diesen Umständen ergebende Konzentration des Minderheitenunterrichts in einigen wenigen Instituten ist für die Lernenden und ihre Familien nur akzeptabel, wenn gemeinsam mit der schulischen Betreuung eine finanziell tragbare Heimunterbringung verbunden ist.

bb) Beteiligung der Minderheiten an der Unterrichtsverwaltung

§ 45 Abs. 1 Minderheitengesetz schreibt die Verwirklichung der der Kulturautonomie der Minderheiten entsprechenden Unterrichts- und Bildungsinteressen in Übereinstimmung mit dem Minderheitengesetz auch bei der gesetzlichen Regelung, der Organisation und der Kontrolle des Unter-

[397] Diese Ansicht wird auch von dem Ausschuß für nationale und ethnische Minderheiten der Generalversammlung des Komitates Baranya in seiner Beschlußvorlage vom 14.11.1995, Aktenzeichen 1175-8/1995., S. 4, vertreten.

richtswesens vor. Dies ist durch die Bildungsgesetzgebung mittlerweile geschehen.

Grundsätzlich sind die örtlichen Selbstverwaltungen, d.h. die Städte, Gemeinden und Hauptstadtbezirke, verpflichet, für eine ausreichende Versorgung mit Kindergärten und Allgemeinschulen auch für den minoritären Unterricht zu sorgen (§ 86 Abs. 1 Unterrichtsgesetz). Für höhere Schulformen ist das Komitat bzw. die Hauptstadt als Ganzes zuständig (§ 86 Abs. 3 Unterrichtsgesetz). Zur besseren Organisation sind Verwaltungsvereinbarungen zwischen den kommunalen und den regionalen Selbstverwaltungen zulässig [§ 89 lit. b) Unterrichtsgesetz].
Bei der Erfassung der Ansprüche auf Minderheitenunterricht und dessen Organisierung arbeiten die kommunalen und die Minderheitenselbstverwaltungen zusammen (§ 46 Abs. 1 Minderheitengesetz). Diese Vorschrift verpflichtet in erster Linie die Kommunalverwaltungen, die in der Schulverwaltung eine zentrale Rolle spielen, in der Frage des gesonderten Unterrichts für Minderheitenkinder mit den Minderheitenselbstverwaltungen zusammenzuarbeiten. Den Minderheitenselbstverwaltungen wird damit für ihre Aktivitäten in den öffentlichen Schulen ein ständiger und für sie zuständiger Ansprech- und Kooperationspartner zur Verfügung gestellt. Damit ist ausgeschlossen, daß Minderheitenselbstverwaltungen in ihren Bemühungen unter Berufung auf mangelnde Zuständigkeit von einer Stelle zur nächsten geschickt werden. Gleichzeitig stellt die Vorschrift klar, daß auch im Falle von Minderheitenunterricht die Minderheitenselbstverwaltungen nicht ohne Abstimmung mit den Kommunalverwaltungen, die ja letztendlich die Gesamtverantwortung für die öffentlichen Schulen auch weiterhin tragen, vorgehen können.
Im Bildungs- und Unterrichtsministerium besteht eine Hauptabteilung für Minderheiten, die für die Koordination des Minderheitenunterrichtes auf staatlicher Ebene und die Verteilung staatlicher Gelder in diesem Bereich zuständig ist. Ähnlich wie bei dem Amt für Nationale und Ethnische Minderheiten ist auch im Erziehungsbereich die ministeriale Behörde als Hauptabteilung hochrangig angesiedelt. Daraus wird auch im Bildungswesen eine minderheitenfreundliche Prioritätensetzung der Regierung deutlich[398].

[398] Eine Nationalitätenabteilung wurde im Bildungsministerium bereits 1968 eingerichtet, und 1975 wurde durch den Bildungsminister eine Bildungskommission für Nationalitäten als Beirat ins Leben gerufen: Brunner in Brunner/Tontsch, S. 30.

Das Recht der *Gründung* einer neuen Unterrichtsanstalt, wozu neben Schulen auch Kindergärten, Wohnheime und sonstige Einrichtungen des Unterrichtswesens außerhalb des Hochschulbereichs gehören, steht gemäß § 3 Abs. 2 Unterrichtsgesetz nicht nur dem Staat und den kommunalen Selbstverwaltungen zu, sondern auch den Minderheitenselbstverwaltungen und Privaten sowie Vereinigungen von Privaten. §§ 27 Abs. 4 lit. a), 37 lit. o) Minderheitengesetz präzisieren diese Berechtigung für die Minderheitenselbstverwaltungen und verteilen die Kompetenzen an die örtlichen Minderheitenselbstverwaltungen (allgemeine Schulen von bloß örtlichem Interesse) und die landesweiten Minderheitenselbstverwaltungen (weiterführende und Hochschulen mit landesweitem Einzugsbereich). Der Unterhalt eigener Schulen hat den Vorteil, daß dem Träger umfangreiche Rechte v.a. hinsichtlich des Inhalts und der Gestaltung des Lehrstoffs sowie der Organisation des Unterrichts zustehen (§ 102 Unterrichtsgesetz).
§ 4 Abs. 5 Unterrichtsgesetz verpflichtet den Staat, die rechtlichen Möglichkeiten zu schaffen, daß auch nichtstaatliche und nichtkommunale Unterrichtsanstalten gegründet werden können, stellt aber gleichzeitig klar, daß der Staat die Gründung selbst nicht zu übernehmen braucht. Damit ist der Staat verantwortlich für die rechtlichen Rahmenbedingungen; die Initiative soll aber von den Minderheiten selbst in Form von Einzelnen, Vereinen oder Selbstverwaltungen ausgehen. Die rechtlichen Möglichkeiten werden durch das Unterrichtsgesetz und das Minderheitengesetz in ausreichendem Maße geschaffen. Hinzuweisen ist in diesem Zusammenhang auf § 79 Unterrichtsgesetz, der für nichtstaatliche und nichtkommunale Unterrichtsanstalten eine Genehmigungspflicht vorschreibt. Die Genehmigung kann bei einem pädagogischen Programm, welches dem Unterrichtsgesetz nicht entspricht, und bei mangelnder Ausstattung versagt werden. Die Versagungsgründe haben mithin die Funktion, gewisse Mindeststandards auch für private Schulen sicherzustellen.
Gemäß § 4 Abs. 6 Unterrichtsgesetz unterstützt der Staat nichtstaatliche und nichtkommunale Schulen gemäß den Bestimmungen des Staatshaushalts. Das Finanzierungssystem des Minderheitenunterrichts, das durch das Minderheitengesetz in Zusammenwirken mit dem jeweiligen Jahrenhaushaltsgesetz geregelt wird, ist bereits unter Punkt aa) dargestellt worden. Damit hat der Staat seiner Pflicht, den rechtlichen und finanziellen Rahmen für die Gründung von Minderheitenschulen zu schaffen, genügt.
Schüler, die der entsprechenden Minderheit angehören, haben einen Anspruch auf Aufnahme (§ 66 Abs. 2 Satz 3 Unterrichtsgesetz), welcher dem allgemeinen Aufnahmeanspruch von ungarischen Kindern in die für den

Wohnsitz zuständige Allgemeinschule (§ 66 Abs. 2 Satz 1 Unterrichtsgesetz) entspricht.

Die weitestgehende Form der Beteiligung von Minderheiten an der Verwaltung und dem Betrieb einer bestehenden Anstalt (Schule, Kindergarten etc.) ist die *Übernahme*. Im Falle einer Übernahme wird die übernehmende Körperschaft Trägerin der Schule. Wenn die Schule weiterhin öffentlichrechtlich betrieben werden soll, bedarf es der Übernahme durch eine Minderheitenselbstverwaltung. Ansonsten kann auch eine privatrechtliche Minderheitenorganisation entsprechend den allgemeinen Vorschriften Trägerin einer Privatschule sein.
Eine örtliche Minderheitenselbstverwaltung kann von einem anderen Organ nur dann ein Lehrinstitut übernehmen, wenn sie das bisher erreichte Niveau sicherstellen kann (§ 47 Satz 1 Minderheitengesetz). Damit soll der Verfall der bereits erreichten Standards durch Übernahme durch eine Minderheitenselbstverwaltung verhindert werden. Die Definition des erreichten Niveaus und die Prognose über das künftige trifft das andere Organ, das in der Regel die Kommune oder der Staat als die häufigsten Schulträger sein wird. Es gibt zwar auch seit geraumer Zeit Privatschulen, jedoch ist nicht davon auszugehen, daß ein privates Organ seine Schulträgerschaft zugunsten von Minderheitenselbstverwaltungen aufgibt. Die genannte Vorschrift macht deutlich, daß man zwar den Minderheiten ein autonomes Unterrichtssystem gestatten will, daß dies aber nicht zu Lasten erreichter Standards gehen darf. Leistungsfähigkeit und Niveau erhalten einen Bestandsschutz, der dem Interesse der Minderheitenselbstverwaltungen an der Übernahme bestimmter Institute vorgeht. Dies verstößt nicht gegen das verfassungsrechtliche Gebot der Minderheitenfreundlichkeit, denn auch das Recht auf Bildung, das durch einen Niveauabfall negativ betroffen wäre, genießt Verfassungsrang (§ 70/F). Die Regelung gilt nicht, wenn die Minderheitenselbstverwaltungen oder andere Minderheitenvereinigungen neue Schulen gründen. In diesem Falle gibt es keinen bereits erreichten Bestand, den es zu schützen gilt. Dort sorgt die bereits erwähnte Genehmigungspflicht des § 79 dafür, daß bestimmte Minimalstandards nicht unterschritten werden.
Das Maß der staatlichen Unterstützung darf wegen der Übernahme durch die Minderheitenselbstverwaltung nicht sinken (§ 47 Satz 2 Minderheitengesetz). Damit ist es dem Staat verboten, sich durch Verringerung der Zuschüsse wegen der von ihm nicht gewollten Übernahme einer Lehranstalt zu rächen oder die in die Regie einer Minderheitenselbstverwaltung übergegangene Schule sonstwie finanziell zu diskriminieren. Im Streitfall

dürfte allerdings der Nachweis, daß Unterstützungen gerade wegen der Übernahme und nicht etwa aus anderen Gründen gekürzt worden sind, nicht immer leicht zu führen sein, jedenfalls dann nicht, wenn auch andere Schulen Kürzungen hinnehmen müssen.
In der Praxis gibt es bisweilen Schwierigkeiten bei der Übernahme gemeindlicher Schulen durch eine Minderheitenselbstverwaltung. Das ist sogar dann schon vorgekommen, wenn die Kommunalverwaltung die Schule eigentlich schließen wollte[399]. Der Grund für dieses unverständliche und kontraproduktive Verhalten dürfte darin liegen, daß manche Lokalpolitiker die Verfügungsbefugnis über öffentliche Dienstleistungen noch immer als Machtfrage ansehen und deshalb das Entstehen weiterer Schulträger verhindern möchten.

Die neu gegründeten oder übernommenen Lehranstalten für Minderheiten können auch von Kindern, die nicht der jeweiligen Minderheit angehören, in Anspruch genommen werden, allerdings nur dann, wenn nach Befriedigung der Bedürfnisse der Minderheit selbst noch freie Plätze zur Verfügung stehen (§ 48 Abs. 1 Satz 1 Minderheitengesetz). Damit unterstehen die Schulen der Minderheiten nicht der Aufnahmepflicht im Rahmen der Kapazitäten, die für die staatlichen und kommunalen Schulen gelten (§ 66 Abs. 2 Satz 1 Unterrichtsgesetz), haben aber dafür die Pflicht, alle der Minderheit zugehörigen Bewerber mit den erforderlichen Qualifikationen aufzunehmen (§ 66 Abs. 2 Satz 3 Unterrichtsgesez). Die Aufnahme kann auf der Grundlage vorher veröffentlichter Regelungen erfolgen (§ 48 Abs. 1 Satz 2 Minderheitengesetz).
Indem bei freien Plätzen auch andere Kinder aufgenommen werden können, will der Gesetzgeber die komplette Abschottung von Minderheitenlehranstalten verhindern. In der Praxis wird die bevorzugte Aufnahme von Minderheitenkindern ohnehin relativiert durch die Schwierigkeiten festzustellen, welches Kind ein Minderheitenkind ist und welches nicht. Wegen des das ganze Minderheitenrecht durchziehenden Prinzips des freien und freiwilligen Minderheitenbekenntnisses existieren keine Listen, Kataster oder ähnliche Verzeichnisse, und auch die Kenntnis der Minderheitensprache bei der Einschulung als objektives Merkmal ist kein tragfähiges Indiz, da viele Minderheitenangehörige nur noch ungarisch sprechen und daher für ihre Kinder eine Spracherziehung durch die Minderheitenschule wünschen. Es kommt also letztendlich auf das Bekenntnis des Kindes und

---

[399] Jenő Kaltenbach, Minderheitenombudsmann, in Brunner, Minderheiten in Ungarn, S. 31.

seiner Eltern an, welches in Ermangelung objektiver Anhaltspunkte nicht nachgeprüft werden kann.
Durch das Erfordernis vorher veröffentlichter Regeln über die Aufnahme von Kindern, die nicht der schultragenden Minderheit angehören, wird der Rechtssicherheit Genüge getan. Die Entscheidung des Schulträgers, welche minderheitenfremden Kinder aufgenommen werden, richtet sich damit nach vorherbestimmten Kriterien, was Willkür und eine zu einseitige Berücksichtigung des finanziellen Hintergrundes der aufzunehmenden Schüler ausschließt. Die grundsätzliche Bevorzugung von Minderheitenkindern in Minderheitenschulen wird durch das Verfassungsgebot der positiven Förderung gedeckt.
An den Minderheitenlehranstalten ist auch der Unterricht der ungarischen Sprache sicherzustellen (§ 48 Abs. 2 Minderheitengesetz). Dies geschieht nicht nur im Interesse der ungarischen Bevölkerungsmehrheit oder des ungarischen Staates, sondern auch im Interesse der Kinder selbst. Die Minderheiten sind zahlenmäßig so klein und siedeln so verstreut, daß keine Minderheit in der Lage ist, eine vollwertige Infrastruktur aufzubauen, die alle normalen Bedürfnisse zu befriedigen in der Lage ist. Um ein normales Leben zu leben, ist der Minderheitenangehörige auf täglichen intensiven Kontakt mit der ungarischen Mehrheitsbevölkerung angewiesen, und viele Einrichtungen besonders kultureller Art wie z.B. Theater oder Kino sind nur oder fast nur in ungarischer Sprache präsent[400]. Mit Rücksicht auf diese Erwägungen stellt die Vorschrift des § 48 Abs. 2 Minderheitengesetz keine verfassungswidrige Einschränkung des elterlichen Erziehungsrechtes gemäß § 67 Abs. 2 der Verfassung dar.
Um eine Majorisierung der ungarischen oder der einer anderen Minderheit angehörigen Bevölkerung durch eine lokal die Mehrheit bildende Minderheit zu verhindern, schreibt § 48 Abs. 3 Minderheitengesetz zugunsten der Kinder jener Gruppen die Erteilung von muttersprachlichem oder zweisprachigem Unterricht gemäß den Vorschriften des Minderheitengesetzes vor. Diese Vorschrift geht von der Erkenntnis aus, daß eine Minderheit dort, wo sie lokal die Mehrheit bildet, ebenso zur Assimilierung der anderssprachigen Bevölkerungsteile tendieren kann wie die Mehrheit auf landesweiter Ebene. Daher ist diese Schutzvorschrift angebracht und widerspricht auch nicht dem verfassungsmäßigen Minderheitenschutz.

[400] Es existieren lediglich drei minderheitensprachige Bühnen: die deutsche in Szekszárd, die kroatische in Pécs [dt.: Fünfkirchen] und die serbische in Pomáz.

1990 gab es bereits 295 Minderheitenkindergärten, 320 minderheiten- oder zweisprachige Allgemeinschulen (Klasse 1 - 8) und 8 Nationalitätengymnasien (3 deutsche, 2 serbokroatische, 2 slowakische und 1 rumänisches)[401]. Im Schuljahr 1993/94 war die Anzahl der Nationalitätengymnasien und -gymnasialzweige bereits auf 15 gewachsen (darunter 3 deutsche, 3 slowakische, 2 kroatische, 1 rumänisches, 1 serbisches und 1 Gymnasium für Zigeuner); an ihnen wurden 1878 Schüler unterrichtet. Die Anzahl der muttersprachlich oder zweisprachig erzogenen Kinder betrug 1993/94 an den Allgemeinschulen 48.712, in den Kindergärten 19.680[402]. Diese Minderheitenlehranstalten bilden jedoch kein organisches Netzwerk, noch nicht einmal die deutschen Kindergärten und Schulen. Obwohl die Institutionen wegen der finanziellen Anreize zum Minderheitenunterricht diesem meist positiv gegenüberstehen, hängt es oft vom Zufall ab, ob vor Ort ein Minderheitenkindergarten oder eine Minderheitenschule ins Leben gerufen werden kann. Wegen organisatorischer Schwierigkeiten - in Einzelfällen wohl auch aus bösem Willen der Schulverwaltung - läuft das Recht der Erziehungsberechtigten auf Minderheitenunterricht aus § 43 Abs. 4 Minderheitengesetz in der Praxis häufig leer.
Die meisten Minderheitenselbstverwaltungen sehen sich personell und finanziell überfordert, die Lücken des staatlichen bzw. kommunalen Schulsystems mit der Übernahme oder der Gründung von Schulen zu schließen[403]. Organisatorische und finanzielle Probleme prägen nicht nur den Minderheitenunterricht, sondern das gesamte ungarische Unterrichtssystem, so daß hierin keine minderheitenspezifische Diskriminierung liegt. Die Universitäten bilden zwar entsprechende muttersprachliche Lehrkräfte aus. Trotzdem arbeiten die Minderheitenlehranstalten oft mangelhaft, was hauptsächlich am Fehlen muttersprachlicher Pädagoginnen und Pädagogen liegt. Dieses Problem hat der Gesetzgeber erkannt, weshalb der Staat gemäß § 46 Abs. 4 die Beschäftigung von Lehrern aus den Mutterländern unterstützt [s.u. Punkt cc)].

Neben der vollständigen Übernahme gibt es auch *schwächer ausgeprägte Mitbestimmungs- und Mitwirkungsformen* der Minderheiten an der Schul-

---

[401] Brunner in Brunner/Tontsch, S. 42 ff.; Nolte, Georg in Frowein/Hofmann/Oeter, Bd. 1, S. 521.

[402] Angaben des Minderheitenamtes.

[403] Otto Heinek, stellvertretender Leiter des Minderheitenamtes, Flórián Farkas, der Vorsitzende der landesweiten Minderheitenselbstverwaltung der Zigeuner, und Pero Lásztity, der Vorsitzende der landesweiten Minderheitenselbstverwaltung der Serben, in Brunner, Minderheiten in Ungarn, S. 23 f., 26 f., 31, 42.

verwaltung und an der Bestimmung des Lehrstoffes. In der Wahrnehmung dieser schulischen Partizipationsrechte auf kommunaler Ebene liegt der Schwerpunkt der Aufgaben der örtlichen Minderheitenselbstverwaltung. Da das Minderheitengesetz den unterschiedlich starken Formen der Minderheitenselbstverwaltungen keine einheitlichen, sondern abgestufte Rechte und Befugnisse im Schulwesen verleiht, werden sie nicht hier, sondern im Zusammenhang mit den einzelnen Minderheitenselbstverwaltungen dargestellt [s.u. Punkt f) bb) bis dd), ff)].

In das paritätisch besetzte Aufsichts- und Konsultationsgremium einer Schule [iskolaszék] können die interessierten örtlichen Selbstverwaltungen der Minderheiten, im Falle einer Schule von überörtlicher Bedeutung die landesweiten Minderheitenselbstverwaltungen, einen Repräsentanten entsenden, wenn die Minderheitenselbstverwaltung die Schule nicht selbst unterhält [§ 60 Abs. 3 lit. c) Unterrichtsgesetz]. Das Recht, in einer Schule die Gründung eines solchen Gremiums zu initiieren, kommt den Minderheitenselbstverwaltungen aber nicht zu (§ 60 Abs. 4, 6 Unterrichtsgesetz).

Bevor der Wirkungskreis einer staatlichen oder kommunalen Unterrichtsanstalt, die auch Minderheitenkinder erzieht, festgelegt wird, ist die Meinung des Interessenvertretungsorgans der Minderheit zu hören (§ 90 Abs. 4 Unterrichtsgesetz). Der Begriff des Interessenvertretungsorgans ist weiter als der der Minderheitenselbstverwaltung und schließt den Minderheitensprecher [s.u. Punkt f) ff)] und privatrechtliche Vereine mit ein. Damit ist es auch einer Minderheit, die über keine Selbstverwaltung, sondern lediglich über einen Sprecher oder über einen örtlichen Kulturverein verfügt, möglich, ihre Interessen bei der Gestaltung der Schule oder des Kindergartens, die von ihren Kindern besucht werden, zu artikulieren. Diese Ausweitung des Kreises der berechtigten Institutionen wird mit einer Einschränkung des Umfangs der Berechtigung bezahlt. Es bestehen keine Zustimmungserfordernisse, sondern lediglich die Pflicht, das Minderheitenorgan anzuhören. Eine derartige Aufgliederung der Kompetenzen entspricht der Abstufung der Befugnisse der unterschiedlich starken Formen der Minderheitenselbstverwaltungen und der anderen Repräsentanz der Minderheiten [s.u. Punkt f)].

Wenn eine staatliche oder kommunale Unterrichtsanstalt, an der Minderheitenerziehung stattfindet, geschlossen oder an einen weltanschaulichen oder anderen privaten Träger oder eine andere Gebietskörperschaft übergeben werden soll, ist die Zustimmung der betroffenen örtlichen Minderheitenselbstverwaltung und die Meinung der landesweiten Minderheitenselbstverwaltung einzuholen (§ 88 Abs. 10 Unterrichtsgesetz). Damit ist sichergestellt, daß Entscheidungen, die zu einer Verringerung des Bil-

dungsangebotes für Minderheiten führen können, nicht ohne deren Beteiligung getroffen werden können.
Bei der Ausübung der Fachaufsicht über eine Unterrichtsanstalt, die Aufgaben der Minderheitenerziehung wahrnimmt, ist die landesweite Minderheitenselbstverwaltung zu unterrichten, die mit einem Sachverständigen an der Kontrolle teilnehmen kann [§ 107 Abs. 2 lit. b) Unterrichtsgesetz].

Hinsichtlich der *Bestimmung der Lehrinhalte* haben die landesweiten Minderheitenselbstverwaltungen auf nationaler Ebene gemäß § 38 Abs. 4 Minderheitengesetz ein Mitbestimmungsrecht an der Schaffung des Stammlehrstoffes[404]. Auch an der Erstellung des Landeslehrplanes sind die Minderheiten beteiligt. Dies ist insofern von Bedeutung, als daß dem Landeslehrplan gemäß § 8 Abs. 6, 7 Unterrichtsgesetz verbindliche Wirkung für die Lehrinhalte der Unterrichts in den Klassen 1 bis 10 zukommt. Der Landeslehrplan, der von der Regierung ausgegeben wird, unterliegt grundsätzlich dem Zustimmungserfordernis des Landeserziehungsrates [Országos Köznevelési Tanács] (§ 8 Abs. 10 Unterrichtsgesetz), einem Gremium aus 21 Sachverständigen (§ 96 Unterrichtsgesetz). In Fragen des Schulunterrichts der nationalen und ethnischen Minderheiten ist dagegen die Zustimmung des Landesminderheitenausschusses [Országos Kisebbségi Bizottság] einzuholen (§ 8 Abs. 10 Unterrichtsgesetz), in welchem jede landesweite Minderheitenselbstverwaltung mit einem Repräsentanten vertreten ist (§ 98 Abs. 1 Unterrichtsgesetz). Zudem ist zu allen, d.h. sowohl zu den Mehrheits- als auch zu den Minderheitsregelungen des Landeslehrplans die Meinung des Unterrichtspolitischen Rates [Közoktatáspolitikai Tanács] zu hören (§ 8 Abs. 10 Unterrichtsgesetz), einer beim Bildungs- und Unterrichtsministerium bestehenden Körperschaft, in der die landesweiten Minderheitenselbstverwaltungen gemäß § 97 Abs. 2 lit. f) mit insgesamt vier Delegierten vertreten sind. Die gleichen Grundsätze und Beteiligungsrechte gelten gemäß § 8 Abs. 3 Unterrichtsgesetz für die Erstellung des Landesgrundprogramms für die Kindergartenerziehung, welches die Grundsätze der Kindergartenarbeit festlegt.
Über den Landeslehrplan hinaus erläßt der Minister für Bildung und Unterricht für die Kindergärten und Schulen, die Minderheitenerziehung durchführen, besondere Minderheitenrichtlinien (§ 8 Abs. 11 Unterrichtsgesetz). Diesen Richtlinien muß der Landesminderheitenausschuß zustimmen; der Landeserziehungsrat und der Unterrichtspolitische Rat sind zu hören. Auch

---

[404] Näher zu dieser Befugnis der landesweiten Minderheitenselbstverwaltung nach § 38 Abs. 4 Minderheitengesetz s.u. Punkt f) gg).

für die zweisprachige Erziehung sind besondere ministerielle Richtlinien vorgesehen (§ 8 Abs. 12 Unterrichtsgesetz).
Auf der Grundlage dieser übergeordneten Pläne erstellen die Unterrichtsanstalten ihre eigenen pädagogischen Pläne, die ihrerseits wieder die Interessen der nationalen und ethnischen Minderheiten berücksichtigen müssen (§§ 45 ff. Unterrichtsgesetz). Gerade auf örtlicher Ebene werden die für die Verwirklichung des Rechts auf minoritären Unterricht nötigen Weichen gestellt und Vorkehrungen getroffen. Wegen des relativ hohen Abstaktionsgrades können die landesweiten Pläne und die ministeriellen Richtlinien hier nur wenig zwingend sicherstellen. Es kommt maßgeblich auf die Schulverwaltungen vor Ort an. Der Schulträger kann im Rahmen der höherrangigen Pläne für seine Anstalt einen Lehrplan aufstellen, der die sprachlichen, historischen, kulturellen oder andere lokale oder regionale Besonderheiten berücksichtigt (§ 102 Abs. 6 Unterrichtsgesetz). Diese Klausel kann auch zugunsten minoritäter Besonderheiten genutzt werden.
Die mittlere Selbstverwaltungsebene, d.h. die Hauptstadt als Ganzes und die Komitate, erstellen in Zusammenarbeit mit den örtlichen Selbstverwaltungen mittelfristige Schulentwicklungspläne. Dabei sind die landesweiten Minderheitenselbstverwaltungen anzuhören (§ 88 Abs. 1 Satz 5 Unterrichtsgesetz).

Im Landeslehrplan 1995/96[405] wird in der Präambel die Pflege und Weitergabe nicht nur der ungarischen Kultur betont, sondern auch der Kultur der anderen Nationalitäten und Ethnien im Land. Bei den Vorschriften über den Unterricht der Muttersprache stehen die Minderheitesprachen, die als Muttersprachen unterrichtet werden, dem Unterricht der ungarischen Sprache für die magyarischen Schüler vollkommen gleich, und die Anordnungen über den landes-, heimat- und volkskundlichen Unterricht sehen eine Einbeziehung der nichtmagyarischen Völker und das Zusammenleben mit ihnen in Toleranz vor. Der Landeslehrplan enthält separate, den besonderen Bedürfnissen angepaßte Prinzipien für den Minderheitenunterricht und in deren Rahmen wiederum spezielle Vorkehrungen für den Förderunterricht [felzárkoztató oktatás] von Zigeunerkindern, um deren besonders nachteilige Situation besser ausgleichen zu können.

---

405 Regierungsverordnung 130/1995. (X. 26.) Korm. über die Ausgabe des Landeslehrplanes, Magyar Közlöny 1995/5306 ff.

Ähnlichen Inhalts ist das Landesgrundprogramm für die Kindergartenerziehung[406], das in der Einleitung die nationalen Besonderheiten bei den Erziehungsgrundsätzen betont (Kap. I Punkt 1). In Kap. III über die Aufgaben der Kindergartenerziehung wird im Rahmen der geistigen Entwicklung in Punkt 2 die Bedeutung der Ausbildung der Muttersprache betont, und Kap. IV über die Prinzipien der Kindergartenorganisation schreibt im Zusammenhang mit den Kontakten des Kindergartens den Kindergärten, die Minderheitenkinder betreuen, in Punkt 3 die Kontaktwahrung mit den Minderheitenorganisationen, -vereinigungen und -selbstverwaltungen vor. Bei der Erziehung von Minderheitenkindern sind über das Landesgrundprogramm hinaus die besonders herausgegebenen Prinzipien für minoritäre Kindergartenerziehung zu beachten (Kap. I Punkt 2).

cc) Die pädagogischen Berufe

Die *Ausbildung* muttersprachlicher Pädagoginnen und Pädagogen für den muttersprachlichen und zweisprachigen Unterricht macht § 46 Abs. 2 Minderheitengesetz zur staatlichen Aufgabe. Damit ist zum einen klargestellt, daß der Staat die Kosten dieser Ausbildung trägt, und nicht etwa die Studierenden oder die Minderheiten.

Zum anderen enthält diese Vorschrifi die Verpflichtung des Staates, tatsächlich ein Netzwerk entsprechender Ausbildungsstätten zu schaffen und zu betreiben. Der Staat kann auf gewisse Kapazitäten für die Pädagogenausbildung der größeren Minderheiten, die noch aus kommunistischer Zeit stammen, zurückgreifen. Dieses ist jedoch für die heutigen Bedürfnisse gänzlich unzureichend und läßt die kleinen Minderheiten völlig außer acht. Eine Ausweitung der Studienmöglichkeiten geht nur sehr schleppend voran. Der Grund hierfür ist nicht in einer Minderheitenfeindlichkeit des Ausbildungswesens zu sehen, sondern in den hohen Kosten der Schaffung von Studienplätzen und der allgemeinen Finanzmisere der Hochschulen. In der Praxis führt das jedoch dazu, daß der Bedarf an qualifizierten Minderheitenpädagoginnen und -pädagogen von dem ungarischen Hochschulsystem bei weitem nicht gedeckt werden kann. Dadurch perpetuiert sich die Krise des Minderheitenunterrichts an den Schulen. In diesem so sensiblen und für den Erhalt der Minderheitenkultur so wichtigen Bereich bleibt dem Staat noch viel zu tun. Man sollte allerdings die Erwartungen nicht über-

---

[406] Regierungsverordnung 137/1996. (VIII. 28.) Korm. über die Ausgabe des Landesgrundprogramms für die Kindergartenerziehung, Magyar Közlöny 1996/4511 ff.

spannen, denn die finanziellen Mittel der öffentlichen Hand in Ungarn sind sehr begrenzt und werden dies auf absehbare Zeit auch bleiben.
Diesem Umstand trägt § 46 Abs. 3 Minderheitengesetz Rechnung, demzufolge der Staat durch internationale Vereinbarungen dafür sorgt, daß die Angehörigen von Minderheiten an ausländischen Einrichtungen, die in der Sprache unterrichten und die Kultur pflegen, an einer Ganz- oder Teilausbildung sowie an einer Weiterbildung und einer wissenschaftlichen Ausbildung teilnehmen können. Da bis auf die Zigeuner und mit Vorbehalten die Ruthenen alle Minderheiten über konationale Mutterländer verfügen, bietet sich für ihre Angehörigen der Weg der Ausbildung in dem jeweiligen Mutterland an, wenn sie Wert auf eine muttersprachliche Ausbildung legen. Dies betrifft vor allem die kleinen Minderheiten, aber auch die größeren Minderheiten insbesondere in der Frage des Hochschulstudiums. Letzteres ist in Ungarn praktisch nur in Ungarisch möglich, da es die Leistungskraft des Staates überfordern würde, jedes Studienfach in allen Minderheitensprachen vorrätig zu halten.
Die Norm verpflichtet den Staat, nachweisbar auf den Abschluß internationaler Abkommen hinzuwirken, die den ungarischen Minderheitenangehörigen eine Ausbildung im konationalen Mutterland ermöglichen. Dies ist bei den erwähnten bilateralen Abkommen auch in mehr oder weniger großem Umfang geschehen.
Um eine solche ausländische Ausbildung auch in Ungarn selbst verwertbar zu machen, schreibt Abs. 5 die Gleichsetzung der erworbenen Diplome, Abschlüsse u.ä. mit den entsprechenden ungarischen Diplomen, Abschlüssen usw. im Rahmen der Gesetze und der internationalen Verträge vor. Die Einzelheiten des Auslandsstudiums, allerdings nicht auf Angehörige von Minderheiten beschränkt, regeln die §§ 101, 102 Hochschulgesetz; die Anerkennung ausländischer akademischer Grade wird von §§ 105 ff. Hochschulgesetz und der Regierungsverordnung 47/1995. (IV. 27.) Korm. über die Anerkennung und innerstaatliche Anwendung von Graden, Zeugnissen und Diplomen, die an ausländischen Hochschuleinrichtungen erworben wurden, geregelt, die sich ihrerseits in vielen Einzelheiten auf zwischenstaatliche Abkommen beziehen.

Auf die *Beschäftigung* von Pädagogen für den Minderheitenunterricht gelten die allgemeinen dienstrechtlichen Regelungen mit der Abweichung, daß § 17 Abs. 3 Unterrichtsgesetz besondere pädagogische Eignungen verlangt. Diese besondere pädagogische Eignung ist gemäß § 18 Abs. 2 Unterrichtsgesetz auch Voraussetzung für die Besetzung des Postens des Leiters einer Unterrichtsanstalt, an der entweder die Erziehung ausschließlich in der Sprache der nationalen oder ethnischen Minderheit stattfindet oder mehr als die Hälfte der Lernenden zweisprachig in Ungarisch und der Sprache einer nationalen oder ethnischen Minderheit erzogen werden. Schließlich stellt § 107 Abs. 2 lit. a) besondere fachliche Anforderungen für die Sachverständigen auf, die die Fachaufsicht für den Minderheitenunterricht durchführen, auf.

Das Arbeitsverhältnis von Pädagogen in einer nichtstaatlichen, nichtkommunalen Unterrichtsanstalt richtet sich in bezug auf Arbeitsumfang und Bezahlung nach den Vorschriften für Lehrer im öffentlichen Dienst (§ 122 Abs. 1 Unterrichtsgesetz). Damit ist sichergestellt, daß bestimmte Minimalstandards, die nicht nur dem Schutz der Lehrer, sondern auch der Sicherung der Unterrichtsqualität dienen, auch in Schulen in nichtstaatlicher, nichtkommunaler Trägerschaft, etwa in Schulen der Minderheitenselbstverwaltungen oder von Minderheitenvereinen, gelten.

Gemäß § 46 Abs. 4 Minderheitengesetz unterstützt der Staat zur Verwirklichung der Ziele des Abs. 2 (muttersprachlicher und zweisprachiger Unterricht sowie Ausbildung muttersprachlicher Pädagogen) die Beschäftigung von Gastlehrern aus den jeweiligen Mutter- oder Sprachländern. Eine solche Unterstützung geschieht durch entsprechende Regeln im Ausländerrecht und im für die Schulen geltenden Arbeitsrecht. Mit der Beschäftigung von ausländischen Gastlehrern kann der zentrale Mißstand des Minderheitenunterrichts wenn nicht behoben, so doch abgemildert werden: der Mangel an geeigneten Lehrkräften. Eine solche Beschäftigung hat noch eine andere wichtige Funktion: Sie fördert die Kenntnis der hochsprachlichen Form der Minderheitensprache.

Wie bereits dargestellt, werden viele Minderheitensprachen in einer von der im Mutterland gesprochenen Sprache stark abweichenden, dialektalen Form gesprochen. Solchen Dialekten fehlt gerade in Diasporagebieten häufig die wichtigste Überlebensvoraussetzung, nämlich die Fähigkeit, sich zu verjüngen. Eine Sprache kann nur weiterexistieren, wenn sie sämtlichen Kommunikationsbedürfnissen genügen kann. Die Sprecher müssen in der Sprache die zwischenmenschlichen Situationen des Alltags ebenso bewältigen können wie eine technische Gebrauchsanweisung lesen, einen Arbeitsablauf gestalten oder literarisch-künstlerische Bedürfnisse befriedigen. Wenn eine Sprache wie die in Ungarn gesprochenen altertümlichen Dialekte der Minderheitensprachen für diese Situationen keine adäquaten Kommunikationsmöglichkeiten mehr bereithält, so ist die Abwanderung der Sprecher in eine modernere, dem Alltag und seinen Bedürfnissen besser gerecht werdende Sprache nicht aufzuhalten. Diese Verjüngungsarbeit können aus dem Mutterland kommende Gastlehrer leisten, die im Regelfall die Hochsprache vertreten, welche den modernen Kommunikationsbedürfnissen entspricht. In der Praxis werden vor allem deutsche, kroatische und slowenische Gastlehrer beschäftigt.

Das größte Problem wirft in der Praxis die muttersprachliche Ausbildung von Zigeunerkindern auf[407]. Um dem abzuhelfen, begann 1994 an zwei Lehrerbildungsanstalten[408] die Ausbildung von Romologen.

dd) Die berufliche Ausbildung

In der beruflichen Ausbildung außer der Lehrerbildung und den philologischen Studienfächern existieren fast keine minderheitenspezifischen Angebote. Mit dem Aufbau von privaten Klein- und Mittelbetrieben kann sich das möglicherweise punktuell ändern, wenn der Inhaber des Betriebes einer Minderheit angehört und konationalen Auszubildenden eine Ausbildung in ihrer Muttersprache anbietet. Initiativen der Arbeitsämter auf Komitats- und lokaler Ebene zur Förderung der Ausbildung und Beschäftigung von Jugendlichen, die der Minderheit der Zigeuner angehören, zielen praktisch immer auf die Beseitigung sozialer Benachteiligung ab und haben keine erkennbare ethnische Komponente. Sie dienen vor allem dazu, das Berufsbildungsniveau zu heben, da die Mehrheit der Arbeitslosen in Ungarn Un- und Angelernte sind[409]. Auf nationaler Ebene ist in Pécs [dt.: Fünfkirchen] im November 1992 das Zigeunerbeschäftigungsforum [Cigány Foglalkoztatási Fórum] gegründet worden[410], das aber bis heute kaum Arbeitsergebnisse vorweisen kann.

---

[407] Einzelheiten zu der Situation zu Beginn der 90er Jahre bei Valki, László in Dinstein/Tabory, S. 456 f.

[408] In Kaposvár und Zsámbék. Allerdings existiert in Zsámbék keine Minderheitenselbstverwaltung der Zigeuner, sondern lediglich der Deutschen. In Kaposvár dagegen ist eine zigeunerische unmittelbar zustande gekommene Minderheitenselbstverwaltung gewählt worden.

[409] Csaba Tabajdi, Parlamentarischer Staatssekretär für Minderheitenfragen, auf einer Konferenz über die Perspektiven der Regierungspolitik für Zigeuner am 28.10. 1995 in Komló, Manuskript der Rede S. 3 ff.

[410] Angaben des Ausschusses für nationale und ethnische Minderheiten der Generalversammlung des Komitates Baranya, Beschlußvorlage vom 14.11.1995, Aktenzeichen 1175-8/1995., S. 3.

ee) Sondervorschriften für Zigeuner

§ 45 Abs. 2 gestattet es, im Interesse der Verringerung der schulischen Nachteile von Zigeunern für diese eigene Unterrichtsbedingungen zu schaffen. Diese Vorschrift ermöglicht eine Ungleichbehandlung innerhalb der Minderheiten. Sie ist gerechtfertigt durch die Tatsache, daß unter der Zigeunerbevölkerung die Analphabetenrate überdurchschnittlich hoch ist, daß nur ein geringer Bruchteil der Zigeuner über eine abgeschlossene Schulausbildung verfügt und daß Zigeunerkinder im normalen Schulbetrieb besondere Probleme haben, die Kindern aus anderen Minderheiten erspart bleiben. § 45 Abs. 2 schreibt nicht vor, mit welchen Mitteln den Zigeunerkindern geholfen werden soll, sondern überläßt die Klärung dieser Frage den zuständigen Stellen vor Ort, die dadurch die Freiheit haben, ganz nach Bedarf zu entscheiden. Eine gewisse Orientierung gibt der Landeslehrplan, auf dessen Prinzipien des Förderunterrichts für Zigeunerkinder bereits unter Punkt bb) hingewiesen wurde.

Auf Landesebene wird zur Zeit ein besonderes Unterrichtsentwicklungsprogramm zugunsten der Zigeuner ausgearbeitet, das die besonderen Nachteile und Schwierigkeiten der Zigeunerschüler ausgleichen soll. Unabhängig davon bemühen sich etliche Allgemeinschulen und Gymnasien seit einiger Zeit, im Rahmen des normalen Unterrichts Zigeunerkindern besondere Hilfestellungen zu geben, um die übliche Segregation dieser Schülerinnen und Schüler in Hilfsschulen und Hilfsklassen zu vermeiden[411].

Institutioneller Träger besonderer Unterrichtseinrichtungen ist insbesondere die Gandhi-Stiftung [Gandhi Közalapítvány][412]. Gemäß dem Stiftungszweck hat sie zur Förderung der Bildung der Zigeuner Kindergärten, allgemeine und weiterführende Schulen zu unterhalten sowie die Erwachsenenbildung und die Kulturarbeit zu fördern, wofür sie im Haushalt 1996 mit 243,5 Millionen Forint und im Haushalt 1997 mit 325 Millionen Forint unterstützt wird[413].

Auf die Pädagogischen Hochschulen speziell für die Romologenausbildung ist bereits hingewiesen worden [s.o. Punkt cc)].

---

411 Für das Komitat Baranya Angaben des Ausschusses für nationale und ethnische Minderheiten der Generalversammlung des Komitates Baranya, Beschlußvorlage vom 14.11.1995, Aktenzeichen 1175-8/1995., S. 4 f.

412 Die Gründungsurkunde ist veröffentlicht in Magyar Közlöny 1996/2665 ff.

413 S.o. Fn. 315, Kapitel XVIII (Ministerium für Bildung und Unterricht) Titel 10 Subtitel 6 Nr. 5, sowie Fn. 316, Kapitel XX (Ministerium für Bildung und Unterricht) Titel 10 Subtitel 10 Nr. 5.

In Budapest wurde im Jahr 1994 eine zweijährige Fachschule für Roma eröffnet, die den besonderen Schwierigkeiten der Zigeuner in der Berufsausbildung entgegenwirken soll. Sie stellt eine Ergänzung der bereits unter Punkt dd) erwähnten Programme der Arbeitsämter auf dem Bereich der beruflichen Bildung dar und hat wie diese primär eine soziale und weniger eine ethnische Funktion.

ff) Rechte im Kulturbereich

§ 49 Minderheitengesetz regelt den Betrieb von kulturellen Einrichtungen außerhalb von Schulen. Grundsätzlich sind Minderheitenorganisationen berechtigt, kulturelle Aktivitäten durchzuführen und zu diesem Zweck im Rahmen der Gesetze Einrichtungen ins Leben zu rufen (§ 49 Abs. 1 Minderheitengesetz). Damit wird grundlegend klargestellt, daß öffentliche Kultur und Bildung kein Monopol der verschiedenen staatlichen Stellen sind, sondern auch in Trägerschaft der Minderheiten in organisatorisch verfestigter Form ausgeübt werden können. Der Hinweis auf die Gesetze bedeutet vor allem, daß die Minderheitenorganisationen für die von ihnen geschaffenen Institutionen die allgemeinen Rechtsformen des ungarischen Rechts wählen müssen und keine bisher unbekannten rechtlichen Konstruktionen schaffen können.
Für die Errichtung bestimmter überregionaler Institutionen wie Theater, zentrale Sammlungen, Bibliotheken, Verlage und wissenschaftliche Institute sind die landesweiten Minderheitenselbstverwaltungen zuständig, die dazu finanzielle Unterstützung aus dem Staatshaushalt beanspruchen können (§ 49 Abs. 2 Minderheitengesetz). Diese Vorschrift hat eine doppelte Bedeutung. Erstens regelt sie in Übereinstimmung mit § 37 Minderheitengesetz [s.u. Punkt f) gg)] im Aufbau der Minderheitenselbstverwaltungen die organisatorische Zuständigkeit für bestimmte Einrichtungen. Dabei handelt es sich um Institutionen, deren Bedeutung für die Minderheitenkultur über den örtlichen Bereich hinausgeht und die oft mit finanziellen Belastungen einhergehen, die auf örtlicher Ebene nicht zu tragen sind. Zweitens schreibt die Vorschrift dem Staat vor, diese Aktivitäten auf Antrag der Minderheitenselbstverwaltung aus dem Staatshaushalt zu unterstützen. Hierbei ist Unterstützung [támogatás] nicht so auszulegen, daß damit unbedingt die gesamten Kosten gemeint sind. Das Wort bedeutet vielmehr im Ungarischen ebenso wie im Deutschen, daß es sich um eine helfende Zuzahlung handelt. Eine solche zu gewähren wird der Staat verpflichtet, da die Minderheitenselbstverwaltung die Unterstützung beanspruchen kann [igényelhet]. Letztendlich ist dies eine Verpflichtung an den

Haushaltsgesetzgeber, in den Jahreshaushaltsgesetzen eine bestimmte Summe vorzusehen. Da die Vorschrift eindeutig von Unterstützung aus dem Staatshaushalt spricht [költségvetési támogatás], kann der Haushaltsgesetzgeber die Minderheitenselbstverwaltungen bei ihren Anträgen auf Unterstützung nicht an andere Kostenträger wie z.B. die Öffentliche Stiftung [§§ 55 f., s.u. Punkt g) aa)] verweisen.
Die Versorgung mit Literatur in den Minderheitensprachen geschieht durch ein Netz von Minderheitenbibliotheken (§ 49 Abs. 3 Minderheitengesetz). Ferner sind die allgemeinen kommunalen Bibliotheken verpflichtet, die Bedürfnisse der in der Kommune lebenden Minderheiten zu berücksichtigen, sofern es in dieser Kommune keine kommunale Minderheitenselbstverwaltung gibt (§ 49 Abs. 4 Minderheitengesetz). Beide Vorschriften gehen davon aus, daß in Anbetracht der geringen Einkommen und der im Vergleich dazu hohen Bücherpreise die wenigsten Haushalte die volle Befriedigung ihrer literarischen Bedürfnisse durch den Kauf von Büchern bewerkstelligen können. Dies gilt um so mehr für Minderheitenliteratur, die entweder importiert oder in kleinster Auflage im Land gedruckt werden muß und daher noch teurer als ungarische Druckerzeugnisse ist. Da die Literatur ein zentrales Element bei der Verbreitung und Weitergabe von Sprache und Kultur ist, muß die literarische Versorgung der Bevölkerung durch ein öffentliches Bibliothekswesen gesichert werden. Dies soll grundsätzlich in der Regie der Minderheiten selbst stehen, die aber oft damit überfordert sein dürften. Deshalb enthält § 49 Abs. 4 Minderheitengesetz die Verpflichtung der Kommunen, in den ohnehin unterhaltenen öffentlichen Bibliotheken auch Minderheitenbelange zu berücksichtigen, um so jedenfalls eine Minimalversorgung sicherzustellen. Die Ausnahme für Gemeinden mit einer kommunalen Minderheitenselbstverwaltung ist deshalb gerechtfertigt, weil dort die Minderheit durch ihre Mehrheit im kommunalen Vertretungsorgan auf normalem kommunalrechtlichem Wege ihre Interessen sichern kann. In der Praxis unterhalten die öffentlichen Bibliotheken in Kommunen mit Minderheitenbevölkerung eine eigene Abteilung mit muttersprachlicher Literatur. Auf diese Weise wird die kostenintensive Verdoppelung der Bibliothekseinrichtungen ebenso wie eine Ghettoisierung der Äußerungen der Minderheitenkultur in eigenen Institutionen vermieden.
Das Recht der Minderheiten, Äußerungen ihrer Kultur in öffentlichen Sammlungen zusammenzufassen, erstreckt sich nicht auf Schriftstücke, die

gemäß der Archivgesetzgebung[414] in Verwahrung zu nehmen sind (§ 49 Abs. 5 Minderheitengesetz). Hiermit wird klargestellt, daß das Prinzip der Vollständigkeit von Verwaltungsakten dem Recht der Minderheit auf vollständige Darstellung ihrer materiellen Kultur in Sammlungen vorgeht. Diese Güterabwägung zugunsten der archivrechtlichen Vorschriften ist nötig, um zu verhindern, daß administrative Vorgänge bei kommunalen und staatlichen Stellen, in denen Minderheitenbelange tangiert sind, auseinandergerissen werden und so die Verwaltung behindert wird. Ein solcher Effekt steht letztendlich auch nicht im Interesse der Minderheiten selbst.
Abschließend garantiert § 50 Minderheitengesetz die staatliche Unterstützung bestimmter kultureller Aktivitäten der Minderheiten. Auf die Herstellung von Schulbüchern und Unterrichtsmitteln in Abs. 1 ist bereits hingewiesen worden. Gemäß Abs. 2 unterstützt der Staat die Gründung und die Vergrößerung von Sammlungen von Gegenständen der materiellen Minderheitenkultur, die Herausgabe von Minderheitenbüchern und periodischen Veröffentlichungen, die Bekanntgabe von Gesetzen und Mitteilungen von öffentlichem Interesse in den Minderheitensprachen sowie die kirchlichen Aktivitäten, die in den Minderheitensprachen stattfinden. Die Vorschrift regelt, anders als § 49 Abs. 2, nicht, auf welche Weise und durch welchen Kostenträger der Staat die genannten Aktivitäten unterstützt. Hier kann der Staat durchaus auf die von ihm eingerichtete Stiftung verweisen, wenn er keine Mittel aus dem Haushalt zur Verfügung stellen will. Es wird aber garantiert, daß überhaupt eine Unterstützung stattfindet. Diese ist auch notwendig, um v.a. den kleinen und überdurchschnittlich armen Minderheiten die Entwicklung eines eigenen Kulturlebens zu ermöglichen. Aus eigener Kraft wären dazu die wenigsten Minderheiten imstande.

Die genannten Regelungen konkretisieren den verfassungsrechtlichen Anspruch auf muttersprachlichen Unterricht und auf die Förderung der Pflege der Minderheitenkultur (§ 68 Abs. 2). Die Sonderrechte der Minderheiten im Unterrichts- und Kulturwesen und die in diesem Bereich überproportionalen staatlichen Finanzzuweisungen sind wegen des Verfassungsranges dieser Rechte und wegen der grundsätzlichen Erlaubnis der positiven Förderung verfassungsrechtlich nicht zu beanstanden.

---

[414] Im wesentlichen Gesetz 1995:LXVI über den Schutz der öffentlichen Akten, der öffentlichen Archive und des privaten Archivmaterials, Magyar Közlöny 1995/ 3018 ff.

Die Minderheitenrechte im Bildungs- und Erziehungswesen gehen weit über internationale Standards hinaus und stellen weit mehr als die bloße Erfüllung der völker(vertrags)rechtlichen Verpflichtungen Ungarns dar. Ob sie aber verhindern können, daß sich die Minderheiten komplett assimilieren, ist fraglich. Sicher ist allerdings, daß ohne diese Rechte die Assimilierung unausweichlich wäre. Es liegt jetzt vor allem an den Minderheitenangehörigen selbst, wie weit sie die rechtlich gegebenen Möglichkeiten nutzen möchten.

f) Minderheitenselbstverwaltungen

Kernstück des Minderheitengesetzes sind die Minderheitenselbstverwaltungen. Sie sollen als Repräsentanz der Minderheiten die noch aus kommunistischer Zeit überkommenen Verbände ersetzen, deren demokratische Legitimität vielfach zweifelhaft war. Diese Verbände entscheiden selbständig darüber, ob sie weiterbestehen, sich auflösen oder sich umformen wollen (§ 61 Abs. 3 Minderheitengesetz). Den Weg der Auflösung haben die Deutschen gewählt; die meisten anderen Verbände haben sich zu Vereinigungen mit kultureller Zielsetzung umgewandelt.
Minderheitenselbstverwaltungen können landesweit und in den kommunalen Selbstverwaltungen, d.h. Gemeinden und Städten, sowie in den hauptstädtischen Bezirken und der Hauptstadt als Ganzes (im folgenden: Gemeinde) gebildet werden. Auf der Ebene der regionalen Selbstverwaltungen, d.h. in den Komitaten, ist dies zur Zeit nicht möglich. Einige Minderheiten fordern aber eine diesbezügliche Ergänzung des Minderheitengesetzes [s.u. Punkt i)].

Das Minderheitengesetz kennt mehrere Arten von Minderheitenselbstverwaltungen. Zunächst unterscheidet es zwischen landesweiten und lokalen Minderheitenselbstverwaltungen. Die lokalen Selbstverwaltungen existieren in mehreren Erscheinungsformen: der kommunalen Minderheitenselbstverwaltung, der mittelbar zustande gekommenen örtlichen Minderheitenselbstverwaltung und der unmittelbar zustande gekommenen örtlichen Minderheitenselbstverwaltung (§ 21 Abs. 1). Alle Minderheitenselbstverwaltungen sind juristische Personen (§ 25 Abs. 1). Darüber hinaus gibt es noch den Minderheitensprecher (§§ 40, 41).
Die Minderheitenselbstverwaltungen in den Gemeinden kommen durch die Wahl von Minderheitenabgeordneten in die Abgeordnetenkörperschaften der kommunalen Selbstverwaltungen zustande (§ 21 Abs. 2; für die Minderheitenselbstverwaltungen der Hauptstadt als Ganzes enthält § 61 Abs. 4

Sonderregeln). Daher sind die Wahlen der Minderheitenselbstverwaltungen an die Kommunalwahlen gekoppelt.

aa) Das Kommunalwahlsystem

Wegen der erwähnten Bindung der Wahlen zu den Minderheitenselbstverwaltungen an die Kommunalwahlen soll zunächst das Kommunalwahlsystem Ungarns dargestellt werden. Sonst ist ein Verständnis der Minderheitenselbstverwaltungen nicht möglich. Die Ergebnisse der ersten und bisher einzigen Kommunalwahl mit gleichzeitiger Minderheitenwahl werden später geschildert [s.u. Punkt ee)], um die Darstellung des Wahlsystems nicht zu überlasten.

Die Vorschriften über die Wahlen zum örtlichen Abgeordneten von Minderheiten richten sich nach dem Kommunalwahlgesetz[415], dessen Kapitel XI ("Der Schutz der Rechte der nationalen und ethnischen Minderheiten") durch das Minderheitengesetz (§ 64 Abs. 2) mit Wirkung ab dem Tag der Kommunalwahlen des Jahres 1994 komplett neu gefaßt und durch das Gesetz 1994:LXII novelliert und mit der Überschrift "Die Wahl der Abgeordneten der nationalen und ethnischen Selbstverwaltungen" versehen wurde.
Zentraler Begriff für die besonderen, privilegierenden Wahlvorschriften der Minderheiten ist der des *Minderheitenkandidaten*. Ein Minderheitenkandidat ist derjenige Kandidat in Kommunalwahlen, der bereits im Kandidatennominierungsverfahren als solcher einer Minderheit nominiert worden ist und seine Kandidatur für eine bestimmte nationale oder ethnische Minderheit anmeldet. Er ist dann in allen Wahlunterlagen einschließlich des Stimmzettels als Kandidat dieser bestimmten Minderheit zu bezeichnen (§ 48 Abs. 2 Kommunalwahlgesetz).
Grundsätzlich kann jeder, der sich um ein Mandat in der kommunalen Abgeordnetenkörperschaft bewirbt, dies als Minderheitenkandidat tun. Zu beachten ist hierbei, daß die für nichtminoritäre Kandidaten geltende Voraussetzung, daß ihn 3 % der Wahlberechtigten als Kandidat vorschlagen müssen (§ 28 Abs. 3 i.V.m. § 27 Abs. 1 Kommunalwahlgesetz), für die Minderheitenkandidaten auf das Erfordernis von fünf Wahlvorschlägen abgesenkt wird (§ 50/B Abs. 1 Kommunalwahlgesetz). Diese Vorschrift trägt der geringen Kopfzahl der meisten Minderheiten Rechnung. Auffällig

---

[415] S.o. Fn. 301 f. Eine kurze Darstellung findet sich bei Borsos, KAS-AI 1995/4 S. 70 ff.

ist hier, daß es nicht zu den Voraussetzungen gehört, daß der Minderheitenkandidat sich zu der entsprechenden Minderheit bekennt. Der Kandidat muß lediglich den Willen, die entsprechende Minderheit zu vertreten, bekunden (§ 50/B Abs. 2 Kommunalwahlgesetz). Wenn die Minderheit sich nur durch eigene Angehörige vertreten lassen will, so kann sie das durch die Wahl entsprechender Kandidaten erreichen. Es ist aber als positiv zu beurteilen, daß das Gesetz den Minderheiten die Möglichkeit eröffnet, sich durch die Person(en) repräsentieren zu lassen, die sie für geeignet hält, und wenn dies ein mit der entsprechenden Minderheit sympathisierender Ungar oder Angehöriger einer anderen Minderheit ist, so steht dessen Kandidatur und gegebenenfalls dessen Wahl rechtlich nichts im Wege. Gerade für eine Minderheit mit sehr niedrigem Sozialprestige wie die Zigeuner kann es in manchen Situationen vorteilhaft sein, ihre Interessen von einer örtlichen oder gar landesweiten Berühmtheit vertreten zu lassen, auf deren Stimme möglicherweise eher gehört wird als auf die eines Minderheitenangehörigen.
Zudem eröffnet dieser Verzicht auf die Zugehörigkeit des Kandidaten zu der Minderheit die Möglichkeit eines gemeinsamen Kandidaten für mehrere Minderheiten. Dies bietet sich v.a. in Gemeinden an, in denen mehrere zahlenmäßig kleine Minderheiten mit gleicher Interessenlage leben. In der Praxis ist davon bisher kaum Gebrauch gemacht worden, was sich aber mit der Konsolidierung des minoritären Autonomiesystems ändern kann.
Vor der Wahl sind Minderheitenkandidaten insofern privilegiert, als daß ihnen am letzten Tag des Wahlkampfes die öffentlich-rechtlichen Rundfunkanstalten unter Beachtung der Zahlenverhältnisse der Kandidaten pro Minderheit gesonderte Sendezeit zur Verfügung stellen müssen (§ 48 Abs. 3 Kommunalwahlgesetz). Ansonsten darf im Rundfunk ausschließlich vor Parlaments-, Kommunal-, Minderheitenselbstverwaltungs- und Sozialversicherungsselbstverwaltungswahlen sowie vor einer bereits angeordneten Volksabstimmung politische Werbung ausgestrahlt werden[416].

Auch bei der Verteilung der Mandate werden die Minderheitenkandidaten bevorzugt. Bevor die einzelnen Arten der Privilegierung dargestellt werden, wird ein Überblick über die unterschiedlichen Kommunalwahlsysteme gegeben. Je nach Größe der Kommune gelten unterschiedliche Regeln.
In Ortschaften mit weniger als 10.000 Einwohnern gilt das sog. *Kleinlistensystem* (§ 42 Kommunalwahlgesetz). Dies besagt, daß bei der Wahl sämtliche Kandidaten auf dem Wahlzettel in alphabetischer Reihenfolge

---

[416] § 11 Abs. 1 Mediengesetz, s.o. Fn. 370.

aufgelistet werden und der Wähler für so viele Kandidaten stimmen kann (aber nicht muß), wie Mandate zu vergeben sind. Die Kandidaten mit den meisten Stimmen sind gewählt.

In Ortschaften mit mehr als 10.000 Einwohnern und den hauptstädtischen Bezirken wird nach dem sog. *gemischten Wahlsystem* (§§ 43 - 46 Kommunalwahlgesetz) gewählt. Dort wird etwas mehr als die Hälfte der Mandate in Einmannkreisen nach dem relativen Mehrheitswahlrecht vergeben. Dabei gelten für Minderheitenkandidaten keine Besonderheiten. Die restlichen Mandate werden an die Kompensationslisten in dem Verhältnis der Splitterstimmen der Kandidaten in den Wahlkreisen verteilt. Die Kompensationslisten sind in der Praxis Listen der einzelnen politischen Parteien. Für das Recht, eine Liste aufzustellen, gelten in bezug auf die Minderheiten nicht die Schwellenwerte des § 29, nach dem nur eine Organisation mit Kandidaten in mehr als einem Viertel der Wahlkreise berechtigt ist, eine Liste zu bilden (§ 50 Abs. 2 Kommunalwahlgesetz). Das bedeutet, daß alle Kandidaten ein- und derselben Minderheit unabhängig von zahlenmäßigen Minimalanforderungen von Gesetzes wegen zu einer Kompensationsliste zusammengeschlossen werden.

Auf das Wahlsystem der *Hauptstadt als Ganzer* braucht hier nicht eingegangen zu werden, da § 21 Abs. 1 Satz 2, § 61 Abs. 4 Minderheitengesetz auf dieser Ebene eine Minderheitenselbstverwaltung nicht durch direkte Wahl, sondern lediglich auf indirekte Weise zulassen. Gemäß § 61 Abs. 4 lit. a) wählen die gewählten Minderheitenvertreter in den hauptstädtischen Bezirken die Hauptstädtische Minderheitenselbstverwaltung, deren Mitgliederzahl von § 23 Abs. 2 Minderheitengesetz auf 9 festgelegt wird, als Elektoren nach Grundsätzen, die der Wahl der landesweiten Minderheitenselbstverwaltung entsprechen [s.u. Punkt gg)]. Für den Fall, daß eine Minderheit in keinem hauptstädtischen Bezirk über eine Minderheitenselbstverwaltung verfügt, trifft § 61 Abs. 4 lit. b) die Sonderregelung, daß mindestens zehn wahlberechtigte Bürger eine Wählerversammlung initiieren können, die dann nach dem Kleinlistensystem die neun Mitglieder der Hauptstädtischen Minderheitenselbstverwaltung wählt. Die Wahl ist gültig, wenn mindestens 100 Stimmen gültig abgegeben wurden. Für die Einzelheiten verweist § 61 Abs. 4 lit. b) auf die §§ 31 - 34, die ein entsprechendes Verfahren für die landesweiten Minderheitenselbstverwaltungen vorsehen.

Die Sonderregelungen für die Minderheitenselbstverwaltungen auf der Ebene Gesamtbudapests entsprechen dem zweistufigen Aufbau der Kommunalverwaltung, wo hauptstädtische Bezirke und die Hauptstadt als grundsätzlich nicht ein einem hierarchischen Verhältnis zueinander stehende Ebenen der kommunalen Selbstverwaltung bestehen. Angesichts des geringen Bevölkerungsanteils der Minderheiten in Budapest wäre es nicht sinnvoll gewesen, die Minderheiten versuchen zu lassen, im Rahmen der allgemeinen Wahlen zur Generalversammlung der Hauptstadt Selbstverwaltungen zustande zu bringen. Dies wäre mit Ausnahme der allergrößten Minoritäten von vornherein zum Scheitern verurteilt gewesen. Um aber den Minderheiten eine Präsenz in Form von Selbstverwaltungen auch auf der gesamthauptstädtischen Ebene zu ermöglichen, bietet sich eine zu den landesweiten Minderheitenselbstverwaltungen analoge, indirekte Form an.

Wenn eine Minderheit es nicht geschafft hat, irgendeinen ihrer Kandidaten auf regulärem Wege in die kommunale Abgeordnetenkörperschaft zu wählen, bekommt sie nach den für Minderheiten geltenden Sonderregeln trotzdem ein Mandat, wenn

- in Ortschaften mit weniger als 10.000 Einwohnern wenigstens einer ihrer Kandidaten die Hälfte der zur Erreichung eines Mandates mindestens notwendige Stimmenzahl auf sich vereinigen konnte (§ 49 Abs. 1 Kommunalwahlgesetz);
- in Ortschaften mit mehr als 10.000 Einwohnern und in den hauptstädtischen Bezirken die Liste einer Minderheit ein Viertel der zur Erreichung eines Listenmandates mindestens notwendige Stimmenzahl erreichen konnte (§ 50 Abs. 6 Kommunalwahlgesetz).

Die Mandate, die die Minderheitenkandidaten aufgrund der besonderen Privilegien für nationale und ethnische Minderheiten erhalten, erhöhen die gesetzlich festgelegte Anzahl der Mandate in der kommunalen Abgeordnetenkörperschaft. Sie sind Zusatzmandate, die aber dem Inhaber die gleichen Rechte und Pflichten vermitteln wie reguläre Mandate[417].
Ursprünglich, d.h. vor seiner Abänderung durch das Gesetz 1994:LXII, sah das Kommunalwahlgesetz die Absenkung der Schwellenwerte für Minderheitenkandidaten vor, ohne die Anzahl der so vereinfacht zu erhaltenden Mandate auf eines zu begrenzen, wie es die neue Rechtslage tut.

Bei dem mit relativer Mehrheit direkt gewählten *Bürgermeister* (§ 47 Kommunalwahlgesetz) und bei der Wahl zu der *Generalversammlung der Komitate* (§ 46/A Kommunalwahlgesetz) gelten keine Besonderheiten oder Erleichterungen für die Minderheitenkandidaten.

---

[417] Zoltán Tóth, Leiter des Landeswahlausschusses, in Brunner, Minderheiten in Ungarn, S. 14.

Es ist fraglich, inwieweit die Privilegien der Minderheitenkandidaten und Minderheitenlisten mit dem Grundsatz der Wahlgleichheit (§ 71 Abs. 1 der Verfassung) zu vereinbaren sind. Durch die Zuerkennung eines unter normalen Umständen nicht erreichten Mandates als Zusatzmandat durch Absenkung des Schwellenwertes auf die Hälfte oder ein Viertel können Minderheitenstimmen auch dann noch zählen, wenn andere Stimmen wegfallen würden. Damit ist die Gleichheit der Wahl, deren zentraler Gedanke die Wertgleichheit der Stimmen ist, tangiert. Allerdings stellen die Gesetze der Republik Ungarn gemäß § 68 Abs. 3 der Verfassung die Vertretung der Minderheiten sicher[418]. Damit ist die politische Repräsentanz der Minderheiten ebenso ein Verfassungsgut wie die Gleichheit der Wahl. Da die Minderheiten auch auf örtlicher Ebene häufig zahlenmäßig unterlegen und einige Minderheiten so klein sind, daß sie auch bei hoher Wahlbeteiligung und einstimmigem Wahlverhalten wohl nie die allgemeinen Schwellenwerte erreichen würden (das trifft vor allem auf die Bulgaren, Griechen, Polen, Armenier, Ruthenen und Ukrainer zu), kann die von § 68 Abs. 3 der Verfassung gewünschte Vertretung nur durch besondere Vorkehrungen gesichert werden. Eine Möglichkeit, dieses Ziel zu erreichen, ist die Reduzierung der Schwellenwerte für Minderheitenvertreter[419]. Die Tatsache, daß diese Absenkung erst stattfindet, wenn die Minderheit auf normalem Wege nicht zu einer Repräsentanz kommt, ist im Hinblick auf die Gleichheit der Wahl positiv zu beurteilen: Die Wahlgleichheit wird erst dann verletzt, wenn feststeht, daß andernfalls die Repräsentanz nicht gewährleistet ist. Die völlige Aufgabe der Schwellenwerte, d.h. die faktische Garantie eines Mandates für jede Minderheit, auf die mindestens eine Stimme entfällt, würde einerseits den Grundsatz der Wahlgleichheit stärker einschränken und ist andererseits auch sachlich nicht gerechtfertigt. Wenn eine Minderheit zahlenmäßig derart klein oder politisch derart inaktiv ist oder sich durch die herkömmlichen ungarischen Parteien so gut repräsentiert fühlt, daß sie auch bei reduzierten Schwellenwerten keine Vertretung in der kommunalen Abgeordnetenkörperschaft zustande bringt, so müssen für diese Gruppe andere Möglichkeiten der Repräsentanz außerhalb der

---

[418] Die Garantie des § 68 Abs. 4 der Verfassung, daß die Minderheiten örtliche und landesweite Selbstverwaltungen gründen können, ist für die vorliegende Frage unergiebig, da die Verfassung sich nicht dazu äußert, ob diese Selbstverwaltungen innerhalb der kommunalen Selbstverwaltungen zustande kommen müssen oder ob nicht auch autonome Vertretungen außerhalb der Gemeindeverwaltungen ausreichen.

[419] Das Problem könnte auch gelöst werden, indem man z.B. jeder Minderheit eine Anzahl von Mandaten reserviert.

örtlichen Volksvertretungsorgane gefunden werden. Dies verstößt nicht gegen § 68 Abs. 3 der Verfassung. In der Tat hält das Minderheitengesetz Vertretungsmechanismen der Minderheiten für den Fall bereit, daß Vertreter der Minderheit nicht in ausreichender Anzahl in die Abgeordnetenkörperschaft gelangt sind: dic unmittelbar zustande gekommene örtliche Minderheitenselbstverwaltung [s.u. Punkt dd)] und der Minderheitensprecher [s.u. Punkt ff)]. Die erwähnte Beschränkung der 'privilegierten Mandate' auf eines pro Minderheit durch das Gesetz 1994:LXII hat den Effekt, daß das Prinzip der Gleichheit der Wahl nicht mehr als nötig beeinträchtigt wird. Dieses Prinzip wurde durch die alte Rechtslage, die jeder Minderheit rechnerisch den Erwerb mehrerer Mandate durch abgesenkte Schwellenwerte gestattete, stärker berührt. Auch aus Gründen des politischen Friedens scheint es ratsam, die Minderheiten nicht über Gebühr zu privilegieren, da dies zu Neid bei der Mehrheit führen kann. Die Absenkung für ein Mandat entspricht dem Verfassungsgut der politischen Repräsentanz der Minderheiten, das aber auch durch ein Mandat pro Minderheit durchaus erfüllt ist. Die Minderheiten können so in den kommunalen Vertretungsorganen die Stimme erheben, ohne über die Maßen bevorzugt zu werden.
Damit ist der Garantie des § 68 Abs. 3 der Verfassung Genüge getan, ohne das Prinzip der Wahlgleichheit mehr als nötig zu verletzen.
Die Betonung der der kommunalen Ebene bei der Ausgestaltung der Wahlrechtsprivilegien[420] ist sachlich deshalb gerechtfertigt, weil das Identitätsbewußtsein der in Ungarn lebenden Minderheiten im Regelfall durch einen starken Lokalpatriotismus und ein starkes Heimatbewußtsein an den Wohnort und die örtliche Gemeinschaft gebunden ist, aber kaum Solidarität über diesen engen Bereich hinaus kennt[421].

Auf Verlangen von mindestens fünf Wahlberechtigten, die sich als derselben Minderheit zugehörig bekennen, ist zusammen mit der Kommunalwahl auch die - davon verschiedene - örtliche Minderheitenselbstverwaltungswahl für die betreffende Minderheit abzuhalten (§ 50/A Kommunalwahlgesetz). Sie dient dazu, die unmittelbar zustande gekommene örtliche Minderheitenselbstverwaltung [s.u. Punkt dd)] zu bilden. Sie ist für jede Minderheit gültig, auf deren Liste wenigstens 50 (in Ortschaften mit weniger als 10.000 Einwohnern) bzw. 100 (in Ortschaften mit mehr als 10.000 Einwohnern) Wahlberechtigte gültig abgestimmt haben. Für die Kandidatur ist

---

[420] Zur Frage der Repräsentanz im Parlament s.u. Punkt 5. c), in den Komitaten s. Punkt 3. i).
[421] S.o. Punkt III. 1. b).

der Vorschlag von fünf Wahlberechtigten, die sich zu der zu repräsentierenden Minderheit bekennen, nötig; auch hier ist die Kandidatur nicht an die Zugehörigkeit zu der entsprechenden Minderheit gebunden (§ 50/B Kommunalwahlgesetz). Alle Kandidaten einer Minderheit werden zu einer Liste verbunden, auf der der Wähler so viele Stimmen abgeben kann, wie Mandate zu vergeben sind. Gewählt sind die Kandidaten, auf die die meisten Stimmen entfallen (§ 50/C Kommunalwahlgesetz). Die Anzahl der Abgeordneten in der unmittelbar zustande gekommenen örtlichen Minderheitenselbstverwaltung beträgt in Gemeinden mit weniger als 1.300 Einwohnern 3, in Gemeinden mit mehr Einwohnern und in den hauptstädtischen Stadtbezirken 5, in der Hauptstadt als Ganzem 9 (§ 23 Abs. 2 Minderheitengesetz).

Abweichend von dem Kommunalwahlrecht hält das Wahlrecht für Minderheitenselbstverwaltungen die Möglichkeit einer Nachwahl bereit. Gemäß § 50/C Abs. 7 Kommunalwahlgesetz kann an dem dritten Sonntag im November des Jahres, das dem Kommunalwahljahr folgt, in den Gemeinden, in denen keine Minderheitenselbstverwaltung zustande gekommen ist bzw. wo sie sich seitdem wieder aufgelöst hat, eine Minderheitennachwahl stattfinden. Voraussetzung ist die Initiative von fünf Wahlbürgern, die sich als derselben Minderheit zugehörig bekennen. Die so gewählten Minderheitenselbstverwaltungen sind immer unmittelbar zustande gekommene. Diese erst 1994 in das Gesetz eingefügte Möglichkeit soll dazu beitragen, das System der Minderheitenselbstverwaltungen, von dem in Ermangelung historischer Vorläufer nicht abzusehen war, wie es sich entwickeln würde, zu stabilisieren.

Bei der Kommunalwahl ist den Wahlbürgern auf Verlangen ein Zettel auszuhändigen, auf dem die in Ungarn lebenden Minderheitennationalitäten sowie zur Angabe doppelter Bindung auch die ungarische Nationalität aufgeführt sind. Auf diesem Zettel können sie sich anonym zu einer Minderheit bekennen; Mehrfachangaben bei Mischidentitäten sind zulässig. Diese Angaben, die in einem gesonderten Briefumschlag in einer gesonderten Urne gesammelt werden, dienen zur Feststellung der Zahlenverhältnisse der einzelnen Minderheiten. Zuständig sind die allgemeinen Wahlorgane, die die anonymisierten Daten an das Statistische Landesamt weiterleiten (§ 65 Minderheitengesetz). Auch bei diesem Verfahren dienen die Koppelung an die Kommunalwahl und die Anonymität des Zugehörigkeitsbekenntnisses dem Ausgleich zwischen dem öffentlichen Interesse an der Erhebung statistischer Angaben und dem Recht des Einzelnen, sich frei zu seiner Ethnizität zu bekennen oder nicht zu bekennen. Ganz geheim ist dieses Verfahren allerdings nicht, da der Bekenntniszettel extra erbeten werden und später in einem gesonderten Briefumschlag in eine gesonderte Urne geworfen werden muß. Letztere Bestimmung hat den Sinn, Wahlstimmen von statistischen Erhebungen von vornherein zu trennen und in verschiedenen Gefäßen zu sammeln. Dies dient vor allem dem Schutz der Wahlgrundsätze. Letztendlich ist die geringe Publizität, die das Erbitten des Bekenntniszettels und sein Einwerfen in eine 'Minderheitenbekenntnisurne' hervorrufen, unbedenklich, da das Prinzip des freien und freiwilligen Bekenntnisses nur wenig eingeschränkt wird und ohnehin niemand gezwungen wird, an diesem Verfahren teilzunehmen. Es steht jedem frei, den Zettel nicht zu erbitten, wenn er nicht deutlich machen will, zu einer Minderheit zu gehören.

bb) Die kommunale Minderheitenselbstverwaltung

Zur kommunalen Minderheitenselbstverwaltung kann sich diejenige kommunale Selbstverwaltung erklären, in deren Abgeordnetenkörperschaft mehr als die Hälfte der Volksvertreter als Kandidaten einer nationalen oder ethnischen Minderheit gewählt worden sind (§ 22 Abs. 1 Minderheitengesetz). Bei der Bestimmung der Hälfte der Volksvertreter ist der Bürgermeister nicht mitzuzählen, weil er zwar von Amts wegen Mitglied der Abgeordnetenkörperschaft ist und dort dieselben Rechte wie ein Kommunalabgeordneter hat, aber nicht als Kommunalabgeordneter gewählt wurde, sondern separat davon direkt als Bürgermeister[422].

Die Erklärung zur kommunalen Minderheitenselbstverwaltung geschieht auf der konstituierenden Sitzung der Abgeordnetenkörperschaft (§ 102/B Abs. 1 Kommunalgesetz). Diese Ausschlußfrist könnte verfassungsrechtlichen Bedenken insbesondere im Hinblick auf § 68 Abs. 4 begegnen, da der Minderheit nach Ablauf der konstituierenden Sitzung für die Zeit dieser Wahlperiode die Möglichkeit, jedenfalls eine kommunale Minderheitenselbstverwaltung zu gründen, genommen ist. Die Minderheitenabgeordneten werden also gezwungen, sich gleich in der konstituierenden Sitzung zu entscheiden, ob sie eine solche Minderheitenselbstverwaltung schaffen wollen. Angesichts der gerade auf den Dörfern noch im Entstehen begriffenen Partei- und sonstigen politischen Strukturen kommt es dort vor, daß

---

[422] Urteil des Verwaltungsrechtlichen Kollegiums des Obersten Gerichtshofes vom 27.3.1996, AZ.: Legf. Bír. Kfv.III.27.031/1996., abgedruckt in Bírósági Határozatok [Gerichtsentscheidungen] 1996/621.

die Orientierungsphase der gewählten Kandidaten erst lange nach den Kommunalwahlen abgeschlossen wird. Dies trifft aber auf die Minderheitenabgeordneten gerade nicht zu, da sie sich bereits als Minderheitenkandidaten zur Wahl stellen müssen. Die Kandidatur als Vertreter der Minderheit ist die einzige Möglichkeit, Minderheitenabgeordneter zu werden; das nachträgliche Bekenntnis eines nicht als Minderheitenkandidat gewählten Abgeordneten kann diesem nicht den Status eines Minderheitenabgeordneten verschaffen. Andere als Minderheitenabgeordnete können sich aber an der Bildung der Minderheitenselbstverwaltung nicht beteiligen. Damit ist bereits auf der konstituierenden Sitzung klar, wer die Minderheit(en) vertritt. Für diese Minderheitenabgeordneten stellt es aber keine zu große Einschränkung dar, wenn sie sich auf der ersten Sitzung der Abgeordnetenkörperschaft zur Bildung einer Minderheitenselbstverwaltung entschließen müssen.

Zudem hat die Ausschlußfrist einen sachlichen Grund: Es soll auf örtlicher Ebene möglichst rasch Klarheit herrschen, welche Art der Minderheitenselbstverwaltung zustande gekommen ist. Wenn sich nicht die Hälfte der Abgeordneten zur Bildung einer kommunalen Minderheitenselbstbverwaltung entschließt, können immer noch mehr als 30 % derselben Minderheit zugehörigen Abgeordneten innerhalb einer Dreitagesfrist eine mittelbar zustande gekommene Minderheitenselbstverwaltung bilden [s.u. Punkt cc)]. Wenn diese beiden vorrangigen Formen der Minderheitenselbstverwaltung nicht zustande kommen, besteht noch die Möglichkeit einer unmittelbar zustande gekommenen Minderheitenselbstverwaltung (§ 23 Abs. 5), in Ermangelung derselben der Berufung eines Minderheitensprechers. Aufgrund der Vorrangigkeit der jeweils stärkeren Selbstverwaltungsform muß schnell Klarheit über die oben in der Hierarchie rangierenden Möglichkeiten geschaffen werden, damit nötigenfalls mit der Schaffung der nächstschwächeren Form begonnen werden kann.

Außerdem soll möglichst bald nach Abschluß der Kommunalwahlen mit der Bildung der landesweiten Minderheitenselbstverwaltung begonnen werden können. Entsprechend dem demokratischen Prinzip, daß öffentliche Gewalt von unten nach oben aufgebaut sein soll, werden die landesweiten Minderheitenselbstverwaltungen aus den örtlichen Minderheitenselbstverwaltungen gebildet: Wahlmänner für die landesweiten Minderheitenselbstverwaltungen sind neben den lokalen Minderheitenabgeordneten auch die Mitglieder der unmittelbar zustande gekommenen Minderheitenselbstverwaltung [§ 31 Abs. 2, s.u. Punkt gg)]. Auch deshalb muß über die Existenz der beiden vorrangigen Formen schnell entschieden werden, damit die Bildung einer unmittelbar zustande gekommenen Minderheitenselbstverwaltung stattfinden kann. Damit ist dann klar, wer auf örtlicher Minderheitenselbstverwaltungsebene die Wahlmänner für die landesweite Selbstverwaltung sind und diese dann ins Leben rufen können. Die Beschleunigung des Prozesses der Bildung von landesweiten Minderheitenselbstvcrwaltungen ist ein hinreichender sachlicher Grund für die Einführung von Entscheidungsfristen auf örtlicher Ebene. Auch für die Gemeinden selbst ist es nur von Nutzen, wenn die Verhältnisse möglichst rasch geklärt sind.

Wenn die Mehrheit der Kommunalabgeordneten die Erklärung im Sinne des § 22 Abs. 1 ausspricht, hat das zur Folge, daß die gesamte kommunale Selbstverwaltung zur Minderheitenselbstverwaltung wird. Kommunale und Minderheitenselbstverwaltung werden dadurch personell und institutionell identisch, und insbesondere die Kommunalabgeordneten, die nicht der mehrheitsbildenden Minderheit angehören, werden Teil der Minderheitenselbstverwaltung[423]. Insofern trägt diese Form der Minderheitenselbstverwaltung den Keim zur Territorialautonomie, ausgeübt auf dem Territorium der jeweiligen Gemeinde, in sich.
Die kommunale Minderheitenselbstverwaltung ist, wie jede andere Minderheitenselbstverwaltung auch, eine juristische Person (§ 25 Abs. 1 Satz 1). Auch der kommunalen Selbstverwaltung, deren Trägerin gemäß § 44 Abs. 1 der Verfassung, § 9 Abs. 1 Satz 2 Kommunalgesetz die Abgeordnetenkörperschaft ist, erkennt § 9 Abs. 1 Satz 1 Kommunalgesetz Rechtspersönlichkeit zu. Aus der Vorschrift des § 25 Abs. 1 Satz 1 Minderheitengesetz könnte sich im Hinblick auf die zitierten Vorschriften des Kommunalgesetzes auf den ersten Blick ergeben, daß die Mehrheit in der Abgeordnetenkörperschaft, die sich zu einer kommunalen Minderheitenselbstverwaltung erklärt hat, eine von der kommunalen Selbstverwaltung, d.h. der Abgeordnetenkörperschaft völlig getrennte Rechtspersönlichkeit hat. Dieser Befund würde aber im Widerspruch zu § 22 Abs. 1 stehen, demzufolge die gesamte kommunale Selbstverwaltung zur Minderheitenselbstverwaltung wird. Eine Beschränkung des Anwendungsbereichs des § 25 Abs. 1 Satz 1 auf die anderen, schwächeren Formen der Minderheitenselbstverwaltungen verbietet sich im Hinblick auf den klaren Wortlaut der Norm, die ausdrücklich jeder Minderheitenselbstverwaltung den Status einer juristischen Person zuerkennt.

---

[423] Dieser Ansicht sind auch sowohl das für die Kommunalaufsicht zuständige Innenministerium als auch das Minderheitenamt, wie aus unterschiedlichen Broschüren und Merkblätter beider Behörden hervorgeht.

Die Auflösung dieses scheinbaren Widerspruchs gelingt, wenn man die unterschiedlichen Rollen der Gemeinde und ihrer Selbstverwaltung trennt. Als kommunale Selbstverwaltung ist sie gemäß § 9 Abs. 1 Kommunalgesetz eine juristische Person und besitzt die kommunalrechlichen Kompetenzen, die aus der gemeindlichen Autonomie fließen. Dieser Kompetenzkreis wird durch die Erklärung zu einer kommunalen Minderheitenselbstverwaltung um zusätzliche minderheitenrechtliche Befugnisse erweitert. Für diese stellt § 25 Abs. 1 Satz 1 Minderheitengesetz deklaratorisch klar, daß der Kommune auch dann Rechtspersönlichkeit zukommt, wenn sie ihre minoritären Kompetenzen wahrnimmt. Die kommunale Minderheitenselbstverwaltung ist folglich eine einheitliche juristische Person mit einem kommunalrechtlichen und einem minderheitenrechtichen Aspekt.
Die gewählten Minderheitenkandidaten befinden sich folglich ebenso wie die anderen Kommunalabgeordneten in einer zweifachen Rolle: Sie sind einesteils Mitglieder der kommunalen Abgeordntenkörperschaft mit den ihnen daraus erwachsenen Rechten und Pflichten. Andererseits sind sie Mitglieder der Minderheitenselbstverwaltung. In dieser Eigenschaft stehen ihnen die Rechte und Pflichten des Minderheitenrechts zu. Diese Doppelrolle ist nicht so ungewöhnlich, wie sie zunächst scheint. Auf einer anderen Ebene sind auch viele Kommunalabgeordnete einer zweifachen Bindung unterworfen: Sie sind örtliche Volksvertreter und gleichzeitig Mitglied der Partei, für die sie gewählt worden sind. Die Loyalitätskonflikte, die in einer solchen Situation entstehen können, sind psychisch und soziologisch vergleichbar, so daß man die Lösungsmuster für das Dilemma der parteigebundenen Abgeordneten auch für die Minderheitenabgeordneten fruchtbar machen kann. Für die Handhabung des Doppelcharakters der Mitgliedschaft in der kommunalen Abgeordnetenkörperschaft, die gleichzeitig die kommunale Minderheitenselbstverwaltung bildet, ist die Abgrenzung der Kompetenzen beider Selbstverwaltungseinrichtungen von zentraler Bedeutung.

Die Minderheitenselbstverwaltung hat zunächst dieselben Rechte und Pflichten, die jeder anderen kommunalen Selbstverwaltung auch zukommen (§ 25 Abs. 1 Satz 2). Insbesondere ist sie für alle öffentlichen Angelegenheiten von örtlichem Interesse zuständig (§ 42 Satz 2 der Verfassung) und kann autonomes Recht in Form von Satzungen setzen. Insofern unterscheidet sie sich in nichts von den anderen kommunalen Selbstverwaltungen und deren weitreichenden Kompetenzen.
Darüber hinaus überträgt das Minderheitengesetz der kommunalen Minderheitenselbstverwaltung einige minderheitentypische Rechte und Pflich-

ten, die eine herkömmliche kommunale Selbstverwaltung nicht hat (§ 25 Abs. 1 Satz 2 a.E.). So ist sie verpflichtet, bei der Erledigung der öffentlichen Angelegenheiten von örtlichem Interesse die Rechte der sich örtlich in der Minderheit befindlichen ungarischen Bevölkerung und der anderen Minderheiten sicherzustellen (§ 25 Abs. 2). Rechtstheoretisch läßt sich das damit begründen, daß die kommunale Minderheitenselbstverwaltung gleichzeitig die kommunale Selbstverwaltung ist, welche ihrerseits der Gesamtheit der Wahlberechtigten zusteht (§ 42 der Verfassung, § 5 Kommunalgesetz). Auf die kommunale Selbstverwaltung weist der Begriff der öffentlichen Angelegenheiten von örtlichem Interesse in § 25 Abs. 2 Minderheitengesetz hin, mit dem im Verfassungs- und Kommunalrecht der Kompetenzrahmen der örtlichen Selbstverwaltung beschrieben wird. Auf faktischer Ebene wird damit der Tatsache Rechnung getragen, daß eine Minderheit, die auf örtlicher Ebene die Mehrheit stellt und sich der Kommunalverwaltung bemächtigen konnte, ebenso zur Majorisierung der lokalen Minderheiten neigen kann wie die Mehrheitsbevölkerung. Die generelle Vorschrift des § 25 Abs. 2 Minderheitengesetz ist von denselben Erwägungen getragen wie die unter Punkt III. 3. e) bb) behandelte schulrechtliche Sondernorm des § 48 Abs. 3 Minderheitengesetz.

Zudem verlangen der Gleichheitsgrundsatz, aber auch der politische Friede die Respektierung der Rechte der Ungarn und der Angehörigen von Drittminderheiten. Die Bildung einer lokalen Minderheitenselbstverwaltung der ungarischen Bevölkerung ist dagegen nicht möglich, weil die Ungarn nicht der Minderheitendefinition des § 1 Abs 2 unterfallen. Dies ist jedoch Voraussetzung für die Inanspruchnahme der Rechte und Pflichten des Minderheitengesetzes, so auch des Rechts, eine Minderheitenselbstverwaltung zu gründen.

Die kommunale Minderheitenselbstverwaltung kann sich in jeder Frage, die die Minderheit berührt, mit einem Ersuchen an die zuständige Stelle wenden, die innerhalb von 30 Tagen in der Sache zu antworten oder im Falle der Unzuständigkeit die Angelegenheit innerhalb von drei Tagen an die zuständige Stelle weiterzuleiten verpflichtet ist (§ 26). Dieses 'kollektive Petitionsrecht' garantiert der kommunalen Minderheitenselbstverwaltung, daß sie den Belangen der von ihr vertretenen Minderheit bei den zuständigen Behörden Gehör verschaffen kann. Der Exekutivapparat kann damit vor den Interessen der Minderheiten nicht mehr die Augen verschließen. Das garantiert noch nicht, daß die behördlichen Entscheidungen mit den Minderheiteninteressen übereinstimmen. Aber es ist sichergestellt, daß die Minderheiten ihre Anliegen und Belange in den Entscheidungspro-

zeß einfließen lassen können. Weiter kann eine Garantie in einem repräsentativ-demokratischen Gemeinwesen sinnvollerweise auch nicht gehen.
Des weiteren ist die kommunale Minderheitenselbstverwaltung berechtigt, mit allen Minderheitenorganisationen Kontakt zu pflegen und Vereinbarungen über Zusammenarbeit zu schließen (§ 30 Abs. 1). Diese Möglichkeit wird in der Praxis kaum genutzt[424]. Eine Zusammenarbeit findet bisweilen bei der Durchführung einzelner Projekte statt; eine institutionalisierte Zusammenarbeit oder gar ein Zusammenschluß zweier oder mehrerer Minderheitenselbstverwaltungen ist noch nicht zustande gekommen. Dabei wäre angesichts der Knappheit der Mittel eine enge Zusammenarbeit eine gute Möglichkeit, die vorhandenen Kräfte zu bündeln und so effektiver arbeiten zu können. Dieses Phänomen des 'bindungsunwilligen Einzelkämpfers' ließ sich auch bei den Kommunalverwaltungen nach der Ersetzung des Rätesystems durch die gemeindliche Selbstverwaltung beobachten. Im ersten Überschwang wollten sich die Selbstverwaltungsträger nicht durch eine instutionalisierte Zusammenarbeit binden und so - in ihren Augen - die gerade gewonnene Freiheit wieder abgeben. Bei den Kommunen beginnt sich aber allmählich die Einsicht durchzusetzen, daß nur durch eine enge und institutionell verankerte Zusammenarbeit die Aufgaben gelöst werden können und damit die Selbstverwaltung erhalten werden kann[425]. Es ist angesichts paralleler Problemlagen zu erwarten, daß dieses Denken auch in den Minderheitenselbstverwaltungen nach Abschluß der Etablierungsphase einsetzen wird.
An staatlichen Ausschreibungen zur Pflege der Minderheitenkultur kann die Minderheitenselbstverwaltung unter denselben Voraussetzungen teilnehmen wie andere Minderheitenorganisationen und -vereine (§ 30 Abs. 2). Damit ist klargestellt, daß den kommunalen Minderheitenselbstverwaltungen bei dem Zugang zu ausgeschriebenen staatlichen Geldern im Vergleich zu privatrechtlichen Organisationen weder Vor- noch Nachteile entstehen sollen. Dem liegt der Grundsatz der Gleichwertigkeit der verschiedenen Arten der Repräsentanz der Minderheiten zugrunde.
Wenn das Minderheitengesetz keine Regelung trifft, so findet das Kommunalgesetz entsprechende Anwendung (§ 24). Die Vorschriften des Kommunalgesetzes und anderer kommunalrechtlicher Normen sind in Übereinstimmung mit den Vorschriften des Minderheitengesetzes anzuwenden

---

[424] Rudolf Virágh, Innenministerium der Republik Ungarn, und Pero Lásztity, Vorsitzender der landesweiten Minderheitenselbstverwaltung der Serben, in Brunner, Minderheiten in Ungarn, S. 78 f.
[425] Zu dem Verhalten der Kommunen s. Küpper, Der Landkreis 1996/88.

(§ 63 Abs. 1). Die letzte Vorschrift wiederholt lediglich den rechtsstaatlichen Grundsatz der Einheitlichkeit der Rechtsordnung und hat insofern rein deklaratorischen Charakter. Durch das Änderungsgesetz 1994:LXIII[426] wurde dem Kommunalgesetz ein Kapitel X/A mit der Überschrift "Die Minderheitenselbstverwaltung" eingefügt, welches die Besonderheiten bei der Anwendung des Kommunalgesetzes auf die Minderheitensebstverwaltungen beinhaltet (§ 102/A Kommunalgesetz). Es regelt insbesondere die Zuständigkeiten innerhalb der Minderheitenselbstverwaltung, die Übertragbarkeit kommunaler Befugnisse auf die Minderheitenselbstverwaltung, die Mehrheitserfordernisse bei der Willensbildung und die Möglichkeit mehrerer Minderheitenselbstverwaltungen, sich zur besseren Erfüllung ihrer Aufgaben zusammenzuschließen.

Die Erklärung einer kommunalen Selbstverwaltung zu einer kommunalen Minderheitenselbstverwaltung bringt, wie gezeigt, nur einen sehr geringen Zuwachs an zusätzlichen Kompetenzen. Ihre Bedeutung liegt mehr auf einer symbolischen Ebene und erleichtert der Minderheitenbevölkerung die Identifikation mit der Kommunalverwaltung. Angesichts der stark lokalen Identitätsbindung ist dies für die in Ungarn lebenden Minderheiten ein nicht zu unterschätzender psychischer Gewinn. Außerdem ist es der kommunalen Minderheitenselbstverwaltung im Gegensatz zu einer kommunalen Selbstverwaltung möglich, für Minderheiten und Minderheitenselbstverwaltungen vorgesehene Gelder zu beantragen.

cc) Die mittelbar zustande gekommene örtliche Minderheitenselbstverwaltung

Wenn in einer Abgeordnetenkörperschaft mehr als 30 % der Abgeordneten als Kandidaten derselben Minderheit gewählt worden sind, können diese in Ermangelung einer kommunalen Minderheitenselbstverwaltung innerhalb von drei Tagen nach der konstituierenden Sitzung der Abgeordnetenkörperschaft eine mittelbar zustande gekommene örtliche Minderheitenselbstverwaltung bilden (§ 22 Abs. 2 Minderheitengesetz, § 102/B Abs. 1 Kommunalgesetz). Die Frist von drei Tagen ist unter denselben Gesichtspunkten gerechtfertigt wie die Bindung der Erklärung zu einer kommunalen Minderheitenselbstverwaltung an die konstituierende Sitzung der Abgeordnetenkörperschaft [s.o. Punkt bb)]. Es geht darum, Klarheit v.a. im Hinblick auf die Bildung einer unmittelbar zustande gekommenen Minderhei-

[426] S.o. Fn. 304.

tenselbstverwaltung und die Bestimmung der Wahlmänner der landesweiten Minderheitenselbstverwaltung zu gewinnen. Auch hier ist bereits auf der konstituierenden Sitzung klar, wer Minderheitenabgeordneter ist, so daß auch im Fall der mittelbar zustande gekommenen Minderheitenselbstverwaltung die Entscheidung über ihre Bildung schnell getroffen werden kann. Die Dreitagesfrist, die über die konstituierende Sitzung hinausgeht, gibt den Minderheitenabgeordneten die Möglichkeit, nach einer möglicherweise stürmisch verlaufenen versuchten Gründung einer kommunalen Minderheitenselbstverwaltung auf der konstituierenden Sitzung nach einer gewissen Beruhigungs- und Bedenkzeit die Gründung einer mittelbar zustande gekommenen Minderheitenselbstverwaltung in Angriff zu nehmen[427].
Diese Minderheitenselbstverwaltung muß mindestens aus drei Personen bestehen; sie ist eine juristische Person und, obwohl ausschließlich aus kommunalen Abgeordneten bestehend, kein Teil oder Organ der Abgeordnetenkörperschaft, sondern eine davon unabhängige Selbstverwaltung. Darin unterscheidet sie sich grundlegend von der kommunalen Minderheitenselbstverwaltung, deren Mitgliederschaft aus allen Kommunalabgeordneten der betreffenden Gemeinde besteht und die institutionell in die Autonomie der Kommune eingebunden ist [s.o. Punkt bb)].
Jede Minderheit kann pro Gemeinde nur eine mittelbar zustande gekommene örtliche Minderheitenselbstverwaltung bilden (§ 23 Abs. 5). Damit ist klargestellt, daß verschiedene Fraktionen innerhalb der Minderheit nicht separate öffentlich-rechtliche Selbstverwaltungen bilden können, sondern versuchen müssen, innerhalb der einen möglichen Repräsentanz zu gewinnen.

Da die Minderheit bei dieser Art von Selbstverwaltung nicht mehr über die Mehrheit in der Abgeordnetenkörperschaft verfügt, räumt das Gesetz der mittelbar zustande gekommenen örtlichen Minderheitenselbstverwaltung bestimmte zwingende Konsultativrechte ein, derer eine kommunale Minderheitenselbstverwaltung wegen ihrer Mehrheit in der Abgeordnetenkörperschaft nicht bedarf. Die Zustimmung dieser Minderheitenselbstverwaltung muß die Kommunalverwaltung einholen, wenn sie eine Satzung über das örtliche öffentliche Unterrichtswesen, die örtlichen Medien, die örtliche Traditionspflege und Kultur oder den kollektiven Sprachengebrauch erlassen will, die die Minderheit als solche berührt (§ 29 Abs. 1). Diese Beschränkung des Verfassungsgutes der kommunalen Autonomie (§ 42)

[427] Eine ähnliche Funktion der Entemotionalisierung der Debatte kommt der Achtundvierzigstundenfrist des Art. 68 Abs. 2 GG zu.

begegnet keinen Bedenken, denn der Schutz der Minderheitenrechte und die Selbstverwaltung der Minderheiten genießen ebenfalls Verfassungsrang (§ 68), und die zwingenden Konsultativrechte beschränken sich auf die Fälle, in denen die Minderheit in ihrer Eigenschaft als solcher betroffen ist.

Weiterhin muß die Minderheitenselbstverwaltung ihre Zustimmung zu gemeindlichen Entscheidungen betreffend der Ernennung von Leitern von Minderheiteneinrichtungen oder betreffend der Ausbildung von Minderheitenangehörigen geben (§ 29 Abs. 2). Diese Berechtigung bezieht sich nur auf Einrichtungen in gemeindlicher Regie, da der Minderheitenselbstverwaltung selbst die Ernennungsrechte für von ihr verwalteten Einrichtungen zusteht: Im Falle von Schulen ernennt gemäß § 102 Abs. 2 lit. d) Unterrichtsgesetz der Träger einer Lehranstalt den Leiter, bei anderen Institutionen ergibt sich das Ernennungsrecht der Kommune aus der Tatsache der Trägerschaft. In der Praxis hat sich v.a. im Erziehungswesen die Frage gestellt, was eine Institution, d.h. eine Schule zu einer 'mitbestimmungspflichtigen' Minderheiteneinrichtung macht. Das Minderheitengesetz enthält keine Definition dessen, was unter einer Minderheiteneinrichtung zu verstehen ist. Es ist bereits in mehreren Fällen heftiger Streit darüber entbrannt, ab welchem Umfang des Minderheitenunterrichts eine gemeindliche Schule zu einer Minderheiteneinrichtung im Sinne des § 29 Abs. 2 wird. Der Gesetzgeber hat diese Regelungslücke erkannt und sie bei der Novellierung des Unterrichtsgesetzes durch das Gesetz 1996:LXII[428] geschlossen. Gemäß § 121 Abs. 6 Unterrichtsgesetz ist unter einer Minderheiteneinrichtung im Sinne des § 29 Abs. 2 Minderheitengesetz ein Kindergarten, eine Schule oder ein Internat zu verstehen, welches laut Gründungsurkunde als Nationalitäten- oder Minderheitenunterrichtseinrichtung gegründet worden ist oder wo die Erziehung nach den Erfordernissen des Minderheitenunterrichts (Kindergartenerziehungsplan, Schulerziehungsplan, Internatserziehungsplan, Kindergartenerziehungsprogramm, Schulerziehungsprogramm, Internatserziehungsprogramm) stattfindet [lit. a)], weiterhin solche Kindergärten, Schulen oder Internate, wo im Durchschnitt von drei Jahren die Erziehung von mindestens 25 % der Zöglinge nach identischen Erfordernissen des Minderheitenunterrichts im Sinne von lit. a) durchgeführt worden ist [lit. b)]. Damit hat der Gesetzgeber die Definition der Minderheiteneinrichtung und mithin den Bereich der Mitbestimmungsrechte sehr weitherzig gefaßt. Als Minderheiteneinrichtung gilt nicht nur die reine Minderheitenschule [lit. a)], die in der Praxis ohnehin eher selten

---

[428] S.o. Fn. 389.

ist, sondern auch die Schule, an der mehr als ein Viertel der Schüler an dem Minderheitenunterricht teilnehmen [lit. b)]. Damit wird auch der Regelfall, nämlich die kommunale Schule, die neben dem üblichen magyarischen Unterricht auch Minderheitenunterricht erteilt, in weitem Umfang erfaßt. Die Schwelle von 25 % der Schüler ist ein geeigneter Kompromiß zwischen der geringen Größe und Dichte der meisten Minderheiten, die keine hohen Schwellenwerte erreichen würden, und der Schwelle der Bedeutungslosigkeit, die ein nur für einige wenige Schüler erteilter Minderheitenunterricht für den gesamten Ablauf der Schulorganisation hat und der daher auch nicht zu Mitbestimmung berechtigen soll. Die vor Erlaß des Gesetzes 1996:LXII in der Praxis gefundenen Vereinbarungen zwischen Minderheitenvertretungen und kommunalen Schulverwaltungen siedelten die Abgrenzung von mitbestimmungspflichtigen Minderheiteneinrichtungen und mitbestimmungsfreien kommunalen Schulen ebenfalls in dem Bereich von 25 bis 40 % des Unterrichtsvolumens bzw. der Schüler an.

Wenn diese Konsultativrechte nicht innerhalb von 30 Tagen nach Zustellung wahrgenommen werden, erlöschen sie in der fraglichen Angelegenheit (§ 29 Abs. 3). Diese Frist dient der Sicherung der Funktionsfähigkeit der Kommunalverwaltung und verstößt daher nicht gegen die verfassungsrechtlich garantierten Minderheitenrechte.

Gemeindliche Satzungen über die Bewahrung und den Schutz der historischen Siedlungen und Baudenkmäler der Minderheit bedürfen ihrer Zustimmung (§ 38 Abs. 3). Dieses Zustimmungserfordernis ermöglicht es der örtlichen Minderheitenselbstverwaltung, sich in einem Kernbereich ihrer Identität, nämlich der Gestaltung ihres örtlichen Umfeldes in bezug auf ihre ererbte materielle Kultur, gegen zerstörerische Einflüsse von Mehrheitsentscheidungen zur Wehr zu setzen. Diese Vorschrift zwingt Mehrheit und Minderheit auf diesem Feld zur Zusammenarbeit: Die Mehrheit erläßt weiterhin die entsprechende Satzung, kann dies aber nicht gegen den Willen der Minderheitenselbstverwaltung tun. Andererseits kann die Minderheit die Mehrheit nicht zwingen, eine bestimmte Rechtsnorm zu erlassen; sie kann nur von der Mehrheit geplante Normen abwehren. Im örtlichen Bereich, wo man sich oft noch persönlich kennt und wo ethnische Unterschiede ohnehin in der Regel eine untergeordnete Rolle spielen, dürfte eine derartige Zusammenarbeit meist unproblematisch zu erreichen sein. Sollte es in der Gemeinde keine Minderheitenselbstverwaltung geben, sondern lediglich einen Minderheitensprecher oder einen örtlichen Minderheitenverein, so kommt diesen kein Zustimmungsrecht, sondern entsprechend der schwächeren Repräsentationsform lediglich ein Anhörungsrecht zu (§ 38 Abs. 3 Satz 2). Damit kann die Minderheit eine ihr nicht genehme Satzung zwar nicht mehr verhindern, aber immerhin ist sichergestellt, daß sie ihre Interessen bei der Willensbildung zum Erlaß der Satzung artikulieren kann. Bei dem Zustimmungserfordernis des § 38 Abs. 3 können sich verfassungsrechtliche Bedenken im Hinblick auf das Recht auf Selbstverwaltung [§ 44/A Abs. 1 lit. a) der Verfassung] und das Recht auf Erlaß von Verordnungen in Selbstverwaltungsangelegenheiten (§ 44/A Abs. 2 der Verfassung) ergeben. Dagegen ist einzuwenden, daß nicht nur die kommunale Selbstverwaltung, sondern auch der Schutz und die Förderung der Minderheitenkulturen mit Verfassungsrang ausgestattet sind. Da sich das Zustimmungserfordernis nur auf einen zentralen Bereich des Erhalts der Minderheitenkulturen beschränkt, ist das Recht auf kommunale Selbstverwaltung nicht stärker beeinträchtigt, als es der Schutz des kulturellen Erbes der Minderheiten durch diese selbst unbedingt erfordert.

Die mittelbar zustande gekommene örtliche Minderheitenselbstverwaltung kann im Rahmen einer kommunalen Satzung in ihrem eigenen Zuständigkeitsbereich ihren Haushalt und die Verwendung der ihr zur Verfügung gestellten Mittel, den Gebrauch des ihr gemäß den Vorschriften des Minderheitengesetzes von der Kommunalverwaltung zur Verfügung gestellten Vermögens und gemäß besonderer Rechtsnormen den Kreis der geschützten Denkmäler und deren Schutz bestimmen (§ 27 Abs. 1). Auf Antrag der örtlichen Minderheitenselbstverwaltung hat die Abgeordnetenkörperschaft der kommunalen Selbstverwaltung diese Verordnung innerhalb von 90 Tagen zu erlassen (§ 102/B Abs. 4 Kommunalgesetz). Problematisch ist an dieser Regelung der Verweis auf den Rahmen der kommunalen Satzung. Damit ist es der Gemeinde an die Hand gegeben, den Rahmen der Autonomie der Minderheitenselbstverwaltung festzulegen. Daß sie die Satzung als ganzes nicht verweigern darf, stellt § 102/B Abs. 4 Kommunalgesetz sicher. Eine kommunale Satzung darf nicht höherrangigem Recht wie z.B. einem Gesetz widersprechen. Folglich kann die Gemeinde in ihrer Satzung weder die Garantien des Minderheitengesetzes noch die Vorschriften des § 102/B Abs. 4 Kommunalgesetz, wonach die Satzung im Sinne des § 27 Abs. 1 Minderheitengesetz die Selbständigkeit der Minderheitenselbstverwaltung nicht verletzen darf, außer Kraft setzen. Sie muß dem das ganze Minderheitengesetz prägenden Grundsatz der Minderheitenfreundlichkeit entsprechen, um nicht gegen das höherrangige Minderheitengesetz zu verstoßen. Der Hinweis auf die kommunale Satzung ist daher nicht als Begrenzung der Minderheitenrechte zu lesen, sondern als Kompetenznorm und vor allem als Normsetzungsauftrag an die Gemeinden, in denen Minderheitenselbstverwaltungen bestehen. Wegen der stark unterschiedlichen

Situation der verschiedenen Minderheiten in den einzelnen Landesteilen hat sich der Gesetzgeber dafür entschieden, die Detailregeln durch die kommunale Selbstverwaltung bestimmen zu lassen. Dort sind die spezifischen Verhältnisse in der Gemeinde am besten bekannt, so daß die kommunale Satzung gezielter auf die örtlichen Besonderheiten und Bedürfnisse eingehen kann als eine notwendigerweise sehr viel abstraktere und weniger die Umstände des Einzelfalles berücksichtigende gesetzliche Regelung.
Bei der Regelung des Kreises der geschützten Denkmäler und deren Schutzes muß die Minderheitenselbstverwaltung im Rahmen der rechtlichen Bestimmungen handeln. Hiermit sind vor allem die Verordnung mit Gesetzeskraft 9/1963.[429] und die dazu ergangenen ministeriellen Ausführungsvorschriften gemeint, die den Kreis der Gegenstände, die unter Denkmalschutz gestellt werden können, sowie das Verwaltungsverfahren regeln. Hier hat die Minderheitenselbstverwaltung dieselben Vorschriften zu beachten wie jede andere Denkmalschutzbehörde auch.
§ 27 Abs. 2 berechtigt die Minderheitenselbstverwaltungen, in eigener Zuständigkeit und unabhängig von kommunalen Satzungen über ihre Organisation und Geschäftsordnung, ihren Namen, ihre Symbole, über ihre Auszeichnungen und die Bedingungen ihrer Vergabe sowie über die örtlichen Feiertage der Minderheit zu entscheiden. Ursprünglich sollten die Minderheitenselbstverwaltungen auch diese Befugnisse auch nur im Rahmen einer kommunalen Satzung ausüben können, was durch das Gesetz 1994:LXIII[430] geändert wurde. Der Name, die Symbole, die Organisation und die Geschäftsordnung stellen den Inbegriff der Autonomie dar, weshalb sie aus der Bindung an die gemeindliche Satzung herausgenommen wurden. Die Verleihung von eigenen Auszeichnungen ist ebenfalls stark mit dem Kern der Identität der Selbstverwaltung verbunden und hat zudem in der Regel keine Auswirkungen auf den ordre public der Gemeinde. Gleiches gilt für die Feiertage der Minderheit, die durch die Bestimmung als solche nicht zu arbeitsfreien Tagen oder ähnlichem werden. Folglich enthält § 27 Abs. 2 Befugnisse, die entweder den Inbegriff der Organisationsautonomie betreffen oder prototypisch keinerlei Auswirkungen über den Kreis der Minderheit hinaus haben, so daß für eine Aufsichts- und Kontrollfunktion der Gemeinde, die durch die Gestaltung der Satzung ausgeübt werden kann, kein Bedarf besteht.
Die Gemeinde ist verpflichtet, der Minderheitenselbstverwaltung auf Antrag die Vermögensgegenstände, die diese zur Erledigung gesetzlich fest-

---

[429] Verordnung mit Gesetzeskraft 9/1963. über den Schutz musealer Denkmäler.
[430] S.o. Fn. 304.

gelegter Aufgaben benötigt, zu überlassen (§ 27 Abs. 3). Auf diese Vorschrift wird unten unter Punkt 3. g) aa) näher eingegangen.
Die Minderheitenselbstverwaltung kann im Rahmen ihrer Mittel in ihrem Zuständigkeitsbereich Einrichtungen insbesondere des örtlichen Unterrichtswesens, der örtlichen schriftlichen oder elektronischen Medien, der Traditionspflege oder der Allgemeinbildung gründen und unterhalten (§ 27 Abs. 4). Weiterhin ist sie berechtigt, Unternehmen und andere Organisationen zu Wirtschaftszwecken zu gründen und zu betreiben, Bewerbungen auszuschreiben und Stipendien auszusetzen (§ 27 Abs. 5).
In § 27 hat das Gesetz lediglich den Rahmen abgesteckt, innerhalb dessen die Minderheitenselbstverwaltung eigenverantwortlich tätig werden darf und kann, aber nicht muß. Bei der Gewährung dieser relativ weiten Handlungsbefugnisse fällt vor allem das Recht, Wirtschaftsunternehmen zu betreiben, auf, das nicht an den Zuständigkeitskreis der Minderheitenselbstverwaltung gebunden, d.h. inhaltlich nicht beschränkt ist. Den gemeindlichen Selbstverwaltungen steht ein ähnlich weites Recht zu[431]. Damit erkennt der ungarische Staat an, daß gemeindliche und Minderheitenselbstverwaltungen nicht immer von den ihnen vom Staat überlassenen Mitteln existieren können und deshalb darauf angewiesen sein können, durch erwerbswirtschaftliche Betätigungen ihre Einnahmen aufzubessern. Zudem verringert die Erwirtschaftung eigener Mittel die Abhängigkeit von staatlichen und kommunalen Zahlungen und kann so dazu beitragen, den tatsächlichen Entscheidungsspielraum zu erweitern.
Die Vorschriften des § 27 sind v.a. als Spezialgesetz zum Kommunalgesetz zu sehen, welches auf die mittelbaren Minderheitenselbstverwaltungen entsprechend anzuwenden ist (§ 24). Dies war nötig, weil die kommunalen Selbstverwaltungen hoheitliche Befugnisse ausüben können, sei es im Bereich der örtlichen Gemeinschaft, sei es im übertragenen Wirkungskreis bei der Wahrnehmung von Staatsaufgaben. Dies sollte aber bei den Minderheitenselbstverwaltungen ausgeschlossen sein. Ihnen können noch nicht einmal ihren eigenen Mitgliedern gegenüber Hoheitsbefugnisse eingeräumt werden, da sie keine Mitglieder, verbindliche Listen von Minderheitenangehörigen oder andere eindeutige Kriterien zur Bestimmung ihrer potentiellen Gewaltunterworfenen haben. Darin liegt der entscheidende Unterschied zu den Gebietskörperschaften mit ihren Selbstverwaltungen. Den Minderheitenselbstverwaltungen kommen daher keine nach außen, über den Kreis der Mitglieder der Selbstverwaltung verbindlichen Kompetenzen zu. Die Bestimmungen über die örtlichen Feiertage der repräsentierten

[431] Zu diesem Recht der Kommunen s. Vörös, S. 10 ff.

Minderheit sind deklaratorischer und nicht zwingender Natur, und die Regelungen des Schutzes von Denkmälern, die von ihrem Gehalt her auch für Außenstehende verbindlichen Charakter annehmen können, sind nur im Rahmen der gemeindlichen Satzung bzw. anderer rechtlicher Regeln verbindliche Normen, nicht aber schon aufgrund des Minderheitengesetzes. Die übrigen Kompetenzen betreffen lediglich die inneren Angelegenheiten der Minderheitenselbstverwaltung einschließlich der Verwaltung des ihr überlassenen Vermögens. Diese können schon von ihrer Natur her nicht für Außenstehende verbindlich werden oder - wie Ausschreibungen, Stipendien etc. - nur für denjenigen zwingende Vorschrift werden, der sich dort bewirbt oder auf ähnliche Weise in ein Sonderrechtsverhältnis mit der Minderheitenselbstverwaltung tritt.
Die Abgeordnetenkörperschaft der Gemeinde muß gemäß § 27 Abs. 6 von der Minderheitenselbstverwaltung beantragte Themen auf die Tagesordnung ihrer nächsten Sitzung nehmen und ist nach § 22 Abs. 2 Kommunalgesetz verpflichtet, auf Antrag eines als Minderheitenkandidat gewählten Abgeordneten einen Ausschuß für Minderheitenangelegenheiten einzurichten [s.u. Punkt III. 3. h)].
Das Bürgermeisteramt der Gemeinde hat die Arbeit der Minderheitenselbstverwaltung zu unterstützen (§ 28 Minderheitengesetz). Letztere Vorschrift erlaubt es der Minderheitenselbstverwaltung, die Infrastruktur der Kommunalverwaltung unentgeltlich zu nutzen. So braucht sie diese Infrastruktur nicht noch einmal für sich schaffen und kann Kosten vermeiden. Insbesondere das in jeder modernen, effektiv arbeitenden Verwaltung unentbehrliche technische Gerät ist in Ungarn oft unverhältnismäßig teuer, und seine Anschaffung würde den Etat vieler Minderheitenselbstverwaltungen erheblich belasten. Die genaue Art der Unterstützung hat die kommunale Selbstverwaltung unter Berücksichtigung der örtlichen Verhältnisse in ihrer Grundsatzung zu regeln[432].
Auf Antrag kann die Abgeordnetenkörperschaft der kommunalen Selbstverwaltung ihr zustehende Befugnisse außer hoheitlichen Aufgaben und solchen der öffentlichen Versorgung auf die Körperschaft der örtlichen Minderheitenselbstverwaltung übertragen (§ 102/C Abs. 2). Unter örtlicher Minderheitenselbstverwaltung ist die mittelbar zustande gekommene örtliche Minderheitenselbstverwaltung sowie die unmittelbar zustande gekommene örtliche Minderheitenselbstverwaltung zu verstehen (§ 23 Abs. 6 Minderheitengesetz). Da § 102/C erst durch Gesetz 1994:LXIII, d.h. nach Erlaß des Minderheitengesetzes, in das Kommunalgesetz eingefügt worden

---

[432] Bodáné u.a., S. 126.

ist, ist davon auszugehen, daß er den Begriff der örtlichen Minderheitenselbstverwaltung im Sinne der Legaldefinition des Minderheitengesetzes gebraucht. Zudem ist der Ausschluß der kommunalen Minderheitenselbstverwaltung aus dieser Möglichkeit, kommunale Befugnisse zu übertragen, sinnvoll: Die Minderheit stellt die Mehrheit der kommunalen Abgeordneten, ist die kommunale Selbstverwaltung und hat so Zugriff auf sämtliche kommunalen Kompetenzen. Der Übertragung auf die Minderheitenselbstverwaltung bedarf es mithin nicht. Das Verbot, hoheitliche Befugnisse oder Aufgaben der öffentlichen Versorgung zu übertragen, soll verhindern, daß auf örtlicher Ebene eine doppelte Macht kommunaler und minoritärer Autonomie entsteht. Diese staatsnahen Bereiche sollen bei der in den Staatsaufbau stärker eingebundenen Gebietskörperschaften verbleiben. Die Bindung der Übertragung an einen Antrag bewahrt die Minderheitenselbstverwaltungen davor, gegen ihren Willen Aufgaben aufgedrängt zu bekommen.

Die oben bei der kommunalen Minderheitenselbstverwaltung erwähnten Eingabe-, Konsultations- und Kommunikationsrechte aus §§ 26, 30 stehen der mittelbar zustande gekommenen örtlichen Minderheitenselbstverwaltung auch zu.

Ebenso gilt auch hier die generelle Verweisung des § 24 auf das Kommunalgesetz. Während dies für die kommunale Minderheitenselbstverwaltung, die ja in ihrem Wesen eine kommunale Selbstverwaltung ist, sinnvoll ist, passen die Regeln für die selbstverwaltete Gebietskörperschaft Gemeinde nicht ohne Schwierigkeiten auf eine Selbstverwaltung, die nach dem Personalitätsprinzip arbeitet. Hier muß im Einzelfall untersucht werden, ob die einschlägige Regelung des Kommunalgesetzes auf eine mittelbar zustande gekommene örtliche Minderheitenselbstverwaltung Anwendung finden kann. Grundsätzlich kann festgestellt werden, daß Regeln, die aus dem Selbstverwaltungsrecht der Gemeinde fließen, eher auf die Minderheitenselbstverwaltung passen als Normen, welche ihre Berechtigung aus der Eigenschaft der Gemeinde als territoriales Gebilde schöpfen. Ebensowenig passen die Regeln, die sich auf die hoheitlichen Befugnisse der Kommune beziehen, da solche den örtlichen Minderheitenselbstverwaltungen wie erwähnt gerade nicht zukommen sollen.

dd) Die unmittelbar zustande gekommene örtliche Minderheitenselbstverwaltung

Wenn sich in einer Gemeinde weder eine kommunale Minderheitenselbstverwaltung noch eine mittelbar zustande gekommene örtliche Minderheitenselbstverwaltung einer Minderheit konstituiert, dann kann diese Minderheit dort eine unmittelbar zustande gekommene örtliche Minderheitenselbstverwaltung bilden. Jede Minderheit kann in einer Gemeinde nur eine unmittelbare Selbstverwaltung gründen (§ 23 Abs. 1, 5 Minderheitegesetz). Ihre Wahl ist mit der Kommunalwahl verbunden, d.h. sie wird zu einem Zeitpunkt gewählt, an dem noch nicht klar ist, ob sie überhaupt gebildet werden kann. Wenn mehr als 30 % der örtlichen Abgeordneten als Vertreter einer Minderheit gewählt wurden, dann ist eine der beiden bereits behandelten Formen vorrangig. In Gemeinden mit einem starken Minderheitenanteil ist damit also zweifelhaft, ob die unmittelbare Minderheitenselbstverwaltung nicht einer stärkeren Form der Repräsentanz weichen muß. Wenn eine der beiden vorhergehend behandelten Formen zustande kommt, war die Wahl der unmittelbaren Minderheitenselbstverwaltung umsonst. Diese Wahl 'auf Vorrat' hat den Sinn, es den Minderheitenwählern zu ersparen, kurz nach den Kommunalwahlen erneut zur Wahl gehen zu müssen. Das hätte wahrscheinlich negative Auswirkungen auf Wahllust und Wahlbeteiligung. Außerdem wäre die Teilnahme an einer getrennt abgehaltenen Minderheitenwahl das öffentliche Bekenntnis, jedenfalls irgendeiner Minderheit anzugehören, wozu aber nach den Vorstellungen des Minderheitengesetzes gerade niemand gezwungen werden soll (§ 7 Abs. 1 Satz 2).

Der unmittelbar zustande gekommenen örtlichen Minderheitenselbstverwaltung können wegen der Besonderheiten ihrer Wahl sowohl in die Abgeordnetenkörperschaft der kommunalen Selbstverwaltung gewählte Personen als auch solche ohne lokales Abgeordnetenmandat angehören; letztere werden durch ihre Wahl in die unmittelbar zustande gekommene örtliche Minderheitenselbstverwaltung nicht zu Mitgliedern der Abgeordnetenkörperschaft (§ 23 Abs. 4). Damit ist diese Minderheitenselbstverwaltung nicht nur institutionell, sondern teilweise auch personell getrennt von der kommunalen Selbstverwaltung.

Die unmittelbar zustande gekommene örtliche Minderheitenselbstverwaltung wählt ihre Leiter nach dem Mehrheitsprinzip selbst (§ 23 Abs. 3). Durch diese Vorschrift werden sowohl die Autonomie der Minderheitenselbstverwaltung nach außen als auch die Beachtung demokratischer Grundsätze nach innen garantiert.

Auch in der Hauptstadt kann eine unmittelbare Selbstverwaltung geschaffen werden (§ 21 Abs. 1 Satz 2). Diese Regel berücksichtigt den besonderen Verwaltungsaufbau Budapests. Hier ist die kommunale Verwaltung zweistufig: Zum einen existieren 23 Stadtbezirke, daneben bildet die Hauptstadt als Ganzes ebenfalls eine kommunale Selbstverwaltung. Dafür fehlt in der Hauptstadt die Ebene des Komitats. Während auf Komitatsebene keine Minderheitenselbstverwaltungen existieren, soll im Gegensatz dazu für die Hauptstadt wegen deren kommunalen Charakters die Bildung einer unmittelbaren Selbstverwaltung möglich sein.

Die unmittelbar zustande gekommene örtliche Minderheitenselbstverwaltung ist eine juristische Person und hat grundsätzlich dieselben Aufgaben und Befugnisse wie die mittelbar zustande gekommene örtliche Minderheitenselbstverwaltung (§ 23 Abs. 6). In ihr hat die Minderheit damit dieselbe starke Interessenvertretung, wie sie oben bereits geschildert worden ist.
Bei der auch für diese Form der Selbstverwaltung geltende Verweisung des § 24 auf das Kommunalgesetz ergeben sich dieselben Probleme wie bei der mittelbar zustande gekommenen Minderheitenselbstverwaltung, ja sogar noch mehr, weil sie personell teilweise getrennt von der kommunalen Selbstverwaltung arbeitet. So herrscht in diesem Rahmen in vielen unmittelbar zustande gekommenen Minderheitenselbstverwaltungen eine große Unsicherheit darüber, ob die Regeln des Kommunalgesetzes über Sitzungsgelder der kommunalen Abgeordneten auf die Mitglieder der unmittelbar zustande gekommenen Selbstverwaltung Anwendung finden können (was hieße, daß die Minderheitenselbstverwaltung über die Sitzungsgelder und deren Höhe selbst bestimmen kann) und wie die Minderheitenselbstverwaltung vorgehen muß, um dies zu erreichen[433]. Diese und viele andere Fragen lassen sich mit der inneren Autonomie der örtlichen Minderheitenselbstverwaltungen (§ 27 Abs. 1, 2) beantworten. Danach kann die unmittelbar zustande gekommene Minderheitenselbstverwaltung ihre Organisation und im Rahmen der kommunalen Satzung ihren Haushalt selbst regeln. Die Regeln des Kommunalgesetzes finden nur Anwendung, wenn sie diese Autonomie nicht in Frage stellen. Ebenso muß der strukturelle Unterschied zwischen der autonomen Gebietskörperschaft Gemeinde und dem Vertretungsgremium ohne feststehende Klientel der unmittelbar zustande gekommenen Minderheitenselbstverwaltung bei der entsprechenden Anwendung des Kommunalgesetzes beachtet werden.

---

[433] Diese Frage wird z.B. von dem Ausschuß für nationale und ethnische Minderheiten der Generalversammlung des Komitates Baranya in der Beschlußvorlage vom 14.11.1995, Aktenzeichen 1175-8/1995., S. 8, aufgeworfen, aber nicht beantwortet.

ee) Die Kommunalwahlen vom 11.12.1994 und die Minderheitennachwahlen vom 19.11.1995

Am 30.9.1990 fanden die ersten freien Kommunalwahlen nach Abschaffung des Rätesystems statt. Hierbei gab es für die Minderheiten keine Besonderheiten, insbesondere wurden noch keine Minderheitenselbstverwaltungen gewählt. Allerdings existierte bereits die Möglichkeit, als Kandidat einer Minderheit aufgestellt zu werden. Für diese Kandidaten galten ähnliche Erleichterungen vor und nach der Wahl wie heute (Kapitel XI [§§ 48 - 50] des Kommunalwahlgesetzes). Bei einer Wahlbeteiligung von insgesamt nur 30 % waren in den neu gewählten Abgeordnetenkörperschaften vor allem der kleineren Gemeinden die Abgeordneten der Minderheiten nicht gut, aber immerhin vertreten[434].

Am 11.12.1994 sind die ersten Kommunalwahlen abgehalten worden, in denen gleichzeitig auch die Minderheitenselbstverwaltungen nach dem Minderheitengesetz gewählt wurden. Von dem Standpunkt der Minderheiten aus war diese Wahl positiv[435].
In Ungarn leben in etwa 1.500 von insgesamt rund 3.200 Gemeinden Minderheitenangehörige. In 654 Gemeinden haben Wahlen zu unmittelbar zustande gekommenen örtlichen Minderheitenselbstverwaltungen stattgefunden, wovon 644 gültig waren. Dieses hohe Ergebnis liegt zum einen an dem niedrigen Schwellenwert für die Gültigkeit (50 bzw. 100 Stimmen auf eine Liste für die unmittelbar zustande gekommene örtliche Minderheitenselbstverwaltung), zum anderen an dem politischen Interesse der Minderheiten und der Teilnahme mancher mit den Minderheiten sympathisierender Ungarn.
In 45 Gemeinden sind kommunale Minderheitenselbstverwaltungen im Amt, in 14 Gemeinden mittelbar zustande gekommene örtliche Selbstverwaltungen. In 24 Gemeinden ist ein Minderheitenkandidat zum Bürgermeister gewählt worden, und in 625 Gemeinden existieren unmittelbar zustande gekommene örtliche Minderheitenselbstverwaltungen. Der Stimmenanteil für Minderheitenkandidaten betrug in Gemeinden unter zehntausend

---

[434] Kiss, József/Kovács, Éva in Bihari, Többpártrendszer, S. 246 - 250; Wolfart, Johann in Blumenwitz/Gornig, S. 53; Tilkovszky, Lóránt in Brunner, Ungarn, S. 201 f.; Brunner in Brunner/Tontsch, S. 49 f.; Márkus, Osteuropa 1993/1168, 1173; Oláh, Comitatus 1995 Bd. 7 S. 30 ff.; Seewann, Südosteuropa 1992/318.

[435] Die folgenden Zahlen beruhen auf Informationen des Landeswahlbüros und des Minderheitenamtes.

Einwohnern 2,137 %, der Anteil der gewählten Minderheitenkandidaten an den Gesamtmandaten 2,764 %. In absoluten Zahlen ausgedrückt heißt das, daß in Kleingemeinden 598 Minderheitenkandidaten gewählt wurden, davon 415 regulär und 183 unter Zuhilfenahme der minoritären Wahlrechtsprivilegien. In den größeren Gemeinden entfielen 0,579 % der gültigen Stimmen auf Minderheitenkandidaten, die 1,450 % der Gesamtmandate erringen konnten. Von den hier insgesamt 51 gewählten Kandidaten wurden 5 in Einzelwahlkreisen und 2 über die Kompensationsliste gewählt; 44 erhielten ihr Mandat als privilegiertes Zusatzmandat. Auf Minderheitenkandidaten für Bürgermeisterposten entfielen 0,219 % aller Stimmen.

In manchen Gemeinden haben Minderheitenangehörige und Magyaren gemeinsame Wahllisten gebildet. Alle auf diesen Listen aufgeführten Kandidaten haben sich als Minderheitenkandidaten registrieren lassen[436]. Hierin spiegelt sich zum einen die doppelte Identität vieler Minderheitenangehöriger, die sich nicht eindeutig nur der Minderheit oder nur der Mehrheit zuordnen können und wollen, zum anderen der Wille in vielen Gemeinden, das bisherige reibungslose Zusammenleben der Volksgruppen nicht durch eine Trennung in Mehrheit und Minderheit(en) stören zu lassen, wider. Die Registrierung als Minderheitenkandidaten und später die Errichtung einer Minderheitenselbstverwaltung ermöglicht dann den Zugriff auf Gelder für Minderheitenangelegenheiten, von denen bei entsprechendem politischem Willen vor Ort auch die ungarische Bevölkerung der Gemeinde profitieren kann.

Bei den Wahlen zu den Generalversammlungen der Komitate, in denen für Minderheitenkandidaten keine Besonderheiten gelten, haben die Zigeuner, die Kroaten, die Deutschen und die Slowaken eigene Minderheitenkandidaten aufgestellt. Bei einem Gesamtstimmanteil von 0,419 % der Minderheitenkandidaten schaffte es lediglich ein deutscher Kandidat, ein Mandat zu erringen. Für die Generalversammlung der Hauptstadt wurden keine Minderheitenkandidaten aufgestellt.

Der Stimmenanteil für Minderheitenkandidaten lag mit über 2 % in Kleingemeinden und beinahe 0,6 % in Großgemeinden beachtlich hoch. Vor allem wenn man sich die Identitätsschwäche der meisten Minderheiten vor Augen führt, ist den Minderheitenkandidaten ein hohes Maß an Mobilisierung ihrer Wählerschaft gelungen.

Insgesamt wurden bei den Wahlen 1994 auf Minderheitenkandidaten etwa 1.800.000 Stimmen abgegeben. Diese Zahl liegt erheblich über der Anzahl

---

[436] József Hárs, Bürgermeister von Bóly, in Brunner, Minderheiten in Ungarn, S. 62.

der Minderheitenangehörigen. Der Hauptgrund hierfür liegt in den Eigenheiten des Wahlsystems, das Mehrfachstimmen in großem Umfang ermöglicht. Nichtsdestoweniger erscheint die Stimmenzahl für Minderheitenkandidaten so groß, daß die Möglichkeit von Mehrfachstimmen alleine möglicherweise nicht vollständig als Erklärung ausreicht. Man kann daher wohl auch im Hinblick der vergleichsweise hohen Stimmanteile für Minderheitenkandidaten davon ausgehen, daß auch manche Magyaren zu einem Kandidaten einer Minderheit ein größeres Vertrauen als zu einem Vertreter der etablierten Parteien hatten. Gerade in Kleingemeinden, wo noch jeder jeden kennt und Persönlichkeit wichtiger ist als die Parteizugehörigkeit, ist dieser Trend stark. Das zeigt, daß in Ungarn ethnische Unterschiede nicht zu unüberbrückbaren Gegensätzen führen.

Von der Möglichkeit des § 50/C Abs. 7 Kommunalwahlgesetz, in dem der Kommunalwahl folgenden Jahr Minderheitennachwahlen abzuhalten, wurde in 193 Gemeinden Gebrauch gemacht. Alle Minderheiten außer den Serben und den Ukrainern beteiligten sich an diesen Minderheitennachwahlen, die am 19.11.1995 abgehalten wurden. Von den 210 initiierten Wahlen wurden 200 tatsächlich ausgeschrieben, wovon 172 tatsächlich stattfanden. Davon waren 138 erfolgreich. Einzig bei den Zigeunern liegt die Zahl der initiierten Wahlen (124) bedeutend höher als die der abgehaltenen (92) und die der erfolgreichen (61). Bei allen anderen Minderheiten waren alle (so bei den Bulgaren, Griechen, Kroaten, Rumänen, Ruthenen und Slowenen) oder fast alle (so bei den Deutschen mit 38 von 41, den Armeniern mit 7 von 8 und den Slowaken mit 13 von 14; die Polen bilden mit 5 von 8 einen gewissen Sonderfall, der aber wegen der geringen absoluten Zahlen wenig Aussagekraft besitzt) initiierten Wahlen mit Erfolg, d.h. mit dem Zustandekommen einer örtlichen Minderheitenselbstverwaltung, gekrönt. Die Wahlbeteiligung war mit durchschnittlich 1,73 % erstaunlich hoch. Diese hohe Wahl- und Erfolgsquote ist im wesentlichen den positiven Erfahrungen mit den bereits existierenden Minderheitenselbstverwaltungen zu verdanken.

Nach Nationalitäten aufgeschlüsselt ergibt sich folgendes Bild[437]:

Tab. 2: Minderheitenselbstverwaltungen (MSV) 1994/95

	kommunale MSV	mittelbar zustande gekommene MSV	unmittelbar zustande gekommene MSV
Bulgaren	--	--	4 (2)
Zigeuner	1	--	476 (415)
Griechen	--	--	6 (2)
Kroaten	15	1	41 (35)
Polen	--	--	7 (2)
Deutsche	19	7	136 (98)
Armenier	--	--	16 (9)
Rumänen	1	--	10 (9)
Ruthenen	--	--	1 (1)
Serben	--	--	19 (19)
Slowaken	6	4	41 (28)
Slowenen	3	--	3 (2)
Ukrainer	--	--	--

An dieser Tabelle fällt auf, daß die Anzahl der zustande gekommenen Selbstverwaltungen nicht immer proportional zu den Größenverhältnissen der Minderheit ist. Ländliche, noch in ihren traditionellen Dörfern lebende Minderheiten haben eher die Chance, eine kommunale oder zumindest eine mittelbar zustande gekommene örtliche Selbstverwaltung gründen zu können. Insgesamt zeigt das Überwiegen der unmittelbar zustande gekommenen örtlichen Selbstverwaltungen gegenüber den höheren Vertretungsfor-

[437] Die Angaben in dieser Tabelle sowie in Tabelle 3 und 4 sind den Wahlheften 27 (Die Wahlen der Hauptstädtischen und Landesweiten Selbstverwaltungen der nationalen und ethnischen Minderheiten in Ungarn, 1995) und 30 (Zusammenfassende Angaben der 1994er und 1995er Wahlen der örtlichen Minderheitenselbstverwaltungen) des dem Innenministerium angegliederten Landeswahlbüros entnommen. Die in der Rubrik "unmittelbar zustande gekommene Minderheitenselbstverwaltung" zunächst genannte Zahl bezieht sich auf den Stand nach den Minderheitennachwahlen 1995. In Klammern ist der Stand angegeben, der durch die Kommunalwahlen 1994 erreicht wurde.
Die Zahlen in Tabelle 3 geben den Stand von Anfang 1996, d.h. nach den Minderheitennachwahlen, wieder. Bei den Zigeunern relativieren sich die hohen Zahlen etwas dadurch, daß zwischenzeitlich 13 ihrer Selbstverwaltungen sich wieder aufgelöst haben (s.u.).

men, daß die Minderheiten auch auf lokaler Basis keine Mehrheit mehr stellen.

Bei den *Zigeunern* ist festzustellen, daß sie eine hohe Anzahl von unmittelbaren Selbstverwaltungen haben, aber nur eine einzige in die Kommunalverwaltung integrierte Form der Selbstverwaltung (Pálmajor im Komitat Somogy), obwohl sie in vielen Gemeinden gerade im Nordosten die Mehrheit stellen. Hierin drückt sich politische Apathie und vielleicht auch Scheu vor oder Widerwillen gegen die Institutionen des ungarischen Staates aus. Außerdem ist vorstellbar, daß die Zigeuner vermeiden wollen, daß ihre Gemeinde durch die Existenz einer kommunalen Zigeunerminderheitenselbstverwaltung als 'Zigeunersiedlung' [cigánytelep] abgestempelt wird. Dieser im Ungarischen feststehende Ausdruck bezeichnet Gemeinden oder Gemeindeteile, die (fast) ausschließlich von Zigeunern bewohnt werden und ausgesprochenen Slumcharakter besitzen. In der Vergangenheit sind diese 'Zigeunersiedlungen' von staatlicher Seite systematisch vernachlässigt worden, es wurden oft noch nicht einmal die grundlegendsten kommunalen Versorgungseinrichtungen wie Strom, Wasser, feste Straßen, Grundschulen u.ä. geschaffen, Verkehrsanbindungen unterblieben ebenso wie die Einrichtung von Einkaufsmöglichkeiten. Auch heute ist noch zu befürchten, daß staatliche und andere übergeordnete Stellen für eine 'Zigeunersiedlung' weniger Verantwortung oder Wohlwollen zeigen als für eine 'normale' Kommune, so daß aus dieser Stigmatisierung reale Nachteile zu befürchten sind.

Vielerorts sind die Minderheitenselbstverwaltungen der Zigeuner einem enormen Erwartungsdruck ihrer Wählerschaft ausgesetzt. Die Zigeuner erhoffen und fordern von ihren örtlichen Minderheitenselbstverwaltungen häufig die sofortige Lösung aller ihrer sozialen und wirtschaftlichen Probleme, was eine Minderheitenselbstverwaltung naturgemäß ebenso überfordert wie eine kommunale Selbstverwaltung[438]. Aus diesem Grund sind die Zigeuner die einzige Minderheit, in der Selbstverwaltungen ihre Arbeit eingestellt haben: Bis zum Zeitpunkt der Nachwahlen hatten 13 Minderheitenselbstverwaltungen der Zigeuner aufgehört zu existieren.

Die einzige Minderheitenselbstverwaltung der *Ruthenen* ist in Múcsony (Komitat Borsod-Abaúj-Zemplén im Nordosten des Landes) zustande gekommen[439]. Paradoxerweise gibt es in dem einzigen noch mehrheitlich

---

[438] Flórián Farkas, Vorsitzender der landesweiten Minderheitenselbstverwaltung der Zigeuner, in Brunner, Minderheiten in Ungarn, S. 23.

[439] Dort gibt es auch noch eine unmittelbar zustande gekommene örtliche Minderheitenselbstverwaltung der Zigeuner.

ruthenisch bewohnten Dorf Ungarns, wo immer noch Ruthenisch als alltägliche Umgangssprache gebraucht wird, nämlich Komlóska[440] (ebenfalls im Komitat Borsod-Abaúj-Zemplén, etwa 70 km von Múcsony entfernt), keine ruthenische (noch eine sonstige) Minderheitenselbstverwaltung. Bei der Minderheitennachwahl 1995 wurde dort erneut versucht, eine ruthenische Minderheitenselbstverwaltung zu etablieren, jedoch ohne Erfolg. Der Grund dafür mag in der Überalterung der Dorfbevölkerung und der daraus folgenden politischen Inaktivität liegen.

Als einzige Minderheit haben die *Ukrainer* überhaupt keine örtliche Selbstverwaltung zustande gebracht. Daher ist wahrscheinlich, daß die Mehrzahl der in Ungarn wohnenden Angehörigen der ruthenisch/ukrainischen Volksgruppe sich als Ruthenen begreift.

Bei den *Slowenen* liegt der hohe Anteil an kommunalen Minderheitenselbstverwaltungen an der Tatsache, daß diese Minderheit als einzige in Ungarn in einem zusammenhängenden Gebiet siedelt und in diesen Dörfern meist die Mehrheit stellt. Dies wiederum hat seinen Grund in der Besonderheit, daß die Slowenen die einzige autochthone Minderheit in dem Sinn sind, daß sie nicht irgendwann in den ungarischen Staat eingewandert sind, sondern bereits zur Zeit der Landnahme der magyarischen Stämme in dieser Gegend ansässig waren. Die slowenischen Dörfer in Ungarn sind der letzte Ausläufer des zusammenhängenden slowenischen Siedelgebietes, so wie die benachbarten ungarischen Dörfer in Slowenien den letzten Ausläufer des zusammenhängenden magyarischen Siedlungsgebietes darstellen.

Im Vergleich zu den anderen Splitterminderheiten haben die *Armenier* eine beträchtliche Anzahl von Selbstverwaltungen gewählt. Entsprechend der Konzentration der Armenier in der Region der Hauptstadt befinden sich die bereits 1994 gewählten mit zwei Ausnahmen in Budapest; die im Komitat Pest gelegene Selbstverwaltung ist in Szigethalom im weiteren Vortbereich der Hauptstadt zustande gekommen, die im Komitat Veszprém in der Stadt Veszprém [dt.: Weißbrunn] selbst, einem der wichtigsten städtischen Zentren Westungarns. 1995 kamen die Großstädte Debrecen [dt.: Debreczin], Székesfehérvár [dt.: Stuhlweißenburg] und Nyíregyháza sowie weitere Budapester Stadtbezirke hinzu. Der hohe Aktivierungsgrad liegt wohl zum einen an der Siedlungsweise in politisch vergleichsweise aktiven Großstädten, zum anderen an der Tatsache, daß armenisches kollektives Minderheitenleben sich traditionell in den Gemeinden der seit dem frühen 4. Jahrhundert autokephalen Nationalkirche abspielt, welche für die kultu-

[440] Udvari, István in Ács, S. 198 f.

relle und nationale Identität der Armenier eine mindestens ebenso große Rolle spielt wie die eigene Sprache und die eigene Schrift[441]. Durch das Gemeindeleben kennen sich die Armenier eines Ortes oder einer Region meist alle persönlich, so daß sie eine primäre Gruppe (face-to-face-group) bilden. Eine solche primäre Gruppe ist durch intensive Binnenkontakte und eine entsprechende Ausrichtung des Verhaltens des Individuums auf die Gruppe gekennzeichnet, was das Gruppenbewußtsein stärkt und stimulierend auf ein geschlossenes politisches Verhalten wirken kann.

Wenn man sich betrachtet, wo die *Nachwahlen* 1995 Minderheitenselbstverwaltungen zustande gebracht haben, so fällt auf, daß die Splitterminderheiten in diesem Wahlgang häufig in den großen Städten aktiv waren. Bei den Bulgaren sind die zwei neugeschaffenen Selbstverwaltungen in Pécs [dt.: Fünfkirchen] und in Miskolc zustande gekommen, bei den Griechen in Sopron [dt.: Ödenburg], Szeged [dt.: Szegedin] und im Budapester Vorort Budaörs, bei den Polen in drei Budapester Stadtbezirken und bei den Rumänen in Szeged. Auf das entsprechende Wahlverhalten der Armenier ist bereits hingewiesen worden.
Die Mobilisierung der großstädtischen Gruppen der Splitterminderheiten, die zwar zahlenmäßig klein, aber für die Erreichung der geringen Schwellenwerte des Wahlrechts ausreichend groß sind, kann auf das positive Wirken der 1994 in den Siedlungsschwerpunkten dieser Minderheiten zustande gekommenen Selbstverwaltungen zurückgeführt werden. In der anonymeren Umgebung der Großstädte haben die vergleichsweise lockeren Kontakte der Minderheitenangehörigen beim ersten Wahlgang bisweilen noch nicht ausgereicht, politische Vertretungen ins Leben zu rufen. Nachdem jedoch die besser organisierten Gemeinden vorangeschritten waren, war ihr Beispiel ausreichend, um 1995 für die nötige Mobilisierung zu sorgen. Gleichzeitig haben die landesweiten Minderheitenselbstverwaltungen, ggf. in Zusammenarbeit mit örtlichen kulturellen oder religiösen Initiativen, auch dort Foren zur Verfügung stellen können, wo die Angehörigen der jeweiligen Minderheit noch keine örtlichen Selbstverwaltungen geschaffen hatten. Das Resultat dieses Zusammenwirkens von

---

[441] Näher dazu Denzler/Andresen, S. 84; Gazerian/Nalbadian, S. 3 ff., 20 ff.; Küpper, Ethnos-Nation 1996/54 ff.; Ludwig, S. 120 - 124; Mouradian, S. 80 ff.
Die identitätsstiftende Kraft der armenischen Kirche in der Diaspora gerade auch im Karpatenbecken zeigt sich z.B. daran, daß sowohl der Katholikos der Armenischen Apostolisch-Gregorianischen Kirche, Patriarch Vasken I., als auch der Exarch der mit Rom unierten Armenisch-Katholischen Kirche, Pater Nerses Der-Nersessian, aus Siebenbürgen stammen: Reissner, G2W 1993/23.

landesweiten Selbstverwaltungen und örtlichen privatrechtlichen Vereinigungen ist ein Ausbau des Netzwerkes der jeweiligen Minderheit und die Vertiefung der Kontakte der Mitglieder. Damit sind die gruppenpsychologischen und soziologischen Faktoren für eine verstärkte Gruppenidentität und daraus fließend für eine erhöhte Aktivität in Angelegenheiten der Gruppe geschaffen worden.

Die regionale Verteilung der Minderheitenselbstverwaltungen stellt sich wie folgt dar[442]:

Tab. 3: Minderheitenselbstverwaltungen in den Komitaten

Komitat Minderheit	Budapest, Hauptstadt	Budapest, Bezirke	Baranya	Bács-Kiskun	Békés	Borsod-Abaúj-Zemplén	Csongrád	Fejér	Győr-Moson-Sopron	Hajdú-Bihar	Heves
Bulgaren	1 u		0+1 u			0+1 u					
Zigeuner	1 u	17+3 u	16+3 u	14+1 u	19+3 u	89+9 u	6+1 u	4+2 u	5+0 u	28+0 u	40+8 u
Griechen	1 u	0+1 u				1+0 u	0+1 u		0+1 u		
Kroaten	1 u	8+2 u	2 k 9 u	7+2 u					1m 3+0 u		
Polen	1 u	0+3 u				1+0 u					
Deutsche	1 u	11+8 u	9 k 2 m 16+4 u	3 k 1 m 8+2 u	4+0 u	1+0 u	0+1 u	1m 4+1 u	4+5 u		
Armenier	1 u	6+3 u						0+1 u		0+1 u	
Rumänen					1 k 6+0 u		1+1 u			2+0 u	
Ruthenen						1+0 u					
Serben	1 u		1+0 u	2+0 u	1+0 u		4+0 u				
Slowaken		1+1 u		1 k	6+3 u	1 k 4+3 u	1+0 u	1+0 u			1+0 u
Slowenen											

442 In der Tabelle bedeuten die Abkürzung "k" kommunale Minderheitenselbstverwaltung, "m" mittelbar zustande gekommene örtliche Minderheitenselbstverwaltung und "u" unmittelbar zustande gekommene örtliche Minderheitenselbstverwaltung.
Bei den unmittelbar zustande gekommenen Minderheitenselbstverwaltungen wird zwischen den bereits 1994 gewählten (vor dem +) und den erst in den Nachwahlen 1995 zustande gekommenen (nach dem +) unterschieden. In der ersten Spalte, die die Angaben für die Hauptstadt als Ganzes enthält, erübrigt sich diese Differenzierung, weil dort alle Minderheitenselbstverwaltungen bereits in der Folge der Kommunalwahl 1994, d.h. in der Frist zwischen dem 20.1. und dem 10.4.1995, gebildet worden sind.

Komitat / Minderheit	Jász-Nagykun-Szolnok	Komárom-Esztergom	Nógrád	Pest	Somogy	Szabolcs-Szatmár-Bereg	Tolna	Vas	Veszprém	Zala
Bulgaren				1+0 u						
Zigeuner	29+1 u	3+1 u	22+2 u	28+3 u	1 k 14+9 u	46+5 u	15+3 u	3+1 u	9+4 u	7+2 u
Griechen				0+1 u						
Kroaten				1+1 u	4 k			6 k 3+0 u		3 k 3+1 u
Polen		0+2 u								
Deutsche		4 k 1 m 5+1 u	0+1 u	1 k 1 m 17+3 u		1+0 u	13+3 u	2 k 6+1 u	1 m 6+8 u	1+0 u
Armenier		0+1 u		1+0 u		0+1 u			1+0 u	
Rumänen										
Ruthenen										
Serben				9+0 u			1+0 u			
Slowaken		1 m 4+2 u	3 k 7+2 u	1 k 3 m 2+2 u		1+0 u				
Slowenen								3 k 2+1 u		

In bezug auf den Wahlablauf ist festzuhalten, daß es v.a. bei der Vergabe der separaten Minderheitenwahlzettel starke Unterschiede vor Ort gegeben hat. Während sie in manchen Gemeinden jedem Wähler unaufgefordert ausgehändigt wurden, mußten sie anderswo extra erbeten werden. Auch die Information in den Wahllokalen über diese neue der Form der Wahlmöglichkeit unterlag starken Schwankungen. Ein Einfluß dieser lokalen Unterschiede auf der Wahlverhalten und das Wahlergebnis konnte aber nicht festgestellt werden[443]. Von seiten des Landeswahlausschusses sollte trotzdem darauf geachtet werden, daß auf Dauer eine einheitlichere Praxis beachtet wird. Dies kann er durch die Ausgabe von Richtlinien und Informationsmaterial erreichen.

Bei den Minderheitenwählern sind vor allem die Kandidaten auf Sympathie gestoßen, die einen gemäßigten, auf Integration und gutnachbarschaftliches Zusammenleben gerichteten Kurs vertreten haben. Radikalere, mehr die Distanz zu den Magyaren und dem ungarischen Staat betonende Kandidaten, die bei den Zigeunern die weitverbreitete Unzufriedenheit mit der sozialen Situation auszunutzen versuchten und v.a. bei den Rumänen und

[443] Zoltán Tóth, Vorsitzender des Landeswahlausschusses, in Brunner, Minderheiten in Ungarn, S. 20.

Serben die nationalistische Rhetorik des jeweiligen Mutterlandes nachahmten, konnten nirgendwo ernstzunehmende Stimmenzahlen für sich verbuchen. Überdurchschnittlichen Erfolg hatten Kandidaten, die bereits vorher in den Minderheitenverbänden aktiv mitgewirkt hatten[444].
Aus diesem Wahlverhalten wird deutlich, daß die Minderheitenangehörigen ebenfalls Wert auf Integration und enge Zusammenarbeit mit der ungarischen Mehrheitsgesellschaft und den ungarischen Institutionen legen. Bekannten Kandidaten wird der Vorzug gegeben, auch wenn deren verbandspolitische Wurzeln in den Kádárismus zurückreichen. Letzteres Phänomen ist typisch für die gesamte ungarische Gesellschaft, die dem Kádárschen Modell und seinen Vertretern im großen und ganzen versöhnlich gegenübersteht - worin letztendlich eine Fortsetzung der erfolgreichen nationalen Versöhnungsbestrebungen des Kádárismus selbst zu sehen ist[445].

ff) Der Minderheitensprecher

Wenn in einer Gemeinde eine Minderheit keine Minderheitenselbstverwaltung zustande gebracht hat, dann wird der Minderheitenkandidat, der die meisten Stimmen bekommen hat, Minderheitensprecher (§ 23 Abs. 7 Minderheitengesetz, § 12 Abs. 7 Kommunalgesetz). Der Minderheitensprecher ist keine Minderheitenselbstverwaltung, sondern eine mit erheblich weniger Rechten ausgestattete Interessenvertretung. Ob er in den Kommunalwahlen ein Mandat errungen hat, ist für die Frage, ob er Minderheitensprecher wird, unerheblich. Dieser Unterschied gewinnt aber bei den Kompetenzen des Minderheitensprechers Bedeutung.
Wenn er kein Mandat in der Abgeordnetenkörperschaft innehat, so darf er an deren Sitzungen sowie an den Sitzungen aller ihrer Ausschüsse beratend teilnehmen. Da er keine Befugnis hat, an den Beschlüssen durch Abstimmung mitzuwirken, sind die Verfassungsgrundsätze der freien und gleichen Wahl, der Volksvertretung auf örtlicher Ebene und der kommunalen Selbstverwaltung nicht verletzt. Sollte er ein Mandat errungen haben, so stehen ihm zusätzlich zu den normalen Befugnissen eines örtlichen Abgeordneten die darüber hinausgehenden Sonderrechte des Minderheitengesetzes zu[446].

---

[444] Angaben des Minderheitenamtes.
[445] Näher dazu Küpper, Osteuropa Recht 1995/212 ff.; Lendvai, S. 60 ff.
[446] Vor dem Inkrafttreten des Minderheitengesetzes sah § 12 Abs. 5 Kommunalgesetz alter Fassung diese Regelung vor. In diesem Punkt hat bereits das Kommunal-

Er ist berechtigt, dem Bürgermeister bzw. dem Ausschußvorsitzenden eine Angelegenheit zur Debatte vorzuschlagen; die Abgeordnetenkörperschaft bzw. der Ausschuß entscheiden in der nächsten Sitzung, ob sie die Sache behandeln wollen. Er kann weiterhin die Überprüfung von Ausschußentscheidungen, die die Situation der Minderheit berühren, durch die Abgeordnetenkörperschaft beantragen und hat gegenüber dem Bürgermeister, dem Notär und dem Ausschußvorsitzenden ein Fragerecht hinsichtlich minderheitenrelevanter Angelegenheiten; innerhalb von 15 Tagen ist ihm eine Antwort in der Sache zu geben. Er kann bei der zuständigen Stelle der Gemeindeverwaltung bestimmte minderheitenrelevante Maßnahmen beantragen. Wenn ein Gemeindeorgan eine die Rechte und Pflichten der Minderheit berührende Satzung erlassen oder eine die Situation der Minderheit auf Dauer beeinflussende Maßnahme treffen will, dann hat es vorher die Meinung des Minderheitensprechers zu hören (§ 40 Minderheitengesetz).
Ebenso ist er in Ermangelung einer Minderheitenselbstverwaltung bei der Ernennung der Leiter von Minderheiteninstitutionen und der Entscheidung in Angelegenheiten, die die Ausbildung von Minderheitenangehörigen betreffen (§ 29 Abs. 2), sowie vor Erlaß einer kommunalen Satzung über die Bewahrung und die Pflege von historischen Siedlungen und Baudenkmälern der Minderheit (§ 38 Abs. 3) zu hören.
Schließlich ist der Minderheitensprecher ebenso Wahlmann bei der Wahl der landesweiten Minderheitenselbstverwaltung wie die Mitglieder der lokalen Minderheitenselbstverwaltungen [s.u. Punkt gg)].
Aus der Zusammenschau seiner Kompetenzen ist ersichtlich, daß er weit weniger rechtliche Möglichkeiten hat als eine vollwertige Minderheitenselbstverwaltung. Er kann nicht mitbestimmen, sondern nur noch die Interessen der Minderheit artikulieren und in ihrem Namen Maßnahmen der zuständigen Organe beantragen. Diese Befugnis sollte man aber gerade im örtlichen Bereich nicht gering schätzen, wo die Menschen sich häufig noch kennen. In einer im großen und ganzen minderheitenfreundlichen Atmosphäre wie in Ungarn mag die Artikulation von Interessen und der Hinweis auf mögliche negative Auswirkungen von geplanten Maßnahmen ausreichen, entsprechende Entscheidungen zu treffen.
§ 41 gewährt dem Minderheitensprecher dieselben Ansprüche auf Arbeitsfreistellung gegenüber seinem Arbeitgeber sowie auf Aufwandsentschädigung und Sitzungsgelder, die auch einem Mitglied der kommunalen Abgeordnetenkörperschaft zustehen. Dies ist sachlich gerechtfertigt, da beide

---

gesetz eine entscheidende Verbesserung der Minderheitenrepräsentanz gebracht, nicht erst das Minderheitengesetz.

Funktionen von ihrer gesetzlichen Konstruktion her ehrenamtlich wahrgenommen werden und keine Vollzeitbeschäftigung darstellen. § 41 Abs. 3 läßt die Rechte unberührt, die einem Minderheitensprecher aus einer etwaigen gleichzeitigen Mitgliedschaft in der Abgeordnetenkörperschaft erwachsen. Das bedeutet unter anderem, daß die Aufwandsentschädigungen und Sitzungsgelder für das Amt des Minderheitensprechers nicht die Aufwandsentschädigungen und Sitzungsgelder, die aus der Mitgliedschaft in der kommunalen Abgeordnetenkörperschaft erwachsen, ersetzen können[447].

gg) Die landesweite Minderheitenselbstverwaltung

Über den örtlichen Bereich hinausgehend kann jede Minderheit eine landesweite Selbstverwaltung gründen; mehrere Minderheiten können eine gemeinsame, verbundene landesweite Minderheitenselbstverwaltung ins Leben rufen (§ 33 Abs. 3 Minderheitengesetz).

Die Generalversammlung der landesweiten Minderheitenselbstverwaltung wird von Minderheitenwahlmännern gewählt. Minderheitenwahlmänner sind die als Minderheitenkandidaten gewählten Mitglieder der kommunalen Abgeordnetenkörperschaften, die Mitglieder der unmittelbar zustande gekommenen örtlichen Minderheitenselbstverwaltungen und die Minderheitensprecher. In Gemeinden, in denen keine dieser Institutionen besteht, kann eine Wählerversammlung von mindestens zehn Wahlberechtigten, die sich zu der entsprechenden Minderheit zugehörig bekennen, einen Minderheitenwahlmann wählen (§§ 31, 32). Die Ergebnisse der Wahlmännerwahlen teilen die örtlichen Wahlausschüsse dem Landeswahlausschuß mit (§ 33 Abs. 1). Wenn eine Minderheit mindestens 14 Wahlmänner stellen kann, ruft der Landeswahlausschuß die Versammlung der Wahlmänner innerhalb von 30 Tagen ab der Wahl der Minderheitenwahlmänner gemäß § 32 zusammen (§ 33 Abs. 2).

Dort wählen die Wahlmänner nach dem sog. Kleinlistensystem des Kommunalwahlgesetzes [s.o. unter Punkt 3. f) aa)] aus ihrer Mitte die Mitglieder der Generalversammlung der landesweiten Minderheitenselbstverwaltung (§ 34). Sie legen die Mitgliederzahl der erstmalig gewählten Generalversammlung zwischen 13 und 53 Personen fest (§ 63 Abs. 3). Die Zahl darf aber die Zahl der anwesenden Wahlmänner nicht erreichen (§ 33 Abs. 2), damit für die Wählenden eine echte Alternative besteht. Eine identische Anzahl von Kandidaten und zu vergebenden Mandaten würde zu sehr an

[447] Im einzelnen hierzu Bodáné u.a., S. 150 f.

die Wahlen zur Zeit des Sozialismus und ihren Fassadencharakter erinnern. Die Wahlmännerversammlung ist beschlußfähig, wenn drei Viertel der geladenen Wahlmänner anwesend sind (§ 34 Satz 3). Dieser hohe Schwellenwert, der den ja nur mittelbar gewählten landesweiten Minderheitenselbstverwaltungen eine breite Legitimationsbasis sichern soll, setzt bei den Wahlmännern der Minderheit eine gewisse Disziplin voraus. Nichtsdestoweniger haben von den dreizehn Minderheiten im Sinne des Minderheitengesetz elf eine landesweite Selbstverwaltung gründen können, und bei den übrigen beiden Minderheiten ist das Zustandekommen nicht am Nichterreichen des Dreiviertelwertes auf der Wahlmännerversammlung gescheitert (s.u.).

Die Einzelheiten des Wahlverfahrens regelt die Verordnung des Innenministers 25/1994. (XII. 25.) BM[448]. Sie regelt schwerpunktmäßig die Stellung der Wahlmänner und die sich aus der Zweistufigkeit der Kommunalverwaltung Budapests ergebenden Besonderheiten.

Die Einrichtung der Wahl durch Wahlmänner hat in Ungarn keine Traditionen, sondern ist eine Neuschöpfung. Das wird auch schon durch die ungarische Bezeichnung elektor für Wahlmann deutlich: Das Ungarische steht Fremdwörtern grundsätzlich eher ablehnend gegenüber, und bei einer traditionellen Institution würde man sich jedenfalls in der Gesetzessprache eines aus ungarischen Quellen geschöpften Wortes bedienen.

Die Wahlmännerwahl widerspricht nicht dem Grundsatz der unmittelbaren Wahl des § 71 Abs. 1 der Verfassung, da diese Vorschrift sich nach ihrem Wortlaut nicht auf die landesweiten Minderheitenselbstverwaltungen bezieht. Sie schreibt die Wahlgrundsätze der allgemeinen, gleichen, unmittelbaren und geheimen Wahl lediglich für Parlaments- und Kommunalwahlen, nicht aber für die Wahlen anderer Autonomien vor.

Am 10.4.1995 lief die gesetzliche Frist von 120 Tagen nach der Kommunalwahl (§§ 32 Abs. 2, 33 Abs, 2 Minderheitengesetz) für die Bildung von landesweiten Selbstverwaltungen aus. Bis dahin gelang es elf Minderheiten, eine solche Vertretung zu wählen: den Bulgaren, den Zigeunern, den Griechen, den Kroaten, den Polen, den Deutschen, den Armeniern, den Rumänen, den Serben, den Slowaken und den Slowenen.

Interessant ist im Hinblick auf das Dreiviertelquorum des § 34 Satz 3 die Anzahl der auf der Wahlmännerversammlung erschienenen Wahlmänner.

---

[448] Magyar Közlöny 1994/4324 ff.; sie beruht auf der Ermächtigung des § 62 Abs. 1 Kommunalwahlgesetz.

Auch das Verhältnis zwischen der Anzahl der Kandidaturen und den zu vergebenden Sitzen verdient Beachtung. Die Zahlen sehen wie folgt aus:

Tab. 4: Die landesweiten Minderheitenselbstverwaltungen (MSV)

Minderheit	Anzahl der lokalen MSV	Anzahl der Wahlmänner	Anzahl der erschienenen Wahlmänner	Anzahl der Kandidaten für die Generalversammlung	Anzahl der Sitze in der Generalversammlung
Bulgaren	2	16	16 (100 %)	14	14
Zigeuner	416	2.153	1.695 (79 %)	260	53
Griechen	2	17	16 (94 %)	16	15
Kroaten	51	270	234 (87 %)	50	50
Polen	2	20	18 (90 %)	15	13
Deutsche	124	751	589 (78 %)	60	53
Armenier	9	40	38 (95 %)	17	17
Rumänen	10	68	62 (91 %)	59	53
Ruthenen	1	7	--	--	--
Serben	19	100	86 (86 %)	51	37
Slowaken	38	241	206 (85 %)	72	53
Slowenen	5	25	25 (100 %)	21	21
Ukrainer	--	--	--	--	--

Die Ruthenen haben innerhalb der gesetzlichen Frist nicht genug Wahlmänner (mindestens 14: § 33 Abs. 2 Minderheitengesetz) aufstellen können, so daß keine Wahlmännerversammlung einberufen werden konnte. Die Ukrainer haben keine einzige örtliche Selbstverwaltung zustande gebracht; die Bildung einer Landesselbstverwaltung ist gar nicht erst versucht worden.

Die erste landesweite Minderheitenselbstverwaltung gründeten die Armenier am 19.2.1995, es folgten die Bulgaren (1.3.1995), die Slowenen (3.3.1995), die Griechen (4.3.1995), die Polen (4.3.1995), die Deutschen (11.3.1995), die Serben (18.3.1995), die Rumänen (25.3.1995), die Slowaken (25.3.1995), die Kroaten (1.4.1995) und die Zigeuner (10.4.1995).

Diese Reihenfolge ist nur auf den ersten Blick überraschend. Gerade die zahlenmäßig kleinen Minderheiten siedeln relativ geschlossen in Budapest und vielleicht noch ein oder zwei größeren Städten, so daß ihre Mitglieder sich kennen. Dies trifft ganz besonders auf die Armenier zu, auf deren kulturelle Besonderheiten insbesondere im Zusammenhang mit der armenischen Kirche bereits oben unter Punkt ee) hingewiesen worden ist. Auch Bulgaren, Griechen und Polen sind vorzugsweise städtisch siedelnde

Gruppen mit eigenen Kirchengemeinden, wenn auch bei ihnen die Kirche keine so zentrale Rolle wie bei den Armeniern spielt. Die Slowenen bewohnen ein aus mehreren Dörfern bestehendes geschlossenes Gebiet an der slowenischen Grenze, weshalb innerhalb dieser Minderheit die notwendige Mobilisierung ebenfalls nicht so schwierig und auch nicht so reiseintensiv und damit aufwendig ist wie bei den großen, über das ganze Land verstreuten Gruppen. Ähnliches gilt für die Rumänen, die vorzugsweise die südöstlichen Landesteile nahe der rumänischen Grenze bewohnen. Die Tatsache, daß den Zigeunern erst als letzter Minderheit die Bildung einer landesweiten Selbstverwaltung gelungen ist, zeigt die starke innere Zerrissenheit dieses Bevölkerungsteils. Diese wird auch daran deutlich, daß die Zigeuner die einzige Minderheit sind, bei der die Zahl der Kandidaten die der in der Generalversammlung zu vergebenden Sitze um ein Mehrfaches übertraf. Bei den anderen, homogeneren Minderheiten liegt die Anzahl der Kandidaten - wenn überhaupt - nur leicht über der Anzahl der Mandate. Daraus läßt sich folgern, daß über die Zusammensetzung dieser landesweiten Selbstverwaltungen bereits im Vorfeld weitgehend Einigkeit herrschte. Das läßt auf eine gewisse politische Homogenität schließen, die weitgehende Interessenabstimmungen im Vorfeld erlaubt.
Das Ergebnis der Wahlen bestätigt diese Annahme: Zu Mitgliedern der landesweiten Selbstverwaltungen wurden überwiegend solche Persönlichkeiten gewählt, die schon in den Verbänden der Kádár-Ära gearbeitet hatten und einen gemäßigten Kurs vertreten. Insofern setzt sich der Trend der örtlichen Wahlergebnisse [s.o. Punkt ee)] im Wahlverhalten der Minderheitenwahlmänner fort. In der Zigeunerselbstverwaltung ist einzig die Koalition Lungo Drom [Romani; dt.: Langer Weg, Lange Straße] vertreten, während die zahlreichen anderen politischen Kräfte innerhalb der Zigeunerbevölkerung keinen Erfolg bei den Wählern hatten. Es bleibt abzuwarten, ob dieses Wahlergebnis zu einer dauerhaften Reduzierung der politischen Zersplitterung der Zigeuner und damit zu einer Erhöhung ihres politischen Gewichtes führen kann.
In den ersten hundert Tagen ihres Bestehens hat die landesweite Selbstverwaltung der Zigeuner bereits in zehn Komitaten örtliche Büros eröffnet, um die Vertretung auf Komitatsebene sicherzustellen und eine Basis für ein Netz von minderheitenspezifischen Rechtsberatungs- und -schutzeinrichtungen zu schaffen[449].

---

[449] Népszabadság, 18.8.1995, S. 4 (Tolerancia-programot indít a cigány önkormányzat [Die Zigeunerselbstverwaltung startet Toleranzprogramm]).

Die Generalversammlung der landesweiten Minderheitenselbstverwaltung bleibt bis zur konstituierenden Sitzung der neugewählten Generalversammlung im Amt. Die konstituierende Sitzung ist innerhalb von 30 Tagen nach der Wahl der Mitglieder zusammenzurufen (§ 35 Abs. 1). Diese Regeln entsprechen den üblichen Gepflogenheiten bei demokratisch gewählten Vertretungsorganen. Wenn eine neue Generalversammlung nicht gewählt wird, hört die landesweite Minderheitenselbstverwaltung auf zu bestehen (§ 35 Abs. 2). Dies macht Sinn, weil die Generalversammlung das einzige Organ der landesweiten Minderheitenselbstverwaltung ist. Man hätte auch den Fortbestand einer während der Wahlperiode(n) bis zum Zustandekommen einer neuen Generalversammlung handlungsunfähigen juristischen Person Minderheitenselbstverwaltung fingieren können. Aus dieser Fiktion würde aber der Minderheit kein Vorteil erwachsen, zumal das Vermögen der erloschenen landesweiten Minderheitenselbstverwaltung ihr bei einem erneuten Zustandekommen zurückzugeben ist (§ 36 Abs. 3). Da sich die Minderheiten durch das Erlöschen der landesweiten Minderheitenselbstverwaltung nicht schlechter stehen, ist diese methodisch sauberere Lösung vorzugswürdig.

Die landesweite Minderheitenselbstverwaltung ist eine juristische Person (§ 36 Abs. 2). Ihre grundsätzliche Aufgabe ist die Vertretung und der Schutz der Minderheit auf nationaler und regionaler, d.h. vor allem der Komitatsebene (§ 36 Abs. 1 Satz 1). Zur Schaffung der kulturellen Autonomie der Minderheit kann sie Einrichtungen gründen und deren Tätigkeiten koordinieren (§ 36 Abs. 1 Satz 2). In dieser Vorschrift werden die Aufgaben und die Funktionen der landesweiten Minderheitenselbstverwaltungen grundlegend umrissen. Sie ergänzen die örtlichen Minderheitenselbstverwaltungen im überörtlichen Bereich. Dazu zählt zum einen die gesamtstaatliche Ebene, wo sie den zentralen Staatsorganen als Ansprechpartner zur Verfügung stehen und Aktivitäten von landesweiter Bedeutung durchführen bzw. koordinieren können. Zum anderen gehört zu ihren Aufgaben auch die Wahrnehmung der Minderheiteninteressen auf der regionalen Ebene. Hervorzuheben sind hier die Komitate, die die regionale Ebene administrativ ausfüllen[450]. Darüber hinaus kann sie auch im örtlichen Bereich die Minderheit repräsentieren, wo keinerlei lokale Interes-

---

[450] Zur Rolle des Komitats im ungarischen Staats- und Verwaltungsaufbau s. Küpper, Der Landkreis 1996/87 ff.
Zur Diskussion, ob auf regionaler Ebene auch Minderheitenselbstverwaltungen eingeführt werden sollten, s.u. Punkt i).

senvertretung existiert. Diese Befugnis ist zwar nicht ausdrücklich im Minderheitengesetz enthalten, aber entspricht den Verfassungsgrundsätzen des Minderheitenschutzes und der Versammlungsfreiheit (§ 63 Abs. 1 der Verfassung). Sie ist aber streng subsidiär zu interpretieren, da das Minderheitengesetz für die Vertretung von Minderheiteninteressen auf der örtlichen Ebene vorrangig ein abgestuftes Zuständigkeitssystem von verschiedenen Minderheitenselbstverwaltungen, Minderheitensprechern und privatrechtlich organisierten Vereinen zur Verfügung stellt.

Im Rahmen der allgemeinen Gesetze entscheidet die landesweite Minderheitenselbstverwaltung selbständig über ihren Sitz, ihre Organisation und ihre Geschäftsordnung, über ihren Haushalt und ihr Vermögen, ihren Namen und ihre Symbole, über die landesweiten Feiertage der von ihr vertretenen Minderheit, über Auszeichnungen und deren Einzelheiten, über die Prinzipien und die Art und Weise des Gebrauchs der ihr zur Verfügung stehenden Radio- und Fernsehkanäle und Sendezeiten im öffentlich-rechtlichen Radio und Fernsehen[451], über ihre Presseveröffentlichungen, über die Gründung und den Betrieb ihrer Einrichtungen, von Theatern, Museen, Sammlungen, Minderheitenbibliotheken, künstlerischen oder wissenschaftlichen Institutionen und von mittleren und höheren Lehranstalten mit landesweitem Einzugsgebiet, über die Einrichtung und den Betrieb eines Rechtshilfedienstes und die sonstigen ihnen durch Gesetz übertragenen Angelegenheiten (§ 37). Aus dieser Aufzählung geht hervor, daß sich die Hauptzuständigkeiten der landesweiten Minderheitenselbstverwaltung - neben der für eine autonome Körperschaft selbstverständliche Organisationsautonomie - auf den kulturellen Bereich beziehen, wo sie alle diejenigen Aufgaben wahrnimmt, die die Leistungsfähigkeit der lokalen Minderheitenselbstverwaltungen übersteigen.

Darüber hinaus hat die landesweite Minderheitenselbstverwaltung Beratungs- und zwingende Konsultativrechte im Bereich des Minderheitenunterrichtswesens [s.o. Punkt e)], Unterrichtungs- und Vorschlagsrechte gegenüber Behörden sowie ein Meinungsäußerungsrecht bei der Vorbereitung minderheitenrelevanter Rechtsnormen, wozu auch Verordnungen der Komitate bzw. der Hauptstadt gehören. Überörtliche Rechtsnormen über die Bewahrung und den Schutz der historischen Siedlungen und Baudenkmäler der Minderheit bedürfen ihrer Zustimmung (§ 38). Im einzelnen sehen die Zuständigkeiten der landesweiten Minderheitenselbstverwaltung wie folgt aus:

---

[451] Die Frage der Zurverfügungstellung richtet sich nach § 95 Abs. 5 Mediengesetz (s.o. Fn. 370). Zu Einzelheiten s.u. Punkt 5. a).

- Sie äußert ihre Meinung zu der Planung von Rechtsnormen einschließlich der Verordnungen der Komitate und der Hauptstadt, die die von ihr vertretene Minderheit in dieser Eigenschaft betreffen [§ 38 Abs. 1 lit. a)]. Diese Vorschrift konkretisiert § 27 lit. c) des Gesetzes 1987:XI über die Rechtsetzung[452], welcher allgemein bei der Planung von Gesetzen und bestimmten anderen Rechtsvorschriften den interessierten gesellschaftlichen Organisationen und den Interessenverbänden ein Meinungsäußerungsrecht gewährt. § 38 Abs. 1 lit. a) stellt zunächst klar, daß die interessierten gesellschaftlichen Organisationen der Minderheiten im Sinne des Gesetzes über die Rechtsetzung deren landesweite Selbstverwaltungen sind.

Zu untersuchen ist, welche Rechte ihnen diese Vorschrift tatsächlich gibt. Im Wortlaut wird der Indikativ gebraucht: "äußert ihre Meinung" [véleményt nyilvánít]. Daraus ist zu entnehmen, daß die Minderheitenselbstverwaltung jedenfalls das Recht hat, auf ihr Verlangen gehört zu werden. Fraglich ist aber, ob die normsetzende Körperschaft, d.h. das Parlament und dort ggf. der zuständige Ausschuß sowie die Generalversammlung des Komitats bzw. der Hauptstadt, verpflichtet ist, bei der Planung einer minderheitenrelevanten Norm die Meinung der Minderheitenselbstverwaltung einzuholen, ohne daß diese selbst aktiv werden müßte. Der Indikativ, der genauso in § 27 des Gesetzes 1987:XI benutzt wird, sagt aus, daß die Meinung geäußert wird, nicht, daß sie geäußert werden kann. Auch im Ungarischen drückt der Indikativ die Wirklichkeit und nicht das zu Wünschende oder das bloß Mögliche aus. Demnach ist die Meinung der landesweiten Minderheitenselbstverwaltung von der normsetzenden Körperschaft während der Beratungen einzuholen. Dafür spricht auch § 31 des Gesetzes 1987:XI, der vorschreibt, daß die Fristen bei der Meinungsäußerung dem aufgeforderten Organ genügend Zeit zur Prüfung geben müssen. Eine Fristsetzung macht aber nur dann Sinn, wenn die Meinung der betroffenen Stelle vom Amts wegen eingeholt werden und diese sich nicht von selbst äußern muß. Eine Einholungspflicht seitens der normsetzenden Organe ist auch deshalb sinnvoll, weil es sonst zu schnell vorkommen könnte, daß landesweite Minderheitenselbstverwaltungen infolge der Unkenntnis parlamentsinterner Vorgänge zu minderheitenrelevanten Gesetzesvorlagen nicht Stellung nehmen bzw. nehmen können. Das Parlament bzw. die Generalversammlung des Komitats oder der Hauptstadt wissen besser, über welche Vorlagen sie gerade beraten und ob diese für Minderheiten Bedeutung haben.

---

[452] Magyar Közlöny 1987/1624 ff.

Die Konsultations- und Anhörungspflicht, die allerdings nicht die Pflicht des Normgebers beinhaltet, den Vorstellungen der landesweiten Minderheitenselbstverwaltung zu folgen, ermöglicht es den Minderheiten über ihre landesweiten Selbstverwaltungen, ihre Interessen und Wünsche in dem Prozeß der Gesetzgebung sowie der Normgebung der regionalen Selbstverwaltungen (Komitat bzw. Hauptstadt) zu formulieren. Gleichzeitig kann ihr Sachverstand von dem Normgeber genutzt werden.

Partizipationsrechte an der Normgebung haben eine zentrale Bedeutung in der Demokratie westeuropäischen Typs, deren Verwirklichung Ungarn anstrebt. Dies ist eine der wichtigsten Formen der Interessenvertretung im parlamentarischen System und daher für die Gruppen, die solche formalisierten Partizipationsrechte besitzen (und dadurch nicht mehr so sehr auf Lobbyarbeit angewiesen sind, um überhaupt gehört zu werden), eine enorm wichtige Befugnis. Gleichzeitig wird durch die Einbeziehung der Verbände der Betroffenen in den Gesetzgebungsvorgang die in einem demokratischen Staatswesen so wichtige Selbstorganisation der Gesellschaft gestärkt. Damit stellt eine solche Berechtigung auch einen Bruch mit den paternalistischen Traditionen des Kádár-Regimes dar, in dem die Regierung von oben bestimmte, was am besten für ihre Minderheiten war.

Über den Wortlaut des § 38 Abs. 1 lit. a) hinaus sind die landesweiten Minderheitenselbstverwaltungen als Interessenverbände über Konsultationen in minderheitenrelevanten Fragen entsprechend den Regeln der sog. Verbandsdemokratie an der Willensbildung der Regierung beteiligt[453]. Ein konkretes normatives Beispiel dafür ist der Regierungsbeschluß über die dringensten Aufgaben im Zusammenhang mit der Lage der Zigeuner[454], demzufolge an der Ausarbeitung eines Aktionsprogramms zur Verbesserung der Problemsituation der Zigeuner nicht nur die entsprechenden Fachministerien, sondern auch die landesweite Minderheitenselbstverwaltung der Zigeuner teilnehmen.

- Die landesweite Minderheitenselbstverwaltung hat umfangreiche Befugnisse, in Fragen, die Gruppen der von ihr vertretenen Minderheit berühren, deren Interessen gegenüber der Verwaltung geltend zu machen. Sie kann von den Behörden Auskunft verlangen, ihnen Vorschläge machen und Maßnahmen innerhalb der jeweiligen behördlichen Zuständigkeit initiieren [§ 38 Abs. 1 lit. c)]. Die Behörde hat dann entsprechen den Vorschriften des § 26 Abs. 2, 3 zu verfahren (§ 38 Abs. 2), d.h. die landesweite Minderheitenselbstverwaltung innerhalb von 30 Tagen zu beschei-

---

453 Ficzere, Comitatus 1995 Bd. 4 S. 3 ff.

454 Regierungsbeschluß 1125/1995., s.o. Fn. 319.

den bzw. im Falle der Unzuständigkeit die Sache innerhalb von drei Tagen an das zuständige Organ weiterzugeben. Durch diese Vorschrift ist die landesweite Minderheitenselbstverwaltung zur umfassenden Interessenvertretung der Minderheit vor Behörden ermächtigt.

Dabei kann es zu Überschneidungen mit dem Aufgabenbereich des Minderheitenombudsmannes kommen, da Interessenvertretung (die Aufgabe der Minderheitenselbstverwaltung) durchaus auch die Betonung des Rechtsschutzes, der die Kernaufgabe des Ombudsmannes bildet, sein kann. Diese Überschneidung ist aber unschädlich, da die Minderheitenselbstverwaltungen mehr im politischen Bereich Wirkung entfalten, während der Ombudsmann über die parlamentarische Kontrolle den Rechtsschutz im individuellen Fall zu erreichen sucht. Sollten in einem Einzelfall beide Organe einbezogen werden, können sie sich sinnvoll ergänzen.

Letztendlich kann aber auch die landesweite Minderheitenselbstverwaltung die angegangene Behörde nicht zwingen, sich ihrer Meinung anzuschließen. Dies macht der Verweis auf § 26 Abs 2, 3 deutlich, der der Behörde lediglich die Pflicht zur Bescheidung bzw. zur Weitergabe an das zuständige Organ auferlegt. In einer pluralistischen Demokratie, wozu Ungarn sich gemäß der revidierten Verfassung bekennt, wären auch weitergehende Rechte systemwidrig. Die Austragung von Interessengegensätzen ist dem politischen Raum zugewiesen; die Ergebnisse dieser Auseinandersetzungen werden durch Rechtsnormen verbindlich gemacht. Diese Rechtsnormen vollziehen die Behörden. Wenn den Minderheitenselbstverwaltungen an der Stelle des behördlichen Vollzugs ein zwingendes (Mit-) Bestimmungsrecht eingeräumt würde, würden ihre Interessen über die Befugnisse des demokratisch legitimierten Normgebers gestellt. Dies würde dem Grundsatz der Gewaltenteilung, der auch der ungarischen Verfassung zugrunde liegt, widersprechen. Eine besondere, formalisierte und gesetzlich gesicherte Artikulation der Minderheitenrechte vor der Exekutive ist dadurch gerechtfertigt, daß die Minderheiten in einer Mehrheitsdemokratie notwendigerweise im politischen Willensbildungsprozeß und damit im Prozeß des Normenerlasses sich nicht uneingeschränkt durchsetzen können. Damit kann das Durchsetzungsdefizit der Minderheiten bei der Setzung der abstrakten Norm durch eine besondere Artikulationsmöglichkeit bei dem konkreten Vollzug der Norm ausgeglichen werden. Die Befugnisse des Normgebers werden dadurch nicht eingeschränkt, da die Behörde den Vorstellungen der Minderheitenselbstverwaltung nicht folgen muß und im übrigen an das geltende Recht gebunden bleibt. Bei dem behördlichen Ausüben des ihnen vom Normgeber eingeräumten Ermessens können die

Minderheitenselbstverwaltungen jedoch erreichen, daß ihre Belange zumindest in die Abwägung mit einfließen.

- Bei Normsetzungsakten im Zusammenhang mit der Bewahrung und der Pflege der historischen Siedlungen und Baudenkmälern der Minderheit kommt der landesweiten Minderheitenselbstverwaltung ein Zustimmungsrecht zu (§ 38 Abs. 3). Dies entspricht dem der örtlichen Minderheitenselbstverwaltungen beim Erlaß von gemeindlichen Satzungen auf dem Gebiet [s.o. Punkt cc)].
- Bei der Schaffung des Stammlehrstoffes [törzsanyag] für den Minderheitenunterricht mit Ausnahme der Hochschulbildung steht der landesweiten Selbstverwaltung ein Zustimmungsrecht zu (§ 38 Abs. 4). Damit hat die Minderheit einen starken Einfluß auf die Gestaltung der Lerninhalte des Minderheitenunterrichtes. Die Ausnahme für die Hochschulerziehung wird mit der Aufgabe, die diesbezüglichen Rechtsvorschriften harmonisieren zu müssen, begründet[455]. Ob die landesweite Selbstverwaltung das Gremium ist, das diesen Einfluß unter fachlichen Gesichtspunkten am sinnvollsten ausüben kann, muß angesichts ihres Zustandekommens bezweifelt werden. Schließlich werden die Minderheitenvertreter nicht wegen ihrer pädagogischen und didaktischen Fähigkeiten, sondern unter politischen Gesichtspunkten gewählt. Die landesweite Minderheitenselbstverwaltung verfügt aber über eine - wenn auch mittelbare - demokratische Legitimation, die eine wie auch immer eingesetzte Kommission aus Fachleuten nicht hätte. Außerdem kann sich die Selbstverwaltung jederzeit Expertenrates von außerhalb bedienen, wenn sie sich in diesem Bereich fachlich überfordert fühlt.

Durch das Mitspracherecht bei der Gestaltung der Lerninhalte hat die Minderheitenselbstverwaltung entscheidenden Einfluß auf die Art der Weitergabe der Minderheitenkultur im Minderheitenunterricht, was für das Überleben der Gruppe als solcher von elementarer Bedeutung ist. Die Befugnisse hinsichtlich des Landeslehrplans sind bereits unter Punkt 3. e) im Zusammenhang mit den Minderheitenrechten im Bildungswesen dargestellt worden.

Die genannten Regelungen machen die landesweite Minderheitenselbstverwaltung in vielen Bereichen zum Ansprechpartner der Regierung und anderer überörtlicher Behörden in Fragen der Rechtssetzung und der Administration. Das gibt den Minderheiten ein Mittel an die Hand, gerade auch im Gesetzgebungsverfahren und in der Gestaltung von minderheiten-

---

[455] Bodáné, S. 144.

relevanten Lehr- und Unterrichtsmitteln ihren Standpunkt frühzeitig zur Geltung zu bringen.
Institutionell verankert sind die Beteiligungs- und Konsultationsrechte der landesweiten Minderheitenselbstverwaltungen im Abstimmungsrat der Minderheiten, dessen Aufgabe vor allem in der Harmonisierung der Interessen der unterschiedlichen Minderheiten liegt. In ihm sind alle elf landesweiten Minderheitenselbstverwaltungen stimmberechtigt vertreten; der ruthenische und der ukrainische Kulturverein nehmen mit beratender Stimme teil. Zur Zeit haben alle Minderheitenselbstverwaltungen noch dasselbe Stimmrecht; es bestehen aber Überlegungen, das Stimmrecht nach der Bedeutung der jeweiligen Minderheit zu gewichten[456].
§ 39 berechtigt die landesweiten Minderheitenselbstverwaltungen, im Rahmen ihrer Tätigkeiten Wettbewerbe auszuschreiben und Stipendien zu stiften. Diese eigentlich selbstverständliche und daher überflüssige Vorschrift stellt kar, daß die Mittelvergabe durch die landesweiten Minderheitenselbstverwaltungen nicht bloß durch direkte Zahlung an bestimmte Einrichtungen, Personen oder Projekte geschehen kann, sondern daß auch Wettbewerbe und Stipendien zur Ermittlung des am besten befähigten Empfängers dienen können. Solche Vergabepraxen im Rahmen der Bestenauslese können zu einer besonders zielgerichteten Allokation der knappen finanziellen Ressourcen beitragen.

Aus dieser Zusammenstellung der Kompetenzen wird deutlich, daß die landesweiten Minderheitenselbstverwaltungen keinerlei Kompetenzen oder Weisungsrechte gegenüber den örtlichen Minderheitenselbstverwaltungen haben; ebensowenig haben sie Einfluß auf die Finanzierung der lokalen Autonomien über die Möglichkeiten von Zuweisungen aus ihrem eigenen Etat hinaus[457]. Angesichts der Funktion und der Aufgabenverteilung der unterschiedlichen minoritären Selbstverwaltungsebenen würden Weisungsrechte auch keinen Sinn machen. Die örtlichen Selbstverwaltungen beteiligen die Minderheiten in mehr oder weniger starkem Umfang an der Willensbildung der kommunalen Selbstverwaltung. Bei der Ausübung dieser Rechte würden Weisungen der landesweiten Minderheitenselbstverwaltungen sachfremde, weil überörtliche, Elemente einfließen lassen, die ggf. sogar die verfassungsrechtliche Garantie der ausschließlich der Gemein-

---

[456] Csaba Tabajdi, Parlamentarischer Staatssekretär für Minderheitenfragen, in Brunner, Minderheiten in Ungarn, S. 35 f.

[457] Ausdrücklich in diesem Sinne Otto Heinek, stellvertretender Leiter des Minderheitenamtes, und Pero Lásztity, Vorsitzender der landesweiten Minderheitenselbstverwaltung der Serben, in Brunner, Minderheiten in Ungarn, S. 50.

schaft der wahlberechtigten Bürger zustehenden kommunalen Selbstverwaltung (§ 42) verletzen würden. Zudem beschränkt das Gesetz das Mandat der landesweiten Minderheitenselbstverwaltungen ausdrücklich auf die gesamtstaatliche und die regionale Ebene (§ 36 Abs. 1 Minderheitengesetz), wobei die subsidiäre Möglichkeit der Interessenvertretung auf örtlicher Ebene bei Fehlen jeder anderen Repräsentanz nicht ausgeschlossen werden sollte (s.o.).

Andererseits kommen den örtlichen Minderheitenselbstverwaltungen keinerlei Weisungs- oder Finanzierungsrechte gegenüber den landesweiten Minderheitenselbstverwaltungen zu. Die Möglichkeit der Einflußnahme der örtlichen Ebene beschränkt sich auf die Wahlen. Die einmal konstituierte landesweite Selbstverwaltung arbeitet unabhängig von den lokalen Minderheitenvertretern; insbesondere gibt es kein imperatives Mandat der landesweiten Repräsentanten. Die Abkoppelung der gesamtstaatlichen von der örtlichen Ebene ist sinnvoll, weil die landesweite Minderheitenselbstverwaltung kein Spitzenverband der örtlichen Autonomien ist, sondern eigene, von lokalen Interessen unabhängige überörtliche Kompetenzen wahrnimmt.

Folglich sind die beiden Ebenen der minoritären Selbstverwaltung nicht voneinander abhängig und auch nicht aufeinander reduzierbar. Sie stellen zwei getrennte, sich aber ergänzende Organe der Vertretung der Minderheiten in Staat, Kommunen und Gesellschaft dar. Die Ergänzung beider Funktionsbereiche bedingen in der Praxis eine enge politische und personelle Verquickung und Zusammenarbeit, die sich aber in der rechtlichen Regelung nicht niederschlägt[458].

g) Finanzierung der Minderheitenangelegenheiten

Die finanzielle Unterstützung der Minderheiten und die Wirtschaftsführung und das Vermögen der Minderheitenselbstverwaltungen sind in Kapitel VIII des Minderheitengesetzes geregelt.

aa) Finanzielle Unterstützung der Minderheiten

Die Finanzierung der Verwirklichung der Minderheitenrechte ist grundsätzlich Angelegenheit des *Staates* (§ 55 Abs. 1). Diese Bestimmung hat Garantiecharakter insofern, als daß der Staat die Minderheiten nicht aus-

---

[458] Pero Lásztity, Vorsitzender der landesweiten Minderheitenselbstverwaltung der Serben, in Brunner, Minderheiten in Ungarn, S. 50.

schließlich auf nichtstaatliche Quellen oder ihre eigenen finanziellen Anstrengungen verweisen darf, sondern zumindest eine finanzielle Grundsicherung vorzunehmen hat. Gleichzeitig stellt sie klar, daß nicht die Gemeinden als Leistungserbringer vor Ort die Kosten für die Umsetzung der Minderheitenrechte zu tragen haben [s.u. Punkt h)].
Das Gesetz regelt die staatliche Finanzierung auf unterschiedliche Weise.

Bei der muttersprachlichen oder zweisprachigen *Erziehung* gewährt der jeweilige Staatshaushalt den Lehranstalten zusätzliche normative Unterstützung [§ 55 Abs. 2 lit. a)]. Dieses System ist bereits oben im Zusammenhang mit dem minderheitensprachlichen Unterricht geschildert worden [s.o. Punkt 3. e) aa)]; das Haushaltsgesetz 1996 stellt im Etat des Ministeriums für Bildung und Unterricht 311 Millionen Forint für die Unterstützung von Minderheiten zur Verfügung, das Haushaltsgesetz 1997 dagegen 274,9 Millionen[459]. Auch der Anspruch der landesweiten Minderheitenselbstverwaltungen auf Unterstützung ihrer kulturellen Aktivitäten ist dort bereits behandelt worden.

Die Unterstützung der *Minderheitenselbstverwaltungen* und der gesellschaftlichen Organisationen der Minderheiten stellt das Parlament in einem Verteilungsschlüssel gemäß seiner Entscheidung sicher [§ 55 Abs. 2 lit. b)]. Diese Vorschrift hat einen doppelten Charakter. Zum einen garantiert sie den Minderheitenselbstverwaltungen und den angesprochenen Organisationen staatliche Unterstützungen aus dem Staatshaushalt (normative Zahlungen). Zum anderen beläßt sie die Entscheidung der Höhe und der Verteilung der Finanzierung der politischen Aktivitäten der Minderheiten in der Kompetenz des Parlamentes und verlagert sie nicht auf einen paritätisch besetzten oder gar autonomen Entscheidungsträger oder aber auf die Exekutive. Das bedeutet, daß die Minderheitenselbstverwaltungen und -organisationen direkt von dem Wohlwollen des Parlamentes abhängen, jedenfalls was die Höhe der Unterstützung anbetrifft. Daß überhaupt unterstützt wird, ist wegen des Garantiecharakters der Norm nicht in Frage gestellt.
In der Praxis enthält das jeweilige Jahreshaushaltsgesetz die Posten für die Unterstützung der Minderheitenselbstverwaltungen und der Minderheitenorganisationen. Für 1995 stellte das Parlament einen Betrag von 320 Mil-

[459] S.o. Fn. 315, Kapitel XVIII (Ministerium für Bildung und Unterricht) Titel 10 Subtitel 3 Nr. 17, sowie Fn. 315, Kapitel XX (Ministerium für Bildung und Unterricht) Titel 10 Subtitel 7 Nr. 4.

lionen Forint für die Unterstützung dieser Minderheitenaktivitäten bereit[460], für 1996 betrug die Subventionierung der landesweiten Minderheitenselbstverwaltungen alleine schon 258,1 Millionen Forint (1997: 306,2 Millionen)[461]. Davon erhielt die landesweite Minderheitenselbstverwaltung der Zigeuner 90 (1997: 96) Millionen Forint, die deutsche 56,1 (1997: 63,2) Millionen, die kroatische und die slowakische jeweils 27 (1997: 32) Millionen, die rumänische und die serbische jeweils 11 (1997: 16 bzw. 15) Millionen, die slowenische 8 (1997: 12) Millionen und die bulgarische, griechische, polnische und armenische jeweils 7 (1997: 10) Millionen. Neben diesen Beträgen für die landesweiten Minderheitenselbstverwaltungen gewährt das Haushaltsgesetz 1997 in Kapitel X (Ministerpräsident) Titel 23 Subtitel 1 Nr. 10 den örtlichen Minderheitenselbstverwaltungen einen allgemeinen Zuschuß von 300 Millionen Forint.
Auch die Unterstützung der Minderheitenorganisationen, die keine Minderheitenselbstverwaltungen sind, erfolgt z.T. durch das Parlament direkt. Die Verteilung der für 1996 zu diesem Zweck vorgesehenen 65 Millionen Forint[462] regelte der Parlamentsbeschluß 45/1996[463]. Von den 128 dort aufgeführten Organisationen gehören alleine 67 zur Minderheit der Zigeuner, was symptomatisch für die innere Zersplitterung dieser Gruppe ist. Auch die Zahl der deutschen Vereinigungen ist beträchtlich. Gefördert werden landesweite, regionale, komitatsweite und örtliche Vereine. Der entsprechende Haushaltsansatz für 1997 beläuft sich auf 70 Millionen Forint [Kapitel I (Parlament) Titel 6]. Die Entscheidung über die genaue Verteilung dieser Gelder trifft das Parlament auf der Grundlage der jährlich eingereichten Vorschläge des Ausschusses für Menschenrechte, Minderheiten und Religionsangelegenheiten[464].

---

[460] Haushaltsgesetz 1994:CIV (s.o. Fn. 314), Kapitel II (Parlament) Titel 5 (Unterstützung der Aktivitäten der Minderheitenselbstverwaltungen und -organisationen). Die tatsächlichen Ausgaben in diesem Bereich betrugen laut Gesetz über die Ausführung des Haushaltes (s.o. Fn. 314) ebenfalls 320 Millionen Forint.
1991 waren es 200 Millionen Forint, 1992 - 1994 jeweils 220 Millionen Forint: Angaben des Innenministeriums der Republik Ungarn.
[461] S.o. Fn. 315, Kapitel II (Parlament) Titel 9. Für 1997 s.o. Fn. 316, Kapitel I (Parlament), Titel 9.
[462] Haushaltsgesetz 1996 (s.o. Fn. 315), Kapitel II (Parlament) Titel 6.
[463] Parlamentsbeschluß 45/1996. (V. 24.) OGY über die Unterstützung der Organisationen der nationalen und ethnischen Minderheiten aus dem Staatshaushalt, Magyar Közlöny 1996/2480 ff.
[464] Parlamentsbeschluß 74/1994. (XII. 27.) OGY über die Ausschußvorbereitungen der Verteilung der Finanzmittel, die der Unterstützung der gesellschaftlichen Orga-

Die Unterstützung der *sonstigen Tätigkeiten der Minderheiten und der Tätigkeiten zugunsten der Minderheiten* sollte in der ursprünglichen Fassung des Gesetzes durch den Fonds der Nationalen und Ethnischen Minderheiten [Nemzeti és Etnikai Kisebbségi Alap] erfolgen, der aus dem Staatshaushalt zu finanzieren war (§ 55 Abs. 3 alte Fassung). Sein Hauptziel war die Unterstützung von Tätigkeiten im Interesse der Minderheiten; die Unterstützung der Minderheitenselbstverwaltungen und -organisationen wurde ausdrücklich im Kompetenzbereich des Parlamentes belassen [§ 55 Abs. 3 lit. c) alte Fassung].

Durch Gesetz 1995:VI[465] wurden diese Vorschriften jedoch noch vor der Gründung des Fonds geändert. An dessen Stelle trat die bereits erwähnte, zum 1.1.1995 von der Regierung geschaffene Öffentliche Stiftung Für die Nationalen und Ethnischen Minderheiten in Ungarn (im folgenden: Öffentliche Stiftung). Ihre Aufgabe besteht in der Förderung der Tätigkeiten im Dienste der Bewahrung der Identität der Minderheiten, der Pflege und Vererbung ihrer Traditionen, der Pflege und der Entwicklung der Muttersprache, der Aufrechterhaltung ihrer geistigen und materiellen Denkmäler sowie der Minderung der aus dem Minderheitendasein herrührenden kulturellen und politischen Nachteile (§ 55 Abs. 3 neue Fassung). Soweit diese Aktivitäten durch Minderheitenorganisationen oder durch die Minderheitenselbstverwaltungen durchgeführt werden, können diese für bestimmte Projekte Mittel aus der Öffentlichen Stiftung erhalten. Für den kulturellen Bereich wird das noch einmal von § 49 Abs. 2 ausgesprochen. Die Öffentliche Stiftung unterstützt auch die in ihren Zweckbereich fallenden kulturellen Aktivitäten anderer Träger und die Herausgabe von Presseerzeugnissen [s.u. Punkt 5. a)]. Sie ist Teil des Systems der staatlichen Finanzierung zu Minderheitenzwecken (§ 55 Abs. 4 neue Fassung).

Das Vermögen der Öffentlichen Stiftung setzt sich aus den ihr überlassenen Vermögensgegenständen und den Finanzzuweisungen durch das jeweilige Jahreshaushaltsgesetz zusammen (§ 50/A Abs. 3). Ihr Anfangsgrundkapital beträgt 470 Millionen Forint. Dieses wurde ihr durch das Haushaltsgesetz 1995 zur Verfügung gestellt[466]. Im Haushaltsgesetz 1996

---

nisationen, der Organisationen der nationalen und ethnischen Minderheiten sowie der Kirchen aus dem Staatshaushalt dienen, Magyar Közlöny 1994/4475 f., Teil II.

[465] Magyar Közlöny 1995/886.

[466] S.o. Fn. 314, Kapitel VII (Ministerpräsident) Titel 5 Subtitel 2 Nr. 1. Wie das Gesetz über die Ausführung des Haushalts (s.o. Fn. 314) in Kapitel II (Parlament) Titel 25 Nr. 1 zeigt, sind davon nur 400 Millionen Forint tatsächlich zur Auszahlung gelangt.

beträgt die Unterstützung der Öffentlichen Stiftung 389 Millionen Forint, 1997 395 Millionen[467].

Das oberste Beschlußorgan der Öffentlichen Stiftung ist das Kuratorium, dem Vertreter der landesweiten Minderheitenselbstverwaltungen, in Ermangelung einer solchen ein Vertreter der Minderheitenorganisationen, Repräsentanten der Regierung und Vertreter der parlamentarischen Fraktionen unter dem Vorsitz des Leiters des Amtes für Nationale und Ethnische Minderheiten angehören (§ 55/A Abs. 3, 4). Im Aufsichtsrat sind nur noch das Parlament und die Regierung, d.h. die Seite der Geldgeber, nicht mehr die der Leistungsempfänger, repräsentiert (§ 55/A Abs. 5, 6). Der Stifter, d.h. die Regierung, ernennt die Mitglieder des Kuratoriums und des Aufsichtsrates aus dem in den Abs. 3 bis 6 bestimmten Personen (§ 55/A Abs. 7). Die Einzelheiten werden in dem Gründungsdokument geregelt[468].

Die Öffentliche Stiftung ist von der rechtlichen Konstruktion her regierungsunabhängiger, als es für den Fonds vorgesehen war. Das ist zu begrüßen, da die Minderheiten in allen ihren politischen und kulturellen Aktivitäten ohnehin von dem Willen des Parlamentes, ihnen jährlich neu Unterstützungen in entsprechender Höhe zu gewähren, abhängen. Eine zusätzliche Abhängigkeit von der Regierung bei der Vergabe von Mitteln würde die gewünschte Autonomie faktisch unnötig einschränken. Allerdings beläßt das Ernennungsrecht des § 55/A Abs. 7 der Regierung einen bedeutenden Einfluß auf Personalfragen und damit mittelbar auch auf den Inhalt der Arbeit des Kuratoriums und des Aufsichtsrates.

Speziell zur Finanzierung von *Zigeunerangelegenheiten* rief die Regierung im Dezember 1995 die Öffentliche Stiftung Für die Zigeuner in Ungarn [A Magyarországi Cigányokért Közalapítvány] ins Leben[469]. Ziel der Stiftung ist die Unterstützung von Maßnahmen, die die Chancenungleichheit der Zigeuner verringern. Der Regierungsbeschluß 1121/1995. nennt noch nicht die Stiftungssumme und enthält auch über die Angabe des Stiftungszwecks hinaus keinerlei Einzelheiten, sondern beauftragt lediglich den für Minderheitenfragen zuständigen Parlamentarischen Staatssekretär im Amt des

---

[467] S.o. Fn. 315, Kapitel VII (Ministerpräsident), Titel 6 Subtitel 2 Nr. 1, sowie Fn. 316, Kapitel X (Ministerpräsident) Titel 7 Subtitel 2 Nr. 1.

[468] Es ist veröffentlicht in Magyar Közlöny 1996/7603 ff.

[469] Regierungsbeschluß 1121/1995. (XII. 7.) Korm., Magyar Közlöny 1995/6137. Näher zu den damit verfolgten Zielen äußerte sich Csaba Tabajdi, Parlamentarischer Staatssekretär für Minderheitenfragen, auf einer Konferenz über die Perspektiven der Regierungspolitik für Zigeuner am 28.10.1995 in Komló, Manuskript der Rede S. 9 ff.

Ministerpräsidenten mit der Sorge um die gerichtliche Registrierung der Stiftung. Dies ist dann in der Folgezeit auch geschehen[470]. Das Haushaltsgesetz 1996 sieht eine Unterstützung der Stiftung in Höhe von 150 Millionen Forint vor, das Haushaltsgesetz 1997 erhöht die Zuwendung auf 170 Millionen Forint[471].
Grundsätzlich ist eine Förderung der Zigeuner getrennt von der anderer Minderheiten sinnvoll, weil sich die Zigeuner in einer Gemengelage aus ethnischen und sozialen Problemen befinden, die für keine andere Minderheit typisch ist. Es ist jetzt Sache der Regierung, aus diesem in die richtige Richtung weisenden Ansatz eine erfolgreich arbeitende Institution zu machen.

Zusammenfassend ist festzuhalten, daß die staatliche Unterstützung aus zwei Faktoren besteht: aus den normativen Zahlungen und der Projektfinanzierung. Die normativen Zahlungen sind in der Praxis so gering, daß sie eine kontinuierliche Arbeit der Minderheitenselbstverwaltungen nicht erlauben. Sie stellen lediglich einen Sockel dar, der durch andere Finanzquellen ergänzt werden muß. Angesichts der Lage der Wirtschaft und der Staatsfinanzen ist auch eine reale Aufstockung dieser normativen Zahlungen unrealistisch und würde das innenpolitische Klima zuungunsten der Minderheiten beeinflussen. Die Projektfinanzierung, deren Schwerpunkt bei der Öffentlichen Stiftung liegt, ist ebenfalls in der Praxis häufig problematisch. Zunächst dürfen diese Gelder nur für die bestimmten Projekte und nicht zur Finanzierung des Teils der allgemeinen Betriebskosten, die durch die normativen Zahlungen nicht gedeckt wird, verwendet werden. Zudem decken die Projektzuschüsse auch häufig nicht die Gesamtkosten des Projekts. Auf gar keinen Fall erlauben sie es, für bestimmte Projekte wie die Übernahme oder Errichtung von Schulen durch Minderheitenselbstverwaltungen Personal einzustellen. Die Personalfolgekosten würden die Mittel der Minderheiten ebenso wie die Projektzuschüsse bei weitem übersteigen.

Neben dieser staatlichen Finanzierung ist ein weiteres wichtiges Element der Finanazierung von Minderheitenangelegenheiten die *Unterstützung durch die kommunalen Selbstverwaltungen und die Komitate*. Insbesondere die Gemeinden leisten erhebliche Zahlungen an die örtlichen Minder-

---

[470] Die Stiftungsurkunde ist veröffentlicht in Magyar Közlöny 1996/1402 ff.
[471] S.o. Fn. 315, Kapitel VII (Ministerpräsident) Titel 6 Subtitel 2 Nr. 10, sowie Fn. 316, Kapitel X (Ministerpräsident), Titel 7 Subtitel 2 Nr. 10.

heitenselbstverwaltungen und die zivilen Minderheitenorganisationen und -vereine. Diese Zahlungen stehen aber ganz im Ermessen der Ratsmehrheit, so daß es von Ort zu Ort starke Schwankungen gibt. Manche Gemeinden unterstützen die Minderheitenarbeit überhaupt nicht. Hierzu zählen v.a. die Klein- und Kleinstgemeinden, deren mangelnde finanzielle Leistungsfähigkeit eine Subventionierung von Minderheiten nicht gestattet. Andere Kommunen wiederum orientieren sich an den staatlichen Leistungen und stocken diese um denselben Betrag auf. Eine dritte Gruppe von Gemeinden dagegen nimmt die Lage der Minderheiten sehr ernst und stellt den Minderheitenbelangen Beträge zur Verfügung, die weit über das Maß der staatlichen Unterstützung hinausgehen.

Den Gemeinden fällt im Minderheitenfinanzierungssystem noch eine weitere Rolle zu: Sie müssen die normativen staatlichen Zahlungen weiterleiten. Der Staat leistet seine Unterstützungen nicht direkt an die Minderheitenselbstverwaltungen, sondern zahlt sie an die zuständige Kommunalverwaltung zur Überweisung. Dies hat in der Praxis schon häufiger zu Problemen geführt, weil manche Gemeinden diese Gelder nur mit großen Verzögerungen, in Extremfällen auch gar nicht an den Empfänger weiterleiten[472]. Hier würde eine Zahlungsweise vom Staat direkt an die Minderheitenselbstverwaltung unter Umgehung der Gemeinde Abhilfe schaffen.

Über diese laufende Finanzierung hinaus steht den Minderheitenselbstverwaltungen noch eine *Anschubfinanzierung* zu.
Die landesweiten Minderheitenselbstverwaltungen bekommen einen einmaligen Zuschuß zur Deckung ihrer Anfangskosten (§ 63 Abs. 4). Die Höhe richtet sich nach der Größe der Minderheit und beträgt für die landesweite Selbstverwaltung der Zigeuner 60 Millionen Forint, für die der Deutschen, der Kroaten, der Slowaken und der Rumänen jeweils 30 Millionen Forint, für die der übrigen Minderheiten jeweils 15 Millionen Forint. Hier stellt sich vor allem die Frage, was mit den Minderheiten der Ukrainer und Ruthenen ist, die als einzige keine landesweite Minderheitenselbstverwaltung haben gründen können. Laut Gesetz stehen auch ihren landesweiten Minderheitenselbstverwaltungen als einmalige Zahlung jeweils 15 Millionen Forint zu. Die Vorschrift sagt nicht, daß dies nur für solche Minderheitenselbstverwaltungen gilt, die sich gleich nach der ersten Kommunalwahl nach Erlaß des Minderheitengesetzes etablieren. Folglich

[472] Pero Lásztity, Vorsitzender der landesweiten Minderheitenselbstverwaltung der Serben, in Brunner, Minderheiten in Ungarn, S. 26.

geht den Ukrainern und Ruthenen dieser Zahlungsanspruch nicht verloren, sondern wird fällig, sobald diese Minderheiten eine landesweite Selbstverwaltung gründen. Sollte sich auf Dauer herausstellen, daß eine oder beide Gruppen keine landesweite Selbstverwaltung zu schaffen vermögen, wird sich die Frage stellen, ob der Anspruch damit verfällt oder ob der Betrag einer landesweit oder jedenfalls überörtlich arbeitenden Vereinigung der jeweiligen Minderheit zur Verfügung gestellt werden soll, damit er für die Minderheit nicht gänzlich verloren ist. Das Gesetz selbst gibt keine Auskunft, da es ausdrücklich nur von den landesweiten Minderheitenselbstverwaltungen spricht. Eine Entscheidung über die Zuwendung dieser Summe an privatrechtliche Vereinigungen ist somit eine politische und keine rechtlich vorgegebene.

Zu dem Zweck der Finanzierung dieser Anfangssummen ist aus der Veräußerung des unternehmerischen Staatsvermögens ein bestimmter Teil des Erlöses abzusondern (§ 63 Abs. 5). Mit dieser Vorschrift zeigt der Gesetzgeber, daß er nicht nur einfach Leistungsansprüche gewährt, sondern gleichzeitig darüber nachgedacht hat, aus welchen Quellen die Mittel kommen sollen. Für die Anschubfinanzierung der landesweiten Minderheitenselbstverwaltungen eignet sich eine Finanzierung aus der Privatisierung besonders gut, da sie eine einmalige Ausgabe, die sich nicht wiederholt, darstellt und die Einnahmen aus dem Verkauf von Unternehmervermögen ebenfalls einmaligen Charakter haben.

Wenn es ihre Arbeit nicht gefährdet, sind die landesweiten Minderheitenselbstverwaltungen berechtigt, einen Teil dieser Zuwendung an die lokalen Minderheitenselbstverwaltungen weiterzugeben (§ 63 Abs. 6). Wegen der gesetzlichen Zweckbindung als Anschubfinanzierung für die landesweiten Minderheitenselbstverwaltungen (§ 63 Abs. 4) ist diese Sonderregel nötig. Sie soll verhindern, daß eine landesweite Minderheitenselbstverwaltung an Mittel gebunden wird, die sie zur Zeit nicht ausgeben kann, obwohl es vor Ort dringenden Bedarf der Minderheit gibt.

Zusätzlich zu diesen Leistungen können die landesweiten Minderheitenselbstverwaltungen von der kommunalen Selbstverwaltung, in der sie ihren Sitz haben, ein Gebäude oder einen selbständigen Gebäudeteil von 150 - 300 qm Grundfläche zur Nutzung verlangen. Die kommunale Selbstverwaltung kann dafür staatliche Kompensation beanspruchen (§ 59 Abs. 2). Diese Vorschrift berücksichtigt die hohen Büromieten in Ungarn, gerade in Budapest. Die Kosten für ein für die Arbeit der Minderheitenselbstverwaltung unumgängliches Büro würden einen beträchtlichen Teil der Mittel verschlingen, so daß für die eigentliche Arbeit nur noch wenig übrig bliebe. Ein Großteil der Gebäude im Land befindet sich noch in kommu-

nalem Eigentum, so daß die Kommunen durch diesen Anspruch nicht vor unüberwindliche Schwierigkeiten gestellt werden.
Darüber hinaus können sie vom Staat Kompensation, d.h. Nutzungsentschädigung verlangen. Die Bürokosten der landesweiten Minderheitenselbstverwaltung sollen nicht an der Gemeinde 'hängenbleiben', die das 'Pech' hat, zum Sitz einer solchen Institution ausgewählt zu werden. Dies würde die Gefahr beinhalten, daß sich vor Ort Unmut gegen die Minderheit regt. Zudem soll der Grundsatz, daß die Finanzierung der Minderheitenangelegenheiten Sache des Staates ist, gewahrt bleiben. Wenn manche Vorschriften des Minderheitengesetzes die Kommunen zu Leistungen verpflichten, so hat das den Grund, daß es sich hierbei in der Regel um Sachleistungen handelt, die die Kommunen wegen der Eigentumsverhältnisse und der größeren Nähe meist besser erbringen können.
Allerdings ging die Unterbringung der landesweiten Minderheitenselbstverwaltungen in der Praxis nicht immer reibungslos vonstatten. Einige mußten sehr lange verhandeln, bis sie entsprechende Räumlichkeiten zur Verfügung gestellt bekamen, und im Falle der landesweiten Minderheitenselbstverwaltung der Zigeuner waren die Schwierigkeiten so groß, daß die Regierung beschloß, eine bestimmte Immobilie im XIV. Bezirk Budapests von privater Hand zu erwerben und der Selbstverwaltung auf unbestimmte Zeit kostenlos zu überlassen[473]. Auch andere landesweite Minderheitenselbstverwaltungen wurden in der Folgezeit bei der Beschaffung der zu ihrer Unterbringung notwendigen Räume insbesondere in der Hauptstadt von der Regierung unterstützt[474]. In diesen Maßnahmen spiegelt sich weniger eine Minderfeindlichkeit von kommunalen oder privaten Eigentümern, sondern vielmehr die Tatsache, daß für Büroraum auf dem freien Markt

---

[473] Regierungsbeschluß 1066/1996. (VI. 19.) Korm. über die Unterbringung der Landesweiten Minderheitenselbstverwaltung der Zigeuner sowie über die Begleichung der mit den in staatlichem Eigentum stehenden Immobilien, die der Unterbringung der landesweiten Minderheitenselbstverwaltungen dienen, zusammenhängenden Kosten, Magyar Közlöny 1996/3011 f. Die mit der Ausführung dieses Regierungsbeschlusses zusammenhängenden Ausgaben müssen vom Minderheitenkompensationsausschuß [Kisebbségi Kompenzációs Bizottság] genehmigt werden und sind durch Kapitel VII (Ministerpräsident), Titel 6, Untertitel 2, des Haushalts gedeckt.

[474] Regierungsverordung 1085/1996. (VII. 24.) Korm. über die Gründung einer hauptstädtischen Außenstelle der Landesweiten Minderheitenselbstverwaltung der Slowenen und der Landesweiten Minderheitenselbstverwaltung der Rumänen, über die Erweiterung der zentralen Niederlassung der Landesweiten Minderheitenselbstverwaltung der Slowenen sowie über die Bildung eines Renovierungsreserverahmens, Magyar Közlöny 1996/4006 f.

derart hohe Mieten verlangt werden, daß nichtkommerzielle Nutzer große Schwierigkeiten haben, sie aufzubringen.

Über die genannten Räumlichkeiten hinaus hat die kommunale Selbstverwaltung der Minderheitenselbstverwaltung gemäß § 59 Abs. 1 diejenigen Vermögensgegenstände zum Gebrauch zu überlassen, die diese zur Erfüllung ihrer Aufgaben und Kompetenzen benötigt. Auch hier geht der Gesetzgeber, ebenso wie bei § 59 Abs. 2, davon aus, daß den kommunalen Selbstverwaltungen nach dem Systemwechsel der Großteil des Verwaltungsvermögens zugefallen ist und es diesen darum am leichtesten fällt, den Minderheitenselbstverwaltungen die für die Erledigung ihrer Aufgaben nötigen Gegenstände zu überlassen. Über einen entsprechenden Antrag der Minderheitenselbstverwaltung ist die Abgeordnetenkörperschaft der Gemeinde verpflichtet zu entscheiden (§ 27 Abs. 3). Diese Vermögensüberlassung kann nicht die Erfüllung der Aufgaben der kommunalen Selbstverwaltung gefährden (§ 59 Abs. 1 Satz 2). Letztere Bestimmung hat den Hintergrund, daß viele Kommunen in Ungarn aufgrund der schlechten Wirtschaftslage selbst kaum Vermögen haben. Dies trifft insbesondere auf kleine ländliche Gemeinden in strukturschwachen Gebieten zu. In diesen ist oft der Minderheitenanteil überdurchschnittlich hoch, da dort die Dorfgemeinschaften noch den Traditionen gemäß funktionieren und die assimilierenden Faktoren eben wegen der wirtschaftlichen Rückständigkeit vergleichsweise schwach ausgeprägt sind. Hier darf die Selbstverwaltung der Minderheiten nicht zu Lasten der kommunalen Verwaltung gehen. Daß der Funktionsfähigkeit der kommunalen Selbstverwaltung der Vorrang vor der Minderheitenselbstverwaltung zukommt, ist verfassungsrechtlich nicht zu beanstanden, da auch die kommunale Selbstverwaltung ein Gut mit Verfassungsrang ist (Kapitel IX der Verfassung: §§ 41 bis 44/C) und sie unabhängig von der ethnischen Zugehörigkeit für alle Bürger da ist, während die Minderheitenselbstverwaltungen nur einem Teil der Bevölkerung dienen.

Die Regierung ist gemäß § 62 Abs. 2 verpflichtet, 1994 und 1995 im Haushaltsentwurf jeweils 500 Millionen Forint als *Minderheitenkompensationsrahmen* in Anschlag zu bringen. Diese Summe soll zur Deckung der Kompensationsansprüche der Kommunalverwaltungen wegen gesetzlicher Leistungen an die Minderheitenselbstverwaltungen nach dem Minderheitengesetz dienen. Der Haushaltsgesetzgeber ist dieser Verpflichtung in beiden Jahren nachgekommen[475]. Auch das Haushaltsgesetz 1996 weist

[475] S.o. Fn. 312 (Haushaltsgesetz 1994) und Fn. 314 (Haushaltsgesetz 1995): Kapitel VII (Ministerpräsident) Titel 25 Subtitel 2 Nr. 31. 1995 sind davon aber ledig-

einen Minderheitenkompensationsrahmen in Höhe von 500 Millionen Forint aus[476], um weiterbestehende minderheitenbedingte Belastungen der kommunalen Haushalte insbesondere aus Ansprüchen der Minderheitenselbstverwaltungen auf Büroräume und ähnliche Sachleistungen ausgleichen zu können[477].
Durch das Gesetz 1996:LXXI[478] wurde in § 62 Abs. 2 die Verpflichtung eingefügt, nicht ausgegebene Mittel des Minderheitenkompensationsrahmens für Minderheitenzwecke, insbesondere für pädagogische und kulturelle Minderheiteneinrichtungen in der Krise oder für Minderheitenselbstverwaltungen zu verwenden. Damit ist es jetzt möglich, die für Minderheiten vorgesehenen Mittel auch ohne Änderung des Haushaltsgesetz von dem Titel des Minderheitenkompensationsrahmens in andere Bereiche, wo Bedarf besteht, umzuschichten. Diese Möglichkeit nimmt von dem Kompensationsrahmen den Druck, daß er unbedingt bis zum Ende des Haushaltsjahres ausgegeben werden muß, und sorgt dafür, daß die Mittel unproblematisch dorthin fließen können, wo sie gebraucht werden. Damit wird eine optimale Verwendung der für die Minderheiten vorgesehenen, betragsmäßig begrenzten Mittel gefördert.

§ 56 gibt den Minderheiten das Recht, von *in- und ausländischen Organisationen, Stiftungen und Privatpersonen* Mittel in Empfang zu nehmen. Ausländischen kulturellen Schenkungen kann der Staat durch besondere Rechtsvorschriften Zollvergünstigungen oder -freiheit gewähren [s. dazu Punkt III. 5. f)].
Diese Vorschrift zeigt, daß der Staat die Minderheitenförderung nicht zu seinem Monopol machen will. Weiterhin wird klargestellt, daß Ungarn eine finanzielle oder sonstige Unterstützung der inländischen Minderheiten durch ausländische Stellen nicht als Einmischung in innere Angelegenheiten betrachtet, sondern im Gegenteil als wünschenswerte Förderung mit besonderen Vergünstigungen ausstattet. Angesichts der öffentlichen und privaten Armut in Ungarn können Zuwendungen gerade aus dem Ausland

---

lich 266,7 Millionen Forint ausgegeben worden: Gesetz über die Ausführung des Haushalts (s.o. Fn. 316), Kapitel VII Titel 25 Subtitel 2 Nr. 31

[476] S.o. Fn. 315, Kapitel VII (Ministerpräsident) Titel 6 Subtitel 2 Nr. 7. Die genaue Verwendung regelt der Regierungsbeschluß 1114/1996. (XI. 30.) Korm., Magyar Közlöny 1996/6014 ff., der insbesondere die gemeindlichen Aufwendungen für die Unterbringung der Minderheitenselbstverwaltungen berücksichtigt.

[477] Csaba Tabajdi, Parlamentarischer Staatssekretär für Minderheitenfragen, in Brunner, Minderheiten in Ungarn, S. 37.

[478] Magyar Közlöny 1996/5194.

eine willkommene Unterstützung der Minderheiten bilden. Dies betrifft besonders die deutsche Minderheit, die als einzige über ein reiches Mutterland verfügt.
Die Bundesrepublik ist sehr engagiert in der materiellen Unterstützung der Ungarndeutschen. Von 1988 bis 1992 hat das Auswärtige Amt etwa 10 Millionen DM zur Verfügung gestellt, das Bundesministerium des Inneren von 1992 bis 1994 etwa 2,3 Millionen DM. Dazu kommen noch Mittel aus den Bundesländern, v.a. aus Baden-Württemberg und Bayern[479]. Ein Beispiel der Förderung von minderheitenspezifischen Projekten durch die deutsche Regierung ist das deutsche Bildungszentrum in Baja [dt.: Frankenstadt] im südungarischen Komitat Bács-Kiskun, das mehrere Schulformen und eine Reihe von kulturellen Einrichtungen beherbergt. Bei der Finanzierung wirken die Bundesregierung, die Kommune, das Komitat, die landesweite Minderheitenselbstverwaltung der Deutschen und das ungarische Ministerium für Bildung und Unterricht zusammen[480].

Die *gesetzeskonforme Verwendung* der vom Staat zur Verfügung gestellten Mittel überwacht der Staatliche Rechnungshof (§ 57)[481]. Dies bedeutet keine Einschränkung der Rechte der Minderheiten, da sich der Kontrollrahmen des Rechnungshofes auf die Gesetzmäßigkeit der Verwendung beschränkt. Die Gesetze einzuhalten sind die Minderheiten ohnehin verpflichtet. Auch ist die Verwendungskontrolle öffentlicher Gelder durch einen Rechnungshof aus praktischen Gesichtspunkten sinnvoll und gerechtfertigt.
Die Einzelheiten der Buchführung und der Rechnungslegung regelt die Regierungsverordung 54/1996., die auf der Ermächtigung des § 124 Abs. 2 a), b) Gesetz 1992:XXXVIII und des § 11 Abs. 1 Gesetz 1991:XVIII[482] beruht. Die Minderheitenselbstverwaltungen werden damit denselben

---

[479] Bricke, S. 103.

[480] István Hajdu, Referent für Minderheitenfragen des Komitats Bács-Kiskun, und Klaus Reiff, ehemaliger Kulturreferent der Deutschen Botschaft in Budapest, in Brunner, Minderheiten in Ungarn, S. 32, 57.

[481] Ein kurzer Überblick über die Befugnisse des Staatlichen Rechnungshofes bei Bodáné u.a., S. 187 ff.; Fűrész, Klára in Kukorelli, Alkotmánytan, S. 204 ff.

[482] Regierungsverordnung 54/1996. (IV. 12.) Korm. über die Pflichten bei der Rechnungslegung und der Buchführung von Organen, die auf der Grundlage des Staatshaushaltes wirtschaften, Magyar Közlöny 1996/1485 ff.; Gesetz 1992: XXXVIII über den Staatshaushalt, Magyar Közlöny 1992/2101 ff.; Gesetz 1991: XVIII über die Buchführung, Magyar Közlöny 1991/1155 ff.

Regelungen unterworfen wie alle anderen öffentlich-rechtlichen nichtstaatlichen Einrichtungen auch, die aus dem Staatshaushalt finanziert werden.

bb) Das Vermögen der Minderheitenselbstverwaltungen

Aus §§ 24, 28 und 58 Abs. 1 des Minderheitengesetzes ergibt sich, daß auf das Vermögen der Minderheitenselbstverwaltungen die Bestimmungen über die kommunalen Selbstverwaltungen anzuwenden sind, soweit das Minderheitengesetz keine Sonderregeln enthält. Insbesondere bildet auch bei den Minderheitenselbstverwaltungen ein Teil des Vermögens das Stammvermögen. Dieses ist nach den allgemeinen Vorschriften nur beschränkt oder gar nicht verkehrsfähig (§ 79 Kommunalgesetz)[483]. Die landesweite Minderheitenselbstverwaltung entscheidet selbst, welcher Teil ihres Vermögens zum Stammvermögen gehört [§ 37 lit. c) Minderheitengesetz]. Für die örtlichen Minderheitenselbstverwaltungen ist diese Kompetenz in der Befugnis, im Rahmen der kommunalen Satzung über den Gebrauch des ihnen zur Verfügung gestellten Vermögens frei zu entscheiden [§ 27 Abs. 1 lit. a)], enthalten.

Der Haushalt der kommunalen Selbstverwaltung ist ein - wenn auch abgesonderter - Teil des Staatshaushaltes (§ 77 Abs. 2 Kommunalgesetz). Wegen der großen Nähe der Minderheitenselbstverwaltungen zu den kommunalen Selbstverwaltungen muß diese Regel auch für deren Haushalt gelten. Dadurch wird aber die Selbständigkeit der Haushaltsführung ebensowenig in Frage gestellt wie bei den kommunalen Selbstverwaltungen. Die Vorschrift drückt lediglich die Einheit der Haushaltsführung der gesamten öffentlichen Hand aus, deren Teil die Minderheitenselbstverwaltungen wegen ihres öffentlich-rechtlichen Status sind.

Die Minderheitenselbstverwaltung kann die finanzielle Deckung ihrer Arbeit im allgemeinen durch folgende Quellen sicherstellen: Zuwendungen aus dem Staatshaushalt, Zuwendungen der kommunalen oder Komitatsselbstverwaltungen, eigene Einnahmen einschließlich der Erträge ihrer Unternehmen, Zuwendungen von Stiftungen, Unterstützungen durch in- und ausländische Organisationen, die Erträge des ihr zur Verfügung gestellten Vermögens sowie Schenkungen und Spenden (§ 58 Abs. 2). Diese Sonderregel ist nötig, da das Kommunalgesetz über die genannten Quellen

---

[483] Zum Stammvermögen der kommunalen Selbstverwaltungen s. Bodáné u.a., S. 200 ff.; generell zu den Verkehrsbeschränkungen des Eigentums an bestimmten, im öffentlichen Gebrauch stehenden Gütern im System des ungarischen Eigentumsrechts Herrnfeld, S. 74 f.; Rother, S. 304 ff.

hinaus ein Steuererhebungsrecht gewährt, das die Minderheitenselbstverwaltungen als nicht hoheitlich agierende Autonomien nicht haben sollen.
Im Minderheitengesetz fehlt, anders als im Kommunalgesetz, jeder Hinweis auf die Berechtigung der Minderheitenselbstverwaltung, Kredite aufzunehmen. Im Kommunalgesetz ist diese Möglichkeit in § 88 lit. b) im Kapitel Haushaltsführung vorgesehen. Ein solches Kapitel fehlt im Minderheitengesetz. Damit gilt die grundsätzliche Verweisung der §§ 24, 28, 58 Abs. 1 auf die Vorschriften des Kommunalgesetzes. Die Haushaltsführung der Minderheitenselbstverwaltungen richtet sich demnach nach den Vorschriften des Kommunalgesetzes, sofern das Minderheitengesetz keine Sonderregel enthält und die Norm nicht wegen der strukturellen Besonderheiten der Minderheitenselbstverwaltungen nicht paßt. Eine abweichende Regel des Minderheitengesetzes liegt, wie erwähnt, nicht vor, und bei Minderheitenselbstverwaltungen ist die Aufnahme von Krediten nicht schlichtweg unpassend. Immerhin handelt es sich von Gesetzes wegen um juristische Personen, die unter eigenem Namen Rechte und Pflichten erwerben können. Somit sind die Minderheitenselbstverwaltungen zur Aufnahme von Krediten nach den Vorschriften des Kommunalgesetzes berechtigt.
Die kommunalen Selbstverwaltungen sind gemäß § 59 Abs. 1 verpflichtet, den Minderheitenselbstverwaltungen das Vermögen zum Gebrauch zu überlassen, welches diese zur Erfüllung ihrer Aufgaben benötigen [s.o. Punkt aa)].
Die kommunalen Selbstverwaltungen überlassen den Minderheitenselbstverwaltungen die diesen zustehenden Vermögenswerte gemäß den Vorschriften über das kommunale Vermögen (§ 59 Abs. 3). Damit sind die Rechtsregeln gemeint, die die Übergabe staatlichen Vermögens an die kommunalen Selbstverwaltungen regeln[484]. Der Verweis auf diese Regelungen ist sinnvoll, weil die Sachverhalte, die den Gegenstand der Regelung bilden, vergleichbar sind: die Überleitung von Eigentums- und anderen Vermögensrechten von einem öffentlich-rechtlichen Eigentümer auf einen anderen.
Allerdings kommt eine größere Anzahl Kommunen ihren Pflichten nicht nach und verweigert den Minderheitensebstverwaltungen die diesen gesetzlich zustehenden Leistungen. Auch Fälle des übermäßigen Verzögerns

[484] Zu Einzelheiten dieser Regelungen s. Bodáné u.a., S. 197 ff., 212.

werden immer wieder beklagt[485]. Die Konsequenzen dieses rechtswidrigen Verhaltens für das Funktionieren der Minderheitenselbstverwaltungen sind gravierend. In dreizehn Fällen hat es bereits dazu geführt, daß konstituierte örtliche Minderheitenselbstverwaltungen (der Zigeuner) ihre Arbeit in Ermangelung einer tragfähigen Infrastruktur - allerdings verbunden mit einem hohen, oft unrealistischen Erwartungsdruck der Basis - einstellen mußten.
Gemäß § 59 Abs. 4 sind die normativen staatlichen Zuschüsse an Einrichtungen der Minderheitenselbstverwaltungen wie die an nichtstaatliche Einrichtungen, die humanitäre Dienstleistungen erbringen, zu behandeln. Letzteres ist eine Kategorie im Staatshaushalt, die für deutsche Begriffe die Unterstützung gemeinnütziger Organisationen und Aktivitäten beinhaltet. Damit ist klargestellt, an welcher Stelle des jeweiligen Jahreshaushaltgesetzes die Zuschüsse an Schulen, Museen etc. der Minderheitenselbstverwaltungen aufzuführen sind. Über die Art und Höhe der Zuschüsse ist aber noch nichts gesagt. Deren Regelung bleibt dem Haushaltsgesetzgeber jedes Jahr aufs Neue überlassen.

Für das Eigentum der Minderheitenselbstverwaltungen gelten die allgemeinen Regeln (§ 60 Abs. 1, 2). Die Eigentümerrechte werden ausschließlich durch die Körperschaftsversammlungen der lokalen und die Generalversammlung der landesweiten Selbstverwaltungen ausgeübt (§ 60 Abs. 4). Die Minderheitenselbstverwaltungen können sich an Unternehmen beteiligen, wenn ihre Haftung nicht höher ist als ihr Vermögensbeitrag (§ 60 Abs. 3). Das beschränkt die Beteiligung von Minderheitenselbstverwaltungen auf Aktiengesellschaften, Gesellschaften mit beschränkter Haftung und Kommanditistenanteile von Kommanditgesellschaften. Durch diese Vorschrift soll die Minderheitenselbstverwaltung, die ja nicht primär ein Wirtschaftsunternehmen ist, vor sich selbst, d.h. ihren möglicherweise geschäftlich unerfahrenen Vertretern geschützt werden.
Wenn die landesweite Selbstverwaltung einer Minderheit sich auflöst bzw. nach einer Wahl nicht mehr zustande kommt, fällt ihr Vermögen an die Öffentliche Stiftung, die die weitere Verwaltung übernimmt. Bildet sich die landesweite Selbstverwaltung der betreffenden Minderheit wieder neu, so gibt die Öffentliche Stiftung das in Verwaltung genommene Vermögen zurück (36 Abs. 3). Damit geht das Vermögen einer aufgelösten landes-

---

[485] Flórián Farkas, der Vorsitzende der landesweiten Minderheitenselbstverwaltung der Zigeuner, und Pero Lásztity, Vorsitzender der landesweiten Minderheitenselbstverwaltung der Serben, in Brunner, Minderheiten in Ungarn, S. 23, 26.

weiten Selbstverwaltung der Minderheit nicht verloren, wenn in einer der nächsten Wahlperioden wieder eine landesweite Selbstverwaltung zustande kommt. Das heißt weiterhin, daß die bestehenden Einrichtungen weiter betrieben werden können.
Für die lokalen Minderheitenselbstverwaltungen enthält § 60 Abs. 5 eine ähnliche Regelung: Ihr Vermögen geht im Erlöschensfall an die kommunale Selbstverwaltung über, die ihr bei Wiederentstehen Vermögenswerte von gleichem Wert zurückgeben muß. Die Rückgabe der eigentlichen Vermögensgegenstände ist nicht vorgeschrieben, so daß die Gemeinde mit dem angefallenen Vermögen wirtschaften und Vermögensgegenstände auch veräußern kann.

h) Die Rolle der kommunalen Selbstverwaltungen

Es ist bereits dargestellt worden, daß sich die Selbstverwaltungs- und Mitwirkungsrechte der Minderheiten auf die örtliche Gemeinschaft und deren öffentlich-rechtliche Träger, die Gemeinden, konzentrieren. Das hat seinen Grund und seine Berechtigung in der Siedlungsweise und der örtlichen Identität der Minderheit.
Dementsprechend enthält auch das Kommunalgesetz [s.o. Punkt III. 2. a) aa)] einige Regeln, die die Minderheiten betreffen.
In § 8 Abs. 1 werden die Pflichtaufgaben der kommunalen Selbstverwaltungen festgelegt. Dazu gehört es auch sicherzustellen, daß die nationalen und ethnischen Minderheiten ihre Rechte verwirklichen können. Mit dieser Regel sind die Gemeinden als der primäre Verwaltungsträger vor Ort angesprochen. Da es sich bei § 8 Abs. 1 um Pflichtaufgaben handelt, können sich die Gemeinden der Erfüllung von rechts wegen nicht entziehen[486]. Folglich haben die Gemeinden aus eigenem Antrieb und aus eigener Verantwortung die für die Rechtsverwirklichung der Minderheiten unerläßliche Infrastruktur zu schaffen, sofern keine anderen Zuständigkeiten bestehen (z.B. der Minderheitenselbstverwaltungen). In den wichtigsten Bereichen hat das Minderheitengesetz diese Aufgaben konkretisiert, z.B. im Schulwesen. Hier sind die Kommunen gemäß § 46 Abs. 1 Minderheitengesetz die primären Ansprechpartner der Minderheitenselbstverwaltungen. Trotzdem behält § 8 Abs. 1 neben diesen Sonderregeln seine Bedeutung, da er eine Auffangfunktion für die Bereiche hat, die (noch) nicht geregelt

---

[486] Otto Heinek, stellvertretender Leiter des Minderheitenamtes, in Brunner, Minderheiten in Ungarn, S. 49 f.

sind: Hier können sich die Gemeinden nicht entziehen, etwa unter Berufung auf eine fehlende Kompetenzzuweisung.
§ 1 Abs. 5 erlaubt es, den Gemeinden durch Gesetz Pflichtaufgaben aufzugeben; gleichzeitig hat das Parlament zugunsten der Gemeinde die Dekkung der dadurch entstehenden Kosten durch den Haushalt sicherzustellen. § 8 Abs. 1 ist ein solches Gesetz, die Sonderzuweisungen des Minderheitengesetzes ein anderes. Durch das Junktim der Kostendeckung wird klargestellt, daß nicht die Gemeinde die Kosten zu tragen hat, die aus der Verwirklichung der Minderheitenrechte entstehen, sondern der Staat. Das wird noch einmal durch § 55 Abs. 1 Minderheitengesetz klargestellt [s.o. Punkt g) aa)]. Auf die Berechtigung dieser Vorgehensweise ist oben bereits eingegangen worden. Um die haushaltsmäßige Bereitstellung der den Gemeinden zu erstattenden Beträge sicherzustellen, enthält § 62 Abs. 2 Minderheitengesetz die Verpflichtung, 1994 und 1995 einen Kompensationsrahmen von jeweils 500 Millionen Forint zu schaffen [s.o. Punkt g) aa)].
Auf Initiative der Minderheitenabgeordneten hat die Abgeordnetenkörperschaft der Gemeinde einen Ausschuß für Minderheitenangelegenheiten einzuberufen (§ 22 Abs. 2). Damit wird die Gemeinde verpflichtet, ein Gremium der Abgeordnetenkörperschaft zu schaffen, welches die Zuständigkeit für die Beratung der und die Befassung mit den mit der Pflichtaufgabe der Minderheitensorge verbundenen Aufgaben hat. Gleichzeitig wird für die Minderheiten ein konstanter Ansprechpartner geschaffen. Es ist psychologisch viel leichter, sich an einen Ausschuß zu wenden, der kraft seiner Bestimmung 'für einen zuständig ist', als an die größere, unspezifischere und damit anonymere Institution der Abgeordnetenkörperschaft oder gar der Gemeindeverwaltung. Die Vorschrift regelt nicht, wieviele Minderheitenabgeordnete nötig sind, um einen derartigen Ausschuß verlangen zu können. Dem Wortlaut nach steht das Initiativrecht "den Mitgliedern der Abgeordnetenkörperschaft, die ihr Mandat als Minderheitenkandidat errungen haben", zu. Diese Formulierung scheint darauf hinzudeuten, daß alle Minderheitenabgeordneten in der Abgeordnetenkörperschaft unabhängig davon, für welche Minderheit sie gewählt worden sind, einstimmig einen Minderheitenausschuß beantragen müssen. Der Sache nach handelt es sich bei diesem Antragsrecht um ein Minderheitenrecht in dem Sinne, daß innerhalb der Abgeordnetenkörperschaft eine Minderheit etwas gegen den Willen der Mehrheit durchsetzen kann, vergleichbar etwa mit dem Recht der Opposition, die Einsetzung eines Untersuchungsausschusses durchsetzen zu können. Wenn die Minderheitenabgeordneten in der Mehrheit sind, können die eine ihnen genehme Entscheidung bereits durch das Mehrheitsprinzip erwirken, und diese Vorschrift wäre überflüs-

sig. In dem Ausschuß, der hier der Abgeordnetenkörperschaft ggf. gegen ihren Mehrheitswillen aufgezwungen werden kann, werden dieselben Mehrheiten herrschen wie in dem Rat selbst, d.h. die Minderheitenvertreter werden in der Minderheit sein. Um in einem solchen 'erzwungenen' Ausschuß überhaupt sinnvoll arbeiten zu können, ist es nötig, daß wenigstens die Minderheitenvertreter sich über seine Einrichtung einig sind. Wenn sich bereits die Minderheiten nicht darüber einigen können, ob vor Ort ein Minderheitenausschuß wünschenswert wäre oder nicht, dann hat - jedenfalls bei ablehnender Mehrheit - der Ausschuß keine Chance, akzeptiert zu werden und wirkungsvolle Aktivitäten entfalten zu können. Daher ist es sinnvoll, bei der Erzwingung der Einrichtung eines Minderheitenausschusses durch die Minderheitenvertreter von diesen Einstimmigkeit zu verlangen. Folglich ist § 22 Abs. 2 so auszulegen, wie sein Wortlaut beim ersten Lesen suggeriert: Sämtliche Minderheitenabgeordnete müssen einstimmig die Einrichtung eines Minderheitenausschusses beantragen, um sich gegen die Mehrheit durchsetzen zu können.
Wenn die Minderheitenselbstverwaltung zur Ausübung ihrer Rechte der Entscheidung der kommunalen Selbstverwaltung bedarf, dann ist die Abgeordnetenkörperschaft verpflichtet, die Frage auf Antrag der Minderheitenselbstverwaltung auf die Tagesordnung der nächsten Sitzung zu setzen. Wenn ein anderes gemeindliches Organ zuständig ist, so hat es innerhalb von 30 Tagen die Entscheidung zu treffen (§ 27 Abs. 6). Auf diese Weise soll verhindert werden, daß die Gemeindeverwaltung die Minderheitenselbstverwaltung durch Untätigkeit lähmen kann.
Auf § 12 Abs. 5 Kommunalgesetz ist bereits im Zusammenhang mit dem Minderheitensprecher hingewiesen worden [s.o. Punkt III. 3. f) ff)].

i) Die Rolle der Komitate

Das geltende Minderheitenrecht sieht für die Komitate keine besondere Rolle vor. Insbesondere gibt es auf der Komitatsebene, d.h. regional, keine Minderheitenselbstverwaltungen [s.o. Punkt 3. f)]. Eine dritte Autonomieebene zwischen der örtlichen und der landesweiten würde die meisten Minderheiten bereits personell überfordern und ist daher für diese Gruppen nicht sinnvoll. Hier reicht der Grundsatz, daß die landesweite Selbstverwaltung die Artikulation und Repräsentanz regionaler Interessen mit wahrnimmt (§ 36 Abs. 1 Minderheitengesetz).
Bei den großen, fast im ganzen Land siedelnden Minderheiten hat sich jedoch ein Bedürfnis nach einer institutionalisierten Vertretung auf Komitatsebene gezeigt. Die landesweite Selbstverwaltung ist von den Komitaten

zu weit entfernt, um den regionalen Bedürfnissen entsprechend zu reagieren. Dies führt immer mehr zu Forderungen nach einer gesetzlichen Einrichtung der regionalen Ebene im System der Minderheitenselbstverwaltungen[487]. Dafür müßte das Minderheitengesetz geändert werden, indem die Möglichkeit einer Selbstverwaltung auf Komitatsebene als Option für die einzelnen Minderheiten eingeführt wird. Eine für alle Minderheiten geltende Komitatsselbstverwaltung wird nicht gefordert und wäre auch nicht sinnvoll, weil nicht bei allen Minderheiten und nicht in jedem Komitat das Bedürfnis und die Möglichkeit zur Einrichtung einer mittleren Selbstverwaltungsebene besteht. § 68 Abs. 4 der Verfassung würde durch eine derartige Änderung des Minderheitengesetzes nicht verletzt, da er nur die Ebenen vorschreibt, auf denen auf jeden Fall Selbstverwaltungen einzurichten sind, aber nicht die Ebenen, auf denen dies möglich sein soll, abschließend aufzählt. Dem Gesetzgeber steht es somit frei, über den Minimalstandard der Verfassung hinauszugehen.

Bis zu der Einrichtung von Komitatsselbstverwaltungen behelfen sich die betroffenen Minderheiten mit selbst geschaffenen Konstruktionen. Ein Organ auf Komitatsebene kann auf diese Weise entweder von unten oder von oben geschaffen werden. Den ersten Weg ist die deutsche Minderheit gegangen, indem in jedem Komitat, in welchem mindestens vier örtliche Minderheitenselbstverwaltungen zustande gekommen sind, diese örtlichen Minderheitenselbstverwaltungen eine komitatsweite Vereinigung gegründet haben. Die Zigeuner haben sich für den anderen Weg entschieden: Die landesweite Selbstverwaltung hat in fast allen Komitaten bereits eigene Büros eingerichtet, die als Außenstellen der Zentrale die Minderheitenvertretung in den Komitaten übernehmen.

Bei den Aktivitäten der Minderheiten auf der Ebene des Komitats stellt sich die Frage der Finanzierung. Das Komitat ist gesetzlich nicht verpflichtet, Mittel für Minderheitenbelange zur Verfügung zu stellen. Es ist andererseits gesetzlich auch nicht gehindert, die Minderheitenselbstverwaltungen oder andere Minderheitenaktivitäten zu unterstützen, wie § 58 Abs. 2 lit. b) klarstellt. Allerdings kann die Selbstverwaltung des Komitats, anders als die kommunalen Selbstverwaltungen, keine staatlichen Erstattun-

---

[487] János Hargitai, stellvertretender Vorsitzender der Generalversammlung des Komitats Baranya, István Hajdu, Referent für Minderheitenfragen des Komitats Bács-Kiskun, Flórián Farkas, der Vorsitzende der landesweiten Minderheitenselbstverwaltung der Zigeuner, Pero Lásztity, der Vorsitzende der landesweiten Minderheitenselbstverwaltung der Serben, und Zoltán Schmidt, Jugendleiter der landesweiten Minderheitenselbstverwaltung der Deutschen, in Brunner, Minderheiten in Ungarn, S. 23 f, 27, 55 ff.

gen und Zuschüsse für Leistungen an die Minderheiten beanspruchen. In der Praxis tragen die Minderheitenselbstverwaltungen die Kosten ihrer Institutionen auf Komitatsebene. Dies ist insbesondere bei den Minderheiten, bei denen die regionale Ebene von unten, durch die örtlichen Minderheitenselbstverwaltungen aufgebaut wird, von Nachteil, weil damit diesen ohnehin finanziell schwachen Körperschaften noch mehr Substanz entzogen wird.

Viele Komitate bezuschussen bestimmte Aktivitäten der Minderheiten von regionaler Bedeutung im Rahmen ihrer Finanzhoheit[488]. Manche haben Stiftungen für die Finanzierung von Minderheitenprojekten eingerichtet. Von den Minderheitenvertretungen wird immer wieder eine stärkere Einbindung der Komitate in das Minderheitenfinanzierungssystem gefordert. Dies erscheint insbesondere bei Projekten, deren Wirkungskreis über die lokale Ebene hinausgeht, aber noch kein landesweites Niveau erreicht, durchaus systemgerecht. Eine ähnliche Einbindung der örtlichen Selbstverwaltungen zeigt, daß eine solche Lösung nicht gegen die Verfassungsgarantie der kommunalen bzw. regionalen Selbstverwaltung verstößt.
Die Komitate haben nicht nur keine gesetzlichen Leistungspflichten im Minderheitenwesen, sondern auch keine gesetzlichen Kompetenzen. Allerdings sind die Komitate für zahlreiche überörtliche Kultureinrichtungen zuständig, und in diesem Rahmen haben sie auch für die Minderheiten und deren Kulturleben eine große Bedeutung. Die Komitatsbibliotheken, -archive[489] und -museen spielen eine zentrale Rolle bei der Pflege und Bewahrung der Minderheitenkulturen, und manche Komitate unterhalten eigene minderheitenspezifische Einrichtungen wie Nationalitätenzen-

---

[488] So hat z.B. das im Süden des Landes gelegene Komitat Bács-Kiskun, in dem mit etwa 10 % überdurchschnittlich viele Minderheitenangehörige leben, im Jahre 1995 insgesamt 33 reine Minderheitenveranstaltungen unterstützt, wovon die Mehrzahl mehrtätige Lager sowie große, oft ebenfalls mehrere Tage dauernde Festlichkeiten von überörtlicher Bedeutung waren. Derartige Veranstaltungen würden die Kräfte der einzelnen Kommunen übersteigen. Angaben der Komitatsselbstverwaltung und István Hajdu, Referent für Minderheitenfragen des Komitats Bács-Kiskun, in Brunner, Minderheiten in Ungarn, S. 56 ff.

[489] Im Komitat Baranya alleine beschäftigen sich acht Bibliotheken, Archive und Bildungsinstitute mit der Sammlung und Herausgabe von Minderheitenveröffentlichungen: Angaben des Ausschusses für nationale und ethnische Minderheiten der Generalversammlung des Komitates Baranya, Beschlußvorlage vom 14.11.1995, Aktenzeichen 1175-8/1995., S. 5.

tren[490]. Im Schulwesen kommt ihnen eine Aufsichts- und Planungsfunktion zu, bei deren Ausübung sie die Meinung der landesweiten Minderheitenselbstverwaltungen zu hören haben (§ 88 Abs. 1 Satz 5 Unterrichtsgesetz)[491]. Die Rolle der Komitate für die Minderheiten beschränkt sich aber nicht auf den kulturellen Sektor. Die öffentlichen Dienstleistungen, die das Komitat anbietet, können natürlich auch von den Minderheiten in Anspruch genommen werden. Minderheitenrelevant sind hier v.a. die Rechtsberatungsdienste, die einige Komitate wie z.B. Baranya eingerichtet haben. Viele zunächst von den örtlichen Selbstverwaltungen übernommene Aufgaben gerade auch auf für Minderheiten bedeutsamen Gebieten fließen zurück an die Komitate, weil die Gemeinden einsehen, daß sie sich finanziell damit übernommen haben. Dieser Rückfluß ist deshalb möglich, weil das Kommunalgesetz die Abgrenzung der Zuständigkeiten von Gemeinden und Komitat nur in groben Zügen trifft und darüber hinaus der Möglichkeit vertraglicher Vereinbarungen und tatsächlicher Arrangements weiten Raum einräumt[492]. Damit gewinnen die Komitate für die Pflege der Minderheitenkulturen eine immer größer werdende Bedeutung. Die Zusammenarbeit zwischen dem Komitat und seinen Institutionen einerseits und den verschiedenen Minderheitenvertretungen und -vereinigungen gestaltet sich überwiegend problemfrei.

Eine weitere, rechtlich nicht geregelte Funktion des Komitats in Minderheitenangelegenheiten ist die der Streitschlichtung zwischen den örtlichen Mnderheitenselbstverwaltungen und den Kommunen. Zwar stehen hierfür der Minderheitenombudsmann und ggf. die Gerichte zur Verfügung. Jedoch zeichnen sich die Komitatsverwaltungen durch eine größere örtliche und oft auch sachlichere Nähe aus und sind in der Regel bei lokalen Streitigkeiten ebenso neutral wie die erwähnten Institutionen, weshalb ihnen oft der Vorzug gegeben wird[493].

Im Zusammenhang mit den Zigeunern, d.h. der größten und über das ganze Land verstreuten Minderheit, hat die Regierung den Mangel der regionalen administrativen Ebene erkannt. Daher soll gemäß Regierungsbeschluß 1125/1995.[494] geprüft werden, ob den Komitaten nicht die Einrichtung eines obligatorischen Ausschusses für ethnische und nationale Minderhei-

---

[490] István Hajdu, Referent für Minderheitenfragen des Komitats Bács-Kiskun, in Brunner, Minderheiten in Ungarn, S. 56 ff.

[491] S.o. Fn. 389.

[492] Küpper, Der Landkreis 1996/88 f.

[493] István Hajdu, Referent für Minderheitenfragen des Komitats Bács-Kiskun, in Brunner, Minderheiten in Ungarn, S. 57.

[494] S.o. Fn. 319.

ten der Generalversammlung vorgeschrieben werden soll oder ob es andere Möglichkeiten gibt, innerhalb der öffentlichen Verwaltung auf Komitatsebene Organe zu schaffen, die sich speziell mit den Angelegenheiten der Minderheiten befassen. In einigen Komitaten wie z.B. Baranya oder Bács-Kiskun existieren solche Ausschüsse und besondere Minderheitenreferenten der Komitatsverwaltung bereits seit längerem. Es besteht dort in der Regel auch die Möglichkeit, neben den Abgeordneten der Generalversammlung Minderheitenangehörige ähnlich den aus dem deutschen Verwaltungsrecht bekannten sachkundigen Bürgern zu hören oder gar zu Mitgliedern zu ernennen, solange der Anteil der Abgeordneten an den Ausschußmitgliedern nicht unter die Hälfte sinkt[495].

Insgesamt ist bei den Komitaten festzustellen, daß ihnen bei der Verwirklichung der Minderheitenrechte faktisch eine bedeutende Rolle zukommt. Durch die allgemeine Bedeutungssteigerung der Komitate zu Lasten der örtlichen Verwaltungen nimmt dieses Gewicht noch zu. Dem würde es entsprechen, wenn die Komitate auch institutionell in den Minderheitenbereich eingebunden würden. Daß dieser Gedanke an anderer Stelle bereits aufgegriffen wurde, zeigt die Tatsache, daß die Vertreter der Verwaltungen im Koordinationsrat für Zigeunerangelegenheiten [s.o. Punkt III. 2. a) bb)] aus den Komitaten und nicht aus den Kommunen kommen.
Die obligatorische Einrichtung von Ausschüssen für Minderheitenfragen in den Generalversammlungen ist ein Anfang, die Komitate für ihre Verantwortung den Minderheiten gegenüber zu sensibilisieren und gleichzeitig den Minderheiten einen konstanten Ansprechpartner in der Komitatsverwaltung zu schaffen. Auf das Recht der landesweiten Minderheitenselbstverwaltungen gemäß § 38 Abs. 1 lit. a), zu Entwürfen minderheitenrelevanter Satzungen der Komitats- und Hauptstadtverwaltung Stellung zu nehmen, ist bereits hingewiesen worden. Ein weiterer Aspekt wäre eine Änderung des Wahlrechts, die den Einzug von Minderheitenabgeordneten in die Generalversammlung der Komitate erleichtert und den Minderheiten so eine Repräsentanz im Vertretungsorgan des Komitats ermöglicht. Darüber hinaus haben etliche Komitate das Amt des Minderheitenreferenten geschaffen, der sich im Verwaltungsbereich mit Minderheitenangelegenheiten befaßt. Eine Minderheitenselbstverwaltung auf Komitatsebene ist nur bei den allergrößten Minderheiten oder solchen mit stärkerer regionaler Konzentration praktikabel. Hier wäre eine Differenzierung im Minder-

---

[495] István Hajdu, Referent für Minderheitenfragen des Komitats Bács-Kiskun, in Brunner, Minderheiten in Ungarn, S. 57.

heitengesetz etwa dergestalt, daß es den Minderheiten nach ihrem Ermessen ermöglicht wird, Selbstverwaltungen auf Komitatsebene einzurichten, sinnvoll. Bis zu einer solchen Verbesserung der Gesetzeslage kann es aber getrost den bereits bestehenden Vertretungsgremien der Minderheiten überlassen werden, Strukturen ihrer Repräsentanz bei den Komitaten zu schaffen. Die Modelle der Deutschen und der Zigeuner zeigen, daß die Minderheiten dazu fähig sind, wenn sie den Bedarf sehen.

j) Gerichtlicher Rechtsschutz

Es ist eine bekannte Tatsache, daß Rechte nur dann etwas wert sind, wenn sie auch durchgesetzt werden können. Der Durchsetzung der Interessen und Rechte der Minderheiten auf politischer und gesellschaftlicher Ebene dienen einerseits die öffentlich-rechtlichen Minderheitenselbstverwaltungen, andererseits die unterschiedlichen privatrechtlichen Vereinigungen der Minderheiten.
Ein rein politischer Rechtsschutz reicht aber nicht aus. Gerade die Rechte von Minderheiten können leicht durch Mehrheitsentscheidungen beeinträchtigt werden, gegen die in einer Mehrheitsdemokratie nur schwerlich Abhilfe auf politischem Wege zu schaffen sein wird. Versagen muß eine politische Intervention auch bei einer Rechtsverletzung auf individueller Ebene. Daher ist die Möglichkeit des gerichtlichen Schutzes unverzichtbar, wenn die gewährten Rechte auch in der Realität Bestand haben sollen.

Die zentrale *verfassungsrechtliche* Norm des gerichtlichen Rechtsschutzes ist § 57 Abs. 5. Dort wird jedem im Rahmen der Gesetze die Möglichkeit garantiert, gegen gerichtliche oder behördliche Maßnahmen, die seine Rechte oder berechtigten Interessen verletzten, um Rechtsschutz nachzusuchen. Diese Garantie des Rechtsschutzes [ungar.: jogorvoslat] ist vom Wortlaut her nicht notwendig an Gerichte gebunden. Eine Beschränkung auf Gerichte wäre auch nicht sachgerecht, da auch die verwaltungsinterne Überprüfung von Entscheidungen eine Art des Rechtsschutzes ist, die wegen ihrer schnellen und kostengünstigen und damit auch bürgerfreundlichen Eigenschaften von dem verfassungsrechtlichen Schutz erfaßt werden soll. § 50 Abs. 1, 2 der Verfassung stellt klar, daß im Falle von Rechtsverletzungen das letzte Wort des Rechtsschutzes bei den Gerichten liegt. Ebenso sind gemäß § 70/K der Verfassung die Gerichte für Entscheidungen über Ansprüche, die aus der Verletzung von Grundrechten erwachsen, zuständig.

Diese Garantie des Rechtsschutzes gilt zunächst für natürliche Personen und deren Rechte. Das Recht auf Rechtsschutz gemäß § 57 Abs. 5 steht "jedermann" [ungar.: mindenki] zu, und gemäß § 50 Abs. 1 schützen die Gerichte die "Rechte und rechtmäßigen Interessen der Staatsbürger". Damit ist der gerichtliche Schutz der Individualrechte der Minderheitenangehörigen verfassungsrechtlich abgesichert.

Ähnliches gilt für die privatrechtlichen Vereinigungen der Minderheiten. Der ungarischen Verfassung fehlt zwar eine dem Art. 19 Abs. 3 GG vergleichbare Vorschrift, die die Grundrechtsfähigkeit juristischer Personen und damit implizit auch deren gerichtlichen (Grund-) Rechtsschutz vorsieht. Aus der Garantie der Vereinigungsfreiheit (§ 63) und der kollektiven Minderheitenrechte (§ 68 Abs. 2) sowie aus dem Rechtsstaatsgebot (§ 2 Abs. 1) ist jedoch abzuleiten, daß auch Minderheitenvereine sich wegen der Verletzung ihrer Rechte von Verfassungs wegen an die Gerichte wenden können.

Es bleibt die verfassungsrechtliche Lage des gerichtlichen Rechtsschutzes für die öffentlich-rechtlichen Minderheitenselbstverwaltungen zu untersuchen. Eine Rechtsweggarantie, wie sie § 43 Abs. 2 der Verfassung für die kommunalen Selbstverwaltungen enthält[496], fehlt in § 68 für die Minderheitenselbstverwaltungen. Soweit aus § 68 Abs. 4 konkrete Rechte der minoritären Selbstverwaltungen abzuleiten sind - was angesichts des vagen Wortlautes kaum einmal anzunehmen sein dürfte, jedenfalls solange die Grundlagen der Funktionsfähigkeit nicht betroffen sind -, werden diese als Teil der verfassungsmäßigen Ordnung gemäß § 50 Abs. 1 der Verfassung dem Schutz der Gerichte unterstellt. Ansonsten garantiert § 50 Abs. 2, demzufolge die Gerichte die Gesetzmäßigkeit von Verwaltungshandeln überprüfen, den verwaltungsgerichtlichen Rechtsschutz auch für die Minderheitenselbstverwaltungen. Diese Vorschrift enthält keinerlei Einengung hinsichtlich des Adressatenkreises, der sich auf sie berufen kann, und ihre systematische Stellung in dem Kapitel über die Gerichte und nicht bei den Grundrechten zeigt, daß eine Beschränkung auf die Träger bestimmter Grundrechte o.ä. nicht beabsichtigt ist. Zudem legt das Rechtsstaatsgebot eine gerichtliche Überprüfbarkeit von behördlichen Verletzungen der Rechte auch von autonomen öffentlich-rechtlichen Körperschaften nahe.

Folglich unterliegen sämtliche individuellen und kollektiven Rechte, die das Minderheitengesetz oder andere gesetzliche Vorschriften den Minderheiten und ihren Angehörigen gewähren, einer verfassungsrechtlichen Rechtsschutzgarantie. Da das Minderheitenrecht Rechte und Pflichten der

---

[496] Dazu Sólyom in Brunner/Sólyom, S. 112 ff.

Minderheiten, ihrer Angehörigen und Organisationen vorwiegend staatlichen und kommunalen Hoheitsträgern gegenüber bestimmt, ist der Rechtsschutz seiner Natur nach ein verwaltungsgerichtlicher.

Auf *einfach-gesetzlicher Ebene* wird der gerichtliche Rechtschutz durch das Gesetzes 1952:III über die Zivilprozeßordnung in der durch Verordnung mit Gesetzeskraft 26/1972. geänderten Fassung[497] verwirklicht. Dieses Gesetz regelt nicht nur den Schutz bürgerlicher Rechte durch die Gerichte, sondern in seinem XX. Kapitel auch die Verwaltungsgerichtsbarkeit. Die von der Verfassung vorgesehene vollständige gerichtliche Überprüfbarkeit aller behördlichen Akte wurde durch das Gesetz 1991:XXVI eingeführt; zuvor hatte sich die richterliche Kontrolle von Verwaltungshandeln auf enumerativ aufgezählte Bereiche beschränkt[498]. Besondere Verwaltungsgerichte existieren in Ungarn nicht; ihre Tätigkeit übernehmen die Verwaltungsrechtskammern der ordentlichen Gerichte in allen Instanzen.

Obwohl in Ungarn von 1896 bis 1949 ein von der ordentlichen Gerichtsbarkeit getrennter Verwaltungsgerichtshof existierte, erwies sich nach dem Systemwechsel auf der Grundlage der negativen Erfahrungen mit kommunistischen Sondergerichten und außergerichtlichen Streitschlichtungsmechanismen der Grundsatz der Einheitlichkeit der Gerichtsbarkeit als so stark, daß die neu zu schaffende gerichtliche Kontrolle der Verwaltung bei den ordentlichen Gerichten angesiedelt wurde, auch wenn diese 'angelsächsische Lösung' in einem kontinentalen Rechtssystem mit einem voll ausgebildeten, vom bürgerlichen Recht stark unterschiedenen Verwaltungsrecht an sich systemwidrig ist. Zudem sprachen finanzielle Erwägungen dafür, jedenfalls zunächst keinen eigenständigen Gerichtszweig zu schaffen, sondern die vorhandenen Ressourcen der ordentlichen Gerichtsbarkeit für die Erfüllung der neuen verwaltungsgerichtlichen Aufgaben auszubauen[499]. Allerdings wird aus der Präambel deutlich, daß der Aufbau einer eigenen, vollwertigen Verwaltungsgerichtsbarkeit auf längere Sicht vorgesehen ist.

Das Gesetz 1991:XXVI änderte die Vorschriften des Kapitels XX (§§ 324 ff.) der Zivilprozeßordnung grundlegend in dem oben geschilderten Sinne.

---

[497] Magyar Közlöny 1972/909 ff.

[498] Gesetz 1991:XXVI über die Ausweitung der gerichtlichen Überprüfung von Verwaltungsbeschlüssen, Magyar Közlöny 1991/1447 ff. Näher dazu Gaál, MK 1996/390 ff.; Fűrész, Klára in Kukorelli, Alkotmánytan, S. 321 f.; Petrik, JK 1996/345 f.; Zsuffa, MK 1996/385 ff.; Zsuffa, JK 1997/42 ff.

[499] Prugberger, MJ 1997/83 f.; Zsuffa, MK 1996/386 f.

Nach der Generalklausel des § 4 Zivilprozeßordnung kann vorbehaltlich anderweitiger gesetzlicher Regelung die gerichtliche Überprüfung aller Verwaltungsbeschlüsse [közigazgatási határozatok] begehrt werden. § 324 Abs. 2 Zivilprozeßordnung enthält eine Legaldefinition des Begriffs des Verwaltungsbeschlusses: Er umfaßt alle Beschlüsse staatlicher Organe und der vom Staat beliehenen Unternehmer [lit. a)] sowie der Selbstverwaltungen der Kommunen und der Komitate [lit b)]. Darüber hinaus enthält die Vorschrift in lit. c) eine Öffnungsklausel für die Beschlüsse anderer Organe, wenn ein Gesetz deren Überprüfung nach den Bestimmungen des XX. Kapitels der Zivilprozeßordnung anordnet.
Bei der Verletzung zivilrechtlicher Rechtspositionen steht dem Einzelnen sowie privatrechtlichen Vereinigungen ebenso wie öffentlich-rechtlichen autonomen Körperschaften Rechtsschutz durch die Zivilgerichte nach den allgemeinen Vorschriften der Zivilprozeßordnung zu.
Der Vollständigkeit halber soll noch die bisher nicht praktisch gewordene Möglichkeit der verfassungsgerichtlichen Klärung von Kompetenzstreitigkeiten zwischen Selbstverwaltungen, wozu rein begrifflich neben den kommunalen auch die Minderheitenselbstverwaltungen gehören, und staatlichen Stellen außer Gerichten sowie zwischen Selbstverwaltungen untereinander [§ 1 lit. f) i.V.m. §§ 21 Abs. 5, 50 Verfassungsgerichtsgesetz][500] erwähnt werden.
Durch die genannten Vorschriften wird ein umfassender Schutz aller subjektiven Rechte der Individuen sowie der Personenvereinigungen und der öffentlich-rechtlichen Selbstverwaltungskörperschaften durch die ordentliche Gerichtsbarkeit gewährleistet.

Wo die Verfassung - oder seltener einfache Gesetze - keine subjektiven Rechte gewähren, sondern lediglich *objektiv-rechtliche Gewährleistungen* enthalten, ist der Rechtsschutz naturgemäß eingeschränkt. Es ist ja gerade das Wesen objektiv-rechtlicher Garantien, daß sie den Rechtssubjekten keine durchsetzbaren Rechte zur Verfügung stellen. Trotzdem bleiben die Minderheiten auch im Falle von Einrichtungsgarantien nicht ganz schutzlos.
Soweit sie in der Verfassung ausgesprochen werden, verpflichten sie den Gesetzgeber, ggf. auch andere Verfassungsorgane, zu einem Minimum an Tätigwerden. Die Verletzung dieses Minimums durch entgegenstehende Akte oder durch bloße Untätigkeit kann vor dem Verfassungsgericht ge-

[500] S.o. Fn. 372. Näher zu dieser Prozeßart Brunner in Brunner/Sólyom, S. 38.

rügt werden[501]. Ein gutes Beispiel für die erfolgreiche Geltendmachung einer Verletzung verfassungsrechtlicher Einrichtungsgarantien durch gesetzgeberisches Unterlassen vor dem Verfassungsgericht ist die bereits oben unter Punkt a) erwähnte Entscheidung 35/1992. über den Erlaß des Minderheitengesetzes[502].
Wo objektiv-rechtliche Gewährleistungen durch administratives Handeln verwirklicht werden, sind die ausführenden Behörden den einzelnen Adressaten gegenüber zu einer Gleichbehandlung verpflichtet. Das verfassungsrechtliche Gleichbehandlungsgebot des § 70/A Abs. 1 geht über den Wortlaut, der sich lediglich auf Menschen- und Staatsbürgerrechte bezieht, hinaus und durchwirkt die gesamte Rechtsordnung[503]. Im Rahmen einer bestehenden Verwaltungspraxis kann sich so ein Anspruch auf Gleichbehandlung ergeben, der einer objektiv-rechtlichen Gewährleistung eine gerichtlich durchsetzbare subjektiv-rechtliche Komponente verleihen. Insofern ähnelt die Lage der verwaltungsgerichtlichen Überprüfbarkeit von administrativem Handeln aufgrund von Verwaltungsvorschriften anhand des Art. 3 Abs. 1 GG im deutschen Recht[504].
Die subjektiven Rechte der Minderheitenangehörigen, -vereinigungen und -selbstverwaltungen genießen mithin umfangreichen gerichtlichen Rechtschutz.

Der Vollständigkeit halber soll kurz der *Rechtsschutz gegen Maßnahmen der Minderheitenselbstverwaltungen* skizziert werden. Wo die Minderheitenselbstverwaltungen privatrechtlich agieren, ist gegen von ihnen ausgehende Rechtsverletzungen genauso der Zivilrechtsweg gegeben wie gegen Akte privatrechtlicher Minderheitenvereingigungen oder gegen Handlungen von Individuen. Als autonome öffentlich-rechtliche Körperschaften können die Minderheitenselbstverwaltungen auch Hoheitsrechte ausüben, wenn auch nur in sehr begrenztem Umfang. Folglich ist auch gegen sie die Notwendigkeit eines verwaltungsgerichtlichen Schutzes denkbar.
Wenn eine Minderheitenselbstverwaltung vom Staat beauftragt wird, in einer behördlichen Angelegenheit tätig zu werden, richtet sich die Mög-

---

501 Brunner in Brunner/Sólyom, S. 36 f., 53 f.

502 S.o. Fn. 350.

503 Urteil des Verfassungsgerichts 35/1994. (VI. 24.) AB, Magyar Közlöny 1994/ 2499 ff. Dazu Sólyom in Brunner/Sólyom, S. 106 f.

504 Hierzu s. Ossenbühl, Fritz in Erichsen, § 6 V 4; Maurer, § 24 Rn. 20 ff. S. 590 ff.; Schnapp, Friedrich in v. Münch, Art. 20 Rn. 45; Stern, Bd. I § 20 IV 4 S. 819, Bd. II § 38 I 5 S. 654 ff.

lichkeit des Rechtschutzes nach den Vorschriften für die beliehenen Organe [§ 4 i.V.m. § 324 Abs. 2 lit. a) Zivilprozeßordnung].
Im Falle einer kommunalen Minderheitenselbstverwaltung handelt die Minderheit durch die kommunale Selbstverwaltung, deren Kompetenzen sie wahrnimmt. Damit handelt es sich bei ihren Akten um die Beschlüsse, inneren Regelungen oder sonstigen Entscheidungen einer örtlichen Selbstverwaltung, wogegen § 4 i.V.m. § 324 Abs. 2 lit. b) Zivilprozeßordnung den Rechtsweg eröffnet.
Die schwächer ausgeprägten Formen der örtlichen Minderheitenselbstverwaltungen sowie die landesweiten Minderheitenselbstverwaltungen können aus dem Minderheitengesetz selbst keine hoheitlichen Befugnisse gegen Einzelne ableiten, gegen welche dann ein Rechtsschutz nötig wäre. Daher enthält das Minderheitengesetz auch keinen Hinweis auf das XX. Kapitel der Zivilprozeßordnung, was gemäß § 4 i.V.m. § 324 Abs. 2 lit. c) Zivilprozeßordnung den Verwaltungsrechtsweg eröffnen würde. Sofern andere Gesetze aber hoheitliche Befugnisse für die Minderheitenselbstverwaltungen vorsehen, müssen sie eine solche Verweisungsklausel enthalten, wenn keine Lücke in dem von § 50 Abs. 2 der Verfassung geforderten umfassenden individuellen Rechtsschutz gegen hoheitliche Maßnahmen entstehen soll.
Zivilrechtsschutz gegen Maßnahmen der Minderheitenselbstverwaltungen, die bürgerliche Rechte beeinträchtigen, ist nach den allgemeinen Vorschriften der Zivilprozeßordnung möglich.

Der strafrechtliche Schutz der minderheitenspezifischen Rechtsgüter wird weiter unten unter Punkt III. 5. d) gesondert behandelt, weil es sich hierbei nicht um eine Durchsetzungsmöglichkeit individueller Rechte handelt.

k) Würdigung

Das Minderheitengesetz versucht, die Rechtsverhältnisse der Minderheiten umfassend zu regeln. Dabei kann es in vielen Bereichen nur den minderheitenspezifischen Rahmen regeln, den das Spezialgesetz über den jeweiligen Bereich umzusetzen hat. Wo entsprechende Gesetze bereits existierten (z.B. die Sprachenregelung der Gerichts- und Verwaltungsverfahrensordnungen) oder seit Erlaß des Minderheitengesetzes geschaffen wurden (z.B. die Unterrichtsgesetze), entsprechen diese den minderheitenfördernden Standards des Minderheitengesetzes. In manchen Bereichen fehlen aber die entsprechenden Spezialgesetze noch. Hier sei nur auf die Regelung der parlamentarischen Repräsentanz [s.u. Punkt 5. c)] hingewiesen; auch die enorme Verzögerung in der Verabschiedung eines Mediengesetzes hat in diesem Bereich lange Zeit zu einer empfindlichen Lücke geführt.

Vielfach sind die Gründe, warum die ausstehenden Gesetze noch nicht geschaffen wurden, nicht im minderheitenpolitischen Bereich zu suchen. Ganz allgemein ist die Arbeitsbelastung des ungarischen Parlamentes enorm, da der Systemwechsel den Umbau der gesamten Rechtsordnung nötig macht. Zudem erfordern das Rechtsstaatsprinzip (§ 2 Abs. 1 der Verfassung), daß grundrechtsrelevante Lebensverhältnisse durch Normen mit Gesetzesrang geregelt werden (§ 8 Abs. 2 der Verfassung). Deshalb müssen jetzt in vielen Bereichen Gesetze geschaffen werden, wo bisher Verordnungen mit Gesetzeskraft und andere administrative Vorschriften ausreichten. Zusätzlich zu dieser Arbeitsbelastung sind einige Regelungsgebiete politisch sehr stark umstritten, und zwar aus Gründen, die nicht mit den darin enthaltenen Minderheitenfragen zusammenhängen. Zu erwähnen ist hier wiederum das Mediengesetz, das zudem noch ein Zweidrittelgesetz ist (§ 61 Abs. 4 der Verfassung) und als solches eines erhöhten politischen Konsenses bedurfte. Aber auch der Erlaß der Unterrichtsgesetze ist durch die starken politischen Gegensätze und Meinungsunterschiede lange verzögert worden.

Diese Lücken sind bei einem Gesetz mit derart starkem Rahmengesetzcharakter wie dem Minderheitengesetz sehr ärgerlich, da das Rahmengesetz selbst die Rechte, die es gewährt, nicht vollständig sichern und umsetzen kann. Angesichts des Arbeitseifers des ungarischen Gesetzgebers ist aber zu hoffen, daß die noch ausstehenden Regeln bald geschaffen werden.

Abgesehen von diesen Mängeln des Übergangs ist die Kodifizierung des Minderheitenrechts in einem einheitlichen Rahmengesetz sehr zu begrüßen und entspricht zudem dem Stellenwert, den die ungarische politische Öffentlichkeit den Minderheiten einräumt. In einem Rahmengesetz lassen sich alle minderheitenrelevanten Normen in einem einzigen Gesetz vereinen. Da sich in sehr vielen Bereichen der Rechtsordnung minderheitenspezifische oder -relevante Fragen stellen können, wären die Sonderregeln ansonsten unübersichtlich über eine große Anzahl von Einzelgesetzen verstreut. Der Kodifikationsleistung des Minderheitengesetzes kommt eine nicht zu unterschätzende Bündelungswirkung zu, selbst wenn diese stellenweise lediglich aus Verweisen auf einschlägige Spezialgesetze besteht. Immerhin sind dadurch ein Großteil der minderheitenrelevanten Sondervorschriften an einer Stelle entweder geregelt oder über Verweisungen zumindest erwähnt. Damit ist den Minderheiten ein übersichtliches Instrument zur Wahrung ihrer Rechte an die Hand gegeben. Das schafft Rechtsklarheit, die wiederum zu Rechtssicherheit führt. Aus Sicherheit erwächst

Vertrauen, und Vertrauen hilft, Konflikte zu verhindern oder in zivilisierter Weise zu lösen. Deshalb ist eine klare Kodifikation über den rein juristischen Bereich hinaus ein wichtiger Beitrag zum friedlichen Zusammenleben.

Zudem ist es angesichts des Zweidrittelerfordernisses des § 68 Abs. 5 der Verfassung einfacher, das Minderheitenrecht in einem Kodex zu regeln als in einer Anzahl von Einzelgesetzen. Nach der Rechtsprechung des Verfassungsgerichts zu den Zweidrittelgesetzen im Zusammenhang mit der Regelung der Grundrechtsausübung[505] ist nicht jedes Gesetz dem Zweidrittelerfordernis unterworfen, das das Gebrauchmachen von dem privilegierten Grundrechts regelt. Die Qualifizierung des Stimmenquorums betrifft aber alle Vorschriften, die in unmittelbarer Durchführung der betreffenden Verfassungsbestimmung erlassen werden. Das ist bei den Gesetzen der Fall, die die Richtung der Geltendmachung und den Schutz des Rechts regeln, was für jedes Grundrecht gesondert untersucht werden muß. Angesichts der Vielgestaltigkeit der Rechte, die § 68 den nationalen und ethnischen Minderheiten gewährt, wären ohne ein kodexartiges Minderheitengesetz in eine größere Anzahl von Gesetzen v.a. für den kulturellen Bereich und für die Regelung politischer Partizipation Bestimmungen über die Ausübung der verfassungsmäßigen Minderheitenrechte aufzunehmen. Sofern diese Bestimmungen den Kern der Minderheitenrechte im Sinne der geschilderten Verfassungsrechtsprechung betreffen, müßte jedes sie enthaltende Gesetz bzw. die entsprechenden Klauseln darin mit zwei Dritteln der Stimmen der anwesenden Abgeordneten erlassen werden. Durch die Zusammenfassung dieser zentralen minderheitenrechtlichen Normen in dem Minderheitengesetz werden auch die Spezialgesetze, die bestimmte Lebensbereiche regeln und die mit einfacher Mehrheit erlassen werden können, von minderheitenrelevanten Normen, die dem Zweidrittelerfordernis unterliegen, freigehalten.

Aus dem Charakter als Rahmengesetz ergibt sich noch ein weiterer Vorteil: Die Regelungen des Minderheitengesetzes und in der Regel auch der speziellen Gesetze sind so weit gefaßt, daß sie den Rechtssubjekten genügend freien Raum lassen, die Ausführung den jeweiligen örtlichen Besonderheiten anzupassen. Dies ist deshalb so wichtig, weil die Minderheiten sehr heterogen und selbst innerhalb der einzelnen Nationalitäten starke Unterschiede zwischen den zahlreichen Untergruppen und Lebensverhältnissen

---

[505] Die zentrale Entscheidung zu diesem Thema ist das Urteil 4/1993. (II. 12.) AB, Magyar Közlöny 1993/702 ff., in dt. Übersetzung abgedruckt bei Brunner/Sólyom, S. 421 ff. (435 ff.)

bestehen. Zu starre und zu sehr ins Detail gehende Regeln würden nivellierend wirken, wo das Minderheitengesetz von seiner Intention her Vielfalt erhalten will. Das ist aber nur möglich, wenn die spezifischen Bedürfnisse und Umstände vor Ort berücksichtigt werden können.
An dieser Stelle verdienen die Klagen einiger landesweiter Minderheitenselbstverwaltungen, das Minderheitengesetz in seiner jetzigen Form zwänge alle Minderheiten in ein uniformes System, welches auf die meisten nicht passe, Beachtung. In der Tat bestehen zwischen den einzelnen Minderheiten enorme Unterschiede in Anzahl, sozialem Status, Struktur, Organisationsgrad etc. Bei den Zigeunern sind daraus auch die ersten Konsequenzen dergestalt gezogen worden, daß in manchen Bereichen Sonderregeln geschaffen wurden. Eine weitere Differenzierung könnte es den Akteuren vor Ort erleichtern, adäquate und auf die Bedürfnisse abstellende Lösungen zu finden. Allerdings sollte bei den Minderheitenselbstverwaltungen eine einheitliche Grundstruktur beibehalten werden, um diese Erscheinung nicht zu vielgestaltig und damit auch für die Partner im Rechtsverkehr (d.h. insbesondere für die Kommunen) zu schwer faßbar und handhabbar zu machen.

Von den Mängeln wegen der fehlenden Ausführungsgesetze abgesehen, ist das Minderheitengesetz positiv zu beurteilen.
Zunächst ist die Entscheidung für öffentlich-rechtliche Selbstverwaltungskörperschaften zu begrüßen. Eine solche öffentlich-rechtliche Körperschaft kann die Interessen der Minderheit wesentlich besser artikulieren und vertreten, als bloß auf privatrechtlicher Basis entstandene Vereinigungen das könnten[506]. Dazu haben die öffentlich-rechtlichen Körperschaften in ihrem Gebiet Monopolcharakter, da jede Minderheit in einer gegebenen territorialen Einheit (Gemeinde bzw. Land) nur eine Selbstverwaltung gründen kann. Eine solche Monopolvertretung kann in der gesellschaftlichen und politischen Diskussion viel gewichtiger auftreten als sich möglicherweise befehdende privatrechtliche Organisationen. Durch die demokratische Wahl der Mitglieder der Selbstverwaltungen können eventuelle Bedenken hinsichtlich der Legitimation einer öffentlich-rechtlichen Monopolorganisation - wie sie ja auf territorialer Basis auch die Gemeinden sind - ausgeräumt werden. Diese innere Demokratie sowie das pluralistische

---

[506] Dies gilt um so mehr für Länder wie Ungarn mit einer (noch) schwach entwickelten zivilen Sphäre und starker privater Armut, die keine großen finanziellen Beiträge Einzelner an Minderheiteninstitutionen erlaubt: Jenő Kaltenbach, Minderheitenombudsmann, in Brunner, Minderheiten in Ungarn, S. 43.

politisch-verfassungsrechtliche Umfeld sind Garantien dafür, daß die Minderheitenselbstverwaltungen in Zukunft nicht durch den Staat vereinnahmt werden und ihrerseits die Minderheiten vereinnahmen, wie dies unter dem Sozialismus mit den Minderheitenverbänden der Fall war. Zudem steht es den Minderheiten offen, neben den Selbstverwaltungen alle Arten von Vereinen und Vereinigungen zu gründen, was auch in großem Umfang geschieht. Einzig die Bestellung der landesweiten Selbstverwaltungen durch Wahlmänner hat nicht die starke Legitimation der Unmittelbarkeit der Wahl. Jedoch sind die Wahlmänner die in die örtlichen Minderheitenselbstverwaltungen gewählten Personen, d.h. Minderheitenvertreter, denen die Wähler bereits ihr Vertrauen ausgesprochen haben. Angesichts der kleinen Zahl und der über das Land verstreuten Siedlungsweise der meisten Minderheiten wäre der Aufwand für eine eigene direkte Wahl der landesweiten Minderheitenselbstverwaltung wohl zu groß und ökonomisch nicht mehr zu rechtfertigen.
Das Fehlen der Komitatsebene im Selbstverwaltungssystem verursacht in der Praxis Schwierigkeiten. Die Einführung einer fakultativen Selbstverwaltungsebene in den Komitaten kann diesen Mangel beheben, ohne daß eine solche auch den Minderheiten aufgezwungen wird, die ihrer nicht bedürfen.
Bisweilen wird an dem Konzept der Minderheitenselbstverwaltungen kritisiert, daß sie selbst gar nicht genau wüßten, wen sie eigentlich repräsentieren, da sie über keine fest definierte Mitgliedschaft verfügten. In der Tat sind die Minderheitenselbstverwaltungen nicht die Spitzen oder besondere Organe von Verbänden, in denen die Minderheitenangehörigen freiwillig oder kraft ihrer Minderheitenzugehörigkeit Mitglied sind. Sie sind auf örtlicher Ebene lediglich ein Zusammenschluß als solcher kandidierender 'ethnischer' parteiungebundener Kommunalabgeordneter, die von jedermann nach den allgemeinen Regeln des Wahlrechtes gewählt werden können. Die landesweiten Minderheitenselbstverwaltungen setzen sich letztendlich aus den Reihen dieser örtlichen Minderheitenvertreter zusammen. So kann der Eindruck entstehen, die Minderheitenselbstverwaltungen hingen in der Luft, seien abgetrennt von den Menschen, die sie vertreten sollen.
Die geschilderte Konstruktion ist die Konsequenz der Forderung der Minderheitenverbände am Minderheitenrundtisch, niemanden zum Bekenntnis seiner Minderheitenzugehörigkeit zu zwingen. Vor allem Minderheitenkataster oder ähnliche Listen zur Überprüfung der Wahlberechtigung bei

Minderheitenwahlen wurden kategorisch abgelehnt[507]. Hier mögen, wie häufig als Begründung angeführt, noch die Traumata der Nachkriegsgeschichte und die Angst vor Stigmatisierung mitspielen. Realistischer ist wohl die Ansicht, wonach weder die Minderheitenverbände noch - aus außenpolitischen Gründen - der Staat ein Interesse an der Feststellung der wirklichen Größe bzw. Kleinheit der Minderheiten hatten.

Zudem wäre jede Lösung, die ein volles Minderheitenbekenntnis verlangt, angesichts der vorherrschenden Doppelidentitäten verfehlt, weil sie dazu führen könnte, daß nicht ein volles Bekenntnis abgelegt wird, sondern das bisherige 'halbe' auch noch unterbleibt. Jedenfalls waren damit öffentlich-rechtliche Monopolkörperschaften mit breiter Mitgliedschaft zur Repräsentation der Minderheit politisch nicht durchsetzbar. Die Position der Minderheitenvertreter zwang dazu, die Wahlen zu den Minderheitenselbstverwaltungen an die allgemeinen Kommunalwahlen zu koppeln und damit die Vertretungskörperschaft der Minderheiten an die örtlichen politischen Vertretungskörperschaften zu binden.

Theoretisch könnten also die Angehörigen der ungarischen Mehrheit die Zusammensetzung der Minderheitenselbstverwaltungen durch ihre Stimmenzahl bestimmen, indem sie für Minderheitenkandidaten stimmen. Es findet ja keine Kontrolle statt, ob nur Minderheitenangehörige ihre Stimme für Minderheitenkandidaten abgeben oder auch Magyaren oder etwa Angehörige einer anderen Minderheit. Der Legitimität der Minderheitenselbstverwaltung tut es keinen Abbruch, wenn auch der eine oder andere Magyare für einen Minderheitenkandidaten stimmt. Schließlich sind die Mitglieder der kommunalen Minderheitenselbstverwaltung und der mittelbar zustande gekommenen Minderheitenselbstverwaltung auch und eigentlich primär Mitglieder der kommunalen Abgeordnetenkörperschaft und somit für das Wohl der gesamten Gemeinde mitverantwortlich.

Anders ist die Lage der von der Kommunalvertretung getrennt arbeitenden unmittelbar zustande gekommenen Minderheitenselbstverwaltung: Ihre Mitglieder sind keine Kommunalabgeordneten, jedenfalls nicht in ihrer Funktion als Minderheitenabgeordnete. Sie ist ausschließlich zur Vertretung der Minderheitenbelange da. Aber auch hier ist die Tatsache, daß interessierte Magyaren mitwählen können, in der Praxis unbedenklich.

Dem Minderheitengesetz liegt das Prinzip zugrunde, daß die Zugehörigkeit zu einer Minderheit ganz dem freien Bekenntnis des Einzelnen unterliegen soll. Diesem fundamentalen Grundsatz widerspricht es, wenn die Minder-

---

[507] Brunner, Ethnos-Nation 1995 Heft 1 S. 20; Brunner in Brunner/Tontsch, S. 36 f.

heitenzugehörigkeit kontrolliert wird, auch bei der Wahl zu der unmittelbar zustande gekommenen Minderheitenselbstverwaltung. Dies ist die logisch zwingende Konsequenz aus der Entscheidung für das freie, geheime und auf keinen Fall zu kontrollierende Minderheitenbekenntnis. Außerdem trägt die Tatsache, daß jeder sich im Rahmen der Kommunalwahlen an der Wahl der Minderheitenselbstverwaltung beteiligen kann, möglicherweise dazu bei, daß in der Mehrheitsbevölkerung nicht der Eindruck entsteht, die Minderheiten schüfen sich ein politisches Ghetto, in dem sie unbeeinflußt, unbeeinflußbar und unkontrollierbar ihre 'Pfründe' verwalten, und kochten fern der Mehrheit und deren Interessen ihr eigenes Süppchen. Jedenfalls kann die Möglichkeit mitzuwählen und damit letztendlich auch mitzubestimmen bei den Magyaren Vertrauen wecken, auch wenn sie von dieser Möglichkeit keinen Gebrauch machen. Gerade auf der örtlichen Ebene, auf der sich die Menschen häufig noch persönlich kennen, kann dies sehr viel zu einer vertrauensvollen Atmosphäre zwischen Mehrheit und Minderheit(en) beitragen.
Da der Grundsatz des freien und freiwilligen ethnischen Bekenntnisses aus den soeben geschilderten politischen Gründen die Basis des ungarischen Minderheitenrechtes bildet, ist es nur natürlich und auch nicht zu beanstanden, daß die Minderheiteselbstverwaltungen nicht genau wissen, wer zu der von ihnen repräsentierten Minderheit gehört, wer sie gewählt hat und wer nicht. Im Hinblick auf die unklaren und vielgestaltigen Identitätsgrenzen in vielen Minderheitenangehörigen ist dieses Modell, daß dem Einzelnen eine eindeutige Äußerung zu seiner ethnischen Zugehörigkeit erspart, das einzig sinnvolle.
In diesem Zusammenhang wird von einigen Minderheitenvertretern bemängelt, daß das Gesetz außer der Wahl keine enge Koppelung der landesweiten Selbstverwaltung an die örtlichen Minderheitenselbstverwaltungen vorsieht. Auch hört man immer wieder Klagen, daß die Abgrenzung der unterschiedlichen Ebenen der minoritären Autonomien zueinander und zu den Kommunalverwaltungen nur unzureichend getroffen sei. Dies ist in der Tat richtig: Weder das Minderheitengesetz noch das Kommunalrecht äußern sich nicht detailliert zu dem Verhältnis dieser beiden Ebenen zueinander und zu den Kommunen. Dies hat der Gesetzgeber mit Absicht getan. Er wollte, daß die einzelnen Minderheitenselbstverwaltungen ihren modus vivendi von selbst finden. Dazu stellt er nur den Rahmen bereit.
Diese Selbstbeschränkung des Gesetzgebers hat zunächst einmal praktische Gründe. Das von ihm geschaffene Modell der Minderheitenselbstverwaltungen ist völlig neu und hat keine Vorbilder. Deshalb war die Arbeit der Minderheitenselbstverwaltungen in der Praxis für den Gesetzgeber

letztendlich nicht absehbar, und eine Überregulierung hätte die Institutionen der Minderheiten strangulieren können. Dieselben Erwägungen gelten auch für das Verhältnis der Minderheitenselbstverwaltungen zu den kommunalen Autonomien. Das Minderheitengesetz gibt den Minderheitenvertretungen einige zwingende Mitwirkungs- und Mitspracherechte, und darüber hinaus bleibt die konkrete Ausgestaltung des Verhältnisses den Bedingungen vor Ort überlassen, die von Gemeinde zu Gemeinde und von Minderheit zu Minderheit starken Schwankungen unterliegen. Eine zu sehr ins Detail gehende Regelung hätte zu einer stärkeren Uniformierung der Minderheitenselbstverwaltungen und damit zu größerer Unflexibilität geführt. Wie bereits erwähnt, finden einige landesweite Minderheitenselbstverwaltungen bereits das jetzige System zu nivellierend und den Besonderheiten der einzelnen Minderheiten zu wenig Raum lassend.

Neben diesem praktischen Grund war für den Gesetzgeber ein weiterer Gesichtspunkt maßgebend: Nicht der Staat soll entscheiden, wie sich die verschiedenen Ebenen der Minderheitenselbstverwaltungen zueinander verhalten sollen, sondern die Betroffenen selbst. Diese Selbstbescheidung und die Verweisung von Verantwortung an die, die es angeht, ist ein Abschied von der paternalistischen Politik des Kádárismus. Die Tatsache, daß etliche Minderheitenvertreter dies nicht als Chance zum eigenverantwortlichen Gestalten gesehen, sondern als Versäumnis der Regelungs- und damit letztendlich der Fürsorgepflicht des Staates bemängelt haben, zeigt die Schwäche der zivilen Gesellschaft in Ungarn[508], welche sich gerade erst anfängt zu entwickeln.

Aus der Situation der Streusiedlungen heraus ergibt sich neben der Bestellung der landesweiten Selbstverwaltung durch die Mitglieder der örtlichen Selbstverwaltungen eine weitere Besonderheit der Minderheitenselbstverwaltungen: landesweit folgen sie eher dem Prinzip der Personalautonomie, örtlich können durch die kommunalen Selbstverwaltungen, in denen mehrheitlich eine Minderheit repräsentiert ist, Elemente der Territorialautonomie einfließen. Diese gehen allerdings nicht weiter als die allgemeine Autonomie der kommunalen Selbstverwaltung, die durch die Tatsache der Dominanz einer Minderheit nicht ihren Charakter als Kommunalverwaltung verliert. Die Streusiedlung und die stark lokale Identitätsbindung der meisten Minderheiten läßt die Koppelung der Minderheitenselbstverwaltung an den kommunalen Bereich als ideale Lösung erscheinen. Hier muß die Zukunft zeigen, ob sich die guten Absichten des Gesetzes in der Praxis verwirklichen lassen, wo Mängel bestehen und wie man

[508] S. dazu Schöpflin, George in Kupchan, S. 60 ff.

das Zusammenleben und Zusammenverwalten zwischen Ungarn und Minderheit(en) vor Ort möglicherweise noch verbessern kann.
Auch in Ungarn ist eine Übertragung hoheitlicher Befugnisse auf eine öffentlich-rechtliche Körperschaft leichter als auf eine privatrechtliche Vereinigung. Damit können die Minderheitenselbstverwaltungen selbst übertragene staatliche Kompetenzen ausüben und somit in den ihnen zugewiesenen Bereichen aktiv werden.
Diese zugewiesenen Bereiche sind sehr großzügig. Sie umfassen die gesamte Palette des kulturellen Lebens, insbesondere das für den Fortbestand einer Minderheit als solcher existentiell wichtige Schulwesen. Der weite Kreis von Kompetenzen ermöglicht es den Minderheiten, in vielen Bereichen selbstbestimmt und, zwar in Partnerschaft und Zusammenarbeit mit, letztlich aber unabhängig von dem Staat und dessen Organen ihr Minderheitenschicksal zu gestalten. In der Praxis ist in der letzten Zeit die Tendenz zu beobachten, auch über den kulturell-schulischen Bereich hinaus in sozialen und wirtschaftlichen Fragen aktiv zu werden. Allerdings behindert auch bei diesen Tätigkeiten der Mangel an finanziellem und personellem Potential die Übernahme größerer Projekte und Verantwortlichkeiten, die die Schaffung fester Arbeitsplätze mit den damit einhergehenden Folgekosten erfordern würden.
In der Praxis ergeben sich bei der Ausübung dieser verzweigten Befugnisse Schwierigkeiten, die auf eine Überforderung der einzelnen Minderheitenabgeordneten mit der Materie zurückzuführen sind. Soweit die Gründe hierfür in der Neuheit des Systems und in mangelnder Erfahrung mit Selbstverwaltung liegen, kann man dies als Übergangsproblem betrachten, welches sich auch den kommunalen Autonomien stellt, die damit ganz gut fertigwerden. Mangelndes Sachwissen der Minderheitenabgeordneten versucht man durch Kurse zu vermitteln. In der Hauptstadt z.B. arbeiten die kommunalen und minoritären Selbstverwaltungen beider Ebenen bei der persönlichen Beratung der Abgeordneten und der Herausgabe entsprechenden Informationsmaterials eng zusammen. Auch sonst gibt es in einzelnen Gemeinden und Minderheitenselbstverwaltungen sowie im Minderheitenamt Ansätze zur Fortbildung der Minderheitenabgeordneten. Das durchaus bestehende Bedürfnis nach einem landesweiten vereinheitlichten Informations- und Bildungssystem, welches im Kern etwa durch Zusammenschlüsse der bereits existierenden Initiativen geschaffen werden könnte, ist bisher noch nicht befriedigt worden[509]. Hier liegt eine der gro-

[509] Näher dazu Győri/Tiboldi, MK 1996/618 ff.

ßen noch zu erfüllenden Aufgaben der Minderheitenpolitik im praktischen Bereich.

Es ist eine bekannte Tatsache, daß Kompetenzen nur dann etwas nützen, wenn die Finanzierung der Aufgabenerfüllung gewährleistet ist. Auch hier hat sich der ungarische Staat angesichts der leeren öffentlichen und privaten Kassen im Land sehr großzügig gezeigt. Zwar reichen die den Minderheiten zur Verfügung gestellten Gelder bei weitem nicht, um alle legitimen Forderungen der Minderheiten gerade im Schulwesen zu erfüllen, aber in der momentanen Wirtschaftslage müssen auch die Angehörigen der Mehrheit in immer mehr Bereichen Verzicht üben[510]. Eine weitergehende finanzielle Privilegierung der Minderheiten ist nicht zu verantworten und würde wohl auch das politische Klima zuungunsten der Nichtmagyaren belasten. Eine gewisse Unsicherheit ergibt sich für die Minderheiten daraus, daß der Umfang und die Verteilung der staatlichen Unterstützungen jährlich vom Parlament neu festgesetzt werden muß. Hier steht es dem Parlament offen, die Minderheiteninstitutionen für ihr Verhalten im Vorjahr zu 'belohnen' oder zu 'bestrafen'. Auch wird die Unterstützung der Minderheiten damit Thema des alljährlich neu ausgetragenen Verteilungskampfes und somit Thema der politischen Diskussion. Letztendlich sind die Minderheiten dadurch auch den inhärenten Regeln und Mechanismen der öffentlichen Haushaltswirtschaft ausgesetzt und können so zu Opfern von Sparzwängen werden, die möglicherweise aus ganz anderen als minderheitenrelevanten Gründen auf die Staatskasse zukommen. Mit dieser Unsicherheit müssen aber sehr viele vom Staat unterstützte Institutionen leben, ohne daß dies ihrer Arbeit unbedingt schadet. Zudem sichern die Garantien des Minderheitengesetzes den Minimalbestand an finanzieller Ausstattung, und die Mischfinanzierung aus normativen Zuschüssen, Mitteln der Öffentlichen Stiftung und Einzelprojektfinanzierung aus den allgemeinen öffentlichen Haushalten verhindert einen zu großen direkten Einfluß des Haushaltsgesetzgebers auf die Finanzlage der Minderheitenarbeit.
Eventuell könnte eine Umstrukturierung der Finanzierung von der z.Z. dominierenden Projektbezuschussung hin zu höheren allgemeinen Zuweisungen die Sicherheit der Arbeit der Minderheitenselbstverwaltungen erhöhen. Damit verlören die Klagen der Minderheitenselbstverwaltungen, der Staat und das Minderheitengesetz sorgten nicht in dem erforderlichen Umfang für die Zurverfügungstellung der Mittel, die zur Erfüllung der

[510] Zu den beträchtlichen Einschnitten im Sozialbereich s. Küpper, ROW 1996/101 ff.

minoritären Aufgaben nötig seien, ihre Ursache. Es ist aber fraglich, ob die Finanzlage im Land dies in nennenswertem Umfang zuläßt. Auf Gemeindeebene könnte eine verstärkte Staatsaufsicht dazu beitragen, daß die Kommunen ihren Leistungspflichten gegenüber den Minderheitenselbstverwaltungen besser und pünktlicher nachkommen.

Das Minderheitengesetz räumt den Minderheitenangehörigen weitestgehende individuelle und kollektive Rechte ein. Obwohl es die Minderheitenrechte dogmatisch als Teil der Menschenrechte betrachtet, geht es über die herkömmliche individualrechtliche Auffassung der Menschenrechte hinaus und gewährt den Minderheiten als solchen ebenfalls das Recht auf Anderssein und alle die zur Pflege, Bewahrung und Weitergabe dieser besonderen Identität notwendigen Garantien. Hier können Zweifel bestehen, wer Träger dieser Rechte der Minderheit als solcher sein soll. Die weitgefaßten Kompetenzen der verschiedenen Arten der Minderheitenselbstverwaltungen weisen diese als die Träger vieler Minderheitenrechte aus. Die Möglichkeit, daneben noch privatrechtliche Organisationen zu gründen, schließt organisatorische Lücken, so daß für jedes Kollektivrecht der Minderheit ein überindividueller Rechtsträger besteht oder zumindest gegründet werden kann.
Von Seiten der Zigeuner wird die Forderung laut, für ihre Gruppe mehr Sonderregeln zu schaffen. In der Tat behandelt das Minderheitengesetz alle Minderheiten gleich, wenn man von einigen Ausnahmebestimmungen für Zigeuner im Unterrichtswesen einmal absieht. Letztere werden durch Regeln der Schulgesetzgebung noch erweitert. Die Zigeuner sind eine Gruppe, in deren Situation sich ethnische und soziale Probleme untrennbar mischen und die sich darum in einer anderen Lage befindet als die anderen, weitestgehend integrierten Minderheiten. Unterschiedliche Probleme verlangen unterschiedliche Lösungen. In den meisten Fällen sind die Vorschriften des Minderheitengesetzes aber so weit, daß man in ihrem Rahmen in der Regel unterschiedliche Problemlagen adäquat lösen kann. Dies betrifft insbesondere die gewährten Rechte, die ja jede Gruppe und jedes Individuum nach ihrem/seinem Gutdünken nutzen - oder auch nicht nutzen - kann. Am ehesten dürfte den Zigeunern mit gesonderter Finanzierung bestimmter Einrichtungen über den üblichen Minderheitenrahmen hinaus geholfen sein. Wo sich aber in der Praxis ein begründetes Bedürfnis nach gesonderten Regeln für die besonderen Probleme der Zigeuner zeigt, dort sollte der Gesetzgeber weiterhin so minderheitenfreundlich reagieren wie bisher und nicht zögern, dem Anliegen der Zigeuner angemessen Rechnung zu tragen. Darüber hinaus trifft der Staat auf verschiedenen an sich

minderheitenneutralen Gebieten besondere Vorkehrungen für die besonderen Probleme der Zigeuner. Ein Beispiel hierfür wären die besonderen Beschäftigungs- und Fortbildungsinitiativen für Zigeuner. Diese Maßnahmen versuchen die Lösung der Probleme, die die Zigeuner spezifisch belasten, von der sozialen Seite her und nicht von dem Minderheitengesichtspunkt aus.

Von verschiedenen Organisationen der Zigeuner, insbesondere von ihrer landesweiten Minderheitenselbstverwaltung, wird immer wieder eine Erweiterung des Minderheitengesetzes und der darin verbürgten Rechte um eine Sozialautonomie gefordert[511]. Als Grund hierfür wird die besondere Lage der Zigeuner angeführt. Das auf den ersten Blick so schön zu der vorhandenen Kulturautonomie passende Schlagwort der Sozialautonomie erweist sich aber bei näherem Hinsehen als inhaltsleer. Sofern mit diesem Begriff kulturspezifische Formen des Zusammenlebens, insbesondere das Zusammenleben in Großfamilien oder Clanstrukturen, des Umgangs miteinander oder des gemeinsamen Wirtschaftens bezeichnet werden, so sind diese Aspekte bereits durch die allgemeinen Grundrechte und auch durch das minderheitenspezifische Recht auf kulturelle Identität hinreichend abgesichert. Eine Betonung der Sozialautonomie könnte höchstens zu einer Erhöhung der staatlichen und kommunalen Finanzierung der genannten Lebensformen führen. Es ist jedoch nicht einzusehen, warum der Kampf um die Zuteilung staatlicher Gelder nicht auf dem für alle geltenden Feld der Politik geschehen, sondern durch die Postulierung eines gesonderten Rechts im Vorfeld für eine Gruppe schon positiv und damit zu Lasten der Konkurrenten entschieden werden soll.

Die Forderung nach Sozialautonomie wird bisweilen noch in einem anderen Zusammenhang vorgebracht. Es soll den Zigeunern gestattet sein, die für sie geltende Ordnung der sozialen Sicherung und Gestaltung selbst zu bestimmen. In der Praxis würde das bedeuten, daß die Zigeuner aus dem allgemeinen, für alle geltenden System der Daseinsvorsorge und der sozialen Sicherung herausgenommen und für sie besondere Träger geschaffen würden, die einer wie auch immer gearteten Zigeunerselbstverwaltung unterstünden. Hierzu ist zu sagen, daß auf einigen, besonders minderheitenrelevanten Feldern, v.a. der kulturellen Daseinsvorsorge (Stichwort

---

[511] So etwa Flórián Farkas, der Vorsitzende der landesweiten Minderheitenselbstverwaltung der Zigeuner, auf der deutsch-ungarischen Fachkonferenz über die Minderheiten in Ungarn nach den Wahlen zu den Selbstverwaltungskörperschaften, Königswinter 11. - 13.4.1996, abgedruckt in Brunner, Minderheiten in Ungarn, S. 23 f., 29. Auf dieser Konferenz erfolgte auch eine Kritik an dieser Forderung durch Jenő Kaltenbach, Minderheitenombudsmann.

Schulen), die Minderheiten durchaus das Recht zur Vorhaltung und autonomen Verwaltung eigener Institutionen haben. Sofern die Einrichtungen der sozialen Versorgung kommerziell betrieben werden können, steht es jedem, selbst den öffentlich-rechtlichen Minderheitenselbstverwaltungen, frei, entsprechende Unternehmen zu gründen. Abgesehen davon ist das Sozialsystem ethnisch und kulturell neutral, so daß für eine soziale Autonomie der Zigeuner sinnvollerweise das Bedürfnis fehlt. Zudem wäre die Feststellung der Berechtigten nur durch ethnisches Bekenntnis möglich, was aber nach den tragenden Grundsätzen des ungarischen Minderheitenrechts gerade vermieden werden soll. Es ist sicherlich richtig, daß das Leitbild der meisten Leistungsgesetze die Kleinfamilie ist, in der die nichtzigeunerische Bevölkerung Ungarns in der Regel lebt. Die Anwendung der auf diesem Leitbild beruhenden Regeln auf die Zigeuner, deren Leben sich in Sippen und Großfamilien abspielt, mag im Einzelfall zu Verzerrungen führen. Ein Beispiel hierfür sind soziale Leistungen, die Haushalten gewährt werden, deren Einkommen eine bestimmte Bedürftigkeitsgrenze nicht überschreitet. Wenn eine Großfamilie in einem Haushalt zusammenlebt, kann eine haushaltsbezogene Einkommensgrenze, die bei einer Kleinfamilie relativ sicher Bedürftigkeit signalisiert, wegen der großen Anzahl der Haushaltsmitglieder leicht überschritten werden, obwohl diese Großfamilie objektiv durchaus ebenso bedürftig sein kann. Diesen effektiven Ungleichbehandlungen und Ungerechtigkeiten kann aber durch eine entsprechende Formulierung der Leistungsgesetze oder ihrer Ausführungsbestimmungen vorgebeugt werden, ohne daß dafür eine Sozialautonomie mit eigenem Verwaltungsapparat und eigenen Vergaberegelungen bemüht werden müßte. Zudem würde sich bei einem gesonderten sozialen Sicherungssystem der Zigeuner die Frage der Finanzierung stellen. Die Zigeuner selbst als überdurchschnittlich arme Bevölkerungsgruppe könnten jedenfalls zur Zeit keine Sozialleistungen finanzieren, die dem zur Zeit geltenden, wenn auch schon recht einschneidend gekappten[512] sozialen Netz entsprechen, geschweige denn dieses übertreffen. Auch diese Art der Forderung einer Sozialautonomie läuft daher im Endeffekt jedenfalls auf kurze und mittlere Sicht auf eine Forderung nach höheren staatlichen Zuschüssen und sozialen Zuwendungen an die Zigeuner hinaus.

Die Regierung begrüßt eine stärkere Einbeziehungen der örtlichen und der landesweiten Minderheitenselbstverwaltungen in die sozialen Bemühungen zugunsten der Minderheitenangehörigen. Dies gilt insbesondere für die Zigeuner, die aufgrund ihrer besonderen sozialen Strukturen für staatliche

---

[512] Zu den großen Einsparungsmaßnahmen 1995 s. Küpper, ROW 1996/101 ff.

und kommunale Stellen und deren Hilfsprogramme besonders schwer zugänglich sind. Diese stärkere Einbeziehung soll jedoch in dem Rahmen der allgemeinen Zusammenarbeit von staatlichen und kommunalen Stellen mit den minoritären Selbstverwaltungen stattfinden. Von einer Sozialautonomie allerdings ist in den Plänen der Regierung keine Rede[513].

Neben der Gewährung dieser Rechte legt das Minderheitenrecht den Minderheitenangehörigen keine besonderen Pflichten auf. Die Loyalitätspflicht erschöpft sich darin, daß die Gesetze befolgt werden müssen. Da dies eine allgemeine und alle sich in Ungarn aufhaltenden Personen treffende Pflicht ist, wird sie im Minderheitenrecht nicht noch einmal ausdrücklich erwähnt. Als besondere Pflicht könnte man höchstens die Vorschrift des § 48 Abs. 2 Minderheitengesetz auffassen, die den Minderheitenlehranstalten vorschreibt, die ungarische Sprache in der zu ihrer Aneignung notwendigen Stundenzahl zu unterrichten [s.o. Punkt 3. e) bb)]. Daraus ist jedoch keine Pflicht des einzelnen Minderheitenangehörigen, die ungarische Sprache zu lernen, abzuleiten, sondern lediglich eine Pflicht des Schulträgers, den Ungarischunterricht sicherzustellen und dadurch für die Schüler in deren eigenem Interesse ein Minimalniveau zu garantieren. Eine Lernpflicht des einzelnen Schülers ist daraus ebensowenig abzuleiten wie aus der schulrechtlichen Festschreibung anderer Pflichtfächer.

Auf die Einführung besonderer Pflichten konnte der ungarische Gesetzgeber deshalb verzichten, weil die in Ungarn lebenden Minderheiten gut integriert sind, wobei einzelne Untergruppen innerhalb der sehr heterogenen Minderheit der Zigeuner eine gewisse Ausnahme darstellen. Besondere Minderheitenpflichten können nur den Sinn haben, Reibungen im Zusammenleben zwischen Minderheit und Mehrheit zu verhindern, sofern sie nicht versteckte oder offene Instrumente einer Assimilationspolitik sind. Wo bei gut integrierten Minderheiten die Reibungen nicht über das zwischenmenschlich übliche Maß hinausgehen, sind besondere Minderheitenpflichten sinnlos, weil sie leerlaufen würden. Was den problematischen Teil der Zigeunerbevölkerung betrifft, so handelt es sich um eine Gemengelage aus ethnischen und sozialen Problemen [s.u. Punkt 6.], denen weniger durch Auferlegung besonderer Pflichten als vielmehr durch bedarfsgerechte soziale Aktionen und Förderungen beizukommen ist.

---

[513] Csaba Tabajdi, Parlamentarischer Staatssekretär für Minderheitenfragen, auf einer Konferenz über die Perspektiven der Regierungspolitik für Zigeuner am 28.10. 1995 in Komló, Manuskript der Rede S. 14 ff.

Mit Blick auf die Minderheitenpolitik einiger anderer Staaten der Region ist der Verzicht des ungarischen Gesetzgebers, sinnlose Pflichten zu stipulieren, nur zu begrüßen.

Die dem Minderheitengesetz zugrunde liegende Politik könnte man als dissimilatorische Integration bezeichnen. Im Hinblick auf die ethnische und kulturelle Identität verzichtet das ungarische Minderheitenrecht auf jeden Zwang oder Anreiz zur Assimilierung. Es stellt im Gegenteil den Minderheitenangehörigen und ihren Organisationen und Institutionen ein Instrumentarium zur Verfügung, ihre nicht-magyarische Identität wiederzugewinnen, zu entwickeln und zu leben. Insofern ist das Minderheitengesetz dissimilatorisch, auch wenn es selbst keine aktive Dissimilation der Minderheitenangehörigen betreibt, sondern diese lediglich bei freiwilligen Bemühungen dieser Art unterstützt[514].
Trotz dieser positiven, fördernden Einstellung des Minderheitengesetzes zur freiwilligen Dissimilation der minoritären Bevölkerung schließt es die Minderheiten nicht vom staatlichen, gesellschaftlichen und wirtschaftlichen Leben aus. Im Gegenteil, es versucht, die Minderheiten in ihrer Andersartigkeit als Teil des öffentlichen Lebens zu behandeln und sie und ihre Interessenvertretungen in die für alle existierenden Institutionen zu integrieren, statt für sie gesonderte zu schaffen: Die örtlichen Minderheitenselbstverwaltungen sind eng an die kommunalen Autonomien angebunden, im Parlament soll eine eigene Vertretung der Minderheiten stattfinden, der Minderheitenunterricht wird in der Regel an den regulären staatlichen Schulen gegeben, die Minderheitenangehörigen sind denselben Behörden und Gerichten unterworfen wie die Magyaren. Indem das Minderheitengesetz eine enge Einbindung der Minderheiten in die politischen, sozialen und ökonomischen Prozesse des Landes anstrebt, ist es integratorisch.
Die Entscheidung für die Integration der Minderheiten ist zu begrüßen und entspricht zudem der gesellschaftlichen Realität in Ungarn. Zudem ist es an der Schwelle des 21. Jahrhunderts in Europa nicht mehr zeitgemäß, für bestimmte, ethnisch definierte Bevölkerungsgruppen einen Sonderstatus abseits der Mehrheitsgesellschaft zu schaffen, der in der Praxis ohnehin nur zu Ausgrenzungen führen würde.

---

514 Zu der Position der ungarischen Regierung im Hinblick auf assimilatorische und dissimilatorische Prozesse äußerte sich in diesem Sinne Csaba Tabajdi, Parlamentarischer Staatssekretär für Minderheitenfragen, in Brunner, Minderheiten in Ungarn, S. 48 f.

Problematischer ist die Politik der Förderung der Dissimilation. Bei einer solchen Politik besteht grundsätzlich die Gefahr, daß die in Gang gesetzten Mechanismen eine Eigendynamik gewinnen, die zur Entwicklung einer Minderheitenidentität außerhalb der Staatsidentität führen kann und die damit destabilisierend auf den Staat wirkt. Die oben erwähnte Forderung der Zigeuner nach einer Sozialautonomie kann unter diesem Aspekt als erster Schritt eines Austritts der Zigeuner aus dem staatlichen System und der Schaffung eigener Subsysteme verstanden werden. In bezug auf Ungarn sollte man diese Gefahr, die einer Dissimilation von ihrem Wesen her innewohnt, nicht überschätzen. Zum einen verhindert die Politik der Integration und die dahinter stehende gesellschaftliche Realität, daß sich die Minderheiten dem Staat und der Mehrheitsgesellschaft zu sehr entfremden. Zum anderen machen es die demographischen Gegebenheiten unmöglich, daß von den Minderheiten die ernsthafte Gefahr einer Destabilisierung ausgehen könnte.

Angesichts der relativ geringen Zahl von Minderheitenangehörigen stellt sich die Frage, ob der geschilderte Aufwand nicht vielleicht zu groß und übertrieben ist. Mit Blick auf die beabsichtigte Vorbildwirkung auf das benachbarte Ausland dürften die Anstrengungen in den Augen der politischen Öffentlichkeit in Ungarn gerechtfertigt erscheinen.
Insgesamt stellt das Minderheitengesetz den Minderheiten ein großzügig ausgestaltetes Partizipationsforum zur Verfügung. Dies ist auch bei den ersten Kommunalwahlen nach Erlaß des Minderheitengesetzes genutzt worden. Dasselbe gilt für die Bildung der landesweiten Selbstverwaltungen, die zustande zu bringen lediglich bei den winzigen Minderheiten der Ruthenen und Ukrainer nicht gelungen ist.
Auf Dauer könnte sich allerdings der Doppelcharakter der Wahl als Kommunal- und Minderheitenselbstverwaltungswahl als problematisch erweisen. Der Minderheitenangehörige definiert sich nicht nur und gerade in Ungarn nicht primär durch seine Zugehörigkeit zu einer Minderheit. Das kann in Zukunft dazu führen, daß der Minderheitenangehörige bei Kommunalwahlen seine Interessen und Probleme (wie Arbeitsplatz, Lohn- und Preisentwicklung, Umweltschutz usw.) durch eine der normalen, nicht an Minderheiten ausgerichteten Parteien besser vertreten sehen wird als bei einem Minderheitenkandidaten, der vorrangig wegen der ethnischen Zugehörigkeit gewählt wird. Allerdings hat jeder Wähler bei der Kommunalwahl mehrere Stimmen, so daß er diese entsprechend seinen verschiedenen Rollen (Minderheitenangehöriger, Arbeitnehmer oder -geber, Bewohner eines Ökosystems usw.) verteilen kann. Hier muß das Wahlverhalten in der

Zukunft zeigen, ob die Identität von Kommunal- und Minderheitenselbstverwaltungswahl, die ethnische Kandidaten in eine direkte Konkurrenz zu Parteikandidaten stellt, funktionierende Minderheitenselbstverwaltungen aufrechterhalten kann. Diese Bedenken betreffen nicht so sehr die Gegenwart und die nahe Zukunft, da angesichts der großen und zunehmenden Parteienverdrossenheit, der Enttäuschung von den Parteien, die unabhängigen Minderheitenkandidaten einen gewissen moralischen Vorsprung vor vielen Parteikandidaten genießen. Dies muß aber auf Dauer nicht so bleiben, und es ist vorstellbar, daß die Parteien durch die Vornahme geeigneter Maßnahmen wieder an Popularität und Vertrauen gewinnen.

Sinnvoll ist diese Koppelung von Kommunal- und Minderheitenwahl nicht so sehr bei Minderheiten in Streusiedlungen, sondern bei Minderheiten, die zusammenhängend siedeln und in diesen Gebieten die lokale Mehrheit stellen, wie dies bei den ungarischen Minderheiten im Ausland der Fall ist. In einem solchen Falle ist die Minderheit zahlenmäßig stark genug, um mehrere weltanschaulich verschiedene Minderheitenparteien zu gründen (in denen dann die sozialen Rollen, die über die des Minderheitenangehörigen hinausgehen, repräsentiert werden können) und trotz dieser Zersplitterung die Mehrheit in den Kommunalverwaltungen zu bilden. Hier hat möglicherweise der beabsichtigte Vorbildcharakter für das Ausland die Ausgestaltung des heimischen Wahlrechtes beeinflußt. Vor allem aber hat die strikte Einhaltung des Prinzips des freien und freiwilligen ethnischen Bekenntnisses zu dieser Lösung geführt.

Sollte sich die Koppelung von Kommunalvertretung und Minderheitenvertretung auf Dauer als nachteilig für die Minderheiteselbstverwaltungen erweisen, so können diese getrennt, die Wahlen aber weiterhin gekoppelt werden, so daß der für das ethnische Bekenntnis 'verräterische' Gang zur Minderheitenwahl weiterhin unauffällig im Rahmen der allgemeinen Kommunalwahlen stattfinden könnte. Das könnte so aussehen, daß die aus der örtlichen Selbstverwaltung ausgegliederten öffentlich-rechtlichen Minderheitenselbstverwaltungen auf separaten, aber jedem Kommunalwähler unaufgefordert mitgegebenen Wahlzetteln gewählt würden. Diese alternative Lösung erspart dem Minderheitengehörigen einerseits das ethnische Bekenntnis durch Teilnahme an separaten Minderheitenwahlen, andererseits das Dilemma, in der Kommunalwahl zwischen einem Vertreter des Minderheitenaspektes seiner Existenz und dem/den Repräsentanten der anderen Seiten seines Lebens entscheiden zu müssen. Dieses Modell hat jedoch den Nachteil, daß in Gemeinden mit einem hohen Anteil einer Minderheit die Minderheitenvertretung gedoppelt wird: einerseits die örtliche Selbstverwaltung, in der ja weiterhin Minderheitenvertreter bzw. min-

derheitenangehörige Abgeordnete die absolute oder relative Mehrheit stellen können, andererseits die Minderheitenselbstverwaltung. Die in diesem Falle unausweichlich scheinenden Reibungsverluste und Kompetenzstreitigkeiten werden durch die jetzige Konstruktion der kommunalen Minderheitenselbstverwaltung und der mittelbar zustande gekommenen örtlichen Minderheitenselbstverwaltung weitgehend vermieden.
Eine weitergehende Lösung ist die Schaffung von Minderheitenverbänden mit fester Mitgliedschaft, die die Minderheit als öffentlich-rechtliche Körperschaft politisch zu repräsentieren haben. Gerade im kommunalen Bereich können die örtlichen Einheiten weitreichende Kompetenzen bekommen. Durch die Mitgliedschaft ist der repräsentierte Personenkreis genauer definiert, weshalb verschiedene Kompetenzkonflikte des vorher entworfenen Modells nicht entstehen werden. Die Mitgliedschaft in einem solchen Verband ist jedoch ein ethnisches Bekenntnis, auch wenn sie auf freiwilliger Basis erfolgt. Die völlige Freiheit des ethnischen Bekenntnisses ist also in diesem Lösungsmodell nicht durchzuhalten. Innerhalb der Körperschaft kann die Wahlberechtigung an die Verbandsmitgliedschaft geknüpft werden, so daß sich hier keine Probleme hinsichtlich der Legitimität ergeben. Gesamtgesellschaftlich setzt die Legitimität einer solchen repräsentativen Körperschaft voraus, daß dem sie tragenden Verband ein möglichst großer Anteil der vertretenen Minderheit zugehört, und nicht lediglich eine politisch besonders aktive kleine Gruppe. Die Verwirklichung einer solchen Konzeption setzt also in großem Umfang die Ablegung eines ethnischen Bekenntnisses durch Verbandsmitgliedschaft voraus. Bei der in Ungarn vorherrschenden Situation der minoritären ethnischen Mischidentität ist der Einzelne möglicherweise von einem vollen Bekenntnis zu einer bestimmten Minderheitenzugehörigkeit überfordert, was die Praktikabilität dieser Lösung starken Zweifeln aussetzt.
Deshalb ist das momentane Modell vorzugswürdig, solange die Minderheitenangehörigen noch in ausreichendem Ausmaße Minderheitenkandidaten wählen. Erst wenn dies nicht mehr der Fall sein sollte, werden Überlegungen zu Alternativkonzeptionen aktuell. Dann kann es aber sein, daß wirkungsvolle Änderungen zur Beseitigung der entstandenen Dysfunktionen nur durch den Verzicht auf die strikte Durchführung des Prinzips des freiwilligen ethnischen Bekenntnisses jedenfalls bei den Wahlen durchzuführen sind.

Ein Blick auf die Realität zeigt, daß zahlreiche Defizite im Vollzug des Minderheitengesetzes bestehen. Diese sind in einigen Fällen auf mangelnde Finanzen zurückzuführen, z.B. bei der Gründung eigener oder der

Übernahme bestehender Schulen oder ähnlicher Projekte. In anderen Fällen liegt das Problem in der Unwilligkeit der Kommunalverwaltungen, die Bestimmungen des Gesetzes auszuführen. Der Grund mag bisweilen in der Minderheitenfeindlichkeit einzelner leitender Amtsträger liegen. Häufiger dürfte es einfach an der Abneigung der Lokalpolitiker und Kommunalbeamten liegen, weitere Macht- und Funktionsträger auf örtlicher Ebene zuzulassen. Die Überpolitisierung des kommunalen Bereiches und das amtliche Mißtrauen gegen eine eigeninitiative oder gar selbstverwaltete zivile Sphäre sind noch Erblasten des Kádárismus, die langsam abgebaut werden müssen. Insofern kann man diese Probleme, wenn sie sich nicht zu Strukturen verfestigen, als Übergangsproblematik betrachten. Nichtsdestoweniger liegt in dem Abbau von Mißtrauen und paternalistischer Begönnerung und der Bildung von Vertrauen einer der besonderen Schwerpunkte in der praktischen Arbeit der Minderheitenselbstverwaltungen ebenso wie der privatrechtlich organisierten Minderheiteninstitutionen.

4. Das Gesetz 1993:LIX über den parlamentarischen Beauftragten für Staatsbürgerrechte (Ombudsmanngesetz)[515]

a) Minderheitengesetz und Ombudsmanngesetz

Die Rechtsstellung des Minderheitenombudsmannes ist teilweise im Minderheitengesetz, teilweise im Ombudsmanngesetz geregelt. Ein speziell für den Minderheitenombudsmann geltendes Gesetz existiert nicht.

Das *Minderheitengesetz* regelt im Hinblick auf den Minderheitenombudsmann lediglich, daß diesen das Parlament wählt (§ 20 Abs. 2 Satz 1) und daß der Präsident der Republik die landesweiten Minderheitenselbstverwaltungen und bei deren Fehlen bei einer Minderheit deren landesweite Interessenvereinigung zu hören hat, bevor er dem Parlament eine Person zur Wahl des Minderheitenombudsmannes vorschlägt (§ 20 Abs. 2 Satz 2 in der Fassung des Gesetzes 1994:LXXV[516]). Diese Konsultationspflicht des Präsidenten ersetzt das Nominierungsrecht der Minderheitenverbände, das § 32/B Abs. 5 der Verfassung diesen einräumte, als der Minderheitenombudsmann noch als Kollegialbehörde konzipiert war [s.o. Punkt 2. b)]. Nach der Ernennung ist der Minderheitenombudsmann wie alle Inhaber

[515] Magyar Közlöny 1993/4433 ff., geändert durch Gesetz 1994:LXXV, Magyar Közlöny 1994/3977.
[516] S.o. Fn. 515.

von hohen Staatsämtern gemäß § 2 Abs. 3 Nr. 5 *Lustrationsgesetz*[517] auf eine frühere Mitgliedschaft in der Geheimpolizei hin zu überprüfen.
Der Zuständigkeitsbereich des Minderheitenombudsmannes erstreckt sich auf alle Fragen im Geltungsbereich des Minderheitengesetzes (§ 20 Abs. 3). Wie bereits diskutiert, stellt das Minderheitengesetz als Rahmengesetz eine quasi kodifikatorische Zusammenfassung des gesamten minderheitenrelevanten Rechtsstoffes dar. Daher ergibt sich durch die Verweisung auf den Geltungsbereich des Minderheitengesetzes eine umfassende Kompetenz des Minderheitenombudsmannes, aus der keine größere minderheitenspezifische Rechtsfrage ausgespart bleibt. Insbesondere durch die Regelung der individuellen und kollektiven Rechte der Minderheiten im Minderheitengesetz hat der Minderheitenombudsmann Befassungsrechte überall dort, wo diese Rechte verletzt worden sein könnten, auch wenn die entsprechende Rechtsmaterie nicht im Minderheitengesetz geregelt ist, sondern in einem diesen Lebensbereich betreffenden Spezialgesetz.
Im übrigen verweist das Minderheitengesetz in bezug auf den Minderheitenombudsmann pauschal auf das Ombudsmanngesetz (§ 20 Abs. 2 Satz 3).

Das Gesetz 1994:LXXV änderte das *Ombudsmanngesetz* hinsichtlich des administrativen Apparates des Ombudsmannamtes, auf das sich jetzt der parlamentarische Beauftragte für Staatsbürgerrechte, d.h. der Bürgerrechtsombudsmann, und die Sonderbeauftragten, d.h. die spezialisierten Ombudsmänner, gleichberechtigt stützen können; dies schließt das Recht jedes Ombudsmannes, seine unmittelbaren Mitarbeiter selbst zu ernennen, ein (§ 28 Ombudsmanngesetz in der Fassung des Gesetzes 1994:LXXV). In der Praxis ist der engere Sekretariatsbereich der verschiedenen Ombudsleute getrennt, während das Bürogebäude und der sonstige personelle und sächliche Apparat von allen gemeinsam genutzt wird.
Neben Regelungen über den Beauftragten und seine Stellvertreter, ihre Wahl durch das Parlament, ihre persönlichen Voraussetzungen und Inkompatibilitäten, ihre Rechtsstellung, ihre Immunität und die Beendigung ihres Amtes (§§ 2 - 15) enthält das Ombudsmanngesetz umfangreiche Regelungen über das Verfahren und Maßnahmen des Ombudsmannes (§§ 16 - 26) und seinen jährlichen Bericht (§ 27).

---

[517] Gesetz 1994:XXIII über die Überprüfung von Personen, die bestimmte wichtige Ämter innehaben, und über das Historische Amt, Magyar Közlöny 1994/1277 ff., geändert durch Gesetz 1996:LXVII, Magyar Közlöny 1996/3930 ff.; näher dazu Küpper, Osteuropa Recht 1995/211 ff.

b) Zuständigkeiten und Befugnisse des Minderheitenombudsmannes

Wegen Mißstände seitens der Behörden oder anderer öffentlich-rechtlicher Verwaltungsträger kann sich jedermann gebührenfrei und auf Wunsch unter Geheimhaltung seiner Identität der Behörde gegenüber an den Ombudsmann wenden (§ 16 Abs. 1 Ombudsmanngesetz). Gegenstand der Beschwerde sind behördliche Verfahren, im Rahmen eines solchen Verfahrens getroffene Einzelentscheidungen und das Unterlassen eines behördlichen Tätigwerdens. Unter Behörde sind gemäß § 29 Abs. 1 die Organe der Staatsmacht und der Staatsverwaltung sowie andere Organe, die in dem Rechtskreis der Staatsverwaltung tätig werden, weiterhin die Streitkräfte und die Sicherheitsbehörden, die Justizverwaltungsorgane mit Ausnahme der Gerichte, die örtlichen Selbstverwaltungen sowie Organe, die Streitigkeiten verbindlich schlichten, ohne Gerichte zu sein, zu verstehen. Im internationalen Vergleich ist diese Zuständigkeit sehr weitgehend. Während im Regelfall nur die Verwaltung (im Gegensatz zur Gesetzgebung, Regierung und Rechtsprechung) Gegenstand der Kontrolle ist, können die ungarischen Ombudsleute auch die Verwaltungstätigkeit der Regierung sowie die nichtgerichtliche Streitschlichtung überprüfen; auch bestehen keine Vorbehalte hinsichtlich der Streitkräfte oder Sicherheitsbehörden, die oft von der Kontrolle ausgenommen sind oder der Untersuchung besonderer parlamentarischer Beauftragter unterliegen wie z.B. in der Bundesrepublik[518].

Diese weiten Befugnisse werden allerdings eingeschränkt durch die Bestimmung, daß eine Kontrolle nur dann stattfinden kann, wenn die verwaltungsrechtlichen Rechtsbehelfe erschöpft oder nicht gegeben sind (§ 16 Abs. 1 a.E.). Diese Bestimmung soll verhindern, daß durch den Ombudsmann neben dem gerichtlichen (Verwaltungs-)Rechtsweg bzw. den sonst vorgesehenen Rechtsbehelfssystemen ein weiterer förmlicher Rechtsschutzweg eröffnet wird. Aus diesem Grund hat sich der ungarische Gesetzgeber für eine strikte Trennung der Zuständigkeiten der Gerichtsbarkeit und des Ombudsmannes unter Einräumung des Vorranges an die Gerichte entschieden.

Wie die skandinavischen Beispiele einer sich überschneidenden Zuständigkeit zeigen, schließen sich der (verwaltungs-)gerichtliche Rechtsschutz und der Schutz durch den Ombudsmann nicht unbedingt aus: Der Bürger hat dort in einem gewissen Grade die Wahl zwischen dem formlosen, ko-

---

[518] Art. 45 b GG: Wehrbeauftragter des Bundestages.

stenfreien und schnellen, dafür aber nicht mit Abänderungs- oder Kassationsbefugnissen ausgestatteten Verfahren vor dem Ombudsmann und dem kostenpflichtigen und oft langwierigen, dafür aber für die Behörde verbindlichen Gerichtsverfahren[519].

Der Ombudsmann soll in Skandinavien ebenso wie in Ungarn nicht so sehr eine richterliche, sondern vielmehr eine moralisch-politische Kontrolle ausüben und so den nötigen Rechtsschutz gewähren. Dies drückt sich auch schon in seiner Rechtsstellung als parlamentarisches und nicht justizielles Organ aus. Einem solchen parlamentarischen Organ ist es schon aus Gründen der Gewaltenteilung nicht erlaubt, im Kern rechtsprechende Funktionen auszuüben. Gerade die tatsächliche Stellung von Minderheiten und ihren Angehörigen kann aber durch Maßnahmen beeinträchtigt werden, die keinen gerichtlich rügbar rechtsverletzenden Charakter haben, aber in der Praxis z.B. Assimilierungsdruck erzeugen. Insofern rundet der Minderheitenombudsmann den Schutz der Minderheiten auf rechtmäßigem oder zumindest nicht gerichtlich angreifbarem rechtswidrigem Terrain ab, und hier hat diese Institution ihre originäre Daseinsberechtigung.

Der Ombudsmann kann auch von Amts wegen, ohne Eingabe eines Bürgers, tätig werden (§ 16 Abs. 2). Die Möglichkeit des Eingreifens von Amts wegen wird nicht in allen Staaten dem Ombudsmann eingeräumt; wo es sie gibt, ist sie aber in der Regel von untergeordneter Bedeutung[520].

Er ist grundsätzlich verpflichtet, auf Grund von Eingaben tätig zu werden (§ 17 Abs. 1); lediglich im Falle unbedeutender Mißstände besteht diese Pflicht nicht (§ 17 Abs. 2). Wann ein Mißstand unbedeutend [csekély jelentőségű] ist, definiert das Gesetz nicht. Klar ist, daß die Verpflichtung des Ombudsmanns, tätig zu werden, den Regelfall darstellt, während die Klausel des § 17 Abs. 2 eine Ausnahme bildet, die als solche eng auszule-

---

[519] Kastari, JÖR 1972/223 f.

In den Niederlanden dagegen ist der Ombudsmann ebenso wie in Ungarn nicht befugt, Angelegenheiten zu untersuchen, in denen ein Verwaltungsrechtsschutz möglich ist: Kortmann/Bovend'Eert, S. 126 f.; de Meij, S. 254 ff.

Das britische Beispiel des Parliamentary Commissioner for Administration zeigt, daß der Ombudsmann nicht eine in weiten Teilen fehlende (verwaltungs-) gerichtliche Kontrolle von Behördenentscheidungen ersetzen kann: de Smith, S. 643 - 653; Stăncuilescu, Studii de Drept Românesc 1992/159.

[520] Der britische Ombudsmann als Extremfall in der anderen Richtung kann nicht von Amts wegen, ja noch nicht einmal auf die Eingabe eines Bürgers hin tätig werden, sondern muß gewöhnlich den Umweg über die formale Mitarbeit eines interessierten Parlamentsmitgliedes gehen: de Smith, S. 674. Zur relativen Bedeutungslosigkeit der Eigeninitiative in den Niederlanden s. Kortmann/Bovend'Ert, S. 126.

gen ist. Da der Ombudsmann in erster Linie im Interesse des Bürgers und erst danach im Interesse des Parlamentes oder abstrakter Ideen wie Rechtmäßigkeit, Zweckmäßigkeit oder Bürgernähe der Verwaltung vorgeht, ist der Maßstab der Unbedeutendheit die Bedeutung, die die Sache für den Betroffenen hat. Um eine gleichmäßige Behandlung aller Bürger zu gewährleisten, muß die Bedeutung für den Betroffenen objektiv und nicht nach dessen subjektivem Empfinden festgestellt werden. Gradmesser hierfür ist die Betroffenheit der Rechtspositionen des Petenten. Allerdings ist zu beachten, daß auch ideelle Beeinträchtigungen durchaus objektiv von Bedeutung sein können. Letztendlich hat der Ombudsmann nach pflichtgemäßem Ermessen, auch unter Vergleich der Sache mit anderen und unter Abwägung der zur Verfügung stehenden personellen, zeitlichen und sächlichen Ressourcen, zu entscheiden, ob er einschreitet oder nicht. Auf Dauer wird sich hierzu eine Verwaltungspraxis herausbilden, die gewisse Anhaltspunkte liefern kann und innerhalb derer der Bürger einen Anspruch auf Gleichbehandlung aus dem Gleichheitssatz der Verfassung (§ 70/A der Verfassung) ableiten kann.
Gegen rechtskräftige Beschlüsse sind Eingaben nur innerhalb eines Jahres nach Zugang möglich (§ 17 Abs. 4). Diese Einjahresfrist entspricht § 61 Abs. 3 des Gesetzes 1957:IV über die allgemeinen Regeln des Staatsverwaltungsverfahrens in der Bekanntmachung der Neufassung durch das Gesetz 1981:I, geändert durch Gesetz 1991:XXVI (Verwaltungsverfahrensgesetz)[521]. Nach dieser Vorschrift kann eine Behörde eine von ihr erlassene Entscheidung im Einzelfall nur in einem Zeitraum von einem Jahr ab Mitteilung der Entscheidung abändern oder zurückziehen. Danach ist die Entscheidung der Verfügungsbefugnis der Behörde entzogen. Deshalb macht die Intervention des Ombudsmannes über diese Jahresfrist hinaus keinen Sinn. Die Behörde könnte nach Ablauf des Jahres die bemängelte Entscheidung ohnehin nicht mehr ändern, selbst wenn sie sich der Kritik des Ombudsmannes anschlösse. Um derartige zwecklose Verfahren, die nur unnötige Kosten und bei dem Bürger unnötige Frustrationen hervorrufen, gar nicht erst zuzulassen, nimmt § 17 Abs. 4 die Frist des Verwaltungsverfahrensgesetzes auf.

Der Ombudsmann ist berechtigt, alle Behörden und öffentlichen Verwaltungsträger zu untersuchen, deren Räumlichkeiten dabei zu betreten, die Akten einzusehen, die Mitarbeiter und die Leiter der Behörde selbst und der vorgesetzten Behörde zu befragen und schriftliche Erklärungen oder

[521] Magyar Közlöny 1981/419 ff.; 1991/1447 ff.

Stellungnahmen zu verlangen. Gewisse Einschränkungen bestehen lediglich bei den Streitkräften, den nationalen Sicherheitsdiensten und der Polizei sowie hinsichtlich der Akten, die der Geheimhaltung unterliegen (§ 18). Die Einzelheiten des Betretens militärischer Grundstücke durch die Ombudsleute regelt eine Verordnung des Verteidigungsministers[522].

Wenn der Ombudsmann im Zuge dieser Untersuchung feststellt, daß Mißstände bestehen, hat er mehrere Möglichkeiten.

- Er kann zunächst der vorgesetzten Behörde (§ 20)[523] oder der Behörde selbst (§ 21) Vorschläge zur Behebung der Mißstände unterbreiten. Zu diesen muß sich die angegangene Behörde innerhalb von dreißig Tagen in der Sache äußern.

Diese Interventionsmöglichkeit des Ombudsmannes steht zu recht an der Spitze der Möglichkeiten, da sie schnellen Erfolg verspricht. Hier hängt zwar viel vom guten Willen der Behörde und von dem Ansehen des Ombudsmannamtes ab. Dafür hat die Selbstkontrolle der Behörde den Vorteil, nicht auf die Rechtmäßigkeit beschränkt zu sein, sondern alle entscheidungsrelevanten Aspekte berücksichtigen zu können. Zudem verspricht die Überprüfung bei dem Entscheidungsträger oder dessen vorgesetzter Behörde eine gegenüber der Einschaltung dritter Stellen beschleunigte abschließende Regelung. Dieses pragmatische Mittel dient folglich in besonderer Weise dazu, im Einzelfall eine für alle annehmbare Lösung zu erreichen.

In der Praxis spielt diese Befugnis eine große Rolle in Streitigkeiten zwischen Kommunen und Minderheitenselbstverwaltungen. Das betrifft zum einen die Mißachtung von zwingenden Konsultations- und Beteiligungsrechten der minoritären Selbstverwaltungen durch die Kommunalverwaltung, insbesondere aber die Frage der verspäteten Erbringung der gesetzlich vorgeschriebenen Sachleistungen der Gemeinden. Auf diesem Feld, wo beträchtliche Mißstände herrschen, ist es bisher noch zu keinem einzigen gerichtlichen Verfahren gekommen, während der Ombudsmann mit zahlreichen derartigen Fällen befaßt gewesen ist. Das zeigt, daß bei den

[522] Verordnung des Verteidigungsministers 11/1996. (IX. 25.) HM über den Zutritt des Parlamentarischen Beauftragten zu dem Verteidigungsministerium und zu Grundstücken, die dem Betrieb der Ungarischen Armee dienen, Magyar Közlöny 1996/5030.

[523] Vorgesetzte Behörde eines Ministers ist die Regierung: § 20 Abs. 4.

Minderheitenselbstverwaltungen ein starkes Bedürfnis nach außergerichtlicher Streitschlichtung besteht[524].

- Weiterhin kann er beim Verfassungsgericht die nachträgliche Kontrolle einer Rechtsnorm im Hinblick auf ihre Übereinstimmung mit der Verfassung oder mit einem internationalen Vertrag, außerdem die Entscheidung über eine Verfassungsbeschwerde, darüber hinaus die Beendigung eines verfassungswidrigen Zustandes durch Unterlassen und schließlich die Auslegung von Verfassungsbestimmungen beantragen (§ 22).

Diese Norm schafft für den Ombudsmann bestimmte Antragsrechte für verfassungsgerichtliche Verfahren. Die Verfahren selbst sind im Verfassungsgerichtsgesetz[525] geregelt. Hinsichtlich der Verfahren auf Kontrolle einer Rechtsnorm im Hinblick auf ihre Übereinstimmung mit der Verfassung [§ 1 lit. b) i.V.m. § 21 Abs. 2 Verfassungsgerichtsgesetz], auf eine Entscheidung über eine Verfassungsbeschwerde [§ 1 lit. d) i.V.m. § 21 Abs. 4 Verfassungsgerichtsgesetz] und auf Beendigung eines verfassungswidrigen Zustandes durch Unterlassen [§ 1 lit. e) i.V.m. § 21 Abs. 4 Verfassungsgerichtsgesetz] bringt das Ombudsmanngesetz keine inhaltliche Neuerung, da in diesen Verfahren jedermann antragsbefugt ist. Die Prüfung einer Rechsnorm auf Übereinstimmung mit den Vorschriften völkerrechtlicher Verträge [§ 1 lit. c) i.V.m. § 21 Abs. 3 Verfassungsgerichtsgesetz] und die Auslegung von Verfassungsbestimmungen [die sog. abstrakte Verfassungsinterpretation, § 1 lit. g) i.V.m. § 21 Abs. 6 Verfassungsgerichtsgesetz][526] können nur von abschließend aufgezählten Verfassungsorganen beantragt werden. Bei diesen beiden Verfahrensarten schafft das Ombudsmanngesetz eine Antragsbefugnis, die nach den Vorschriften des Verfassungsgerichtsgesetz nicht gegeben war. Eine solche Erweiterung des Kreises der Antragsberechtigten in anderen Gesetzen ist in § 21 Abs. 8 Verfassungsgerichtsgesetz ausdrücklich vorgesehen.

- Darüber hinaus kann er bei dem zuständigen Staatsanwalt einen Antrag auf die Erhebung eines staatsanwaltlichen Protestes stellen. Der Staatsanwalt ist verpflichtet, den Ombudsmann innerhalb von sechzig Tagen zu bescheiden (§ 23).

Im Zuge des Systemwechsels ist die Staatsanwaltschaft in Ungarn in manchen Bereichen unverändert geblieben und entspricht daher auch heute noch teilweise dem sozialistischen Typus der Behörde für umfassende

---

[524] Jenő Kaltenbach, Minderheitenombudsmann, in Brunner, Minderheiten in Ungarn, S. 44 f., 48.

[525] S.o. Fn. 372.

[526] Zu den Besonderheiten dieser im internationalen Vergleich seltenen Kompetenz s. Brunner in Brunner/Sólyom, S. 28 ff.; Küpper, ROW 1996/275.

Gesetzeskontrolle[527]. Auch die Verfassung widmet der Staatsanwaltschaft immer noch ein eigenes Kapitel (Kapitel XI, §§ 51 - 53) außerhalb der Regelungen über die Rechtspflege. Insofern hat die Befugnis des Ombudsmannes, einen staatsanwaltlichen Protest beantragen zu können, eine gewisse Bedeutung. Allerdings ist der staatsanwaltliche Protest auf Verletzungen höherrangigen Rechts durch Verwaltungs- und Rechtsetzungsakte der Exekutive beschränkt; eine Zweckmäßigkeitskontrolle kann durch ihn nicht erfolgen. Die Regelung findet sich in den §§ 14, 15 des Staatsanwaltschaftsgesetzes. Wenn das die Maßnahme erlassende Organ dem Protest des Staatsanwaltes nicht entspricht, geht die Sache an die vorgesetzte Stelle, die dann entscheidet.

- Sollte der Ombudsmann in seiner Untersuchung eine Ordnungswidrigkeit oder ein Disziplinarvergehen feststellen, so kann er bei dem zuständigen Organ ein Verfahren zur Rechenschaftziehung des Verantwortlichen beantragen; bei Straftaten ist er dazu verpflichtet (§ 24).

Diese im ungarischen Recht eher beiläufig genannte Reaktionsmöglichkeit auf behördliches Unrecht stellte in Skandinavien ursprünglich das zentrale Mittel des Ombudsmannes dar, das erst langsam durch Kritik und Beanstandung der behördlichen Maßnahme selbst (und nicht mehr des sie erlassenden Beamten) ersetzt wurde[528]. Allerdings steht mittlerweile auch in Schweden und Finnland nicht mehr so sehr das straf- oder disziplinarrechtliche Vorgehen gegen den Beamten im Vordergrund, sondern die Beanstandung der administrativen Verfehlung. Insofern entspricht die ungarische Regelung, die die Beanstandungsrechte zuerst und differenzierter als die Reaktionsmöglichkeiten gegen den Beamten nennt, der als Vorbild dienenden skandinavischen Praxis.

Fraglich ist, wie der Ombudsmann sein Ermessen, den Verantwortlichen einer Ordnungswidrigkeit oder eines Disziplinarvergehens von der zustän-

---

[527] § 1 Abs. 1, 3, § 2 Abs. 2, §§ 13 - 17 des Gesetzes 1972:V über die Staatsanwaltschaft der Volksrepublik Ungarn, Magyar Közlöny 1972/524 ff., geändert durch Gesetz 1989:XLVI, Magyar Közlöny 1989/1654 ff.

Zur allgemeinen Gesetzlichkeitsaufsicht und dem Protest der Staatsanwaltschaft im Rahmen der nachträglichen Normenkontrolle s. Brunner in Brunner/Sólyom, S. 32; Zsuffa, JK 1997/39 f.

Einzelheiten zu der ungarischen Staatsanwaltschaft nach dem Systemwechsel bei Holló in Holló/Balogh, S. 346 f.; Fűrész, Klára in Kukorelli, Alkotmánytan, S. 337 - 343; vor dem Systemwechsel bei Brunner, JÖR 1981/327 ff.; Holló, A közigazgatás und Fűrész, Klára in Kukorelli/Schmidt, S. 282 - 290.

[528] Kastari, JÖR 1972/220, 222; Stăncuilescu, Studii de Drept Românesc 1992/157.

digen Stelle zur Rechenschaft ziehen zu lassen, auszuüben hat, d.h. wann er ein solches Verfahren initiieren kann oder muß und wann er davon absehen kann oder muß. Das Gesetz gibt zu dieser Frage keine Anhaltspunkte, so daß der Ombudsmann nach pflichtgemäßem Ermessen entscheidet. Er ist keine Strafverfolgungs-, Aufsichts- oder Disziplinarbehörde, so daß für ihn der Gedanke des Legalitätsprinzips nicht im Vordergrund steht. Seine Aufgabe ist vielmehr, die Interessen des Bürgers im Einzelfall wahrzunehmen. Damit ist klar, welcher Gesichtspunkt bei der Abwägung des Ombudsmannes den Ausschlag geben muß: die Interessen des Bürgers. Im Falle eines Widerspruchs zwischen dessen Interessen und den - ebenfalls berechtigten, nur eben vom Ombudsmann nicht primär wahrzunehmenden - Interessen der Disziplinarverfolgung ist ersteren der Vorrang einzuräumen, jedenfalls wenn beide Interessen gleich gewichtig erscheinen. Letzten Endes entscheiden pflichtgemäßes Ermessen und Opportunität.

- Zuletzt hat der Ombudsmann die Möglichkeit, durch Gesetz- oder andere Normgebung verursachte Mißstände bei dem zuständigen Organ anzuzeigen und Vorschläge zur Verbesserung der Norm zu machen (§ 25). Darüber hinaus gewährt ihm die Geschäftsordnung des Parlamentes[529] das Recht, zusammen mit seinem Jahresbericht Gesetzes- und Beschlußvorschläge einzubringen. Durch diese Befugnis ist es dem Ombudsmann möglich, seine praktischen Erfahrungen in den Normgebungsprozeß einfließen zu lassen und so mögliche Konfliktquellen aufzuzeigen und eventuell im Vorfeld bereits auszuräumen.

Sollte den Vorschlägen des Ombudsmannes durch das angegangene Organ nicht entsprochen oder die Verwirklichung versäumt werden, so unterbreitet der Ombudsmann dies dem Parlament im Rahmen seines jährlichen Berichtes, im Falle schwerer oder viele Bürger betreffender Mißstände kann er die Unterbreitung bereits vor Fälligkeit des nächsten Berichtes einleiten (§ 26). Der jährliche Bericht ist dem Parlament bis zum Ende des ersten Viertels des Kalenderjahres, das dem behandelten Geschäftsjahr folgt, vorzulegen (§ 27 Abs. 1). Er ist bei dem geschäftsordnungsmäßig[530]

---

[529] § 89 Abs. 4 der Geschäftsordnung (s.o. Fn. 307). Der Ombudsmann gehört allerdings nicht zu dem Personenkreis des § 85 Abs. 2, welcher immer zur Einbringung von Gesetzesinitiativen berechtigt ist, sondern kann lediglich im Zusammenhang mit seinem Bericht Vorschläge unterbreiten.
Zur Rolle des Ombudsmanns in der Gesetzgebung s. Polt, JK 1997/19 ff.

[530] § 95 der Geschäftsordnung (s.o. Fn. 307) geht von einer Behandlung im Ausschuß aus. Die in der vorgehenden Geschäftsordung (Magyar Közlöny 1991/908 ff.) enthaltene eindeutige Vorschrift des § 39 ist nicht übernommen worden, ohne daß damit eine inhaltliche Änderung beabsichtigt wäre.

zuständigen Ausschuß einzureichen, d.h. beim Ausschuß für Menschenrechte, Minderheiten und Religionsangelegenheiten. Sowohl der Bericht als auch der Beschluß des Parlamentes ist im Magyar Közlöny zu veröffentlichen (§ 27 Abs. 2).

c) Personalia

Die Ernennungen der Ombudsleute haben im Sommer 1995 stattgefunden. Zum parlamentarischen Beauftragten für die Rechte der Nationalen und Ethnischen Minderheiten ist Jenő Kaltenbach, bis dahin der Vorsitzende der landesweiten Selbstverwaltung der Deutschen und einer der Begründer des Minderheitenrundtisches, ernannt worden[531]. Daraufhin hat das Amt im September 1995 seine Arbeit in der Sache begonnen.
Die Besetzung des Amtes des Minderheitenombudsmannes war seit seiner Einführung wieder und wieder aufgeschoben worden. Die durch diese Verzögerung entstehende Lücke im Minderheitenschutzsystem wurde von den Minderheitenverbänden immer wieder angemahnt[532], jedoch lähmten politische Streitigkeiten über die Besetzung des Amtes des Staatsbürgerombudsmannes, welches vor oder zeitgleich mit, jedenfalls nicht später als das Amt des Minderheitenombudsmannes besetzt werden sollte, ebenso wie Meinungsverschiedenheiten zwischen Minderheitenvertretern und Regierungsstellen über den Schutz und die Vertretung von Minderheiten auf parlamentarischer Ebene und den politisch opportunen Zeitpunkt der Ernennung - ob vor, zeitgleich mit oder nach der Wahl der landesweiten Minderheitenselbstverwaltungen - das Ernennungsverfahren. Solange das Amt noch nicht besetzt war, nahmen der Parlamentsausschuß für Menschenrechte, Minderheiten und Religion sowie das Amt für Nationale und Ethnische Minderheiten dessen Aufgaben wahr[533]. Diese beiden Institutionen können sich seit der Ernennung eines Minderheitenombudsmannes wieder auf ihre eigentlichen Aufgaben konzentrieren, d.h. auf eine fachlich

---

[531] Nicht nur Jenő Kaltenbach, sondern auch die drei anderen Amtsinhaber sind hochrangige Juristen: Jenő Kaltenbach ist Verwaltungsrechtler, Katalin Gönczöl, die Beauftragte für Staatsbürgerrechte, ist Straftrechtlerin, ihr Stellvertreter Péter Polt ebenfalls, und László Majtényi, der Beauftragte für Datenschutz, unterrichtet Öffentliches und Privatrecht an der Budapester Technischen Universität: Angaben des Ombudsmannamtes in der Broschüre Parliamentary Commissioners in the Republic of Hungary [Parlamentarische Beauftragte in der Republik Ungarn].
[532] Magyar Hírlap, 10.3.1995, S. 4 (Kisebbségi ombudsmanra várva [Warten auf den Minderheitenombudsmann]).
[533] Brunner in Brunner, Ungarn, S. 77 f.

qualifizierte Beratung minderheitenrelevanter Fragen innerhalb des Parlamentes bzw. auf die Beratung der Regierung bei ihrer Minderheitenpolitik.

d) Der Minderheitenombudsmann in der Praxis

Abgesehen von den umfangreichen Untersuchungsbefugnissen ist die rechtliche Stellung des Minderheitenombudsmannes schwach, da ihm keinerlei Zwangsmittel zur Verfügung stehen, sondern er lediglich Vorschläge machen kann. Seine schärfste Waffe ist die Nennung der auf Mißstände nicht reagierenden Stelle in seinem Jahresbericht, der durch die Veröffentlichung im Magyar Közlöny eine Öffentlichkeit über das Parlament hinaus bekommen kann. Dies kann einen gewissen Druck erzeugen, wobei eine entsprechende Stellungnahme des Parlamentes, die ja zusammen mit dem Bericht veröffentlicht wird, dem Bericht viel von seiner Schärfe nehmen kann. Die Antragsrechte beim Verfassungsgericht können eine gewisse Bedeutung erlangen, wobei wohl nur die relevant sind, die allgemeine Bedeutung haben und nicht an einen Einzelfall gebunden sind. Bei Einzelfällen dürfte das Erfordernis der Erschöpfung der Rechtsmittel bei der Zulässigkeit der Einschaltung des Ombudsmannes einen wirksamen Filter darstellen und die Behandlung von Mißständen mit rechtsverletzendem Charakter in andere Kanäle lenken. Dasselbe gilt für die Beantragung des staatsanwaltschaftlichen Protestes, der ebenfalls nur wegen Rechtsverletzung erhoben werden kann. Außerdem ist im Rahmen der bereits erwähnten geplanten Totalrevision und Neufassung der Verfassung vorgesehen, die Staatsanwaltschaft nach westlichem Muster in eine reine Anklagebehörde umzuformen, so daß dann deren Recht, Rechtsverletzungen durch die Verwaltung zu rügen, erlöschen dürfte.
Diese schwache institutionelle Stellung des Ombudsmannes ergibt sich aus der Natur eines parlamentarischen Kontrollorgans und dem Grundsatz der Gewaltenteilung[534], der auch der ungarischen Verfassung zugrundeliegt. Der Ombudsmann kann keine rechtsprechenden Funktionen wahrnehmen, da diese der mit besonderer Unabhängigkeit und besonderen Garantien ausgestatteten dritten Gewalt, der Richterschaft, vorbehalten sind. Er ist auch nicht Teil der vollziehenden Gewalt, d.h. er ist nicht die vorgesetzte Stelle für die Behörden vor Ort, deren Leitung letztendlich dem zuständigen Minister obliegt, der hierfür auch vor dem Parlament die Verantwor-

[534] Zur Stellung des Ombudsmannes und seiner Funktionen im System der Gewaltenteilung s. Hansen, S. 41 - 115; Kortmann/Bovend'Eert, S. 126 f.; Majtényi, S. 26.; Polt, JK 1997/19 ff.

tung trägt. Dem Ombudsmann bleibt damit neben dem Ansehen des Amtes nur die traditionelle Waffe des Parlamentes: die gesteigerte Öffentlichkeit. Diese ist durch den Veröffentlichungszwang im Magyar Közlöny institutionalisiert. Zudem stellt er seine Erfahrungen aus der administrativen Praxis dem Parlament bei der Gesetzgebung zur Verfügung[535]. Jenő Kaltenbach hat Anfang November 1996 angekündigt, die Überprüfung des Minderheitengesetzes initiieren zu wollen, weil dort die Abgrenzung der Kompetenzen der einzelnen Arten von Minderheitenselbstverwaltungen sowie die zur Wahrnehmung der Kompetenzen nötigen Finanzierungen nur unzureichend geregelt seien[536].

Trotz dieser institutionellen Schwächen hat sich das Amt des Minderheitenombudsmannes in der Praxis des ersten Jahres seines Bestehens sehr bewährt. Auf seine äußerst erfolgreiche Rolle in der außergerichtlichen Streitschlichtung zwischen Kommunen und Minderheitenselbstverwaltungen ist bereits hingewiesen worden. Beide Seiten schätzen die pragmatischen, flexiblen und zeit- und kostengünstigen Vermittlerdienste des Minderheitenombudsmannes. Aber auch in individuellen Verfahren hat bisher das moralische Gewicht des Ombudsmannes, verbunden mit der Öffentlichkeit, die er schaffen kann, Behörden zur alsbaldigen Revidierung eines eventuell rechtswidrigen Verhaltens veranlassen können[537]. Hierzu hat sicherlich auch die hohe fachliche Qualifikation des Amtsinhabers und seiner Mitarbeiter beigetragen.
Die Ombudsleute beschränken sich nicht darauf, von ihrem Sitz in Budapest aus tätig zu werden, sondern halten in den einzelnen Komitaten mehrtägige Visiten ab. Vor diesen Inspektionsreisen, die die Ombudsleute z.T. gemeinsam unternehmen, werden an mehreren Orten im Komitat län-

---

[535] Diese Befugnis beurteilte der Minderheitenombudsmann Jenő Kaltenbach auf der deutsch-ungarischen Fachkonferenz über die Minderheiten in Ungarn nach den Wahlen zu den Selbstverwaltungskörperschaften, Königswinter 11. - 13.4.1996, abgedruckt in Brunner, Minderheiten in Ungarn, S. 44 f., als eine der zentralen Funktionen seines Amtes. Dazu auch Polt, JK 1997/20 ff.

[536] Népszabadság, 2.11.1996, S. 5 (Kaltenbach Jenő a kisebbségi törvény felülvizsgálatáról [Jenő Kaltenbach über die Überprüfung des Minderheitengesetzes]).

[537] Kaltenbach, Beszámoló; Zsuffa, MK 1996/386. Dieser Erfolg des Ombudsmannamtes wird noch deutlicher, wenn man ihn mit den nicht unwesentlich negativeren Erfahrungen in bezug auf Petitionen im gleichen Zeitraum vergleicht: Vass, MK 1997/22 ff.

gere Zeit Sammelurnen aufgestellt, in die die Bürger ihre Beschwerdebriefe einwerfen können[538].

5. Die anderen einfachgesetzlichen Vorschriften

Minderheitenrelevante Bestimmungen finden sich in vielen Einzelgesetzen verstreut[539]. Diese dienen oft dazu, die Rahmenregelungen des Minderheitengesetzes in den einzelnen Lebensbereichen umzusetzen. Die schulrechtlichen Gesetze sind bereits im Zusammenhang mit der Kulturautonomie unter Punkt 3. e) erörtert worden.

a) Presse und Medien

Das *Presserecht* enthält keine besonderen minderheitenspezifischen Regelungen. Das traf auch auf die *medienrechtlichen Vorschriften* vor Erlaß des Mediengesetzes[540] zu, die aber, wie bereits erwähnt, durch ein einheitliches Mediengesetz neugefaßt worden sind. In diesem Mediengesetz soll der Anspruch der Minderheiten auf spezielle Programme im öffentlich-rechtlichen Radio und Fernsehen (§ 18 Abs. 1 Minderheitengesetz) verwirklicht werden; darüber hinausgehende Minderheitenrechte sind nicht vorgesehen.
Zentrale minderheitenrelevante Norm des Mediengesetzes ist § 95 Abs. 5. Die Landesweite Radio- und Fernsehkörperschaft, das dem Parlament unterstehende unabhängige Kontroll- und Genehmigungsorgan im Bereich des Radio- und Fernsehwesens (§ 31), kann beim Ausschreiben von Sendelizenzen u.a. das Maß der Dienste für nationale und ethnische oder für andere Minderheiten als Bedingung festlegen. Auf diese Weise wird der Lizenznehmer durch den Lizenzvertrag verpflichtet, bei Aufnahme des Sendebetriebes diesen Vorgaben zu genügen. Bei Vertragsbruch stehen der Landesweiten Radio- und Fernsehkörperschaft unterschiedliche Reaktionsmöglichkeiten von der Mahnung bis zur fristlosen Kündigung des Lizenzvertrages zur Verfügung (§ 112 Abs. 1).

---

[538] Ein Beispiel für eine solche gemeinsame Inspektionsvisite aller Ombudsleute gemeinsam war die dreitägige Reise durch das südungarische Komitat Csongrád Ende Oktober 1996: Népszabadság, 2.11.1996, S. 5 (Kaltenbach Jenő a kisebbségi törvény felülvizsgálatáról [Jenő Kaltenbach über die Überprüfung des Minderheitengesetzes]).

[539] Einen Überblick bietet Bodáné u.a. S. 287 - 298.

[540] S.o. Fn. 370. Zu den Minderheitenrechten des Mediengesetzes s. Kaltenbach, Beszámoló, S. 47 ff., 89 ff.

Durch die Möglichkeit, einem Programmanbieter von vornherein ein bestimmtes Quantum an Sendezeit, die auf Minderheitenbedürfnisse zu verwenden ist, vorzuschreiben, kann die Landesweite Radio- und Fernsehkörperschaft schon bei der Vergabe der Lizenzen die Belange der in dem Sendegebiet wohnenden Minderheiten berücksichtigen. Dazu ist sie nach dem Minderheitengesetz sogar verpflichtet. In vielen Fällen dürfte diese Maßnahme, zusammen mit der besonderen Bemühung des öffentlich-rechtlichen Fernsehens um Minderheitenprogramme [§ 23 Abs. 1, 4 lit. a), § 26], für die inländische Versorgung der in Ungarn siedelnden Minderheiten ausreichen. Daneben besteht als zweites Standbein des Minderheitenrundfunks der Empfang von Programmen aus dem Mutterland.
Sollte dies jedoch einmal nicht genügen, so kann die Landesweite Radio- und Fernsehkörperschaft wöchentlich einer Minderheit in einem Empfangsbereich zwischen vier und acht Stunden Sendezeit zur Verfügung stellen, um die Verwirklichung ihrer Rechte aus dem Minderheitengesetz und ihr Bedürfnis nach muttersprachlicher Information sicherzustellen. Diese Vorschrift ist allerdings subsidiär, da sie eine Ausnahme von dem das Mediengesetz beherrschenden Gedanken des freien Wettbewerbs um Sendelizenzen darstellt. Die so reservierten Zeiten stehen ohne Ausschreibung der im ausschließlichen Eigentum der Minderheitenselbstverwaltung befindlichen gemeinnützigen Gesellschaft als nichtkommerziellem Programmanbieter zur Verfügung. Für Minderheitenprogramme in landesweiten Programmen stellt § 37 lit. h) Minderheitengesetz klar, daß die landesweite Minderheitenselbstverwaltung über die Grundsätze des Gebrauchs dieser Programmzeit entscheiden kann. Im örtlichen Bereich ermächtigt § 27 Abs. 4 lit. b) Minderheitengesetz die örtlichen Selbstverwaltungen ausdrücklich, im Rahmen ihrer Mittel Einrichtungen auf dem Gebiet der geschriebenen und der elektronischen Medien zu gründen und zu unterhalten. Die beträchtlichen Mitwirkungsrechte der lokalen und landesweiten Minderheitenselbstverwaltungen im Zusammenhang mit den verschiedenen Medien sind auch im Zusammenhang mit den Selbstverwaltungen unter Punkt 3. f) dargestellt worden.
Über diese Einflußmöglichkeiten hinaus entsenden die Minderheiten ebenso wie die Juden als Religionsgemeinschaft und die im Ausland lebenden Ungarn Vertreter in die paritätisch besetzten Kuratorien der Öffentlichen Stiftung Ungarisches Fernsehen, der Öffentlichen Stiftung Ungarisches Radio und der Öffentlichen Stiftung Hungária Televízió. Diese

Stiftungen[541] halten für den Staat die öffentlich-rechtlichen Sender, und die Kuratorien sind die Verwaltungsgremien der Stiftungen (§§ 53 ff. Mediengesetz). Die landesweiten Minderheitenselbstverwaltungen, in Ermangelung einer solchen die landesweiten Minderheitenverbände entsenden jeweils einen gemeinsamen Vertreter in jedes der drei Kuratorien[542] [§ 56 Abs. 1 lit. a), Abs. 2 lit. a)]. Das gleiche gilt für dic Katholische Kirche, die Ungarische Reformierte Kirche, die Ungarische Evangelische Kirche und den Bund Ungarischer Jüdischer Glaubensgemeinden, die gemeinsam jeweils einen Vertreter in den drei Kuratorien haben [§ 56 Abs. 1 lit. b), Abs. 2 lit. b)]. Die Organisationen der Auslandsungarn sind in den Kuratorien mit je einem gemeinsamen Vertreter, im Kuratorium der Öffentlichen Stiftung Hungária Televízió gar mit sieben Vertretern präsent; im letztgenannten Kuratorium sitzt zudem noch ein Repräsentant der zur Vertretung der Ungarn in Streusiedlung im Ungarischen Weltbund berufenen Körperschaft [§ 56 Abs. 1 lit. r), Abs. 2 lit. m)]. Die auslandsungarischen Organisationen werden von der Landesweiten Radio- und Fernsehkörperschaft auf Vorschlag des Amts für Auslandsungarn (§ 56 Abs. 3) benachrichtigt. Können sich die Verbände, die zur Delegation eines gemeinsamen Vertreters berechtigt sind, nicht auf einen gemeinsamen Kandidaten einigen, so entscheidet das Los (§ 57 Abs. 5).

Die Aufnahme von Vertretern der Minderheiten in die paritätisch besetzten Kuratorien der Öffentlichen Stiftungen geben den Minderheitenselbstverwaltungen schon aufgrund der Zahlenverhältnisse in den Kuratorien kaum eine reale Macht. Immerhin ist es ihnen aber möglich, in diesem für den öffentlich-rechtlichen Rundfunk wichtigen Gremium die Stimme zu erheben. Bedeutsamer ist aber wohl der symbolische Wert: Minderheitenvertreter werden in ein Organ aufgenommen, das die Gesellschaft als Ganzes und in ihrer Vielgestaltigkeit widerspiegeln soll. Dieser Symbolwert wird noch dadurch unterstrichen, daß die Minderheitenvertreter in allen Aufzählungen an erster Stelle genannt werden. Angesichts der Unterschiedlichkeit der verschiedenen Minderheiten untereinander und auch jeweils in sich ist es fraglich, ob ein einziger gemeinsamer Vertreter der Minderheiten im Kuratorium allen Minderheiten gerecht werden kann; im Falle von Interessenkonflikten zwischen den Minderheiten ist dies offensichtlich

---

[541] Sie sind durch Parlamentsbeschluß gegründet worden: 17/1996. (III. 8.) OGY, 18/1996. (III. 8.) OGY, 19/1996. (III. 8.) OGY, in Folge abgedruckt in Magyar Közlöny 1996/874 ff.

[542] Im Kuratorium der Öffentlichen Stiftung Ungarisches Fernsehen und der Öffentlichen Stiftung Ungarisches Radio sitzen jeweils 21 paritätische Mitglieder, in der Öffentlichen Stiftung Hungária Televízió 23: § 56 Abs. 1, 2.

unmöglich. Eine Erhöhung der Zahl der Minderheitenvertreter wäre aber angesichts der Zahlenverhältnisse im Kuratorium und des Anteils der Minderheiten an der Gesamtbevölkerung nicht zu rechtfertigen.
Sendungen über eine bzw. in einer Minderheitenkultur sind öffentlich-rechtliche Programmnummern [§ 2 Ziffer 19 a)], und Programmanbieter, die speziell die Bedürfnisse der nationalen und ethnischen oder anderer Minderheiten und ähnlicher Gruppen bedienen, sind nichtkommerzielle Anbieter (§ 2 Ziffer 34). Das Mediengesetz enthält für die verschiedenen Programmanbieter unterschiedliche Mindestquoten an Sendezeit und sonstige Privilegien für öffentlich-rechtliche Programmnummern [z.B. §§ 8, 78 Abs. 4, 129 Abs. 4 lit. a)], und nichtkommerzielle Anbieter werden an verschiedenen Stellen in finanzieller Hinsicht (z.B. §§ 77 f., 90 Abs. 3, 6, 114 Abs. 4) oder bei der Vergabe von Lizenzen (z.B. §§ 42 Abs. 1, 101 Abs. 3, 118 Abs. 3) bevorzugt. In der Zusammenschau dieser Normen wird eine Privilegierung von öffentlich-rechtlichen Programmnummern und von nichtkommerziellen Anbietern deutlich, die auch den Minderheiten zugute kommt.
Neben den minderheitenrelevanten Verpflichtungen der inländischen Programmanbieter unterhält Ungarn für die jenseits der Grenzen lebenden Ungarn den öffentlich-rechtlichen Sender Duna Televízió [Donau Fernsehen] (§ 30 Abs. 1). In ihm ist, wie in allen für das Ausland bestimmten Sendungen, jedwede politische Werbung verboten (§ 11 Abs. 2). Duna TV existierte bereits einige Jahre vor Erlaß des Mediengesetzes. Durch das Mediengesetz wird dieser Sender gleich dem Ungarischen Fernsehen und dem Ungarischen Radio als eine Aktiengesellschaft in Staatseigentum ausgestaltet (§ 64). Dadurch wird deutlich, daß Duna TV als Teil der öffentlich-rechtlichen Grundversorgung begriffen wird. Mit diesem Sender eigens zur Versorgung der im Ausland lebenden magyarischen Gemeinschaften wird Ungarn dem Verfassungsauftrag des § 6 Abs. 3 [s.o. Punkt III. 2. c)] in ganz besonderem Maße gerecht. Konsequenterweise protestieren die Regierungen der benachbarten weniger minderheitenfreundlichen Staaten mit einer gewissen Regelmäßigkeit gegen den Betrieb dieses Senders und berufen sich auf angebliche Einmischung in ihre inneren Angelegenheiten oder auf eine angebliche Verletzung ihrer Rundfunkhoheit.
Für alle Programmanbieter - sei es im Radio oder im Fernsehen - gilt, daß sie verpflichtet sind, die Menschenrechte nicht zu verletzen und sich der Handlungen zu enthalten, die Haß gegen Personen, Nationen, Nationalitäten, nationale, ethnische, sprachliche und andere Minderheiten sowie gegen Religionsgruppen schüren können (§ 3 Abs. 2). Die ausgestrahlten Programme dürfen nicht die Verletzung oder Ausstoßung irgendeiner

Minderheit oder Mehrheit sowie deren Darstellung oder Verurteilung auf rassischer Grundlage anstreben (§ 3 Abs. 3). Damit ist den für die Existenz von Minderheiten so gefährlichen rassistischen Ideologien der Rundfunk als Forum versperrt. Angesichts der Bedeutung dieses Mediums für die Bildung der öffentlichen Meinung ist eine derart klare Vorschrift nur zu begrüßen.

In der Praxis gibt es seit vielen Jahren besondere Radio- und Fernsehprogramme für Minderheiten auf landesweiter und regionaler Basis[543]. Daneben subventioniert der Staatshaushalt Presseerzeugnisse der Minderheiten, wozu er gemäß § 50 Abs. 2 lit. b) Minderheitengesetz verpflichtet ist. Für 1994 sind folgende Zahlen greifbar:

Tab. 5: Minderheitenpresse und -rundfunk

Minderheit	Presseerzeugnisse mit Unterstützung aus dem Staatshaushalt	Radioprogramme	Fernsehprogramme
Zigeuner	1 Zeitschrift, 3 Monatszeitungen	30 min./Woche	25 min./Woche
Kroaten	Wochenzeitung	120 min./Tag	25 min./Woche
Deutsche	Wochenzeitung	120 min./Tag	25 min./Woche
Rumänen	Wochenzeitung	120 min./Tag	25 min./Woche
Serben	Wochenzeitung	120 min./Tag	2 x 25 min./Monat
Slowaken	Wochenzeitung	120 min./Tag	25 min./Woche
Slowenen	halbmonatl. Zeitung	25 min./Woche	2 x 25 min./Monat
Bulgaren, Polen, Griechen, Armenier	Zeitschrift, periodische Ausgaben	--	30 min./Monat gemeinsames Magazin

In dieser Tabelle fehlen lediglich die Ruthenen/Ukrainer. Diese Minderheit ist so klein, daß sie keine eigenen Presseerzeugnisse herausbringen und keine eigenen Rundfunkprogramme produzieren kann. Hier kann nur der Import von Presseerzeugnissen und der Empfang von Radio- und Fernsehsendungen aus der Ukraine Abhilfe schaffen. Rechtlich ist dies möglich. Auch in der Praxis dürfte dies keine größeren Schwierigkeiten bereiten, da

[543] Zu den Angaben für die Zeit des Sozialismus s.o. Fn. 235, für die Zeit nach dem Systemwechsel s.o. Fn. 291.

der größte Teil dieser Minderheit(en) in der Nähe der ukrainischen Grenze lebt. Die Transportkosten für die Presseerzeugnisse aus der Ukraine dürften sich daher im Rahmen des wirtschaftlich Möglichen bewegen.
Der Umfang der Unterstützung ist nach Größe der Minderheit gestaffelt, was angesichts der hohen Kosten bei der Produktion von Radio- und insbesondere Fernsehprogrammen sinnvoll ist. Auffällig ist die schlechte Versorgung der Zigeuner mit Radioprogrammen. Das kann an der geringen Anzahl von Fachleuten im Kreis dieser Minderheit liegen. Das Konzept des Bürgerradios und Bürgerfernsehens, in dem das Programm ganz oder teilweise von Amateuren gestaltet und moderiert wird, ist in Ungarn noch nicht so verbreitet wie in Deutschland, weshalb auch bei Minderheitensendungen die Mitwirkung von Profis die Regel ist. Solche sind aber in den Reihen der Zigeuner kaum zu finden. Eine Doppelstrategie von gezielter Ausbildung von Minderheitenangehörigen und stärkerer Einbeziehung von Nichtfachleuten in die Programmgestaltung könnte Abhilfe bringen. Ansätze hierzu sind vor allem auf lokaler und regionaler Ebene zu finden, reichen aber auch mittelfristig nicht aus.
Ob die Versorung der Bulgaren, Polen, Griechen und Armenier durch ein gemeinsames Magazin im Fernsehen glücklich ist, muß angesichts der großen sprachlichen, religiösen und kulturellen Unterschiede zwischen diesen Nationalitäten bezweifelt werden. Bei derart kleinen Gruppen darf allerdings der Kostenfaktor nicht außer acht gelassen werden. Abhilfe könnte hier die getrennte Produktion von wesentlich preiswerteren Radioprogrammen schaffen. Auch die Übernahme von Fernsehprogrammen aus den Mutterländern der Minderheiten ist eine preisgünstigere Alternative zur Eigenproduktion. Dies stößt jedoch besonders bei der Übernahme von Nachrichten- und ähnlichen Informationssendungen auf Bedenken, da diese in der Regel nicht über für in Ungarn lebende konationale Minderheitenangehörige gemacht werden, sondern für das einheimische Publikum des Mutterlandes, das andere Fragen interessiert. Nachrichtensendungen aus dem Mutterland können daher in Ungarn produzierte Nachrichten nicht ersetzen, aber möglicherweise sinnvoll ergänzen.
Die Minderheitenredaktionen in beiden Rundfunkanstalten sind zu einer Hauptabteilung zusammengefaßt worden. Die Leiter der einzelnen Redaktionen werden im Einvernehmen mit den jeweiligen Minderheitenverbänden bestellt[544].

---

[544] Brunner in Brunner/Tontsch, S. 48.

Seit 1995 wird die Unterstützung der Minderheitenpresse nicht mehr direkt durch den Staatshaushalt vorgenommen, sondern durch die Öffentliche Stiftung Für die Nationalen und Ethnischen Minderheiten in Ungarn. In deren Rahmen stehen 150 Millionen Forint für die Unterstützung von periodischen oder regionalen bzw. lokalen Minderheitenblättern zur Verfügung. Im Haushaltsgesetz 1994 waren noch 100 Millionen Forint für die Unterstützung der Minderheitenpresse und 10 Millionen Forint für die Unterstützung der muttersprachlichen literarischen Tätigkeit der Minderheiten vorgesehen. Der letztere Posten ist auch noch im Haushaltsgesetz 1995 als eigenständige Ausgabe im Etat des Bildungs- und Unterrichtsministeriums in Höhe von 10 Millionen Forint aufgeführt, wird also nicht nur von der Öffentlichen Stiftung bezuschußt[545]. Die Vergabe von Geldern durch eine Stiftung statt aus dem Staatshaushalt direkt ist zu begrüßen, da so der Einfluß des Staates verringert und das Entstehen ziviler Strukturen gestärkt wird.

b) Regelungen über den Gebrauch der Muttersprache

Außerhalb des Minderheitengesetzes finden sich mehrere Bestimmungen, die das Recht auf den Gebrauch der Muttersprache im *Verwaltungs-* und *Gerichtsverfahren* regeln. Diese Gesetze stammen alle noch aus der sozialistischen Ära und sind somit älter als das Minderheitengesetz. Deshalb verweist letzteres bei der Regelung des Sprachgebrauchs vor Gerichten und Verwaltungsbehörden lediglich auf die allgemeinen Verfahrensvorschriften (§ 51 Abs. 2).

Grundsätzlich hat vor Gerichten und Behörden jedermann das Recht, sich seiner Muttersprache zu bedienen, auch wenn er des Ungarischen in ausreichendem Maße mächtig ist. Dieses Recht ist in jedem Verfahrensgesetz gesondert garantiert: § 8 Abs. 2 der Zivilprozeßordnung[546], § 2 Abs. 5 Satz 2 des Verwaltungsverfahrensgesetzes[547], § 7 Abs. 2 des Gesetzes 1972:IV

---

[545] Haushaltsgesetz 1994 (s.o. Fn. 312): Kapitel VII (Ministerpräsident) Titel 25 Nr. 10 für Minderheitenpresse und Kapitel XVIII (Bildungs- und Unterrichtsministerium) Titel 21 Nr. 27 für muttersprachliche literarische Tätigkeit. Der Titel über die Minderheitenpresse ist ganz ausgeschöpft worden, aus dem Titel über die muttersprachliche literarische Tätigkeit wurden nur 9,5 Millionen Forint ausgegeben: Gesetz 1995:CIV, s.o. Fn. 313.
Haushaltsgesetz 1995 (s.o. Fn. 314): Kapitel XVIII (Bildungs- und Unterrichtsministerium) Titel 15 Nr. 27.

[546] S.o. Fn. 497.

[547] S.o. Punkt III. 4. sowie Fn. 521.

über die Gerichte[548], § 8 Abs. 2 des Gesetzes 1973:I über das Strafverfahren[549] sowie § 19 Verfassungsgerichtsgesetz[550], der die Bestimmungen des Gesetzes über die Zivilprozeßordnung über die Sicherung des Gebrauchs der Muttersprache für entsprechend anwendbar erklärt.
Da alle diese Vorschriften das Recht auf Gebrauch der Muttersprache nicht von der Nichtkenntnis der ungarischen Sprache abhängig machen, sondern allein von der Tatsache der anderssprachigen Muttersprache, kommt dieses Recht nicht nur Ausländern, sondern auch den in Ungarn lebenden und das Ungarische im Regelfall beherrschenden Minderheiten zugute. Dies war noch anders in der ursprünglichen Fassung des Gesetzes 1952:III über die Zivilprozeßordnung[551], die bis 1972 in § 8 das Recht auf Gebrauch der Muttersprache nur Personen gewährte, deren Ungarischkenntnisse nicht ausreichten, um dem Verfahren zu folgen. In dieser Form war es im wesentlichen ein Fremdenrecht und nicht so sehr ein Minderheitenrecht.
Die genannten Gesetze enthalten keine Vorschriften darüber, wer die Kosten des Dolmetschers oder der Übersetzung zu tragen hat. Da es sich bei der Tätigkeit der Gerichte und der Verwaltungsbehörden um staatliche Tätigkeit handelt und die Minderheiten staatsbildende Faktoren sind (§ 68 Abs. 1 der Verfassung) und das Recht auf freien Gebrauch ihrer Sprache haben (§ 68 Abs. 2 der Verfassung), sind ihre Sprachen vor Gericht und Verwaltung grundsätzlich dem Ungarischen gleichberechtigt. Wo den ungarischsprachigen Staatsbürger keine Kosten wegen des Gebrauchs seiner Muttersprache treffen, dort darf auch von dem Minderheitenangehörigen nicht verlangt werden, daß er die durch den Gebrauch seiner Muttersprache entstehenden Mehrausgaben trägt. Die Kosten der Dolmetscher, Übersetzer etc. trägt somit der Staat.
Die jetzt geltenden Regeln entsprechen alle § 68 Abs. 2 der Verfassung, der den Minderheiten den Gebrauch ihrer Muttersprache garantiert.

Neueren Datums sind die besonderen Regelungen über den Gebrauch der Muttersprache in dem *Soldatengesetz* und dem *Wehrpflichtigengesetz*[552].

---

548 Magyar Közlöny 1972/517 ff.; geändert durch Gesetz 1991:LXVII, Magyar Közlöny 1991/2656 ff.

549 Magyar Közlöny 1973/233 ff.

550 S.o. Fn. 372.

551 Hatályos Jogszabályok Gyűjteménye 1945 - 1958 [Sammlung der geltenden Rechtsnormen 1945 - 1958] Bd. 1, Budapest 1960, S. 93 ff.

552 Gesetz 1996:XLIII über das Dienstverhältnis der hauptamtlich tätigen Mitglieder der bewaffneten Organe, Magyar Közlöny 1996/2673 ff. (Soldatengesetz); Gesetz 1996:XLIV über das Dienstverhältnis der wehrpflichtigen Soldaten, Magyar

Gemäß § 22 Abs. 2 Soldatengesetz und § 20 Abs. 2 Wehrpflichtigengesetz ist die Dienst- und Kommandosprache innerhalb der Streitkräfte das Ungarische. Dagegen gewähren § 22 Abs. 1 Soldatengesetz und § 20 Abs. 1 Wehrpflichtigengesetz den hauptamtlichen Soldaten und den Wehrpflichtigen den freien Gebrauch ihrer Muttersprache. Die Gewährung des freien Gebrauchs der Muttersprache und die Festlegung einer Dienst- und Kommandosprache scheinen sich auf den ersten Blick zu widersprechen. Eine Auflösung dieses scheinbaren Widerspruchs kann erreicht werden, wenn die Streitkräfte eine dienstliche Äußerung, die ein Soldat oder Wehrpflichtiger in seiner Muttersprache tut, durch Dolmetscher übersetzen lassen. Für einen derartigen Dolmetscherdienst fehlen aber sowohl die Ausführungsvorschriften als auch die organisatorischen und tatsächlichen Voraussetzungen. In der Praxis steht damit das Recht der Soldaten und Wehrpflichtigen eher auf dem Papier: Die Berechtigten dürften aber wegen der verbreiteten ungarischen Sprachkenntnisse bei Minderheitenangehörigen ohnehin kaum das Bedürfnis haben, davon Gebrauch zu machen. Die Garantie des Gebrauchs der Muttersprache ist damit eher als symbolische Geste an die Minderheiten zu verstehen, um ihnen zu zeigen, daß sie mit ihrer sprachlichen Identität auch in der Armee und ihrem inhärenten Hang zur Uniformität willkommen und respektiert sind.

§ 60 Abs. 3 der Verfassung spricht die Trennung von Staat und Kirche aus. Daraus ergibt sich, daß die *Kirchen* und *anderen Religionsgemeinschaften* ihre internen Angelegenheiten selbst und vom Staat unbeeinflußt regeln können. Zu diesen internen Angelegenheiten gehört auch die Wahl der Sprache in Liturgie und im inneren Betrieb sowie im Verkehr mit den Gläubigen. Da für die meisten Minderheiten die Kirchengemeinden ein, manchmal sogar der Hauptpfeiler in den Bemühungen um die Beibehaltung der ererbten Kultur sind, hat diese Vorschrift eine große Relevanz auch über den rein religiösen Bereich hinaus[553].
Die Bedeutung der religiösen Gemeinschaften für die einzelnen Minderheiten und den Erhalt ihrer Sprache und Kultur läßt sich wie folgt differen-

---

Közlöny 1996/2718 ff. (Wehrpflichtigengesetz). Zu den Minderheitenrechten im Wehrwesen s. Kaltenbach, Beszámoló, S. 94 f.

[553] Bereits das Minderheitenschutzsystem der Zwischenkriegszeit maß dem Schutz der Sprachfreiheit im religiös-kultischen Bereich große Bedeutung bei: Meyer, Raimund in Veiter, System, Teil 2, S. 149 ff., 162 ff.
In diesem Sinn Szentágothai, János (MDF) OGy 18.6.1990, Sp. 880.
Zum Individualrecht der Minderheitenangehörigen auf Abhaltung von kirchlichen Zeremonien in ihrer Muttersprache s.o. Punkt 3. c) aa).

zieren: Auf die besondere Rolle der Kirche bei den Armeniern ist bereits hingewiesen worden [s.o. Punkt 3. f) ee)]. Ähnlich wichtig sind auch die Gemeinden der orthodoxen Nationalkirchen bei den Bulgaren, Griechen, Rumänen, Serben und Ukrainer. Durch die nationale Autokephalie der orthodoxen Kirchen stehen die Gemeinden in der Regel nicht - jedenfalls nicht auf Dauer - Orthodoxen anderer Nationalität zur Verfügung, wodurch sie nicht nur religiösen, sondern auch nationalen Inhalt bekommen. Die Ruthenen gehören meist der unierten Kirche der Karpatoukraine an, die spezifisch für dieses Volk ist und damit auch einen stark 'national-exklusiven' Charakter trägt, der der Pflege nationaler Kultur förderlich ist. Die protestantischen Slowaken und Deutschen unterhalten eigene, 'nationale' Kirchengemeinden, da die meisten von ihnen der evangelisch-lutheranischen Konfession angehören, während die magyarischen Protestanten überwiegend Calvinisten sind und daher eigene Kirchengemeinden haben. Die katholischen Minderheiten der Kroaten, Polen und Slowenen sowie die katholischen Teile der bulgarischen[554], deutschen und slowakischen Minderheiten haben keine von der ungarischen katholischen Kirche getrennte Organisation, aber in ihren Siedlungsgebieten stehen bisweilen minderheitensprachliche Geistliche und/oder andere Kirchenbedienstete zur Verfügung. Die katholische Kirche ist in der Regel bestrebt, das Netz zur Betreuung nichtmagyarischer Katholiken in ihrer Muttersprache auszubauen. Allerdings gibt es auf diesem Gebiet nicht immer nur Fortschritte zu verzeichnen, da die Führung der ungarischen katholischen Kirche sich bisweilen nationalistischer gibt als Staat und Gesellschaft und die Lösung der drängenden Probleme nichtmagyarischer katholischer Gemeinden etwa durch Umsetzungen von Priestern mit entsprechenden Sprachkenntnissen ungebührlich lange hinauszögert bzw. sogar vereitelt[555]. Die Zigeuner passen sich in ihrer Konfessionszugehörigkeit fast immer der sie umgeben-

---

[554] Der allergrößte Teil der in Ungarn lebenden bulgarischen Minderheit ist orthodox. Im alten Ungarn dagegen gab es eine größere Gruppe katholischer Bulgaren, die aus dem Nordwesten Bulgariens gekommen war und sich vorwiegend im Banat und in dem Gebiet der heutigen Vojvodina niedergelassen hatte. Durch den Vertrag von Trianon sind diese Gebiete von Ungarn abgetrennt und Rumänien bzw. dem Königreich der Serben, Kroaten und Slowenen zugesprochen worden. Ein Teil der katholischen Bulgaren ist später aus diesen orthodoxen Staaten wegen der dort stattfindenden Unterdrückung in das stark katholisch geprägte Restungarn gewandert, wo sie sich als - wenn auch winzige - Gruppe bis heute haben halten können.

[555] István Fülöp, Bürgermeister von Tarján, in Brunner, Minderheiten in Ungarn, S. 62.

den Mehrheit an. Weder in der katholischen noch in der calvinistischen Kirche sind nennenswerte überörtliche Bestrebungen zum Schutz oder zur Integration der Zigeuner festzustellen. Innerhalb der Zigeunerbevölkerung entfaltet zudem die Pfingstbewegungskirche gewisse Aktivitäten, allerdings nur in ungarischer Sprache[556].

c) Parlamentarische Vertretung

Anders als in den kommunalen Abgeordnetenkörperschaften sind die nationalen und ethnischen Minderheiten im Parlament nicht mit eigenen Minderheitenabgeordneten vertreten. Dieser Tatbestand stellt in der gegenwärtigen minderheitenpolitischen Diskussion in Ungarn einen der Schwerpunkte dar[557].

aa) Rechtliche Aspekte

Wie bereits oben unter Punkt III. 2. a) aa) geschildert, ist das System der parlamentarischen Vertretung der Minderheiten durch Kooptation des Parlamentes selbst niemals praktiziert worden.
Gemäß der jetzt geltenden Fassung des § 68 Abs. 3 der Verfassung stellen die Gesetze die Repräsentanz der in Ungarn lebenden Minderheiten sicher. Seit der Verfassungsänderung durch das Gesetz 1990:XL ist in der Verfassung die Art der Vertretung der Minderheiten nicht mehr explizit geregelt, sondern nur noch die Vertretung der Minderheiten überhaupt garantiert.
Die Vertretung auf örtlicher Ebene und überörtlich durch die landesweiten Minderheitenselbstverwaltungen ist im Zusammenhang mit dem Minderheitengesetz bereits dargestellt worden. Es bleibt die Frage der Vertretung der Minderheiten im Parlament. § 20 Abs. 1 des Minderheitengesetzes gibt ein Recht auf parlamentarische Repräsentanz, verweist aber auf die Regelungen eines besonderen Gesetzes. Bevor untersucht werden kann, ob ein solches besonderes Gesetz existiert, stellt sich zunächst die Frage, ob § 20 Abs. 1 Minderheitengesetz überhaupt verfassungsgemäß ist.

---

[556] Angaben des Ausschusses für nationale und ethnische Minderheiten der Generalversammlung des Komitates Baranya, Beschlußvorlage vom 14.11.1995, Aktenzeichen 1175-8/1995., S. 6.

[557] Hofmann, S. 181; Kaltenbach, Beszámoló, S. 95 ff.; Csaba Tabajdi, Parlamentarischer Staatssekretär für Minderheitenfragen, in Brunner, Minderheiten in Ungarn, S. 39.

Bedenken könnten hinsichtlich § 71 Abs. 1 der Verfassung[558] entstehen, der für die Parlamentswahlen unmittelbare und geheime Abstimmung auf der Grundlage des allgemeinen und gleichen Wahlrechts vorschreibt. Wenn die Minderheiten ein besonderes Stimmrecht bekommen oder ihnen eine besondere Anzahl Sitze reserviert werden soll, so ist im Rahmen des ungarischen Einkammerparlamentes fraglich, wie der Grundsatz der Wahlgleichheit nicht verletzt sein sollte; auch der Grundsatz der geheimen Wahl könnte bei gesonderten Wahllisten für Minderheiten und deren Abgeordnete Schaden nehmen, z.B. wenn diese gesonderten Wahllisten den Wahlunterlagen nicht automatisch beiliegen, sondern im Wahllokal vor der Stimmabgabe erbeten werden müssen.
Es ist zu prüfen, ob § 68 Abs. 3 der Verfassung, der die Vertretung der im Land lebenden Minderheiten garantiert, die genannten Wahlgrundsätze für die Wahl von Minderheitenabgeordneten außer Kraft setzen kann. Seit der Novellierung ist der Wortlaut nicht mehr eindeutig. Er spricht nur von Vertretung, nicht aber von parlamentarischer Vertretung, wie es sein Vorläufer im Zusammenhang mit den zu kooptierenden Minderheitenabgeordneten getan hatte. Das kann man so verstehen, daß für den novellierten § 68 Abs. 3 irgendeine Art der politischen Vertretung genügt, wie sie durch die örtlichen und landesweiten Minderheitenselbstverwaltungen gegeben sein kann.
Insgesamt hat § 68 eine minderheitenfreundliche, ja sogar minderheitenfördernde Tendenz, die positive Ungleichbehandlung erlaubt. Zudem sind die Minderheiten gemäß § 68 Abs. 1 staatsbildende Faktoren. Dem kann man nur gerecht werden, wenn man § 68 Abs. 3 weit als Garantie auch der parlamentarischen Vertretung der Minderheiten auffaßt. Eine Vertretung in dem obersten Volksvertretungs- und Gesetzgebungsorgan ist eine derart effektive und hoch angesiedelte Form der Vertretung, daß sie durch nichts zu ersetzen ist. Insbesondere die Tatsache, daß die Minderheiten staatsbildende Faktoren sein sollen, erfordert eine Präsenz der Minderheiten als solchen in dem Organ, das den Staat und die pluralistische Zusammensetzung seiner Bevölkerung umfassend zu repräsentieren berufen ist. Folglich garantiert § 68 Abs. 3 den Minderheiten die Vertretung auch im Parlament. Eine einengende, die parlamentarische Repräsentanz ausschließende Auslegung würde zudem übersehen, daß eine gesonderte Erwähnung der parlamentarischen Vertretung wegfallen konnte, weil die Verfassung für sie keine weiteren Sonderregeln, wie es z.B. das Kooptationsverfahren gewesen war, mehr bereithält. Daher konnte sich der modifizierte Verfassungs-

[558] Zuletzt geändert durch Gesetz 1994:LXI, Magyar Közlöny 1994/3063 f.

text auf den universalen Begriff der Vertretung beschränken, ohne damit einen Verzicht auf den Anspruch der parlamentarischen Vertretung der Minderheiten auszusprechen. Die bereits erwähnte Novellierung ist somit lediglich redaktionell und beinhaltet keine sachliche Schmälerung des Inhalts der Norm.

Aber auch wenn man dieser Ansicht folgt und die neue Fassung des § 68 Abs. 3 lediglich als redaktionelle Neuformulierung ohne inhaltliche Änderung, d.h. auch weiterhin als Garantie auch der parlamentarischen Repräsentanz auffaßt, so kommt man nicht an der Feststellung vorbei, daß die Vorschrift keinen Hinweis auf einen gesonderten Wahlmodus von Minderheitenparlamentariern enthält, sondern auf eine einfachgesetzliche Regelung verweist. Daher ist fraglich, wieweit § 68 Abs. 3 als verfassungsrechtliche Erlaubnis eines besonderen, von den für alle geltenden Vorschriften abweichenden Parlamentswahlrechtes für Minderheitenangehörige verstanden werden kann. Diese Frage ist auch in der politischen Diskussion stark umstritten, wobei die Minderheitenverbände von einer weitgehenden Möglichkeit minoritärer Wahlrechtsprivilegien ausgehen, während die politischen Parteien etwaigen Sonderrechten für Minderheiten eher reserviert gegenüberstehen (s.u.).
Es ist festzuhalten, daß auf der einen Seite die ihrem Anspruch nach für alle geltenden Wahlrechtsgrundsätze des § 71 Abs. 1 der Verfassung, wozu auch die Gleichheit der Stimme gehört, und das Demokratieprinzip (§ 2 der Verfassung) stehen, auf der anderen Seite die Verfassungsforderung nach einer Vertretung der Minderheiten (§ 68 Abs. 3 der Verfassung) und die Möglichkeit der positiven Förderung (§ 70/A Abs. 3 der Verfassung). Entsprechend der deutschen Dogmatik wird auch in Ungarn der Konflikt scheinbar sich entgegenstehender Verfassungsnormen durch eine Anzahl von Auslegungsfiguren versucht aufzulösen[559].
Im Falle der Garantie einer parlamentarischen Vertretung zugunsten der Minderheiten kommt die Spezialität in Frage, die besagt, daß eine Spezialnorm der allgemeineren Norm vorgeht. Auch wenn § 68 Abs. 3 der Verfassung keine explizite Freistellung der minoritären Repräsentanz im Parlament von dem allgemeinen Wahlrecht ausspricht, so liegt es in der Natur der Sache, daß sich Minderheiten in einem Mehrheitswahlsystem nur sehr schwer durchsetzen können. Die in § 68 Abs. 3 der Verfassung enthaltene Garantie, derzufolge die Gesetze die Vertretung der Minderheiten "sicherstellen" [biztosítják], würde häufig, bei den Splitterminderheiten

---

[559] Sólyom in Brunner/Sólyom, S. 59 ff., 68 ff.

wohl immer leerlaufen, wenn Minderheitenabgeordnete nach den allgemeinen Vorschriften gewählt würden. Die Vertretung im Parlament kann also nur dann sichergestellt werden, wenn besondere Regeln den Minderheiten den Einzug in das Hohe Haus erleichtern.
Folglich ist die Vorschrift des § 68 Abs. 3 eine lex specialis zu § 71 Abs. 1 der Verfassung, weshalb die allgemeinen verfassungsmäßigen Grundsätze der Parlamentswahlen für die Minderheiten nicht absolut gelten. Allerdings ist im Rahmen der Verfassungsauslegung auch bei einer Spezialnorm stets der Gesamtzusammenhang der Verfassung zu beachten, was in der Regel dazu führt, daß die Sondervorschrift möglichst eng und systemkonform auszulegen ist. Dies gilt insbesondere bei Ausnahmen von den allgemeinen Wahlgrundsätzen. Die Prinzipien von Volkssouveränität und parlamentarischer Demokratie sind nach heutigem Verständnis so eng mit dem Gedanken der Gleichheit der Wahl verknüpft, daß jede Abweichung von diesem Gedanken die legitimatorische Basis des Systems berührt. Daher ist die Garantie des § 68 Abs. 3 der Verfassung nicht als globale Freistellung der Minderheitenabgeordneten von den Prinzipien des Wahlrechts zu verstehen, sondern so, daß sie lediglich die punktuellen Korrekturen zugunsten der Minderheitenkandidaten erlaubt, die zur Sicherstellung der Vertretung unbedingt notwendig sind.
Ein besonderes Gesetz im Sinne des § 68 Abs. 3 der Verfassung sowie des § 20 Abs. 1 Minderheitengesetz hat somit so weit wie möglich den Grundsätzen der gleichen und geheimen Wahl zu entsprechen, wenn es verfassungskonform sein soll. Daher verletzt § 20 Abs. 1 Minderheitengesetz mit seiner Verweisung auf eine gesetzliche Regelung der Minderheitenvertretung im Parlament die Verfassung nicht, sondern entspricht ihrem § 68 Abs. 3.

Es ist zu untersuchen, ob der Gesetzgebungsauftrag, der sowohl in § 68 Abs. 3 der Verfassung als auch in § 20 Abs. 1 Minderheitengesetz ausgesprochen wird, erfüllt ist.
Das Gesetz 1989:XXXIV über die Wahl der Parlamentsabgeordneten (*Wahlgesetz*)[560] enthält keine Sonderregelungen für die Wahl von Minderheitenvertretern. Insbesondere fehlt eine dem § 48 Abs. 3 des Kommunalwahlgesetzes entsprechende Regelung, die Minderheitenkandidaten an

---

[560] Magyar Közlöny 1989/1305 ff.; geändert durch Gesetz 1990:II, Magyar Közlöny 1990/204 f., durch Gesetz 1990:XLV, Magyar Közlöny 1990/1382, durch § 9 des Gesetzes 1991:XX, Magyar Közlöny 1991/1263 ff., durch Gesetz 1994:III, Magyar Közlöny 1994/285 ff., und durch Gesetz 1994/XXV, Magyar Közlöny 1994/1282 f.

dem Tag vor der Wahl besondere Sendezeiten gewährt. Die einzige minderheitenrelevante Norm dieses Gesetzes ist § 52 lit. a) i.V.m. Anlage 1, derzufolge bei der Bildung von Wahlkreisen und der Festlegung ihrer Grenzen unter anderem die Siedlungsverhältnisse der Nationalitäten und ähnliche örtliche Besonderheiten nach Möglichkeit zu berücksichtigen sind.

Damit können die Minderheiten nur unter den für alle geltenden Bedingungen Kandidaten und Parteilisten aufstellen. Das bedeutet: In einem Wahlkreis (dessen gesetzliche Richtgröße 60.000 Einwohner ist) braucht man den Vorschlag von 750 Wahlberechtigten, um kandidieren zu können. Gewählt ist der Kandidat mit der absoluten (1. Wahlgang) bzw. der relativen (2. Wahlgang) Stimmenmehrheit. Über die Komitatslisten und die landesweite Ergänzungsliste werden nur an solche Parteien Mandate vergeben, die landesweit mindestens 5 % der Stimmen erzielen konnten[561]. In der Ausführungen dieser Regelungen ist es angesichts der kleinen Zahlen und der verstreuten Siedlungsweise praktisch unmöglich, daß ein Minderheitenkandidat als solcher ein Direktmandat oder eine Minderheitenpartei ein Listenmandat bekommt[562]. Andere Organisationen als Parteien sind nicht berechtigt, Listen aufzustellen. Von den Minderheiten wird diese Regelung kritisiert, da sie Minderheitenorganisationen, die keine Parteien sind, keine Möglichkeit zur Teilnahme an Parlamentswahlen gibt. Eine solche Organisation hätte möglicherweise gewisse Aussichten auf eine ausreichende Stimmenzahl. Politisch ernstzunehmende reine Minderheitenparteien dagegen existieren nicht[563]. Da § 20 Abs. 1 Minderheitengesetz

---

[561] Eine kurze Darstellung des Parlamentswahlsystems bei Pokol, S. 42 - 46; Schmidt, Parteien, S. 65 ff.

[562] Dieses Problem wurde bereits unter dem Kommunismus so gesehen und durch die Nominierung einer entsprechenden Anzahl von Minderheitenkandidaten bei den Parlaments- und Rätewahlen im Rahmen des Systems gelöst: Kővágó, Nemzetségi kérdés, S. 46.

[563] Es gibt eine Sozialdemokratische Partei der Ungarischen Zigeuner [Magyarországi Cigányok Szociáldemokrata Pártja], gegründet am 9.1.1989, eine Gerechtigkeitspartei der Neuungarn [Újmagyarok Igazság Pártja], am 18.10.1989 aus der vier Monate zuvor gegründeten Partei der Ungarischen Zigeuner [Magyar Cigányok Pártja] hervorgegangen, und die Ungarische Partei der Siebenbürger Magyaren [Erdélyi Magyarok Magyarországi Pártja], gegründet am 27.11./15.12.1989: Kiss, József / Kovács, Éva in Bihari, Többpártrendszer, S. 217 ff. Zu ethnischen Parteien s. a. Sterbling, Südosteuropa 1996/562 f.

Eine Auflistung der größeren ungarischen Parteien, unterschieden in "relevante" und "unbedeutende", bei Segert/Machos, S. 323 f.

von einem Recht auf parlamentarische Vertretung spricht und dieses Gesetz ganz allgemein die Sache der Minderheiten fördern möchte, ist nicht anzunehmen, daß diese Norm die Minderheiten auf die für sie aussichtslosen allgemeinen Vorschriften des Wahlrechtes verweist. Folglich ist das geltende Wahlgesetz kein besonderes Gesetz im Sinne des § 20 Abs. 1 Minderheitengesetz.

1993 legte die Regierung dem Parlament eine Vorlage zur Ergänzung des Wahlgesetzes vor, derzufolge die landesweiten Minderheitenselbstverwaltungen berechtigt seil sollten, eigene Landeslisten aufzustellen, für die die Wähler mit ihrer Zweitstimme wie für eine Partei hätten stimmen können. Diese minoritären Landeslisten hätten nicht der 4 %-Hürde unterlegen und bereits bei 3.000 auf sie abgegebenen Stimmen ein erstes Parlamentsmandat erhalten. Am 20.12.1993 stimmte das Parlament über die Vorlage ab, aber sie verfehlte mit einer Stimme die notwendige Zweidrittelmehrheit[564].

Auch *andere Gesetze* enthalten keine besonderen Bestimmungen über die Wahl oder anderweitige Bestellung von Minderheitenvertretern in das Parlament. Das *Minderheitengesetz* sieht allerdings in § 38 lit. a) das Recht der landesweiten Minderheitenselbstverwaltungen vor, bei der Planung von Rechtsregeln, die die vertretene Minderheit als solche betreffen, ihre Meinung zu äußern[565]. Ein solches Meinungsäußerungsrecht im Zuge des Gesetzgebungsverfahrens, selbst wenn es zwingend vorgeschrieben ist, ist jedoch keine parlamentarische Vertretung[566].

Der *Minderheitenombudsmann* kann wegen seiner reinen Kontrollfunktion ebenfalls nicht als Repräsentanz der Minderheiten gewertet werden[567].

Damit existiert kein Gesetz im Sinne des § 20 Abs. 1 Minderheitengesetz, und die parlamentarische Vertretung der Minderheiten ist nicht garantiert.

Näher zu den großen, im Parlament vertretenen sechs Parteien Grzybowski, Marian in Berglund/Dellenbrant, S. 188 ff., 195 ff.; Brunner, Georg in Bingen, S. 77 ff.; Sitzler, Kathrin in Gorzka, S. 37 ff.; Oltay, Südosteuropa 1995/746 ff.; Pokol, S. 169 - 176.

[564] OGy 20.12.1993, Sp. 32737 ff.; Brunner in Brunner/Tontsch, S. 51; Hofmann, S. 181.

[565] S.o. Punkt 3. f) gg).

[566] Bodáné, S. 84.

[567] S.o. Punkt III. 2. b) Fn. 323.

Dies war auch den meisten Abgeordneten in der Debatte des Gesetzes 1990:XL klar: Gyurkó, János (MDF) OGy 18.6.1990; Raj, Tamás (SZDSZ) OGy 18.6.1990, Sp. 935. Es gab aber auch Stimmen, die einen körperschaftlichen Ombudsmann mit je einem Vertreter pro Minderheit als Interessenvertretung der Minderheiten befürworteten: Sipos, Imre (FKgP) 18.6.1990, Sp. 914.

Folglich besteht hier eine Lücke in der Ausführung des Minderheitengesetzes.

Es stellt sich die Frage, ob durch dieses legislative Unterlassen nicht lediglich das Minderheitengesetz, sondern auch die Garantie des § 68 Abs. 3 der Verfassung und eventuell völkerrechtliche Vorschriften verletzt sind. Wie bereits dargestellt, beinhaltet § 68 Abs. 3 der Verfassung nicht lediglich die Erlaubnis, für Minderheiten eine besondere parlamentarische Repräsentanz zu schaffen, sondern garantiert diese. Diese Garantie hat der einfache Gesetzgeber in die Realität umzusetzen, was bisher nicht geschehen ist. § 68 Abs. 1, 3 der Verfassung sind somit verletzt. Zu dem Schluß kommt auch das Verfassungsgericht[568] in einer Entscheidung über eine Verfassungsverletzung durch Unterlassen. Zwar weist es die Klage, die eine Verfassungsverletzung durch Unterlassen der Regelung der parlamentarischen Repräsentanz der nationalen und ethnischen Minderheiten im Wahlgesetz und anderen Gesetzen rügt, ab. Dies geschieht aber einzig und allein deshalb, weil das Verfassungsgericht diese Verfassungsverletzung durch Unterlassen schon durch sein Urteil Nr. 35/1992.[569] konstatiert hat und das Klagebegehren deshalb als bereits entschieden ansieht. In der Sache bestätigt es die Ansicht des Klägers. Es ist zu beachten, daß seit dem ersten Urteil des Verfassungsgerichtes bereits mehr als vier Jahre vergangen sind. Das Scheitern eines Versuches stellt den Gesetzgeber nicht davon frei, auch weiterhin das Nötige zu tun, um doch noch das von der Verfassung geforderte Gesetz zustande zu bringen.
Des weiteren könnte auch das Völkerrecht verletzt sein, wenn es Ungarn eine Pflicht zur Schaffung einer parlamentarischen Vertretung der Minderheiten auferlegt. Aus Völkervertragsrecht ergibt sich keine solche Pflicht, da noch nicht einmal die weitestgehenden bilateralen Minderheitenabkommen, nämlich das ungarisch-slowenische und das ungarisch-kroatische, eine solche Verpflichtung der Vertragsparteien begründen. Im allgemeinen Völkerrecht läßt sich ebensowenig ein Satz nachweisen, der die Staaten zu der Sicherung der Repräsentanz der Minderheiten im Parlament verpflichtet[570].

---

[568] Entscheidung des Verfassungsgerichtes Nr. 24/1994. (V. 6.) AB, Magyar Közlöny 1994/1717 f.
[569] S.o. Punkt III. 3. a) und Fn. 350.
[570] BVerfGE 1/208 (240).

bb) Praktische Aspekte

In der Praxis finden sich im Parlament Abgeordnete, die sich als Vertreter der Minderheit verstehen und auch als solche auftreten[571]. Sie sind jedoch als Kandidaten einer bestimmten Partei gewählt worden und sind keine Minderheitenabgeordneten im juristischen Sinne. Die Fraktionen entsenden häufig ihre minderheitenangehörigen Abgeordneten in den Ausschuß für Menschenrechte, Minderheiten und Religionsangelegenheiten. Dieser Ausschuß behandelt jede Gesetzesvorlage, die die Minderheiten als solche betrifft, und äußert sich auch zu der Verteilung der Haushaltsmittel an Minderheiten. Insofern bietet er den Minderheiten eine gewisse Repräsentanz, die aber letztendlich von dem Belieben der Fraktionen abhängt und nicht institutionell abgesichert ist. Eine parlamentarische Vertretung im Sinne des § 20 Abs. 1 ist damit nicht gegeben.
Bereits in den Debatten um das verfassungsändernde Gesetz 1990:XL ist von mehreren Abgeordneten auf diese Lücke im Minderheitenschutzsystem hingewiesen worden[572]. Auch der Vorsitzende des 1994 gewählten Parlamentes, Zoltán Gál, hat an dem Mangel der institutionellen parlamentarischen Vertretung auf einem Empfang des Präsidenten der Republik am 19.8.1995 vor Vertretern der in- und ausländischen Minderheiten Kritik geübt und den Wert des ungarischen Modells für das Ausland zumindest in diesem Punkt in Frage gestellt[573].
Trotz anderslautender Lippenbekenntnisse der im Parlament vertretenen Parteien stehen diese einer parlamentarischen Repräsentanz der Minderheiten durch eigene Abgeordnete wohl eher ablehnend gegenüber. In einer Parteiendemokratie, die sich auch in Ungarn langsam herausbildet, stellen Minderheitenabgeordnete ebenso wie Unabhängige ein 'unsicheres (weil parteipolitisch unberechenbares) Element' dar, dessen Zahl und Bedeutung es für die Parteien zu verringern gilt. Entsprechend sind auf örtlicher Ebene Tendenzen der Parteien zur Vereinnahmung der Minderheitenabge-

---

[571] In dem Parlament 1990/94 etwa 20: Wolfart, Johann in Blumenwitz/Gornig, S. 53; Boden, S. 316; Brunner in Brunner/Tontsch, S. 50.

[572] Gyurkó, János (MDF) OGy 18.6.1990, Sp. 895; Jakab, Róbertné (MSZP) OGy 11.6.1990, Sp. 678 f.; Sipos, Imre (FKgP) OGy 18.6.1990, Sp. 914; Szentágothai, János (MDF) OGy 18.6.1990, Sp. 879 f.

[573] Népszabadság, 21.8.1995, S. 3 (Elfogadhatatlan a kettős mérce [Das zweifache Maß ist unannehmbar]).

ordneten zu beobachten. Die Minderheitenvertretungen wehren sich allerdings gegen diese 'Parteienassimilation' ihrer Funktion[574].

Ein nach wie vor in der Diskussion befindlicher, im Parlament allerdings gescheiterter[575] Vorschlag will den landesweiten Minderheitenselbstverwaltungen gestatten, Listen aufzustellen, auf die gleich den Parteien abgestimmt werden kann. Diese Listen sollen von der 5 %-Hürde befreit werden und bereits bei 3.000 Stimmen ein Mandat erhalten; ab dem zweiten Mandat muß jedoch die für alle geltende Stimmenzahl erreicht werden (im Schnitt etwa 30.000)[576]. Bei dieser Lösung bestehen allerdings Bedenken hinsichtlich des Grundsatzes der gleichen Wahl. Wenn auf Minderheitenlisten abgegebene Stimmen bereits bei 3.000 zum Erfolg führen, andere Parteien aber erst mit der rechnerischen, aber höher als 3.000 liegenden Minimalstimmenzahl (etwa 30.000) ein Listenmandat erringen können, ist der Grundsatz der Wahlgleichheit verletzt, auch wenn die weiteren Minderheitenmandate nur bei Erreichen der für alle geltenden Stimmzahlen errungen werden. Eine solche Verletzung, die nicht besonders gravierend ist, kann man als von § 68 Abs. 3 der Verfassung gedeckt ansehen. Gewichtiger ist der Einwand, daß diese Regelung die einzelnen Minderheiten nicht gleich behandelt, sondern die großen den kleinen Minderheiten gegenüber bevorzugt: Die großen Minderheiten dürften wohl keine Schwierigkeiten haben, 3.000 Wählerstimmen zu mobilisieren. Damit ist ihnen ein Mandat quasi garantiert. Für die Splitterminderheiten ist wegen ihrer geringen Bevölkerungszahl selbst bei geschlossenem Wahlverhalten eine Zahl von 3.000 Stimmen nicht zu erreichen, so daß dieses Modell in bezug auf Bulgaren, Griechen, Polen, Armenier, Ruthenen und Ukrainer sowie möglicherweise auch auf Slowenen den Verfassungsauftrag, die parlamentarische Repräsentanz sicherzustellen, nicht erfüllt[577].

---

[574] Diese Einstellung der Parteien schilderten der Minderheitenombudsmann Jenő Kaltenbach und der Parlamentarische Staatssekretär für Minderheitenfragen Csaba Tabajdi auf der deutsch-ungarischen Fachkonferenz über die Minderheiten in Ungarn nach den Wahlen zu den Selbstverwaltungskörperschaften, Königswinter 11. - 13.4.1996, abgedruckt in Brunner, Minderheiten in Ungarn, S. 19 f.

[575] S.o. bei der Schilderung des Wahlgesetzes.

[576] Wolfart, Johann in Blumenwitz/Gornig, S. 53; Bricke, S. 102.

[577] Eine Absenkung oder völlige Aufhebung der Schwellenwerte für Minderheitenkandidaten entspricht Art. 3 des 1. Zusatzprotokolls der EMRK, der die Einführung einer 5 %-Hürde sowie eine Ausnahme davon zugunsten von Minderheiten gestattet, und dürfte wohl verfassungsgemäß sein (so auch BVerfGE 4/30 [39 ff.] für das LWahlG SH).

Zu denken wäre auch an die Einrichtung besonderer, nichtterritorialer Wahlkreise für die einzelnen Minderheiten entsprechend dem slowenischen Modell. Diese würden aber faktisch auf die Garantie so vieler Minderheitenmandate hinauslaufen, wie besondere Minderheitenwahlkreise geschaffen werden. Das ist mit dem Grundsatz der freien und gleichen Wahl auch unter Abwägung mit den Zielen des § 68 Abs. 3 der Verfassung nur schwierig zu vereinbaren, so daß ggf. die Verfassung an diesem Punkt geändert werden müßte. Zudem wäre, um Doppelstimmen zu verhindern, eine gesonderte Registrierung der Wähler in den Minderheitenwahlkreisen nötig, welche dann in den territorialen Wahlen nicht mehr wählen dürfen. Dies würde aber mit der von den Minderheitenverbänden in den Mittelpunkt ihrer Forderungen gerückten negativen Bekenntnisfreiheit der Minderheitenangehörigen unvereinbar sein.
Da eine den Wahlrechtsgrundsätzen der Verfassung entsprechende bzw. diesen nicht zu stark widersprechende effektive Vertretung der Minderheiten in einem Einkammerparlament nur schwer realisierbar ist, wird in der politischen Diskussion immer wieder die Forderung nach einer zweiten Kammer laut[578]. Diese sollte nach einer Vorstellung neben Minderheitenvertretern auch die Repräsentanten der örtlichen und regionalen Selbstverwaltungen umfassen; andere Stimmen verlangen eine korporativ-berufsständische zweite Kammer, in der die Minderheiten ebenfalls vertreten sein könnten. Eine zweite Kammer ist aber nur durch eine Verfassungsänderung zu verwirklichen. Die Regierung lehnt allerdings unter Berufung auf den unitarischen Staatsaufbau eine zweite Kammer in der neuen, noch zu schaffenden Verfassung mit der Begründung ab, die in der zweiten Kammer versammelte Interessenvertretung könne effektiver über Konsultationen mit Interessenverbänden geschehen[579].

Abschließend ist zu der parlamentarischen Vertretung der Minderheiten durch eigene Parteien zu sagen, daß es sich grundsätzlich um ein wün-

---

Zu den verschiedenen Typen der Repräsentation in polyethnischen Staaten s. Akzin, PVS 1962/128 ff.

[578] Samu, MJ 1995/472; Kukorelli, TSz 1989 Bd. 2 S. 34 f., hält eine zweite Kammer auf längere Sicht nicht für ausgeschlossen, kurzfristig aber eher für unwahrscheinlich. Zur Diskussion bezüglich der zweiten Kammer während des Systemwechsels s. Brunner in Sundhaussen, S. 98.
Zum Problem der Verwirklichung der korporativen Gruppenautonomie und ihrer parlamentarischen Vertretung in der Demokratie s. Mayer-Tasch, S. 66 ff., 229 ff.

[579] Interview mit Innenminister Pál Vastagh in Comitatus, 1995 Bd. 4 (April) S. 27 ff. (S. 28).

schenswertes Ziel handelt, vorausgesetzt, es besteht bei den Minderheiten ein Bedürfnis nach solchen Parteien.
Zum einen ist der Minderheit die Möglichkeit gegeben, ihre Vorstellungen in den Willensbildungsprozeß des höchsten Normsetzungsorgans einfließen zu lassen. Diese Funktion kann eine hinter geschlossenen Türen stattfindende Konsultation von Interessenverbänden, Selbstverwaltungen o.ä. nur teilweise erfüllen, da der Abgeordnete im Lichte der Öffentlichkeit agiert und deshalb seinen Äußerungen eine viel größere Tragweite innerhalb und außerhalb des Hauses zukommt.
Zum anderen ist es für die Identifikation und den Zusammenhalt einer Minderheit sehr förderlich, wenn sie sich durch eine eigene Partei im obersten Repräsentationsorgan des Staates vertreten sieht. Dieser Effekt kann durch einen der Minderheit angehörigen Abgeordneten einer Volkspartei X nur teilweise erreicht werden. Angesichts der politisch-soziologischen Rolle der politischen Parteien in Europa, die sich auch bei den ungarischen Parteien nach anfänglichen Schwankungen und Unsicherheiten mehr und mehr verfestigt, wird ein Parlamentsabgeordneter immer zuerst als Vertreter seiner Partei betrachtet und erst in zweiter Linie - wenn überhaupt - als Vertreter einer bestimmten ethnisch oder soziologisch definierten Klientel. An der Arbeit des SSW läßt sich die Bedeutung einer eigenen Minderheitenpartei für die Minderheit selbst, aber auch für das Bewußtsein der Mehrheitsbevölkerung gut ablesen. Ein dänisch-friesischer Abgeordneter in einer der großen Volksparteien hätte wohl kaum diesen Bewußtseinsbildungsprozeß in Minderheit und Mehrheit ausgelöst. Das soll natürlich nicht bedeuten, daß er in der Sacharbeit nicht ebenso viel hätte erreichen können; der Existenz der dänischen und friesischen Minderheit wäre aber sicherlich nicht so viel Aufmerksamkeit auch über Schleswig-Holstein hinaus zuteil geworden. Darüber hinaus hat es einen nicht zu unterschätzenden Effekt, wenn sich die Minderheit durch den Namen ihrer Partei oder in Gestalt eines spezifischen, nur sie repräsentierenden Abgeordneten im Parlament anwesend sieht. Aus diesem Grund wehren sich die Minderheitenabgeordneten gegen die überall in Ungarn zu beobachtenden Versuche der Parteien, die unabhängigen Minderheitenvertreter für sich zu vereinnahmen[580].
Aus diesen Gründen wäre für Ungarn eine Regelung der parlamentarischen Repräsentanz der Minderheiten wünschenswert. Diese hat aber nur Sinn, wenn sich die Minderheiten aufraffen, eigene Parteien zu gründen oder

[580] István Oroszki, Bürgermeister von Bonyhád, in Brunner, Minderheiten in Ungarn, S. 63.

wenn ihre anderen Organisationen in das Parlament gewählt werden dürfen. Letzteres wäre wohl die sinnvollere Lösung, da die Organisationen bereits bestehen und Parteien erst noch gegründet werden müßten. Die bisherige Zurückhaltung bei der Gründung von Minderheitenparteien ist angesichts der im jetzigen System vorprogrammierten Erfolglosigkeit nicht weiter verwunderlich. Darüber hinaus scheint auch innerhalb der Minderheitenbevölkerung kein Bedürfnis nach eigenen ethnischen Parteien zu bestehen. Die Zulassung von Minderheitenorganisationen zu den Parlamentswahlen hat auch den Vorteil, daß diese Organisationen, anders als Parteien, aus ihrer Arbeit vor Ort gute Kenntnis der Bedürfnisse der Minderheitenangehörigen haben. Nicht zu übersehen ist dabei die Gefahr, daß solche Organisationen dazu neigen, die eigenen Bedürfnisse als die der von ihnen vertretenen Gruppe anzusehen. Zahlreiche Skandale in nicht wenigen westeuropäischen Ländern in den letzten Jahren haben aber gezeigt, daß Parteien diese Art zu denken auch nicht fremd ist. Hier kann sowohl bei Minderheitenorganisationen als auch bei Parteien letztendlich nur die demokratische Kontrolle durch den Wähler helfen.

Das Modell der Repräsentation durch Organisationen hat noch einen weiteren Vorteil: Es spart Kosten. Die Organisationen bestehen ohnehin, Parteien dagegen müßten neu gegründet werden. Jede solche Formation benötigt aber eine Minimalausstattung an professionellen Mitarbeitern, Sachmitteln, Räumen etc. Eine parallele Schaffung von Organisationen einerseits und Parteien andererseits würde die notwendigen Kosten verdoppeln. Angesichts der zahlenmäßigen Kleinheit der Minderheit und der öffentlichen und privaten Armut in Ungarn fragt es sich, ob ein solcher Aufwand gerechtferigt oder überhaupt tragbar wäre.

Die Frage der Repräsentation kann sich jedoch letztendlich in der Praxis entscheiden, wenn Organisationen genauso das Recht erhalten, Wahllisten für das Parlament einzureichen, wie Parteien auch. Je weiter der rechtliche Rahmen ist, um so einfacher ist es, durch die Beteiligung der Betroffenen praktikable Lösungen zu finden.

d) Strafrechtlicher Schutz

In Ungarn gilt noch das aus kommunistischer Zeit ererbte Strafgesetzbuch von 1978[581], allerdings mit einschneidenden rechtsstaatlichen Modifikationen. Dieses enthält mehrere minderheitenrelevante Delikte, die seit dem Systemwechsel ebenfalls mehrfach Gegenstand von Änderungen wurden.

---

[581] Gesetz 1978:IV über das Strafgesetzbuch, Magyar Közlöny 1978/1047 ff.

Als minderheitenrelevant werden hier solche Straftatbestände erachtet, die ein Rechtsgut schützen, das primär Angehörigen von Minderheiten in dieser Eigenschaft zukommt bzw. die dem Schutz des ethnisch-kulturellen Andersseins vor Beeinträchtigungen dienen.
Diese Tatbestände finden sich in mehreren Kapiteln des Besonderen Teils: in dem Kapitel über Straftaten gegen die Menschlichkeit (§§ 155, 156 und 157), in dem Kapitel über Straftaten gegen die Person (§ 174/B) und in dem Kapitel über Straftaten gegen die öffentliche Ordnung (§§ 269, 269/B).

§ 155 bestraft den *Völkermord.* Diese Vorschrift ist laut der amtlichen Begründung[582] die Umsetzung der Genozidkonvention [s.o. Punkt I. 3. a)] und entspricht insbesondere seit ihrer Neufassung durch das Gesetz 1996:XVII (Strafrechtsänderungsgesetz 1996)[583] diesem internationalen Vertrag und der deutschen Regelung.
Sie schützt die physische Existenz der Gruppe.

§ 156 bedroht als *Straftat gegen eine nationale, völkische, rassische oder religiöse Gruppe* denjenigen, der einem Angehörigen einer u.a. nationalen, völkischen, rassischen oder religiösen Gruppe dieser Gruppenzugehörigkeit wegen schweren körperlichen oder seelischen Schaden zufügt, mit Freiheitsstrafe von zwei bis zu acht Jahren.
Hier ist das Schutzgut die physische und psychische Unverletztheit des einzelnen Gruppenangehörigen.

§ 157 stellte ursprünglich die *rassische Unterscheidung* unter Strafe. Jede völkerrechtswidrige Handlung, die zu dem Zweck begangen wird, die Herrschaft einer Rasse über eine andere zu begründen oder aufrechtzuerhalten, sowie die regelmäßige Unterdrückung einer anderen Rasse wurde vorbehaltlich einer höheren Strafandrohung durch eine andere Vorschrift mit einer Freiheitsstrafe von ein bis zu fünf Jahren bedroht.
Nach der Neufassung durch das Strafrechtsänderungsgesetz 1996 trägt die Vorschrift den Titel *Apartheid* [apartheid]. Sie stellt in Abs. 1 das Töten der Miglieder einer oder mehrerer rassischer Gruppen oder die Herstellung von Lebensverhältnissen, die auf die vollständige oder teilweise physische

---

582 Abgedruckt im Magyar Közlöny im Anschluß an den Gesetzestext.

583 Gesetz 1996:XVII über die Änderung des Gesetzes 1978:IV über das Strafgesetzbuch, Magyar Közlöny 1996/1394 f. Zu den minderheitenrelevanten Vorschriften dieses Strafrechtsänderungsgesetzes s. Kaltenbach, Beszámoló, S. 91 ff.

Vernichtung der rassischen Gruppe(n), unter Strafe, wenn sie zum Zweck der Erlangung oder Aufrechterhaltung der Herrschaft einer rassischen Gruppe über die andere(n) Gruppe(n) geschehen. Die Abs. 2 und 3 enthalten die generalklauselartige Strafandrohung für einfache und qualifizierte Straftaten der Apartheid, wobei gemäß Abs. 4 unter der Straftat der Apartheid Handlungen im Sinne des Art. II lit. a/ii), a/iii), c), d), e) und f) der Internationalen Konvention über die Bekämpfung und Bestrafung des Apartheid-Verbrechens[584] zu verstehen sind. Ob der Verweis auf einen völkerrechtlichen Vertrag zur Definition des Tatbestandes einer strafrechtlichen Norm dem verfassungsrechtlichen, aus dem Rechtsstaatsgebot des § 2 Abs. 1 abgeleiteten, für Strafandrohungen geltenden gesteigerten Bestimmtheitsgebot[585] noch entspricht, ist fraglich. Da angesichts der politischen Situation in Ungarn diese Strafandrohung ohnehin eher politisch-deklaratorischen Charakter hat und kaum jemals angewandt werden wird, kann von diesen ohnehin eher formalen Bedenken abgesehen werden. Trotzdem hätte der Gesetzgeber auch aus Gründen der politischen Demonstration, daß er den strafrechtlichen Kampf gegen die Apartheid ernst nimmt, besser daran getan, statt der lustlos erscheinenden Verweisung auf die Internationale Konvention den Tatbestand der Straftat der Apartheid im Strafgesetzbuch selbst voll auszuformulieren.
Das geschützte Rechtsgut ist die Position der rassischen Gruppe und ihrer Angehöriger in der Gesellschaft im Sinne der Gleichberechtigung.

Der durch das Strafrechtsänderungsgesetz 1996 neu eingefügte § 174/B bestraft die *Gewalt gegen ein Mitglied einer nationalen, ethnischen, rassischen oder religiösen Gruppe*. Der Tatbestand umfaßt sowohl die Mißhandlung als auch die Nötigung aufgrund der Zugehörigkeit oder der vermeintlichen Zugehörigkeit zu einer der o.g. Gruppen.
Geschützt wird durch diese Vorschrift, wie auch aus ihrer systematischen Stellung in dem Kapitel über die Straftaten gegen die Person zeigt, vor allem die Freiheit des Einzelnen vor minderheitenfeindlicher Gewalt oder Drohungen auch dann, wenn er selbst nicht Angehöriger der angefeindeten Gruppe ist ("vermeintliche Zugehörigkeit").

---

[584] S.o. Fn. 65.

[585] Das allgemeine Bestimmtheitsgebot findet sich in § 18 Abs. 2 des Gesetzes über die Rechtsetzung (s.o. Fn. 452). Demnach muß eine Vorschrift klar und allgemein verständlich sein.

§ 269 in der Fassung des § 15 des Gesetzes 1989:XXV[586] bestrafte als *Aufstachelung gegen eine Gemeinschaft* [közösség elleni izgatás] das öffentliche Schüren von Haß gegen u.a. die ungarische Nation, Nationalitäten, Konfessionen, Rassen und bestimmte Gruppen der Bevölkerung mit Freiheitsstrafe bis zu drei Jahren (Abs. 1). Wer öffentlich einen beleidigenden oder verächtlichen Ausdruck in bezug auf u.a. die ungarische Nation, eine Nationalität, Konfession oder Rasse gebrauchte, wurde mit Freiheitsstrafe bis zu einem Jahr, erziehender Besserungsarbeit [javító-nevelő munka][587] oder mit Geldstrafe bestraft (Abs. 2). Das Verfassungsgericht hat § 269 auf seine Verfassungsmäßigkeit hin überprüft und hat Abs. 1 nicht beanstandet, während es in Abs. 2 einen Verstoß gegen das in § 61 Abs. 1, 2 garantierte Recht auf freie Meinungsäußerung und freie Presse gesehen und diese Vorschrift folglich aufgehoben hat[588]. Das Strafrechtsänderungsgesetz 1996 faßte die Vorschrift neu, ohne wesentliche inhaltliche Veränderungen zu bringen. Das zu § 269 Abs. 1 Gesagte gilt daher im wesentlichen immer noch.
Geschützt wird, ähnlich wie durch die Volksverhetzung im deutschen Strafrecht, v.a. das harmonische Zusammenleben der verschiedenen Nationalitäten im Land und damit der öffentliche Friede. Aus diesem Grund ist dieser Paragraph in dem Kapitel über die Straftaten gegen die öffentliche Ordnung zu finden.

Durch das Gesetz 1993:XLV[589] wurde dem Strafgesetzbuch ein § 269/B hinzugefügt. Diese Vorschrift stellt den *Gebrauch von Symbolen der Willkürherrschaft* [önkényuralmi jelképek használata] (Hakenkreuz, SS-Abzei-

---

586 Magyar Közlöny 1989/1169 ff.
In der Originalfassung sah die Vorschrift eine Freiheitsstrafe von bis zu zwei Jahren für eine Handlung, die vor anderen zum Haß u.a. gegen Nationalitäten und gegen Personen oder Gruppen wegen deren Zugehörigkeit zu einem Volk, einer Konfession oder einer Rasse aufstachelte, vor. Wer Personen oder Gruppen wegen deren Nationalität, Konfession oder Rasse vor anderen beleidigte oder verächtlich machte, konnte mit Freiheitsstrafe bis zu einem Jahr, mit erziehender Besserungsarbeit oder mit Geldstrafe bestraft werden.

587 Zur Stellung der erziehenden Besserungsarbeit im ungarischen System der strafrechtlichen Sanktionen s. Gláser, István in Horváth, Büntetésvégrehajtás, S. 207 - 224.

588 Entscheidung 30/1992 (V. 26.) AB in Magyar Közlöny 1992/1908 ff. S. dazu Sólyom in Brunner/Sólyom, S. 75 f.; Sajó, EECR 1994/83 ff.

589 Magyar Közlöny 1993/3098.

chen, Pfeilkreuz[590], Hammer und Sichel, fünfzackiger Stern), ihre Benutzung in der Öffentlichkeit und ihr Zurschaustellen unter Strafe, sofern dies nicht zu pädagogischen, wissenschaftlichen oder künstlerischen Zwecken geschieht.
Diese Vorschrift betrifft die Minderheiten nicht direkt, aber sie will, soweit sie rechtsextreme Symbole betrifft (und auch nur in bezug auf diese war die Vorschrift in der ungarischen Öffentlichkeit unumstritten), dem Vormarsch rechtsextremer Propaganda in der Öffentlichkeit einen Riegel vorschieben. In der Weltanschauung dieser rechtsradikalen Gruppen, z.B. der immer zahlreicher und brutaler werdenden Skinheads, spielen Antisemitismus, Rassenhaß und minderheitenfeindliche Ideen eine zentrale Rolle, so daß das Verbot entsprechender Symbole in der Öffentlichkeit zum Schutz der Minderheiten beiträgt. Diese Vorschrift wird zur Zeit vom Verfassungsgericht auf ihre Vereinbarkeit mit der Verfassung, insbesondere mit der Freiheit der Meinungsäußerung, überprüft.

Die genannten Strafvorschriften gehen weit über die völkerrechtlichen Anforderungen an innerstaatliches Strafrecht zum Schutz der Minderheiten hinaus. Diese erschöpfen sich in der Genozidkonvention, der bereits durch § 155 Genüge getan wird, und in Art. 4 a), b) der Konvention gegen Rassendiskriminierung, der ebenfalls nicht so weite Anforderungen stellt. Auch § 70/A Abs. 2 der Verfassung, demzufolge diskriminatorische Handlungen vom Gesetz bestraft werden, ist Genüge getan.
Bei alldem sollte man jedoch nicht aus dem Auge verlieren, daß das Strafrecht keine Probleme lösen kann. Es kann dazu dienen, gegenüber bestimmten minderheitenfeindlichen Handlungen seitens Privater oder Amtspersonen eine staatliche Mißbilligung auszudrücken und ein strafbewehrtes Unwerturteil auszusprechen. Eine eigene Minderheitenpolitik können strafrechtliche Vorschriften aber nicht ersetzen, sondern höchstens flankieren[591].

---

[590] Das Pfeilkreuz war das Symbol der ungarischen Faschisten, der sog. Pfeilkreuzler [nyilaskeresztes], und ist von seiner Symbolik und seinen Assoziationen her dem Hakenkreuz der deutschen Nationalsozialisten vergleichbar.

[591] Zur Rolle des Strafrechts beim Schutz von Minderheiten s. Hirsch Ballin, E. M. H. in Huls/Stout, S. 23; Mulder, S. 81 ff.; Pierré-Caps in Rouland/Pierré-Caps/Poumarède, S. 285 ff.; Smith/Hogan, S. 760 ff. Zu den Besonderheiten des sozialistischen Strafrechts zum Schutz von Minderheiten s. Luryi/Lyubechansky, RCEEL 1994/217 ff. Zum Einfluß staatlicher Maßnahmen überhaupt auf minderheitenfeindliche Vorurteilshaltungen s. Heckmann, S. 155 ff.

Auf Initiative des Präsidenten der Republik hin hat der Justizminister dem Parlament einen Entwurf zur Änderung des Strafgesetzbuches unterbreitet. Dieser Entwurf, in dessen Mittelpunkt die Reform des § 156 steht, soll zum besseren Schutz der Minderheiten verschiedene Straftatbestände einführen, so z.B. Handlungen gegen die Angehörigen von nationalen, rassischen oder religiösen Gruppen oder das Schüren von Haß gegen die ungarische Nation oder eine andere nationale, rassische, religiöse oder sonstige Gruppe auf einer Veranstaltung. Auch die Führer von Organisationen, die diese Straftaten begehen, sollen strafrechtlich zur Verantwortung gezogen werden können. Hintergrund ist die Unzulänglichkeit v.a. des § 156, Straftaten mit rassistischem und ähnlichem Hintergrund zu bestrafen. Dies hat sich insbesondere bei dem sog. Großen Skinhead-Prozeß im November 1993 vor dem Obersten Gerichtshof gezeigt: Gegen keinen der beinahe fünfzig Angeklagten konnte eine Verurteilung wegen einer Straftat gegen eine nationale, völkische, rassische oder religiöse Gruppe erreicht werden. Dieser Prozeß hat großes Aufsehen in Fachkreisen ebenso wie in der Öffentlichkeit erregt, und auch die parlamentarischen Beratungen werden u.a. von den Minderheitenvertretungen mit großem Interesse verfolgt[592].

Insgesamt ist das Strafgesetzbuch durch die vielen systembedingten Änderungen in sich uneinheitlich, unsystematisch und unübersichtlich geworden. Aus diesem Grund wird an einer neuen Strafrechtskodifikation gearbeitet[593]. Die erwähnten Tatbestände sollen dabei im wesentlichen unverändert bleiben.

e) Arbeitsrecht und öffentliches Dienstrecht

Das Gesetz 1992:XXII über das Arbeitsgesetzbuch[594] verbietet es dem Arbeitgeber in § 5 Abs. 1, zwischen den Arbeitnehmern im Arbeitsverhältnis benachteiligende Unterscheidungen auf Grund von u.a. Nationalität oder Rasse zu treffen. § 5 Abs. 3 präzisiert dieses Diskriminierungsverbot für Beförderungen. Da von diesem Verbot lediglich benachteiligende Unterscheidungen erfaßt werden, ist dem Arbeitgeber eine positive Diskriminierung erlaubt.

---

592 Népszabadság, 11.2.1996, S. 11 (Jogi keringő a 156. paragrafus körül [Rechtlicher Walzer um den Paragraphen 156]); Szabó, BIOst 24-!996, S. 20.

593 Busch/Molnár/Margitán, S. 234 ff.

594 Magyar Közlöny 1992/1613 ff.

Bei Streitigkeiten über das Vorliegen benachteiligender Unterscheidungen trägt der Arbeitgeber die Beweislast (§ 5 Abs. 2)[595]. Hiermit wird dem Arbeitnehmer in der Praxis ein wichtiges Instrument zur Durchsetzung seiner Ansprüche in die Hand gegeben. Gerade in Fragen der Personalauswahl für Einstellungen, Beförderungen u.ä. hat alleine der Arbeitgeber sämtliche Informationen insbesondere auch über die Mitbewerber zur Verfügung, so daß nur ihm eine vollständige Beweisführung tatsächlich möglich ist. Zudem liegt die Festlegung der Unterscheidungskriterien bei derartigen Entscheidungen allein in seiner Organisationsgewalt, in seiner Sphäre; nur er kann sich darüber äußern. Es ist dann auch sein Risiko, ob die angewandten Unterscheidungskriterien als benachteiligende Unterscheidung gewertet weden. Der Arbeitnehmer müßte, träfe ihn die Beweispflicht über die vom Arbeitgeber angewandten Kriterien, Beweismittel 'ins Blaue hinein' und auf Verdacht angeben oder sich mit einer Stufenklage zunächst Einblick in die Unterlagen des Arbeitgebers verschaffen. Diese umständliche Beweisführung bleibt ihm durch die Beweislastumkehr erspart. Zudem hat seine Klage Erfolg, wenn die Beweislage nicht eindeutig ist, was bei komplexen, im Einzelfall sehr viele verschiedene und nicht immer vergleichbare Umstände berücksichtigenden Entscheidungen wie Personalentscheidungen häufig der Fall sein dürfte.

Diese Vorschrift ist dem ungarischen Arbeitsrecht nicht neu. Bereits das vorige Arbeitsgesetzbuch aus dem Jahre 1967[596] enthielt in § 18 Abs. 3 ein das gesamte Arbeitsverhältnis betreffendes Verbot der Diskriminierung u.a. aufgrund von Nationalität, Rasse oder Abstammung.

Das Diskriminierungsverbot zusammen mit der Beweislastumkehr geht über das hinaus, was das Völkerrecht an Diskriminierungsverbot vorschreibt. Auch die Anforderungen des verfassungsrechtlichen Diskriminierungsschutzes werden für den arbeitsrechtlichen Bereich vollständig umgesetzt.

Trotz dieser eindeutigen Rechtslage werden insbesondere Zigeuner im Arbeitsleben und bei der Einstellung immer wieder Opfer von Diskriminierungen, so daß die negativen Effekte von schlechter Ausbildung und schwerpunktmäßiges Siedeln in strukturschwachen Gebieten auf die Arbeitslosenrate noch verschärft werden. Die Arbeitsverwaltung, insbesondere die Komitatsarbeitsämter sind sich der Problematik bewußt und stehen darum in Konsultationen mit den verschiedenen Zigeunerorganisationen, aber eine Einflußnahme auf das Verhalten der Arbeitgeber scheint letzt-

---

[595] Zum Minderheitenschutz im Arbeitsverhältnis s. Bodáné u.a., S. 289 f.

[596] Gesetz 1967:II über das Arbeitsgesetzbuch, Magyar Közlöny 1967/503 ff.

endlich nur über Aufklärung, nicht aber über gesetzliche Antidiskriminierungsvorschriften oder Zwang möglich[597].

Das Diskriminierungsverbot und die Beweislastumkehr gelten auch im öffentlichen Dienst. Das Beamtengesetz[598] erklärt in § 71 Abs. 2 die Vorschrift des § 5 Arbeitsgesetzbuch für anwendbar, was sich allerdings nicht auf § 5 Abs. 3 (Verbot der Diskriminierung bei Beförderungen) bezieht. Für diesen Bereich enthalten die §§ 23 bis 32 Beamtengesetz umfangreiche Regelungen, die eine Beförderung auf dem Prinzip der Bestenauslese garantieren sollen und damit diskriminierenden ethnischen Erwägungen keinen Raum lassen.
Ebenso enthält § 6 Abs. 1 des Soldatengesetzes[599] ein Diskriminierungsverbot im Dienstverhältnis u.a. auf der Grundlage von Nationalität und Rasse. Im Zweifelsfall muß der Dienstherr beweisen, daß sein Verhalten keine Diskriminierung beinhaltet (§ 6 Abs. 3). Hier gilt das zur Umkehr der Beweislast im privatrechtlichen Arbeitsverhältnis Gesagte entsprechend.

Auf die Befugnis der öffentlich-rechtlichen Dienstherren, von Beamten ggf. die Kenntnis der Minderheitensprache zu verlangen, ist bereits oben unter Punkt III. 3. d) eingegangen worden.

f) Sonstige gesetzliche und untergesetzliche Vorschriften

Das *Zollrecht*, d.h. das Gesetz 1995:C über das Zollrecht, das Zollverfahren sowie die Zollverwaltung (Zollgesetz)[600], kennt keine Bestimmungen, die ausdrücklich nur für Minderheiten gelten. Trotzdem enthält es eine Reihe von Vorschriften, die insbesondere für Minderheiten und die grenzüberschreitenden Kontakte der Minderheiten eine große Bedeutung haben können.
In erster Linie gehören hierzu die Zollbefreiung für eine Reihe von Gütern, die aufgrund internationaler Vereinbarungen oder zu nichtkommerziellen Zwecken eingeführt werden. Dazu gehören u.a. Lehrmittel, wissenschaftliche und kulturelle Apparaturen und Medien, Presseerzeugnisse, Kunst-

---

[597] Népszabadság, 19.2.1996, S. 5 (A diszkrimináció is növeli a roma munkanélküliséget [Auch die Diskriminierung erhöht die Arbeitslosigkeit der Roma]).
[598] S.o. Fn. 385.
[599] S.o. Fn. 552.
[600] Magyar Közlöny 1995/6028 ff.

werke (§ 116 Abs. 1), für öffentliche Sammlungen bestimmte Gegenstände (§ 117 Abs. 2), Lehr- und Forschungsmaterial für Lehr-, Studien- oder Heilanstalten (§ 117 Abs. 3), Nachrichtenmaterial für Nachrichtenagenturen (§ 117 Abs. 8), geschenkte Bücher, Zeitschriften, musikalische Werke, Briefe und Urkunden (§ 118 Abs. 1), auf ausländischen Sportveranstaltungen oder künstlerischen oder wissenschaftlichen Wettbewerben gewonnene Pokale, Medaillen u.ä., sofern sie überwiegend symbolischen Wert haben (§ 118 Abs. 6), sowie geschenktes Baumaterial im weiteren Sinne, wenn es zur Wiederherstellung oder Erneuerung eines als Denkmal anerkannten Gebäudes oder Kunstwerkes eingeführt und gebraucht wird (§ 119). Das internationale Abkommen im Sinne des § 116 Abs. 1 Zollgesetz ist gemäß § 196 Abs. 1 der Ausführungsverordnung zum Zollgesetz das Übereinkommen von Lake Success über die Einfuhr von Gegenständen erzieherischen, wissenschaftlichen oder kulturellen Charakters vom 22.11.1950[601].
Mit dieser umfassenden Zollbefreiung ist ein weitreichender kultureller Austausch auf der materiellen Ebene möglich, ohne daß dafür Zoll gezahlt werden muß. Zu beachten ist jedoch, daß die Zollbefreiung in fast allen Fällen nur für Gegenstände gilt, die nicht zu kommerziellen Zwecken eingeführt werden. Dies hat für die Minderheiten gesteigerte Bedeutung, da dem Verkehr von Kulturgütern mit ihren Mutterländern oder konationalen Gruppen in Drittstaaten keine materielle Hürde in Form von Zoll errichtet wird.

Die genannten Vorschriften machen Gebrauch von der Möglichkeit der Zollbefreiung in § 56 Minderheitengesetz und entsprechen Art. 3 des ungarisch-slowenischen Minderheitenabkommens als der in dem Punkt weitestgehenden zwischenstaatlichen Vereinbarung.

§§ 95, 96 und 107 enthalten bestimmte zollrechtliche Privilegierungen für die grenzüberschreitende Landwirtschaft und den kleinen Grenzverkehr. Hiervon können - auch - die Minderheitengruppen profitieren, die in der Nähe der Grenze zu ihrer Mutternation (z.B. Slowenen und Rumänen, in gewisser Weise auch die an der österreichischen Grenze siedelnden Deutschen) oder zu einem Drittstaat, in dessen Grenzregion konationale Minderheiten leben (z.B. die Slowaken im Südosten Ungarns an der Grenze zu Rumämien und Serbien), wohnen. Diese Zollvergünstigungen kommen

---

601 Regierungsverordnung 45/1996. (III. 25.) Korm. über die Ausführung des Gesetzes 1995:C über das Zollrecht, das Zollverfahren sowie die Zollverwaltung, Magyar Közlöny 1996/1009 ff.; Abkommen über die Einfuhr von Gegenständen erzieherischen, wissenschaftlichen oder kulturellen Charakters vom 22.11.1950, BGBl. 1957 II S. 170 ff., in Ungarn ratifiziert durch die Verordnung mit Gesetzeskraft 12/1979., Magyar Közlöny 1979/451 ff., und in Kraft getreten am 15.6.1979.

über ihrem rein wirtschaftlichen Effekt hinaus der für den Erhalt der Minderheitenidentität so wichtigen Kontaktpflege zugute.

Ähnliches gilt für das *Devisenrecht*. Das Gesetz 1995:XCV über die Devisen (Devisengesetz)[602] enthält keine ausgesprochenen Minderheitentatbestände. Ausgehend von der Tatsache, daß der Forint noch immer nicht völlig konvertibel ist, schafft das Devisengesetz aber besondere Erleichterungen für den Kauf von Devisen, die u.a. für die Honorierung von Referenten wissenschaftlicher Konferenzen, für Teilnahmegebühren an internationalen Veranstaltungen, für Mitgliedschaftsbeiträge in internationalen und ausländischen Organisationen oder für besonere Studien benötigt werden [§ 23 Abs. 1 lit. b)]. Darüber hinaus werden Zahlungserleichterungen für die Mitgliedschaftsbeiträge in internationalen und ausländischen Organisationen, die Teilnahmegebühren an internationalen Veranstaltungen und für den Kauf und das Abonnement von Zeitungen, Zeitschriften, Büchern und Musikausgaben gewährt (§ 23 Abs. 2). Ohne daß diese Rechtsvorschriften speziell auf Minderheiten zugeschnitten sind, verringern sie jedoch die devisenrechtlichen Hürden eines grenzüberschreitenden kulturellen, wissenschaftlichen und politisch/gesellschaftlichen Austauschs. Davon profitieren insbesondere die Minderheiten angesichts ihres meist grenzüberschreitenden Siedlungsbildes. Da das Devisenrecht in der Vergangenheit häufig ein Mittel war, unerwünschte Auslandskontakte auf 'ideologiefreie' Weise zu unterbinden, sind die Liberalisierungen und wirtschaftlichen Erleichterungen des Devisengesetzes für die tatsächliche Durchführung des den Minderheiten garantierten grenzüberschreitenden Austauschs mit Konationalen und anderen Minderheiten von großer praktischer Bedeutung.
Inländischen Organisationen, d.h. jeder Rechtsperson mit und ohne Rechtsfähigkeit und nichtkommerzieller Zielsetzung (§ 3 Nr. 14), wird es erlaubt, in Devisen eingegangene Geschenke, Unterstützungen und Erbschaften auf einem Devisenkonto zu halten (§ 52), was eine Privilegierung von der Umtauschpflicht darstellt, die normalerweise Deviseninländer mit Devisenbesitz trifft. Damit können auch Minderheitenorganisationen einschließlich der Minderheitenselbstverwaltungen von außen in Devisen erhaltene Unterstützungen in Devisen behalten. Dies ist angesichts der im Vergleich zu vielen westlichen Währungen hohen Inflationsrate des Forint ein nicht zu unterschätzender wirtschaftlicher Vorteil. Außerdem stehen der Organisation für die Durchführung von Aktivitäten im Ausland unmit-

[602] Magyar Közlöny 1995/5834 ff.

telbar Devisen zur Verfügung, ohne daß solche erst noch langwierig beantragt werden müßten. Das stellt eine Erleichterung der Auslandskontakte von inländischen Organisationen dar, was gerade für die Minderheiten von großer Bedeutung ist.

Noch vor der ersten Verfassungsänderung durch das Gesetz 1989:XXXI erließ der Ministerrat die Verordnung 71/1989. (VII. 4.) MT über die *amtlichen geographischen Namen* in Ungarn[603]. Diese Ministerratsverordnung regelt die Festlegung der amtlichen Namen, die teilweise durch die örtlichen Räte und teilweise durch eine interministerielle Kommission erfolgt. Bei der Festlegung der amtlichen Namen sind unter anderem der lebende Sprachgebrauch der interessierten Bevölkerung, die Nationalitätenverhältnisse und die Erfordernisse der Sprachkorrektheit zu berücksichtigen (§ 6 Abs. 1). Unter Zugrundelegung der Anforderungen des § 6 Abs. 1 können auch geographische Namen in den Sprachen der Nationalitäten[604] festgelegt werden, für bestimmte Arten von geographischen Namen kann ein nationalitätensprachlicher Name zusammen mit dem ungarischen festgelegt werden (§ 6 Abs. 4).
Im Lichte des nach der Ministerratsverordnung erlassenen § 68 Abs. 2 der Verfassung und der sprachenrechtlichen Bestimmungen des Minderheitengesetz ist § 6 Abs. 4 der Verordnung erweiternd auszulegen, so daß auch die bisher von der mehrsprachlichen Bestimmung ausgenommenen geographischen Namen [im wesentlichen Bezeichnungen für land- und forstwirtschaftliche Wirtschaftseinheiten und Gewässer: § 6 Abs. 4 i.V.m. § 3 lit. b) - c)] einen amtlichen Namen in einer oder mehreren Minderheitensprachen neben dem ungarischen erhalten können.
Durch diese Verordnung ist gewährleistet, daß im Bereich der für die Identifizierung mit dem natürlichen Umfeld so wichtigen Ortsbezeichnungen die Sprachen der Minderheiten dem Ungarischen gleichberechtigt einen amtlichen Status bekommen können.

Mit der Regierungsverordnung 116/1995. (IX. 28.) Korm.[605] erklärte die Regierung den 18.12. zum *Tag der Minderheiten* (Kisebbségek Napja). Dieser Tag soll das Bewußtsein, daß in Ungarn Minderheiten leben, wachhalten und an ihre Rolle in der Gesellschaft erinnern. Zugleich bezeichnet

---

[603] Magyar Közlöny 1989/796 f.

[604] In der Benutzung des Wortes Nationalitäten statt nationale und ethnische Minderheiten spiegelt sich noch der alte Sprachgebrauch aus der Zeit vor dem Systemwechsel wider.

[605] Magyar Közlöny 1995/4724.

die Regierung den Schutz und die Verwirklichung der Minderheitenrechte als Gradmesser der Demokratie, weshalb es die Pflicht von Staat und Gesellschaft sei, der traditionserhaltenden und -fortentwickelnden Tätigkeit der nationalen, ethnischen und religiösen Minderheiten sowie der Rechte der im Ausland lebenden ungarischen Gemeinschaften zu gedenken. Der Tag ist kein Feiertag im Sinne eines allgemein arbeitsfreien Tages.
Die Gestaltung dieses Festtages obliegt den Minderheiten selbst. Als einzige staatliche Veranstaltung findet die Verleihung des "Preises für die Minderheiten" (s.u.) statt[606].
Ein Tag der Minderheiten ist in der Welt einzigartig. Das Datum 18. 12. ist wegen seines minderheitenrelevanten Bezuges gewählt worden: Es ist der Jahrestag der Deklaration der Generalversammlung der Vereinten Nationen über die Rechte von Personen, die zu nationalen oder ethnischen, religiösen oder sprachlichen Minderheiten gehören, aus dem Jahr 1992 [s.o. Punkt I. 3. a)].

Der Ministerpräsident stiftete am 28.9.1995 den "*Preis für die Minderheiten*" [Kisebbségekért Díj]. Die Rechtsgrundlage stellt die Verordnung des Ministerpräsidenten 1/1995. (IX. 28.) ME[607] dar, welche auf der Ermächtigung des § 7 Abs. 1 des Gesetzes 1991:XXXI über die Auszeichnungen der Republik Ungarn[608] beruht. Diese Auszeichnung, die aus einer Gedenkplakette und einer finanziellen Zuwendung in Höhe von 200.000 Forint besteht, wird in- und ausländischen Personen und Organisationen sowie Minderheitenselbstverwaltungen verliehen, die sich in besonderer Weise um das Wohl der Minderheiten verdient gemacht haben. Die Verleihung findet einmal im Jahr am Tag der Minderheiten (18. 12.) statt.
Mit diesem Preis erkennt der Staat an, daß Verdienste um die Minderheiten gleichzeitig auch Verdienste um den Staat sind. Hierin wird die Rolle der Minderheiten als staatsbildende Faktoren (§ 68 Abs. 1 Verfassung) für den Bereich der staatlichen Ehrungen konkretisiert. Damit ist es nicht mehr allein den Minderheiten vorbehalten, entsprechende Verdienste zu würdigen [§§ 27 Abs. 2 lit. b), 37 lit. f) Minderheitengesetz]. Ihre Befugnisse, Ehrungen u.ä. zu verleihen, wird durch die Verordnung des Ministerpräsidenten nicht eingeschränkt, da eine Verordnung des Ministerpräsidenten im Rang unter einem förmlichen Gesetz steht und dieses darum nicht ein-

---

606 Punkt 8. des Regierungsbeschlusses 1009/1996. (II. 7.) Korm. über die Vorbereitung der nationalen und staatlichen Feiertage sowie von anderen Veranstaltungen von herausragender Bedeutung, Magyar Közlöny 1996/454 ff.
607 Magyar Közlöny 1995/4724.
608 Magyar Közlöny 1991/1767 ff.

schränken kann. Auch würde eine solche Absicht nicht dem allgemeinen minderheitenfreundlichen Konzeption der Verfassung entsprechen. Es wird folglich eine weitere Möglichkeit, um Minderheiten verdiente Personen und Organisationen zu ehren, geschaffen. Die Tatsache, daß diese Befugnis beim Mininsterpräsidenten angesiedelt ist, entspricht der Zuordnung der beiden Minderheitenämter zu diesem Amt.

6. Die tatsächliche Lage

Nachdem die gesetzliche Situation erläutert ist, soll die tatsächliche Lage der ethnischen und nationalen Minderheiten geschildert werden.
In Ungarn klafft zwischen der gesetzlichen Regelung und der Wirklichkeit in der Minderheitenfrage eine erfreulich kleine Lücke.

Die Regierung hat das größte Problem der Minderheiten in Ungarn, die fortschreitende Assimilation und den damit drohenden Verlust der Identität, erkannt[609]. In seiner Programmrede vor dem Parlament vom 22.5.1990 betonte der bürgerliche Kandidat für das Amt des Ministerpräsidenten, der später gewählte József Antall, das Minderheitenrecht auf Gebrauch der Muttersprache und auf muttersprachliche Erziehung. In derselben Rede betonte er auch die Bedeutung der Durchsetzung des Minderheitenschutzes im Ausland, vor allem zugunsten der magyarischen Minderheiten[610].
Starkem politischen Streit ist die Finanzierung von Minderheiteninstitutionen ausgesetzt[611]. Dies ist angesichts zunehmender privater und öffentlicher Armut und wachsender Konkurrenz bei der Verteilung knapper staatlicher Unterstützungen nur zu verständlich. Hierbei handelt es sich um den allgemeinen Verteilungskampf um äußerst knappe staatliche Gelder. Daher ist der Streit um die Gelder für Minderheitenangelegenheiten zum größten Teil nicht spezifisch minderheitenfeindlich.

Grundsätzlich ist die Einstellung der ungarischen Öffentlichkeit den nationalen und ethnischen Minderheiten gegenüber positiv, was wohl auch mit der Sensibilisierung durch das schlechte Los der ungarischen Minderheiten

---

[609] Amt für Nationale und Ethnische Minderheiten, S. IV.
Zu den ethnischen Aspekten der ungarischen Politik seit dem Systemwechsel s. Schlett, Színjáték, S. 93 - 166.

[610] OGy 22.5.1990, Sp. 198, 208; Nolte, Georg in Frowein/Hofmann/Oeter, Bd. 1, S. 508.

[611] Nolte, Georg in Frowein/Hofmann/Oeter, Bd. 1, S. 532; Lásztity, Péter in Schlett, S. 106 f.

in einigen Nachbarländern zusammenhängt. Die Minderheiten werden von Staat und Gesellschaft nicht als Bedrohung empfunden. Diskriminierungen wegen Sprache oder Ethnizität sind vergleichsweise selten[612]. Wie oben bereits erwähnt, haben in den Kommunalwahlen vom 11.12.1994 wohl auch einige Ungarn für Minderheitenkandidaten gestimmt, woraus die relativ geringe Bedeutung ethnischer Unterschiede erkennbar ist. Die geringe psychische und emotionale Distanz zwischen den Minderheiten und der Mehrheit zeigt sich auch darin, daß es in den Dörfern und Städten keine Minderheitenviertel, keine ethnischen Ghettos gibt, sondern alle Nationalitäten neben- und miteinander wohnen. Eine gewisse Ausnahme bilden hier die Zigeuner, die häufig in den Städten in bestimmten Straßen und Vierteln in starker Konzentration siedeln. Der Grund hierfür ist aber nicht eine freie Entscheidung der Zigeunerbevölkerung zur Ghettobildung, sondern die behördliche Praxis bei der Wohnungseinweisung im Zuge der Politik der Seßhaftmachung in den 60er und 70er Jahren.

Allerdings muß dieses grundsätzlich positive Bild differenziert werden. Es kommt darauf an, von welcher Minderheit die Rede ist. Über die Deutschen im Land, die sogenannten Schwaben[613], hat die ungarische Bevölkerung wieder[614] ein überaus positives Bild, das schon fast Aspekte eines kollektiven Minderwertigkeitskomplexes der Ungarn gegenüber den Deutschen aufweist, und die Eigenschaft als Schwabe kann durchaus zu einer Steigerung des Sozialprestiges führen. Auch die anderen Minderheiten werden nicht als minderwertig betrachtet, wenn sie vielleicht auch nicht ganz so positiv gesehen werden wie die Schwaben. Am unteren Ende der 'Beliebtheitsskala'[615] oder 'Prestigehierarchie' rangieren die Zigeuner, die

---

[612] ai Jahresbericht 1996, S. 509; Seewann, Gerhard in Brunner/Lemberg S. 142; Wolfart, János in Ermacora/Tretter/Pelzl, S. 64; Nolte, Georg in Frowein/Hofmann/Oeter, Bd. 1, S. 501.

[613] Zur Entstehungsgeschichte und Berechtigung dieser Pauschalbezeichnung s. Bellér, S. 72; Born/Dickgießer, S. 231; Seewann, Gerhard in Brunner/Lemberg S. 142 f.

[614] In der Zeit nach 1945 hatte sich das positive Deutschbild wegen der von den nationalsozialistischen deutschen Besatzern verübten Verbrechen vorübergehend in sein Gegenteil verkehrt.

[615] Eine solche findet sich abgedruckt in WGO-MfOR 1994/127 f. Zu der Bedeutung von Hierarchien im Umgang von Mitglieder verschiedener Gruppen s. Giordano, Christian in Roth, S. 32 ff.

nach wie vor auf starke Vorurteile, Vorbehalte und Ablehnung stoßen[616]. Die Zugehörigkeit zu dieser Minderheit kann daher durchaus mit gravierenden Nachteilen im öffentlichen oder privaten Leben verbunden sein. Auch heute noch ist der Gegenbegriff zu "Zigeuner" in der ungarischen Sprache "Weißer" [cigány - fehér], d.h. ein Ungar bezeichnet sich als Weißen, wenn er betonen will, daß er nicht zu den Zigeunern gehört. In Wechselwirkung mit dieser latenten Diskriminierung steht die Tatsache, daß die Zigeuner bei weitem nicht das hohe Maß an Integration in die Mehrheitsgesellschaft erreicht haben, welches die übrigen Minderheiten kennzeichnet[617]. Die Arbeitslosigkeit der Zigeuner ist vier- bis fünfmal so hoch wie im Landesdurchschnitt; das Durchschnittseinkommen eines Zigeunerhaushaltes liegt weit unter dem des Normalhaushaltes. Die Armut ist gerade bei Zigeunern in den ländlichen Gebieten des Nordostens enorm. Auch in der Kriminalitätsstatistik sind die Zigeuner stärker vertreten, als es ihrem Bevölkerungsanteil entspräche[618]. Ein Grund dafür ist wohl in der überdurchschnittlichen Armut zu suchen.

Einen gewissen Sonderfall bildet die jüdische Minderheit[619]. Sie ist einem nicht zu unterschätzenden Antisemitismus ausgesetzt, der im täglichen Leben zu Diskriminierungen führen kann. Diesem Antisemitismus wurde und wird jedoch sowohl von seiten der bürgerlichen Koalitionsregierung unter Ministerpräsident József Antall (1990 - 1994) wie auch von der sozialliberalen Regierung unter Ministerpräsident Gyula Horn (seit 1994) dezidiert entgegengetreten. So wurde Anfang 1993 der Exponent der nationalen Rechten, István Csurka, mit seinen Anhängern u.a. wegen seiner extrem rassistischen und antisemitischen Äußerungen aus der damals größten bürgerlichen Koalitionspartei, dem MDF, ausgeschlossen[620]. Die daraufhin

---

[616] ai Jahresbericht 1993, S. 560 f., 1994 S. 580 f., 1996 S. 509 f.; Boden, S. 318 f.; Bruce-Mitford u.a., S. 117; Sewering-Wollanek, Marlis in Brunner/Lemberg S. 253; Wolfart, János in Ermacora/Tretter/Pelzl, S. 65; Fehér, S. 11 - 14, 21 - 56; Nolte, Georg in Frowein/Hofmann/Oeter, Bd. 1, S. 507; Valki, László in Dinstein/ Tabory, S. 456 f.

Das Parlament hielt am 27.3.1996 eine ganztätige Debatte über die Politik zur Lage der Zigeuner ab: OGy 27.3.1996, Sp. 18319 - 18437.

[617] Wolfart, Johann in Blumenwitz/Gornig, S. 51; Lásztity, Péter in Schlett, S. 106.

[618] Zur Kriminalität der Zigeuner in der ersten Hälfte des Jahrhunderts s. Pomogyi, S. 26 ff.

[619] Einzelheiten zur Lage dieser Minderheit im soziologischen Sinne bei Valki, László in Dinstein/Tabory, S. 457 - 461.

[620] Sitzler, Kathrin in Altmann/Hösch, S. 86; Pokol, S. 174; Segert/Machos, S. 85 ff.

von ihm gegründete Partei der Wahrheit und des Lebens Ungarns [Magyar Igazság és Élet Pártja] sank in den Parlamentswahlen vom 8./29.5.1994 zur Bedeutungslosigkeit herab. Die nachfolgenden Kommunalwahlen bestätigten diesen Trend.

Insgesamt läßt sich feststellen, daß nicht nur die rechtliche, sondern auch die tatsächliche Behandlung der nationalen und ethnischen Minderheiten in Ungarn vorbildlich ist, wenn man von den überall problematischen Zigeunern[621] und den nicht als nationale oder ethnische, sondern als religiös begriffene Minderheit der Juden einmal absieht. Der Grund für diese Vorbildlichkeit liegt zumindest auch darin, daß die in Ungarn lebenden Minderheiten klein sind[622] und daher im öffentlichen und politischen Leben keine Rolle spielen. Ihre Existenz und ihr öffentliches Wirken vermögen nicht die Selbstdefinition Ungarns als magyarischer Nationalstaat in Frage zu stellen. Auch will man den Nachbarländern Vorbild sein und so eine Verbesserung der Lage der dortigen magyarischen Minderheiten erreichen. Dementsprechend wird die Gewährung von Minderheitenrechten auf der Höhe der ungarischen Standards von den Nachbarstaaten eingefordert[623]. Diese emotionale und politische Verbindung des Schicksals der inländischen Minderheiten mit dem der Auslandsungarn ist für die in Ungarn lebenden Minderheiten nicht nur positiv, da sie durchaus zu unsachgemäßen Einschätzungen und zu einer Instrumentalisierung dieser Gruppen führen kann. Aus diesem Grund hat auch der Präsident der Republik, Árpád Göncz, im März 1992 auf der internationalen Konferenz über den Stand der Minderheiten- und Menschenrechte in Ungarn vor einer zu engen Verquickung dieser beiden Fragen gewarnt[624]. Auch in der Presse

---

Zur Zunahme rechtsextremen und nationalsozialistischen Gedankengutes in einigen Teilen der Bevölkerung und zur Skinhead-Problematik s. Fehér, S. 40 - 52.

[621] Zu länderübergreifenden Gemeinsamkeiten der Problematik der Zigeuner in Ostmitteleuropa s. Bricke, S. 167 ff.

[622] Zum umgekehrt reziproken Verhältnis von Größe und Akzeptanz einer Minderheit s.o. Punkt I. 3. c) Fn. 113.

[623] Z.B. während einer ungarisch-ukrainischen Parlamentariertagung am 30.9. 1995: Népszabadság, 30.9.1995, S. 2 (Kisebbségi együttműködés [Zusammenarbeit in Minderheitenfragen]).

[624] Seewann, Gerhard in Brunner/Lemberg, S. 157; Geroe/Gump, CJTL 1995/687 ff.; Seewann, Südosteuropa 1992/318 f.

finden sich kritische Stimmen, die eine schärfere Trennung beider Themenbereiche anmahnen[625].

Das insgesamt sehr positive Bild über die Lage der Minderheiten in Ungarn muß jedoch noch um eine Nuance erweitert werden: Es sieht in manchen Punkten nicht mehr so positiv aus, wenn es um minoritäre Gruppen geht, die sich durch andere als nationale oder ethnische Faktoren als von der Mehrheitsgesellschaft verschieden definieren. Sie sind zwar keine Minderheiten in dem dieser Arbeit zugrunde liegenden Rechtssinne, aber doch Minderheiten in einem weiteren soziologischen Sinn. Unter diesen soziologischen Kriterien ist jede Gruppe als Minderheit zu betrachten, die sich durch sozial relevante Merkmale von der Mehrheit unterscheidet. Zur Abrundung des Gesamtbildes soll ein kurzer Blick auf die Lage der nichtethnischen Minderheiten in Ungarn geworfen werden.
Auf den Antisemitismus wurde bereits hingewiesen. Obwohl die Juden in Ungarn primär eine religiös definierte Minderheit darstellen, speist sich der Haß gegen sie nicht aus einem religiösen Gegensatz, sondern ähnelt am ehesten noch einem nationalen Antagonismus. Dabei übersehen die Träger des Anitsemitismus, daß die Juden in Ungarn sich vollständig in die magyarische Staats- und Kulturnation integriert haben und keinerlei eigene nationale Identität beanspruchen oder pflegen [s.o. Punkt III. 1. a)][626].
Zu- und Einwanderern gegenüber wachsen die Vorbehalte und die Feindseligkeiten, was überwiegend mit der wachsenden Armut und sozialen Verunsicherung immer größerer Teile der ungarischen Bevölkerung erklärt wird[627]. Die bereits erwähnten "sozialistischen Gastarbeiter" [s.o. Punkt III. 1. a)] sehen sich hierbei besonders starken Ressentiments ausgesetzt, da sie als "Erblasten" des "alten Regimes" empfunden und daher zur persongewordenen Zielscheibe der Ablehnung dieses Regimes werden. Zu-

---

[625] Z.B. Magyar Nemzet, 10.7.1993, S. 4 (Nemzeti és etnikai kisebbségi törvény: Soha ennyi vargabetű és újrakezdés... [Gesetz über die nationalen und ethnischen Minderheiten: Noch nie so viele Abstecher und Neuanfänge...]).

[626] Zu der Lage der jüdischen Minderheiten in Mittel- und Osteuropa s. Golczewski, Frank in Brunner/Lemberg, S. 265 - 274.

[627] Népszabadság 10.3.1995, S. 1, 4 (A szegények bizalmatlanabbak [Die Armen sind unsicherer]). Während 1989 erst 14,5 % der Bevölkerung unter der offiziellen Armutsschwelle von 40 % des Durchschnittslohnes lebten, waren es 1991 bereits 19,4 %: Népszabadság, 11.3.1995, S. 18 (Széteső világ? [Auseinanderfallende Welt?]).
Zu der mit diesen sozialen Konflikten zusammenhängenden Zunahme von Gewalt und Gewaltbereitschaft in der Bevölkerung s. Fehér, S. 52 ff.

dem befinden sie sich - ähnlich wie die noch zur Zeit der DDR in die neuen Bundesländer gekommenen vietnamesischen Gastarbeiter - durch die Blockadepolitik der Regierungen ihrer Heimatländer in einem rechtlichen Schwebezustand, der die endgültige Regelung ihres Status ebenso erschwert wie die soziale und ökonomische Integration in die sie umgebende Gesellschaft.
Unter dieser ablehnenden Haltung haben in zunehmendem Maße auch ungarische Zuwanderer aus den Nachbarländern zu leiden, die den dortigen unbefriedigenden Verhältnissen entfliehen wollen. Ihre Aufnahme löst in immer stärkerem Umfang Kritik in der Öffentlichkeit aus. Besonders betroffen hiervon sind die Siebenbürger Ungarn, wohl weil sie die größte Gruppe darstellen. Die Mittel, die zur Unterstützung und Eingliederung dieser oft mittellosen Zuwanderer aufgebracht werden müssen, werden in zunehmendem Maße Gegenstand der öffentlichen Debatte.
Die Haltung gegenüber den sozialen Minderheiten ist vorwiegend von Unsicherheit gegenüber diesem relativ neuen, unter dem Kommunismus jedenfalls offiziell nicht existenten Problem sowie von eigenen Abstiegsängsten in weiten Teilen der Bevölkerung geprägt. Insbesondere die Zigeuner, deren Problematik eine Mischung sozialer und ethnischer Faktoren darstellt, sind, wie bereits dargestellt, einer gewissen Diskriminierung ausgesetzt. Hierbei sind soziale und ethnische Momente eng miteinander verwoben.
Auch die rechtliche und tatsächliche Lage der sexuellen Minderheiten ist nicht so günstig wie die der nationalen und ethnischen Gruppen. In der diesbezüglichen Rechtsprechung gibt es ebenso tolerante wie restriktive Momente[628].
Diese bisweilen weniger liberalen und akzeptanten Momente hinsichtlich des Wesenskerns jeder Art von Minderheit, der Andersartigkeit, können das positive Gesamtbild jedoch nur stellenweise trüben, nicht aber entkräften. Insbesondere zeigt der Vergleich auch, wie problemfrei das Verhältnis von Mehrheit und nationalen und ethnischen Minderheiten ist, und daß die Konfliktlinien in der ungarischen Gesellschaft nicht entlang der ethnischen Unterschiede verlaufen.

[628] Näher dazu Küpper, ROW 1996/274 ff.

IV. Die Lage der ungarischen Minderheiten im Ausland

Da die ungarische Minderheitenpolitik sich stark an den Interessen der Auslandsungarn orientiert und auch in das Minderheitengesetz dahingehende Gedanken eingeflossen sind, soll abschließend ein Überblick über die Situation der ungarischen Minderheiten im Ausland folgen.
Die Grenzen Ungarns sind enger als das magyarisch besiedelte Gebiet, weil die Grenzziehung von Trianon nicht vorrangig nach ethnischen Kriterien erfolgt ist, obwohl gerade bei der Aufteilung der Österreichisch-Ungarischen Monarchie das Selbstbestimmungsrecht der Völker stark betont wurde. Das hat zur Folge, daß in sämtlichen Nachbarstaaten der Republik Ungarn mehr oder weniger große altansässige ungarische Bevölkerungsteile leben, deren Größe aus politischen Gründen ebenso wie aus den Schwierigkeiten und Ungenauigkeiten der ethnischen Statistik heraus umstritten und nur ungefähr bekannt ist. Die größte Gruppe lebt in Rumänien (etwa 2 Millionen in Siebenbürgen und im Banat), gefolgt von der Slowakei (etwa 700.000, vor allem in den südlichen Grenzgebieten), von Serbien (etwa 415.000 in der Vojvodina) und der Ukraine (etwa 200.000, vor allem in der Karpatoukraine). Kleinere Minderheiten leben in Kroatien (etwa 25.000), Slowenien (etwa 10.000)[629] und Österreich (vor allem im Burgenland etwa 4000 und in Wien etwa 5000)[630].
Die jüngsten Volkszählungen in den genannten Staaten bieten ein etwas abweichendes Bild: In dem rumänsichen Zensus vom Januar 1992 bekannten sich etwa 1,62 Millionen (7,1 % der Bevölkerung) zur ungarischen Nationalität[631], während sich die Zahl in der Slowakei bei der Zählung im März 1991 auf 567.000 (10,76 % der Bevölkerung) belief[632]. Die serbische Volkszählung von 1991 stellte bei einer Gesamtbevölkerung von 9,8 Mil-

---

629 Zahlenangaben nach Brunner, Georg in Blumenwitz/v. Mangold, S. 21.
630 Veiter, Theodor in Ermacora/Tretter/Pelzl, S. 22.; andere Zahlen nennt Harbich in Brunner/Camartin/Harbich/Kimminich S. 127: 2.329 in Wien, 1.838 im Burgenland und 2.271 im übrigen Bundesgebiet (insgesamt 6.438). Kimminich geht in Rechtsprobleme, S. 146, von insgesamt 4.141 Ungarn in ganz Österreich aus.
631 Tontsch in Brunner/Tontsch, S. 149 ff.
632 Brunner, Europäische Rundschau 1996/57 Fn. 1.

lionen einen ungarischen Bevölkerungsanteil von 3,5 % fest[633], was einer absoluten Zahl von etwa 343.000 entspricht. Nach dem Ergebnis des ukrainischen Zensus von 1989 leben dort 163.000 Ungarn, die 0,3 % der Gesamtbevölkerung ausmachen[634], und in Slowenien ergab die Zählung von 1991 einen ungarischen Bevölkerungsanteil von 0,43 % oder 8.200 Personen[635]. Insbesondere in den minderheitenfeindlicheren Staaten Rumänien, Slowakei und Serbien ist davon auszugehen, daß eine gewisse Furcht vor Nachteilen etliche Befragte davon abgehalten hat, ihre wirkliche ethnische Zugehörigkeit zu äußern. Darüber hinaus kommen die bereits im Zusammenhang mit der Feststellung der Größe der nationalen und ethnischen Minderheiten in Ungarn aufgezeigten Probleme zur Geltung: Fortschreitende Assimilierung und damit verbunden eine Schwächung der ethnisch-nationalen Identität, weshalb die Kategorien der Volkszählungen, sofern sie nicht auch die Angabe von Mischidentitäten ermöglichen, dem Einzelnen nicht immer die Möglichkeit zu einer Selbstdefinition, die seiner Gefühlslage entspricht, geben.

Aus diesen Zahlen und Angaben wird der wesentliche strukturelle Unterschied zwischen den Ungarn in den Nachbarländern und den Minderheiten in Ungarn deutlich: Während die nichtmagyarischen Bevölkerungsteile Ungarns Splitterminderheiten sind, die bereits sehr lange im Land ansässig sind, immer zum ungarischen Staatsverband gehört haben und ein Identitätsbewußtsein höchstens auf lokaler Ebene, keinesfalls aber in bezug auf die Mutternation haben, ist die ungarische Bevölkerung im Ausland erst seit 1919 nach einem Jahrtausend Zugehörigkeit zum ungarischen Staat in einer Minderheitenposition, fühlt sich als Teil der ungarischen kulturellen und z.T. auch politischen Nation und hat daher nach wie vor starke emotionale Bindungen an das Mutterland[636]. Überall kennzeichnen daher eine große sprachlich-kulturelle Homogenität und - wohl mit Ausnahme des österreichischen Burgenlandes - ein hohes Identitätsbewußtsein diese Gruppen. Wo es eigene Parteien auf ungarischer Basis gibt, werden diese von der überwältigenden Mehrheit der ungarischen Minderheit gewählt[637].

---

633 Marko, S. 215.

634 Schmidt, Osteuropa, S. 102.

635 Marko, S. 124.

636 Szarka, László in Brunner/Lemberg, S. 164 f., 170; Arday, Lajos in Seewann, Minderheiten, S. 61 ff.

637 Brunner, Nationalitätenprobleme S. 69 f.; Brunner, Georg in Blumenwitz/v. Mangold, S. 16 f.; Schlett, S. 145 f.

Eine Revision der Grenzen wird weder von der ungarischen Regierung noch von der ungarischen öffentlichen Meinung noch von den ungarischen Verbänden in den Nachbarstaaten ernsthaft diskutiert, geschweige denn befürwortet[638]. Trotzdem sind gerade in Rumänien, der Slowakei und Serbien entsprechende Ängste vorhanden[639]. In diesen drei Staaten werden diese Ängste durch die dortigen Regierungen weiterhin wachgehalten, bisweilen auch aktiv geschürt, um durch die Identifizierung eines angeblichen äußeren und inneren Feindes die eigene Machtposition zu stärken.

1. Rumänien

In Rumänien wurden seit dem Erlaß der Verfassung vom 21.8.1965 die nichtrumänischen Bevölkerungsteile nicht mehr als Minderheiten, sondern nur noch als "mitwohnende Nationalitäten" [naționalitata conlocuitoară] bezeichnet. Erst seit dem blutigen Sturz Ceaușescus, an dem die Minderheiten, insbesondere die ungarische, maßgeblich beteiligt waren, ist der Begriff "nationale Minderheit" [minoritate națională] wieder in Gebrauch[640]. In dem Kommuniqué vom 22.12.1989[641], das die Prinzipien der zu schaffenden Ordnung nach dem Sieg über das Regime Ceaușescus proklamierte, wurde auch die Respektierung der Rechte der ethnischen Minderheiten und die Beendigung des Dorfzerstörungsprogramms mit seinen Assimilierungszwängen genannt[642].

---

[638] Brunner, Georg in Blumenwitz/v. Mangold, S. 20.
Zu gelegentlichen rhetorischen "Entgleisungen" und anderen revisionistisch wirkenden Äußerungen verschiedener Mitglieder der bürgerlichen Regierungskoalition, die aber nie auf gewaltsame Grenzkorrekturen gerichtet waren und immer sofort - wenn auch manchmal nur mit erheblichem diplomatischem Aufwand - "richtiggestellt" werden konnten, s. Sitzler, Kathrin in Mommsen, Nationalismus, S. 106 ff.

[639] Szarka, László in Brunner/Lemberg, S. 163.

[640] Näher dazu Tontsch in Brunner/Tontsch, S. 152; Kendi, S. 9 ff., 140 f.
Bis zum Erlaß der Verfassung von 1965 sprach man auch in Rumänien von "nationalen Minderheiten": Tontsch in Brunner/Tontsch, S. 142; Čchikvadze u.a. S. 186 f.
Zum Wandel des Sprachgebrauchs der rumänischen Verfassungen von 1945 an s. Brunner, Südosteuropa 1986/245 f.; zu der Diskussion um den Gebrauch der beiden Begriffe unmittelbar nach Kriegsende s. Joó, S. 43 ff.

[641] Monitorul Oficial Nr. 1 vom 22.12.1989.

[642] Gabanyi, Annelie Ute in Altmann/Hösch, S. 157 f.; Tontsch in Brunner/Tontsch, S. 148 f.; Kendi, S. 136 ff.; Mihai, S. 53; Révész, S. 192 ff.

Allerdings wird die Stärke der Minderheiten in offiziellen Angaben heruntergespielt. Darin drückt sich die starke Betonung des Prinzips der Einheit(lichkeit) der Nation und die grundsätzliche Feindseligkeit auch des neuen rumänischen Nationalstaates gegenüber seinen nationalen und ethnischen Minderheiten aus[643].

Die für das Minderheitenrecht wichtigen Bestimmungen der Verfassung vom 21.11.1991[644], bestätigt durch Referendum vom 8.12.1991, sind die folgenden:

Gemäß Art. 1 Abs. 1 ist Rumänien ein einheitlicher und unteilbarer Nationalstaat[645]. Als dessen Grundlage bezeichnet Art. 4 Abs. 1 die Einheit des rumänischen Volkes.

Art. 4 Abs. 2 verbietet Diskriminierungen u.a. aufgrund von Rasse, Nationalität und Sprache, und Art. 20 bezieht die Vorschriften über Bürgerrechte auf die Allgemeine Erklärung der Menschenrechte und die internationalen Verträge, denen Rumänien beigetreten ist. Letzteren räumt Art. 20 Abs. 2 den Vorrang vor entgegenstehenden innerstaatlichen Regeln ein[646].

Art. 6 Abs. 1 gewährt den Angehörigen von Minderheiten das Recht auf Identität und Identitätsausübung auf individueller Basis. Art. 6 Abs. 2 verbietet allerdings die positive Diskriminierung von Minderheiten. Damit werden die individuellen Rechtsgarantien von der Verfassung selbst wieder entwertet. Das Recht der Minderheitenangehörigen, ihre Sprache zu lernen und in dieser Sprache unterrichtet zu werden (Art. 32 Abs. 3), unterliegt einem einfachen Gesetzesvorbehalt.

Art. 13 erklärt das Rumänische zur Amtssprache; diese Bestimmung zählt zu den nicht abänderbaren (Art. 148). Sie wird ergänzt durch Art. 127 Abs. 1, wonach Gerichtsverfahren in Rumänisch durchzuführen sind. Angehöri-

---

Zur rumänischen Siedlungs- und Urbanisierungspolitik seit den 60er Jahren s. Ronnås, Osteuropa 1988/1015 ff.

[643] Bartole, S. 54; Bruce-Mitford u.a. S. 116; Brunner, Nationalitätenprobleme S. 42 ff.; Horváth, István in Seewann, Minderheiten, S. 240 ff.; Sterbling, Südosteuropa 1996/553 f.

[644] Monitorul Oficial I Nr. 233/1991; deutsche Übersetzung in JOR 1992/225 ff. Zu den minderheitenrechtlichen Bestimmungen der Verfassung s. Tontsch in Brunner/Tontsch, S. 153 ff.; Koplin, S. 202 - 211.

[645] Zu der hinter dieser Formulierung stehenden Auffassung von der Sakralisierung des Territoriums auch in den innerstaatlichen interethnischen Beziehungen s. Schöpflin, George in Kupchan, S. 59; Vogel, Sándor in Seewann, Minderheiten, S. 222 f.

[646] Zu dem recht engen Wirkungsbereich dieser an sich begrüßenswerten Klausel s. Mihai, S. 57 f.

ge von Minderheiten und andere der rumänischen Sprache nicht in ausreichendem Maße Mächtige haben Anspruch auf einen Dolmetscher im Gerichtsverfahren; kostenlos ist dies allerdings nur im Strafprozeß (Art. 127 Abs. 2). Bei einer Festnahme oder Verhaftung sind laut Art. 23 Abs. 5 dem Betroffenen die Gründe in einer ihm verständlichen Sprache zu eröffnen. Besondere Garantien für den Gebrauch der Minderheitensprachen im öffentlichen Verkehr fehlen in der Verfassung.

Gemäß Art. 59 Abs. 2 erhalten Minderheitenverbände auch dann ein Parlamentsmandat, wenn auf sie nicht die dafür erforderliche Stimmenzahl entfällt. Allerdings läßt diese Vorschrift für jede Minderheit nur eine Organisation als Vertretung zu, was gerade bei großen und damit einer starken beruflichen und gesellschaftlichen Differenzierung unterliegenden, d.h. bei sozial vollständigen und damit zu einer faktischen Abkapselung von der Mehrheit fähigen Minderheiten zu starken internen Konflikten führen kann und wohl auch soll. In einer solchen Minderheit gibt es unterschiedliche, z.B. schichtgebundene Partikularinteressen, deren Träger um die Macht in dem einzigen zugelassenen Sprachrohr kämpfen. Dadurch wird die Minderheit geschwächt und ihre Vertretung nach außen beschränkt sich auf die Repräsentanz von Teilinteressen[647]. Die ungarische Minderheit hat wegen ihrer zahlenmäßigen Stärke und ihres geschlossenen Wahlverhaltens von der Mandatsgarantie noch keinen Gebrauch machen müssen: In den Parlamentswahlen vom 20.5.1990 konnte der "Ungarische Demokratische Verband in Rumänien" [Romániai Magyar Demokratikus Szövetség][648] mit 7,23 % der Stimmen 29 von 396 Sitzen im Abgeordnetenhaus und 12 von 119 Senatsmandaten erringen. In den Parlamentswahlen vom September 1992 erreichte der Verband 7 % der Stimmen und 27 Mandate, bei den Parlamentswahlen vom 3.11.1996 kam er auf etwa 6,5 % der landesweiten Stimmenzahl, wobei in den vorwiegend ungarisch besiedelten Gebieten die Stimmbeteiligung um bis zu 14 % über dem Landesdurchschnitt lag[649]. Er vertritt die Ansicht, die in Rumänien lebenden Ungarn

---

[647] Zur Problematik der Vertretung von Minderheiten durch nur eine Partei s. Veiter in Veiter, System, Teil 1, S. 149 f., 153 f.

[648] Näher zu diesem Verband Craiutu, EECR 1995/43 ff.; zu den ethnischen Parteien in Rumänien überhaupt de Nève, Osteuropa 1996/49 ff.; Sterbling, Südosteuropa 1996/560 f.

[649] de Nève, Osteuropa 1997/236 f., zu den möglichen Koalitionen mit dem UDVR S. 240 f.; Frankfurter Rundschau, 5.11.1996, S. 1 (Opposition führt nach Parlamentswahl), S. 3 (Eine Wende und ein Sturz aus Wolke sieben); Magyar Nemzet, 4.11.1996, S. 1, 3 (Szoros verseny Romániában [Enger Wettbewerb in Rumänien]), 5.11.1996, S. 1, 2 (Kormányközelben az RMDSZ [Der UDVR in Regie-

seien staatlich gesehen Rumänen, gehörten aber ethnisch und geschichtlich der ungarischen Kulturnation an[650]. Innerhalb dieser Partei finden z.T. heftige Flügelkämpfe über grundsätzliche Fragen statt[651], so daß das Kalkül, pro Minderheit nur eine Partei als parlamentarische Vertretung zuzulassen, in gewissem Maße aufzugehen scheint.

Parallel zu § 6 Abs. 3 der ungarischen Verfassung schreibt Art. 7 dem Staat die Pflege besonderer Beziehungen zu und Hilfeleistung an die außerhalb der Landesgrenzen lebenden Rumänen vor. Diese Regelung ist vor allem im Hinblick auf die Rumänen in der Moldavischen Republik erfolgt [s.o. Punkt III. 2. c)].

Da die Verfassung in ihrer Betonung der ethnisch rumänischen Nationalstaatsidee nicht sehr minderheitenfreundlich ist, haben sie die 29 Vertreter der ungarischen Minderheit in der Verfassunggebenden Versammlung einstimmig abgelehnt, und auch bei dem nachfolgenden Referendum vom 8.12.1991 stieß sie in den mehrheitlich ungarisch besiedelten Gebieten auf Ablehnung[652].

Am 24.3.1993 wurde der Rat für nationale Minderheiten gegründet, in dem neben den Minderheiten auch die Regierung vertreten ist. Er soll das Bindeglied zwischen der Regierung und den Minderheiten darstellen und als Diskussionsforum für Minderheitenangelegenheiten dienen. Die Vertreter der ungarischen Minderheit haben diesen Rat bereits im September 1993 aus Protest gegen den unzureichenden Minderheitenschutz wieder verlassen[653].

Die Gewährung kollektiver Rechte oder gar die Wiedereinrichtung einer Ungarischen Autonomen Region, die zwischen 1954 und 1968 - wenn auch mehr als Fassade denn als tatsächliche Territorialautonomie - bestand, wird von der rumänischen Regierung ebenso strikt abgelehnt wie von der öf-

---

rungsnähe]); Népszabadság, 4.11.1996, S. 2 (Szabálytalanságok a román voksoláson [Unregelmäßigkeiten bei der rumänischen Wahl]), 5.11.1996, S. 3 (Ellenzéki fölény a román választásokon [Überlegenheit der Opposition in den rumänischen Wahlen]).

650 Gáll, TSz 1990 Bd. 7 S. 27; Vogel, Sándor in Seewann, Minderheiten, S. 220 f.

651 Bricke, S. 113 f.

652 Böhmer, Friederike in Frowein/Hofmann/Oeter, Bd. 2, S. 219 f.; Brunner, Osteuropa Recht 1995/271; Kendi, S. 178 f.

653 ai Jahresbericht 1994, S. 464; Böhmer, Friederike in Frowein/Hofmann/Oeter, Bd. 2, S. 224; Moga, S. 252.

fentlichen Meinung im Land[654]. Auch die Wiedereröffnung der in den 70er und 80er geschlossenen oder auf die rumänische Sprache umgestellten kulturellen Einrichtungen der ungarischen Minderheit, vor allem der Schulen und der Universität[655], macht seit dem Sturz Ceauşescus keine entscheidenden Fortschritte. Am 24.7.1995 unterschrieb Präsident Iliescu ein neues Schulgesetz, das Aufnahmeprüfungen und Fachausbildungen nur noch in rumänischer Sprache erlaubt[656] und somit die anderen Sprachen im Schulwesen weiter zurückdrängt. Der Hohe Kommissar für Nationale Minderheiten der OSZE hat dieses Gesetz, wenn auch mit einigen Bedenken hinsichtlich der Hochschul- und Fachausbildung, für vereinbar mit den europäischen Minderheitenstandards erklärt[657]

Das sonstige einfachgesetzliche Minderheitenrecht ist eher restriktiv[658]; das Verhalten der Behörden feindselig[659].

Auch die öffentliche Meinung steht den Minderheiten im großen und ganzen nicht positiv gegenüber. Schon zu Zeiten Ceauşescus wurde gegen die

---

[654] Die Gewährung einer Territorialautonomie könnte bereits durch das Prinzip des Einheitsstaates in Art. 1 Abs. 1 der Verfassung ausgeschlossen sein: Koplin, S. 202 f.

Aspeslagh in Aspeslagh/Renner/van der Meulen, S. 108 f.; Brunner, Nationalitätenprobleme S. 138; Schweisfurth, Theodor / Alleweldt, Ralf in Brunner, Politische Transformation, S. 53; Brunner, Osteuropa Recht 1994/173; Brunner in Brunner/Lemberg S. 288; Szarka, László in Brunner/Lemberg S. 167; Glatz, S. 54; Hofmann, S. 123; Joó, S. 15.

Népszabadság, 28.7.1995, S. 3 (Pozsony és Bukarest egyeztet [Preßburg und Bukarest stimmen sich ab]).

Näher zu der Geschichte der Ungarischen Autonomen Region Brunner, Südosteuropa 1986/252 f.; Tontsch in Brunner/Tontsch, S. 142 f.; Kendi, S. 47 ff.; Koplin, S. 197 f.

[655] Valki, László in Dinstein/Tabory, S. 440 ff., 445.

Zum ungarischsprachigen Schulwesen in Rumänien s. Tontsch in Brunner/Tontsch, S. 156 ff.; Cartner, S. 19 - 37.

[656] Monitorul Oficial I Nr. 167 vom 31.7.1995.

FAZ, 22.6.1995 (Gesetzentwurf bedroht die Minderheiten); Die Welt, 12.7.1995 (Streit um die ungarische Sprache verschärft); Népszabadság, 25.7.1995, S. 2 (Iliescu aláírta az iskolatörvényt [Iliescu hat das Schulgesetz unterschrieben]).

[657] Népszabadság, 2.9.1995, S. 3 (EBESZ-igen a román oktatási törvényre [OSZE-Ja zum rumänischen Unterrichtsgesetz]).

[658] Brunner, Nationalitätenprobleme S. 42 f.; Tontsch in Brunner/Tontsch, S. 155 - 168;

Einzelheiten dazu bei Böhmer, Friederike in Frowein/Hofmann/Oeter, Bd. 2, S. 223 - 227; Cartner, S. 46 - 56; Kendi, S. 142 - 154 und Moga, S. 249 ff.

[659] ai Jahresbericht 1993 S. 452, 1996 S. 417 f.; Cartner, S. 57 - 59.

nichtrumänischen Bewohner des Landes intensiv Propaganda betrieben. Während damals aber die Idee des Staatsnationalismus noch kontrolliert eingesetzt wurde, sind jetzt die immanenten Beschränkungen weggefallen, aber noch keine liberalen oder Toleranz propagierenden Gegengewichte entstanden[660]. Sollte sich dieses politische Klima auf Dauer verfestigen, so stellt sich ernsthaft die Frage, ob die Vorschußlorbeeren, die die Aufnahme in den Europarat für Rumänien gewesen sind, nicht zurückgezogen werden müßten. Wenn man die durch den Europarat repräsentierten Werte ernst nimmt, kann man nicht die Mitgliedschaft eines Staates dulden, in dem Menschen- und Minderheitenrechte, aber auch Demokratie und ähnliche Prinzipien in der Praxis kaum verwirklicht werden.

2. Slowakei

Am 1.1.1993 erlangte die Slowakische Republik als einer der beiden Nachfolgerstaaten der Tschechoslowakei[661] die volle Souveränität. In tschechoslowakischer Zeit spielten die Rechte der Minderheiten eine gewichtige Rolle in der Diskussion der im Systemwechsel zu gewährenden Grundrechte und -freiheiten[662].

Daran hat sich auch nach dem Auseinanderbrechen des tschechoslowakischen Staates gerade in der Slowakei nichts geändert. Die Verfassung der Slowakischen Republik vom 1.9.1992[663] verbietet in Art. 33 die Diskrimi-

---

[660] Boden, S. 237 ff.; Cartner, S. 85 - 89; Geroe/Gump, CJTL 1995/690 ff.; Glatz, S. 52 f.; Hassner, Pierre in Hatschikjan/Weilemann, S. 25; Kendi, S. 163 ff.; Gabanyi, Anneli Ute in Mommsen, Nationalismus, S. 143 ff.
Zur nationalistischen Propaganda des Ceauşescu-Regimes s. Tontsch in Brunner/Tontsch, S. 140 f., 147 f.; Szilágyi N., Sándor in Schlett, S. 36 f.;
Eine Darstellung der wiederentstandenen România-Mare[Großrumänien]-Bewegung im Bezug zu dem Schicksal der ungarischen Bevölkerung Siebenbürgens bei Schlett, S. 37 ff.

[661] Zu der Lage der ungarischen Minderheit zur Zeit der Tschechoslowakei, d.h. von 1945 - 1991, s. Popély, Gyula und Jablonický, Jozef in Aspeslagh/Renner/van der Meulen, S. 61 ff., 67 ff.; Plichtová, Jana in MRG, S. 14 ff. und Valki, László in Dinstein/Tabory, S. 447 ff.

[662] Cibulka, S. 99; Riemer, Osteuropa 1997/258 ff.; zu der sozialen Lage der Minderheiten in der Zeit des politischen Umbruchs s. Schmidt-Hartmann, Eva in Mommsen, Nationalismus, S. 92 ff.

[663] Sbírka zákonů ČSFR 460/1992; deutsche Übersetzung in Osteuropa Recht 1993/167 ff. Über die Vorschläge, die aus den Reihen der ungarischen Minderheit hinsichtlich der Ausgestaltung der Minderheitenrechte in die zu schaffende Verfassung in die Diskussion eingebracht wurden, s. die Dokumentensammlungen in

nierung speziell wegen der Zugehörigkeit zu einer nationalen Minderheit oder ethnischen Gruppe, und Art. 34 gewährt eine Reihe individueller Rechte. Diese Garantien werden - ähnlich wie in der rumänischen Verfassung - durch die Bestimmung, die Ausübung der Minderheitenrechte dürfe die übrige Bevölkerung nicht diskriminieren (Art. 34 Abs. 3), entwertet. Art. 6 Abs. 1 bestimmt das Slowakische zur Staatssprache. Nennenswert ist weiterhin das Recht, über die Nationalität frei zu entscheiden (Art. 12 Abs. 3)[664].

Kollektive Rechte oder territoriale Autonomien sollen den Minderheiten nicht eingeräumt werden[665]. Dafür sind die Minderheiten auf Regierungsebene im Regierungsrat der Slowakischen Republik für Nationalitäten vertreten, der die Regierung berät. In der Praxis trifft die Regierung ihre Entscheidungen allerdings ohne Beteiligung der Minderheiten[666].

In der Slowakei existieren im wesentlichen drei ungarische Parteien: die "Koexistenz" [Együttélés], die "Ungarische Bürgerpartei" [Magyar Polgár Párt] und die "Ungarische Christlich-Demokratische Bewegung" [Magyar Kereszténydemokrata Mozgalom][667]. Sie schlossen sich für die Parla-

---

MKDM-Füzetek [Hefte der Ungarischen Christlich-Demokratischen Bewegung], Az Autonómiáért [Für die Autonomie], Bd. 1, 2.

[664] Hofmann, S. 142 ff.; Koplin, S. 143 - 151; Hošková in Mohlek/Hošková, S. 128 - 132.

Allgemein zu den Grundrechten in der slowakischen Verfassung unter Berücksichtigung der Rechte der nationalen und ethnischen Minderheiten Cibulka, S. 99 - 108.

Diese Verfassungsbestimmungen bleiben hinter der noch aus tschechoslowakischer Zeit stammenden Charta der Grundrechte und Grundfreiheiten, die für beide Nachfolgestaaten verbindliche Standards festlegt, zurück: Bricke, S. 85 f.

[665] Schweisfurth, Theodor/Alleweldt, Ralf in Brunner, Politische Transformation, S. 53; Brunner, Europäische Rundschau 1996/54 ff.; Brenner, Christiane in Hatschikjan/Weilemann, S. 99; Hošková in Mohlek/Hošková, S. 142 f.; Pierré-Caps, AFDI 1994/97; Népszabadság, 28.7.1995, S. 3 (Pozsony és Bukarest egyeztet [Preßburg und Bukarest stimmen sich ab]).

[666] Dostál, Südosteuropa 1996/256, 265.

[667] Zu den verschiedenen Parteien, ihrem Entstehen, ihrem Zerfallen und ihren Neugruppierungen s. Brunner, Nationalitätenprobleme S. 70 f.; Lemberg in Brunner/Lemberg, S. 103 f.; Brunner, Europäische Rundschau 1996/56 f.; Hošková in Mohlek/Hošková, S. 140 f.; Vodička, Osteuropa 1994/674.

Zu der Rolle der ungarischen Parteien im Parteienspektrum bei den Parlamentswahlen 1994 s. Krivý, Südosteuropa 1996/213 f.

Zu den minderheitenfeindlichen Aspekten des slowakischen Parlamentswahlrechts s. Brunner, Europäische Rundschau 1996/54.

mentswahlen vom 8./9.6.1990 zu einem Wahlbündnis zusammen, welches 8,6 % der in der Slowakei abgegebenen Stimmen und damit 12 der 300 Sitze in der tschechoslowakischen Bundesversammlung und 14 der 150 Sitze im Slowakischen Nationalrat errang. Bei den Parlamentswahlen vom 5./6.6.1992 erreichte das Wahlbündnis aus jetzt drei ungarischen Parteien einen Stimmenanteil von 7,8 %, was ihm 12 Mandate in der Bundesversammlung und 14 Sitze im Slowakischen Nationalrat bescherte. Bei den ersten slowakischen Parlamentswahlen nach der Unabhängigkeit im Herbst 1994 konnten die ungarischen Parteien 10,19 % der Stimmen auf sich vereinigen, was ihnen 17 Mandate in dem 150 Sitze umfassenden slowakischen Parlament einbrachte.

Die Politik ebenso wie die Praxis der Behörden und die öffentliche Stimmung in der Slowakischen Republik steht der ungarischen Minderheit eher feindselig gegenüber[668], was z.T. wohl an einer unterschwelligen Furcht vor irredentistischen Strömungen innerhalb der slowakischen Ungarn und vor revisionistischen Forderungen des ungarischen Staates liegt. Ausdruck dieser ablehnenden Haltung ist die Anordnung des Verkehrsministers Hofbauer aus dem Jahre 1993, die zweisprachigen Ortsschilder in den südslowakischen Siedlungsgebieten der Ungarn durch rein slowakischsprachige zu ersetzen. Im gleichen Jahr lehnte das Parlament einen Gesetzesentwurf ab, der es Ungarn ermöglicht hätte, ihre Namen in ungarischer und nicht mehr nur in slowakisierter Form in die Register eintragen zu lassen[669]. Allerdings ist 1994 dann die gesetzliche Möglichkeit der Eintragung von nicht slowakisierten Namen geschaffen worden. 1994 wurde mit der Einführung des sog. Alternativunterrichts der Versuch unternommen, die Position des Slowakischen an den ungarischen Schulen zu Lasten der ungarischen Sprache zu stärken[670]. Der Sprachenstreit in der Slowakei ist immer noch nicht beigelegt, sondern hat in den letzten Jahren durch das eher restriktive und assimilatorische Tendenzen aufweisende Sprachengesetz neuen Auftrieb erhalten: Dieses "Gesetz zum Schutz der Staatssprache" vom 15.11.1995, das am 1.1.1996 in Kraft getreten ist, will den Gebrauch des Slowakischen in allen Lebensbereichen forcieren, was durch

---

[668] Dostál, Südosteuropa 1996/257 ff., 265; Krivý, Südosteuropa 1996/202 f., 207; Riemer, Osteuropa 1997/262 ff.

[669] Bricke, S. 88 - 92; Geroe/Gump, CJTL 1995/695 f.; Koplin, S. 150; Hošková in Mohlek/Hošková, S. 134 f.; Polányi, Ethnos-Nation 1994/41 f.; Kusy, Miroslav in Seewann, Minderheiten, S. 209; Vodička, Osteuropa 1994/680 ff.
Zur Rechtslage hinsichtlich der topographischen Bezeichnungen überhaupt s. Hošková in Mohlek/Hošková, S. 136 f.

[670] Brunner, Europäische Rundschau 1996/53; Hošková, WGO-MfOR 1996/178.

eine "Zentrale Sprachinspektion" überwacht und durchgesetzt werden soll. Für alle offiziellen Dokumente und den gesamten behördlichen Verkehr ist das Slowakische verbindlich und alleine zugelassen. Das ergänzende Minderheitensprachengesetz, das dem Staatssprachengesetz seine minderheitenfeindliche Schärfe jedenfalls zum Teil nehmen soll, wird von seiten der Regierung und der sie tragenden Parteien immer weiter verzögert. In dem Streit zwischen Ungarn und der Slowakei um dieses Gesetz haben beide Seiten sich um eine Stellungnahme an den Europarat gewandt. Die Slowakei begründet diesen legislatorischen Rückschritt damit, daß ihr das Völkerrecht nicht mehr gestatte, da es, auf dem kleinsten gemeinsamen Nenner befindlich, selbst nicht mehr fordere[671].

Am 17.12.1996 verabschiedete der slowakische Nationalrat das sog. "Gesetz zum Schutz des Staates", das die Schädigung nationaler Interessen oder die Verbreitung "unwahrer Tatsachen" im Ausland unter Strafe stellt. Diese Vorschrift zielt vor allem gegen die Kontakte der ungarischen Minderheit mit dem Mutterland, insbesondere mit der ungarischen Regierung. Diese Kontakte stehen jetzt unter der ständigen Drohung einer jederzeit möglichen Pönalisierung aufgrund der äußerst dehnbaren Vorschriften des neuen Staatsschutzgesetzes[672].

---

[671] Gesetz zum Schutz der Staatssprache, Zbierka zákonov Nr. 89 vom 9.12.1995, Pos. 270, dt. Übersetzung in WGO-MfOR 1996/186 ff.; Brunner, Europäische Rundschau 1996/48 f., 53, 56; Georg Brunner in Brunner, Minderheiten in Ungarn, S. 83 f.; Hošková, WGO-MfOR 1996/179 ff.; Riemer, Osteuropa 1997/264 f.; Skodová, Newsletter 1996 Bd. 2 Nr. 2 S. 6; Das Parlament, 2.8.1996, S. 10 (Mečiar um Klimaverbesserung bemüht); Die Welt, 12.7.1995 (Streit um die ungarische Sprache verschärft); Népszabadság, 12.5.1995, S. 3 (Pozsonyban nem békélnek a táblatörvénnyel [In Preßburg keine Versöhnung mit dem neuen Schildergesetz]), 28.10.1995 , S. 3 (A nyelvtörvény sérti az alapszerződést [Das Sprachengesetz verletzt den Grundlagenvertrag]), 11.11.1995, S. 1, 3 (Nincs közeledés nyelvtörvényügyben [Keine Annäherung in der Frage des Sprachgesetzes]), 15.11. 1995, S. 1, 3 (Budapest és Pozsony az ET-hez fordul a nyelvtörvény miatt [Budapest und Preßburg wenden sich an den Europarat wegen des Sprachengesetzes]), 9.9.1996, S. 3 (Körvonalazódik a megegyezés [Die Einigung zeichnet sich ab]).
Das Sprachengesetz von 1990 war eher restriktiv: Brunner, Nationalitätenprobleme, S. 48, 121; Brunner, Europäische Rundschau 1996/51 f.; Hofmann, S. 144 f.; Koplin, S. 149 f.; Polányi, Ethnos-Nation 1994/42.

[672] Archiv der Gegenwart, 17.12.1996, S. 41658; Riemer, Osteuropa 1997/266 f.

Trotz all dieser Belastungen ist das ungarische minoritäre Alltagsleben in der Slowakei bei weitem nicht so beschwerlich wie in Rumänien oder Serbien[673].

3. Serbien

Die serbischen Ungarn leben vorwiegend in der Provinz Vojvodina, wo sie etwa 18 % der Gesamtbevölkerung ausmachen. Da die Vojvodina bis zum Vertrag von Trianon zu Ungarn gehörte, unterscheidet sich auch die serbische Bevölkerungsmehrheit dieser Region von den Serben des Kernlandes[674].

In jugoslawischer Zeit genoß die Autonome Provinz Vojvodina, ebenso wie die zweite Autonome Provinz in der Serbischen Republik, der albanisch besiedelte Kosovo, eine so weitgehende Selbständigkeit, daß ihre Stellung sich der eines Gliedstaates anglich[675]. Durch eine Änderung der serbischen Verfassung vom 24.3.1989 wurde die Selbstverwaltung der Autonomen Provinzen stark eingeschränkt und das Parlament aufgelöst. Die neue Verfassung vom 28.9.1990[676] gewährt den beiden Provinzen in Art. 108 - 112 nur noch ein Minimum an Selbständigkeit[677]. Gemäß der Präambel dieser neuen Verfassung versteht sich Serbien als Staat des serbischen Volkes, in dem es auch andere Völker und Nationalitäten gibt. Insgesamt schafft diese Verfassung einen stark zentralisierten Nationalstaat, was sich für Minderheiten oft ungünstig auswirkt.

Art. 49 der Verfassung gewährt jedermann das Recht, seine nationale Zugehörigkeit und Kultur zum Ausdruck zu bringen und seine Sprache und Schrift frei zu verwenden. Minderheitenrechte wie der Amtsgebrauch von Minderheitensprachen in den entsprechenden Gebieten (Art. 8) und das Recht auf Ausbildung in der eigenen Sprache (Art. 32 Abs. 4) stehen unter einfachem Gesetzesvorbehalt.

---

[673] Zemko, Milan in Aspeslagh/Renner/van der Meulen, S. 92 ff.; Brenner, Christiane in Hatschikjan/Weilemann, S. 98 ff.; Ludwig, S. 219.

[674] Zur aktuellen ethnischen Situation der Vojvodina s. Marko, S. 217.

[675] Zu der positiven Situation der ungarischen Minderheit in der Vojvodina in jugoslawischer Zeit s. Valki, László in Dinstein/Tabory, S. 452 f.

[676] Službeni glasnik Nr. 1/1990, Pos. 1; dt. Übersetzung bei Marko, Dokument Nr. 1.1. S. 241 ff.

[677] Zur Geschichte und Gegenwart dieser Territorialautonomie s. Marko, Joseph in Frowein/Hofmann/Oeter, Bd. 2, S. 307 - 319; Hofmann, S. 139 ff.
Zur politischen Lage der Vojvodina und der dort lebenden Minderheiten s. Marko, S. 219 ff.; Poulton, Hugh in MRG, S. 27 - 31.

Die Einzelgesetze, die erlassen worden sind, sind restriktiv wie beispielsweise das Sprachengesetz[678].
Es existierte eine ungarische Partei, der "Demokratische Verband der Ungarn in der Vojvodina" [Vajdasági Magyarok Demokratikus Közössége]. In den Wahlen zum Belgrader Parlament vom Dezember 1990 erzielte dieser Verband 8 der 36 der der Vojvodina zustehenden Mandate, in den Wahlen vom Dezember 1992 dagegen 9 und in den Wahlen vom Dezember 1993 nur noch 5. Er strebt eine Modifizierung des gegenwärtigen Minderheitenrechtes an und setzt sich für die Einführung der Personalautonomie ein[679]. Im Laufe des Jahres 1995 hat er sich in den "Demokratischen Verband der Ungarn in der Vojvodina" und in den "Bund der Ungarn in der Vojvodina" [Vajdasági Magyar Szövetség] gespalten. Diese beiden ungarischen Parteien traten in den Wahlen für das jugoslawische Parlament und das Regionalparlament der Vojvodina am 3.11.1996 gegeneinander an, so daß sich ihre Wahlchancen verschlechterten. Trotzdem schaffte es letztere Partei, mit drei Abgeordneten in das gesamtjugoslawische Parlament einzuziehen. Der Demokratische Verband der Ungarn in der Vojvodina dagegen schaffte den Einzug in das Parlament nicht mehr[680].
Die ungarische Bevölkerung ist sehr starken Repressalien ausgesetzt[681], die zwar nicht so weit gehen wie die brutale Unterdrückung der Kosovo-Albaner, aber im täglichen Leben spürbar sind. So werden ungarische Männer in viel höherem Maße als Serben zum Militärdienst gezwungen und an die Front geschickt, und ungarischsprachige kulturelle Institutionen sind entweder geschlossen oder auf die serbische Sprache und Kultur umgestellt worden. Auch verschwinden immer wieder Angehörige der ungarischen Minderheit spurlos. Die seit August 1995 durch serbische Niederlagen in

---

678 Gesetz über den amtlichen Sprach- und Schriftgebrauch vom 24.7.1991, Službeni glasnik Nr. 45/1991, Pos. 614. Zu den minderheitenrelevanten Gesetzen s. Hofmann, S. 138 f.; Marko, S. 224 ff.

679 Marko, S. 237; Arday, Lajos in Seewann, Minderheiten, S. 66 f.; Ágoston, András in seiner Rede auf der Konferenz über Minderheitenautonomien, Budapest, 9./10.11.1995; Magyar Nemzet 11.3.1995, S. 3 (Új vajdasági magyar önkormányzati koncepció [Neue Selbstverwaltungskonzeption der Ungarn in der Vojvodina]).

680 Magyar Nemzet, 5.11.1996, S. 3 (Szocialista győzelem Jugoszláviában [Sozialistischer Sieg in Jugoslawien]); Népszabadság, 4.11.1996, S. 2 (Megtörték a szerbiai kampánycsendet [Die serbische Wahlkampfruhe wurde gebrochen]), 5.11.1996, S. 3 (A VMSZ sikeresen szerepelt [Der BUV hat erfolgreich abgeschnitten]).

681 Einzelheiten in ai Jahresbericht 1994 S. 284 ff.; Marko, Joseph in Frowein/Hofmann/Oeter, Bd. 2, S. 300 f.; Hofmann, S. 136 f. und Turi, Ethnos-Nation 1993/66 f.

Kroatien und Bosnien-Herzegowina verstärkt nach Serbien strömenden Flüchtlingsströme werden bevorzugt in der Vojvodina angesiedelt, um dort auf Dauer die ethnische Zusammensetzung zugunsten der Serben zu verändern. Diese Flüchtlinge werden trotz Proteste der ungarischen Regierung vor allem in kroatische oder ungarische Haushalte eingewiesen, notfalls mit Gewalt[682]. Mit dieser Ansiedlungsaktion hat die serbische Regierung bereits erreicht, daß in drei von sieben noch vor ein paar Jahren mehrheitlich ungarischen Gemeinden bereits keine magyarische Mehrheit mehr lebt.

Aus den serbisch besetzten Gebieten Kroatiens sind die Ungarn fast ausnahmslos vertrieben und in den ehemals ungarischsprachigen Dörfern serbische Kolonisten angesiedelt worden[683].

4. Ukraine

Eine neue Verfassung hat das ukrainische Parlament wegen der dort herrschenden Pattsituation lange Zeit nicht verabschieden können. Daher war bis vor kurzem die kommunistische Verfassung vom 20.4.1978, geändert am 7.4.1992[684], in Kraft. Sie enthielt keine speziellen Minderheitenregelungen, sondern in Art. 73 lediglich die in Sowjetverfassungen übliche Sprachenregelung, der zufolge in mehrheitlich von Nichtukrainern bewohnten Gebieten die Sprache der örtlichen Mehrheit in Behörden und Betrieben zugelassen ist.

---

682 Népszabadság 14.8.1995, S. 2 (Mozgosítás a Vajdaságban [Mobilisierung in der Vojvodina]), 17.8.1995, S. 2 (Együtt védi a magyarokat a két vajdasági szervezetük [Die Ungarn werden von ihren beiden Organisationen in der Vojvodina gemeinsam beschützt]), 18.8.1995, S. 1 (A kormány szót emelt a vajdasági magyarokért [Die Regierung hat für die Ungarn in der Vojvodina das Wort ergriffen]); Arday, Lajos in Seewann, Minderheiten, S. 62 f.

683 Koplin, S. 157 f.; Kell, József in Nahimi, S. 72.

684 Pravda Ukrainy [Prawda der Ukraine] vom 20.4.1978 und vom 7.4.1992; Art. 73 in dt. Übersetzung bei Schmidt, Osteuropa S. 110; die vor Inkrafttreten der neuen Verfassung gültigen Bestimmungen bei Frenzke, Dietrich in Osteuropa Recht 1995/357 ff.

Einzelheiten zur Verfassunggebung in der Ukraine bei Schweisfurth, Theodor / Alleweldt, Ralf in Brunner, Politische Transformation, S. 45 f.; Kampo, Osteuropa Recht 1995/284 ff.

Zur Lage der ungarischen Minderheit in der Karpatoukraine zu sowjetischer Zeit s. Valki, László in Dinstein/Tabory, S. 450 ff.

Am 28.6.1996 konnte dann endlich die neue Verfassung verabschiedet werden[685]. Art. 24 enthält ein umfassendes Diskriminierungsverbot, das Unterscheidungen u.a. auf der Grundlage von Rasse, Hautfarbe und ethnischer oder sozialer Abstammung untersagt. Die Staatssprache ist gemäß Art. 10 das Ukrainische, aber die ethnischen Minderheiten haben das Recht, ihre Sprache frei zu benutzen. Gemäß Art. 132 sind beim territorialen Aufbau neben anderen Gesichtspunkten demographische Fakten und ethnische und kulturelle Traditionen zu berücksichtigen. Ethnisch begründete Territorialautonomien sind von der Verfassung nicht vorgesehen; lediglich dem Sonderstatus der Krim wird in den Art. 134 bis 139 ein besonderes Kapitel gewidmet. Weitere minderheitenrelevante Vorschriften sind in diesem Dokument nicht enthalten.

Angesichts des Fehlens eines Minderheitenartikels in der Verfassung beschränkt sich das eigentliche Minderheitenrecht auf einfachgesetzliche Vorschriften. Im Mittelpunkt steht das Minderheitengesetz, das Mitte 1992 erlassen wurde[686]. Vorläufer dieses Gesetzes ist die Deklaration der Rechte der Nationalitäten der Ukraine durch den Obersten Sowjet der Ukraine vom 1.11.1991[687].

Auf Landesebene existieren zwei Organe für Minderheitenschutz: der Rat der Nationalitätengesellschaften und seit April 1993 das Ministerium für Nationalitätenfragen und Migration, das aus dem 1991 gegründeten Staatskomitee für Nationalitätenangelegenheiten beim Ministerrat der Ukraine hervorgegangen ist.

Die tatsächliche Lage der ungarischen Minderheit in der Karpatoukraine ist zufriedenstellend, und die Zusammenarbeit der beiden Staaten in Minderheitenfragen gestaltet sich fruchtbar[688]. So wurde Anfang 1995 durch

---

[685] Abgedruckt in Golos Ukraïni [Stimme der Ukraine], der Zeitschrift des Obersten Rates der Ukraine, vom 13.7.1996. Näher dazu Archiv der Gegenwart, 28.6. 1996, S. 41188 f.

[686] Gesetz über die nationalen Minderheiten in der Ukraine vom 25.6.1992, Pravda Ukrainy vom 16.7.1992; dt. Übersetzung bei Schmidt, Osteuropa S. 118 ff.
Näher dazu Hošková, Mahulena in Frowein/Hofmann/Oeter, Bd. 2, S. 363 - 367; Hofmann, S. 172 f.

[687] Pravda Ukrainy vom 5.11.1991; Hošková, Mahulena in Frowein/Hofmann/Oeter, Bd. 2, S. 361 ff.

[688] Brunner, Nationalitätenprobleme, S. 71 f.; Geroe/Gump, CJTL 1995/697 f.; Schlett, S. 143 f.

Erlaß in 27 Ortschaften in der Karpatoukraine die bis 1919 gültige ungarische Benennung als offizielle Bezeichnung wieder eingeführt[689].
Mitte 1995 erklärte sich der Rektor der Universität Ungvár [ukrain.: Užhorod] auf Bitten des Ungarischen Pädagogenverbandes der Karpatoukraine bereit, für Studenten mit ungarischer Muttersprache in der mathematisch-physikalischen Fakultät ab dem neuen Studienjahr Veranstaltungen in Ungarisch zu organisieren[690].
Angaben zu dem Wahlverhalten der ungarischen Bevölkerung in den Parlamentswahlen liegen nicht vor. Eine eigene ungarische Partei existiert nicht; es gibt lediglich den Ungarischen Kulturbund der Karpatoukraine [Kárpátaljai Magyar Kulturális Szövetség][691]. Am 1.12.1991 befürworteten 78 % der Bevölkerung des Gebietes Transkarpatien einen besonderen verfassungsmäßigen Status innerhalb der Ukraine, und 81,4 % des Kreises Beregszász [ukrain.: Beregovo; dt.: Lampertshaus] (Anteil der ungarischen Bevölkerung: 74 %) haben für die Einrichtung eines ungarischen nationalen Kreises votiert. Die Aussichten auf eine Verwirklichung dieser Territorialautonomie waren angesichts des damaligen politischen Klimas in der Ukraine nicht schlecht, jedoch ist die Ukraine von der im Konzept des Minderheitengesetzes noch vorgesehenen Möglichkeit der Einrichtung autonomer Gebietskörperschaften bei dem Erlaß des Gesetzes wieder abgerückt[692]. In jüngster Zeit steht die ukrainische Regierung jedweder Vorstellung von Territorialautonomie stark ablehnend gegenüber[693], was besonders mit der starken russischen Minderheit im Osten und Süden des Landes und dem Krimproblem zusammenhängt. Diese Einstellung spiegelt sich auch in der neuen Verfassung, die keinerlei Vorkehrungen für ethnische Territorialautonomien trifft. Das minderheitenfreundliche Klima ist

---

[689] Népszabadság 11.3.1995, S. 3 (Új helységnevek Kárpátalján [Neue Ortsnamen in der Karpatoukraine]); Magyar Nemzet 11.3.1995, S. 3 (Újabb huszonhét [Erneute siebenundzwanzig]).

[690] Népszabadság, 18.8.1995, S. 3 (Magyar oktatás az ungvári egyetemen? [Ungarischer Unterricht an der Universität von Ungvár?]).

[691] Näher zu dem Kulturbund Schlett, S. 20 ff.

[692] Brunner, Nationalitätenprobleme S. 135; Dawisha/Parrott, S. 74; Mark, S. 55.
Zu der Rolle von Territorialautonomien in der geplanten Verfassung s. Hošková, Mahulena in Frowein/Hofmann/Oeter, Bd. 2, S. 358 f.; und Schmidt, Osteuropa S. 104.
Zur politischen Lage in der Karpatoukraine insbes. vor dem Hintergrund des ruthenisch-ukrainischen Konfliktes s. Magosci, Robert in MRG, S. 24 ff.

[693] Szarka, László in Brunner/Lemberg S. 167.

durch diesen politischen Kurswechsel in der Frage der Autonomien nicht beeinträchtigt worden.

Für die Ungarn in der Karpatoukraine steht der Ausbau der wirtschaftlichen Zusammenarbeit mit dem Mutterland stark im Mittelpunkt ihrer Bemühungen. Die ethnische und geographische Nähe zu Ungarn soll dazu beitragen, die katastrophalen wirtschaftlichen Bedingungen, die in der Ukraine herrschen, in den ungarisch besiedelten Gebieten etwas zu verbessern und möglichst dem höheren Niveau der Republik Ungarn anzunähern.

5. Kroatien

Die kroatische Regelung des Minderheitenrechts auf Verfassungsebene und einfachgesetzlich ist recht großzügig. Dies ist vor allem im Hinblick auf die große serbische Minderheit geschehen[694], kommt aber auch den anderen Minderheiten wie der ungarischen zugute.

Die Verfassung der Republik Kroatien vom 22.12.1990[695] definiert Kroatien in der Präambel, den "historischen Grundlagen", als "Nationalstaat des kroatischen Volkes und Staat der Angehörigen anderer Völker und Minderheiten, die seine Staatsbürger sind". In Art. 3 nennt sie die höchsten Verfassungswerte, wozu auch die nationale Gleichberechtigung gehört. In diesem Zusammenhang beinhaltet Art. 15 ein minderheitenspezifisches Diskriminierungsverbot und gewährt die Freiheit der Äußerung der Nationalzugehörigkeit, den freien Gebrauch der Muttersprache auch in öffentlichen Angelegenheiten und kulturelle Autonomie als Individualrechte. Art. 12 Abs. 2 ermöglicht lokal den Gebrauch einer anderen Sprache und Schrift als der kroatischen und lateinischen. Minderheitenrechte genießen selbst im Kriegszustand Schutz vor Einschränkungen (Art. 17 Abs. 2). Ein weiterer verfassungsrechtlicher Schutz für die Minderheiten ergibt sich daraus, daß Gesetze, die nationale Rechte regeln, Zweidrittelgesetze sind (Art. 83 Abs. 1), was die Rechtsstellung der Minderheiten dem Zugriff der jeweiligen einfachen Parlamentsmehrheit entzieht[696].

Ergänzend bestimmt Art. 10 die Fürsorgepflicht der Republik für die im Ausland lebenden Kroaten [s.o. Punkt III. 2. c)].

Noch auf verfassungsrechtlicher Ebene werden die Minderheiten durch das Verfassungsgesetz über die Menschenrechte und Freiheiten sowie die Rechte der ethnischen und nationalen Gemeinschaften oder Minderheiten

---

[694] Brunner, Nationalitätenprobleme, S. 49 f., 122 f.

[695] Narodne novine Nr. 56/1990, Pos. 1092.

[696] Hofmann, S. 104 ff.; Koplin, S. 160 - 165; Marko, S. 20 ff.

in der Republik Kroatien vom 4.12.1991 in der Fassung der Bekanntmachung vom 3.6.1992[697] geschützt. Dieses Gesetz präzisiert und erweitert die in der Verfassung gewährten Rechte, insbesondere die Kulturautonomie. Darüber hinaus ist den Minderheiten eine Repräsentation im kroatischen Abgeordnetenhaus garantiert. In den Wahlen vom 2.8.1992 ist den kleinen Minderheiten, wozu auch die ungarische zählt, je ein Mandat eingeräumt worden[698]. Die darüber hinaus für die serbisch besiedelten Teile des Landes vorgesehene (aber in Ermangelung der tatsächlichen Gewalt über diese Gebiete nicht verwirklichte) Territorialautonomie gilt nicht für die anderen Minderheiten, da diese zu klein sind und zu verstreut siedeln, um die gesetzlich vorgesehenen Schwellenwerte dieser Art der Autonomie zu erreichen.

Nach der Rückeroberung der serbisch besetzten Gebiete ist der größte Teil der serbischen Bevölkerung geflohen, so daß auch diese Gruppe mittlerweile zu klein ist, um die Autonomierechte der Minderheitengesetzgebung genießen zu können. Aus diesem Grund hat das kroatische Parlament mit Verfassungsgesetz das gesamte Minderheitenrecht bis zur nächsten Volkszählung suspendiert. Danach ist wohl mit einer endgültigen Aufhebung der Territorialautonomie zugunsten der Serben zu rechnen.

Im März 1990 wurde die Ungarische Volkspartei in Kroatien gegründet.

Die größte Gefahr für die ungarische Minderheit, die lediglich 0,5 % der Gesamtbevölkerung ausmacht, ist ihre kleine Zahl und die fortschreitende Assimilierung[699].

Auf die Vernichtung der ungarischen Gemeinden in den serbisch besetzten Gebieten Kroatiens ist bereits unter Punkt 5. hingewiesen worden, da diese Aktionen Teil der serbischen und nicht der kroatischen Politik sind. In den von Kroatien zurückeroberten Gebieten haben die früher dort ansässigen Ungarn die Möglichkeit, sich wieder anzusiedeln.

---

[697] Narodne novine Nr. 34/1992, Pos. 896.

[698] Näher zu dem Sprachenrecht Marko, Joseph in Frowein/Hofmann/Oeter, Bd. 2, S. 101 - 103; zu der Kulturautonomie Marko, Joseph in Frowein/Hofmann/Oeter, Bd. 2, S. 110 - 113; Einzelheiten insgesamt bei Brunner, Ethnos-Nation 1995 Heft 1 S. 18 f.; Koplin, S. 165 - 170; Marko, S. 23 ff.; Yacoub, S. 101 ff.

Zu den Einzelheiten der Vergabe von Mandaten an Minderheitenvertreter bei den Parlamentswahlen vom August 1992 s. Brunner, Osteuropa Recht 1994/170 Fn. 72 und Marko, Joseph in Frowein/Hofmann/Oeter, Bd. 2, S. 122 -126.

[699] Marko, Joseph in Frowein/Hofmann/Oeter, Bd. 2, S. 86; Marko, S. 14 f.

6. Slowenien

Slowenien geht mit seinen - zahlenmäßig kleinen - Minderheiten[700] sehr großzügig um[701]. Dies gilt uneingeschränkt allerdings nur für die sog. autochthonen Minderheiten, zu der auch die ungarische gehört. Mit autochthonen Minderheiten bezeichnet die slowenische Verfassung solche Gruppen, die in ihrem Siedlungsgebiet oder jedenfalls im Land bereits seit langem ansässig sind, und grenzt sie damit von den Zuwanderern aus den anderen ehemaligen jugoslawischen Bundesstaaten ab, denen der Minderheitenstatus verwehrt wird.

Art. 11 der Verfassung vom 23.12.1991[702] erklärt das Ungarische und das Italienische in den entsprechenden Siedlungsgebieten neben dem Slowenischen zur Amtssprache, und Art. 61 - 65 gewähren den Minderheiten die Freiheit des Bekenntnisses zur nationalen Zugehörigkeit, den freien Gebrauch der Muttersprache auch vor Behörden sowie speziell der ungarischen und italienischen Minderheit das Recht auf Erziehung und Ausbildung in der jeweiligen Sprache und die Möglichkeit, in ihren Siedlungsgebieten Selbstverwaltungskörperschaften zu gründen, denen staatliche Aufgaben übertragen werden können (Art. 64 Abs. 2)[703].

Art. 64 Abs. 3 und Art. 80 Abs. 2 der Verfassung garantieren der kleinen ungarischen und der noch kleineren italienischen Minderheit[704] je ein Mandat in der Staatsversammlung. Die Einzelheiten regelt das Gesetz über die selbstverwalteten Volksgemeinschaften aus Oktober 1994 und das einfachgesetzliche Wahlrecht[705].

---

[700] Eine genaue Aufschlüsselung der Nationalitäten für die Jahre 1971-1981-1991 bei Marko, Joseph in Frowein/Hofmann/Oeter, Bd. 2, S. 324.

[701] Dies war bereits zu jugoslawischen Zeiten so. Einzelheiten zu den 80er Jahren bei Szamel, ÁI 1989/402 f.

[702] Uradni list, Republike Slovenije Nr. 33/1991, Pos. 1409.; dt. Übersetzung in JÖR 1994/88 ff., und bei Marko, Dokument 1.1. S. 153 ff.

[703] Einzelheiten zu den Selbstverwaltungskörperschaften bei Brunner, Ethnos-Nation 1995 Heft 1 S. 24 f.; Brunner, Osteuropa Recht 1994/174 f.; Kristan, JÖR 1994/78 f.

Zur Kritik an der Aufzählung der Minderheiten in der Verfassung unter Außerachtlassung anderer Gruppen, z.B. der Serben, s. Uschakow, Alexander in Blumenwitz, Heimat, S. 113; Marko, S. 126 ff.

[704] Die italienische Minderheit zählt etwa 3.000 Menschen: Brunner, Osteuropa Recht 1994/169 Fn. 69; Hofmann, S. 148.

[705] Einzelheiten zu diesen Gesetzen und dem Verfahren der Bildung eigener Wahlkreise für die Minderheiten bei Brunner, Nationalitätenprobleme, S. 130; Brunner,

Auf Art. 5, der die Sorge um die Auslandsslowenen durch den slowenischen Staat regelt, ist bereits oben unter s.o. Punkt III. 2. c) hingewiesen worden.
Das größte Problem der ungarischen Minderheit besteht in ihrer kleinen Zahl, die beständig sinkt, und in der Überalterung, die auch in Zukunft keine Zunahme erwarten läßt. Ihr hauptsächliches Siedlungsgebiet, die Prekmurje an der ungarischen Grenze, ist ein strukturschwaches Agrargebiet, und über ein Drittel der slowenischen Ungarn sind in der Landwirtschaft beschäftigt, was 20 % über dem Landesdurchschnitt liegt. Diese Gegebenheiten zwingen vor allem Intellektuelle, im slowenischen Kernland ihre Ausbildung zu absolvieren und zu arbeiten, wodurch das geistig-kulturelle Rückgrat der ungarischen Gemeinschaft sehr schwach ist[706].

7. Österreich

In Österreich sind nur die burgenländischen Ungarn eine anerkannte Minderheit. Sie leben im wesentlichen in zwei Sprachinseln in den Bezirken Oberwart und Oberpullendorf. Den Ungarn in Wien kommt trotz entsprechender Bemühungen kein offizieller Minderheitenstatus zu[707].
Einen Anspruch aller Volksgruppen auf Gleichberechtigung und Gleichbehandlung garantierte bereits Art. XIX des Staatsgrundgesetzes über die Allgemeinen Rechte der Staatsbürger vom 21.12.1867, welcher heute nach überwiegender Ansicht noch fortgilt[708]. Auch der Friedensvertrag von

---

Georg in Blumenwitz/v. Mangold, S. 30; Brunner, Osteuropa Recht 1994/169 f.; Marko, Joseph in Frowein/Hofmann/Oeter, Bd. 2, S. 346 - 351; Marko, S. 144 ff.
[706] Marko, Joseph in Frowein/Hofmann/Oeter, Bd. 2, S. 322 f.; Marko, S. 124 f.; Pozsanec, Mária in Nahimi, S. 73.
[707] Veiter, Theodor in Ermacora/Tretter/Pelzl, S. 20.
Zur kontinuierlichen Abnahme der magyarischen Bevölkerung im Burgenland [ungar.: Őrség, dem entspricht altdt.: die Wart] im Laufe der Jahrhunderte s. Révész, S. 393 ff.; im 20. Jahrhundert s. Varsányi, RDI 1981/274 f.
[708] RGBl. (Ö) 142/1867.
Alle minderheitenrelevanten österreichischen Verfassungsbestimmungen sind abgedruckt in Ermacora, Handbuch, S. 526 f.
S. zu Art. XIX Ermacora, Handbuch, S. 530 ff.; Kimminich, Rechtsprobleme, S. 159; Veiter in Veiter, System, Teil 1, S. 1, 77, und Veiter, Volksgruppenrecht, S. 29 ff. zur Fortgeltung; Pernthaler, Peter / Esterbauer, Friedrich in Veiter, System, Teil 2, S. 176 f.; Veiter, Volksgruppenrecht, S. 40 ff.; Hugelmann in Hugelmann, S. 81 ff.; Walter/Mayer, S. 479 ff., zum Inhalt. Gegen eine Fortgeltung hat sich der Verfassungsgerichtshof unter Berufung auf die inhaltliche Derogation der Norm ausgesprochen: Hofmann, S. 115 f.; Koplin, S. 233 ff.

Saint-Germain-en-Laye vom 10.9.1919[709] enthielt in Art. 62 - 69 des III. Teils Garantien zur Gleichberechtigung unabhängig von Rasse, Sprache oder ähnlichen Faktoren; Art. 67 gewährleistete den Minderheiten die Existenz einer gewissen Infrastruktur wie Schulen oder soziale Einrichtungen. Diese Vorschriften sind heute noch in Kraft. Der Staatsvertrag vom 15.5.1955[710] umfaßt in Art. 6 und 7 ebenfalls minderheitenrelevante Schutzbestimmungen: Art. 6 garantiert das Diskriminierungsverbot auch bezüglich ethnischer Zugehörigkeit, und Art. 7 gewährt namentlich der slowenischen und der kroatischen Minderheit besondere Rechte. Die ungarische Minderheit wird ebenso wie die tschechische nicht ausdrücklich erwähnt.

Die zentrale minderheitenrechtliche Norm in Österreich ist das sog. Volksgruppengesetz vom 7.7.1976[711], unter dessen Definition von Volksgruppe in § 1 (österreichische Staatsbürger mit nichtdeutscher Sprache und eigenem Volkstum) auch die Ungarn fallen. Das Gesetz enthält Bestimmungen über die Beratung der Bundesregierung in Volksgruppenangelegenheiten, über fördernde Geldleistungen an die Volksgruppen und den Gebrauch der Minderheitensprachen. Gemäß den Vorschriften des Volksgruppengesetzes werden beim Bundeskanzleramt Volksgruppenbeiräte gebildet, die die Bundesregierung beraten und an der Verteilung der für die jeweilige Volksgruppe bereitgestellten Mittel beteiligt sind. Der Volksgruppenbeirat der Ungarn wurde als erster seiner Art 1979 gegründet[712].

Der behördliche Gebrauch von Minderheitensprachen ist im wesentlichen auf die Bundesländer Kärnten und Burgenland beschränkt.

In dem durch gesonderte Gesetze geregelten Schulwesen können als einzige Minderheitensprachen Slowenisch und Kroatisch als Unterrichtssprache eingeführt werden. Nichtsdestoweniger existieren in den ungarischen Sprachinseln im Burgenland zwei zweisprachige deutsch-ungarische Volksschulen[713]. Daneben sorgt sich der 1968 gegründete Burgenländische

---

709 StGBl. (Ö) Nr. 303/1920; Art. 66 - 68 abgedruckt bei Hofmann, ZaöRV 1992/46 f. Fn. 146.

710 BGBl. (Ö) Nr. 152/1955.

711 BGBl. (Ö) Nr. 396/1976.

712 Näher dazu Harbich in Brunner/Camartin/Harbich/Kimminich S. 125 ff.; Ermacora, ZaöRV 1977/276 ff.; Kimminich, Rechtsprobleme, S. 159 - 163; Marauhn, Thilo in Frowein/Hofmann/Oeter, Bd. 1, S. 255 f.; Pierré-Caps in Rouland/Pierré-Caps/Poumarède, S. 266 ff.; Veiter in Veiter, System, Teil 3, S. 300 - 359; Veiter, Volksgruppenrecht; Walter/Mayer, S. 482 f.

713 Koplin, S. 231; zur Lage des ungarischen Unterrichts im Burgenland s. Révész, S. 399 ff.; Meyer, Raimund in Veiter, System, Teil 2, S. 167 f.

Ungarische Kulturverein um die kulturellen Belange der Magyaren; er hat auch eine Wiener Niederlassung gegründet.
1985 haben die Abgesandten der Minderheiten die "Verfassung der Volksgruppen" angenommen, welche umfangreiche Minderheitenrechte beansprucht[714]. Bei diesem Dokument handelt es sich nicht um geltendes Recht, sondern um einen Forderungskatalog, der in weiten Teilen durch das Volksgruppengesetz und die behördliche Praxis verwirklicht ist.
Ob sich die kleine burgenländische, vornehmlich dörflich-bäuerliche und wenig organisierte ungarische Minderheit auf Dauer gegen die vollständige Assimilierung wehren kann, ist zweifelhaft[715]. Auch in Wien ist es fraglich, ob die dortige ungarische Gemeinde ihre Identität wird aufrecht erhalten können. Hier besteht jedoch eine gewisse Infrastuktur, die nicht nur von den ansässigen Magyaren, sondern auch von den vielen ungarischen (Einkaufs-)Touristen genutzt wird und so Möglichkeiten zur Begegnung gibt. Dies könnte zur Stabilisierung der Identität der ungarischen Minderheit in Wien beitragen. Ob dies auf Dauer ausreicht, ist nicht sicher.

8. Ungarn in anderen Staaten

Ungarische Bevölkerungsteile gibt es auch in anderen Staaten[716]. Diese Gruppen sind aber keine autochthonen Bewohner, sondern durch Auswanderung in die entsprechenden Länder gekommen. Wie bereits dargelegt, sind Auswanderer mit ethnischen Minderheiten nicht gleichzusetzen. Auswanderergruppen können sich zu Minderheiten entwickeln, wenn sie über mehrere Generationen hinweg in der fremden Umgebung ihre Identität erhalten. Dies ist bei den ungarischen Auswanderern, die sich im Regelfall in der zweiten, spätestens in der dritten Generation assimilieren, nicht der Fall.

Einen gewissen Sonderfall bildet die ungarische Minderheit in der Tschechischen Republik, zu der sich in der Volkszählung vom 3.3.1991 19.932 Personen bekannten[717]. Es ist keine altansässige Minderheit wie die Ungarn in der Slowakei, aber auch keine Einwanderungsminderheit. Es handelt sich vielmehr um ursprünglich in der Slowakei siedelnde Ungarn, die 1946 und in den Folgejahren aus ihren südslowakischen Siedlungsgebieten

---

[714] Révész, S. 401 f.; Szamel, ÁI 1989/403 f.
[715] Ludwig, S. 215; Révész, S. 395 f.; Schlett, S. 145; Varsányi, RDI 1981/273 ff.
[716] Einzelheiten bei Ajtay, Világatlasz S. 135.
[717] Hošková in Mohlek/Hošková, S. 91.

nach Böhmen, v.a. ins Sudetenland, mehr oder weniger zwangsweise umgesiedelt wurden. Diese Aktion verfolgte einen doppelten Zweck: zum einen die Schwächung der ungarischen Minderheit in den zusammenhängend ungarisch besiedelten, grenznahen Gebieten der Slowakei und zum anderen die Wiederbesiedlung der durch die Vertreibung der Sudetendeutschen entvölkerten Landstriche. Ob die ungarische Minderheit in die Slowakei oder nach Ungarn zurückwandert, sich assimiliert oder eine dauerhafte Minderheit bildet (wobei ihr das recht großzügige tschechische Minderheitenrecht[718] helfen kann), kann noch nicht beantwortet werden.

Die Lage derer, die ihre ungarische Identität alleine oder mit anderen pflegen wollen, hängt davon ab, wie der jeweilige Wohnstaat solchen Bestrebungen der Einwanderer gegenübersteht. In einigen Einwanderungsländern wie Kanada wird sehr viel für den Erhalt der ursprünglichen Identität und ein multikulturelles Miteinander der unterschiedlichen Immigrantengruppen getan, während andere Länder wie Australien oder die sich nicht als Einwanderungsländer im eigentlichen Sinn verstehenden westeuropäischen Staaten von Einwanderern Assimilation erwarten und die Pflege der alten Identität höchstens im privaten Bereich gutheißen. Als Forum und Ansprechpartner der in der ganzen Welt lebenden magyarischen Streuminderheiten fungiert der Ungarische Weltbund, der bei der Wahrnehmung seiner Aufgaben von dem ungarischen Staat unterstützt wird[719].

---

[718] Geroe/Gump, CJTL 1995/693 f.; Hofmann, S. 157 - 162; Hošková in Mohlek/Hošková, S. 93 - 101; Riemer, Osteuropa 1997/257.

[719] Während das Haushaltsgesetz 1995 (s.o. Fn. 314) in Kapitel II (Parlament) Titel 8 Nr. 9 für den Ungarischen Weltbund noch eine Unterstützung von 180 Millionen Forint vorsah, welche nach den Angaben des Gesetzes über die Ausführung des Haushalts 1985 (s.o. Fn. 314) auch vollständig ausgegeben wurde, kürzte das Haushaltsgesetz 1997 (s.o. Fn. 316) in Kapitel I (Parlament) Titel 8 Subtitel 3 Nr. 2 die Zuwendung auf 162,6 Millionen Forint.

V. Schlußbemerkung

Mit dem Minderheitengesetz hat Ungarn sowohl hinsichtlich der eigenen Rechtsgeschichte als auch im internationalen Vergleich rechtsdogmatisch Neuland betreten. Es ist der erste Versuch einer zufriedenstellenden Regelung der Rechte von zahlenmäßig kleinen Minderheiten in Streusiedlung. Da der ungarische Gesetzgeber nicht auf in- oder ausländische Vorbilder zurückgreifen konnte und dieses heikle Thema mit großer Sorgfalt und unter Einbeziehung der Ansicht der Betroffenen regeln wollte, hat sich der Erlaß des Gesetzes sehr lange verzögert. Ob das Verfassungsgericht diesen Schwierigkeiten gerecht wurde, als es bereits nach zweijähriger Vorbereitungszeit eine Verfassungsverletzung durch Unterlassen feststellte, kann dahingestellt bleiben.

Der rechtliche ebenso wie der tatsächliche Aufwand, den Ungarn mit seinen Minderheiten treibt, ist enorm. Die individuellen und kollektiven Minderheitenrechte sind umfassend, und gerade im Schulwesen, in der Minderheitenerziehung wird viel Geld für die Umsetzung des Rechtes auf muttersprachlichen Unterricht ausgegeben. Daß insbesondere beim muttersprachlichen Unterricht trotzdem einiges im Argen liegt, hat seinen Grund in dem allgemein schlechten Zustand des ungarischen Schulsystems, aber auch in der geringen Anzahl und der schwachen räumlichen Konzentration von Minderheitenkindern, was eine - kostenträchtige - Internatserziehung als einzige befriedigende Lösung erscheinen läßt.

Hervorzuheben ist, daß Ungarn nicht bei der Gewährung gleicher Rechte stehenbleibt, sondern auf allen Gebieten die aktive Förderung der Minderheiten, wenn nötig verbunden mit positiver Diskriminierung, betreibt.

Die Vereinigungsfreiheit wird durch die Minderheiten stark genutzt, was vom Standpunkt der gesellschaftlichen Selbstorganisation in der Demokratie nur wünschenswert ist. Darüber hinaus gibt der Gesetzgeber den Minderheiten in Form der lokalen und landesweiten Selbstverwaltungen ein großzügig ausgestattetes Mittel zur öffentlich-rechtlich institutionalisierten Interessenartikulation und -vertretung an die Hand. Die ersten Wahlen haben gezeigt, daß die Minderheiten gewillt sind, hiervon Gebrauch zu machen. Ob das in dem gegebenen Rahmen praktikabel ist und ob das Interesse der Minderheitenangehörigen bleibt, kann nur die Zukunft zeigen. Jedenfalls wird die Arbeit der Minderheitenselbstverwaltungen von in- und ausländischen Sachverständigen mit Spannung verfolgt.

Im Gegensatz zu den Vertretungen der Minderheiten in den Abgeordnetenkörperschaften der örtlichen Selbstverwaltungen ist für die parlamentarische Repräsentanz noch immer keine Lösung gefunden worden. Hier ist der Gesetzgeber gefragt. Während diese Lücke des Minderheitenrechts aber eher symbolische Bedeutung hat, ist die mangelnde Regelung der Rolle der Komitate und der Komitatsebene durchaus in der Praxis relevant. Auch hier wäre eine saubere gesetzliche Lösung den jetzigen Behelfskonstruktionen vorzuziehen.

Die geschilderte Großzügigkeit kann Ungarn sich problemlos leisten, da die Minderheiten klein und gut integriert sind. Aus diesem Grund ist wohl auch die Vorbildrolle, die Ungarn seinem Minderheitenrecht zugunsten der in den restriktiveren Nachbarländern lebenden ungarischen Minderheiten zugedacht hat, zum Scheitern verurteilt. Nichts zeigt dieses Scheitern besser, als daß der Botschafter des Landes, mit dem die bilateralen Minderheitenprobleme am größten sind, nämlich Rumänien, der Einladung zur Teilnahme an der konstituierenden Sitzung der rumänischen landesweiten Minderheitenselbstverwaltung nicht folgte, während die Botschafter Deutschlands, Kroatiens und auch der Slowakei auf der konstituierenden Sitzung der jeweiligen landesweiten Selbstverwaltung anwesend waren.

Trotz dieser Instrumentalisierung des Minderheitengesetzes zum Vorbild für die Nachbarn ist die Regelung auf der Grundlage der ersten, noch nicht sehr weitgehenden Erfahrungen positiv zu beurteilen. In einer Region, wo sich ethnische Konflikte mit der schlechten Wirtschaftslage zu einem gefährlichen Sprengstoff zusammenbrauen (die Stichworte Jugoslawien und Tschetschenien mögen hier genügen), ist eine derartige Großzügigkeit bemerkenswert, vor allem da sie nicht nur auf dem Papier besteht und nicht nur von Politikern in Sonntagsreden gepflegt, sondern von der Bevölkerung, Mehrheit wie Minderheiten gleichermaßen, gelebt wird. Der wachsende Antisemitismus, der zunehmende Fremdenhaß und die noch immer ungelösten Probleme der Zigeuner zeigen, daß auch hier noch Handlungsbedarf besteht. Dieser ist von der ungarischen Regierung erkannt, und man darf hoffen, daß sie im Rahmen des ihr Möglichen alles tun wird, um diese 'Schönheitsfehler' zu bekämpfen oder gar zu beseitigen.

Abkürzungsverzeichnis

AdV : Archiv des Völkerrechts

AFDI : Annuaire Français de Droit International [Französisches Jahrbuch für Völkerrecht]

ai : amnesty international

ÁI : Állam és Igazgatás [Staat und Verwaltung]

ÁJ : Állam- és Jogtudomány [Staats- und Rechtswissenschaft]

AJIL : American Journal for International Law [Amerikanische Zeitschrift für Völkerrecht]

APuZ : Aus Politik und Zeitgeschichte

BGBl. : Bundesgesetzblatt (Bundesrepublik Deutschland)

BGBl. (Ö) : Bundesgesetzblatt (Österreich)

BtÖ : Bidrag till Öststatsforskningen [Beiträge zur Osteuropaforschung]

BVerfGE : Entscheidungen des Bundesverfassungsgerichtes

BWahlG : Bundeswahlgesetz

BZPB : Bundeszentale für Politische Bildung

CEFTA : Central European Free Trade Agreement [Mitteleuropäisches Freihandelsabkommen]

CJTL : Columbia Journal of Transnational Law [Columbia Zeitschrift für Transnationales Recht]

COMECON : Council for Mutual Economic Assistance [Rat für Gegenseitige Wirtschaftshilfe]

EECR : East European Constitutional Review [Osteuropäische Verfassungszeitschrift]

ELTE : Eötvös Loránd Tudományegyetem [Loránd Eötvös Universität]

EMRK : Europäische Menschenrechtskonvention

EuGRZ : Europäische Grundrechte-Zeitschrift

FAZ : Frankfurter Allgemeine Zeitung

FIDESZ : Fiatal Demokraták Szövetsége [Bund Junger Demokraten]

FKgP : Független Kisgazda Párt [Unabhängige Kleinlandwirtepartei]

GBl. DDR : Gesetzblatt der Deutschen Demokratischen Republik

GG : Grundgesetz für die Bundesrepublik Deutschland

GYIL : German Yearbook for International Law [Deutsches Jahrbuch für Völkerrecht]

G2W : Glaube in der 2. Welt

ICJ : International Court of Justice [Internationaler Gerichtshof]

ICLQ : The International and Comparative Law Quarterly [Vierteljahresschrift für Völkerrecht und Rechtsvergleichung]

ILO : International Labour Organisation [Internationale Arbeitsorganisation]

ItalYIL : Italian Yearbook of International Law [Italienisches Jahrbuch für Völkerrecht]

JIR : Jahrbuch für Internationales Recht

JK : Jogtudományi Közlöny [Rechtswissenschaftlicher Anzeiger]

JOR : Jahrbuch für Ostrecht

JÖR : Jahrbuch für Öffentliches Recht

JRMP : Jugoslovenska Revija za Međunarodno Pravo [Jugoslawische Zeitschrift für Völkerrecht]

KAS-AI : Konrad-Adenauer-Stiftung Auslandsinformationen

KPdSU : Kommunistische Partei der Sowjetunion

KSZE : Konferenz für Sicherheit und Zusammenarbeit in Europa

L.N.T.S. : League of Nations Treaties Series [Vertragsreihe des Völkerbundes]

LWahlG SH : Landeswahlgesetz Schleswig-Holstein

MDF : Magyar Demokrata Fórum [Ungarisches Demokratisches Forum]

MJ : Magyar Jog [Ungarisches Recht]

MK : Magyar Közigazgatás [Ungarische Verwaltung]

MRG : Minority Rights Group [Gruppe für Minderheitenrechte]

MSZMP : Magyar Szocialista Munkáspárt [Ungarische Sozialistische Arbeiterpartei]

MSZP : Magyar Szocialista Párt [Ungarische Sozialistische Partei]

MTI : Magyar Távirati Iroda [Ungarische Nachrichtenagentur]

NATO : North Atlantic Treaty Organisation [Nordatlantik-Pakt Organisation]

OGy : Országgyűlés [Parlament], Protokolle des Parlamentes

ÖJZ : Österreichische Juristenzeitung

OLG : Oberlandesgericht

OSZE : Organisation für Sicherheit und Zusammenarbeit in Europa

PVS : Politische Vierteljahresschrift

RCEEL : Review of Central and East European Law [Zeitschrift für mittel- und osteuropäisches Recht]

RdC : Recueil des Cours [Vorlesungssammlung]

RDH : Revue des Droits de l'Homme [Zeitschrift für Menschenrechte]

RDI : Revue du Droit International [Zeitschrift für Völkerrecht]

RDP : Revue du Droit Public [Zeitschrift für Öffentliches Recht]

RGBl. (Ö) : Reichsgesetzblatt (Österreich)

RMDSZ : Romániai Magyar Demokratikus Szövetség [Ungarischer Demokratischer Verband in Rumänien]

ROW : Recht in Ost und West

RzW : Rechtsprechung zum Wiedergutmachungsrecht

S-H : Schleswig-Holstein

SSW : Südschleswigscher Wählerverband

StGBl. (Ö) : Staatsgesetzblatt (Österreich)

SZDSZ : Szabad Demokraták Szövetsége [Bund Freier Demokraten]

TSz : Társadalmi Szemle [Gesellschaftliche Rundschau]

UNESCO : United Nations Educational, Scientific and Cultural Organisation [Organisation der Vereinten Nationen für Erziehung, Wissenschaft und Kultur]

U.N.T.S. : United Nations Treaties Series [Vertragsreihe der Vereinten Nationen]

VN : Vereinte Nationen

WGO-MfOR : WGO - Monatshefte für Osteuropäisches Recht

wib : Woche im Bundestag

ZaöRV : Zeitschrift für ausländisches öffentliches Recht und Völkerrecht

ZBI : Zeitschrift zur politischen Bildung und Information

ZÖR : Zeitschrift für Öffentliches Recht

Literatur

A Tanácsakadémia Tankönyve: A Magyar Államjog Alapjai [Lehrbuch der Räteakademie: Die Grundlagen des Ungarischen Staatsrechtes], Budapest 1953
zitiert: A Tanácsakadémia (mit Bearbeiter)

ABDULATIPOV, Ramazan Gadžimuradovič / BURMISTROVA, Tat'jana Jul'jevna: Конституция СССР и национальные отношения на современном этапе [Die Verfassung der UdSSR und die nationalen Beziehungen in der gegenwärtigen Etappe], Moskau 1978

ABEL, Gunther: Die Bedeutung der Lehre von den Einrichtungsgarantien für die Auslegung des Bonner Grundgesetzes, Berlin 1964

ÁCS, Zoltán (Hrsg.): Együtt élő népek a Kárpát-medencében [Zusammen lebende Völker im Karpatenbecken], Budapest 1994
zitiert: Ács (mit Bearbeiter)

ÁDÁM, Antal (Hrsg.): Alapjogok és Alkotmányozás [Grundrechte und Verfassunggebung], Budapest 1996
zitiert: Ádám, Alapjogok (mit Bearbeiter)

ÁDÁM, Antal: Die Entwicklungstendenzen der Verfassung und die Verfassungsentwicklung in Ungarn, JÖR 1985/567 ff.

ÁDÁM, Antal: Tendances du développement de l'ordre constitutionnel de Hongrie [Entwicklungstendenzen der Verfassungsordnung Ungarns], Pécs 1990

ÁDÁM, Antal / KISS, László (Hrsg.): Elvek és intézmények az alkotmányos jogállamban [Prinzipien und Institutionen im konstitutionellen Rechtsstaat], Budapest 1991
zitiert: Ádám/Kiss (mit Bearbeiter)

AGANI, Fehmi: Demokracia, kombi, vetëvendosja [Die Demokratic, die Nation, die Selbstbestimmung], Tirana 1994

AJTAY, Ágnes u.a. (Verfasserausschuß): Történelmi Világatlasz [Geschichts-Weltatlas], Budapest 1991

AKZIN, Benjamin: Der Rechtsbegriff der Minderheit, ZÖR 1929/203 ff.

AKZIN, Benjamin: Politische Probleme poly-ethnischer Gemeinwesen, PVS 1962/108 ff.

ÅLANDS FREDSFÖRENING [Åländische Friedensvereinigung]: The Åland Islands, autonomous demilitarized region [Die Åland-Inseln, autonome entmilitarisierte Region], Mariehamn/Maarianhamina 1984

ALEN, André: Der Föderalstaat Belgien. Nationalismus - Föderalismus - Demokratie, Baden-Baden 1995

ALTERMATT, Urs (Hrsg.): Nation, Ethnizität und Staat in Mitteleuropa, Wien, Köln, Weimar 1996
zitiert: Altermatt (mit Bearbeiter)

ALTMANN, Franz-Lothar / HÖSCH, Edgar (Hrsg.): Reformen und Reformer in Osteuropa, Regensburg 1994
zitiert: Altmann/Hösch (mit Bearbeiter)

amnesty international (Hrsg.): Jahresbericht 1993, Frankfurt/Main 1994
zitiert: ai Jahresbericht 1993

amnesty international (Hrsg.): Jahresbericht 1994, Frankfurt/Main 1994
zitiert: ai Jahresbericht 1994

amnesty international (Hrsg.): Jahresbericht 1996, Frankfurt/Main 1996
zitiert: ai Jahresbericht 1996

ANKERL, Géza: Autonómia és nyelvhasználat [Autonomie und Sprachgebrauch], Valóság Oktober 1995, zitiert nach der Presseschau des Amtes für Auslandsungarn der Republik Ungarn

ANTALFFY, György: Le système étatique et juridique de la République Populaire Hongroise [Das Staats- und Rechtssystem der Volksrepublik Ungarn], JÖR 1968/481 ff.

ANTALFFY, György: Sur l'amendement de la Constitution de la République Populaire Hongroise [Über die Änderung der Verfassung der Volksrepublik Ungarn], JÖR 1975/287 ff.

APPONYI, Albert: Die verfassungsrechtliche Entwicklung Ungarns. Drei Vorträge, gehalten Anfang April 1927 an den Universitäten von Leyden und Amsterdam und in Haag, Budapest 1927

ARACZKI, János: A hosszú távú településhálózat-fejlesztési koncepció [Die langfristige Konzeption der Entwicklung des Siedlungsnetzes], ÁI 1986/817 ff.

ARATO, Andrew: Parliamentary Constitution Making in Hungary [Verfassunggebung durch das Parlament in Ungarn], EECR Nr. 4 Bd. 4 1995/45 ff.

ARATO, Andrew: The Constitution-Making Endgame in Hungary [Finale der Verfassungsgebung in Ungarn], EECR Nr. 4 Bd. 5 1996/31 ff.

ARNOLD, Jürgen: Die nationalen Gebietseinheiten der Sowjetunion, Köln 1973

ASAMOAH, Obed Y.: The legal significance of the declarations of the General Assembly of the United Nations [Die rechtliche Bedeutung der Deklarationen der Generalversammlung der Vereinten Nationen], Den Haag 1966

ASCHAUER, Wolfgang: Zur Produktion und Reproduktion einer Nationalität: Die Ungarndeutschen; Stuttgart 1992

ASPESLAGH, Robert / RENNER, Hans / van der MEULEN, Hans (Hrsg.): Im historischen Würgegriff. Die Beziehungen zwischen Ungarn und der Slowakei in der Vergangenheit, Gegenwart und Zukunft, Baden-Baden 1994
zitiert: Aspeslagh/Renner/van der Meulen (mit Bearbeiter)

AUTORENKOLLEKTIV: Einführung in die marxistisch-leninistische Staats- und Rechtslehre, 2. Aufl. Berlin (Ost) 1986

BAKA, András: A magyar nemzetállamiság teoretikusai (Grünwald Béla, Concha Győző, Beksics Gusztáv) [Die Theoretiker der ungarischen Nationalstaatlichkeit (Béla Grünwald, Győző Concha, Gusztáv Beksics)], ÁJ 1985/327 ff.

BAKA, András: A nemzeti-nemzetiségi kérdés és az állami szervezés Eötvös József politikai gondolkodásában [Die Frage der Nation und der Nationalitäten und die Organisation des Staates in dem politischen Denken von József Eötvös], ÁJ 1983/245 ff.

BAŁABAN, Andrzej: Theorie moderner sozialistischer Verfassungen, JÖR 1988/13 ff.

BALÁZS, Péter: Az Európai Unió külkapcsolatai és Magyarország [Die Außenbeziehungen der Europäischen Union und Ungarn], Budapest 1996

BÁLINT, József / SZAKÁCS, Ilona: A területfejlesztési és területrendezési intézményi rendszerek létrehozása és első döntései [Die Schaffung der institutionellen Raumentwicklungs- und Raumordnungssysteme und deren erste Entscheidungen], MK 1997/27 ff.

BALOGH, Artúr: Nemzet és állam a reformkorban [Nation und Staat in der Reformära], Kolozsvár 1949

BÁN, Tamás: Az európai emberi jogi egyezmény hatásai a nemzeti törvényhozásra [Die Auswirkungen der europäischen Menschenrechtskonvention auf die nationale Gesetzgebung], MJ 1992/129 ff.

BANI SADR, Abol Hassan: Le Coran et les Droits de l'Homme [Der Koran und die Menschenrechte], Paris 1989

BARTL, Peter: Albanien: vom Mittelalter bis zur Gegenwart, Regensburg 1995

BARTOLE, Sergio: Riforme Constituzionali nell'Europa Centro-Orientale [Verfassungsreformen in Ostmitteleuropa], Bologna 1993

BARTSCH, Sebastian: Minderheitenschutz in der internationalen Politik. Völkerbund und KSZE/OSZE in neuer Perspektive, Opladen 1995

BAUER, Otto: Die Nationalitätenfrage und die Sozialdemokratie, Wien 1924

BEÉR, János: Szocialista államépítés [Sozialistischer Staatsaufbau], Budapest 1968

BEÉR, János / KOVÁCS, István / SZAMEL, Lajos: Magyar Államjog [Ungarisches Staatsrecht], 4. Aufl. Budapest 1972
zitiert: Beér/Kovács/Szamel (mit Bearbeiter)

BELLÉR, Béla: A magyarországi németek rövid története [Kurze Geschichte der Ungarndeutschen], Budapest 1981

BELUSZKY, Pál: A várossá nyilvánítás szerepe a területfejlesztésben [Die Rolle der Stadterhebung in der Raumentwicklung], ÁI 1983/912 ff.

BENZ, Wolfgang / GRAML, Hermann (Hrsg.): Europa nach dem Zweiten Weltkrieg, 1945 - 1982, Fischer Weltgeschichte Bd. 35, Frankfurt/Main 1983
zitert: Benz/Graml (mit Bearbeiter)

BERGLUND, Sten / DELLENBRANT, Jan Åke (Hrsg.): The New Democracies in Eastern Europe. Party Systems and Political Cleavages [Die Neuen Demokratien in Osteuropa. Parteisystem und Politisches Spektrum], 2. Aufl. Aldershot/Hants 1994
zitiert: Berglund/Dellenbrant (mit Bearbeiter)

BERICHT DER BUNDESREGIERUNG über Wiedergutmachung und Entschädigung für nationalsozialistisches Unrecht sowie über die Lage der Sinti, Roma und verwandter Gruppen, Drucksache des Bundestages 10/6287 vom 31. 10. 1986
zitiert: Bericht der Bundesregierung

BERNATZIK, Edmund: Die Ausgestaltung des Nationalgefühls im 19. Jahrhundert, Hannover 1912
zitiert: Bernatzik, Ausgestaltung

BERNATZIK, Edmund: Die österreichischen Verfassungsgesetze, 2. Aufl. Wien 1911
zitiert: Bernatzik, Verfassungsgesetze

BIBÓ, István: A nemzetközi államközösség bénultsága és annak orvosságai. Önrendelkezés, nagyhatalmi egyetértés, politikai döntőbíráskodás [Die Lähmung der internationalen Staatengemeinschaft und deren Abhilfe. Selbstbestimmung, Einvernehmen der Großmächte, politische Schiedsgerichtsbarkeit], in: Válogatott tanulmányok 1935 - 1979 [Ausgewählte Studien 1935 - 1979], Budapest 1990, S. 283 ff.

BIHARI, Mihály (Hrsg.): A többpártrendszer kialakulása Magyarországon 1985 - 1991 [Die Entstehung des Mehrparteiensystems in Ungarn 1985 - 1991], Budapest 1992
zitiert: Bihari, Többpártrendszer (mit Bearbeiter)

BIHARI, Ottó: Alkotmányok és alkotmányozás a Magyar Tanácsköztársaságban [Verfassungen und Verfassunggebung in der Ungarischen Räterepublik], ÁI 1979/193 ff.

BIHARI, Ottó: Államjog [Staatsrecht], Budapest 1974
zitiert: Bihari, Államjog

BIHARI, Ottó: Államjog (Alkotmányjog) [Staatsrecht (Verfassungsrecht)], Budapest 1984
zitiert: Bihari, Alkotmányjog

BINGEN, Dieter u.a.: Die revolutionäre Umwälzung in Mittel- und Osteuropa, Abhandlungen des Göttinger Arbeitskreises Bd. 10, Berlin 1993
zitiert: Bingen (mit Bearbeiter)

BIRKE, Ernst / OBERDORFFER, Kurt (Hrsg.): Das böhmische Staatsrecht in den deutsch-tschechischen Auseinandersetzungen des 19. und 20. Jahrhunderts, Marburg 1960

BLUMENWITZ, Dieter: Minderheiten- und Volksgruppenrecht. Aktuelle Entwicklung, Bonn 1992
zitiert: Blumenwitz, Minderheitenrecht

BLUMENWITZ, Dieter (Hrsg.): Recht auf die Heimat im zusammenwachsenden Europa. Ein Grundrecht für nationale Minderheiten und Volksgruppen, Frankfurt/Main 1995
zitiert: Blumenwitz, Heimat (mit Bearbeiter)

BLUMENWITZ, Dieter / GORNIG, Gilbert (Hrsg.): Minderheiten- und Volksgruppenrechte in Theorie und Praxis, Bonn 1993
zitiert: Blumenwitz/Gornig (mit Bearbeiter)

BLUMENWITZ, Dieter / v. MANGOLD, Hans (Hrsg.): Fortentwicklung des Minderheitenschutzes und der Volksgruppenrechte in Europa, Köln 1992
zitiert: Blumenwitz/v. Mangold (mit Bearbeiter)

BODÁNÉ PÁLOK, Judit / CSERESNYÉS, János / VÁNKOSNÉ TIMÁR, Éva: A kisebbségek jogai Magyarországon [Die Rechte der Minderheiten in Ungarn], Budapest 1994
zitiert: Bodáné u.a.

BODEN, Martina: Nationalitäten, Minderheiten und ethnische Konflikte in Europa. Ursprünge, Entwicklungen, Krisenherde, München 1993

BOHMANN, Alfred: Menschen und Grenzen, Band 2: Bevölkerung und Nationalitäten in Südosteuropa, Köln 1969

BOKORNÉ SZEGŐ, Hanna: Az emberi jogok egyes csoportjainak megkülönböztetése és az alkotmányfejlődés [Die Unterscheidung einzelner Gruppen von Menschenrechten und die Verfassungsentwicklung], ÁJ 1989/329 ff.

BOKORNÉ SZEGŐ, Hanna: Nemzetközi jog [Völkerrecht], Bd. 1 Budapest 1969, Bd. 2 Budapest 1970

BÓNIS, György: Der Übergang von der ständischen Repräsentation zur Volksvertretung in Ungarn, in: Bosl, Karl (Hrsg.): Der moderne Parlamentarismus und seine Grundlagen in der ständischen Repräsentation, Berlin 1977, S. 265 ff.

BORÁ, Gyula: Industrie und Dorf. Beziehungen zwischen der Industrialisierung und der Entwicklung der Dörfer in Ungarn, Osteuropa 1983/485 ff.

BORN, Joachim / DICKGIEßER, Sylvia: Deutschsprachige Minderheiten, Mannheim 1989

BORSOS, Csaba: Das ungarische Parlaments- und Kommunalwahlrecht. Besonderheiten bei der Mandatsverteilung, KAS-AI 1995/4 S. 62 ff.

BOWETT, D. W.: The Law of International Institutions [Das Recht der internationalen Institutionen], 2. Aufl. London 1970

BRAGYOVA, András: Vannak-e kisebbségi jogok? [Gibt es Minderheitenrechte?], ÁJ 1992/153 ff.

BREITENMOSER, Stephan / RICHTER, Dagmar: Die Verwirklichung der KSZE-Grundsätze zum Schutze nationaler Minderheiten durch Organleihe bei der EMRK, EuGRZ 1991/141 ff.

BRICKE, Dieter W.: Minderheiten im östlichen Mitteleuropa. Deutsche und europäische Optionen, Baden-Baden 1995

BROCKHAUS, dtv Lexikon: Bd. 20 Wel - Zz, Mannheim 1989

BROWNLIE, Ian: Principles of Public International Law [Prinzipien des Völkerrechtes], 3. Aufl. Oxford 1985

BRUCE-MITFORD, Miranda / POULTON, Hugh / RUSSELL, John / STEARMAN, Kaye (Hrsg.): Etnikumok Enciklopédiája [Lexikon der Ethnien], Budapest 1993
zitiert: Bruce-Mitford u.a.

BRUNNER, Georg: Der Schutz ethnischer Minderheiten in Osteuropa, JOR 1984/9 ff.

BRUNNER, Georg: Die Autonomie in der neueren osteuropäischen Minderheitengesetzgebung, Ethnos-Nation, 1995 Heft 1 S. 17 ff.

BRUNNER, Georg: Die Entstehung des demokratischen Verfassungsstaats in Ungarn, in: Sundhaussen, Holm (Hrsg.): Südosteuropa zu Beginn der Neunziger Jahre: Reformen, Krisen und Konflikte in den vormals sozialistischen Ländern, Wiesbaden 1993, S. 87 ff.
zitiert: Brunner in Sundhaussen

BRUNNER, Georg: Die Lage der Ungarn in der Slowakei, Europäische Rundschau 1996/47 ff.

BRUNNER, Georg: Die Machtkonzentration nach der Ungarischen Verfassung, ROW 1962/26 ff.

BRUNNER, Georg: Die neue Verfassungsgerichtsbarkeit in Osteuropa, ZaöRV 1993/819 ff.

BRUNNER, Georg: Die östliche Menschenrechtskonzeption, in: Die KSZE und die Menschenrechte, Der Göttinger Arbeitskreis, Veröffentlichung Nr. 420, Berlin 1977, S. 95 ff.

BRUNNER, Georg: Die rechtliche Lage der Minderheiten in Mittel-, Ost- und Südosteuropa, Osteuropa Recht 1994/157 ff.

BRUNNER, Georg: Die Rechtsstellung ethnischer Minderheiten in Südosteuropa, Südosteuropa 1986/235 ff.

BRUNNER, Georg: Die Verfassungsentwicklung in Ungarn seit der Verfassungsrevision von 1972, JÖR 1981/279 ff.

BRUNNER, Georg: Entwurf einer Verfassungstypologie sozialistischer Staaten, ROW 1978/49 ff.

BRUNNER, Georg: Minderheiten in der Sowjetunion, GYIL 1991 Bd. 34 S. 354 ff.

BRUNNER, Georg (Hrsg.): Minderheiten in Ungarn nach dem Wahlen zu den Selbstverwaltungskörperschaften. Dokumentation der Fachkonferenz vom 11. bis 13. April 1996 im Adam-Stegerwald-Haus Königswinter, Königswinter 1997
zitiert: Brunner, Minderheiten in Ungarn (mit Redner)

BRUNNER, Georg: Nationalitätenprobleme und Minderheitenkonflikte in Osteuropa, 2. Aufl. Gütersloh 1996
zitiert: Brunner, Nationalitätenprobleme

BRUNNER, Georg: Neuere Tendenzen in der verfassungsrechtlichen Entwicklung osteuropäischer Staaten, JÖR 1974/209 ff.

BRUNNER, Georg (Hrsg.): Osteuropa zwischen Nationalstaat und Integration, Berlin 1995
zitiert: Brunner, Osteuropa (mit Bearbeiter)

BRUNNER, Georg (Hrsg.): Politische und ökonomische Transformation in Osteuropa, Berlin 1996
zitiert: Brunner, Politische Transformation (mit Bearbeiter)

BRUNNER, Georg (Hrsg.): Ungarn auf dem Weg der Demokratie, Bonn 1993
zitiert: Brunner, Ungarn (mit Bearbeiter)

BRUNNER, Georg: Ungarn auf dem Weg zu einer pluralistischen Demokratie, ZBI 1990 Bd. 1 S. 80 ff.

BRUNNER, Georg: Verfassunggebung in Osteuropa, Osteuropa Recht 1995/258 ff.

BRUNNER, Georg: Vergleichende Regierungslehre Bd. 1, Paderborn, München, Zürich, Wien 1979

BRUNNER, Georg u.a. (Hrsg.): Menschenrechte in den Staaten des Warschauer Paktes. Bericht der unabhängigen Wissenschaftlerkommission, Drucksache 11/1344 des Deutschen Bundestages, 1987
zitiert: Brunner, Menschenrechte (mit Bearbeiter)

BRUNNER, Georg / CAMARTIN, Iso / HARBICH, Heribert / KIMMINICH, Otto: Minderheitenschutz in Europa, Heidelberg 1985
zitiert: Brunner/Camartin/Harbich/Kimminich (mit Bearbeiter)

BRUNNER, Georg / HALMAI, Gábor: Die juristische Bewältigung des kommunistischen Unrechts in Ungarn, in: Brunner, Georg (Hrsg.): Juristische Bewältigung des kommunistischen Unrechts in Osteuropa und Deutschland, Berlin 1995, S. 9 ff.

BRUNNER, Georg / LEMBERG, Hans (Hrsg.): Volksgruppen in Ostmittel- und Südosteuropa, Baden-Baden 1994
zitiert: Brunner/Lemberg (mit Bearbeiter)

BRUNNER, Georg / MEISSNER, Boris (Hrsg.): Nationalitätenprobleme in der Sowjetunion und Osteuropa, Köln 1982
zitiert: Brunner/Meissner, Nationalitätenprobleme

BRUNNER, Georg / MEISSNER, Boris (Hrsg.): Verfassungen der kommunistischen Staaten, Paderborn, München, Wien, Zürich 1979
zitiert: Brunner/Meissner, Verfassungen (mit Bearbeiter)

BRUNNER, Georg / SÓLYOM, László: Verfassungsgerichtsbarkeit in Ungarn. Analysen und Entscheidungssammlung 1990 - 1993, Baden-Baden 1995
zitiert: Brunner/Sólyom (mit Bearbeiter)

BRUNNER, Georg / TONTSCH, Günther H.: Der Minderheitenschutz in Ungarn und in Rumänien, Bonn 1995
zitiert: Brunner/Tontsch (mit Bearbeiter)

BUCHHOLZ, Hanns J. / GRIMM, Frank-Dieter (Hrsg.): Zentrensysteme als Träger der Raumentwicklung in Mittel- und Osteuropa, Beiträge zur regionalen Geographie des Instituts für Länderkunde Leipzig Bd. 37, Leipzig 1994

BUDZSÁKLIA, Mátyás: A nemzetiségi szövetségek helye és szerepe [Platz und Rolle der Nationaltiätenverbände], ÁI 1973/108 ff.

BUDZSÁKLIA, Mátyás: Nemzetiségi egyenjogúság és jogok a Magyar Népköztársaságban [Gleichberechtigung und Rechte der Nationalitäten in der Ungarischen Volksrepublik], ÁI 1974/785 ff.

BUNDESZENTRALE FÜR POLITISCHE BILDUNG (Hrsg.): Menschenrechte. Dokumente und Deklarationen, 2. Aufl. Bonn 1995
zitiert: BZPB, Menschenrechte

BURY, J. P. T. (Hrsg.): The New Cambridge Modern History, Volume X: The Zenith of European Power, 1830-70 [Die Neue Cambridger Moderne Geschichte, Band X: Der Zenit der Europäischen Macht, 1830-70], Cambridge 1960
zitiert: Bury (mit Bearbeiter)

BUSCH, Béla / MOLNÁR, József / MARGITÁN, Éva: Criminal Law, the Law of Criminal Procedure, and the Law of Corrections in Hungary [Strafrecht, Strafverfahrensrecht und Strafvollzugsrecht in Ungarn], in: Frankowski, Stanislaw / Stephan, Paul B. (Hrsg.): Legal Reform in Post-Communist Europe. The View from Within [Rechtsreform im postkommunistischen Europa. Der Blick von innen], Dordrecht, Boston, London 1995, S. 233 ff.

BUZA, László: A kisebbségek jogi helyzete a békeszerződések és más nemzetközi egyezmények értelmében [Die Rechtslage der Minderheiten im Sinne der Friedensverträge und anderer internationaler Übereinkommen], Budapest 1930

BUZA, László / HAJDU, Gyula: Nemzetközi Jog [Völkerrecht], 6. Aufl. Budapest 1968
zitiert: Buza/Hajdu (mit Bearbeiter)

CADZOW, John F. / LUDANYI, Andrew / ELTETO, Louis J. (Hrsg.): Transylvania. The Roots of Ethnic Conflict [Siebenbürgen. Die Wurzeln des ethnischen Konfliktes], Kent, Ohio 1983
zitiert: Cadzow/Ludanyi/Elteto (mit Bearbeiter)

CAMERER, Rudolf: Verbesserung des Minderheitenschutzes gegen den Willen der betreffenden Staaten, Berlin, Bonn 1932

CAPOTORTI, Francesco: Die Rechte der Angehörigen von Minderheiten, VN 1980/113 ff.

CAPOTORTI, Francesco: Study on the Rights of Persons Belonging to Ethnic, Religious and Linguistic Minorities [Studie über die Rechte von Personen, die ethnischen, religiösen und sprachlichen Minderheiten angehören], UN Doc. E/CN.4/Sub.2/384/Rev. 1, New York 1979
zitiert: Capotorti-Studie

CAPOTORTI, Francesco: The protection of minorities under multilateral agreements on Human Rights [Der Minderheitenschutz unter multilateralen Menschenrechtsvereinbarungen], ItalYIL 1976/3 ff.

CARTNER, Holly: Struggling for ethnic identity. Ethnic Hungarians in Romania [Ein Kampf für die ethnische Identität. Ethnische Ungarn in Rumänien], Helsinki Watch, Human Rights Watch, New York, Washington, Los Angeles, London 1993

CASTAÑEDA, Jorge: Legal effects of United Nations resolutions [Rechtliche Wirkungen von Resolutionen der Vereinten Nationen], New York 1969

ČCHIKVADZE, V. M. (Hrsg.): Национальные отношения и государство в современный период [Die nationalen Beziehungen und der Staat in der gegenwärtigen Periode], Moskau 1972
zitiert: Čchikvadze u.a.

ÇELA, Aranit / ÇAMI, Foto / HYSI, Gramos / OMARI, Luan: E drejta kushtetuese e RPS të Shqipërisë [Das Verfassungsrecht der SVR Albanien], Tirana 1989
zitiert: Çela/Çami/Hysi/Omari (mit Bearbeiter)

CETERCHI, I. / BOLINTINEANU, A. / ANDRONE, N.: Drepturile omului în lumea contemporană. Cooperarea internațională [Die Menschenrechte in der heutigen Welt. Internationale Zusammenarbeit], Bukarest 1980

CHRISTOPULOS, Dimitris: Minority Protection: Towards a new European approach [Minderheitenschutz: Zu einem neuen europäischen Weg], Balkan Forum Volume 2 No 1 March 1994 [Balkan Forum Band 2 Nr. 1 März 1994] S. 155 ff.

CIBULKA, Lubor: Constitutional Law of the Slovak Republic [Verfassungsrecht der Slowakischen Republik], in: Frankowski, Stanislaw / Stephan, Paul B. (Hrsg.): Legal Reform in Post-Communist Europe. The View from Within [Rechtsreform im postkommunistischen Europa. Der Blick von innen], Dordrecht, Boston, London 1995, S. 95 ff.

ČOK, Vida: Pravo na državljanstvo [Recht auf Staatsbürgerschaft], JRMP 1995/188 ff.

CONSTANTINESCU, Miron / PASCU, Ştefan (Hrsg.): Desăvîrşirea unificării statului național român. Unirea Transilvaniei cu vechea Românie [Die Vollendung der Vereinigung des rumänischen Nationalstaates. Die Vereinigung Siebenbürgens mit Altrumänien], Bukarest 1968
zitiert: Constantinescu/Pascu (mit Bearbeiter)

CONSTANTINESCU, M. / DELEANU, I. / IORGOVAN, A. / MURARU, I. / VASILESCU, F. / VIDA, I.: Constituția României comentată și adnotată [Die Verfassung Rumäniens, kommentiert und mit Bemerkungen versehen], Bukarest 1992
zitiert: Constantinescu/Deleanu/Iorgovan/Muraru/Vasilescu/Vida (mit Bearbeiter)

CRAIUTU, Aurelian: A Dilemma of Dual Identity: the Democratic Alliance of Hungarians in Romania [Ein Dilemma doppelter Identität: der Demokratische Verband der Ungarn in Rumänien], EECR Nr. 2 Bd. 4 1995/43 ff.

CROWE, David: The Gypsies in Hungary [Die Zigeuner in Ungarn], in: Crowe, David / Kolsti, John (Hrsg.): The Gypsies of Eastern Europe [Die Zigeuner Osteuropas], Armonk, London 1991, S. 117 ff.

von CSEKEY, Stephan: Die Entwicklung des öffentlichen Rechts in Ungarn seit 1926, JÖR 1931/199 ff.

von CSEKEY, Stephan: Die Verfassungsentwicklung Estlands 1918 - 1928, JÖR 1928/168 ff.

von CSEKEY, Stephan: Ungarns Staatsrecht nach dem Weltkrieg, JÖR 1926/409 ff.

CSIHÁK, György: A magyar parlamentarizmus ezer éve [Tausend Jahre ungarischer Parlamentarismus], Budapest 1992

CSIZMADIA, Andor: A magyar közigazgatás fejlődése a XVIII. századtól a tanácsrendszer létrejöttéig [Die Entwicklung der ungarischen öffentlichen Verwaltung vom 18. Jahrhundert bis zur Entstehung des Rätesystems], Budapest 1976
zitiert: Csizmadia, Fejlődés

CSIZMADIA, Andor: A regionális és a városi igazgatás fejlődése Magyarországon [Die Entwicklung der regionalen und städtischen Verwaltung in Ungarn], ÁI 1978/1 ff.

CSIZMADIA, Andor / KOVÁCS, Kálmán / ASZTALOS, László: Magyar állam- és jogtörténet [Ungarische Staats- und Rechtsgeschichte], 2. Aufl. Budapest 1981
zitiert: Csizmadia/Kovács/Asztalos (mit Bearbeiter)

CYŽ, Beno: Die DDR und die Sorben, Bautzen 1969

DANAILOV-FRČKOVSKI, Ljubomir: Minorities and Self-Determination [Minderheiten und Selbstbestimmung], Balkan Forum Volume 3 No 4 (13) December 1995 [Balkan Forum Band 3 Nr. 4 (13) Dezember 1995] S. 97 ff.

DAWISHA, Karen / PARROTT, Bruce: Russia and the new states of Eurasia, Cambridge 1994

DELLENBRANT, Jan Åke: Nationaliteter och Regionalpolitik I. Sovjetunionen [Nationalitäten und Regionalpolitik I. Die Sowjetunion], BtÖ 1982 Bd. 10 Nr. 1 S. 111 ff.

DENZLER, Georg / ANDRESEN, Carl: dtv Wörterbuch der Kirchengeschichte, München 1982

DESCHÊNES, Jules: Proposal concerning a Definition of the Term 'Minority' [Vorschlag bezüglich der Definition des Ausdruckes 'Minderheit'], UN Doc. E/CN.4/Sub.2/1985/31, New York 1985

DICKE, Klaus: Die UN-Deklaration zum Minderheitenschutz, Europa-Archiv 1993/107 ff.

DINSTEIN, Yoram: Collective Human Rights of Peoples and Minorities [Kollektive Menschenrechte von Völkern und Minderheiten], ICLQ 1976 Bd. 25 S. 102 ff.

DINSTEIN, Yoram / TABORY, Mala (Hrsg.): The Protection of Minorities and Human Rights [Der Schutz von Minderheiten und Menschenrechten], Dordrecht, Boston, London 1992
zitiert: Dinstein/Tabory (mit Bearbeiter)

DOEHRING, Karl: Das Gutachten des Generalsekretärs der Vereinten Nationen über die Fortgeltung der nach dem ersten Weltkrieg eingegangenen Minderheitenschutzverpflichtungen, ZaöRV 1953/54 S. 521 ff.

DOEHRING, Karl: Die allgemeinen Regeln des völkerrechtlichen Fremdenrechts und das deutsche Verfassungsrecht, Köln, Berlin 1963

DÖRGE, Heinrich: Der autonome Verband im geltenden Staats- und Völkerrecht, Wien, Leipzig 1931

DOSTÁL, Ondrej: Die Stellung der nationalen Minderheiten in der Slowakei, Südosteuropa 1996/256 ff.

DROST, Peter N.: The Crime of State. Penal Protection for fundamental freedoms of persons and peoples, Volume 2: Genocide [Das Verbrechen des Staates. Strafrechtlicher Schutz für grundlegende Freiheiten von Personen und Völkern, Bd. 2: Völkermord], Leyden 1959

DUDEN, Etymologie, Herkunftswörterbuch der deutschen Sprache, Duden Bd. 7, 2. Aufl. Mannheim 1989
zitiert: Duden, Etymologie

DUPUIS, René: Le Problème Hongrois [Die Ungarische Frage], Paris 1931

DUPUY, Pierre-Marie: Droit international public [Völkerrecht], 3. Aufl. Paris 1995

EGYED, Stefan: Das staatsrechtliche Provisorium Ungarns, Ostrecht 1926/47 ff.

EISENHARDT, Ulrich: Deutsche Rechtsgeschichte, München 1984

ELLE, Ludwig: Die Sorben in der Statistik, in: Maćica Serbska (Hrsg.): Die Sorben in Deutschland, Bautzen 1991, S. 21 ff.

ELTE, Állam- és Jogtudományi Kar [ELTE, Staats- und Rechtswissenschaftliche Fakultät] (Hrsg.): Az alktományozás jogi kérdései. Az Eötvös Loránd Tudományegyetem és a linzi Johannes Kepler Egyetem 1995. július 6-7-én tartott alktományjogi szimpóziuma [Die Fragen der Verfassunggebung. Das verfassungsrechtliche Symposium der Loránd Eötvös Universität und der Linzer Johannes Kepler Universität vom 6. - 7. Juli 1995], Budapest 1995
zitiert: ELTE (mit Bearbeiter)

ENCYCLOPEDIA of the Public International Law [Enzyklopädie des Völkerrechts], Bd. 8 Amsterdam 1985
zitiert: Encyclopedia (mit Bearbeiter)

ENGEL, Pál: Magyarok Európában I, Beilleszkedés Európába, a kezdetektől 1440-ig [Ungarn in Europa I, Einfügung in Europa, von den Anfängen bis 1440], Budapest 1990

ERICHSEN, Hans-Uwe (Hrsg.): Allgemeines Verwaltungsrecht, 10. Aufl. Berlin 1995
zitiert: Erichsen (mit Bearbeiter)

ERMACORA, Felix: Diskriminierungsschutz und Diskriminierungsverbot in der Arbeit der Vereinten Nationen, Wien 1971
zitiert: Ermacora, Diskriminierungsschutz

ERMACORA, Felix: Handbuch der Grundfreiheiten und der Menschenrechte, Wien 1963
zitiert: Ermacora, Handbuch

ERMACORA, Felix: Nationalitätenkonflikt und Volksgruppenrecht. Ansätze - Hindernisse für Konfliktverständnis und Konfliktlösung in den Vereinten Nationen und im Europarat, Wien 1978
zitiert: Ermacora, Nationalitätenkonflikt

ERMACORA, Felix: Neubesinnung auf Volksgruppen- und Minderheitenschutz im Donauraum, Der Donauraum 1991 Heft 3 S. 5 ff.

ERMACORA, Felix: The Protection of Minorities before the United Nations [Der Minderheitenschutz vor den Vereinten Nationen], RdC 1983 Bd. IV S. 247 ff.

ERMACORA, Felix: Über den Minderheitenschutz im europäischen Südosten, JIR 1967/160 ff.

ERMACORA, Felix: Über den Minderheitenschutz in den Friedensverträgen der Donaustaaten nach dem Zweiten Weltkrieg, Der Donauraum 1966/64 ff.

ERMACORA, Felix: Volksgruppenausgleich in Österreich? ZaöRV 1977/276 ff.

ERMACORA, Felix / TRETTER, Hannes / PELZL, Alexander (Hrsg.): Volksgruppen im Spannungsfeld von Recht und Souveränität in Mittel- und Osteuropa. Ethnos 40, Wien 1993
zitiert: Ermacora/Tretter/Pelzl (mit Bearbeiter)

FALK, Richard A.: On the quasi-legislative competence of the General Assembly [Über die quasi-gesetzgeberische Befugnis der Generalversammlung], AJIL 1966/782 ff.

FEHÉR, György: Struggling for ethnic identity. The Gypsies in Hungary [Der Kampf um die ethnische Identität. Die Zigeuner in Ungarn], Helsinki Watch, Human Rights Watch, New York, Washington, Los Angeles, London 1993

FEHÉR, Lajos: Az urbanizáció és a városi cím [Die Verstädterung und der Stadttitel], ÁI 1973/481 ff.

FICZERE, Lajos: A civil társadalmi szerveződések (kamarák) szerepe a kormányzati döntéshozatal rendszerében [Die Rolle der Organisationen der zivilen Gesellschaft (Kammern) im System der Entscheidungsfindung der Regierung], Comitatus 1995 Bd. 4 (April) S. 3 ff.

FINCH, George A.: The Peace Conference of Paris, 1919 [Die Pariser Friedenskonferenz, 1919], AJIL 1919/159 ff.

FINCKE, Martin (Hrsg.): Handbuch der Sowjetverfassung. Bd I: Präambel, Art. 1 - 69, Berlin 1983
zitiert: Fincke (mit Bearbeiter)

FIROIU, Dumitru / MARCU, Liviu P.: Istoria dreptuli românesc [Geschichte des rumänischen Rechtes], Bd. 2 Teil 1, Bukarest 1984
zitiert: Firoiu/Marcu (mit Bearbeiter)

FODOR, Péter / KŐVÁGÓ, László / STARK, Ferenc / VERSEGHI, György (Hrsg.): Együtt a nemzetiségekkel. Nemzetiségi politika a mai Magyarországon [Zusammen mit den Nationalitäten. Nationalitätenpolitik im heutigen Ungarn], Budapest 1984
zitiert: Fodor u.a. (mit Bearbeiter)

FÖLDESI, Tamás: Emberi Jogok [Menschenrechte], Budapest 1989

FROWEIN, Jochen Abr. / HOFMANN, Rainer / OETER, Stefan (Hrsg.): Das Minderheitenrecht europäischer Staaten (Beiträge zum ausländischen öffentlichen Recht und Völkerrecht), 2 Bde, Berlin, Heidelberg, New York, London, Paris, Tokyo, Hong Kong, Barcelona, Budapest 1993
zitiert: Frowein/Hofmann/Oeter (mit Bearbeiter)

FROWEIN, Jochen Abr. / PEUKERT, Wolfgang (Hrsg.): Europäische MenschenRechtsKonvention. EMRK-Kommentar, Kehl, Straßburg, Arlington 1985
zitiert: Frowein/Peukert (mit Bearbeiter)

FURTAK, Robert: Die politischen Systeme der sozialistischen Staaten, München 1979

GAÁL, Sándor: A közgigazgatási bíráskodás néhány szervezeti és hatásköri kérdése [Einige organisatorische und Kompetenzfragen der Verwaltungsrechtsprechung], MK 1996/390 ff.

GABRIEL, Hannes / QUILITZSCH, Siegmar: Umbruch in der UdSSR und in Osteuropa, Osteuropa 1990/689 ff.

GALEY, Margaret E.: Indigenous peoples, international consciousness raising and the development of international law on Human Rights [Eingeborene Völker, Weckung internationalen Bewußtseins und die Entwicklung des Völkerrechts der Menschenrechte], RDH 1975/21 ff.

GÁLL, Ernő: Nemzeti és nemzetiségi tudat [National- und Nationalitätenbewußtsein], TSz 1990 Bd. 7 S. 8 ff.

GARGAS, Sigismond: Le Problème du Fédéralisme en Autriche-Hongrie [Das Föderalismusproblem in Österreich-Ungarn], RDP 1927/5 ff.

GAZERIAN, Hacik / NALBANDIAN, Hagop: Kurzinformation zu Geschichte und Gegenwart der Armenisch-Apostolischen Kirche, Köln 1995

GEILKE, Georg: Die Sowjetisierung von Staat und Recht in den europäischen Volksdemokratien, WGO-MfOR 1963/10 ff.

GENOVSKI, Michail: Основи на международното право [Grundlagen des Völkerrechtes], 3. Aufl. Sofia 1969

GERBER, Hans: Minderheitenrecht im Deutschen Reich. Ein Kommentar zu Art. 113 der Reichs-Verfassung, Berlin 1929

GERGELY, András: Hatalom, helyi társadalom, etnikum [Macht, örtliche Gesellschaft, Ethnikum], MK 1990/769 ff.

GEROE, Michael R. / GUMP, Thomas K.: Hungary and a New Paradigm for the Protection of Ethnic Minorities in Central and Eastern Europe [Ungarn und ein neues Paradigma für den Schutz ethnischer Minderheiten in Mittel- und Osteuropa], CJTL Bd. 32 Nr. 3 1995, S. 673 ff.

GLATZ, Ferenc: Minderheiten in Ost-Mitteleuropa, Budapest 1993

GORZKA, Gabriele (Hrsg.): Ungarn im Wandel. Zwischenbilanz und Aspekte der ungarisch-deutschen Beziehungen, Köln 1995
zitiert: Gorzka (mit Bearbeiter)

GOSZTONY, Peter: Das Ende der Habsburgmonarchie in Ungarn 1918, Politische Studien 1968/694 ff.

GOTLIEB, Allan (Hrsg.): Human Rights, federalism and minorities / Les droits de l'Homme, le fédéralisme et les minorités [Menschenrechte, Föderalismus und Minderheiten], Toronto 1970
zitiert: Gotlieb (mit Bearbeiter)

GROTHUSEN, Klaus-Detlev (Hrsg.): Südosteuropa-Handbuch Band V: Ungarn, Göttingen 1987
zitiert: Grothusen (mit Bearbeiter)

GROTMANN, Richard: Die Rechtslage der Deutschen Volksgruppe in Ungarn, Gießen 1940

GRUDA, Zejnullah: E drejta e vetëvendosjes së popujve [Das Selbstbestimmungsrecht der Völker], E drejta [Das Recht] 2/1996, S. 5 ff.

GURADZE, Heinz: Die Europäische Menschenrechtskonvention. Kommentar, Berlin, Frankfurt/Main 1968

GYŐRFI, Tamás: A diszkrimináció tilalma: egy különleges státuszú jog [Das Diskriminierungsverbot: ein Recht von besonderem Status], JK 1996/275 ff.

GYŐRI, Elekné / TIBOLDI, Tiborné: A kisebbségi önkormányzatok képviselőinek nyújtott képzés [Die den Abgeordneten der Minderheitenselbstverwaltungen gewährte Ausbildung], MK 1996/618 ff.

HACKER, Jens: Die allgemeinen Menschenrechte in den UN-Menschenrechts-Konventionen und in der KSZE-Schlußakte, in: Die KSZE und die Menschenrechte, Der Göttinger Arbeitskreis, Veröffentlichung Nr. 420, Berlin 1977, S. 73 ff.

HALMAI, Gábor: Einleitung zur ungarischen Verfassungsrevision, JÖR 1990/253 ff.

HALMAI, Gábor: Von der gelebten Verfassung bis zur Verfassungsstaatlichkeit in Ungarn, Osteuropa Recht 1990/1ff.

HAMZA, Gábor: Európaiság Jászi Oszkár gondolatvilágában [Europäertum in der Gedankenwelt von Oszkár Jászi], Acta Facultatis Politicae-Iuridicae Universitatis Scientiarum Budapestinensis de Roland Eötvös Nominatae [Zeitschrift der Fakultät für Staats- und Rechtswissenschaft der Loránd-Eötvös-Universität Budapest], 1991/92 S. 179 ff.

HANÁK, Péter (Hrsg.): Die Geschichte Ungarns, Von den Anfängen bis zur Gegenwart, Essen 1988
zitiert: Hanák, Geschichte

HANÁK, Péter (Hrsg.): Die nationale Frage in der Österreichisch-Ungarischen Monarchie 1900 - 1918, Budapest 1966
zitiert: Hanák, Nationale Frage (mit Bearbeiter)

HANÁK, Péter: Ungarn in der Donaumonarchie. Probleme der bürgerlichen Umgestaltung eines Vielvölkerstaates. Schriftenreihe des Österreichischen Ost- und Südosteuropa-Instituts Band X, Wien, München, Budapest 1984
zitiert: Hanák, Donaumonarchie

HANGA, Vladimir (Hrsg.): Istoria dreptului românesc [Geschichte des rumänischen Rechtes], Bd. 1, Bukarest 1980
zitiert: Hanga (mit Bearbeiter)

HANSEN, Jürgen: Die Institution des Ombudsman, Frankfurt/Main 1972

HARASZTI, György / HERCZEGH, Géza / NAGY, Károly: Nemzetközi jog [Völkerrecht], 4. Aufl. Budapest 1983

HATSCHIKJAN, Magarditsch A. / WEILEMANN, Peter R. (Hrsg.): Nationalismen im Umbruch. Ethnizität, Staat und Politik im neuen Osteuropa, Köln 1995
zitiert: Hatschikjan/Weilemann (mit Bearbeiter)

HAUSMANN, Hartmut: Die neue Agenda für die europäische Politik, APuZ, B 10/96, 1. März 1996, S. 3 ff.

HECKMANN, Friedrich: Ethnische Minderheiten, Volk und Nation. Soziologie interethnischer Beziehungen, Stuttgart 1992

HEGYI, Gyula: A baloldaliság öröme [Die Freune am Linkssein], in: Hegyi, Gyula: A baloldaliság öröme, Budapest 1993, S. 92 ff.
zitiert: Hegyi, A baloldaliság

HEGYI, Gyula: Vissza a Futrinka utcába? (Kádár: egy ember és egy rendszer) [Zurück in die Futrinka-Straße? (Kádár: ein Mensch und ein System)], in: Hegyi, Gyula: A baloldaliság öröme [Die Freude am Linkssein], Budapest 1993, S. 80 ff.
zitiert: Hegyi, Vissza

HEINTZE, Hans-Joachim: Selbstbestimmungsrecht und Minderheitenrechte im Völkerrecht. Herausforderungen an den globalen und regionalen Menschenrechtsschutz, Baden-Baden 1994

HELLBLING, Ernst C.: Österreichische Verfassungs- und Verwaltungsgeschichte, Wien 1956

HENRY, Paul: Le Problème des Nationalités [Das Problem der Nationalitäten], Paris 1937

HERCZEGH, Géza: La protection des minorités par le droit international [Der Schutz der Minderheiten durch das Völkerrecht], Acta Juridica Academiae Scientiarum Hungaricae [Juristische Zeitschrift der Ungarischen Akademie der Wissenschaften] 1990 Bd. 32 S. 215 ff.

HERCZEGH, Géza (Hrsg.): Nemzetközi Jog [Völkerrecht], Budapest 1989
zitiert: Herczegh (mit Bearbeiter)

HERRNFELD, Hans-Holger: Recht europäisch. Rechtsreform und Rechtsangleichung in den Visegrád-Staaten, Gütersloh 1995

HIGGINS, Rosalyn: The development of international law through the political organs of the United Nations [Die Entwicklung des Völkerrechts durch die politischen Organe der Vereinten Nationen], London 1963

HILLGRUBER, Christian / JESTAEDT, Matthias: Die Europäische Menschenrechtskonvention und der Schutz nationaler Minderheiten, Bonn 1993

HINSLEY, F. H. (Hrsg.): The New Cambridge Modern History, Volume XI: Material Progress and World-Wide Problems; 1870 - 1898 [Die Neue Cambridger Moderne Geschichte, Band XI: Materieller Fortschritt und Weltweite Probleme; 1870 - 1898], Cambridge 1970
zitiert: Hinsley (mit Bearbeiter)

HOENSCH, Jörg K.: Geschichte Ungarns 1867 - 1983, Stuttgart, Berlin, Köln, Mainz 1984

HOFMANN, Rainer: Minderheitenschutz in Europa, Berlin 1995

HOFMANN, Rainer: Minderheitenschutz in Europa, ZaöRV 1992/1 ff.

HOLLÓ, András: A közigazgatás ügyészi felügyeletének államjogi alapkérdései [Die staatsrechtlichen Grundfragen der staatsanwaltlichen Aufsicht über die öffentliche Verwaltung], Budapest 1989
zitiert: Holló, A közigazgatás

HOLLÓ, András: Az államjogtól a jogállamig. A közjog "forradalma" [Vom Staatsrecht zum Rechtsstaat. Die öffentlich-rechtliche "Revolution"], Budapest 1993
zitiert: Holló

HOLLÓ, András / BALOGH, Zsolt: Az értelmezett alkotmány [Die kommentierte Verfassung], Budapest 1995
zitiert: Holló/Balogh (mit Bearbeiter)

HORVÁTH, Pál (Hrsg.): Általános Jogtörténet [Allgemeine Rechtsgeschichte], Budapest 1991
zitiert: Horváth, Jogtörténet (mit Bearbeiter)

HORVÁTH, Tibor (Hrsg.): Büntetésvégrehajtási jog [Strafvollstreckungsrecht], Bd. 2, Budapest 1983
zitiert: Horváth, Büntetésvégrehajtás (mit Bearbeiter)

HOŠKOVÁ, Mahulena: Das slowakische Staatssprachengesetz vom 15. November 1995, WGO-MfOR 1996/177 ff.

HUGELMANN, Karl Gotthilf (Hrsg.): Das Nationalitätenrecht des alten Österreich, Wien, Leipzig 1934
zitiert: Hugelmann (mit Bearbeiter)

HULS, N. J. H. / STOUT, H. D. (Hrsg.): Recht in een multiculturele samenleving [Recht in einem multikulturellen Zusammenleben], Zwolle 1993
zitiert: Huls/Stout (mit Bearbeiter)

IPSEN, Knut: Völkerrecht, 3. Aufl. München 1990

ISMAJLI, Rexhep: Etni e modernitet [Ethnie und Modernität], Tirana 1994

ISRAĖLJAN, Viktor Levonovič: 133 героических дня [133 heldenhafte Tage], Moskau 1959

IZIK-HEDRI, Gabriella: Ungarn im Wandel, Osteuropa 1990/453 ff.

JAIN, M. P.: Indian Constitutional Law [Indisches Verfassungsrecht], 3. Aufl. Bombay 1983

JANKULOSKI, Zvonimir: "Nationality" (Minority) Protection in Macedonia: A Question of Human Rights or Politics [Schutz der "Nationalitäten" (Minderheiten) in Makedonien: Eine Frage der Menschenrechte oder der Politik], Balkan Forum Volume 4 No 2 (15) June 1996 [Balkan Forum Band 4 Nr. 2 (15) Juni 1996] S. 155 ff.

JEWTUCH, Wolodymyr: Ethnische Minderheiten in der Ukraine, in: Hausmann, Guido / Kappeler, Andreas (Hrsg.): Ukraine: Gegenwart und Geschichte eines neuen Staates, Baden-Baden 1993, S. 272 ff.

JOÓ, Rudolf: A nemzetiségek egyenjogúsításának útján [Auf dem Wege der Gleichberechtigung der Nationalitäten], Budapest 1983

JUSTIZMINISTERIUM der Republik Ungarn (Hrsg.): A Magyar Köztársaság Alkotmányának szabályozási koncepciója (előzetes szakmai munkaanyag) [Die Regelungskonzeption der Verfassung der Republik Ungarn (vorläufige Arbeitsfachmaterialien)], Budapest März 1995
zitiert: Justizministerium, Verfassungskonzeption

KALLAS, Marian: Parlamentarische Arbeiten am Status der nationalen und ethnischen Minderheiten in Polen, Osteuropa Recht 1995/173 ff.

KALTENBACH, Jenő: Beszámoló a Nemzeti és Etnikai Kisebbségi Jogok Országgyűlési Biztosának Tevékenységéről, 1995. július 1. - 1996. december 31. [Bericht über die Tätigkeit des Parlamentarischen Beauftragten für die Rechte der nationalen und ethnischen Minderheiten, 1. Juli 1995 - 31. Dezember 1996], Budapest 1997
zitiert: Kaltenbach, Beszámoló

KALTENBACH, Jenő: Die Entwicklung der kommunalen Selbstverwaltung in Ungarn, JOR 1990 Bd. 31 (Halbbd. 1) S. 77 ff.

KAMPO, Volodymyr: Die ukrainischen Reformen: Politik und Recht, Osteuropa Recht 1995/280 ff.

KANN, Robert A.: Die Nationalitätenpolitik der Habsburgermonarchie, Bd. 1: Das Reich und die Völker, Bd. 2: Ideen und Pläne zur Reichsreform, 2. Aufl. Köln, Graz 1964

KAPPELER, Andreas: Rußland als Vielvölkerreich, Frankfurt/Main 1992

KARDOS, József: A Szentkorona-tan története 1919 - 1944 [Die Geschichte der Lehre von der Heiligen Krone 1919 - 1944], 2. Aufl. Budapest 1987

KASER, Karl: Zum Problem der Erhaltung von Gewaltvorstellungen am Beispiel der ehemaligen österreichischen Militärgrenze, in: Hardten, Eggert / Stanisavljević, André / Tsakiris, Dimitris (Hrsg.): Der Balkan in Europa, Frankfurt/Main, Berlin, Bern, New York, Paris, Wien 1996, S. 123 ff.

KASTARI, Paavo: Die Funktion des Ombusman im skandinavischen Recht, JÖR 1972/219 ff.

KATONÁNÉ SOLTÉSZ, Márta (Hrsg.): Emberi Jogok Hazánkban [Menschenrechte in unserem Vaterland], Budapest 1988
zitiert: Katonáné (mit Bearbeiter)

KECSKÉS, László: EK-jog és jogharmonizáció [EU-Recht und Rechtsangleichung], Budapest 1997

KENDI, Erich: Minderheitenschutz in Rumänien, München 1992

KILÉNYI, Géza: Az alaptörvény stabilitását szolgáló garanciák a külföldi alkotmányokban és nálunk [Die Garantien der Stabilität des Grundgesetzes in den ausländischen Verfassungen und bei uns], JK 1996/110 ff.

KIMMINICH, Otto: Die Menschenrechte in der Friedensregelung nach dem Zweiten Weltkrieg, Berlin 1990
zitiert: Kimminich, Menschenrechte

KIMMINICH, Otto: Einführung in das Völkerrecht, 5. Aufl. Tübingen, Basel 1992
zitiert: Kimminich, Völkerrecht

KIMMINICH, Otto: Konferenz über Sicherheit und Zusammenarbeit in Europa und Menschenrechte, AdV 1977/78 (Bd. 17) S. 274 ff.

KIMMINICH, Otto: Rechtsprobleme der polyethnischen Staatsorganisation, Mainz, München 1985
zitiert: Kimminich, Rechtsprobleme

KIMMINICH, Otto: Volksgruppenrecht und Recht auf die Heimat, JOR 1991 Bd. 32 (Halbbd. 1) S. 27 ff.

KING, Robert R.: Minorities under communism. Nationalities as a source of tension among Balkan communist states [Minderheiten unter dem Kommunismus. Nationalitäten als eine Spannungsquelle zwischen den kommunistischen Balkanstaaten], Cambridge/Mass. 1973

KISS, Daisy: A kétharmados törvényhozás [Die Zweidrittelgesetzgebung], MJ 1992/279 ff.

KLOCKE, Helmut: Zur ländlichen Struktur in Ungarn, Osteuropa 1983/ 145 ff.

KLOCKE, Helmut: Zur ungarischen Volkszählung von 1970, Osteuropa 1972/737 ff.

KNEIF, Tibor: Die Entwicklung des Verfassungsrechts in Ungarn seit 1945, JÖR 1959/365 ff.

KOLKMANN, Michael: Budapest 1994: Von der KSZE zur OSZE, KAS-AI 1995/6 S. 33 ff.

KÖNIG, René (Hrsg.): Soziologie, Fischer Lexikon Bd. 10, Frankfurt/ Main 1967
zitiert: König (mit Bearbeiter)

KONRÁD, György / SZELÉNYI, Iván: Az értelmiség útja az osztályhatalomhoz [Der Weg der Intelligenz zur Klassenmacht], Budapest 1989

KOPLIN, Bernhard: Nationale und ethnische Minderheiten im Verfassungsrecht der osteuropäischen Staaten, Berlin 1995

KORKISCH: Die rumänischen Gebietsabtretungen an Ungarn und Bulgarien und die Regelung damit zusammenhängender Volkstumsfragen, ZaöRV 1941/42 S. 707 ff.

KORTMANN, C. A. J. M. / BOVEND'EERT, P. P. T.: Inleiding constitutioneel recht [Einleitung Verfassungsrecht], 2. Aufl. Deventer 1995

KOSÁRY, Domokos: Magyarok Európában III, Újjáépítés és polgárosodás, 1711 - 1867 [Ungarn in Europa III, Wiederaufbau und Verbürgerlichung, 1711 - 1867], Budapest 1990

KOVÁCS, Endre (Hrsg.): Magyarország története [Geschichte Ungarns], Bd. 6, 1. Halbbd., Budapest 1979
zitiert: Kovács, Történet

KOVÁCS, István (Hrsg.): Alkotmány és alkotmányosság [Verfassung und Konstitutionalität], Budapest 1989
zitiert: Kovács, Alkotmány (mit Bearbeiter)

KOVÁCS, István: A magyar alkotmány fejlődése [Die Entwicklung der ungarischen Verfassung], ÁJ 1960/343 ff.

KOVÁCS, István: Negyedszázad a népi demokratikus alkotmányfejlődés útján (1949 - 1974) [Ein Vierteljahrhundert auf dem Weg der volksdemokratischen Verfassungsentwicklung (1949 - 1974)], ÁJ 1974/3 ff.

KŐVÁGÓ, László: Kisebbség - nemzetiség [Minderheit - Nationalität], Budapest 1977
zitiert: Kővágó, Kisebbség

KŐVÁGÓ, László: Nemzetségi kérdés - nemzetségi politika [Nationalitätenfrage - Nationalitätenpolitik], Budapest 1968
zitiert: Kővágó, Nemzetségi kérdés

KRISTAN, Ivan: Verfassungsentwicklung in Slowenien, JÖR 1994/59 ff.

KRIVÝ, Vladimír: Die Gründung des slowakischen Staates und ihre Folgen, Südosteuropa 1996/197 ff.

KÜHN, Angelika: Privilegierung nationaler Minderheiten im Wahlrecht der Bundesrepublik Deutschland und Schleswig-Holsteins, Frankfurt/ Main 1991

KUKORELLI, István (Hrsg.): Alkotmánytan [Verfassungslehre], Budapest 1992
zitiert: Kukorelli, Alkotmánytan (mit Bearbeiter)

KUKORELLI, István: Az Országgyűlésről gondolkodva [Nachdenken über das Parlament], TSz 1989 Bd. 2 S. 30 ff.

KUKORELLI, István / SCHMIDT, Péter (Hrsg.): Az alkotmányosság alapjai [Die Grundlagen der Verfassungsstaatlichkeit], Budapest 1989
zitiert: Kukorelli/Schmidt (mit Bearbeiter)

KUNZ, Josef L.: The present status of the international law for the protection of minorities [Die gegenwärtige Lage des Völkerrechts hinsichtlich des Minderheitenschutzes], AJIL 1954/282 ff.

KUPCHAN, Charles C. (Hrsg.): Nationalism and Nationalities in the New Europe [Nationalismus und Nationalitäten im Neuen Europa], Ithaca, London 1994
zitiert: Kupchan (mit Bearbeiter)

KÜPPER, Herbert: Das ungarische Gesetz über die Angehörigen der ehemaligen Geheimpolizei XXIII/1994, Osteuropa Recht 1995/211 ff.

KÜPPER, Herbert: Der Sparkurs der ungarischen Regierung auf dem Prüfstand des Verfassungsgerichts, ROW 1996/101 ff.

KÜPPER, Herbert: Die armenischen Minderheiten in Europa, Ethnos-Nation 4. Jahrgang Heft 1/2 1996 S. 51 ff.

KÜPPER, Herbert: Die Grundrechte des Kindes in der ungarischen Verfassungsrechtsprechung, ROW 1996/274 ff.

KÜPPER, Herbert: Staats- oder Selbstverwaltung: Die Frage der mittleren Ebene in Ungarn, Der Landkreis1996/86 ff.

KUSS, Klaus-Jürgen: Rechtsstaatliche Wurzeln in Osteuropa, JÖR 1985/589 ff.

KWASNY, Kurt: Über Ungarn ist der Rote Stern erloschen. Nach Ausrufung der Republik beginnt der schwierigste Teil der Umgestaltung, Osteuropa 1990/240 ff.

KWASNY, Kurt: Ungarn - "Wer nicht gegen uns...", Osteuropa 1983/211 ff.

KWASNY, Kurt: Ungarns demokratische Stabilität auf dem Prüfstand, Osteuropa Archiv 1994/198 ff.

KWASNY, Kurt: Ungarns Kommunisten wagen mehr Demokratie, Osteuropa 1971/842 ff.

LACKÓ, Miklós: Ostmitteleuropäischer Faschismus, Vierteljahreshefte für Zeitgeschichte 1973/39 ff.

LASERSON, M.: Staat, Souveränität und Minorität, Riga, Berlin 1927

LAUTERPACHT, Hersch : International Law, Volume I: Peace [Völkerrecht, Bd. I: Frieden], 8. Aufl. London 1967

LÁZÁR, István: Kis magyar történelem [Kleine ungarische Geschichte], Budapest 1989

LELKES, György (Hrsg.): Magyar helységnév-azonosító szótár [Ungarisches Identifikationslexikon der Ortsnamen], Budapest 1992

LENDVAI, Paul: Das eigenwillige Ungarn. Von Kádár zu Grósz. 2. Aufl. Zürich, Osnabrück 1988

LENKEFI, Ferenc: Telepítések Veszprém vármegyében a XVIII. században [Ansiedlungen im Burgkomitat Veszprém im 18. Jahrhundert], Comitatus 1995 Bd. 2 (Februar) S. 67 ff.

LERNER, Natan: Group Rights and Discrimination in International Law [Gruppenrechte und Diskriminierung im Völkerrecht], Dordrecht, Boston, London 1991

LUDWIG, Klemens: Ethnische Minderheiten in Europa. Ein Lexikon, München 1995

LUKAS, Josef: Territorialitäts- und Personalitätsprinzip im österreichischen Nationalitätenrecht, JÖR 1908/333 ff.

LURYI, Yuri / LYUBECHANSKY, Alexander: Soviet / Russian legislation against national or racial hatred and discrimination [Sowjetische/russische Gesetzgebung gegen nationalen oder Rassenhaß und Diskriminerung], RCEEL 1994 Bd. 20 Nr. 2 S. 217 ff.

MACARTNEY, C. Aylmer: Geschichte Ungarns, Stuttgart, Berlin, Köln, Mainz 1971

MAĆKÓW, Jerzy: Der Totalitarismus-Ansatz und der Zusammenbruch des Sowjetsozialismus, Osteuropa 1994/320 ff.

MAHNKE, Hans Heinrich: Die Prinzipienerklärung der KSZE-Schlußakte und das Völkerrecht, ROW 1977/45 ff.

MAJOROS, Ferenc: Die Nachbarschaftsverträge der Bundesrepublik Deutschland mit Ungarn und der Tschechoslowakei, Osteuropa Recht 1994/1 ff.

MAJOROS, Ferenc: Ungarns neue Verfassungsordnung: Die Genese einer neuen demokratischen Republik nach westlichen Maßstäben, Osteuropa Recht 1990/85 ff., 161 ff.

MAJTÉNYI, László: Ombudsmann. Állampolgári jogok biztosa [Ombudsmann. Beauftragter für Staatsbürgerrechte], Budapest 1992

MARCZALI, Heinrich: Ungarisches Verfassungsrecht, Tübingen 1911

MARK, Rudolf: Die politische Entwicklung in der Ukraine und in Weißrußland, in: Meissner, Boris / Eisfeld, Alfred (Hrsg.): Die GUS-Staaten in Europa und Asien, Baden-Baden 1995, S. 43 ff.

MARKEFKA, Manfred: Vorurteile, Minderheiten, Diskriminierung, 5. Aufl. Neuwied 1984

MARKO, Joseph: Der Minderheitenschutz in den jugoslawischen Nachfolgestaaten, Bonn 1996

MÁRKUS, Desider: Ungarisches Verwaltungsrecht, Tübingen 1912

MÁRKUS, György G.: Politische Konfliktlinien und Legitimation in Ostmitteleuropa: Der Fall Ungarn, Osteuropa 1993/1167 ff.

MARSHALL BROWN, Philip: Self-Determination in Central Europe [Selbstbestimmung in Mitteleuropa], AJIL 1920/235 ff.

MAURACH, Reinhart: Handbuch der Sowjetverfassung, München 1955

MAURACH, Reiner / ROSENTHAL, Walther (Hrsg.): Fragen des mitteleuropäischen Minderheitenrechts, Herrenalb 1967
zitiert: Maurach/Rosenthal (mit Bearbeiter)

MAURER, Hartmut: Allgemeines Verwaltungsrecht, 10. Aufl. München 1995

MAVI, Viktor: A kisebbségi csoportjogok védelme a nemzetközi jogban [Der Schutz der Minderheitengruppenrechte im Völkerrecht], ÁJ 1991/50 ff.

MAVI, Viktor: The UN Human Rights system and the Helsinki process: meaning, assessment and perspectives [Das Menschenrechtssystem der UN und der Prozeß von Helsinki: Bedeutung, Einschätzung und Perspektiven], Acta Juridica Academiae Scientiarum Hungaricae [Juristische Zeitschrift der Ungarischen Akademie der Wissenschaften] 1990 Bd. 32 S. 327 ff.

MAYER, Theodor (Hrsg.): Der österreichisch-ungarische Ausgleich von 1867, München 1968
zitiert: Mayer (mit Bearbeiter)

MAYER-TASCH, Peter Cornelius: Korporativismus und Autoritarismus, Frankfurt/Main 1971

MAYR, Alois / GRIMM, Frank-Dieter (Hrsg.): Städte und Städtesysteme in Mittel- und Südosteuropa, Beiträge zur regionalen Geographie des Instituts für Länderkunde Leipzig Bd. 39, Leipzig 1996
zitiert: Mayr/Grimm (mit Bearbeiter)

MAZOV, Vasilij Antonovič: Принципы Хельсинки и международное право [Die Prinzipien von Helsinki und das Völkerrecht], Moskau 1980

de MEIJ, J. M.: Inleiding tot het staatsrecht en het bestuursrecht [Einleitung zum Staatsrecht und zum Verwaltungsrecht], 6. Aufl. Groningen 1996

MEISSNER, Boris: Das Parteiprogramm der KPdSU 1903 bis 1961, Köln 1962
zitiert: Meissner, Parteiprogramm

MEISSNER, Boris: Die Vertragsbeziehungen zwischen der Rußländischen Föderation und den ostmittel- und südosteuropäischen Staaten, Osteuropa Recht 1995/30 ff.

MEISSNER, Boris: Entstehung, Fortentwicklung und ideologische Grundlagen des sowjetischen Bundesstaates, in: Meissner, Boris / Schroeder, Friedrich-Christian: Bundesstaat und Nationalitätenrecht in der Sowjetunion, Berlin 1974, S. 9 ff.
zitiert: Meissner in Meissner/Schroeder

MENZEL, Eberhard / IPSEN, Knut: Völkerrecht, 2. Aufl. München 1979

MIHAI, Lucian: Constitutional Law of Romania [Das Verfassungsrecht Rumäniens], in: Frankowski, Stanislaw / Stephan, Paul B. (Hrsg.): Legal Reform in Post-Communist Europe. The View from Within [Rechtsreform im postkommunistischen Europa. Der Blick von innen], Dordrecht, Boston, London 1995 S. 51 ff.

MINORITY RIGHTS GROUP (Hrsg.): Minorities in Central and Eastern Europe [Minderheiten in Mittel- und Osteuropa], London 1993
zitiert: MRG (mit Bearbeiter)

MITTEIS, Heinrich / LIEBERICH, Heinz: Deutsche Rechtsgeschichte, 18. Aufl. München 1988

MOCA, Gheorghe: Dreptul internațional [Völkerrecht], Bukarest 1983

MOGA, Vlad-Andrei: Romania and its minorities [Rumänien und seine Minderheiten], Balkan Forum Volume 2 No 4 December 1994 [Balkan Forum Band 2 Nr. 4 Dezember 1994] S. 243 ff.

MOHLEK, Peter / HOŠKOVÁ, Mahulena : Der Minderheitenschutz in der Republik Polen, in der Tschechischen und in der Slowakischen Republik, Bonn 1994
zitiert: Mohlek/Hošková (mit Bearbeiter)

MOMMSEN, Margareta (Hrsg.): Nationalismus in Osteuropa. Gefahrvolle Wege in die Demokratie, München 1992
zitiert: Mommsen, Nationalismus (mit Bearbeiter)

MOMMSEN, Wolfgang J.: Das Zeitalter des Imperialismus, Fischer Weltgeschichte Bd. 28, Frankfurt/Main 1969
zitiert: Mommsen, Imperialismus

MORGENSTIERNE, Bredo: Les Unions Suédo-Norvégienne et d'Autriche-Hongrie [Die schwedisch-norwegische Union und die von Österreich-Ungarn], RDP 1905/528 ff.

MOURADIAN, Claire: Die armenische Nationalbewegung im Osmanischen und Russischen Reich bis zum Ersten Weltkrieg, in: Halbach, Uwe / Kappeler, Andreas (Hrsg.): Krisenherd Kaukasus, Baden-Baden 1995, S. 80 ff.

MULDER, Louise: Minderheden als nieuwe bevolkingsgroepen [Minderheiten als neue Bevölkerungsgruppen], Nimwegen 1993

von MÜNCH, Ingo (Hrsg.): Grundgesetz-Kommentar, Bd. I (Präambel - Art. 20), 4. Aufl. München 1992
zitiert: v. Münch (mit Bearbeiter)

NAGY, Ernő: Magyarország Közjoga (Államjog) [Das öffentliche Recht Ungarns (Staatsrecht)], 6. Aufl. Budapest 1907
zitiert: Nagy, Ernő

NAGY, Ferencz: A magyar városi jog [Das ungarische Stadtrecht], Budapest 1912
zitiert: Nagy

NAGY, Miklós / PÓTI, László: Demokrácia és reform Európa keleti felében (Előszó) [Demokratie und Reform in der östlichen Hälfte Europas (Vorwort)], Külpolitika [Außenpolitik] 1990 Bd. 2 S. 3 ff.

NAGY von EÖTTEVÉNY, Olivier: Über das staatsrechtliche Verhältnis Kroatiens zu Ungarn, JÖR 1909/396 ff.

NAGYNÉ SZEGVÁRI, Katalin: A honfoglaló magyarokat befogadó Európa jogi kultúrája [Die Rechtskultur des die landnehmenden Ungarn aufnehmenden Europas], JK 1997/2 ff.

NAHIMI, Péter (Hrsg.): Ungartum und Europa 1992. Zusammenfassung des Bandes: Chancen und Hoffnungen im Karpaten-Becken, Budapest 1992
zitiert: Nahimi (mit Bearbeiter)

NÉMETHY von UJFALU, Karl: Die ungarische parlamentarische Reform, JÖR 1910/135 ff.

NEUMAYER, Karl H.: Über den Schutz bedrängter Sprachminderheiten, in: Festschrift für Friedrich August Freiherr von der Heydte, Berlin 1977, 1. Halbbd. S. 395 ff.

de NÈVE, Dorothée: Die Entwicklung der Parteiensystems in Rumänien nach 1989, Osteuropa 1996/40 ff.

de NÈVE, Dorothée: Wahlen in Rumänien - Eine späte Wende?, Osteuropa 1997/230 ff.

NIEWERTH, Johannes: Der kollektive und der positive Schutz von Minderheiten und ihre Durchsetzung im Völkerrecht, Berlin 1996

NOHLEN, Dieter (Hrsg.): Wörterbuch Staat und Politik, Bonn 1995
zitiert: Nohlen (mit Bearbeiter)

NOWAK, Manfred: UNO-Pakt über bürgerliche und politische Rechte und Fakultativprotokoll. CCPR-Kommentar, Kehl am Rhein, Straßburg, Arlington 1989

NOWUSCH, Hans: Die Gleichberechtigung der Bürger sorbischer Nationalität in der DDR - verwirklichtes Menschenrecht, 3. Aufl. Bautzen 1988

OLÁH, Miklós: Régi-új polgármesterek [Alt-neue Bürgermeister], Comitatus 1995 Bd. 7 (Juli) S. 30 ff.

OLTAY, Edith: Government and Parties in Hungary (1990 - 1994) [Regierung und Parteien in Ungarn (1990 - 1994)], Südosteuropa 1995/746 ff.

OXENKNECHT, Renate: Der Schutz ethnischer, religiöser und sprachlicher Minderheiten in Art. 27 des Internationalen Paktes über bürgerliche und politische Rechte vom 16. Dezember 1966, Frankfurt/Main, Bern, New York, Paris 1988

PANDEY, J. N.: Constitutional Law of India [Das Verfassungsrecht Indiens], 14. Aufl. Allahabad 1984

PAPUČEK, Gregor: Kein Platz mehr zurückzuweichen..., Osteuropa Archiv 1994/276 ff.

PAWLITA, Cornelius: "Wiedergutmachung" als Rechtsfrage?: Die politische und juristische Auseinandersetzung um Entschädigung für die Opfer nationalsozialistischer Verfolgung (1945 bis 1990), Frankfurt/Main 1993

PERNTHALER, Peter: Der Schutz der ethnischen Gemeinschaften durch individuelle Rechte, Wien, Stuttgart 1964

PETRIK, Ferenc: Százéves a közigazgatási bíráskodás [Hundert Jahre ist die Verwaltungsgerichtsbarkeit alt], JK 1996/345 ff.

PIERRÉ-CAPS, Stéphane: Peut-on parler actuellement d'un droit européen des minorités? [Kann man augenblicklich von einem europäischen Minderheitenrecht sprechen?], AFDI 1994/72 ff.

PIRCHER, Erich H.: Der vertragliche Schutz ethnischer, sprachlicher und religiöser Minderheiten im Völkerrecht, Bern 1979

PIZZORUSSO, Alessandro: Le minoranze nel diritto pubblico interno [Die Minderheiten im innerstaatlichen Verwaltungsrecht], Bd. 1, Mailand 1967

POKOL, Béla: A magyar parlamentarizmus [Der ungarische Parlamentarismus], Budapest 1994

POLÁNYI, Imre: Die magyarische Minderheit in der Slowakei, Ethnos-Nation 2. Jahrgang Heft 1 1994/29 ff.

POLGÁR, Imre: Les institutions hongroises actuelles du droit public [Die gegenwärtigen ungarischen Einrichtungen des öffentlichen Rechtes], RDP 1926/118 ff.

POLT, Péter: Az ombudsman és a jogalkotás [Der Ombudsmann und die Rechtssetzung], JK 1997/19 ff.

POMOGYI, László: Cigánykérdés és cigányügyi igazgatás a polgári Magyarországon [Zigeunerfrage und Verwaltung der Zigeunerangelegenheiten im bürgerlichen Ungarn], Budapest 1995

POP, Ioan-Aurel: Romanians and Hungarians from the 9th to the 14th Century. The Genesis of the Transylvanian Medieval State [Rumänen und Ungarn vom 9. bis zum 14. Jahrhundert. Die Genese des mittelalterlichen Siebenbürger Staates], Cluj-Napoca 1996

PRUGBERGER, Tamás: Kritikai megjegyzések a bírósági szervezet tervezett módosításáról [Kritische Bemerkungen über die geplante Änderung der Gerichtsorganisation], MJ 1997/82 ff.

PUTO, Arben: E drejta ndërkombëtare publike. Dispensa I [Völkerrecht. Band I], Tirana 1985

RÁCZ, Georg: Die neue Rechtsentwicklung in Ungarn, Budapest, Leipzig, Mailand o.J.

RÁCZ, Lajos: A középkori magyar állam [Der mittelalterliche ungarische Staat], JK 1997/ 10 ff.

RÁCZ, Lajos: Egyház-Állam-Közigazgatás, avagy a magyar állami, katonai és egyházi igazgatás módosulásai a XIII. század első felében [Kirche-Staat-Verwaltung, oder die Veränderungen der ungarischen Staats-, Militär- und Kirchenverwaltung in der ersten Hälfte des 13. Jahrhunderts], ÁJ 1991/184 ff.

RADÓ-ROTHFELD, S.: Die ungarische Verfassung geschichtlich dargestellt, Berlin 1898

RADVÁNSZKY, Anton: Grundzüge der Verfassungs- und Staatsgeschichte Ungarns, München 1990

RASCHHOFER, Hermann: Das altösterreichische Nationalitätenrecht und die deutschen Volksgruppen nach 1918, in: Willmann, Fritz / Bethlen, Stefan Graf (Hrsg.): Volksgruppenrecht, München, Wien 1980, S. 83 ff.

REHDER, Peter (Hrsg.): Das neue Osteuropa von A - Z, München 1992
zitiert: Rehder (mit Bearbeiter)

REISSNER, Ilma: Kirche in Armenien, G2W 1993/20 ff.

RENNER, Karl: Das Selbstbestimmungsrecht der Nationen in besonderer Anwendung auf Österreich. 1. Teil: Nation und Staat, Leipzig, Wien 1918

RÉVÉSZ, László: Minderheitenschicksal in den Nachfolgestaaten der Donaumonarchie unter besonderer Berücksichtigung der magyarischen Minderheit, Wien 1990

RIEMER, Andrea K.: Die ungarische Minderheit in der Südslowakei - ein multidimensionales Krisenpotential?, Osteuropa 1997/253 ff.

RIESBECK, Peter: Sozialdemokratie und Minderheitenrecht. Der Beitrag der österreichischen Sozialdemokraten Otto Bauer und Karl Renner zum internationalen Minderheitenrecht, Saarbrücken 1996

RODENBACH, Hermann Josef: Der Rechtsstatus der Sorben in der DDR, ROW 1985/271 ff.

RONNÅS, Per: Städtewachstum und Raumentwicklung in Rumänien, Osteuropa 1988/1008 ff.

ROSENMANNS, Stephan: Staatsrecht des Königreiches Hungarn, Wien 1792

ROSTING, Helmer: Protection of minorities by the League of Nations [Minderheitenschutz durch den Völkerbund], AJIL 1923/641 ff.

ROTH, Klaus (Hrsg.): Mit der Differenz leben. Europäische Ethnologie und Interkulturelle Kommunikation, Münster, München, New York 1996
zitiert: Roth (mit Bearbeiter)

ROTHER, Christopher: Immobilienerwerb und Kreditsicherungsrecht in Ungarn, in: Roggemann, Herwig (Hrsg.): Eigentum in Osteuropa, Berlin 1996, S. 303 ff.

ROULAND, Norbert / PIERRÉ-CAPS, Stéphane / POUMARÈDE, Jacques: Droit des minorités et des peuples autochtones [Recht der Minderheiten und der autochthonen Völker], Paris 1996
zitiert: Rouland/Pierré-Caps/Poumarède (mit Bearbeiter)

ROUSSEAU, Charles: Protection des minorités et reconnaissance internationale des droits de l'homme [Schutz der Minderheiten und internationale Anerkennung der Menschenrechte], RDP 1930/405 ff.

RUDESCO, Cornélius Alexandre: Étude sur la question des minorités de race, de langue et de religion [Studie über die Frage der rassischen, sprachlichen und religiösen Minderheiten], Freiburg (Schweiz) 1928

RUSZOLY, József: "Egy új alkotmány Magyarországnak!" (Az 1848:III. tc. létrejötte) ["Eine neue Verfassung für Ungarn!" (Die Entstehung des Gesetzesartikels 1848:III.)], JK 1997/57 ff.

SAJÓ, András: Hate Speech for Hostile Hungarians [Aufstachelung für feindliche Ungarn], EECR Nr. 2 Bd. 3 1994/82 ff.

SALMON, Jean: Demokratie als Rechtsanspruch. Zu den inneren Aspekten des Rechtes auf Selbstbestimmung, VN 1993/10 ff.

SAMU, Mihály (Hrsg.): Állam- és Jogelmélet [Staats- und Rechtstheorie], Budapest 1970
zitiert: Samu (mit Bearbeiter)

SAMU, Mihály: Szocialista államunk fejlesztésének mai tendenciái [Die heutigen Entwicklungstendenzen unseres sozialistischen Staates], ÁI 1986/142 ff.

SAMU, Mihály: Új alkotmány létesítése alkotmányozó hatalom által, szakmai megalapozással [Die Schaffung einer neuen Verfassung durch die verfassunggebende Gewalt, mit fachlicher Fundierung], MJ 1995/469 ff.

SANUKOW, Ksenofonij Nikanorowitsch: Die finnisch-ugrischen Völker Rußlands. Gesellschaftspolitische Situation und Nationalbewegung - aus der Sicht eines Insiders, Osteuropa 1996/237 ff.

SCHANDA, Balázs: Rechtsstaatlichkeit in Ungarn, in: Hofmann, Rainer / Marko, Joseph / Merli, Franz / Wiederin, Ewald (Hrsg.): Rechtsstaatlichkeit in Europa, Heidelberg 1996, S. 219 ff.

SCHLETT, István: Kisebbségnézőben. Beszélgetések és dokumentumok [Minderheitenfragen. Gespräche und Dokumente], Budapest 1993
zitiert: Schlett (ggf. mit Interviewpartner)

SCHLETT, István: Színjáték vagy háború? A magyar politika négy éve [Theater oder Krieg? Vier Jahre ungarische Politik], Budapest 1995
zitiert: Schlett, Színjáték

SCHLOTTER, Peter: Die Mühen der stillen Diplomatie. Konfliktprävention und Krisenmanagement durch die OSZE, APuZ B 5/96, S. 27 ff.

SCHMIDT, Andreas S.: Die politischen Auseinandersetzungen am "Nationalen Runden Tisch" in Ungarn (1989), Südosteuropa 1997/37 ff.

SCHMIDT, Carmen: Der Minderheitenschutz in den baltischen Staaten, Bonn 1993
zitiert: Schmidt, Baltikum

SCHMIDT, Carmen: Der Minderheitenschutz in der Rußländischen Föderation, Ukraine und Republik Weißrußland, Bonn 1994
zitiert: Schmidt, Osteuropa

SCHMIDT, Péter: Die Rechtsstellung der politischen Parteien und das Wahlrecht in Ungarn, in: Brunner, Georg (Hrsg.): Politischer Pluralismus und Verfassungsstaat in Deutschland und Ungarn, München 1992, S. 65 ff.

SCHÖNFELD, Roland (Hrsg.): Nationalitätenprobleme in Südosteuropa. Untersuchungen zur Gegenwartskunde Südosteuropas, München 1987
zitiert: Schönfeld (mit Bearbeiter)

SCHORN, Hubert: Die Europäische Konvention zum Schutze der Menschenrechte und Grundfreiheiten, Frankfurt/Main 1965

SCHULTZ, Lothar: Die radikalen Reformen in der Sowjetunion und ihr Einfluß auf den Ostblock, ROW 1989/154 ff.

SCHWEISSGUTH, Edmund: Das Verfassungsrecht der ungarischen Räterepublik von 1919, JOR 1960 Bd. 1 (Halbbd. 1) S. 199 ff.

SCHWEITZER, Michael: Staatsrecht III. Staatsrecht, Völkerrecht, Europarecht, 5. Aufl. Heidelberg 1995

SEIDL-HOHENVELDERN, Ignaz: Völkerrecht, 4. Aufl. Köln, Berlin, Bonn, München 1980

SEEWANN, Gerhard: Die nationalen Minderheiten in Ungarn, Südosteuropa 1992/293 ff.

SEEWANN, Gerhard (Hrsg.): Minderheiten als Konfliktpotential in Ostmittel- und Südosteuropa, München 1995
zitiert: Seewann, Minderheiten (mit Bearbeiter)

SEGERT, Dieter / MACHOS, Csilla: Parteien in Osteuropa, Opladen 1995

SEPÚLVEDA, César: Curso de derecho público international [Kurs des Völkerrechts], 2. Aufl. Mexico-City 1964

ŠEVJANIĆ, F.: Борба наших националних мањина у Мађарској за своја права [Der Kampf unserer nationalen Minderheiten in Ungarn für ihre Rechte], Belgrad 1950

SIMON, Gerhard: Sowjetische Nationalitätenpolitik, Politische Studien 1974/167 ff.

SLAPNICKA, Helmut: Die Rezeption des Sowjetrechts in den europäischen Volksdemokratien, Osteuropa Recht 1974 (Bd. 20) S. 94 ff.

SMITH, J. C. / HOGAN, Brian: Criminal Law [Strafrecht], 7. Aufl. London, Dublin, Edinburgh 1992

de SMITH, Stanley A.: Constitutional and Administrative Law, 5. Aufl. Harmondsworth/Middx 1985

SOLCHANYK, Roman: Regionalismus und Nationalismus in der Ukraine, in: Hausmann, Guido / Kappeler, Andreas (Hrsg.): Ukraine: Gegenwart und Geschichte eines neuen Staates, Baden-Baden 1993, S. 249 ff.

SØRENSEN, Max: Manual of Public International Law [Handbuch des Völkerrechts], London 1968

SPRANDEL, Rolf: Verfassung und Gesellschaft im Mittelalter, 2. Aufl. Paderborn, München, Wien, Zürich 1978

STĂNCUILESCU, Alina: Prezentare comparativă a instituţiei ombudsmanului în cîteva dinţările europei [Vergleichende Darstellung des Instituts des Ombudsmanns in einigen europäischen Staaten], Studii de Drept Românesc [Studien des Rumänischen Rechts] 1992/157 ff.

STEIN, Ekkehart: Staatsrecht, 14. Aufl. Tübingen 1993

STEINBACH, Gustav: Staatsrechtliche Wandlungen in Ungarn, JÖR 1908/317 ff.

STERBLING, Anton: Ethnische Strukturen und ethnische Parteien in Südosteuropa, Südosteuropa 1996/549 ff.

STERN, Klaus: Das Staatsrecht der Bundesrepublik Deutschland, Band I 2. Aufl. München 1984, Band II München 1980

STONE, Julius: Procedure under the Minority Treaties [Verfahren nach den Minderheitenverträgen], AJIL 1932/502 ff.

SUCIU, I. D.: Rumänen und Serben in der Revolution des Jahres 1848 im Banat, Revue des études sud-est européennes [Zeitschrift für südosteuropäische Studien], Bukarest 1968/609 ff.

SZABÓ, Imre: A szovjet jog szerepe a magyar népi demokratikus jog kialakulásában és fejlődésében [Die Rolle des sowjetischen Rechtes bei der Ausbildung und der Entwicklung des ungarischen volksdemokratischen Rechtes], ÁJ 1967/490 ff.

SZABÓ, Imre: Les minorités et les droits de l'homme [Minderheiten und Menschenrechte], Acta Juridica Academiae Scientiarum Hungaricae [Juristische Zeitschrift der Ungarischen Akademie der Wissenschaften] 1981 Bd. 23 S. 1 ff.

SZABÓ, Máté: Politischer Protest und Mobilisierung von Bürgern im Spiegel der Presse in der Slowakei, Slowenien und Ungarn 1993, Berichte des Bundesinstituts für ostwissenschaftliche und internationale Studien, Bd. 24-1996
zitiert: Szabó, BIOst 24-1996

SZAKÁLY, Ferenc: Magyarok Európában II, Virágkor és hanyatlás, 1440 - 1711 [Ungarn in Europa II, Blütezeit und Niedergang, 1440 - 1711], Budapest 1990

SZAMEL, Lajos: A nemzetiségi jogok s nemzetközi sztenderdjük [Die Nationalitätenrechte und ihr internationaler Standard], ÁI 1989/397 ff.

SZAMEL, Lajos: Das System der ungarischen Staatsverwaltung, JOR 1964 Bd. 5 (Halbbd. II) S. 117 ff.

SZILÁGYI, István: Modern többség - ősi kisebbség. Gondolatok a cigányság sorsáról [Moderne Mehrheit - primitive Minderheit. Gedanken über das Schicksal des Zigeunertums], TSz 1990 Bd. 4 S. 28 ff.

SZOBOSZLAI, György: A politikai átmenet és a jogállamiság alkotmányos keretei [Der politische Übergang und der Verfassungsrahmen der Rechtsstaatlichkeit], TSz 1990 Bd. 3 S. 26 ff.

SZOTÁCZKI, Mihály (Hrsg.): A Magyar Tanácsköztársaság államáról és jogáról (1919 - 1969) [Über den Staat und das Recht der Ungarischen Räterepublik (1919 - 1969)], Pécs 1979
zitiert: Szotáczki (mit Bearbeiter)

TATAI, Zoltán: A szocialista községpolitika [Die sozialistische Gemeindepolitik], ÁI 1984/412 ff.

TERNON, Yves: Der verbrecherische Staat: Völkermord im 20. Jahrhundert, Hamburg 1996

THORMANN, Hans-Udo: Die aktiven Statusrechte als Einrichtungsgarantien, Grundsatznormen und Auslegungsregeln, erläutert am Beipiel des Petitionsrechts (Art. 17 GG), Münster 1961

THORNBERRY, Patrick: International Law and the Rights of Minorities [Völkerrecht und die Rechte der Minderheiten], Oxford 1991

von TIMON, Ákos: Die Entwicklung und Bedeutung des öffentlich-rechtlichen Begriffs der Heiligen Krone in der ungarischen Verfassung, in: Festschrift für Heinrich Brunner, Weimar 1910, S. 309 ff.

von TIMON, Ákos: Ungarische Verfassungs- und Rechtsgeschichte. Mit Bezug auf die Rechtsentwicklung der westlichen Staaten, 2. Aufl. Berlin 1909

TOMUSCHAT, Christian: Protection of Minorities under Art. 27 of the International Covenant on Civil and Political Rights [Minderheitenschutz unter Art. 27 des Paktes über bürgerliche und politische Rechte], in: Bernhart, Rudolf / Geck, Wilhelm Karl / Jaenicke, Günther / Steinberger, Helmut (Hrsg.): Völkerrecht als Rechtsordnung, Internationale Gerichtsbarkeit, Menschenrechte. Festschrift für Hermann Mosler, Berlin 1983, S. 949 ff.

TOMUSCHAT, Christian / KÖTZ, Hein / von MAYDELL, Bernd (Hrsg.): Europäische Integration und nationale Rechtskulturen, Köln, Berlin, Bonn, München 1995
zitiert: Tomuschat/Kötz/v. Maydell (mit Bearbeiter)

TÓTH, Antal: Mit kell tudni választási rendszerünkről? [Was muß man über unser Wahlsystem wissen?], Budapest 1985

TUNKIN, Grigorij Ivanovič: Вопросы Теории Международного Права [Fragen der Völkerrechtstheorie], Moskau 1962
zitiert: Tunkin, Fragen

TUNKIN, Grigorij Ivanovič: Международное Право [Völkerrecht], Moskau 1982
zitiert: Tunkin, Völkerrecht

TURI, Tibor: Magyaren und Serben in der Vojvodina, Ethnos-Nation 1. Jahrgang Heft 1 1993/59 ff.

URBAN, Rudolf: Die sorbische Volksgruppe in der Lausitz 1949 - 1977, Marburg/Lahn 1980

VARGA, Csaba: Transition to Rule of Law. On the Democratic Transformation in Hungary [Übergang zum Rechtsstaat. Über die demokratische Umformung in Ungarn], Budapest 1995

VARGYAI, Antal: A nemzetiségi politika Vas megyében [Die Nationalitätenpolitik im Komitat Vas], ÁI 1984/1014 ff.

VARGYAI, Gyula: Nemzetiségi kérdés és integráció. Adalékok Jászi Oszkár nemzetiségi koncepciójának értékeléséhez [Nationalitätenfrage und Integration. Beiträge zur Bewertung der Nationalitätenkonzeption Oszkár Jászis], Pécs 1969
zitiert: Vargyai Gyula

VARSÁNYI, Julius: Border is fate. A Study of Mid-European Diffused Ethnic Minorities [Die Grenze ist Schicksal. Eine Studie über mitteleuropäische ethnische Splitterminderheiten], RDI 1981/241 ff.

VARSÁNYI, Julius: Diffused minorities - bones of contention or building blocks? [Streuminderheiten - Zankapfel oder Bausteine?], RDI 1976/1 ff.

VASS, György: Panasz, törvény; panasztörvény, avagy úton a petíciós jog kiteljesedése felé [Beschwerde, Gesetz; Beschwerdegesetz, oder unterwegs in Richtung auf die Vervollständigung des Petitionsrechts], MK 1997/20 ff.

VASTAGH, Pál: Legitim-e a magyar Országgyűlés? [Ist das ungarische Parlament legitim?], TSz 1989 Bd. 6 S. 16 ff.

VEATCH, Richard: Minorities and the League of Nations [Minderheiten und der Völkerbund], in: The United Nations Library [Die Bibliothek der Vereinten Nationen] (Hrsg.): The League of Nations in retrospect [Der Völkerbund im Rückblick], Berlin, New York 1983

VEITER, Theodor: Das Österreichische Volksgruppenrecht seit dem Volksgruppengesetz von 1976, Wien 1979
zitiert: Veiter, Volksgruppenrecht

VEITER, Theodor: Nationale Autonomie, Wien, Leipzig 1938
zitiert: Veiter, Nationale Autonomie

VEITER, Theodor: Nationalitätenkonflikt und Volksgruppenrecht im 20. Jahrhundert, München 1977
zitiert: Veiter, Nationalitätenkonflikt

VEITER, Theodor: Neueste Entwicklungen auf dem Gebiet des internationalen Volksgruppenrechtes und des Schutzes ethnischer Minderheiten, in: Nowak, Manfred / Steurer, Dorothea / Tretter, Hannes (Hrsg.): Fortschritt im Bewußtsein der Grund- und Menschenrechte. Festschrift für Felix Ermacora, Kehl, Straßburg, Arlington 1988, S. 415 ff.
zitiert: Veiter, Entwicklungen

VEITER, Theodor (Hrsg.): System eines internationalen Volksgruppenrechts, Teil 1 - 3, Wien 1970 (Teil 1), 1972 (Teil 2), 1978 (Teil 3)
zitiert: Veiter, System (mit Bearbeiter)

VEITER, Theodor: Völkerrechtsnormen und Völkerrechtsgrundsätze zum Schutz nationaler Minderheiten, ÖJZ 1968/225 ff.

VELLAS, Pierre: Droit international public [Völkerrecht], Paris 1967

VERDROSS, Alfred: Kann die Generalversammlung der Vereinten Nationen das Völkerrecht weiterbilden?, ZaöRV 1966/690 ff.

VERDROSS, Alfred / SIMMA, Bruno: Universelles Völkerrecht. Theorie und Praxis, 3. Aufl. Berlin 1984

VODIČKA, Karel: Die Slowakei im Jahre 1, Osteuropa 1994/669 ff.

VÖRÖS, Imre: A tulajdonhoz való jog és az önkormányzatok [Das Recht auf Eigentum und die Selbstverwaltungen], Budapest 1994

VÖRÖS, Imre: Az európai megállapodások mint az Európai Unió (EU) és Közép-, valamint Kelet-Európa közötti kapcsolatok jogi alapjai [Die europäischen Vereinbarungen als die rechtlichen Grundlagen der Beziehungen zwischen der Europäischen Union (EU) und Mittel- sowie Osteuropa], JK 1996/353 ff.

VUKAS, Budislav: General international law and the protection of minorities [Allgemeines Völkerrecht und der Minderheitenschutz], RDH 1975/41 ff.

WALTER, Robert / MAYER, Heinz: Grundriß des österreichischen Bundesverfassungsrechs, 6. Aufl. Wien 1988

WEBER, Anja: Wahlsysteme und freie Wahlen in Osteuropa, JOR 1990 Bd. 31 (Halbbd. 2) S. 331 ff.

WEBER, Hermann / von WEDEL, Hermann: Grundkurs Völkerrecht. Das internationale Recht des Friedens und der Friedenssicherung, Frankfurt/ Main 1977

WEISS, Edda: Das KSZE-Expertentreffen über nationale Minderheiten vom 1. bis 19. Juli 1991 in Genf, Der Donauraum 1991 Heft 3 S. 11 ff.

WEISS, Gebhardt: Die Russische Föderation zwischen imperialer Versuchung und legitimer Interessenpolitik, APuZ, B 46/95, 10.11.1995, S. 13 ff.

WILCKE, Fritz: Das Problem des Rechtsschutzes der nationalen Minderheiten unter besonderer Berücksichtigung der Rechtsverhältnisse im ehemaligen Österreich-Ungarn und der Tschecho-Slowakei, Bielefeld 1928

WINKLER, Günther (Hrsg.): Menschenrechte im Staatsrecht und im Völkerrecht, Karlsruhe 1967
zitiert: Winkler (mit Bearbeiter)

WITTMANN, Fritz / BETHLEN, Stefan Graf (Hrsg.): Volksgruppenrecht. Ein Beitrag zur Friedenssicherung, München, Wien 1980
zitiert: Wittmann/Bethlen (mit Bearbeiter)

YACOUB, Joseph: Nations, minorities, communities and states [Nationen, Minderheiten, Gemeinschaften und Staaten], Balkan Forum Volume 1 No 5 December 1993 [Balkan Forum Band 1 Nr. 5 Dezember 1993] S. 87 ff.

ZELLNER, Wolfgang / DUNAY, Pál: Die Außenpolitik Ungarns im ersten Jahr der Regierung Horn, Südosteuropa 1995/647 ff.

ZIMANOV, S. Z. / REJTOR, I. K.: Теоретические вопросы национально-государственного строительства [Theoretische Fragen des sowjetischen nationalitätenstaatlichen Aufbaus], Alma Ata 1987
zitiert: Zimanov/Rejtor (mit Bearbeiter)

ZLATOPOL'SKIJ, D. L.: Государственный строй Венгерской Народной Республики [Das Staatssystem der Ungarischen Volksrepublik], Moskau 1951

ZLINSZKY, János: A magyar jog kezdetei [Die Anfänge des ungarischen Rechts], JK 1996/269 ff.

ZSUFFA, István: A közigazgatási bíráskodás Magyarországon [Die Verwaltungsrechtsprechung in Ungarn], MK 1996/385 ff.

ZSUFFA, István: A közigazgatás törvényességének biztosítékai [Die Garantien der Gesetzmäßigkeit der Verwaltung], JK 1997/39 ff.